böhlauWien

Studien zu Politik und Verwaltung

Herausgegeben von
Christian Brünner · Wolfgang Mantl · Manfried Welan

Band 65

LIBERALISMUS

Interpretationen und Perspektiven

Herausgegeben von

Emil Brix und Wolfgang Mantl

BÖHLAU VERLAG WIEN · KÖLN · GRAZ

Gedruckt mit Unterstützung durch
das Bundesministerium für Wissenschaft, Verkehr und Kunst

Ein Projekt der Österreichischen Forschungsgemeinschaft

Redaktionelle Betreuung:
Caroline Hecht

Umschlagabbildungen: Bildausschnitte aus:
Demonstration auf dem Prager Wenzelsplatz am 27.11.1989, Pressebilddienst Votava, Wien. – Eugène Delacroix: Die Freiheit führt das Volk auf die Barrikaden, 1830. Paris, Musée National du Louvre. – J. M. William Turner: Rain, Steam and Speed – The Great Western Railway. London, National Gallery Publ. Ltd. – Die Karyatiden im Großen Musikvereinssaal Wien. Foto: Erich Lessing. Aus: Der Wiener Musikverein. Hg. von Franz Endler. Verlag Edition Wien, 2.A. 1988.

Die Deutsche Bibliothek – CIP-Einheitsaufnahme
Liberalismus : Interpretationen und Perspektiven / hg. von
Emil Brix und Wolfgang Mantl. – Wien ; Köln ; Graz : Böhlau, 1996
(Studien zu Politik und Verwaltung ; Bd. 65)
ISBN 3-205-98447-1
NE: Brix, Emil [Hrsg.]; GT

Gedruckt auf umweltfreundlichem, chlor- und säurefreiem Papier.

Satz und Buchgestaltung: Mag. Dr. Reinhold Hohengartner
Druck: Berger, A-3580 Horn

Die Herausgeber:

Emil Brix
Wolfgang Mantl

Die Autoren:

Urs Altermatt
Angelo Ara
Steven Beller
Katja Boh
Emil Brix
Günther Chaloupek
Allan Janik
William M. Johnston
Peter Koslowski
Harald Leupold-Löwenthal
György Litván
Wolfgang Mantl
Egon Matzner
Johann Baptist Metz
Leonhard Neidhart
Oswald Panagl
Manfred Prisching
Peter Pulzer
Kurt Salamun
Heinrich Schneider
Gesine Schwan
Gerald Stourzh
Erich W. Streissler
Zoltán Szász
Otto Urban
Manfred Wagner
Christian Watrin
Manfried Welan
Jacek Wozniakowski

Inhalt

Vorwort

Die Österreichische Forschungsgemeinschaft veranstaltete im Mai 1995 als "Österreichischen Wissenschaftstag" ein internationales Symposion, das sich im Anschluß an die großen europäischen Liberalismusdiskussionen der siebziger Jahre und aufgrund der Renaissance des Begriffes in den grundlegenden Umwälzungen der mittel- und osteuropäischen Reformstaaten mit der Geschichte und Bedeutung des "Liberalismus" beschäftigte. Aus den Ergebnissen dieses Symposions entstand das vorliegende Buch.

Im Rahmen der Aktivitäten der Forschungsgemeinschaft befaßte sich seit Mitte der achtziger Jahre eine interdisziplinäre Forschungsgruppe mit dem Thema der Kultur der Wiener Jahrhundertwende und damit auch mit der Bedeutung des Liberalismus für die österreichische Geistesgeschichte. Im Kreis dieser Forschergruppe wurde das Konzept dieses Buches erarbeitet, das Beiträge zu einer grundsätzlichen Reflexion über die Bedeutung liberalen Denkens in der europäischen Geschichte und über seine Ausstrahlung in alle Lebensbereiche bietet. Besonders fruchtbare Anregungen gingen in der explorativen Phase von Erich W. Streissler und dem leider zu früh verstorbenen Wiener Rechtshistoriker Herbert Hofmeister aus.

Gerade die mittel- und osteuropäischen Revolutionen der Jahre 1989/90 haben in wissenschaftlichen und politischen Diskussionen den Liberalismus neuerlich zu einem Schlüsselbegriff werden lassen, auch dies ein Indikator für den "Zeitenbruch" dieser Wende. Welche Inhalte werden aber heute mit dem Begriff "Liberalismus" verbunden, und wie wirken sich diese Inhalte in den grundsätzlichen Fragen der modernen Gesellschaften aus?

Die Idee zu diesem Buch beruht auf dem grundlegenden Wandel der Situation Europas seit 1989 und der These, daß dieser Wandel, der nicht als "Ende der Geschichte", sondern als Rückkehr zu historischen Fragestellungen im politischen Entwicklungsgang Europas zu begreifen ist, am Beispiel der Probleme des Liberalismus im mitteleuropäischen Raum beschrieben werden kann. In diesem Raum treffen die neuen Hoffnungen, die in Staaten wie Ungarn, Polen und der Tschechischen Republik mit dem Begriff "Liberalismus" verbunden werden, mit den Problemen der westeuropäischen Staaten zusammen, neue Wege aus der Krise des Wohlfahrtsstaates und des Utopieverlustes sozialdemokratischer Zielsetzungen zu suchen.

Gerade das Beispiel Österreichs zeigt, daß in der gegebenen Umbruchssituation selbst in einem Land ohne starke "liberale" Traditionen im wissenschaftlichen und politischen Denken Themenstellungen des Liberalismus Argumentationskraft gewinnen. Im politischen Spektrum Österreichs ist "Liberalismus" heute ein begehrter Begriff. Gleichzeitig gilt im ideengeschichtlichen Diskurs nach wie vor die These, daß die innovative und produktive Vielfalt in "Wien um 1900" die Schwäche des politischen Liberalismus in Altösterreich zur Voraussetzung hatte.
Der raum-zeitliche Zusammenhang der Analyse umfaßt im großen und ganzen die nördliche Hemisphäre der letzten 200 Jahre seit der Aufklärungswelt, also die Epoche der Moderne in bewußter und dezidierter Verknüpfung westlicher, atlantischer Entwicklungen mit den mittel- und osteuropäischen Transformationsprozessen. Welche Bedeutung kommt nach dem Ende des Kommunismus dem Liberalismus zu? Nur wenige Jahre vor der Jahrtausendwende ist es wohl angebracht, über derartige Fragen nachzudenken, zumal sich um das europäische Szenario die dunklen Wolken eines neu-alten Nationalismus und Populismus aufbauen.
Die Beiträge des Buches sind so ausgewählt und geordnet, daß liberale Positionen zu den verschiedenen Lebensbereichen in durchaus pluralistischer Absicht diskutiert werden. Die Aufsätze zu den Themen Aufklärungswelt, Politik, Recht, Wirtschaft, Soziales, Religion, Kultur, Kunst und Nationalismus werden ergänzt durch Beiträge zum Liberalismus in den Reformdemokratien Ostmitteleuropas nach 1989 und in Österreich sowie eine Darstellung des Liberalismus als "Leerformel und Sympathieträger". Der analytische Raster umfaßt sowohl genetische wie systematische Vorgangsweisen, um das breite Erkenntnisobjekt zu durchdringen. Jedes der genannten Themenfelder wird von mehreren Autoren behandelt, wobei der jeweilige Hauptbeitrag von den folgenden Autoren kommentiert wird. Die Herausgeber haben die Symposionsdiskussionen und ein Podiumsgespräch zum Thema "Ost-West-Differenzen in der bürgerlich-liberalen Gesellschaft und im Rechtsstaat" in straffen Texten zusammengefaßt.
Heuristisches Ziel der vorliegenden Publikation ist es, den aktuellen Stand der Forschung darzustellen, Interpretationen und Perspektiven zu entfalten sowie in den einzelnen Themenfeldern die Veränderungen in Forschungsrichtung und Forschungsschwerpunkt, die seit den großen Liberalismusdiskussionen der siebziger Jahre und mit dem "Zeitenbruch" 1989/90 stattgefunden haben, zu dokumentieren.
Unser Dank gilt allen Autoren und den Symposionsteilnehmern für ihren Beitrag zum Gelingen dieses Buches. Die Herausgeber gedenken dabei des verstorbenen großen tschechischen Historikers Otto Urban, der trotz seiner schweren Krankheit noch an der Podiumsdiskussion am 27. Mai 1995 teilgenommen hat.
Nach Fertigstellung des Bandes gebührt Frau Mag. Caroline Hecht und Herrn Dr. Reinhold Hohengartner für ihren unermüdlichen Einsatz und für ihre Geduld ein besonderer Dank. Ermöglicht wurden Symposion und Buch durch die großzügige Unterstützung der "Österreichischen Forschungsgemeinschaft". Technische Hilfen leisteten die jungen Mitarbeiter Hans Peter Hye, Hedwig Ko-

petz, Leopold Mantl und Eva Stifter. Sorgfältige Schreibarbeit besorgte Sabrina Jarcic. Die Betreuung des Herstellungsprozesses lag in bewährter Weise beim Böhlau-Verlag. Hier ist vor allem dem Verleger Dr. Peter Rauch und der so umsichtigen Begleitung durch Frau Prokuristin Ulrike Dietmayer aus ganzem Herzen zu danken.

Emil Brix *Wolfgang Mantl*

Graz - London - Wien, im September 1996

I.

Liberalismus und Antiliberalismus in Österreich. Eine Spurensuche

LIBERALISMUS UND ANTILIBERALISMUS IN ÖSTERREICH. EINE SPURENSUCHE

Wolfgang Mantl

"... so sei gesagt, ... daß 'Der Liberalismus' - bei aller Unbestimmtheit dieses Ausdrucks - in der Tat eines der großen Themen der westlichen Zivilisation ist."[1]
Friedrich Engel-Janosi

I. Zu den Begriffen

1731 wurde in Oberösterreich eine alte Bäuerin, Magdalena Grillenberger, zu Zellhof im Mühlviertel als vorletzte *Hexe* hingerichtet. Nachdem sie mit glühenden Zangen malträtiert und ihr die rechte Hand abgehackt worden war, wurde sie schließlich auf dem Scheiterhaufen erdrosselt. Ihr Prozeß wurde 1729, also im Geburtsjahr Gotthold Ephraim Lessings(!), eingeleitet. 1750 wurde die sechzehnjährige Maria Pauerin aus Mühldorf am Inn als letzte Hexe auf dem heutigen österreichischen Staatsgebiet auf der Salzburger Richtstätte mit dem Schwert hingerichtet und ihre Leiche verbrannt.[2] 1776 wurde auf Initiative des großen österreichischen Aufklärers Joseph von Sonnenfels[3] die *Folter* abgeschafft, also im Jahr der amerikanischen Unabhängigkeitserklärung und des Erscheinens des "Wohlstandes der Nationen" von Adam Smith. Erst 1968 wurde

[1] Friedrich ENGEL-JANOSI, ... aber ein stolzer Bettler. Erinnerungen aus einer verlorenen Generation, Graz-Wien-Köln 1974, p. 113.

[2] Vgl. Fritz BYLOFF, Hexenglaube und Hexenverfolgung in den österreichischen Alpenländern, Berlin-Leipzig 1934, p. 153-156. - Interessant in diesem Zusammenhang auch das Urteil des Finanzgerichtes München vom 21. August 1989 (13 K 2047/1989), das als rechtens erkannte, daß ein Arbeitgeber die Abgabe von Kirchenlohnsteuer für seine Arbeitnehmer nicht mit dem Hinweis darauf verweigern könne, daß eine Vorfahrin von ihm im Jahre 1664 als Hexe öffentlich verbrannt worden ist (abgedruckt in: Neue Juristische Wochenschrift 1990, p. 1256).

[3] Zum Einstieg neuestens: Joseph von SONNENFELS, Aufklärung als Sozialpolitik. Ausgewählte Schriften aus den Jahren 1764 bis 1798 (Hg. und eingeleitet von Hildegard KREMERS, mit einem Nachwort von Karl ACHAM), Wien-Köln-Weimar 1994. - Literatur zu SONNENFELS: Robert A. KANN, Kanzel und Katheder. Studien zur österreichischen Geistesgeschichte vom Spätbarock zur Frühromantik, Wien-Freiburg/Breisgau-Basel 1962. - Karl Heinz OSTERLOH, Joseph von SONNENFELS und die österreichische Reformbewegung im Zeitalter des aufgeklärten Absolutismus. Eine Studie zum Zusammenhang von Kameralwissenschaft und Verwaltungspraxis, Lübeck-Hamburg 1970. - Helmut REINALTER (Hg.), Joseph von SONNENFELS, Wien 1988.

die *Todesstrafe* in Österreich ausnahmslos verboten (Art. 85 B-VG).[4] Bis zu diesem Zeitpunkt war sie noch im sondergerichtlichen Verfahren zulässig. Diese blutige Geschichte zeigt deutlicher als manch mühsamer Definitionsversuch, was "*Liberalisierung*", in diesem Falle des Strafrechts und seines Vollzugs, heißt. Eine solch plastische Verdeutlichung ist sinnvoll, ja notwendig, da der Begriff "*Liberalismus*"[5] durch einen schon fast zweihundertjährigen Gebrauch abgeschliffen wurde. Er ist derzeit, was keineswegs immer der Fall war - z.B. in der Zwischenkriegszeit nicht -, positiv besetzt. Im ganzen bildet er, wie auch das eingangs zitierte Wort von Engel-Janosi oder der Buchtitel von Frederick Watkins aus dem Jahre 1948 zeigt ("The Political Tradition of the West. A Study in the Development of Modern Liberalism"), so etwas wie eine *Signatur der Moderne*. Die Wurzel liegt in einem lebensweltlichen Gesamtphänomen, das sich in den letzten beiden Jahrhunderten entwickelte: als autonome Wissenschaft, freie

[4] Art. 85 B-VG lautet seit der Novelle BGBl. 1968/73 lapidar: "Die Todesstrafe ist abgeschafft."

[5] Die Übersichtsliteratur zum *Liberalismusbegriff* ist sehr reichhaltig: E.K. BRAMSTEAD / K.J. MELHUISH (Ed.), Western Liberalism, London 1978. - Ralf DAHRENDORF, Liberalismus. In: MAYERs Enzyklopädisches Lexikon, 9. A., 15. Bd., Mannheim-Wien-Zürich 1975, p. 47-51. - Karl EDER, Der Liberalismus in Altösterreich. Geisteshaltung, Politik und Kultur, Wien 1955. - Maurice FLAMANT, Histoire du Libéralisme, Paris 1988. - Georg FRANZ, Liberalismus. Die deutschliberale Bewegung in der habsburgischen Monarchie, München 1955. - Michael FREUND, Der Liberalismus. In ausgewählten Texten dargestellt und eingeleitet, Stuttgart 1965. - Friedhelm FRISCHENSCHLAGER / Erich REITER, Liberalismus in Europa, Wien-München 1984. - Albert FUCHS, Geistige Strömungen in Österreich. 1867-1914 (Erstdruck 1949), Wien 1984. - Lothar GALL (Hg.), Liberalismus. 2.A., Königstein/Taunus 1980. - Dieter LANGEWIESCHE (Hg.), Liberalismus im 19. Jahrhundert. Deutschland im europäischen Vergleich, Göttingen 1988. - Ders., Liberalismus in Deutschland, Frankfurt/Main 1991. - Guido de RUGGIERO, Geschichte des Liberalismus in Europa, München 1930. - Theodor SCHIEDER, Der Liberalismus und die Strukturwandlungen der modernen Gesellschaft vom 19. zum 20. Jahrhundert. In: Relazioni del X Congresso Internazionale di Scienze Storiche. V. Vol.: Storia contemporanea, Firenze 1955, p. 147-172. - Friedrich SELL, Die Tragödie des deutschen Liberalismus, Stuttgart 1953. - Volker SELLIN, Liberalismus. In: Sowjetsystem und demokratische Gesellschaft. IV. Bd., Freiburg/Breisgau-Basel-Wien 1981, Sp. 51-77. - James J. SHEEHAN, Der deutsche Liberalismus. Von den Anfängen im 18. Jahrhundert bis zum Ersten Weltkrieg 1770-1914, München 1983. - Rudolf VIERHAUS, Liberalismus. In: Otto BRUNNER / Werner CONZE / Reinhart KOSELLECK (Hg.), Geschichtliche Grundbegriffe. Bd. 3, 1982, p. 741-785 (mit einem Exkurs von Rudolf WALTHER, Wirtschaftlicher Liberalismus, p. 787-815). - Andrew VINCENT, Modern Political Ideologies, 2nd ed., Oxford-Cambridge 1995. - Frederick WATKINS, The Political Tradition of the West. A Study in the Development of Modern Liberalism (1948), 4th ed., Cambridge/Mass. 1966. - Heinrich August WINKLER, Liberalismus und Antiliberalismus. Studien zur politischen Sozialgeschichte des 19. und 20. Jahrhunderts, Göttingen 1979.

Darüber hinaus gibt es zahlreiche Handbuch- und Lexikonbeiträge, die sich mit dem Liberalismus befassen. Nicht nur von historischem Interesse, sondern auch als grundsätzliche Positionierung sind die Kurzstudien von Friedrich August von HAYEK ("Politischer Liberalismus") und von Ludwig von MISES ("Wirtschaftlicher Liberalismus") im Handwörterbuch der Wirtschafts- und Sozialwissenschaften 1959 beachtlich. Zum 85. Geburtstag von Marion Gräfin DÖNHOFF veranstaltete die Hamburger Wochenzeitung "Die Zeit" ein Symposion zum Thema "Was heißt heute liberal?" In: Die Zeit, Nr. 49/1994, 2. Dezember, p. 13-17, und Nr. 50, 9. Dezember, p. 18-20.

Diskussion und Kritik, die menschliche Vernunft als optimistisches, kreatives Innovations-, Fortschritts- und Wachstumsprogramm mit Hilfe von (Natur-) Wissenschaft, Technik und Medizin, Markt und Wettbewerb einsetzte und als ein Freiheitsprogramm für das Individuum, in bürgerlichen Revolutionen und Reformen durchaus konflikthaft gegen den absolutistischen oder spätständischen Staat und die Adelskirche, soziopolitisch als ein neues, bürgerliches System mannigfach abgestuft und pluralistisch aufgefächert, mehr oder weniger durchsetzte.

In *Österreich* kann man höchstens von einem halben Erfolg des Liberalismus sprechen. Viele neigen sogar dazu, eine Schwäche oder geradezu Abwesenheit des Liberalismus in Österreich in den vergangenen 200 Jahren zu konstatieren.

Die *produktive* Kraft der *Vernunft* als Motor des Fortschritts in Wissenschaft und Technik (juristisch etwa im Fehlen eines Gesetzesvorbehaltes bei der Positivierung der Wissenschaftsfreiheit im Art. 17 Staatsgrundgesetz über die allgemeinen Rechte der Staatsbürger vom 21. Dezember 1867, RGBl. Nr. 142) abzulesen, tritt uns oft frappierend in *künstlerischen* Werken vor Augen, die im 19. Jahrhundert immer wieder auch die *Technik* als Positivum (nicht etwa als Umweltgefährdung) darstellten. Mir wurde dies mit schlagender Evidenz bewußt, als ich in der Londoner National Gallery vor William Turners Ölbild "Rain, Steam and Speed - The Great Western Railway" stand, das 1844 in der Royal Academy mit Erfolg präsentiert worden war. In impressionistischen, graubraunen Tönen nebelhafter Unbestimmheit erkennt man eine Dampflokomotive, die einen Zug über die Themsebrücke bei Maidenhead führt: faszinierender Ausdruck von Geschwindigkeit, Tempo und buchstäblich raschem Fortschritt.[6]

Dieser heuristische Problemaufriß muß mit "Großbegriffen" arbeiten, die stets der Differenzierung bedürfen. Für unsere weitere Arbeit ist es vielleicht zweckmäßig, einen analytischen *Raster* für den Begriff "*Liberalismus*" vorzuschlagen, der - in einem Verengungsverfahren entwickelt folgendermaßen aus sieht:

1) Liberalismus als *ahistorischer Strukturbegriff* der Offenheit, Großzügigkeit, Toleranz und einer undogmatischen Haltung ("*Liberalität*"), die z.B. auch den römischen Philosophenkaisern attribuiert werden kann.

[6] Die mit Dampf betriebene *Eisenbahn* blieb auch in späterer Zeit als Symbol des modernen Lebens Gegenstand künstlerischer Gestaltung, so in mehreren Varianten bei Claude MONET 1877, als er, durchaus unterstützt von der Bahnhofsverwaltung, das Verkehrsgeschehen der Gare Saint-Lazare malte. Der in der Neuen Pinakothek zu München befindliche "Bahndurchstich" von Paul CÉZANNE (um 1870) stellt die der Natur zugefügten Veränderungen in Folge des Bahnbaus nicht dramatisch als "Wunde", aber auch nicht als Triumph des Menschen über die Natur, sondern in nüchternen Braun- und Ockertönen dar. Daß Modernität auch ihre sozialen und psychischen Kosten hat, leuchtet jedoch aus einem frühen Industriebild hervor: "Coalbrookdale by night" (1801) von P.J. de LOUTHERBOURG, das nicht die optimistische Vision eines neuen Äons, sondern das nächtliche Flackern gleichsam höllischen Feuers geradezu "technikskeptisch" präsentiert.

2) Liberalismus als räumlich und zeitlich fixierbarer *Epochenbegriff*:

a) als Synonym für die *Aufklärungswelt* der letzten 200 Jahre, die freilich durchaus ihre Verschiedenheiten aufweist, wenn man an die auf einem eher pessimistischen Menschenbild fußende pragmatische *englische* Aufklärung denkt und sie mit der ein optimistisches Menschenbild reflektierenden konstruktivistischen *französischen* Aufklärung vergleicht;
b) faßbar in unterschiedlichen *historisch-politischen Ausprägungen*, die jeweils ihre verschiedenen Anhänger und Gegner fanden, und zwar als *politisch-juristischer*, als *wirtschaftlicher* und als *kultureller* Liberalismus;
c) explizit *liberale Parteien*, die den engsten Begriff von Liberalismus ausmachen.

Der *politisch-juristische* Liberalismus des *Rechtsstaates* ist nach 1945 und erst recht nach 1989 Allgemeingut der nördlichen Hemisphäre geworden, Abweichungen davon werden kritisch vermerkt, ja perhorresziert.[7] Ebenso sind das Ideengut der *Aufklärungswelt*[8] und die Haltung der *Liberalität* und *Toleranz* Maßstab zur Beurteilung von Menschen unserer Zeit geworden. Ab dieser Scheidelinie beginnt die "itio in partes".
Dies zeigt sich schon beim *wirtschaftlichen* Liberalismus, der nach wie vor zwischen den verschiedenen Ideensystemen und politischen Strömungen umstritten ist. Marktwirtschaft, Wettbewerb, Privateigentum erfuhren zwar nach dem

[7] Jedes System und jedes Lehrbuch der Allgemeinen Staatslehre und des Verfassungsrechts zeugen davon, gerade auch die quantitative Zunahme des *Grundrechtsteiles* im Verhältnis zur Darstellung der Staatsorganisation in den Werken nach dem Zweiten Weltkrieg belegt dies.

[8] Mit "Aufklärungswelt" ist kein geschlossenes System gemeint, eher ein *Lebensgefühl*, das nicht durch einzelne Schriften, sondern, durch die Aura und Atmosphäre des Neubeginns einer Epoche geprägt ist. So entwickelte Ludwig van BEETHOVEN seit seinen Bonner Studententagen kein philosophisches System, sondern bewahrte und "übersetzte" das Menschheitspathos der Aufklärungszeit in seinem Werk, etwa in seinem "Fidelio". Dieses *Lebensgefühl* wurde vermittelt durch Lesen mehr der "Enzyklopädie" DIDEROTs und d'ALEMBERTs als einzelner Werke, durch Konversation in den Pariser Salons, durch die Korrespondenz des Barons GRIMM, durch die Londoner Royal Society, durch die Klubs in Schottland, durch die Aufklärungsuniversitäten von Edinburgh, Glasgow, Leiden, Halle und Göttingen, durch die neuaufsteigenden Großstädte (London überschritt am Beginn des 19. Jahrhunderts als erste Stadt der Welt die Millionengrenze an Einwohnern).

Vgl. Richard van DÜLMEN, Die Gesellschaft der Aufklärer. Zur bürgerlichen Emanzipation und aufklärerischen Kultur in Deutschland, Frankfurt/Main 1986. - Iring FETSCHER, Toleranz. Von der Unentbehrlichkeit einer kleinen Tugend für die Demokratie. Historische Rückblicke und aktuelle Probleme, Stuttgart 1990. - Jürgen HABERMAS, Strukturwandel der Öffentlichkeit. Untersuchungen zu einer Kategorie der bürgerlichen Gesellschaft, Neuwied/Rhein-Berlin 1962. - Norman HAMPSON, The Enlightenment. An Evaluation of its Assumptions, Attitudes and Values, London 1990. - Gudrun M. KÖNIG, Eine Kulturgeschichte des Spazierganges. Spuren einer bürgerlichen Praktik 1750-1850, Wien-Köln-Weimar 1996. - Roy PORTER, Kleine Geschichte der Aufklärung, Berlin 1991. - Marlies RAFFLER, Bürgerliche Lesekultur im Vormärz. Der Leseverein am Joanneum in Graz (1819-1871), Frankfurt/Main u.a. 1993. - Michel VOVELLE (Hg.), Der Mensch der Aufklärung, Frankfurt/Main-New York-Paris 1996. - Eberhard WEIS, Deutschland und Frankreich um 1800. Aufklärung - Revolution - Reform, München 1990.

Zweiten Weltkrieg, etwa im europäischen Neoliberalismus der sozialen Marktwirtschaft, bei amerikanischen Nationalökonomen, die an spezifisch österreichische Denkleistungen anknüpften, ebenso eine Renaissance wie in entsprechenden wirtschaftspolitischen Maßnahmen der amerikanischen und britischen Regierungen der achtziger Jahre. Aber Widerstände und Gegenbewegungen sind unübersehbar. Auch in Österreich ist mit dem Verfall der *Verstaatlichten Industrie* die Diskussion um Privatisierung und Deregulierung aus mehr oder weniger bewußt wirtschaftsliberalen Impulsen gespeist worden. Eine stärkere Betonung des Privatrechts und die Ökonomische Analyse des Rechts als Teil der Neuen Politischen Ökonomie haben hier ihre Wurzeln.[9]

Der gegen Zensur und Bevormundung der alten Autoritäten von Staat und Kirche gewandte *kulturelle* Liberalismus bot und bietet Reibungs- und Konfliktflächen mit kirchlich gebundener Offenbarungsreligion und kirchlich verfaßtem Glauben, enthielt immer wieder auch Spannungspotentiale für *Kulturkämpfe* und gewann in letzter Zeit an Plausibilität, ja an Kraft, durchaus komplementär zu Säkularisierungsphänomenen und Glaubwürdigkeitsverlusten der Kirche, gerade auch in diesem Land.[10]

Wie sehr in der Zwischenkriegszeit der Liberalismus *abgewertet* war, so daß beharrliche Liberale wie Ludwig von Mises geradezu in skurrile Einsamkeit gerieten, zeigt auch eine Rede, die Thomas Mann im September 1939 (!) auf dem XVII. Internationalen P.E.N.-Kongreß in Stockholm über "Das Problem der Freiheit" hielt. Hier wird das *Freiheitsthema* nicht, wie wir es heute täten, mit dem Liberalismus verbal und inhaltlich verbunden, sondern als Zielpunkt die "*soziale Demokratie*" angepeilt und das, was wir als liberale Tradition bezeichnen, ziemlich distanziert beschrieben, ja zur Seite geschoben. Die Anfangssätze dieser Rede lauten: "Die moderne Demokratie ist historisch nichts weiter als die Herrschaftsform des Bürgertums, des tiers-état, welcher auf den Trümmern des Feudalismus sein merkantiles und industrielles Weltreich errichtet. Revolutionär durchgesetzt gegen die alten Mächte der Ungleichheit, der Bevorrechtung und der geistigen wie materiellen Unterdrückung mit den Mächten der Aufklärung und der als göttlich-wohltätig empfundenen, Fesseln und Vorurteile sprengenden Vernunft, ist dieses Weltreich ein Reich der Freiheit, zugleich aber ein Reich des Friedens, des Fleißes, des Nutzens und des Wohlstandes".[11]

Fast bestürzend ist die Beobachtung, wie Thomas Mann es gegen Ende seiner Ausführungen unternimmt, die Freiheit aus dem beinahe verachteten Begriff des Liberalismus zu lösen und sie der *sozialen Demokratie* zuzuführen: "Daß diese beiden, Liberalismus und Freiheit, identisch seien, daß die eine mit dem ande-

9 Dazu mit weiterer Literatur: Wolfgang MANTL (Hg.), Effizienz der Gesetzesproduktion. Abbau der Regelungsdichte im internationalen Vergleich, Wien 1995.

10 Zur Auseinandersetzung zwischen Liberalismus und kirchlich gebundener Religiosität: Georg FRANZ, Kulturkampf gestern und heute. Eine Säkularbetrachtung 1871-1971, München 1971. - Hans MAIER, Revolution und Kirche. Zur Frühgeschichte der christlichen Demokratie, 5.A., Freiburg/Breisgau-Basel-Wien 1988 (zuerst 1959). - Wolfgang SCHIEDER (Hg.), Religion und Gesellschaft im 19. Jahrhundert, Stuttgart 1993. - Martin SCHMIDT / Georg SCHWEIGER (Hg.), Kirche und Liberalismus im 19. Jahrhundert, Göttingen 1976.

11 Thomas MANN, Das Problem der Freiheit, Stockholm 1939, p. 7f.

ren stehe und falle, ist eine Vorspiegelung des Fascismus, - eine unter vielen, aber eine der bösartigsten. Wir wollen ihr nicht unterliegen. Der Liberalismus, im Geistigen und Ökonomischen, ist die Lebenshaltung einer Epoche, er ist ein Zeitgeist, und die Zeiten wechseln. Die Freiheit aber ist eine unsterbliche Idee, die nicht mit dem Zeitgeist altert und vergeht, und der ist ihr Freund nicht, der behauptet, mit ihren liberalen Formen falle die Freiheit dahin. Man nützt ihr nicht, man schadet ihr und ist, bewußt oder unbewußt, schon im Begriff, das Spiel ihrer Feinde zu spielen, wenn man sich, scheinbar in ihrem Namen, dagegen sträubt, daß ihr heute strengere, sozial gebundenere Formen zukommen, als zur Zeit unserer Väter und Großväter, da ihre Parole das 'laisser faire, laisser aller' war."[12] Der Text ist nicht sehr scharf formuliert, er zeigt aber die nicht nur zeitgebundene Geringschätzung des Liberalismus, sondern auch die Problematik und Fragilität der Kombination seiner historisch-politischen Ausprägungen - ein Thema, das bis heute aktuell geblieben ist.

II. Die politische Kultur des Etatismus

Der Dahrendorf-Aphorismus "Anarchie ist schön, aber unpraktisch"[13] führt uns nicht nur zur Rechtfertigung des Staates überhaupt, sondern auch zur Begründung liberaler Staatsvorstellungen. Schon in seiner "Allgemeinen Staatslehre" von 1925 hat Hans Kelsen den *Liberalismus* als die gerade noch praktikable Form verdünnter *Herrschaft* charakterisiert: "Wenn der kollektivistische Anarchismus in seiner sozialen Ordnung das Zwangsmoment wenigstens ausnahmsweise zuläßt, nimmt er schon die Wendung zu einer etatistischen Theorie. Denn indem die Anwendung von Zwang und daher die Ausbildung eines Zwangsapparates - wenn auch nur gegen offenbar verblendete, ihr 'wahres' Interesse nicht einsehende und darum eigentlich als sozialpathologisch zu beurteilende Gemeinschaftsglieder - zugelassen wird, ist der Staat nicht mehr *negiert,* sondern bloß zugunsten der freien Gesellschaft *reduziert*. Und das ist auch die Haltung, die die politische Theorie des sogenannten *Liberalismus* einnimmt."[14]
Die auf dem europäischen Kontinent in der Neuzeit entwickelte *politische Kultur des Etatismus* ließ in Österreich den politisch-juristischen Begriff des *Rechtsstaates*, der sich als formaler Mantel auch um einen expansiven Staat legen kann, wie die Entwicklung des 20. Jahrhunderts zeigte, zum größten Erfolg des liberalen Traditionsstromes werden. Die Verknüpfung des Rechtsstaats mit Minimalstaatsvorstellungen ist keine historische Notwendigkeit. So wurde auch - abgesehen vom angelsächsischen Raum und vielleicht von der Schweiz - schon im letzten Jahrhundert die Richtung auf starke Staatsinterventionen eingeschlagen. Es ist auch sprachlich bezeichnend, daß wir viel mehr über den "*liberalen Rechtsstaat*" als über die "*liberale Gesellschaft*" reden.

[12] MANN (1939), loc. cit. in FN 11, p. 34 f.
[13] DAHRENDORF (1975), loc.cit. in FN 5, p. 47.
[14] Hans KELSEN, Allgemeine Staatslehre, Berlin 1925, p. 31 (Hervorhebungen im Original).

Seit dem aufgeklärten Absolutismus der maria-theresianisch-josephinischen Reformperiode ist in Österreich die *Hochschätzung des Staates* als Problemlöser und Innovator - und eben nicht die des Marktes und des Wettbewerbs - besonders intensiv und tief sowie bis vor kurzem ungebrochen internalisiert. Das Staatsvertrauen überstieg oft die Leistungsfähigkeit des Staates. Wenn wir nur halbwegs ehrlich sind, liegt der Tenor immer auf Recht und Staat, das Adjektiv "liberal" bleibt eigentümlich blaß und schattenhaft. Dem *Staat* wird eine tragende, kontinuierliche Rolle als Garant des *öffentlichen Interesses* zugewiesen, das weitgehend durch die obersten Organe (Parlament und Regierung, beide durch die Parteien dominiert) sowie die öffentlichen Bediensteten definiert wird. Die genannten Faktoren haben auch ein Eigeninteresse an dieser Rolle. Selbst das parlamentarisch erlassene Gesetz geht überwiegend auf Regierungsvorlagen, die wieder durch die Verwaltung ausgearbeitet werden, zurück, ganz zu schweigen von den weiteren Konkretisierungsstufen, der Verordnung und dem Bescheid. Liberalismus bedeutete rechtsstaatliche Modifizierung eines *vorhandenen* Staates, nicht seine vollständige Neugestaltung oder gar Abschaffung.

Die säkulare Entwicklung lief auf eine Ausdehnung der *Staatsaufgaben*[15] hinaus, ursprünglich mit unbegrenzten, eben "*absolutistischen*" Mitteln durchgesetzt, heute aber weitgehend *rechtsstaatlich* domestiziert. Diese Ausdehnung der Staatsaufgaben hatte begreiflicherweise eine Vermehrung des *Staatsapparats* sowie der damit verbundenen *Staatsausgaben* und der zu ihrer Deckung erforderlichen *Abgaben* zur Folge. Realtypisch ist jedoch zu differenzieren: Verglichen mit dem *angelsächsischen* Bereich erwies sich der *kontinentale Liberalismus*, der sich im konstitutionellen Verfassungswerk der sechziger Jahre des 19. Jahrhunderts auch in Österreich politisch-rechtlich geltend gemacht hatte, zwar als schwächer, versuchte jedoch in einzelnen Anläufen seinerseits gleichsam in einer "*Staatsaskese*" die vier großen "A" des Staates (Aufgaben, Apparat, Ausgaben und Abgaben) zu limitieren. Diese Intention fand ihre Formulierung (freilich damit noch nicht ihre Realisierung) am Ende des 18. Jahrhunderts in der (erst später publizierten) Studie des damals noch ganz jungen Wilhelm von Humboldt, eines der wenigen großen liberalen Autoren des deutschsprachigen Raumes (er wird auch von John Stuart Mill zustimmend zitiert), mit dem Titel "Ideen zu einem Versuch, die Gränzen der Wirksamkeit des Staats zu bestimmen" (1792).[16]

All dies war eigentlich nur ein retardierendes Moment, das aber doch die freiheitserhaltende Unruhe um das Maß- und Grenzproblem moderner Staatlichkeit

---

[15] Dazu grundsätzlich und mit vorwiegend *deutschen* Beispielen: Hans-Peter BULL, Die Staatsaufgaben nach dem Grundgesetz, Frankfurt/Main 1973. - Dieter GRIMM (Hg.), Staatsaufgaben, Baden-Baden 1994. - Peter SALADIN, Wozu noch Staaten? Zu den Funktionen eines modernen demokratischen Rechtsstaats in einer zunehmend überstaatlichen Welt, Bern-München-Wien 1995.
Die *österreichische* politische Kultur des Etatismus wird anschaulich und eingehend dargestellt von Ernst HANISCH, Der lange Schatten des Staates. Österreichische Gesellschaftsgeschichte im 20. Jahrhundert, Wien 1994.

[16] Hiezu Rainer OSTERMANN, Die Freiheit des Individuums. Eine Rekonstruktion der Gesellschaftstheorie Wilhelm von Humboldts, Frankfurt/Main-New York 1993.

wachrief und wachhielt, zumal in der Diskussion um den Verfassungsstaat und seine Grundrechtsgewährleistungen und um die Aussparung und Bewahrung eines gesellschaftlichen Raumes für Marktwirtschaft und Wettbewerb. Der staatsasketische Liberalismus läßt sich bildhaft als ein *Wellental* zwischen den Wellenbergen des wohlfahrtsstaatlichen Absolutismus und des sozialen Leistungsstaats der Gegenwart charakterisieren, die sich beide nicht in der Expansion der Staatsaufgaben, sondern nur in der Wahl und in der Form der Mittel zu ihrer Verwirklichung unterscheiden.

In den letzten fünfzehn Jahren ist der Glaube an die umfassende Lösungskapazität, ja die Allwissenheit des Staates als des Subjekts einer *kollektiven Vernunft* und an die Kompetenz der Politiker und der öffentlichen Bediensteten als Interpreten und Wahrer des öffentlichen Interesses brüchig geworden. Es wurde der produktive Wert der Freiheit, des Marktes und des Wettbewerbs, also die *individuelle Vernunft* der Bürger und der "Wirtschaftssubjekte" wiederentdeckt. Der kühnste Schritt in diese Richtung war die Volksabstimmung vom 12. Juni 1994 über den EU-Beitritt Österreichs.

Dennoch muß gesagt werden, daß Österreich heute noch immer ein "*kleines*" Land mit einem "*großen*" Staat ist. Aber in wachsender Zahl werden Kompaktheit, "Vermachtung" und Kartellierung, ja auch die so lange als Sedativum wirkenden Formen des *Austropragmatismus* und des bodenständigen *Gouvernementalismus* kritisch beurteilt. Auch dieser "große" Staat ist schon im alten Österreich angelegt. Nichts zeigt dies besser als ein Blick in die umfangreichen *Kompendien* altösterreichischer Staatlichkeit von Mischler / Ulbrich[17] und Mayrhofer / Pace[18] sowie ein Blick in jeden alten und neuen *Amtskalender*. Der uns umgebende Staat ist ein Amalgam der Traditionselemente des aufgeklärten Absolutismus mit dem liberalen Institutionenset, von dem noch kurz zu handeln sein wird. Politisch stellt dies den Friedensschluß des Liberalismus mit der konstitutionellen Monarchie unter Verteidigung eines beschränkten Wahlrechts bis zum Beginn unseres Jahrhunderts dar. Auch im alten Österreich waren die an den Staat herangetragenen Erwartungen bereits sehr hoch gespannt. Zwei Beispiele, ein eher scherzhaftes und ein ernstes, mögen dies verdeutlichen:

Der altösterreichische Beamte Robert Ehrhart berichtet in seinen Memoiren, daß einmal ein Wiener Bürger an den k.k. Ministerpräsidenten Paul Gautsch Freiherrn von Frankenthurn eine Korrespondenzkarte richtete, in der er sich beschwerte, "daß in seiner Wohnung jedesmal um Mitternacht Gespenster ihr Unwesen trieben. Der Lärm, den diese Klopfgeister machen, sei unerträglich, er könne nicht schlafen, die Nerven gingen dabei zugrunde. Der Schlußsatz lautete: 'Es ist unglaublich, was man sich in Österreich alles gefallen lassen muß.'"[19] Das ist wahrhaftig eine Eskalation der Extravaganz: die österreichische Sehnsucht, den Staat als "Geisterbeschwörer" anrufen zu können!

---

17 Ernst MISCHLER / Josef ULBRICH (Hg.), Österreichisches Staatswörterbuch, 2.A., 4 Bde., Wien 1905-1909.

18 Ernst MAYRHOFER / Anton Graf PACE (Hg.), Handbuch für den politischen Verwaltungsdienst, 5.A., 7 Bde., 2 Ergänzungsbände, 1 Index-Bd., Wien 1895-1913.

19 Robert EHRHART, Im Dienste des alten Österreich, Wien 1958, p. 146.

Das ernstere Beispiel zeigt, wie sehr auch bei einem liberalen Ökonomen die Betonung des Staates in den Vordergrund rücken kann. Friedrich von Wieser publizierte 1905 eine Studie "Über Vergangenheit und Zukunft der österreichischen Verfassung", in der er an die "liberalen Deutschen" die Aufforderung richtete, eine starke Partei zur Stützung der Verfassung zu bilden: "Mögen sie, die sich die Verfassungspartei genannt haben, endlich eine *Partei* werden und mögen sie alle Kräfte zu diesem Werk vereinigen. Sich um den *Liberalismus* zu sorgen, ist jetzt nicht die Zeit, sein Schiff liegt im Winterhafen und harrt eines neuen Frühlings, der an seinem Tage kommen wird; bis dahin ist es vor Überfall zu bewachen, inzwischen ist aber alles zu tun, um den versandeten Strom des *Staates* wieder schiffbar zu machen. Wer diese Arbeit getan haben wird, der wird der Meister auf dem Strome werden."[20]
Nun gilt es noch, den bisher als Blankettformel verwendeten Begriff des "*Rechtsstaates*" mit Inhalt zu füllen.[21] Die Ursprungsintention liberal-rechtsstaatlicher Bemühungen war durchaus staatslimitierender Natur. Die wachsende Kritik der Aufklärung bezweckte die Bändigung des als immer drückender empfundenen Leviathan, als der sich der absolutistische Staat zunehmend darstellte. Wenn auch seine Schutz- und Friedensfunktion nicht ernsthaft in Frage gestellt wurde, sollten doch persönliche Freiheit vom Staat und politische Freiheit durch Mitwirkung an der Staatswillensbildung erzielt werden. Das *Institutionen- und Normenensemble* des Rechtsstaats weist idealtypisch folgende Merkmale auf:

- Trennung von *Staat* und *Gesellschaft*, weshalb sich auch die liberale Verfassung als *Prozeßordnung* des Staates und nicht als *Grundordnung* der Gesellschaft versteht; dies wird sie freilich gleichsam ex negativo durch Freisetzung des Individuums zu Selbsterhaltung, Selbstgestaltung und Selbstorganisation.
- Begrenzung der *Staatsaufgaben* und damit der Staatstätigkeit.
- Neigung zum *Zentralismus* zwecks Sicherung der Rationalisierungs- und Modernisierungsvorgänge durch die hauptstädtischen Eliten.
- *Machtbegrenzung* und *Machtkontrolle,* um Rechtssicherheit durch Orientierungs- und Realisierungssicherheit zu erzielen. Mittel hiezu sollen Gewaltenteilung, Legalitätsprinzip[22] und unabhängige Gerichtsbarkeit, häufig gipfelnd

[20] Friedrich von WIESER, Über Vergangenheit und Zukunft der österreichischen Verfassung, 1905, p. 171 (Hervorhebungen im Original).
[21] Einen kenntnisreichen Überblick über die historisch-politische Genese des Rechtsstaats bietet Ulrich SCHEUNER, Die neuere Entwicklung des Rechtsstaats in Deutschland (zuerst 1960). In: Ernst FORSTHOFF (Hg.), Rechtsstaatlichkeit und Sozialstaatlichkeit, Darmstadt 1968, p. 461-508. SCHEUNER charakterisiert straff: "Der Rechtsstaat verkörpert in sich den Schutz der persönlichen und politischen Freiheit des Bürgers und die Mäßigung und rechtliche Bindung aller öffentlichen Machtausübung." (p. 491).
[22] Angesichts der heutigen *Normenflut* ist der aufklärerische Optimismus, Verfassung und Gesetz in ihrer Allgemeinheit und Abstraktheit als "ratio et iustitia scripta" zu betrachten und dadurch die Herrschaft von Menschen über Menschen überflüssig zu machen, nur als nostalgische Erinnerung zu verstehen. Dieses Aufklärungspathos durchzieht z.B. die Verfassung von Massachusetts vom 25. Oktober 1780, wenn es dort in Teil I, Art. 30 heißt: " ... to the end it may be a government of laws and not of men" (zitiert nach SCHEUNER (1968), loc.cit. in FN 21, p. 470, FN 25).

in einer Gerichtsbarkeit öffentlichen Rechtes (Verwaltungs- und Verfassungsgerichtshof)[23] sein, worin sich Mißtrauen gegen Regierung und Verwaltung sowie Hochschätzung von Parlament und Justiz äußerten. Gerade dieses Verhältnis von Mißtrauen und Hochschätzung wurde im historisch-politischen Prozeß eingeschliffen, die traditionelle Staatlichkeit mit ihrer notwendigen bürokratischen Organisation erwies sich als stärker. Ein Nachklang der liberalen Hochschätzung der Justiz ist der Ausdruck "Justizpalast" (Brüssel, Wien, Oberlandesgericht Graz) oder "Friedenspalast" (Internationaler Gerichtshof in Den Haag) für Gerichtsgebäude höherer Instanzen. In dem von Kelsen begleiteten und mitgestalteten Verfassungswerk von 1920 bildet die umfassende Kontrolle der generellen Rechtserzeugung durch die Verfassungsgerichtsbarkeit eine "originäre" Verfassungsleistung im Sinne Karl Loewensteins, einen spezifischen Beitrag Österreichs zur Weltrechtsentwicklung[24], wie sich dann nach 1945 und wieder nach dem "Zeitenbruch" 1989/90 in der weiten Verbreitung der Verfassungsgerichtsbarkeit zeigte.

- Verfassungsrechtliche Gewährleistung individueller Rechtspositionen (*Grund- und Freiheitsrechte*) als staatsgerichteter Abwehrrechte mit gerichtsförmiger Durchsetzungschance.[25]
- Ein *Parlament* als Zentralorgan und Relais für die aus der Gesellschaft kommenden Gemeinwohlvorstellungen, die nach einem rationalen Diskurs unabhängiger Abgeordneter (freies Mandat, Immunität) zu Gesetzen integriert und dann durch Justiz und Verwaltung vollzogen werden sollen.
- Skepsis gegen *direkte Demokratie*, Kehrseite der Bevorzugung relativ zentralisierter Rechtserzeugung im Parlament.
- Grundsätzliche *Öffentlichkeit* des Staatshandelns, die neulich wieder in Österreich für das Verfahren des unabhängigen Umweltsenats betont wurde (§§ 10 f. Bundesgesetz über den Umweltsenat-USG, BGBl. 1993/698).

Dies alles waren und sind Errungenschaften, die dem *Individuum* dienen und dem Staat, aber auch anderen Großinstitutionen Maß und Grenze setzen sollen. In *postdiktatorischen* Reformen zuerst in Griechenland, Portugal und Spanien, dann in den erodierenden kommunistischen Staaten Ostmitteleuropas und Osteuropas manifestierte sich von neuem die Sehnsucht nach einem begrenzten

[23] Heute sind die *rechtsstaatlichen* Garantien sehr verfeinert, namentlich die Bundesrepublik Deutschland ist geradezu zum Rechtsschutz- und Rechtswegestaat geworden. Auch in Österreich ist die rechtsstaatliche Entwicklung keineswegs abgeschlossen, wie die Schaffung der Volksanwaltschaft und der Unabhängigen Verwaltungssenate zeigt. Darüber hinaus stellt eine Landesverwaltungsgerichtsbarkeit ein wohl unabweisliches rechtspolitisches Postulat dar.

[24] Dem war im alten Österreich die in der Dezemberverfassung 1867 grundgelegte liberale Avantgardeleistung der Tätigkeit des Reichsgerichts (seit 1869) und des Verwaltungsgerichtshofs (seit 1875/76) vorangegangen.

[25] Freilich werden grundrechtliche *Schutz- und Leistungspflichten* des Staates auch bereits für die liberale Ära angenommen bzw. diskutiert, befürwortend Friedrich LEHNE, Grundrechte achten und schützen? Liberales Grundrechtsverständnis 1848. In: Juristische Blätter, 107 (1985), p. 129-316 und 216-224. - Ders., Grundrechte achten und schützen? 1862 und 1867. In: Juristische Blätter, 108 (1986), p. 341-347 und 424-435.

"government", eine Sehnsucht nach Freiheit, die freilich auch ihre rechtsstaatliche Ausprägung mit Wohlstandserwartungen verbindet. Wir dürfen ja nicht vergessen, daß die meisten Menschen - wie wir auch - beides wollen: Freiheit und Sicherheit: den Stimmzettel in der Hand und das Auto vor dem Haus!
Die Einschmelzung und damit Domestizierung der "liberalen Staatsaskese" in den als selbstverständlich gegebenen Staat erfolgte durch die mentale Spange der schon erwähnten *politischen Kultur des Etatismus* in Kontinentaleuropa, die nach wie vor als grundsätzliches "*Staatsvertrauen*" so stark ist, daß auftauchende Probleme meist immer noch in raschem Reflex dem Staat zur Lösung "zugemutet", dann mit öffentlichrechtlichen Mitteln (nicht durch Markt und Privatrecht) zugewiesen werden, wie sich dies beim Umweltschutz zeigte und zeigt. Pointiert läßt sich auch sagen, daß in Österreich Unternehmer meist wie Sektionschefs ausschauten und zum Teil auch noch aussehen - aber Sektionschefs nicht wie Unternehmer.
Gegenstimmen - etwa eines Ludwig von Mises und Friedrich August von Hayek - wurden "zu Hause" kaum gehört, ja unterdrückt und schließlich vertrieben. Erst über angelsächsische Resonanz wurden sie zögernd auch hierzulande zumindest in die Diskussion einbezogen. Die empirischen Untersuchungen Johannes W. Pichlers über die Rechtsakzeptanz in Österreich[26] bestätigen diese politische Kultur des Etatismus, während es das Kennzeichen der europäischen Integration ist, "*Marktvertrauen*" zumindest zu postulieren und zum wirtschaftlichen, politischen und rechtlichen Ideal zu erklären, dessen Umsetzung Organisationsziel der Europäischen Union ist.
Ich will dieses Thema, das durch die festrednerischen Hymnen auf den liberalen Rechtsstaat eher verdunkelt als erhellt wird, noch einmal kurz paraphrasieren: Unser Problem schießt in der typisch modernen Auseinandersetzung um die Grenzziehung zwischen *Staat und Gesellschaft* wie zu einem Kristall zusammen.[27] Die lebensweltlichen Wertvorstellungen schlagen sich jeweils nieder in

[26] Vgl. Johannes W. PICHLER / Karim J. GIESE, Rechtsakzeptanz. Eine empirische Untersuchung zur Rechtskultur aus dem Blickwinkel der Ideen, Werte und Gesinnungen. Dargestellt am Beispiel einer österreichischen Demoskopie, 2 Bde., Wien-Köln-Weimar 1993. - Die empirischen Untersuchungen der genannten Autoren ergeben, daß freilich das *Mietrecht* zu jenen Materien gehört, bei denen sich eine wachsende Zahl von Bürgern, die sonst eher in ihrem sozialen Garantismus und in ihrem Staatsvertrauen veränderungsscheu sind, einen Rückzug des Staates zumindest vorstellen kann.

[27] Zu diesem Problem: Ernst-Wolfgang BÖCKENFÖRDE, Staat und Gesellschaft. In: Staatslexikon, 7.A., V. Bd., Freiburg/Breisgau-Basel-Wien 1989, Sp. 228-235. - Kurt EICHENBERGER, Zur Problematik der Aufgabenverteilung zwischen Staat und Privaten. In: Schweizerisches Zentralblatt für Staats- und Gemeindeverwaltung, 91 (1990), p. 517-540. - Friedrich KOJA, Allgemeine Staatslehre, Wien 1993, p. 49-52. - Wolfgang MANTL, Repräsentation und Identität. Demokratie im Konflikt. Ein Beitrag zur modernen Staatsformenlehre, Wien-New York 1975, p. 290-307.
Sehr eindringlich hat der KELSEN-Schüler Adolf MERKL von der rechtstheoretischen Position der Wiener Schule der Reinen Rechtslehre aus die fließenden Übergänge einer *Verrechtlichungs- bzw. Verstaatlichungsreihe* beschrieben: "Der Ausgangspunkt ist der Fall, daß das Recht menschliches Tun und Lassen von seiner Normierung überhaupt freiläßt. Insoweit ist die menschliche Tätigkeit juristisch überhaupt irrelevant. Die zweite denkbare Verhaltensweise ist die rechtliche Regelung und Überwachung des menschlichen Tun und Lassens, wobei die

dem Ruf nach mehr *Staat* oder mehr *Gesellschaft* bzw. *Markt*, verlangen nach Verrechtlichung und schließlich Verstaatlichung oder nach Entstaatlichung und Privatisierung von Sachbereichen. Die *Verrechtlichung* kann schließlich soweit gehen, daß Funktionen gesellschaftlicher Bereiche vom Staatsapparat selbst besorgt werden, vom Staat in Eigentätigkeit übernommen werden. Es kommt - Österreich ist ja ein Paradebeispiel hiefür - zu einer *Verstaatlichung*, d.h. zu einer "Verbeamtung".[28]

Die *bürgerlichen* Revolutionen bzw. Reformen im Gefolge der *Aufklärung* und ihre Nach- und Fernwirkungen versuchten, dem Individuum eine Freiheitssphäre für Leben und Eigentum zu garantieren, wodurch individuelle Differenzierungs- und Dispositionsmöglichkeit in persönlicher und wirtschaftlicher Hinsicht eröffnet wurden. *Gewaltenteilung* und *Grundrechte* als Unterlassungsansprüche und Abwehrrechte gegenüber dem Staat sollten diese Ausgrenzung einer Privatsphäre gegenüber dem noch über längere Zeit von älteren Traditionen getragenen Staatsapparat des Monarchen und seiner militärischen wie zivilen Bürokratie ebenso schützen wie der Ruf nach *politischer Freiheit,* also der Mitwirkung an der staatlichen Rechtserzeugung. In den Konflikten um öffentliche Wirtschaft und Privatwirtschaft, um öffentliche Schulen und Elternrecht etc. drängt die große Bedeutung der Grenze zwischen Staat und Gesellschaft auch heute noch hell ins Bewußtsein.

Einer der Leitbegriffe des rechtsstaatlich-liberalen Systems von Privatleben und Privatwirtschaft ist die *Privatautonomie*, die rechtlich eingeräumte Befugnis der mündigen Bürger, durch mängelfreien übereinstimmenden Willensentschluß bestimmte Rechtsfolgen verbindlich festzulegen und damit ihre Beziehungen (auch für Güteraustausch und Leistungen) zu regeln. Zentralelement der Privatautonomie ist die Rechtsfigur des *Vertrages*. Mit aphoristischer Kraft sagt Ralf Dahrendorf: "Der Vertrag ist eine stolze Form der Sozialbeziehung."[29]

Wir wissen jedoch, daß dieser Idealtypus einer *Privatrechtsgesellschaft*, für die der Staat und seine Rechtsordnung nur die Rahmenordnung bilden sollten, um das Marktgeschehen, den Wettbewerb und die anderen bürgerlichen Beziehungen zu gewährleisten, im 19. und noch mehr im 20. Jahrhundert immer mehr durch Eingriffe und Leistungen des Staates, durch direkte Maßnahmen, aber

Rechtsunterworfenen zugleich auch als Rechtsorgane dienen. Damit ist erstmals eine Rechtsgemeinschaft gegeben. Die dritte Möglichkeit rechtlichen Verhaltens besteht in der Einrichtung einer besonderen Organisation zur Satzung und Verwirklichung des Rechtes. Damit ist die Rechtsgemeinschaft zum Staatsverband im engeren Sinne verdichtet. Das letzte Stadium der rechtlichstaatlichen Durchdringung der Gesellschaft bedeutet es endlich, wenn sich die Rechtsordnung nicht darauf beschränkt, die gesellschaftliche Tätigkeit durch einen eigenen Staatsapparat zu reglementieren und zu kontrollieren, sondern diesen Staatsapparat auch dazu benützt, gesellschaftliche Tätigkeit außer der Rechtsetzung und Rechtsvollstreckung versehen zu lassen. In diesem Bereiche tritt der Staat nicht als Rechtserzeuger oder Rechtsvollstrecker, sondern, wenngleich ebenfalls in Vollziehung von Rechtssätzen, als unmittelbarer Erzeuger materieller oder immaterieller Güter auf." (Adolf MERKL, Allgemeines Verwaltungsrecht, Wien-Berlin 1927, p. 301).

[28] Hans KELSEN, Reine Rechtslehre, 2.A., Wien 1960, p. 299.

[29] Ralf DAHRENDORF, Vom Gesellschaftsvertrag zur Anomie. In: Hans RÖSSNER (Hg.), Rückblick in die Zukunft. Beiträge zur Lage in den achtziger Jahren, Berlin 1981, p. 84.

auch durch indirekte staatliche Lenkung modifiziert wurde. Formelhaft wird dies meist als die Ergänzung des *Rechtsstaates* durch den *Sozial- und Wohlfahrtsstaat* bezeichnet.
Die neuere Diskussion, auch in Österreich, ist gerade dadurch gekennzeichnet, daß die älteren Werte einer *Privatrechtsgesellschaft*, nämlich die Freiheit der Bürger, ihren Interessenausgleich durch Privatautonomie, vor allem mittels des Vertrages, also letztlich durch "Willkür" zu finden, wieder stärker in den Vordergrund treten. In Österreich stehen hiefür die Namen Franz Bydlinski und Theo Mayer-Maly.[30] Durch lange Jahrzehnte - es sei noch einmal wiederholt - war das Verständnis der Gesellschaft das einer *Gesellschaft des öffentlichen Rechtes*, zumal des Verwaltungsrechtes, mit der Hochschätzung des Gesetzes, der Verordnung und des Bescheides. Nährflüssigkeit hiefür war die schon mehrfach erwähnte politische Kultur des Etatismus.
Es gibt Bereiche, deren *rechtliche* Durchdringung und *staatliche* Protektion sich in den Jahrzehnten des Sozial- und Wohlfahrtsstaates im öffentlichen Bewußtsein sehr stark verfestigt haben, wie etwa der Schutz für Arbeit, Landwirtschaft und Mittelstand. Die variable Grenzziehung zwischen Staat und Gesellschaft zeigt sich noch an einigen rasch zu notierenden Beispielen: Es gibt etwa Rechte, die nach den herrschenden Wertvorstellungen nicht willkürlich disponibel erscheinen, also nicht der privatrechtlichen Gestion, dem Markt, dem Wettbewerb, der Erwerbsfreiheit, dem Eigentums- und Erbrecht zu überlassen sind, wie es zum Teil in älteren rechtsgeschichtlichen Perioden durchaus legitim erschien. Denken wir nur an das heutige, aber früher und anderswo keineswegs selbstverständliche Verbot des *Ämterkaufes*, des *Frauen- und Kinderhandels*, an die fehlende Marktzulässigkeit der *Adoption von Kindern* und des Handels mit *menschlichen Organen*, an das Verbot der *Sklaverei*, das vielleicht am deutlichsten in unserem Bewußtsein nach Jahrhunderten gegenteiliger Theorie und Praxis unbestritten ist.
Zwischen den Bereichen, die weitgehend anerkannt als private und gesellschaftliche Bereiche einerseits sowie als staatliche Bereiche andererseits gelten, gibt es eine *umstrittene* Zone, um die Konflikte toben, ob sie "freigegeben" oder "verboten" bzw. "geboten", ob sie von Privaten oder vom Staat betrieben werden sollen: *Drogenhandel, Drogenkonsum, Rauchen, Alkoholgenuß, Abtreibung, Sterbehilfe, extremistische Parteien*, aber auch - in den USA durchaus in Diskussion, in Österreich aufgrund der Bürgerkriegserfahrungen abgelehnt - private *Sicherheits- und Schutzeinrichtungen* bis zu der in Kalifornien ventilierten und zum Teil schon praktizierten Privatisierung von *Gefängnissen* oder gar von *Gerichten*, deren "Staatlichkeit" wir als eine der großen neuzeitlichen Errungenschaften betrachten. Die Schutz- und Friedensfunktion des Staates soll sich nach europäischer Auffassung auf sein "Monopol legitimer physischer Gewaltsamkeit" stützen, um die gerade wegen ihrer allgemein akzeptierten Grundsätzlichkeit zum geflügelten Wort gewordene Formulierung Max Webers zu gebrau-

[30] Vgl. Franz BYDLINSKI, Das Privatrecht im Rechtssystem einer "Privatrechtsgesellschaft", Wien-New York 1994. - Ders. / Theo MAYER-MALY (Hg.), Die ethischen Grundlagen des Privatrechts, Wien-New York 1994.

chen. Aber hätten sich unsere Eltern vor einigen Jahrzehnten eine *Parkraumüberwachung* durch Privatpersonen (also die Überwachung öffentlichen Parkraums durch beliehene Unternehmer) auch nur vorstellen können?
Unschwer läßt sich erkennen, daß das Ringen um die Intensität und die normative Gestaltung dieser *Grenzziehung* zwischen *Staat* und *Gesellschaft* keineswegs an ein historisches Ende gelangt ist, sondern wie eh und je prekär, offen und politisch gestaltbar ist, wenn auch die verschiedenen Ideensysteme eine bestimmte Grenzziehung zu fixieren trachten. Die jeweils ausgehandelten Konfliktergebnisse schlagen sich in der *einfachgesetzlichen Rechtsordnung*, wichtige Positionen auch in der *Verfassung* mit ihrem *Grundrechtskatalog* nieder.
Ob es uns gefällt oder nicht: Expansion oder Minimierung des Staates, Ausbau oder Abbau der Rechtsordnung, wirtschaftliche Regulierung oder Deregulierung sind fortbestehende Themen von großem Gewicht für die individuelle und kollektive Lebensgestaltung. Es sind auch bleibende Themen, an denen sich die *Wirkkraft des Liberalismus* erweisen muß. Zugespitzt: ob er Gestaltungsprinzip oder bloße Phrase ist.

III. Das Bürgertum

In unseren Schulbüchern wird das *Bürgertum* gemeinhin als das soziale Substrat des Liberalismus bezeichnet. Am Ende der Aufklärung, revolutionär und reformerisch gegen das Ancien Régime mit jeweils nationalen Unterschieden auch verschieden erfolgreich aufgetreten, steht der unerhörte Optimismus des dritten Standes, eine neue Lebensordnung zu schaffen. Freilich zeigte sich bald eine Ambivalenz von *universellem Menschheitsprogramm* und *partikularem Klasseninteresse*, zumal dann, als andere soziale Gruppen nachdrängten. Das große Feld der Auseinandersetzung war das *Wahlrecht* zu dem so hoch geschätzten Zentralorgan Parlament. *Besitz* und *Bildung* sollten das Eintrittsgeld in die politische und gesellschaftliche Arena sein, nicht mehr Geburt und Stand. Freilich erwies sich die staats- und gesellschaftstragende bürgerliche Schicht schon gegen Ende des 19. Jahrhunderts als ziemlich *schmal*, weil es eben sehr viel mehr Bauern und Arbeiter gab. Kurt Wimmer erwähnt in seiner Dissertation über den Liberalismus in Oberösterreich, daß es 1885 in Oberösterreich bereits viermal so viele katholische wie liberale Vereine gab.[31] Und wenn zu einem Fußballspiel zehntausende Fans anreisen, sind dies Zahlen, die auf die moderne Massendemokratie und ihre Parteien hinweisen, aber nicht auf die quantitativen Dimensionen liberaler Bürgerlichkeit.
Weit davon entfernt, den Problemkreis "*Bürgertum und Liberalismus*"[32] nur annähernd erschöpfend behandeln zu können, sei darauf hingewiesen, daß es hiezu

[31] Vgl. Kurt WIMMER, Liberalismus in Oberösterreich. Am Beispiel des liberal-politischen Vereins für Oberösterreich in Linz (1869-1909), Linz 1979, p. 43.
[32] Die im folgenden angeführten Werke enthalten zahlreiche weitere Literaturhinweise: Ulrike DÖCKER, Die Ordnung der bürgerlichen Welt. Verhaltensideale und soziale Praktiken im 19. Jahrhundert, Frankfurt/Main-New York 1994. - Ulrich ENGELHARDT, "Bildungsbürgertum".

mannigfache *Studien* gibt: von Ernst Bruckmüller und Hannes Stekl über das heutige Österreich[33], von Péter Hanák über Ungarn[34], von Mirjana Gross über Kroatien[35] und neuestens von Otto Urban über die tschechische Gesellschaft.[36]

Begriffs- und Dogmengeschichte eines Etiketts, Stuttgart 1986. - Lothar GALL (Hg.), Stadt und Bürgertum im 19. Jahrhundert, München 1990. - Hans H. GERTH, Bürgerliche Intelligenz um 1800. Zur Soziologie des deutschen Frühliberalismus, Göttingen 1976. - Panajotis KONDYLIS, Der Niedergang der bürgerlichen Denk- und Lebensform. Die liberale Moderne und die massendemokratische Postmoderne, Weinheim 1991. - Reinhart KOSELLECK, Kritik und Krise. Ein Beitrag zur Pathogenese der bürgerlichen Welt, Freiburg/Breisgau-München 1959. - Arno J. MAYER, Adelsmacht und Bürgertum. Die Krise der europäischen Gesellschaft 1848-1918, München 1984. - Wolfgang SCHIEDER (Hg.), Liberalismus in der Gesellschaft des deutschen Vormärz, Göttingen 1983. - Hannes SIEGRIST (Hg.), Bürgerliche Berufe. Zur Sozialgeschichte der freien und akademischen Berufe im internationalen Vergleich, Göttingen 1988. - Dolf STERNBERGER, Panorama oder Ansichten vom 19. Jahrhundert, Frankfurt/Main 1974.
Wir sehen den Aufstieg der bürgerlichen Welt nicht zuletzt durch *niederländische* Augen! Der Pfad des neuzeitlichen Menschen in die Moderne läßt sich in der Entwicklung der niederländischen Malerei verfolgen: Land und Meer, Mensch und Haus führen aus der religiösen Kunst des Mittelalters in die mannigfache Weltlichkeit von Seestück, Landschaft, Genrebild, Portrait, Interieur und Stilleben. Man denke an die bürgerlichen Häuser auf den Gemälden von Pieter de HOOCH und die familiären Szenen bei Gerard ter BORCH, an die die bürgerliche Lebensfülle und Alltäglichkeit ausdrückenden Käseschnittflächen auf den Stilleben von Floris van DIJCK. Schließlich wird auch das Kind entdeckt: Kaum ein Besucher geht im Amsterdamer Rijksmuseum an dem "Mädchen in Blau" von Johannes VERSPRONCK vorbei, ohne durch das heitere Lebensgefühl gesicherter Adoleszenz beeindruckt zu sein. Diese ruhige selbstbewußte Bürger lichkeit in einer differenzierten Stadtkultur schlug sich nieder bis ins kleinste Detail der Gegenstände des täglichen Lebens. Nichts zeigt die Prosperität dieser bürgerlichen Gesellschaft deutlicher als die Vielfalt silberner Löffel in den Niederlanden, vom "Erdapfellöffel" bis zum "Zuckerstreulöffel" - bezeichnenderweise fehlt in Österreich dieser "Artenreichtum".

33 Ernst BRUCKMÜLLER u.a. (Hg.), Bürgertum in der Habsburgermonarchie, Wien-Köln 1990. - Hanns HAAS / Hannes STEKL (Hg.), Bürgerliche Selbstdarstellung. Städtebau, Architektur, Denkmäler, Wien-Köln-Weimar 1995. - Hannes STEKL (Hg.), Kleinstadtbürgertum in Niederösterreich. Horn, Eggenburg und Retz um 1900, Wien 1994. - Hannes STEKL u.a. (Hg.), "Durch Arbeit, Besitz, Wissen und Gerechtigkeit", Wien-Köln-Weimar 1992.

34 Péter HANÁK, Ungarn in der Donaumonarchie. Probleme der bürgerlichen Umgestaltung eines Vielvölkerstaates, Wien-München-Budapest 1984. - Ders., Der Garten und die Werkstatt. Ein kulturgeschichtlicher Vergleich Wien und Budapest um 1900, Wien-Köln-Weimar 1992. - Ders. (Hg.), Bürgerliche Wohnkultur des Fin de Siècle in Ungarn, Wien-Köln-Weimar 1994.

35 Mirjana GROSS, Die Anfänge des modernen Kroatien. Gesellschaft, Politik und Kultur in Zivil-Kroatien und -Slawonien in den ersten dreißig Jahren nach 1848, Wien-Köln-Weimar 1993.

36 Otto URBAN, Die tschechische Gesellschaft 1848 bis 1918, 2 Bde., Wien-Köln-Weimar 1994.

Über Beamte arbeiteten Karl Megner und Waltraud Heindl.[37] Auch die Rolle der Frau wird zunehmend Gegenstand wissenschaftlicher Reflexionen.[38]
Von bedeutendem Gewicht war die Rolle des *jüdischen Bürgertums*, namentlich in Wien. Keine Arbeit kann daran vorbeigehen. Steven Beller, Leon Botstein, Robert S. Wistrich haben hiezu ebenso akribische Untersuchungen vorgelegt, wie schon sehr früh Peter Pulzer das Problem im düsteren Reflex des *Antisemitismus* behandelt hat.[39]
Immer wieder wird eine *Schwäche* des österreichischen Liberalismus auch darin gesehen, daß er zwar die großartige literarische Stilisierung des *Unternehmers*[40] bei Joseph A. Schumpeter hervorgebracht hat, aber den entscheidungsstarken innovatorischen Unternehmer in der Realität nicht zu seinen Alltagsselbstverständlichkeiten zählte. Das zweite "B", die *Bildung*, spielte wohl die größere Rolle. Prototypen wurden *Wissenschafter* - vor allem in der Gestalt des *Universitätsprofessors*, zumal des Mediziners im weißen Mantel (man denke an die zahlreichen Bilder Theodor Billroths) -, *Freiberufler*, *Literaten* und *Journalisten*.
Gerade *Künstler* übten auch immer wieder bürgerliche Berufe aus, waren häufig *Juristen*. Franz Grillparzer ist das bekannteste und in dieser Rolle keineswegs besonders glückliche Beispiel. In seinem Tagebuch notierte er einmal, gleichsam sein liberales Scheitern stilisierend: "Einer meiner Hauptfehler ist, daß ich nicht den Muth habe, meine Individualität durchzusetzen."[41] Ab 1873 war der Operettenkomponist und Doktor der Rechte Carl Zeller als Ministerialrat Kunstreferent im k.k. Unterrichtsministerium.[42] Raoul Auernheimer schildert knapp nach

[37] Waltraud HEINDL, Gehorsame Rebellen. Bürokratie und Beamte in Österreich 1780 bis 1848, Wien-Köln-Graz 1991. - Karl MEGNER, Beamte. Wirtschafts- und sozialgeschichtliche Aspekte des k.k. Beamtentums, Wien 1985. - Sehr häufig findet sich in der österreichischen Literatur eine doppelte Stilisierung des *Beamten* dargestellt, daß einerseits Beamte den Gegenstand literarischer Darstellungen bildeten und daß andererseits viele Künstler selbst auch Beamte waren. Hiezu Joseph P. STRELKA (Hg.), Im Takte des Radetzkymarschs ... Der Beamte und der Offizier in der österreichischen Literatur, Bern u.a. 1994.
[38] Vgl. die Beiträge von Elisabeth BRONFEN, Brigitte BRUNS, Hannelore BUBLITZ, Lisa FISCHER und Monika WAGNER in Jürgen NAUTZ / Richard VAHRENKAMP (Hg.), Die Wiener Jahrhundertwende. Einflüsse, Umwelt, Wirkungen, 2.A., Wien-Köln-Graz 1996.
[39] Steven BELLER, Wien und die Juden 1867-1938, Wien-Köln-Weimar 1993. - Leon BOTSTEIN, Judentum und Modernität. Essays zur Rolle der Juden in der deutschen und österreichischen Kultur 1848 bis 1938, Wien-Köln 1991. - John BUNZL / Bernd MARIN (Hg.), Antisemitismus in Österreich. Sozialhistorische und soziologische Studien, Innsbruck 1983. - Peter G. PULZER, Die Entstehung des politischen Antisemitismus in Deutschland und Österreich 1867-1914, Gütersloh 1966. - Robert S. WISTRICH (1989), The Jews of Vienna in the Age of Franz Joseph, London 1966.
[40] Joseph A. SCHUMPETER, Theorie der wirtschaftlichen Entwicklung, Leipzig 1912.
[41] Zitiert nach Heinz POLITZER, Das Schweigen der Sirenen. Studien zur deutschen und österreichischen Literatur, Stuttgart 1968, p. 148, zu Grillparzer auch: Ders., Franz Grillparzer oder das abgründige Biedermeier, Wien-München-Zürich 1972.
[42] Zu ZELLER vgl. Volker KLOTZ, Operette. Porträt und Handbuch einer unerhörten Kunst, München-Zürich 1991, p. 704-708. - Zur Operette im allgemeinen Moritz CSÁKY, Ideologie der Operette und Wiener Moderne. Ein kulturhistorischer Essay zur österreichischen Identität, Wien-Köln-Weimar 1996.

dem Untergang des alten Österreich in seinem 1920 erschienenen schmalen Band "Das ältere Wien - Schatten und Bilder" den Juristen und Privatdozenten Dr.iur. Max Burckhard, der als Ministerialvizesekretär des Unterrichtsministeriums im Alter von 36 Jahren zum Burgtheaterdirektor ernannt wurde, dort das übliche Schicksal erlebte, an das er aber eine weitere Karriere als Hofrat des Verwaltungsgerichtshofes anschließen konnte.[43]

Aus der Fülle des Ungesagten seien nur noch einige pointillistische Bilder hervorgeholt: zuerst einmal die Erinnerung Friedrich Engel-Janosis an seine würdevollen *Universitätslehrer* knapp vor Ausbruch des Ersten Weltkriegs, in der Gesamtatmosphäre wahrhaft Reminiszenzen aus einer anderen Welt: "Damals ging der Stern Hans Kelsens auf, dessen erstes großes Werk, die 'Hauptprobleme der Staatsrechtslehre', eben erschienen war. Als junger Privatdozent las er von acht bis neun Uhr morgens, und ich glaube mich nicht zu täuschen, daß zu den Vorlesungen, in denen er die 'reine Rechtslehre' etablierte, vier Hörer erschienen. Die Wiener Studenten waren niemals auf neue Dozenten erpicht. Adolf Menzel, der sich durch seine Forschung über Spinozas Rechtslehre bekannt gemacht hatte, vertrat die traditionelle Schule, solide und verläßlich. Ich erhielt in seinem Seminar über die österreichischen Grundrechte einen Preis. Als Menzel mich einige Zeit später fragte, wofür ich das Geld ausgegeben hatte, antwortete ich wahrheitsgemäß: für ein Reitabonnement. Ich habe selten ein erstaunteres Gesicht gesehen als damals das von Hofrat Menzel."[44]

Die Selbststilisierung des Bürgertums wurde jedoch schon damals durch Ironie, häufig, jedoch nicht immer: Selbstironie, relativiert. So findet sich die *Persiflage* des Professorentums in Gestalt der beiden Zoologieprofessoren Süffle und Würmchen in der Operette "Der Vogelhändler" (1891) des erwähnten Juristen Carl Zeller nach einem Textbuch von Moritz West und Ludwig Held (einer französischen Vorlage folgend). In einem tänzelnden "Allegro alla marcia" spielen sie sich für die Scheinprüfung des Vogelhändlers Adam warm:

> "Ich bin der Prodekan,
> man sieht mir's gar nicht an,
> jedoch die Fakultät,
> die was davon versteht,
> schickt unanimiter

---

[43] Raoul AUERNHEIMER, Das ältere Wien. Schatten und Bilder, Leipzig-Wien 1920, p. 153-159.

[44] ENGEL-JANOSI (1974), loc.cit. in FN 1, p. 38. - Das soziokulturelle Ambiente der *Wissenschaftsfreiheit* schildert ENGEL-JANOSI an einer anderen Stelle der genannten Erinnerungen: "Als ich Hans Kelsen meinen Entschluß, Geschichte zu studieren, mitteilte, war er maßlos erstaunt. Er sei bereit gewesen, mich zu seinem Assistenten zu machen - und nun? Welch ein Leben stehe mir bevor? Den ganzen Tag in den Bibliotheken verbringen, um festzustellen, ob die Schlacht auf dem Marchfelde am Mittwoch oder Donnerstag stattgefunden habe? Ich solle damit sein Leben vergleichen - welch ein Unterschied! Er ergehe sich im Wienerwalde, große philosophische Gedanken im Kopfe - sie überlegend, sie mit sich selbst diskutierend. Abends kehre er heim zum Schreibtisch - et voilà - ... das sei Leben!" (p. 72).

mich immer hin und her:
als Prüflingskommissär!"[45]

Nicht gerade liebenswürdig ist auch die frühexpressionistische Darstellung bürgerlicher *Bildungsgesellschaft* in dem 1910 erschienenen Roman des damals sechsundzwanzigjährigen Albert Paris Gütersloh "Die tanzende Törin": "Dann der vornehme Universitätsprofessor, der wie ein überzahlter Mime aussieht, sein Organ mehr pflegt als die Vorbereitung fürs Kolleg, geleckt, glatt, satt und rosig blüht. Der reiche Student. Die vornehme Lyzeistin. Die Damen, die sich in den fashionablen Theatern, schlank, tierisch in die breiten Fauteuils der ersten Reihen huscheln, durch nichts zu rühren sind und auch nicht gerührt werden können, denn auch die Schauspieler sind kapitalistische Schauspieler, die kein Talent, aber Perversionen, kein Organ, aber Konsonanten, keine Leidenschaft, aber Auffassungen haben."[46]
Das Pandämonium der *negativen* Seiten der altösterreichischen Gesellschaft, nicht nur der bürgerlichen, zeichnete und geißelte in der Brechung des blutigen Ersten Weltkrieges Karl Kraus in seinen "Letzten Tagen der Menschheit". Mit wissenschaftlicher Distanz und Kühle nannte man das dann die "Krise des liberalen Systems".

IV. Entwicklungsstufen des österreichischen Liberalismus

1783 wurde der Wiener Verlag Wilhelm Braumüller gegründet. Er gab sich den Wahlspruch "per noctem ad lucem" (dieses Motto konnte übrigens auch in der Nazi-Zeit beibehalten werden, der Kleindruck des Signets erleichterte dies). Dieser Wahlspruch umreißt die *Aufbruchsstimmung* der *josephinischen* Spätphase des *aufgeklärten Absolutismus* in Österreich, die auch noch in den zivilrechtlichen Kodifikationen des Westgalizischen Gesetzbuches 1797 und des ABGB 1811 durchhält. Josephinisch gesinnte Beamte, aber auch Geistliche standen noch lang im 19. Jahrhundert in dieser Tradition, bis die katholische Romantik sich als stärker erwies.
Die gescheiterte bürgerliche Revolution von 1848 - mit starken Anleihen beim belgischen Konstitutionalismus - und die Dezemberverfassung 1867 wurden als weitere Schritte *liberaler Entfaltung* verstanden, mit der Stoßrichtung gegen die alten Mächte absolutistischer Monarchie und konservativer Kirchlichkeit. Die Eröffnung der Wiener Weltausstellung am 1. Mai 1873 war gleichsam ein *Hochfest* des österreichischen Liberalismus, dem aber schon eine Woche später am 9. Mai 1873 der *Börsenkrach* des "schwarzen Freitags" folgte. Die allgemeine Umdüsterung setzte sich im Hochsommer 1873 mit einer Choleraepide-

[45] Zitiert nach KLOTZ (1991), loc.cit. in FN 42, p. 706.
[46] Albert Paris GÜTERSLOH, Die tanzende Törin, München-Wien 1973, p. 13 f.

mie fort.[47] In den Auseinandersetzungen um die Okkupation von Bosnien-Herzegowina 1878 und mit dem Regierungsantritt des Grafen Eduard Taaffe 1879 ist der *politische Abstieg* des Liberalismus zu einem historischen Faktum geworden.Die liberalen Gruppen, Vereine und Strömungen nahmen ab den achtziger Jahren des 19. Jahrhunderts zunehmend *deutschnationale* und *antisemitische* Züge an. *Wirtschaftlich* läßt sich das Hin und Her liberaler und etatistischer Vorstellungen in ihrer meist ganz pragmatischen Gemengelage an den sich abwechselnden *Verstaatlichungen* und *(Re-)Privatisierungen* von Eisenbahnen ablesen.

Der *kulturelle* Liberalismus mit seinem stark ausgeprägten Antiklerikalismus fand seinen normativen Niederschlag im Reichsvolksschulgesetz von 1869 und in verschiedenen antikirchlichen Gesetzen, nicht zuletzt in der Kündigung des Konkordats von 1855 im Jahre 1870.[48]

Die *Wiener Ringstraße* war das bauliche Symbol des sich siegreich fühlenden Liberalismus. Immer wieder gab es auch als liberal zu charakterisierende *Prinzen* des kaiserlichen Hauses, in der ersten Jahrhunderthälfte Erzherzog Johann und dann in den achtziger Jahren bis zu seinem frühen Ende Kronprinz Rudolf.

Die alten Mächte und die neu aufsteigenden Massenbewegungen christlichsozialer und sozialdemokratischer Provenienz engten den *Handlungsspielraum* des Liberalismus immer mehr ein. Die Studien Carl E. Schorskes teilen uns mit, daß all diese politischen, ökonomischen und kulturellen Entwicklungen und Konflikte sich in Wien in voller Schärfe kondensierten und in die Kultur des *Fin de Siècle* mündeten, die auch als *Kompensation* des politischen Abstiegs des Liberalismus gedeutet werden kann:[49] Als eine funkelnde wissenschaftlich-kulturelle *Blüte* mit ihrer spezifischen Distanz zu Dynastie und Kirche erreichte sie Weltrang und in unseren Tagen fast so etwas wie eine *Renaissance,* mit allen Fragwürdigkeiten der *Imitation* und *Vermarktung*.[50]

---

[47] Zu diesem "Wendejahr": Jutta PEMSEL, Die Wiener Weltausstellung von 1873. Das gründerzeitliche Wien am Wendepunkt, Wien-Köln 1989.

[48] Vgl. Alfred ABLEITINGER, Kulturkampf. In: Katholisches Soziallexikon, 2.A., Innsbruck-Graz 1980, Sp. 1584-1593. - Karl VOCELKA, Verfassung oder Konkordat? Der publizistische und politische Kampf der österreichischen Liberalen um die Religionsgesetze des Jahres 1868, Wien 1978.

[49] Vgl. Carl E. SCHORSKE, Wien. Geist und Gesellschaft im Fin de Siècle, Frankfurt/Main 1982.

[50] Aus der Fülle einschlägiger Werke und noch zahlreicherer beiläufiger Erwähnungen seien folgende - keineswegs unkritische - Bände genannt, die sich der Wiener Jahrhundertwende widmen: Ilsa BAREA, Vienna: Legend and Reality, New York 1964. - Peter BERNER / Emil BRIX / Wolfgang MANTL (Hg.), Wien um 1900. Aufbruch in die Moderne, Wien 1986. - Hubert Ch. EHALT / Gernot HEISS / Hannes STEKL (Hg.), Glücklich ist, wer vergißt ... ? Das andere Wien um 1900, Wien-Köln-Graz 1986. - Allan JANIK / Stephen TOULMIN, Wittgensteins Wien, 2.A., München-Wien 1989. - Jacques LE RIDER, Das Ende der Illusion. Die Wiener Moderne und die Krisen der Identität, Wien 1990. - NAUTZ / VAHRENKAMP (1996), loc.cit. in FN 38. - Alfred PFABIGAN (Hg.), Ornament und Askese. Im Zeitgeist des Wien der Jahrhundertwende, Wien 1985. - Hilde SPIEL, Glanz und Untergang. Wien 1866-1938, Wien 1987.

In dieser Spätphase der Monarchie kam es zur *Diastase* von parteimäßig organisiertem Liberalismus und Liberalismus als Komplex von Ideen und Haltungen, zu einer *Diffusion* des Liberalismus, der sozial "bodenlos" geworden war und gleichsam als "res nullius" zur *Disposition* anderer politischer und geistiger Kräfte stand. Vor allem waren dies die aufsteigenden neuen großen politischen Gruppierungen mit einer starken sozialen Basis, die sich dann in unserem Jahrhundert zu sozialen Integrationsparteien vom Volksparteitypus entwickelten. Alfred Ableitinger charakterisiert diesen Übergang: "Liberal in den Methoden, politische Entscheidungen zu treffen, liberal in den Mitteln, für sie Zustimmung zu gewinnen, nämlich im Wege öffentlicher Werbung, liberal schließlich zumeist auch bezüglich ihrer Opposition gegen monarchische Außen- und Militärpolitik, machten die Massenparteien dergestalt besondere liberale Parteien überflüssig bzw. wiesen sie als spezifische, elitäre Interessenvertretungen aus."[51]
Durch die *Wahlrechtsausweitungen* am Ende des 19. und am Anfang des 20. Jahrhunderts fand auch ein Szenen- und Personenwechsel im Parlament statt, der sich dann in der Republik fortsetzte. Ein eigentümliches *Lebenszeichen* des Liberalismus ist jedoch das von den neuen politischen Kräften unter der legistischen Begleitung von Hans Kelsen gestaltete Werk der *Bundesverfassung* von 1920. Angesichts der erheblichen Wert- und Interessenkonflikte der politischen Akteure stellte das liberale Institutionenset immerhin ein "gemeinsames politisches Ideengut"[52] und ein gemeinsames Sozialisationserbe der politischen, zumal der juristischen Eliten, dar, das aufgrund seiner hohen Formalität ein konsensfähiges *Strukturminimum* für das menschliche Zusammenleben als kleinsten gemeinsamen Nenner inhaltlich kontroversieller Kräfte darbot. So wurde die Zukunft meritorisch mit allen Chancen und Risken weitgehend zur Disposition der jeweiligen Parteienmehrheit im Parlament gestellt, freilich begrenzt durch die Übernahme des liberalen Grundrechtskataloges von 1867, den Kelsen später einmal kühl, aber deutlich "nicht das schlechteste Produkt des politischen Liberalismus des 19. Jahrhunderts"[53] nannte.
Es gab freilich auch in den illiberalen Anfechtungen der armen *Ersten Republik* liberale Reste - die Botaniker würden sagen: "Dauersporen" -: auf schmaler sozialer Basis als *liberale Haltung* im Bereich von Wissenschaft und Kunst, aber auch in einzelnen Medien wie etwa in der noch mit einem mitteleuropäischen Resonanzboden fortbestehenden "Neuen Freien Presse".
Vieles war spät gekommen, vieles war schwach geblieben. In seiner Jugend übersetzte Sigmund Freud John Stuart Mill, aber die "Federalist Papers" wurden

[51] Alfred ABLEITINGER, Liberalismus und Politik. In: WAS, Zeitschrift für Kultur und Politik, Nr. 80/April 1995, p. 22.

[52] Manfried WELAN, Die Geschichte der österreichischen Bundesverfassung als Spiegelbild der österreichischen Demokratie. In: Anton PELINKA / Manfried WELAN, Demokratie und Verfassung in Österreich, Wien-Frankfurt/Main-Zürich 1971, p. 25. - Zum ganzen Entwicklungszusammenhang auch Wolfgang MANTL, Historische und aktuelle Aspekte der österreichischen Verfassungsentwicklung seit 1918, In: Österreich in Geschichte und Literatur, 36 (1992), p. 357-369.

[53] Hans KELSEN: Archivaufnahme aus dem Jahre 1968. In: Hans KELSEN zum Gedenken, Wien 1974, p. 49.

erst 1958 (!) in deutscher Sprache durch Felix Ermacora im Wiener Manz-Verlag herausgegeben.[54] Es finden sich keine österreichischen "Klassiker" des Liberalismus, die mit den westlichen Autoren zu vergleichen wären, denen ja die Ehre zuteil wurde, in den jeweiligen nationalen Schulkanon aufgenommen zu werden. Michael Freund brachte 1965 einen Sammelband mit ausgewählten Texten über den Liberalismus auf den Markt,[55] ein Buch, in dem sich *kein* Österreicher findet, auch "noch" nicht die heutzutage in aller Munde befindlichen österreichischen Ökonomen und Philosophen vom Schlage eines Schumpeter, Mises, Hayek und Popper.

Der *Neoliberalismus* der Freiburger Schule brachte nach 1945 auch in Österreich in Gestalt des Raab-Kamitz-Kurses eine Wiederkehr des Liberalismus, die im ordnungspolitischen Konzept der *sozialen Marktwirtschaft* ihren populären Ausdruck fand. Der *politisch-juristische* Liberalismus war ja inzwischen Allgemeingut geworden, mit zunehmender Betonung der *demokratischen* wie der *rechtsstaatlichen* Elemente, aber meist in durchaus *staatsexpansionistischer* Form. In den letzten Jahrzehnten gab es immer wieder Herausforderungen dieser liberalen Position der Mitte durch eine Neue Linke und eine Neue Rechte, denen jeweils mit liberalen Argumenten entgegengetreten wurde. Weltweit gesehen, darf man sich freilich niemals der Einsicht verschließen, daß liberal-rechtsstaatliche Demokratien eine Minderheit bilden und daß zum Beispiel die Abschaffung der Todesstrafe in globaler Perspektive immer noch eine "exzentrische" Forderung ist.

Zumindest teilweise wurden die *wirtschaftsliberalen* Gehalte durch die Christliche Demokratie und die *kulturliberalen* Vorstellungen durch die Sozialdemokrtie rezipiert, während der *politisch-juristische* Liberalismus, anfangs nur kleinster gemeinsamer Nenner, schließlich nach 1945 zur großen "Fahne" aller politischen Formationen wurde. Zu den jeweils anderen Aspekten des Liberalismus bewahrten die einzelnen politischen Kräfte *Distanz* und *Skepsis*, also die Christliche Demokratie zu den kulturliberalen und die Sozialdemokratie zu den wirtschaftsliberalen Traditionen des Liberalismus.

In der jüngsten Vergangenheit erst - mit dem Niedergang der Verstaatlichten Industrie - wurden auch in Österreich *staatslimitierende* Aktionen wie Deregulierung und Privatisierung und der Ruf nach dem "schlanken" Staat zumindest Diskussionsthema. Die *EU-Mitgliedschaft* wird eine liberalisierende, Macht und Wettbewerb stimulierende, Innovations- und Leistungsimpulse vermittelnde Wirkung haben.

[54] Vgl. Felix ERMACORA (Hg.), Der Föderalist von Alexander Hamilton, James Madison und John Jay, Wien 1958.
[55] Vgl. FREUND (1965), loc.cit. in FN 5.

V. Antiliberalismus in Österreich

Der Liberalismus trägt Züge der *Kontinuität* und der *Zäsur* im Verhältnis zur alteuropäischen Welt in sich, ist Kind und Überwinder des Ancien Régime. Als bewegende Kraft, eben "Parti du mouvement", ruft er Reaktionen hervor, die sich selbst vieler Mittel der Moderne bedienen (Presse, Vereine, Versammlungen, schließlich Mitwirkung in Parlamenten). Die Kräfte des Alten waren im 19. Jahrhundert so stark, daß Österreich als Ganzes neben Rußland als europäisches Beispiel eines *antiliberalen* Staatswesens par excellence erschien. Um die Proportionen zu wahren, müssen wir uns freilich bewußt sein, daß wir die Welt im allgemeinen heutzutage mit "liberalen Brillen" sehen, wodurch bisweilen die spezifische Legitimität der *anderen* Ideensysteme und Bewegungen (Konservativismus, Christliche Demokratie und Sozialdemokratie) im Pluralismus unterbewertet wird.

Die franziszeisch-metternichsche *Reaktion* auf die Revolutionsperiode versuchte mit verschiedenen Mitteln der *Polizei* und der *Zensur* die neuen liberalen Ideen fern- und niederzuhalten. Franz Grillparzer und Anastasius Grün schrieben ja immer wieder mit Ironie und Zynismus darüber. Manche wie Karl Postl / Charles Sealsfield sind daran zerbrochen.[56]

Die grundsätzliche Auseinandersetzung der Weltanschauungen findet sich am deutlichsten in dem 1851 in Spanien erschienenen "Essay über den Katholizismus, den Liberalismus und den Sozialismus" von Juan Donoso Cortés, einem Traktat, der 1989 von Günter Maschke neu herausgegeben und bezeichnenderweise dem Andenken Carl Schmitts gewidmet wurde.[57] In Österreich, wo es ja auch verschiedene vermittelnde innerkatholische und innerliberale Schattierungen gab, war das 19. Jahrhundert dennoch erfüllt von den wütenden Trompetenstößen der Konfrontation zwischen *Katholizismus* und *Liberalismus*. Welche Verbitterung im österreichischen *Kulturkampf!* Manches wird verständlich, wenn man sich die Jahrhunderte währende Geborgenheit und Beheimatung der Mehrzahl der Bevölkerung im österreichischen Katholizismus vor Augen hält. Der Aufruf zur Gründung des katholisch-konservativen Zentralorgans "Vaterland" im Jahre 1860 gipfelt in der Aufforderung: "Dem Geist von 1789 gelte

[56] Zur *österreichischen Literatur* im soziokulturellen Kontext: Hubert LENGAUER, Ästhetik und liberale Opposition. Zur Rollenproblematik des Schriftstellers in der österreichischen Literatur um 1848, Wien-Köln 1989. - Claudio MAGRIS, Der habsburgische Mythos in der österreichischen Literatur, Salzburg 1966. - Julius MARX, Die österreichische Zensur im Vormärz, Wien 1954. - Karlheinz ROSSBACHER, Literatur und Liberalismus. Zur Kultur der Ringstraßenzeit, Wien 1992.
Zu Karl POSTL / Charles SEALSFIELD vgl. Eduard CASTLE, Der große Unbekannte. Das Leben von Charles Sealsfield (Karl Postl), Wien-München 1952. - Primus-Heinz KUCHER, Charles Sealsfield - Karl Postl. "Austria as it is or sketches of continental courts, by an eye-witness" (London 1828) - "Österreich wie es ist, oder Skizzen von Fürstenhöfen des Kontinents" (Wien 1919). Eine kommentierte Textedition, Wien-Köln-Weimar 1994.

[57] Juan DONOSO CORTÉS, Essay über den Katholizismus, den Liberalismus und den Sozialismus und andere Schriften aus den Jahren 1851 bis 1853. Hg. von Günter MASCHKE, Weinheim 1989.

unser Kampf!"[58] Aber dieser Kampf wird bereits mit dem *liberalen* Medium einer Zeitung geführt!
Als der niederösterreichische Landtag am 15. Feber 1866 darüber verhandelte, daß auch den in Gebäranstalten des Kronlandes unentgeltlich aufgenommenen "akatholischen Frauenspersonen" gestattet werde, ihre Kinder nach akatholischem Ritus taufen zu lassen, wandte sich der Wiener Fürsterzbischof Joseph Othmar Kardinal Rauscher mit der konfessionell unitarischen und staatskirchlichen Begründung dagegen, daß Österreich eben ein *katholischer Staat* sei, wie England ein protestantischer, und daß die österreichische Monarchie auf die katholische Kirche angewiesen sei: "Ein Staat kann also nicht ungestraft die Religion als Sache des Privatvergnügens für Liebhaber behandeln und dieß geschieht, wenn das Staatsgesetz von der Voraussetzung ausgeht, alle Religionen seyen gleich: denn dadurch wird nichts Anderes behauptet als alle Religionen seyen gleich falsch. Daß entweder gar keine oder nur Eine Religion wahr sey, das wußte man schon vor Christi Geburt, man könnte es also auch im 19. Jahrhundert wissen."[59] Kardinal Rauscher fuhr dann fort: "Wer von Oesterreich verlangen würde, aus der Reihe der katholischen Staaten auszuscheiden, verstünde entweder die großen Fragen des Staatslebens nicht zu beurtheilen oder er wäre ein Feind des Kaiserthumes: denn einen willkommeneren Triumph könnte man den Feinden des Kaiserthumes nicht bereiten; namentlich würde man in Preußen aus innerster Seele frohlocken."[60]
Hier ist auch anzumerken, daß manche Schärfe dieser Auseinandersetzung auf die Bedrohung und den schließlichen Untergang des *Kirchenstaates* sowie auf die italienischen kulturkämpferischen Auseinandersetzungen zurückzuführen ist, hatte doch mit dem Untergang des Heiligen Römischen Reiches das ottonische Reichskirchensystem mit seinen auch gegenüber Rom selbstbewußten adeligen Bischöfen dem Ultramontanismus mit seinem bis zum Zweiten Vatikanischen Konzil fortdauernden volkskirchlich und emotionell abgestützten "Papst-patriotismus" Platz gemacht. Der "Syllabus" Papst Pius' IX., 1864 als Anhang zur Enzyklika "Quanta cura" veröffentlicht, markiert einen Höhepunkt antilibe-raler päpstlicher Enuntiationen. Das Konzilsdokument "Gaudium et spes" (1965) bildet - nach verschiedenen vorangegangenen Stufen der Auflockerung - das die moderne Welt akzeptierende Gegenbild hiezu.
1889 schrieb der in der Christlichsozialen Partei höchst verdienstvoll sozial engagierte, freilich deutlich antisemitisch eingestellte Monsignore Josef Scheicher ein Vorwort zur Übersetzung eines auch wieder spanischen Buches unter dem bezeichnenden Titel "Der Liberalismus ist Sünde".[61]

---

58 Zitiert nach Johann Christoph ALLMAYER-BECK, Der Konservatismus in Österreich, München 1959, p. 51. - Eine kurze Religions- und Kirchengeschichte Österreichs in Einzelbeiträgen bietet Norbert LESER (Hg.), Religion und Kultur an Zeitenwenden. Auf Gottes Spuren in Österreich, Wien-München 1984.

59 Joseph Othmar Kardinal RAUSCHER, Oesterreich ein katholischer Staat, Wien 1866, p. 9 f.

60 RAUSCHER (1866), loc.cit. in FN 59, p. 12.

61 Felix SARDÀ Y SALVANY, Der Liberalismus ist Sünde. Brennende Fragen. Mit einer Einbegleitung von Josef SCHEICHER, Salzburg 1898.

Und Karl Lueger läßt sich schwer unter politischen, wirtschaftlichen und kulturellen Gesichtspunkten als *liberal* einstufen. Er war einer der erfolgreichsten antiliberalen Politiker der österreichischen Geschichte. Andererseits zeigt auch manch politischer Winkelzug gerade in seinem Leben, daß die Parteiaktivität wie auch die Gewerkschaftsaktivität - ebenso übrigens bei der Sozialdemokratie - einen *Pragmatismus* erforderte, der bereits als Ansatz für liberales und kompromißbereites Verhalten gedeutet werden kann. Es handelt sich freilich um sehr zarte Anfänge, die erst in der Jahrhundertmitte fruchtbar und Österreich befriedend wurden.

Es gab innerhalb des Katholizismus auch *Differenzierungen,* die freilich immer wieder pönalisiert wurden, wie etwa den Gegensatz von Modernismus und Integralismus. Aber Österreichs Problem war eben, daß es an einem *liberalen Konservativismus* mit einer akzeptablen Kombination von Freiheit und Ordnung, von relativ autonomer Subjekthaftigkeit und religiöser Bindung mangelte, wie ihn der Westen in Edmund Burke, Alexis de Tocqueville und Lord Acton aufwies.

Es fehlte auch ein dezidierter, aufgeschlossener *Reformkatholizismus*, der ja ständig vom Modernismusverdikt bedroht war. Dennoch finden sich Züge einer großzügigeren Haltung, etwa bei Albert Ehrhard während seiner Wiener Professur 1898 bis 1902, wohl auch beim jungen Ignaz Seipel in seiner Salzburger Zeit und im "Brenner-Kreis" um Ludwig von Ficker in Innsbruck.

Immerhin formulierte Ignaz Seipel in seinem Eröffnungsvortrag für eine im Festsaal der Wiener Hofburg vom Akademischen Verein "Logos" veranstaltete "Katholische Woche" am 4. Mai 1924 die erfrischende Passage: "Das Einseitige ist niemals das Katholische und jeder Fanatismus ist unkatholisch, auch wenn er sich auf die angeblich katholischesten Gegenstände richtet."[62] Diese Linie findet sich auch bei Heinrich Lammasch und schließlich am deutlichsten bei der Zentralfigur des Katholizismus der Zweiten Republik, bei Erzbischof Franz Kardinal König.

Die am Ende des 19. Jahrhunderts aufsteigende österreichische *Sozialdemokratie* hat die *kulturpolitischen* Traditionen des Liberalismus übernommen, freilich in *wirtschaftspolitischer* Hinsicht eine ganz andere Haltung bezogen. Interessant ist ihre anfängliche Skepsis gegenüber zentralen *politisch-juristischen* Errungenschaften des Liberalismus, wie dem Parlament. Diese Skepsis - auch Ausdruck des Kompromisses zwischen Radikalen und Gemäßigten - findet man an zwei Stellen des Hainfelder Programmes, und zwar sowohl in der Prinzipien-Erklärung als auch in der Resolution über die politischen Rechte. Ich zitiere aus der Prinzipien-Erklärung, Punkt 3: "Ohne sich über den Wert des Parlamentarismus, einer Form der modernen Klassenherrschaft, irgendwie zu täuschen, wird sie [sc.: die Sozialdemokratie] das allgemeine, gleiche und direkte Wahlrecht

[62] Ignaz SEIPEL, Katholizismus und Gegenwart. In: Joseph GESSL (Hg.), Seipels Reden in Österreich und anderwärts. Eine Auswahl zu seinem 50. Geburtstage, Wien 1926, p. 133. - Hier seien noch zwei große Gesamtdarstellungen von SEIPELs Leben und Werk erwähnt: Klemens von KLEMPERER, Ignaz Seipel. Staatsmann einer Krisenzeit, Graz-Wien-Köln 1976. - Friedrich RENNHOFER, Ignaz Seipel. Mensch und Staatsmann, Wien-Köln-Graz 1978.

ohne Unterschied des Geschlechtes für alle Vertretungskörper mit Diätenbezug anstreben, als eines der wichtigsten Mittel der Agitation und Organisation."[63]
Das war 1888/89. In der Mitte der neunziger Jahre des vorigen Jahrhunderts hat Karl Kautsky in der Auseinandersetzung mit direktdemokratischen Bestrebungen der Schweizer Genossen und des alten Theoretikers Moritz Rittinghausen die Rolle des *Parlaments* als jenes Ortes, an dem sozialdemokratische Aktivitäten mittels einer kraftvollen Fraktion sich entfalten sollen, besonders und mit nachhaltiger Wirkung stilisiert.[64] Er bildet damit, ohne es in dieser Form zuzugeben, eine reformistische Brücke zum liberalen Rechtsstaat überhaupt, die dann etwa bei Karl Renner und in unserer Gegenwart bei Heinz Fischer fortgesetzt wird, jeweils immer mit der Betonung eines starken Staates, worin sich auch die Einpassung der österreichischen Sozialdemokratie in die traditionelle *politische Kultur des Etatismus* ausdrückt.
Gegen Ende des 19. Jahrhunderts wurden die Schatten des *Nationalismus* und des *Antisemitismus* über der hellen bürgerlich-liberalen Lebenswelt immer dunkler. Der ja aus liberaler Wurzel stammende hochrationale *Formalismus* der altösterreichischen Rechtsordnung, im wesentlichen Prozeß- und Verfahrensordnung, also *Rechtsstaat* im formellen Sinn, konnte zwar auf längere Zeit eine pazifizierende Ordnungsfunktion erfüllen (symbolisiert im "Kaiser", aber auch im "Bezirkshauptmann", man denke an Joseph Roths Dichtungen), vermochte aber nicht das politische System als Gemeinwesen von Bürgern, die eine dialogische Toleranz füreinander aufbringen, aus der dann auch die Solidarität der Freien und Gleichen wachsen kann, dauerhaft gelingen zu lassen. Dazu wäre eine nachhaltige Transformation der Spannungen und Konflikte in einen akzeptierten Prozeß partizipatorischer Integration notwendig gewesen. Und diese Leistung kam nicht zustande. Nach der Badeni-Krise war Österreich letztlich nur mehr *bürokratisch* regierbar (Protagonist dieses "Modernisierungsbürokratismus": Ernest von Koerber[65]).
Die *Erste Republik* brachte einen Höhepunkt des *Antiliberalismus* und damit einen Tiefpunkt des Liberalismus in Österreich. Liberalismus verkam zum Schimpfwort, von dem sich jeder distanzieren mußte, um dem Konformismus des herrschenden Zeitgeists zu genügen. Selbst bei Thomas Mann war dies ja noch 1939 zu merken. Abgesehen von der zeitgeistig dominanten Antiliberalität im ganzen mit einer starken *Militarisierung* der gesamten Gesellschaft, die schließlich in den *Bürgerkrieg* führte, gab es dann noch besondere Dichtezonen

63 Zitiert nach Ernst WINKLER, Die österreichische Sozialdemokratie im Spiegel ihrer Programme, Wien 1964, p. 29.
64 Diese "*zentristische*" Wende wird dargestellt bei Wolfgang MANTL, Eine frühe Weichenstellung zwischen Parlamentarismus und direkter Demokratie. Die Auseinandersetzung Kautskys mit Rittinghausen im Jahre 1893. In: Manfred FUNKE u.a. (Hg.), Demokratie und Diktatur. Geist und Gestalt politischer Herrschaft in Deutschland und Europa. Festschrift für Karl-Dietrich BRACHER, Düsseldorf 1987, p. 534-553.
65 Dazu vor der Folie der Situation der absteigenden Donaumonarchie Alfred ABLEITINGER, Ernest von Koerber und das Verfassungsproblem im Jahre 1900. - Österreichische Nationalitäten- und Innenpolitik zwischen Konstitutionalismus, Parlamentarismus und oktroyiertem allgemeinem Wahlrecht, Wien-Köln-Graz 1973.

des Antiliberalismus wie die *universalistisch-autoritären* Ideen Othmar Spanns, die anfänglich am italienischen Faschismus ausgerichteten *Heimwehren* - das liberale Potential des *Schutzbundes* war ja auch nicht hochrangig -, dann den Versuch einer konservativ-autoritären Diktatur, gleichsam neoabsolutistischen Zuschnitts, von 1933 bis 1938 im sogenannten "*Ständestaat*", dessen etatistischer Kern nur ständisch drapiert war, und schließlich die allergrößte Aufgipfelung antiliberaler Haltung durch den *Nationalsozialismus* des Österreichers Adolf Hitler, der aus mannigfachen österreichischen Wurzeln, wie etwa den Phantasien des Mythomanen Jörg Lanz v. Liebenfels "genährt" worden war.[66] Bei meinem letzten, freilich schon einige Jahre zurückliegenden Besuch in Madame Tussauds Wachsfigurenkabinett in London war Adolf Hitler der einzige dort aufgestellte Österreicher. Der ebenfalls anzutreffende Mozart war ja eigentlich Salzburger Untertan, und Beethoven stammte aus Bonn.

Der sozialdarwinistische *Rassismus* des Nationalsozialismus ist der äußerste Gegenpol zum Liberalismus, gesteigert im *Einparteiensystem* einer *totalitären* Herrschaft mit *Führerprinzip* und expansionistischer Eroberungspolitik samt der Bereitschaft zur *Massenvernichtung* bis zum *Völkermord*. Die höchste Steigerung der totalitären Vereinnahmung des Menschen und der rechtlichen Schrankenlosigkeit des Staatshandelns zeigte sich im Wirken einer terroristischen *Geheimpolizei*, in einem *Meinungsmonopol*, aber vor allem in der Zerstörung der Rechtssubjektivität des Menschen im Regime der *Konzentrationslager*, die Freiheit und Leben raubten, ohne daß die Insassen gegen die allgemeinen Strafgesetze verstoßen hätten und einem ordentlichen Strafverfahren unterworfen worden wären.[67]

Dieser totalitäre Antiliberalismus war auch durchaus von Österreichern - *nicht* von Österreich, *aber* von Österreichern, freilich nicht von allen - "hausgemacht", anders als der *Kommunismus*, der 1945-1955 durch die sowjetische Besatzungsmacht mit voller Wucht, aber nur geringer inländischer Mitwirkung

---

[66] Unter den älteren Versuchen, HITLERs österreichische und Wiener Wurzeln bloßzulegen, besonders verdienstvoll Wilfried DAIM, Der Mann, der Hitler die Ideen gab. Jörg Lanz von Liebenfels. 3.A., Wien-München 1994 (1.A. schon 1958). - Jüngst umfassend Brigitte HAMANN, Hitlers Wien. Lehrjahre eines Diktators, München 1996.

[67] In ihrer Straffheit besonders eindringlich die "Lehren aus dem Nationalsozialismus", das Schlußkapitel von Martin KRIELE, Einführung in die Staatslehre. Die geschichtlichen Legitimitätsgrundlagen des demokratischen Verfassungsstaates, 5.A., Opladen 1994, p. 340-344. Der Schlußabsatz auf p. 344 resumiert: "Die wichtigste Lehre aus dem Nationalsozialismus lautet: Ohne den Rechtszustand, in dem jeder Mensch gleichen Anspruch auf Freiheit und Achtung seiner Würde hat und der auf den Institutionen der Gewaltenteilung, der Bürgerrechte und der Demokratie beruht, wird alles möglich - bis hin zu Vernichtungslagern. Dagegen helfen dann weder moralische Appelle an die Machthaber, noch moralische Forderungen oder Vorwürfe an die Bürger, Richter, Beamten, nicht einmal ein noch so heldenmütiger Widerstand. Recht und Gerechtigkeit beruhen zwar auch auf Moral und Gesinnung, in erster Linie aber auf rechtlichen Institutionen und ihrer unerschütterbaren Verankerung im Rechtsbewußtsein des Volkes." Dieser Text ist auch eine überzeugende Kurzformel für den westlichen Entwicklungsstrang der Staats- und Rechtsauffassung der Neuzeit, in der nachaufklärerischen Moderne zum *demokratischen Rechtsstaat* verdichtet.

exogen auf Österreich lastete, und zwar fast während der ganzen Besatzungszeit in seiner stalinistischen, ebenfalls aufs äußerste antiliberalen Version.

VI. Die Liberalisierung Österreichs in der Zweiten Republik

Nach 1945 nahmen im Zeichen des *Antitotalitarismus* (27. April 1945 Verwerfung des Nationalsozialismus und 25. November 1945 Verwerfung des Kommunismus) *liberale* und *demokratische* Elemente im politischen System Österreichs deutlich zu, wenn auch nicht zu leugnen ist, daß weit über die Wiederaufbauzeit hinaus wirtschaftlicher *Dirigismus* und kultureller *Konformismus* fortbestanden, ebenso wie Konzentrationsphänomene der engmaschigen *Konkordanzdemokratie*, die freilich auch ihre Logik und Rechtfertigung hat, die heute oft nur allzu leicht unterschätzt werden, wenn man die wachsende "Verwestlichung" der österreichischen Gesellschaft und ihres Parteiensystems als eine Pluralisierung geradezu hymnisch hervorhebt.

Der *politisch-juristische* Liberalismus wurde Allgemeingut, der *wirtschaftliche* Liberalismus fand in der ÖVP eine freilich durch mannigfache Rücksichtnahmen auf diverse Interessengruppen relativierte Heimat und in den letzten 15 Jahren neue Diskussionsanstöße durch aus dem angelsächsischen Raum wieder nach Österreich zurückflutendes ökonomisches Gedankengut. Ein Symbol für eine neue "Mischung" liberaler und konservativer Elemente ist auch "Die Presse", wie Tagebuchaufzeichnungen der Paula von Preradović aus dem Jahre 1945 zeigen.[68] Der *kulturelle* Liberalismus schwächte sich in der Sozialdemokratie ab, es kam zu kulturpolitischen Friedensschlüssen mit der Kirche durch die Akzeptanz des Konkordats von 1934 und durch die Schulgesetzgebung 1962. Freilich gab es nach 1972 eine heftige Friktion zwischen Kirche und SPÖ wegen der Fristenlösung und gibt es in einer neuen Säkularisierungswelle auch neue kulturkämpferische Töne in unserer Gegenwart.

Im ganzen läßt sich aber sagen, daß die österreichischen Parteien nach den illiberalen, ja antiliberalen Exaltationen der Ersten Republik, durchaus auch in der Absicht, Stimmen zu maximieren, in der fortschreitenden Zweiten Republik die überlieferten christlichsozialen, austromarxistischen und deutschnationalen Dominanten zuerst ihrer Praxis, dann ihrer Programme *relativierten*, sodaß jeweils spezifische Räume für *liberale* Personen und Themen frei wurden und eine Konvergenz zur politischen "*Mitte*" erfolgte.

Man denke bei der SPÖ an Bruno Kreiskys *großbürgerliche* Attitude, vorbereitet durch die freilich nur kurzlebige Wochenzeitung "Heute" (1958 - 1961). Kreiskys Image sicherte der SPÖ dreimal die absolute Mehrheit. Es sei auch an Christian Brodas Strafrechtspolitik oder an Karl Blechas Kunstpolitik erinnert, die sich jeweils als "*Liberalisierung*" verstanden und sich als solche den Wählern empfahlen. Abgesetzt von dieser Linie trachteten Hannes Androsch und

[68] Paula von PRERADOVIĆ, Wiener Chronik 1945, Wien 1995.

Franz Vranitzky, liberales Flair durch "coole" *Wirtschaftskompetenz* zu gewinnen. Mit dem Wiener Programm von 1958 ging die SPÖ den neuen Weg eines nach westlichen und skandinavischen Mustern ausgerichteten liberalen Sozialismus, sodaß es nur konsequent war, vor einigen Jahren auch wieder den Namen "*Sozialdemokratie*" anzunehmen.
Bei der ÖVP kann man von einem *Liberalkonservativismus* sprechen, der freilich in den letzten Jahren einer Unsicherheit Platz machte, weil die Freiheitlichen in den alpenländischen Konservativismus der ÖVP ebenso einbrachen wie in die modernisierungsängstliche Arbeiterschaft der alten Industriezonen und damit der alten Hochburgen der SPÖ. Bei der ÖVP wurde jedenfalls der Raab-Kamitz-Kurz als *wirtschaftsliberales* Signal gesetzt und vom Wähler honoriert. Josef Klaus entwickelte eine explizite *Rechtsstaatsverehrung*, deren interessantester, freilich steckengebliebener Akzent 1964 die Einsetzung einer Grundrechtsreformkommission war. Fast vergessen sind die mit der Person Karl Schleinzers verbundenen liberalen Impulse (Salzburger Programm 1972 und Pläne zur Lebensqualität 1973-1975). Josef Taus interpretierte die ÖVP als Partei mit christlichem Kern und liberalem Flügel. Was anderes als auch liberal war es, wenn Alois Mock als Außenminister für die internationale Achtung der *Menschenrechte* eintrat und Erhard Busek für die kulturelle "*diversity*", von der John Stuart Mill sprach.[69] Und Wolfgang Schüssel peilte schon als Wirtschaftsminister *wirtschaftsliberale* Deregulierungs- und Privatisierungsmaßnahmen an. Es gab daneben liberale "*Biotope*" im kleineren Rahmen eines Bundeslandes wie in der Steiermark unter Josef Krainer, vor allem in der Kulturpolitik Hanns Korens.
Schließlich fanden sich auch in der FPÖ unter Friedrich Peter und Norbert Steger, mit diskursiver Unterstützung durch den Atterseekreis, Bestrebungen, nach dem Bild der deutschen FDP das *Liberale* zumindest neben dem Deutschnationalen zu akzentuieren, obwohl auffällt, wie selten der Terminus "liberal" in den offiziellen Texten der FPÖ vorkam, geschweige denn im Parteinamen. Jörg Haider schlug dann ab 1986 einen populistischen Weg ein, der zentrifugal aus dem liberalen Gravitationszentrum wegführte. Sein bisher erfolgreiches Amalgam stützt sich auf *deutschnationale* Reste, auf heimatlosen *alpenländischen Konservativismus,* auf *Modernisierungsangst*, auf allgemeine *Protesthaltung* und - vielleicht eine der am schwersten zu beantwortenden Fragen - auf *liberales Restpotential*, das nicht mit dem Liberalen Forum ausgewandert ist.
Freilich blieben die drei "alten" Parteien bei aller Suche nach neuen Wählern, die auf die liberale "*Duftnote*" anzusprechen schienen, auf ihren jeweiligen "*Altbestand*" an Programmatik und "kernigen" Mitgliedern angewiesen. Nunmehr verschwimmen all diese Markierungen, weil die Bürger überhaupt nur mehr eine sehr partielle politische Integration wünschen. Die Auflösung der alten "Lager", das Räumen der "Katakomben" und das Abbrechen der "Kreuzzüge", also die Liberalisierung des österreichischen Parteiensystems, öff-

[69] Vgl. John Stuart MILL, On Liberty, London 1985 (zuerst 1859), namentlich das dritte Kapitel "Of Individuality, as One of the Elements of Well-being", in der vorliegenden Ausgabe p. 119-140.

nete grundsätzlich eine breite *Koalitionspalette.* Diese Liberalisierung ist aber nie davor gefeit, Unterbrechungen und Rückentwicklungen ausgesetzt zu sein.
Nach *liberalen* Kriterien sind manche Phänomene gerade der letzten Jahre positiv zu beurteilen: Ansätze zum Abbau staatlicher Wirtschaftsmacht, nachdem das Staatsvertrauen, also die Akzeptanz des Staates als Wirtschaftskapitän, zurückgegangen war, EU-Beitritt, Mobilitätssteigerung der Universitäten und neue Evaluierungsansätze. *Neuralgische* Zonen mangelnden liberalen Potentials sind freilich nach wie vor in der politischen Landkarte Österreichs eingezeichnet: Konformismus, Garantismus, fortbestehende, ja wachsende Skepsis gegenüber dem Neuen und Fremden, von der Wirtschaftspolitik (Mietrecht) bis zur Ausländerfrage. Die Österreicher dürften jeweils so etwas wie einen bequemen "*Auswahlliberalismus*" suchen, wie sie ja auch einem "Auswahlchristentum" (Paul Michael Zulehner) zuneigen.
In den achtziger Jahren tauchte in Österreich eine der *grünen* Parteifamilie zugehörende Gruppierung auf, deren liberaler Gehalt differenziert zu beurteilen ist. Bei den Grünen ist im *ökonomischen* und *ökologischen* Feld die Distanz zum Wirtschaftsliberalismus größer als bei der Sozialdemokratie. Grundlegend ist auch die der liberalen Grundannahme geradewegs widersprechende Skepsis gegenüber Fortschritt und Wachstum durch Naturwissenschaft, Technik und Medizin. Der "*Naturalismus*" mancher ihrer Mitglieder und Gruppierungen an der Basis weist durchaus konservative Züge auf, erinnert deutlich an die Literatur der deutschen Romantik. Andererseits stammen Herrschaftsskepsis, Betonung und Notwendigkeit von Kontrolle, Emanzipationskonzepte für Frauen, Minderheiten etc., Akzentuierung der künstlerischen Freiheit bis zur Schrankenlosigkeit auch aus dem liberalen Repertoire. Das Ganze läßt sich in seiner spezifischen Mischung als "*linksliberal*" bezeichnen und hat in diesen Fragen weite Konvergenzbereiche mit sozialistischen Optionen. Bei einer allfälligen Koalition würden diese Gemeinsamkeiten wohl in symbolischen Akten betont werden, unter Zurückstellung der ökonomischen und ökologischen Divergenzen durch Nichthandeln auf diesen Politikfeldern.
Am 3. Jänner 1959 schrieb Heinz Brantl, der geistige Vater der schon erwähnten sozialliberalen Zeitschrift "Heute", am Beginn des damaligen Wahljahres: "Der wesentliche Teil des Liberalismus sowohl an Wählern als auch an Ideen ist unwiederbringlich in den beiden großen Parteien, in ÖVP und SPÖ aufgegangen."[70] Dieser Satz charakterisiert sehr treffend die lange Zeit vorherrschende Auffassung, daß angesichts der oben skizzierten Entwicklung die Chancen einer *(nur-)liberalen* Partei gering seien, daß sie außer der Kanalisierung der jeweiligen Protestwähler gegen das Parteiensystem überhaupt zu wenig unterscheidende Substanz gewinnen könne, da die traditionellen österreichischen Parteien - freilich mit verschiedener inhaltlicher Akzentuierung - eben doch alle so etwas wie *(auch-)liberale* Parteien seien.
Gegen diese Annahme einer Konsumptionswirkung trat im Feber 1993 eine neue politische Gruppierung als Abspaltung von der FPÖ auf den Plan: Das *Liberale*

[70] Heinz BRANTL, In: Heute, Nr. 1/3. Jänner 1959.

Forum[71] als eine explizit "liberale" Gründung, ganz stark verknüpft mit und getragen von der Person Heide Schmidts, der auch ein parteientranszendierender Erfolg bei Frauen gelang. Das Liberale Forum konnte sich bei den Wahlen 1994 und 1995 im Nationalrat halten.
Wo lag die nun von anderen Parteien nicht besetzte liberale "*Schneise*" für das Liberale Forum? Sie lag *nicht* im *politisch-juristischen* Liberalismus, der - es ist immer von neuem zu sagen - Allgemeingut ist, wenn es auch in Grundrechts-, Strafrechts- und Familienrechtsfragen wachsende Meinungsverschiedenheiten gibt, die auch integralen liberalen Positionen Chancen eröffnen, die oft frappierend an *kulturliberale* Traditionen des 19. Jahrhunderts anknüpfen. Die Kontrolle der Regierung muß sich das Liberale Forum mit den anderen Oppositionsparteien teilen. Es blieb ein dezidierter *Wirtschaftsliberalismus* (mit konsequenter Pro-EU-Haltung), der lupenrein von der ÖVP, die als soziale Integrationspartei auf Bauern, kleine Gewerbetreibende, Arbeitnehmer und öffentliche Bedienstete Rücksicht nehmen muß, so nicht vertreten wurde. All dies wurde abgerundet und zusammengefaßt durch einen von Heide Schmidt personifizierten "milden", kultivierten Protest gegenüber Korporatismus (Sozialpartnerschaft) und Parteienstaatlichkeit sowie die beharrliche Einhaltung und Einmahnung eines gepflegten politischen Stils, der sich sowohl vom Grobianismus der FPÖ, als auch von der ursprünglichen Hemdsärmeligkeit der Grünen abhob, die vielleicht gerade deswegen neuestens auch stärker bürgerliche Züge annahmen. Ich habe für den Schmidt-Stil das Wort geprägt: Kostüm und Perlenkette als genuin bürgerlich-liberales Programm! Das ist kein Witz, sondern ein Erfolgsrezept in einer fortgeschrittenen Mittelstandsgesellschaft! In einer pluralisierten politischen Landschaft erfolgt die Kombination divergierender Programmpunkte in der Praxis am besten durch starke Persönlichkeiten, die freilich infolge ihrer "Ausschließlichkeit" für ihre Partei Chance und Problem zugleich sind.
Es bleiben *Fragen* offen, gerade angesichts einer grundsätzlichen Präferenz für den Liberalismus: Ob der Liberalismus nicht nur ein *Schönwetter-* und *Wohlstandsphänomen* sei, eine bloße Spielwiese für saturierte *Eliten*, ob er weiß, wie das *soziale Band* zwischen Menschen dauerhaft zu knüpfen sei? Aber man darf andererseits keine religiösen Erwartungen an den Liberalismus richten, ihm nicht die Antwort auf die letzten Fragen nach *Leben* und *Tod* abfordern. Dies gilt für die Frage nach dem *Sinn* von Leben und Tod, nicht aber für die Frage nach der *Gestaltung* von Leben und Tod, die dann wieder erst recht eine zumindest vorläufige Beantwortung der Sinnfrage voraussetzt.

---

[71] Die *Gründungssituation* des Liberalen Forums in einem größeren Rahmen dargestellt von Gerfried SPERL, Liberalismus gegen Nationalismus. Die Möglichkeiten der (österreichischen) Politik in Mitteleuropa, Wien 1993.

VII. Heutige Gegner und Herausforderer des Liberalismus

Die menschliche Person mit ihrem *Freiheits-* und *Glücksstreben* wendet sich immer wieder liberalen Entwürfen zu, wenn sie auch bisweilen dazu neigt, der *Sicherheit* den Vorrang einzuräumen. Die sozialen Integrationsparteien vom Volksparteitypus bieten noch immer wie in der Wiederaufbauzeit die Verheißungen der Sicherheit an.
Gerade das Vorhandensein von Dissidenten nach jahrzehntelanger kommunistischer Herrschaft zeigte, welche Widerstandskraft und welchen "Eigensinn" menschliche Individuen haben können. Wer in einem im großen und ganzen liberalen System lebt, sollte sich doch immer wieder bewußt sein, daß der einmal erreichte Zustand kein ungefährdeter Besitz ist, sondern stets von neuem konstituiert werden muß. Dabei ist auch Wachsamkeit gegenüber den Bedrohungen liberaler Lebensformen und liberaler Strukturen geboten. Als *Gegner* und *Herausforderer* sind im Auge zu behalten:

1. Totalitarismus

Das 20. Jahrhundert hat zumindest in den Intensivformen des *Nationalsozialismus* und des *Stalinismus*, aber auch in anderen Ansätzen den *inhumanen* Versuch und leider auch die Praxis der *vollständigen* Unterdrückung freier und eigenständiger Willens- und Wissensäußerungen von Individuen in gesellschaftlichen Gruppen erlebt, die *vollständige* Reglementierung, Lenkung und Kontrolle aller Bereiche von Staat und Gesellschaft, mag dieser *Zugriff* von rechts oder von links kommen. Der geschärfte Blick schaut nicht nur auf Ideologien und Programme - das Papier, auf dem sie gedruckt sind, ist geduldig - sondern auch auf die Herrschaftsmethoden, in denen sich der *Totalitarismus* manifestiert.[72]

2. Nationalismus

Meine Generation vermeinte, den *Nationalismus* als historisches Phänomen oder als bedauerliche Erscheinung der Unterentwicklung in der Dritten Welt gleichsam "abheften" zu können. Umso erschreckender war das *Wiederaufflammen* von politischen Ideen, Einstellungen, Haltungen und Bewegungen in Europa, die in der eigenen Gemeinschaft den höchsten politischen Wert mit Ausschlußwirkung gegenüber anderen erblicken, denen schließlich Verachtung, Haß und

[72] Zum *Totalitarismusbegriff* grundlegend: Hannah ARENDT, Elemente und Ursprünge totalitärer Herrschaft, Frankfurt/Main 1955. - Raymond ARON, Demokratie und Totalitarismus, Hamburg 1970. - Hans BUCHHEIM, Totalitäre Herrschaft, München 1962. - Carl J. FRIEDRICH / Zbigniew K. BRZEZINSKY, Totalitäre Diktatur, Stuttgart 1957. - Manfred FUNKE (Hg.), Totalitarismus, Düsseldorf 1978. - Einen Großteil seines Lebenswerks hat Karl Dietrich BRACHER der historisch-politischen Erschließung des Totalitarismusbegriffs zugewandt, zusammenfassend sei auf einen enzyklopädischen Beitrag hingewiesen: Karl Dietrich BRACHER, Totalitarismus. In: Staatslexikon, 7.A., V. Band, Freiburg/Breisgau-Basel-Wien 1989, Sp. 491-494.

Bedrohung entgegengebracht wird. Der Nationalismus hat eine gemeinsame Herkunft mit dem Liberalismus.[73] Er stellt aber als Überbetonung der *kollektiven* Freiheit gerade in seiner Simplizität eine Bedrohung der *individuellen* Freiheit dar, die immer auch Freiheit des Einzelnen vom Nationalen, von der Einschmelzung in die Nation bedeutet.[74]

3. Fundamentalismus

In allen großen Bewegungen und nicht nur in Sekten, sondern auch in den drei monotheistischen Weltreligionen des *Judentums*, des *Christentums* und des *Islams* gibt es immer wieder Tendenzen, die eine radikale Rückkehr zu einer *Ursprungssituation* als Garanten der Sinnfülle des Lebens fordern.[75] Strukturell bedeutet dies jeweils eine Absage an Weiterentwicklung, Reform und Aufklärung, geradezu ein Interpretations- und Analogieverbot. Diese illiberale Herausforderung droht nicht nur in ihrer islamischen Version, sondern gleichsam auch jeweils in unserer eigenen Brust, in einer übersteigerten Sehnsucht nach Orientierungssicherheit. Nationalismus und Fundamentalismus neigen dazu, in der Absolutsetzung ihrer Werte zur Bekämpfung der Gegner Furcht und Schrecken als psychischen und physischen *Terror* einzusetzen.

4. Populismus

Dieser fast schon inflationär verwendete Begriff wird von mir als diskurslose Entscheidung unter Mobilisierung von Massenemotionen, die sich an ein diffuses "Volk" wendet, verstanden. *Populistische* Züge, abgestützt durch *Charisma*, finden sich überall in der Politik und sind in homöopathischen Dosen wohl ungefährlich. Ihr massiertes Auftreten, erleichtert durch die Riesenarena der Medien, zumal der elektronischen Medien, erschwert jedoch einen *breiten aufgeklärten Konsens*, erschwert *Lernfähigkeit* durch Gespräche, Reden und Verhandeln

---

[73] Während hier nur eine idealtypische *Gegenüberstellung* von Liberalismus und Nationalismus in ihrer Gegnerschaft vor dem Bewußtseinshorizont der zweiten Hälfte des 20. Jahrhunderts erfolgen kann, legt Emil BRIX in diesem Band das *gemeinsame Wurzelgeflecht* von Liberalismus und Nationalismus sehr differenziert mit all den realtypischen Zusammenhängen und Gegensätzen genetisch frei.

[74] Eine Fundgrube für Problemerörterung und Literaturlage in Bezug auf den Nationalismus ist die Grazer Habilitationsschrift von Joseph MARKO, Autonomie und Integration. Rechtsinstitute des Nationalitätenrechts im funktionalen Vergleich, Wien-Köln-Graz 1995.

[75] Zum *Fundamentalismusbegriff*: Wolfgang BEINERT (Hg.), "Katholischer" Fundamentalismus. Häretische Gruppen in der Kirche? Regensburg 1991. - Arnold HOTTINGER, Islamischer Fundamentalismus, Paderborn u.a. 1993. - Christian J. JÄGGI / David J. KRIEGER, Fundamentalismus. Ein Phänomen der Gegenwart, Zürich-Wiesbaden 1991. - Gilles KEPEL, Die Rache Gottes. Radikale Moslems, Christen und Juden auf dem Vormarsch, München-Zürich 1991. - Klaus KIENZLER (Hg.), Der neue Fundamentalismus. Rettung oder Gefahr für Gesellschaft und Religion, Düsseldorf 1990. - Thomas MEYER (Hg.), Fundamentalismus in der modernen Welt. Die Internationale der Unvernunft, Frankfurt/Main 1989. - Stephan H. PFÜRTNER, Fundamentalismus. Die Flucht ins Radikale, Freiburg/Breisgau-Basel-Wien 1991.

in reziproker *Toleranz*, wie es gerade das liberale System mit seinen pluralistischen Sozialtechniken in *Repräsentation* und *Parlament* entwickelt hat.[76]

5. Selbstaufhebung

Der Liberalismus kann sich durch *Überspannung* seiner Elemente selbst aufheben: Es gibt auch so etwas wie einen Illiberalismus des Liberalismus, einen Konformismus des Nonkonformismus, eine *Verabsolutierung* der Freiheit, sei es in der Kunst, in den Medien und ihrer Kommerzialisierung, in der völligen "Entbindung" des Individuums aus sozialen Verankerungen, eine Freiheit, die nicht Mündigkeit als individuelle und kollektive Verantwortung akzeptiert, sondern in hedonistische Entsolidarisierung mündet. Das vorstaatliche *soziale Band* "reißt". Der Liberalismus lebt eben auch aus vormodernen, aus *vorliberalen* Wurzeln und Vorräten, die sich immer mehr aufzehren. Ralf Dahrendorf nennt diesen Zusammenhang das "Böckenförde-Paradox"[77], benannt nach dem deutschen Verfassungrechtler und ehemaligen Verfassungsrichter Ernst-Wolfgang Böckenförde, der nicht müde wird, darauf hinzuweisen, daß Staat, Gesellschaft und Markt von Voraussetzungen leben, die sie brauchen und verbrauchen, ohne sie selbst produzieren zu können.[78] Sie werden vielmehr von anderen gesellschaftlichen Einheiten wie Familie und Kirche "zur Verfügung" gestellt und ermöglichen private und öffentliche *Tugenden* in jüdisch-christlicher Tradition, die freilich selbst Prozessen säkularisierender "Verdünnung" ausgesetzt ist.
Die emeritierte Professorin für Geschichte an der Graduate School der City University of New York Gertrude Himmelfarb, eine der besten John Stuart Mill-Kennerinnen, warnt vor einem *absoluten* Maßstab der Freiheit, der die graduellen Unterschiede der historischen Wirklichkeit übersieht und sie für belanglos hält. Gertrude Himmelfarb plädiert für eine pragmatische Haltung: "Eine Freiheit, die von Tradition und Herkommen, von Moral und Religion abgelöst ist, die das Individuum zur einzigen Quelle und zum einzigen Herren und Gebieter aller Werte macht und es in eine gegnerische Position zum Staat und

---

76 Zum *Populismusbegriff*: Helmut DUBIEL (Hg.), Populismus und Aufklärung, Frankfurt/Main 1986. - Anton PELINKA (Hg.), Populismus in Österreich, Wien 1987.

77 Ralf DAHRENDORF, Freiheit und soziale Bindung. Anmerkungen zur Struktur einer Argumentation. In: Krzysztof MICHALSKI (Hg.), Die liberale Gesellschaft, Stuttgart 1993, p. 11.

78 Grundlegend zuerst Ernst Wolfgang BÖCKENFÖRDE, Die Entstehung des Staates als Vorgang der Säkularisation, 1967, jetzt in: Ders., Recht, Staat, Freiheit. Studien zur Rechtsphilosophie, Staatstheorie und Verfassungsgeschichte, Frankfurt/Main 1991, p. 92-114, zumal 110-114. - Positiver als BÖCKENFÖRDE beurteilt Michael BAURMANN die Fähigkeit liberaler Gesellschaften, neben dem Wettbewerb auf dem Markt auch die Kooperation zwischen freien Bürgern zu befördern. Er erwartet hiebei auch in einer optimistischen Sicht von der liberalen Gesellschaft die Kraft, *soziale Tugenden* zu entwickeln, und stellt damit geradezu einen Kontrapunkt zum Böckenförde-Paradox dar. Vgl. Michael BAURMANN, Der Markt der Tugend. Recht und Moral in der liberalen Gesellschaft. Eine soziologische Untersuchung, Tübingen 1996.

zur Gesellschaft bringt - eine so verstandene Freiheit ist eine schwere Bedrohung für den Liberalismus selbst." [79]
Die unverlierbare Bedeutung des Liberalismus liegt in seiner "*Mittellage*", im *Abstand* zu den Extremen rechter und linker Provenienz, zum übersteigerten sozialen Garantismus, zu Fundamentalismen, aber auch zu Anarchie und Anomie, zu all jenen Gegnern, die ihm in diesem Jahrhundert mit dem Wunsch entgegentraten, ihn zu vernichten, um dadurch die menschliche Person in den Griff zu bekommen. Karl Dietrich Bracher, der seit den fünfziger Jahren Totalitarismen unserer jüngsten Geschichte mit größter Genauigkeit beschrieben und kritisiert hat, beschwört diese nüchterne, unpathetische liberale Mittellage: "In Wahrheit steht und fällt ein nichtdiktatorisches System aber vor allem mit der Erhaltung und Entfaltung nichtextremer Tugenden der Mäßigung, Selbstkontrolle, Toleranz und pragmatischer Kompromißbereitschaft. Die eigentliche Bedrohung kommt von extremen Ideologisierungen mit der Folge militanter Intoleranz, unversöhnlicher Zielkonflikte und Klassenkämpfe, totalistischen Freund-Feind-Denkens."[80]
Der *Liberalismus* hat nicht nur das größte *Institutionenset* der modernen politischen Bewegungen geschaffen: den *demokratischen Rechtsstaat*, sondern auch die *Welt- und Lebensauffassung* der Epoche nach der Aufklärung mit der *persönlichen Freiheit* als Zentralbegriff geprägt. Der *Schutz des Einzelnen* bleibt eine keineswegs unverlierbare, sondern stets neu zu verteidigende Aufgabe, gerade heute angesichts tiefgreifender wirtschaftlicher und sozialer Veränderungen von erst ängstlich erahnter Radikalität.

---

[79] Gertrude HIMMELFARB, Die Grenzen des Liberalismus, 1993. In: MICHALSKI (1993), loc.cit. in FN 77, p. 159. - Hier wäre die große angelsächsische Auseinandersetzung zwischen Liberalismus und *Kommunitarismus* anzufügen, die in den nächsten Jahren wohl eine noch größere kontinentaleuropäische Rolle spielen wird. Es sei noch auf einen dezidierten *Verteidiger* des Liberalismus gegen verschiedene philosophische Herausforderer hingewiesen: Stephen HOLMES, Die Anatomie des Antiliberalismus, Hamburg 1995.

[80] Karl Dietrich BRACHER, Zeit der Ideologien. Eine Geschichte politischen Denkens im 20. Jahrhundert, Stuttgart 1982, p. 392.

ÖSTERREICHISCHER LIBERALISMUS ODER LIBERALISMUS AUS ÖSTERREICH?

Peter Pulzer

Warum der Liberalismus in Österreich nur wenige Jahre dominierte, warum er kaum eine leitende oder stiftende Kraft wurde, warum die Gebote der Rationalität, der Toleranz und der Autonomie des Einzelnen hierzulande verhältnismäßig wenig Anklang fanden - darüber ist schon viel geschrieben worden, und ich glaube, daß ich wenig Neues zu diesem Thema beitragen kann. Das österreichische Äquivalent des *citoyen libre* oder des *free-born Englishman* ist bis ins späte zwanzigste Jahrhundert eine Seltenheit gewesen. Die österreichische Gesellschaft ist eine überwiegend *staatsabhängige* gewesen, die österreichische politische Kultur eine überwiegend *kollektivistische*. Die österreichische Geisteswelt hat hingegen in vielen Beziehungen den Liberalismus des 20. Jahrhunderts - auf jeden Fall des späten 20. Jahrhunderts - geprägt. Ich will daher die Frage stellen, ob es sich hier um ein Paradoxon handelt, ob die politische Schwäche des österreichischen Liberalismus seiner intellektuellen Stärke widerspricht, oder ob diese beiden Zustände miteinander vereinbar sind.

Zuerst einmal, woraus besteht dieser Liberalismus, den ich besprechen will? Ist er ein österreichischer Liberalismus, oder ein Liberalismus aus Österreich? Die Unterscheidung ist keineswegs trivial. Wenn eine britische Premierministerin erklärt, sie verdanke ihr Politikverständnis den Lehren von Friedrich Hayek, wenn das großangelegte Wirtschafts- und Bildungsförderungsprojekt in den Reformländern sich Open Society Foundation nennt, muß man zu dem Schluß kommen, daß die Botschaft doch ihr Ziel - oder zumindest einige ihrer Ziele - erreicht hat. Sie hat sie aber auf *Umwegen* erreicht, mit Zwischenstationen in London, Harvard und Chicago. So wie die Psychoanalyse eher in den USA und Großbritannien rezipiert wurde als in ihrer Geburtsstadt, so hat auch "Austrian Economics" seine Fachbereiche, seine Tagungen und Zeitschriften namentlich in Nordamerika etabliert.[1] Ein Austrian Economics Program ist an der New York University zu suchen, ein Mises Institute an der Auburn University, Alabama, die International Joseph A. Schumpeter Society hat ihren Sitz an der University of Michigan.

Viele der Hauptwerke des österreichischen Liberalismus, zumindest die bekanntesten und einflußreichsten, sind auf Englisch erschienen, daher soll es nicht erstaunen, wenn ich diese Klassiker überwiegend auf Englisch zitiere. Fast alle Größen des österreichischen Liberalismus verbrachten einen beträchtlichen Teil ihres Lebens im *angelsächsischen* Bereich - nicht nur, um rassischer Verfolgung

[1]Siehe z.B. Bruce J. CALDWELL and Stephan BOEHM (Eds.), Austrian Economics: Tensions and New Directions, Dordrecht 1992; Peter J. BOETTLE (Ed.), The Elgar Companion to Austrian Economics, Aldershot 1994.

zu entgehen, obwohl die Machtübernahme einer völkischen Diktatur die Schwäche des mitteleuropäischen Liberalismus auf krasse Weise bloßstellte. Ob sich die Gedankengänge eines Mises oder Schumpeter, eines Hayek oder Popper in Großbritannien oder den USA anders entwickelten, als wenn sie in Österreich oder anderswo in Kontinentaleuropa verblieben wären, ist umstritten, vor allem weil diese Männer und ihre Kollegen keine einheitliche Schule bildeten. Ich neige zu dem Schluß, daß die meisten von ihnen Angelsachsen *avant la lettre* waren, daß die angelsächsische liberale Tradition ein Magnet war, dem sie gar nicht widerstehen wollten - aber diese These können wir noch diskutieren. Gewissermaßen sind sie selber Zeugen für diese These. Im Vorwort zu einem seiner Hauptwerke, *The Constitution of Liberty*, schreibt Hayek:

> "My mind has been shaped by a youth spent in my native Austria and by two decades of middle life spent in Great Britain, of which country I have become and remain a citizen. To know this fact about myself may be of some help to the reader, for the book is to a great extent the product of this background."[2]

Von den 28 Zitaten, die die Kapitel dieses Buches einleiten, stammen 16 von englischen oder schottischen Autoren, sechs von amerikanischen, zwei von de Tocqueville, eines von einem Deutschen, dem obskuren Georg von Berg, und keines von einem Österreicher. Ludwig von Mises nennt in seinem Standardwerk über den Liberalismus aus dem Jahre 1927 als die "großen Gründer" des Liberalismus David Hume, Adam Smith, David Ricardo, Jeremy Bentham, John Stuart Mill und nur einen Deutschen, Wilhelm von Humboldt.

Wenn wir die Hauptthesen dieser österreichischen Theoretiker des Liberalismus betrachten, können wir eher verstehen, warum sich diese ihrer angelsächsischen Wurzeln bewußt sind, selbst wenn die sogenannte Österreichische Schule der Nationalökonomie einen unbestreitbar österreichischen *Ursprung* hat: ich brauche hier nur Carl Menger, Friedrich von Wieser und Eugen von Böhm-Bawerk nennen. Die Thesen, auf die ich mich konzentrieren will, haben als ihren gemeinsamen Nenner die Rationalität und den Individualismus. Daraus folgt, daß die ökonomisch-politische Ordnung auf Privateigentum, freiem Unternehmertum, einem funktionierenden Preismechanismus, Vertragsfreiheit und - im allgemeinen, aber nicht ausnahmslos - parlamentarischer Demokratie beruht. Aufgrund dieser Prinzipien sollen sowohl Effizienz als auch persönliche Freiheit gewährleistet sein, Ziele, die in den Gedankengängen der österreichischen Schule nicht voneinander zu trennen sind.

Bei Mises z.B. garantiert nur das *Privateigentum* eine Sphäre, in die der Staat nicht eingreifen kann;[3] dazu garantiert die rationale Arbeitsteilung den sozialen Frieden, weil die Menschen durch sie auf einander angewiesen sind:

> "Die menschliche Gesellschaft ist die Vereinigung von Menschen zu gemeinsamen Handeln ... nach dem Grundsatz der Arbeitsteilung.

[2] Friedrich A. HAYEK, The Constitution of Liberty, London 1960, p. viii.
[3] Ludwig von MISES, Liberalismus, Jena 1927, p. 60.

> Die Arbeitsteilung macht aus dem Menschen, der sich selbst genug ist, das von den Mitmenschen abhängige *zoon politikon.*"[4]

Dadurch erreichen die Menschen, was dem Liberalen am wichtigsten ist: die freiwillige Organisation der Gesellschaft, durch den Schirm des *Rechts* geschützt, ohne staatlichen Zwang oder gezielte staatliche Intervention. Denn die staatliche Vormundschaft beeinträchtigt nicht nur die Freiheit des Individuums, sie ist nicht nur ökonomisch ineffizient, sie widerspricht der Rechtsstaatlichkeit:

> "Freedom of contract ... really means that the permissibility of a particular act depends only on general rules and not on its specific approval by authority.
> A government which cannot use coercion except in the enforcement of general rules ... cannot determine the material position of particular people or enforce distributive or "social" justice. In order to achieve such aims it would have to pursue a policy which is best described ... by the French word *dirigisme*, that is, a policy which determines for what specific purposes particular means are to be used.
> This, however, is precisely what a government bound by the rule of law cannot do."[5]

Der zentrale Wert der *Rechtsstaatlichkeit*, den wir bei Mises und Hayek antreffen, hängt eng mit dem zentralen Wert der *Unparteilichkeit* zusammen, der bei Karl Popper zu finden ist:

> "A tendency towards impartiality is closely related to rationalism and can hardly be excluded from the rationalist creed."

Nur durch diese ist die *Rechtsgleichheit*, "equality before the law", gewährleistet, nur durch sie kann eine *Verantwortungsethik* gedeihen:

> "The idea of impartiality leads to that of responsibility; we have not only to li sten to arguments, we have the duty to respond ... where our actions affect others."[6]

Letztlich verlangt nicht nur die Rationalität, sondern auch die Rechtsstaatlichkeit, daß ökonomische Entscheidungen vom Einzelnen getroffen werden sollen. Diese These verdanken wir vor allem Mises, der darauf hinwies, daß, weil Preise das Hauptelement von Marktinformationen sind, rationale Produktion nur auf *kapitalistischer* Grundlage möglich ist.[7] Es war aber Hayek, der diese These weiterentwickelte. Nach ihm gibt es eben nur unvollständige Information ("unorganised knowledge"), die durch den Preismechanismus vermittelt wird:

---

[4] Ibid., p. 16, 22.
[5] HAYEK, loc. cit. in FN 2, p. 230f.
[6] Karl R. POPPER, The Open Society and its Enemies, London 1945, Bd. II, p. 34f., 238.
[7] MISES, loc. cit. in FN 3, p. 64.

> "The most significant fact about this system is the economy with which it operates, or how little the individual participants need to know in order to be able to take the right action".[8]

Der Anspruch seitens des Staates, über vollständige Information zu verfügen und aufgrund dieser die Wirtschaft zu lenken, beweist nicht nur Arroganz, die sich ökonomisch kontraproduktiv auswirkt, sondern führt unvermeidlich zum *Totalitarismus*. Nur wer von der Unzulänglichkeit menschlichen Wissens überzeugt ist, behauptet Popper, entgeht der Gefahr, utopischem Wahn nachzulaufen: "for those who have eaten of the tree of knowledge, paradise is lost".[9] Daher auch die Widmung der zweiten Auflage von *The Poverty of Historicism*:

> "In memory of the countless men and women of all creeds or nations or races who fell victim to the Fascist and Communist belief in Inexorable Laws of Human Destiny".[10]

Wieso kam es, daß gerade diese geistig hochgradige und letzten Endes einflußreiche Schule aus dem *unwirtlichen* Boden des österreichischen Staates und der österreichischen Gesellschaft hervorwuchs? Was ein Mises oder Hayek oder Popper predigte, war kaum im Alltagsleben der bürokratisch regierten und vom Nationalitätenhader zerfleischten Monarchie zu erkennen; auch nicht in der von Kulturkampf und Klassenkampf gezeichneten Ersten Republik; selbst nicht in der freilich friedlicheren und toleranteren, aber doch ständisch organisierten und technokratisch gelenkten Zweiten Republik.
Die *österreichischen Liberalen*, sogar die ganze österreichische rationalistische Moderne, ähnelte eher der russischen *Intelligenzia* des 19. Jahrhunderts, die vom engeren sozialen Umfeld abgeschlossen war, in die weitere *kosmopolitische* Geisteswelt aber ohne Schwierigkeit hineinpaßte. Sie übernahmen das angelsächsisch-französische Gedankengut und entwickelten es auf originelle und feinsinnige Weise. Um dem Schicksal des Propheten im eigenen Land zu entgehen, emigrierten sie zumeist. Der Liberalismus *in* Österreich scheiterte, aber der Liberalismus *aus* Österreich konnte weltweit Triumphe feiern.

---

[8] Friedrich A. HAYEK, The Use of Knowledge in Society. In: Individualism and the Economic Order, London 1949, p. 80, 86.
[9] POPPER, loc. cit. in FN 6, Bd. I, p. 200.
[10] Karl R. POPPER, The Poverty of Historicism, London 1960, p. iii.

VIER FALLSTUDIEN IM DIENSTE DER SPURENSUCHE

Gerald Stourzh

Aus dem Referat Wolfgang Mantls möchte ich jenen Satz hervorheben, den ich als zentralen Zugang zum Thema dieser Tagung ansehe. Mantl sagt, liberale Verfassung verstehe sich als "Prozeßordnung des Staates", und nicht als Grundordnung der Gesellschaft; eben dies werde sie allerdings gleichsam ex negativo, und zwar durch die "Freisetzung des Individuums zu Selbsterhaltung, Selbstgestaltung und Selbstorganisation". Ich glaube, daß jede Frage, jede "Spurensuche" nach dem Liberalismus und nach seinen Gegensätzen und Gegenbewegungen von der zentralen Bedeutung des *Individuums*, des Individualismus, von der zentralen Bedeutung des Respekts der Person und der Persönlichkeit ausgehen müßte, eben mehr als des Respektes der Klasse oder der Masse oder des Ethnos oder der Rasse, oder was es sonst für überindividuelle, "holistische" Entitäten geben mag. Die Gegensätzlichkeiten zwischen liberalen und nichtliberalen oder antiliberalen Strömungen scheinen mir doch im wesentlichen zurückzuführen zu sein auf Gegensätzlichkeiten zwischen dem zentralen Wert der Person oder des Individuums einerseits und Wertvorstellungen, die diesen zentralen Wert gegenüber anderen "Ganzheiten" relativieren.
Als Historiker habe ich mich von dem schönen Untertitel von Mantls Referat, einer "Spurensuche" nach Liberalismus und Antiliberalismus in Österreich verleiten lassen und habe mich auch auf eine Spurensuche begeben. Da manchmal konkrete Quellen auch allgemeinere Fragestellungen deutlich machen, möchte ich als kleine *Fallstudien* einige Spuren, die ich gefunden habe, mitteilen.

Fallstudie Nr. 1

Es gab eine Zeit in der österreichischen Geschichte, in der der Liberalismus einen großen *Triumph* gefeiert hat, 1867 und 1868. Nur damals ist es wohl möglich gewesen, daß ein "Konstitutioneller Katechismus für's Volk" publiziert werden konnte, natürlich als ganz bewußter Gegenkatechismus gegen traditionelle Katechismen, mit deutlicher antiklerikaler Schlagseite. Dieses Büchlein von Eduard Breier, 1868 publiziert, enthält, wörtlich, eine "allgemeine politische Glaubenslehre eines konstitutionellen Staatsbürgers." Das ist ein Credo des Liberalismus. Es lohnt, einiges daraus zu zitieren:
Auf die Frage "Welches ist das politische Glaubensbekenntnis eines konstitutionellen Staatsbürgers?" lautete die erste Antwort: "Ich glaube, daß alle Menschen Brüder sind". Daß alle Menschen Brüder und Schwestern sind, wurde nicht gesagt; man war bekanntlich damals noch nicht so weit. Aus den weiteren "Glaubenssätzen" seien nur einige herausgehoben: "Ich glaube, daß die Wissen-

schaft die Urquelle des Staatswohlstandes ist", oder: "Ich glaube, daß es eine der edelsten Pflichten jedes Staatsbürgers ist, der unverschuldeten Armut beizustehen."

Als die vier Kardinaltugenden des konstitutionellen Staatsbürgers wurden aufgezählt: "Die Gerechtigkeit gegenüber anderen Konfessionen und Nationalitäten", die Mäßigkeit im Genusse der Freiheit, die Klugheit bei der Wahl seiner Vertreter und die Starkmütigkeit in den Tagen der Reaktion. Es folgten die "sieben Todsünden" eines konstitutionellen Staatsbürgers, darunter "Gleichgültigkeit oder Nachlässigkeit in der Ausübung seiner Pflichten und Rechte", Unduldsamkeit gegenüber den politischen oder religiösen Überzeugungen anderer und die Herrschsucht über andere Nationalitäten. Es gab auch die "evangelischen Räte" eines konstitutionellen Staatsbürgers, also Aufforderungen zur Vollkommenheit, die nicht alle erfüllen konnten, darunter an erster Stelle "das gewissenhafte Steuerzahlen". Es gab selbst die "zehn Gebote" eines konstitutionellen Staatsbürgers. Als erstes Gebot galt: "Die freie Verfassung ist Dein Erlöser, der Dich aus der Finsternis und Willkürherrschaft hinausführt". Zum Stichwort "Willkür" werde ich noch etwas zu sagen haben. Das "zehnte Gebot" lautete: "Laß Dich's nicht gelüsten nach der Nachbarstaaten Verfassungsbrüchen, nach ihren Gesetzesübertretungen und Rechtswidrigkeiten, sondern bleibe immer auf dem Boden des Rechtes und Gesetzes, damit es Dir wohlergehe auf Erden, Amen."[1]

Das also ist eine Quelle aus der eigentlichen *"Hoch-Zeit"* des österreichischen Liberalismus, 1868. Wenn immer wieder auf die Schwäche des Liberalismus in Österreich hingewiesen wird, so sollte doch auch bedacht werden, daß es schon bestimmte Elemente gibt, die sich aus dieser "Hoch-Zeit" des Liberalismus bis in die Verfassungswirklichkeit der Gegenwart weiterentwickelt haben. Der Grundrechtskatalog von 1867 gilt noch heute. Mantl hat das Reichsgericht der Dezemberverfassung von 1867 genannt, den Vorläufer des heutigen Verfassungsgerichtshofes, ebenso, aus der gleichen Tradition kommend, den Verwaltungsgerichtshof. Es gibt also Institutionen und institutionelle Sicherungen des *liberalen Verfassungsstaates* in Österreich, die bei allen Unterbrechungen - und in den dreißiger und vierziger Jahren schrecklichen Unterbrechungen - des Rechtsstaates, doch eine bemerkenswerte Wiederauferstehung gesehen haben.

Fallstudie Nr. 2

Eine Geschichte, erzählt in den Memoiren des letzten gemeinsamen k. u. k. Finanzministers Alexander Freiherrn von Spitzmüller. Der Autor berichtet von einem sehr bemerkenswerten Vorfall, der mit dem *Rechtsstaat*, mit Respekt oder eben auch Mißachtung des Rechtsstaates im alten Österreich zu tun hat. Ich folge Spitzmüller mehr oder weniger wörtlich. In Kärnten befand sich eine Kirche, die bedeutenden Kunstwert hatte, aber restaurierungsbedürftig war. Erzherzog Franz Ferdinand interessierte sich für die Restaurierung und setzte durch,

[1] Eduard BREIER, Konstitutioneller Katechismus für's Volk, Wien 1868. Die Zitate finden sich auf den Seiten 29-32.

daß die Gemeinde die Kosten der Restaurierung übernahm. Gegen diesen Gemeinderatsbeschluß legten die in der Gemeinde ansässigen Protestanten Berufung ein, die aber vom Landesausschuß in Klagenfurt abgelehnt wurde. Darauf reichten die Berufenden eine Beschwerde beim *Verwaltungsgerichtshof* ein. Es war vorauszusehen, daß der Verwaltungsgerichtshof aufgrund der interkonfessionellen Gesetze der Beschwerde stattgeben würde. Und nun kam es zu einer Intervention Franz Ferdinands bei dem Präsidenten des Verwaltungsgerichtshofes, dem übrigens durchaus katholisch-konservativ eingestellten Grafen Friedrich Schönborn. Franz Ferdinand sandte seinen Kammervorsteher Baron Karl Rumerskirch zu Schönborn. Schönborns Präsidialsekretär Dr. Hiller wurde nun Zeuge einer Äußerung Schönborns, die er selbst Spitzmüller berichtet hat. Schönborn stand in seinem Arbeitszimmer "mit allen Zeichen großer Erregtheit" dem bei ihm intervenierenden Abgesandten Franz Ferdinands gegenüber und wandte sich mit folgenden Worten an seinen Präsidialsekretär: "Ich habe Sie zu mir gebeten, Herr Hofrat, damit Sie Zeuge der Antwort sind, die ich dem Herrn Baron in Bezug auf das von ihm vorgebrachte Anliegen zu geben gezwungen bin. Seine kaiserliche Hoheit, der Durchlauchtigste Herr Erzherzog Franz Ferdinand, hat an mich die unerhörte Zumutung gestellt, den Senat des Gerichtshofes in der Angelegenheit der Beschwerde gegen eine Entscheidung des Landesausschusses hinsichtlich der Tragung der Kosten einer Kirchenrestauration so zusammenzusetzen, daß die Klage abgewiesen wird. Ich darf als Richter diese Anregung nicht einmal gehört haben und kann daher nicht einmal nein sagen. Ich bitte", fügte Schönborn zum intervenierenden Baron Rumerskirch gewandt hinzu, "Seiner kaiserlichen Hoheit unter Beifügung meines untertänigsten Respekts dies zur Kenntnis zu bringen."[2] Ende der Geschichte.
Hier sehen wir, in der Spurensuche nach liberalen und antiliberalen Elementen in der österreichischen Geschichte, ein sehr bemerkenswertes *Aufeinanderprallen* des liberalen Rechtsstaates, hier vertreten durch den politisch durchaus konservativ eingestellten Präsidenten des Verwaltungsgerichtshofes, den Grafen Schönborn, und einer anderen Haltung - wie soll ich sie bezeichnen? "Etatistisch", könnte man sicher sagen. Ich möchte aber doch noch weitergehen. Dieser Interventionswunsch des Thronfolgers Franz Ferdinand ist ein Versuch politischer *Willkür* gewesen. Ich glaube, daß wir in jeder Diskussion über Liberalismus und Antiliberalismus das Element der *Willkür* politischer Machthaber in Rechnung zu stellen haben.
Ich möchte eine Verbindung herstellen - die manchen allzu kühn oder weit hergeholt vorkommen mag - zwischen dieser kleinen Episode zu Beginn unseres Jahrhunderts und der Praxis eines "willkürlichen Machthabers" der Zweiten Republik, nämlich des *Verfassungsgesetzgebers*, der mit einer Zweidrittelmehrheit im Nationalrat imstande ist, Teiländerungen der Bundesverfassung vorzunehmen. Es ist allgemein bekannt, wie oft in den vergangenen Jahren der aus den zwei großen Koalitionsparteien zusammengesetzte Verfassungsgesetzgeber sich über Urteile des Verfassungsgerichtshofs hinweggesetzt hat und verfassungsän-

[2] Alexander SPITZMÜLLER, "...und hat auch Ursach, es zu lieben." Wien 1955, p. 181f.

dernde Gesetzesbestimmungen beschlossen hat, die Urteile des Verfassungsgerichtshofs korrigierten oder unterliefen. Das ist politische Willkür, das ist ein - rechtspositivistisch unanfechtbares oder nur sehr schwer anfechtbares - Sichhinwegsetzen der Machthaber über die liberale Überlieferung des "rule of law", der Rechtsstaatlichkeit, der *Regelsetzung*, die ja von Wolfgang Mantl ganz zu Recht als wesentlich für die Charakteristik des Liberalismus angesehen worden ist. Ich kann mir eine aktuelle Bemerkung (Stand Mai 1995!) nicht versagen. Es ist insoferne kein Unglück, daß die beiden großen Koalitionsparteien bei den Wahlen 1994 ihre verfassungsändernde Mehrheit verloren haben, als sie die Kompetenz des Verfassungsgesetzgebers mehrfach mißbraucht hatten - im Falle der Taxikonzessionen und in anderen Fällen - und nun zu komplizierteren Verhandlungsmechanismen zur Beschlußfassung über verfassungsändernde Gesetze oder Gesetzesbestimmungen gezwungen waren.[3]

Fallstudie Nr. 3

Diese Spurensuche führt mich in die Anfänge der Ersten Republik, zu einer rechtsstaatlichen Institution, nämlich wieder dem *Verwaltungsgerichtshof*. In den ersten Jahren nach dem Ersten Weltkrieg haben viele *alt*österreichische Staatsbürger, die aber nicht auf dem Gebiet der Republik Österreich heimatberechtigt waren, versucht, die (*klein*-)österreichische Staatsbürgerschaft zu erlangen. Insbesondere galt dies für zahlreiche *Juden* aus Galizien. In einem berühmt und, man muß sagen, berüchtigt gewordenen Urteil vom 9. Juni 1921 hat der Verwaltungsgerichtshof das Optionsansuchen eines Kaufmanns namens Moses Dym aus Lisko in Galizien verworfen. Was waren die Grundlagen, was war die Begründung? Nach den Optionsbestimmungen des Vertrags von Saint-Germain war es nötig, daß der Optionswerber dartun sollte, daß er der Mehrheit der Bevölkerung des Landes seiner von ihm gewünschten zukünftigen Staatsbürgerschaft nach der Sprache und - man höre und staune - der *"Rasse"* angehöre. Der Begriff der "Rasse" ist 1919 in die Minderheitenschutzverträge und Friedensverträge der Versailler Nachkriegsregelung (u.a. Art. 80 des Friedensvertrages von Saint-Germain) aus dem anglo-amerikanischen Sprachgebrauch übernommen worden, in dem "race" vielfach im Sinne des heute gebräuchlichen Wortes "Ethnizität" oder "ethnische Zugehörigkeit" verwendet wurde.[4]

In einer längeren Begründung seines das Ansuchen des Moses Dym *ablehnenden* Urteils sagte der zuständige Senat des Verwaltungsgerichtshofes, es genüge nicht, daß der Optierende die gleiche Sprache spreche wie die Bevölkerungsmehrheit - dies hatte er bewiesen -, sondern er müsse "der gleichen Rasse angehören". Hinzuzufügen ist, daß die österreichischen Behörden zwar in einer Voll-

[3] Nach den Wahlen vom Dezember 1995 haben die beiden Koalitionsparteien freilich die verfassungsändernde Mehrheit zurückgewonnen und auch im Frühjahr 1996 beim sogenannten "Sparpaket" zur Absicherung gegenüber dem Verfassungsgerichtshof eingesetzt.

[4] Hierzu im Detail: Gerald STOURZH, Ethnic Attribution in Late Imperial Austria: Good Intentions, Evil Consequences, in: The Habsburg Legacy. National Identity in Historical Perspective (=Austrian Studies V), Edinburgh 1994, p. 67-83, hier p. 79f.

zugsanweisung zum Art. 80 des Vertrags von Saint-Germain verlangten, der Optierende habe "jene faßbaren Merkmale darzutun, auf Grund derer er seine Zugehörigkeit zur Mehrheit der Bevölkerung seiner Rasse und Sprache nach behauptet", aber keinerlei Anweisungen oder Kriterien bekanntgegeben hatten, wie oder wonach die Zugehörigkeit zu einer "Rasse" im Sinne des Vertrags von Saint-Germain dargetan werden könne. Trotzdem meinte der Verwaltungsgerichtshof in seiner Auslegung, die ein österreichischer Rechtswissenschafter als "erschütternd" bezeichnet hat: Die Rasse sei eine dem Menschen "angestammte, ihm inhärente, durch physische und psychische Momente bestimmte und charakterisierte Eigenart dauernden Charakters, ein ihm anhaftender Zustand, der nicht willkürlich abgelegt und nicht nach Belieben verändert werden kann."[5] Ein Bekenntnis zu einer bestimmten Rasse gebe es nicht, "weil die Rasse eben etwas von der freien Entschließung des Individuums und daher von seinem Bekenntnisse völlig Unabhängiges ist." Die Frage der sprachlichen Zugehörigkeit zum deutschen Volk konnte ununtersucht bleiben, fand der Verwaltungsgerichtshof; der Optionswerber habe "den Nachweis seiner Zugehörigkeit zu ihm der Rasse nach nicht angetreten, und schon darum war sein Optionsanspruch unbegründet".

Zur Ehre einiger Angehöriger des erkenntnisschöpfenden Senats sei gesagt, daß das Urteil von 1921 nicht einstimmig war; ein sehr bekannter hoher Verwaltungsbeamter, Dr. Paul Freiherr von Hock, auch genannt "der rote Baron", stimmte nicht zu. Ein anderer bedeutender Jurist und Wahrer der rechtsstaatlichen Tradition in Österreich, Julius Ofner, hat dieses Urteil als "Entgleisung" bezeichnet.[6] Dieses Urteil hatte *Präzedenzfolgen* für zahlreiche andere Bewerber um die österreichische Staatsbürgerschaft, und noch 1923 vertrat der Verwaltungsgerichtshof in einem weiteren, allerdings auch nicht einstimmig zustandegekommenen Urteil die Ansicht, "Rasse" entspreche dem altösterreichischen Rechtsbegriff des "Volksstammes" , und es sei "der Nachweis der Angehörigkeit zu dem Volke dem Stamme nach gefordert."[7]

Conclusio: In einer rechtsstaatlichen und insoferne liberalen Institution des österreichischen Verfassungsstaates hatte sich in den frühen Zwanzigerjahren ein deutschnationales, aber eben vor allem antiliberales und in höchstem Maße illiberales, ja mehr noch, *rassistisches* Denken eingenistet.

---

[5] Zitat und Beurteilung bei: Ignaz SEIDL-HOHENVELDERN, Die Überleitung von Herrschaftsverhältnissen am Beispiel Österreichs (Österr. Zeitschrift f. öffentl. Recht u. Völkerrecht, Supplementum 5), Wien-New York 1982, p. 19-22.

[6] Julius OFNER, Das Optionsrecht der Juden, in: Neue Freie Presse, Morgenausgabe, 12. August 1921, p. 2. Abgedruckt in der Wiener geisteswiss. Dissertation von Oskar BESENBÖCK, Die Frage der jüdischen Option in Österreich 1918-1921, Wien 1992, p. 194-201.

[7] Hierzu BESENBÖCK, Option, p. 112-116.

Fallstudie Nr. 4

Wir schreiben das Jahr 1928. Ein hoher Funktionär der "Deutschen Studentenschaft" in Wien namens Robert Körber, später während der NS-Zeit "Gauredner", polemisiert gegen die Möglichkeiten, durch *Assimilation* die Qualität der jüdischen Volkszugehörigkeit abwerfen zu wollen. Er wendet sich mit größter Entschiedenheit gegen ein sogenanntes "Bekenntnisdeutschtum" und argumentiert, das richtige Deutschtum sei nur das "Abstammungsdeutschtum". Aufgrund des "Bekenntnisdeutschtums" könne sich jeder Neger, Chinese oder Jude zum Deutschtum bekennen; dann wäre das Deutschtum "vogelfrei". Daraus ergebe sich, daß das Bekenntnisdeutschtum "unserem arisch-germanischen Erbgute, unserer germanisch-christlichen Kulturgeschichte und daher jeder ernsten wissenschaftlichen Überzeugung" widerspreche, also "ungeschichtlich, unwissenschaftlich und unehrlich" sei. Es gebe kein "syrisch-semitisch-negroides Bekenntnisdeutschtum", sondern nur ein "arisches Blutsdeutschtum".[8] Wir befinden uns im vollen Rassismus und in der vollen Negierung der menschlichen und individuellen Freiheit. Warum bin ich in meiner Spurensuche zu dieser Quelle gekommen? Weil ich bei Betrachtung des Verhältnisses von Liberalismus und Antiliberalismus in Österreich im Gegensatz zwischen liberalem Individualismus und den Freiheiten der *Person* einerseits und der Hypostasierung verschiedener *"Ganzheiten"*, vor allem "rassischer" Ganzheiten andererseits vielleicht das schwerwiegendste Problem der österreichischen Geschichte im späten neunzehnten und vor allem im frühen zwanzigsten Jahrhundert sehe.

Wenn ich abschließend zu den Gegnern und den Herausforderern des Liberalismus komme, die Wolfgang Mantl in seiner Liste festgehalten hat, so würde ich sagen, daß der gemeinsame Nenner dieser Gegnerschaften darin zu sehen ist, daß *Totalitarismus, Nationalismus, Fundamentalismus, Populismus* - die Frage der Selbstaufhebung des Liberalismus möchte ich jetzt ausklammern - Anschauungen darstellen, die andere "Ganzheiten" höher stellen als die Ganzheit oder besser Einheit der menschlichen Person. Es trifft sicher zu, daß seit dem Zweiten Weltkrieg - im Gegensatz zur Zwischenkriegszeit - eine stärkere Liberalisierung Platz gegriffen hat. Es ist auch richtig, daß es nach der Besiegung des Nationalsozialismus und Faschismus in Europa, in der westlichen Welt überhaupt zu einem neuen oder erneuerten Bekenntnis zu den Menschenrechten, zur liberalen Demokratie, zum Projekt der Aufklärung gekommen ist. Jahrzehntelang hat uns dieser neue Aufschwung menschenrechtlicher und liberaldemokratischer Denkweisen sehr geholfen.

Ich möchte allerdings mit der Befürchtung schließen, daß wir "mit gestundeter Zeit" leben, denn es gibt allenthalben neue Herausforderungen dieser menschenrechtlichen, liberalen Demokratie. Der *Rassismus* hat sich in der neuen Form der "ethnischen Homogenität" - mit den entsprechenden "ethnischen Säuberun-

---

[8] Robert KÖRBER, Eine deutsche Antwort dem preußischen 5er-Ausschuß; zugleich ein Mahnwort an Deutschlands akademische Jugend (=Kulturpolitische Schriftenreihe, Nr. 5), Wien 1928, bep. p. 7-8. Der Autor zeichnete als "Leiter des Kulturamtes der Deutschen Studentenschaft des Kreises VIII (Deutschösterreich)".

gen" - zurückgemeldet, und zwar in vielen Teilen der Welt einschließlich Europas. Es hat - übrigens schon vor längerer Zeit - ein amerikanischer Autor vom "return of tribalism" - der Rückkehr des Stammesdenkens - gesprochen.[9] In der westlichen Welt selbst hat die "post-moderne" Spekulation neue Dimensionen der Beliebigkeit, der Willkür, der Interpretationsmöglichkeiten geöffnet, die manchen bestehenden Regeln, auch Regeln des Zusammenlebens in einem rechtsstaatlichen, liberalen Gemeinwesen entgegenstehen. In der westlichen Welt, auch in Amerika, wird immer mehr davon gesprochen, daß einem "menschheitsorientierten" philosophisch-politischen Diskurs, einem "species-orientated discourse", ein "Ethnos-orientierter" Diskurs folge.[10] Das scheint mir für liberale Vorstellungen, Überzeugungen und Werte sehr gefährlich zu sein. Ein anderer amerikanischer Autor hat davon gesprochen, daß es eigentlich sehr merkwürdig sei, daß immer noch so viel von "Rechten" die Rede sei in einem Zeitalter der Beliebigkeit, der "Interpretation".[11] Wir sind also in verschiedenen Teilen der gegenwärtigen Welt von neuen oder neu aufgeflammten Gefahren umgeben. Ich wollte doch nachdrücklich auf diese Tendenzen aufmerksam gemacht haben, damit wir uns nicht in den menschenrechtlichen und liberaldemokratischen Errungenschaften der letzten Jahrzehnte allzu sehr geborgen fühlen.

---

[9] Harold R. ISAACS, Idols of the Tribe. Group Identity and Political Change, 2nd Ed., Cambridge/Mass. 1989.

[10] David A. HOLLINGER, How Wide the Circle of the "We"? American Intellectuals and the Problem of the Ethnos since World War II. In: American Historical Review, 98 (1993), p. 317-337.

[11] Thomas L. HASKELL, The Curious Persistence of Rights Talk in the "Age of Interpretation". In: Journal of American History, 74 (1987-88), p. 984-1012.

Zur Diskussion

Die ausführliche Plenardiskussion wandte sich der Problematik des *Liberalismusbegriffes* zu, wobei Johann Baptist Metz die grundsätzliche Frage aufwarf, ob ein weiter Liberalismusbegriff den Liberalismus nicht zum *politischen Apriori* mache und ihn daher überhaupt aus der Politik verabschiede. Daran anknüpfend, plädierte Urs Altermatt für einen - gerade aus seiner Schweizer Erfahrung - engeren Liberalismusbegriff im Sinne einer *politischen Partei*, wie sie in der Schweiz zu finden sei, die ja selbst als "Produkt der Revolution von 1848" ihre dezidiert liberalen Wurzeln habe.

Peter Koslowski und Helmut Rumpler warnten davor, alles *Positive* in der neuzeitlichen Entwicklung dem Liberalismus zuzuschreiben, gebe es doch auch andere Traditionen, die etwa zum allgemeinen Wahlrecht geführt hätten, oder als spanischer Beitrag zur Marktwirtschaft ebensowenig vernachlässigt werden dürften, wie die Sozialgesetzgebung in Österreich seit Taaffe oder die von Johannes Messner vorgenommene Hinwendung der katholischen Naturrechtslehre zu liberalen Traditionen, sodaß also im Themenzusammenhang nicht nur Kardinal Rauscher als Exponent katholischer Positionen gesehen werden dürfe. Koslowski und Rumpler wiesen auch auf *illiberale* Spuren im Liberalismus hin, daß etwa Sonnenfels der Verfolgung und Aburteilung der Jakobiner zugestimmt habe und daß der deutsch-österreichische und ungarische Liberalismus für Slowaken, Kroaten und Slowenen "einfach deutscher oder ungarischer machtstaatlicher Zentralismus" (Rumpler) gewesen sei. Koslowski führte die illiberalen Elemente der angelsächsischen Tradition an, "die im allgemeinen unter dem Eindruck der kulturellen Hegemonie der angelsächsischen Welt verdrängt" würden: das Verhältnis zu Irland, die Völkerrechtsverletzungen durch Drake in der Auseinandersetzung mit Spanien, der Biologismus in den Briefen Churchills.

Eine eingehende Behandlung erfuhr auch die Frage der *Grundwerteordnung* im Liberalismus. Erich Streissler führte hiezu aus, daß es zu den zentralen Problemen des Liberalismus gehöre, daß notwendigerweise ein gewisser moralischer Grundkonsens erforderlich sei. Diese Ordnung müsse bereits gegeben sein und könne nicht selbst aus den liberalen Prinzipien abgeleitet werden. Zu diesem Thema äußerten sich auch Peter Pulzer und Kurt Salamun ähnlich. Emil Brix bezweifelte, daß der Liberalismus selbst Grundkonsens konstituieren könne, und meinte, daß seine Stärke doch vor allem darin liege, eine Korrektur gegen die Feinde der Freiheit zu sein, mit deren Wegfall der Liberalismus in eine prekäre Situation gerate, wie die Entwicklung nach 1989/90 zeige.

Eine weitere Nuancierung brachte Heinrich Schneider ins Gespräch, indem er das Verhältnis von *Liberalismus und Macht* zur Diskussion stellte und unter diesem Aspekt das Vorhandensein zweier Liberalismen konstatierte: eines selbstbewußten (mehr angelsächsischen) Liberalismus, der zur civil society hinführe und sich mit vorläufigen Entwürfen begnüge, und eines Liberalismus, der - auf dem Kontinent mit dem Rationalismus der französischen Aufklärung verknüpft -

ein gebrochenes Verhältnis zur Macht habe und dadurch gerade zum Etatismus neige.

Emil Brix monierte, bei der Analyse der Schwäche des österreichischen Liberalismus noch stärker die Rolle des *jüdischen Bürgertums* zu thematisieren. Als eine weitere Schwäche bezeichnete er das starke *Harmoniebedürfnis* und die *Versäulung* des Landes und seiner ehemals großen Parteien, worin geradezu eine Gefahr des Totalitarismus liege.

Brix wandte sich zweifelnd auch der Frage zu, ob schon 1945 ein Sieg des Liberalismus in Österreich zu verzeichnen sei. Stourzh betonte demgegenüber das eigenständige Bekenntnis Österreichs zur *liberalen Demokratie* bereits 1945, etwa in der Person Leopold Figls, aber auch durch die Beibehaltung der Verfassung 1920/29, oder den Beitritt Österreichs zur Europäischen Menschenrechtskonvention (ab 1964 unbestritten im Verfassungsrang). Freilich anerkannte Stourzh durchaus einen unbezweifelbaren westlichen Einfluß, nicht zuletzt durch die Allgemeine Erklärung der Menschenrechte der Vereinten Nationen von 1948. Er wies überdies darauf hin, daß in Österreich keine der deutschen höchstgerichtlichen Judikatur vergleichbare Naturrechtsrenaissance zu verzeichnen war. Der Einfluß Kelsens und seiner Schule sei der Grund dafür gewesen.

Mantl bemerkte in diesem Zusammenhang, daß zumindest die Wiener politischen Eliten - gerade junge Katholiken und junge Sozialisten - seit 1945 eine betont antitotalitäre Haltung eingenommen hätten, die sich dann langsam mit der Erfolgsgeschichte der Zweiten Republik auch im übrigen Bundesgebiet ausgebreitet hätte.

II.

Liberalismus und Aufklärungswelt: Definition und Entwicklungszusammenhänge

LIBERALISMUS UND AUFKLÄRUNGSWELT: DEFINITION UND ENTWICKLUNGS-ZUSAMMENHÄNGE

Allan Janik

I. Die Undefinierbarkeit des Liberalismus

Die Herausforderung, sich mit Liberalismus *philosophisch* auseinanderzusetzen, ist so schwer, wie sie groß ist. Besonders schwer und frustrierend ist die Frage nach der *Definition* des Liberalismus. Wegen der Vielfältigkeit der Programme für eine rationale Änderung der Gesellschaft im Laufe der letzten zwei Jahrhunderte, die man deswegen "liberal" nennen darf, läßt Liberalismus sich nicht *more geometrico* definieren[1]. Was in einem Zusammenhang als "liberal" bezeichnet wird, ist unter anderen Umständen alles andere als liberal. So sind beispielsweise manche Elemente des liberalen Denkens um 1890, wie die Eugenik, eine Generation später Teil der illiberalen nationalsozialistischen Weltanschauung geworden. Im Jahre 1905 wurde die aus dem Jahre 1847 stammende Begrenzung der Arbeitswoche für Frauen und Kinder auf achtundfünfzig Stunden von einem angesehenen englischen "liberalen" Richter als "sozialistisch" denunziert.[2] Heute klingt das für liberal gesinnte Menschen absurd. Damit wird deutlich, daß Liberalismus nicht aus der Substanz einer ideologischen Stellungnahme definiert werden kann.

Nicht einmal der Versuch, "liberal" als *"nicht konservativ"* zu definieren, gelingt, denn "konservativ" ist ebenso undefinierbar wie "liberal". Der Politologe Clinton Rossiter behauptet: "Konservativismus ist ein Wort, dessen Nützlichkeit nur seiner Fähigkeit, die Sachen zu verzerren und uns zu verwirren und zu ärgern, entspricht".[3] Die Probleme fangen damit nur an. "Konservative" Denker wie Edmund Burke oder Michael Oakeshott lassen sich nicht ohne weiteres von liberalen Denkern *scharf* abgrenzen.[4] Soweit diese ihre Meinungen mit rationa-

---

1 Fast alle Nachschlagwerke sind diesbezüglich einer Meinung. Siehe z.B. Encyclopaedia Britannica 15. Aufl., Chicago 1985, 27, p. 471f. - Rudolf VIERHAUS, "Liberalismus"; Geschichtliche Grundbegriffe, Hg. Otto BRUNNER / Werner CONZE / Reinhart KOSELLECK, Stuttgart, 1972-92., 3, p. 741f. - Isaiah BERLIN, "Political Ideas in the Twentieth Century". Four Essays on Liberty, Oxford 1969, p. 12. Für einen nützlichen Überblick, der die auf Deutschland gerichtete Erläuterung von VIERHAUS ergänzt, siehe Maurice FLAMANT, Histoire du Libéralisme, (= que sais-je? 1797), Paris 1988. Flamant sieht Liberalismus als eine Lehre ("doctrine") der ökonomischen Organisation des Staats. Er sieht die Probleme der Definition ein, schließt sich aber an Hayeks Suche nach "Prinzipien des Liberalismus" an .

2 Encyclopaedia Britannica, 27, p. 473.

3 Clinton ROSSITER, "Conservatism", International Encyclopedia of the Social Sciences, New York 1972, 3, p. 390 [übers. A.J.].

4 Berlin, loc. cit. in FN 1, p. 5-15.

len Argumenten begründen, zählen sie im Gegensatz zu Irrationalisten und Reaktionären wie z.B. Johann Georg Hamann oder Joseph de Maistre zu den Liberalen im weiteren Sinne des Wortes. Daher ist es möglich, unter Umständen entgegengesetzte Denker wie John Locke und Immanuel Kant, Voltaire und Rousseau, John Stuart Mill und Herbert Spencer, John Rawls und Robert Nozick und last but not least John Maynard Keynes und Friedrich von Hayek allesamt für "liberal" zu halten.

Etwas in einem konkreten Fall als liberal zu bezeichnen, muß daher heißen, es eher in einem *dynamischen Spektrum* zu plazieren, das von "reaktionär" über "konservativ" bis zu "liberal" und schließlich "radikal" reicht, als es anhand eines einfachen statischen "liberal-konservativen" Gegensatzes zu bestimmen.[5] Die paradoxen Entwicklungen des Liberalismus in bezug auf radikalere Bewegungen wie etwa den Sozialismus, schließen nicht einmal einen konservativen Liberalismus aus.[6] Eine veraltete "liberale" Politik wird dadurch "konservativ", so wie der klassische Liberalismus in Amerika sich verwandelte. Daher ist es in den Augen von Historikern wie John Boyer oder Krystóf Nyíri möglich, die Liberalen der Habsburgermonarchie zum großen Teil als "konservative Liberale" zu kennzeichnen.[7] Immerhin, wenn die konservative Opposition verschwindet, oder verschwunden zu sein scheint, besteht die Möglichkeit, daß in einem bestimmten Sinn *nur* Liberale übrigbleiben. Daher konnte Friedrich Meinecke im Jahre 1927 schreiben: "In allen Parteien und Richtungen des modernen Staats- und Kulturlebens [sind] Wirkungen und Nachwirkungen des Liberalismus [nachzuweisen, und damit scheint] er sich überflüssig gemacht zu haben."[8] Man könnte argumentieren, daß genau das in Amerika geschehen ist, weil der Liberalismus des 19. Jahrhunderts sich dort am stärksten durchgesetzt hat.[9]

Abgesehen davon gibt es so große Widersprüche und Spannungen in den Meinungen der typischen Liberalen, daß es kaum möglich ist, von einer kohärenten intellektuellen Position, geschweige denn einer *Definition* zu sprechen. So widerspricht z.B. der Glaube an "natural rights" oder absolute Standards der Wahrheit oder Gerechtigkeit dem Empirismus und Utilitarismus der traditionellen Liberalen. In der Tat war die Einheit der Liberalen in der Vergangenheit häufig nichts anderes als eine Funktion der Stärke der konservativen Opposition wie im England und Frankreich des 18. und 19. Jahrhunderts.[10] Für die Liberalen selber, die an die platonische Auffassung der *systematischen* Einheit aller

---

[5] BERLIN, loc. cit. in FN 1.

[6] VIERHAUS, loc. cit. in FN 1, p. 763.

[7] John BOYER, Political Radicalism in Late Imperial Vienna: Origins of the Christian Social Movement, 1848-1897, Chicago 1981, p. 18, Vgl. Krystóf NYÍRI, "Wittgenstein's Later Work in Relation to Conservatism", Wittgenstein and His Times, Hg. B.F. McGUINNESS, Chicago 1982.

[8] Zitiert nach VIERHAUS, loc cit. in FN 1, p. 784. Prof. Vierhaus selbst schien dieser Meinung zu sein, als er diesen bedeutenden Artikel schrieb.

[9] BERLIN, loc. cit. in FN 1, p. 31.

[10] BERLIN, ebenda in FN 1, p. 12.

wahren Theorien und Meinungen glaubten[11], wurden diese Spannungen Anregungen zu jener weiteren Kritik, die die wirkliche freie Gesellschaft eines Tages einführen würde. Die Vorgangsweise der Liberalen war dadurch gekennzeichnet, daß sie imstande waren, die Bedeutung aller gegenwärtigen Spannungen und Konflikte zu ignorieren oder zu minimalisieren, soweit sie an eine künftige theoretische Lösung glaubten. Die Wichtigkeit wissenschaftlicher Theorien für Liberale ist unbestritten.

Die Frage nach der Definition des Liberalismus bleibt jedoch nach wie vor unbeantwortbar, zumindest wenn man unparteilich, d.h. gewissermaßen "liberal" bleiben will! Es scheint, als ob wir uns in einer ähnlichen Lage befänden wie Augustinus bezüglich der Frage nach dem Wesen der Zeit: ich weiß, was Liberalismus ist, solange niemand mich fragt; sobald ich gefragt werde, weiß ich es nicht mehr. Diese Situation hängt mit der Natur des Begriffs zusammen: Es gibt erkenntnistheoretische Gründe, warum das der Fall sein muß. Hier sei nur das Wesentliche angedeutet; ich will gegen Schluß meines Referats noch einmal darauf zurückkommen. Hier will ich nur folgendes erwähnen: Liberalismus ist an sich ein *grundsätzlich umstrittener Begriff*, d.h. ein Begriff, über den man endlos, aber *legitim* streiten kann[12]. Es gibt inkompatible und inkommensurable Vorstellungen von Liberalismus, die miteinander kämpfen. Es ist beispielsweise weder zufällig, noch ohne Bedeutung, daß es einen britischen und einen amerikanischen Liberalismus gibt, weil beide Gemeinwesen tief in der liberalen Tradition verwurzelt sind.

---

[11] BERLIN, loc. cit. in FN 1.

[12] W. B. GALLIE entwickelte Kriterien für die Analyse von solchen Begriffen: *Grundsätzlich umstrittene Begriffe* sind:

1. abschätzend, d.h. sie weisen auf Leistungen oder Errungenschaften hin: also "Kunststück", nicht "gelb",
2. komplex: also Demokratie, nicht "blau",
3. derart, daß die bezeichnete Leistung das Ergebnis der Ordnung der Bestandteile ist: d.h. Demokratie bezeichnet eine bestimmte Ordnung zwischen Freiheit, Repräsentation und Gleichheit,
4. derart, daß die die innere Leistung bestimmende Ordnung verschieden beschreibbar ist: d.h. Freiheit, Repräsentation oder Gleichheit könnten jeweils die Haupteigenschaft einer Auffassung der Demokratie sein,
5. Begriffe, die "open-textured" sind: d.h. es gibt immer wieder neue Möglichkeiten, "demokratisch" oder "christlich" zu sein,
6. Gegenstand von Debatten, wobei alle Beteiligten gemeinsame Autoritäten anerkennen, so wie alle Demokraten in irgendeiner Weise John Stuart Mill, Jean-Jacques Rousseau oder John Locke anerkennen,
7. Elemente einer Debatte, bei der alle Beteiligten sich für die weitere Diskussion entschieden haben: Alle müssen glauben, daß es möglich ist, die Gegner anhand von Argumenten zu überzeugen.

Siehe W.B. GALLIE, "Essentially Contested Concepts", The Importance of Language, ed. Max BLACK, Engelwood Cliffs, 1962, p. 121-46. Vgl. William CONNOLLY, The Terms of Political Discourse, Lexington/Mass. 1974 und Allan JANIK, Style, Politics and the Future of Philosophy, Dordrecht 1989.

II. Das liberale Temperament

Ähnlich, wie dies Augustinus in bezug auf die "Zeit" möglich war, so ist es uns möglich, liberale Erscheinungen oder ein liberales Temperament zu identifizieren.[13] Eine liberale Einstellung gegenüber den Menschen, d.h. Respekt für den Einzelnen, und zu gesellschaftlichen Beziehungen, d.h. scharfe Kritik an allen Privilegien, mit einem optimistischen Glauben, daß die Gesellschaft anhand von genauem Wissen verbessert werden kann, läßt sich trotzdem *historisch* identifizieren. Dieser Auffassung nach ist Liberalismus mehr oder weniger identisch mit 1) *Aufklärung*,[14] 2) dem spezifischen Geist der *abendländischen Kultur* im Vergleich zu anderen Kulturen[15] und 3) der sogenannten *"Moderne"*.[16] Außerdem können wir aus liberalen Stichwörtern des 19. Jahrhunderts die Haupteigenschaften des liberalen Temperaments: "liberty" oder Freiheit, Toleranz, Wissenschaft und Fortschritt feststellen: "Savoir pour prévoir pour pouvoir" und "the Perfectability of Man", "Fortschritt" (etwas, das damals direkt mit der lang in Österreich verbotenen Eisenbahn assoziiert wurde[17]) und Optimismus bezüglich der Eliminierung des Leidens und der Tragödie des menschlichen Lebens überhaupt.[18]

III. Die Wortfamilie

Lassen Sie mich mit dem *Wort* selbst anfangen.[19] Die Wortfamilie "liber", frei, zwanglos, selbständig, edel, freigiebig, im Gegensatz zu "servil" (später "Jesuit"), liefert uns bedeutende Spuren, wie die folgenden Wörter aus zwei westeuropäischen Sprachen deutlich zeigen: liberty, liberation, liberality, libertin, libertine. Es ist bedeutend, daß diese "lateinische" Wortfamilie keinen vorpolitischen Sinn im Deutschland des 19. Jahrhunderts hatte. Eindeutig ist das Schlüsselwort hier "liberty": Liberalismus strebt diesen Zustand an, aber keines der genannten Elemente dürfte man bei einer Erläuterung des Liberalismus auslassen. Diese Worte liefern uns wichtige Spuren, aber im Hinblick auf die Tat-

---

[13] Diese Einstellung ist auch überall in der Literatur zu finden. Vielleicht die kürzeste und geistreichste diesbezügliche Zusammenfassung ist die von Prof. Berlin: "...there is in principle a rational answer to every question. Man is, in principle at least, everywhere and in every condition, able, if he wills it, to discover and apply rational solutions to his problems. And these solutions, because they are rational, cannot clash with one another, and will ultimately for a harmonious system in which truth will prevail, and freedom, happiness, and unlimited opportunity for untrammelled self-development will be open to all". BERLIN, loc. cit. in FN 1, p. 8.

[14] BERLIN, ebenda, p. 13.

[15] Encyclopaedia Britannica, 27, loc. cit. in FN 2, p. 471

[16] "Liberalism", International Encyclopedia of the Social Sciences, 9, p. 277.

[17] Siehe Oskar JÁSZI, The Dissolution of the Habsburg Monarchy, Chicago 1961, p. 80.

[18] Für die Bedeutung der Debatte zwischen "Optimisten" und "Pessimisten" im 19. Jahrhundert siehe die einsichtsvolle Zusammenfassung der englischen Kontroverse in Walter HOUGHTON,The Victorian Frame of Mind, New Haven 1957, p. 27-53.

[19] VIERHAUS, loc. cit. in FN 1, p. 742-48 erläutert die Wortgeschichte ausführlich.

sache, daß es hier in erster Linie um ein Temperament geht, sollten wir unseren Ausgangspunkt vom Oxforder Philosophen John Austin beziehen und von "liberal" als Adverb ausgehen.[20] Was man festnageln will, ist eigentlich ein "Wie" und nicht ein "Was".

IV. Die liberale Tradition des Abendlandes

Historisch betrachtet ist die Einstellung zu "liberty", d.h. die Beschäftigung mit der *Freiheit und Würde des Individuums* der Gesellschaft gegenüber, sowohl in der *Bibel* als auch im altgriechischen Denken seit Homer tief verwurzelt[21]. Dieser Einstellung nach ist eine Reform der Machtverhältnisse und der Rechtslage immer anhand einer moralischen Kritik der bestehenden Umstände möglich. Im Mittelalter nannte man die sprachlichen und mathematischen Fertigkeiten, die eine universitäre Ausbildung ermöglichten, die "artes liberales" im Gegensatz zu jenen, die ein Handwerk voraussetzten, die man die "artes serviles" nannte. Von daher stammt die Verbindung zwischen Liberalismus und klassischer Bildung, die ihren Höhepunkt im Humanismus erreichte.

Daß England unter den europäischen Ländern zur Wiege des Liberalismus wurde, hängt in erster Linie mit dem *angelsächsischen Rechtssystem* zusammen.[22] Das aus der "Ehe" zwischen alt-teutonischem und mittelalterlichem kanonischen Recht entstandene angelsächsische Gewohnheitsrecht mit seiner Betonung auf der Normativität des üblichen Handelns von *Ebenbürtigen* in bezug auf die Bestimmung von rechtlicher Verantwortung ist ein Grund, warum diese Einstellung im englischen Sprachraum sich so stark verbreitet hat. Mehr als die politische Philosophie John Lockes, die tatsächlich ohne das Gewohnheitsrecht unvorstellbar wäre, ist das Gewohnheitsrecht der Grundpfeiler des englischen Liberalismus.

Als politisches Etikett erschien das Wort "liberal" mit einer pejorativen Konnotation, wie zu anderen politischen Zeiten Kategorien wie z.B. "Barock", "Rokoko" oder "dekadent" zum ersten Mal in Spanien im Jahre 1812 - und erst im Jahre 1819 in England. Im 18. und 19. Jahrhundert bedeutete "liberal" politisch vorwiegend, "Republikaner" zu sein.[23]

V. Die Klassiker des Liberalismus

Obwohl die Geschichte des Liberalismus die ganze geistige Geschichte des Abendlands umfaßt, ist es möglich, ja sogar notwendig, einige besonders wich-

[20] Vgl. John AUSTIN, "A Plea for Excuses", Philosophical Papers, ed. J.O. URMSON / G.J. WARNOCK, London 1970, p. 187 et passim.

[21] Encyclopaedia Britannica, loc cit. in FN 1.

[22] Diese Ansicht wird im Artikel über Liberalismus in der Encyclopedia of Social Sciences vertreten, aber der locus classicus dafür ist John Courtney MURRAY, We Hold These Truths, Garden City 1960.

[23] VIERHAUS, loc. cit. in FN 1.

tige Stadien in der Entwicklung dieser Geisteshaltung zu identifizieren. Dabei müßte man mindestens zur Kenntnis nehmen: Michel de Montaignes "*Essais*" (für die Auffassung vom *hônnete homme* oder *libertin*, d.h. des Menschen, der zumindest privat frei und kritisch denkt), Blaise Pascals "*Lettres Provençales*" (für den Gegensatz zwischen dem "freien" Denken und dem Jesuitismus), John Lockes "*Two Treatises on Government*" (wonach politische Legitimation von der Zustimmung der Regierten abhängt), Adam Smiths "*Wealth of Nations*" (für den Begriff des freien Marktes), Charles de Montesquieus "*Esprit des lois*" (für den ausgewogenen Begriff des liberalen Republikanismus), Thomas Jeffersons "*Declaration of Independence*" (für die Auffassung "all men are created equal"), Wilhelm von Humboldts "*Ästhetische Versuche*" und verschiedene Aufsätze vor allem über Goethe und Schiller (für die Auffassung der modernen liberal-humanistischen Bildung) und John Stuart Mills "*On Liberty*" (für seine profunde Entwicklung von Alexis de Tocquevilles Begriff der Tyrannei der Mehrheit). Montesquieu und Humboldt sind hier *besonders* hervorzuheben: ersterer wegen seiner Bedeutung im "Zeitalter der demokratischen Revolutionen" (R.R. Palmer)[24], letzterer als Hauptvertreter des liberalen Bildungsideals in Deutschland, d.h. als Idealist im nicht-philosophischen Sinn (und wegen seines Einflusses auf Mill).

1. Montesquieus Auffassung der Politik: Die Sicherung der Freiheit durch das Gleichgewicht der Mächte

Montesquieu ist für uns in erster Linie als derjenige von Bedeutung, der den politischen Ton des *siècle des lumières* und das *Lebensgefühl der Aufklärungswelt* angegeben hat.[25] Daher ist meine Absicht, nicht eine historisch-genaue Darstellung seines Beitrags zur politischen Philosophie zu geben, sondern die Bedeutung seiner Gedanken für unser *liberales Erbe* zu skizzieren: Ich behandle Montesquieu und Humboldt eher "idealtypisch"[26], in bezug auf das Verhältnis zwischen Liberalismus und Aufklärung an sich, als aus ihrem historischen Zusammenhang heraus, um ein Musterbeispiel, ein *von mir konstruiertes* "Paradigma" (im Sinne Thomas Kuhns) des liberalen Temperaments zu entwikkeln. Montesquieu liefert uns ein Modell, das aus einer kritischen Auseinander-

[24] Allein die Tatsache, daß Robert R. Palmer eine achtseitige Rechtfertigung für den Titel seines zum Standardwerk gewordenen Buches geschrieben hat, zeigt eine bestimmte Spannung zwischen Liberalismus und Demokratie auf. Siehe Robert R. PALMER, Das Zeitalter der demokratischen Revolutionen, übers. H. Lazarus, Frankfurt/Main 1970, p. 24-32.

[25] Henry Steele COMMAGER, The Empire of Reason: How Europe Imagined and America Realized the Enlightenment, New York 1977, p. 110: "The Spirit of the Laws had almost the authority of [Newton's] Principia [im 18. Jhdt.]". MONTESQUIEU; L'esprit des lois, " 2 Bde. Paris 1979. Meine Darstellung von Montesquieu ist stark von Thomas L. PANGLE, Montesquieu's Philosophy of Liberalism, Chicago 1973, beeinflußt. Für hervorragende Erläuterungen des Begriffes "civil society" siehe den Sammelband Europa und die Civil Society, Hg. Krzysztof MICHALSKI, Stuttgart 1991.

[26] Siehe Guy OAKES, Weber and Rickert: Concept Formation in the Cultural Sciences, Cambridge/Mass. 1988, p. 30f.

setzung mit der schon zu seiner Zeit klassischen modernen politischen Theorie von Machiavelli, Hobbes und Locke entstanden und das eine bedeutende Quelle des auftauchenden Liberalismus ist, die wegen ihres Raffinements und vor allem wegen ihrer *Mäßigung* für vorbildlich gehalten werden kann.

Montesquieus philosophische Auffassung des liberalen Republikanismus besteht aus zwei Teilen: einem *metaphysischen* Vorbild der *condition humaine* und einem *normativen*, aber praxisorientierten, einer Zusammenfassung der Prinzipien für die Verwirklichung der Freiheit, die der Natur des Menschen am besten entspricht.

Für Montesquieu ist die menschliche Urerfahrung die Angst vor dem *Tod*. Daraus entsteht sein Bedürfnis nach *Sicherheit*, in erster Linie für sich selbst und im weiteren Sinn für seine Familie. Die Gesellschaft und die Gerechtigkeit sind daher quasi-natürliche Erscheinungen, die diesem Zweck dienen. Es folgt daraus, daß die beste Gesellschaft jene ist, die ihren Bürgern in ihren eigenen Augen am meisten Sicherheit bietet. Die Natur ist von Haus aus weder gut noch böse, sondern bedrohend. Sie zwingt den Menschen zu einer schwachen Sozialität. Daher ist die "civil society" an und für sich keine ganz natürliche Erscheinung. Sie ist eher ein *moralisches* Projekt, das sich kontinuierlich mit der Natur entwickelt, aber sich nur durch menschliche Bemühung verwirklicht: ars perficit naturam. Das Ziel dieses Projekts ist die Stiftung der öffentlichen Sicherheit in der Form eines *Rechtsstaats*, eines Staats, der das *Gesetz*, und nur das Gesetz, als Grundlage der öffentlichen Ordnung anerkennt. "Liberté" impliziert volle Überwindung der Angst, totale öffentliche Sicherheit bezüglich aller Autoritäten. Sie setzt Freiheit im mehrfachen Sinn voraus: Freiheit des Denkens oder der Religion (von Cromwell und Pascal zu den englischen Liberalen des Fin-de-Siècle sind Liberale vorwiegend Nicht-Konformisten gewesen, wenn nicht Atheisten oder Agnostiker), der Rede, der Presse und des Rechts auf Privateigentum. Steuern werden von Montesquieu als der Preis toleriert, den man zahlen muß, um ein Recht auf Privateigentum zu haben.

Diese *politische* Freiheit, die durch die Anerkennung des rationalen Gesetzes entsteht, ist also die Voraussetzung für die Ausübung *metaphysischer* Freiheit, d.h. der Freiheit des Willens, wobei einer wird, was er will, angenommen, daß er kann, was er will. Politische Freiheit ist also ein Mittel zum Zweck. Der Zweck ist die öffentliche Sicherheit, die die Selbstbestimmung im privaten Leben ermöglicht. Politische Freiheit existiert für Montesquieu nur um der Ausübung der rationalen Selbstbestimmung im *Privatleben* willen, d.h. um die Individualität des Einzelnen zu schützen. Als begeistertem Anglophilen war es Montesquieu klar, daß wirtschaftlicher *Wettbewerb* ein beträchtlicher Bestandteil der Freiheit ist.

Die Herausforderung dieser freien Praxis ist es, den Wunsch des einzelnen Bürgers für die eigene Freiheit, d.h. nach Sicherheit, in einen Wunsch nach Selbstbestimmung aller zu verwandeln. Der Bürger muß so erzogen werden, daß er sich für eine solch "unnatürliche" Selbstkontrolle begeistern läßt. Wenn es allen Bürgern gelingt, eine solche "civility" oder Zuvorkommenheit zu entwickeln, was niemandem allein möglich ist, dann wäre die *"civil society"* erreicht. Montesquieus Meinung nach findet man diesen gesellschaftlichen Zustand vor allem in *England*, dessen politische Einrichtungen deshalb eine besondere Bedeutung für die politische Philosophie haben.

Montesquieus Leistung für die liberale politische Philosophie liegt darin, daß er das politische Vorbild englischer Einrichtungen, die die Zuvorkommenheit des einzelnen Bürgers gegenüber seinen Mitbürgern fördern, für andere Länder erläutert hat, ohne daß man wünschte, sie einfach nachzuahmen. Denn das Nachahmen nimmt die Buchstaben des Gesetzes wichtiger als ihren Geist, was ein fataler Fehler ist. Der Sinn des Titels des Hauptwerks Montesquieus ist es, die Faktoren, Klima, Geographie und Tradition, die die *Übernahme* dieses Musters ermöglichen, festzustellen und dadurch die Grundlage des späteren "Nationalliberalismus" zu erläutern.

Humboldts Leistung, wie wir sehen werden, war die Ergänzung des Ideals der persönlichen Zuvorkommenheit durch die Erläuterung ihrer Voraussetzungen bezüglich der *Erziehung* des Einzelnen. Beide verstehen Erziehung als "Bildung", d.h. als moralische Gestaltung von Wissen. Es muß nun Montesquieus Auffassung des "Gleichgewichtes der Mächte" als institutionelle Basis der "civil society" dargelegt werden, um seine Erkenntnisse als Theoretiker des Liberalismus richtig einschätzen zu können.

Ein bedeutender Aspekt der Leistung Montesquieus für die liberale Theorie besteht darin, daß er ein äußerst konzentriertes Nachdenken über die gesamte Geschichte der *politischen Philosophie* von der Antike bis zur Aufklärung in seinen *Esprit des lois* eingebaut hat. Diesem Nachdenken entstammen seine wichtigsten Gedanken über die Organisation des Staates.

Schon Aristoteles erkannte, daß man die verschiedenen streitenden Faktionen in der Gesellschaft voneinander trennen müsse, um die Selbstzerfleischung der Gesellschaft zu vermeiden. Aus diesem Grund empfahl er eine *Aufteilung* der politischen Funktionen Gesetzgebung, Verwaltung und Justiz zwischen den verschiedenen Gruppen der Gesellschaft. Vor allem sei es zu vermeiden, daß jemand Richter in eigener Sache werde.[27] Polybius bezeichnete die scharfe *Trennung* zwischen den Mächten in der Gesellschaft als die Stärke der Römischen Republik. Aus seinen Reflexionen über die Vernünftigkeit dieser Auffassungen entstand Montesquieus Lehre über das Gleichgewicht der Mächte. Die *Trennung* der Mächte oder Regierungsfunktionen sollte die Unterdrückung des Einzelnen durch eine überproportionierte Konzentration der Macht in den Händen eines Einzelnen verhindern, während das *Gleichgewicht* der Mächte Unterdrückung durch die Herrschaft einer Partei verhindern sollte. Da die größtmögliche Anzahl von Interessen der Gesellschaft vertreten werden sollte, sei eine wirksame und konstruktive Verwendung der Macht zu erwarten. Das dahinterstehende Prinzip ist, daß Macht den Machthaber korrumpiert und daß absolute Macht in einer absoluten Art und Weise korrumpiert. Lord Acton hat diese Erkenntnis mehr als ein Jahrhundert nach Montesquieu in dieser Schärfe formuliert. Daher muß Macht immer als Gegengewicht eine andere Macht gegenüberstehen. In der

[27] Siehe COMMAGER, loc. cit. in FN 25, p. 227-32.

Praxis heißt das *Gewaltenteilung,* innerhalb derer freilich in der Demokratie Macht von der *Mehrheit* ausgeübt wird. Die Mehrheit reicht jedoch allein nicht aus, eine tyrannische Ausübung der Macht zu verhindern.

Aus dieser Auffassung der vernünftigen Regelung der Macht erwuchs die Grundidee der *amerikanischen* Staatsverfassung und das System von "checks and balances" (Sicherungen), das mittlerweile die gesamte abendländische Politik kennzeichnet. Heute werden Mehrheiten von anderen Mehrheiten kontrolliert, ein Regierungschef von einer Mehrheit gewählt, die Abgeordneten (zumindest teilweise) von einer anderen, die jetzige Mehrheit von früheren und späteren usw. Die Erfindung dieses Systems ist bei weitem nicht Montesquieus geringste Leistung.

Montesquieu selbst hat wohl gewußt, daß kein repräsentatives System von sich funktioniert, ein liberaler Staat nicht besser sein kann als seine Bürger. Wie sollen diese daher zu Staatsbürgern erzogen werden? Als Antwort auf diese Frage entstand sein Bild des "Menschen mit *esprit*", d.h. mit scharfsinniger *Urteilskraft* und gutem *Geschmack.* Es ist die Leistung Wilhelm von Humboldts, dieses Bild ausführlich und eloquent erläutert zu haben.

2. Humboldts Bildungsideal

Wie wir gesehen haben, hängt eine Bedeutung des Wortes "liberal" seit der Antike mit einer bestimmten Art von *emanzipatorischer Erziehung* zusammen. Es ist das Verdienst Wilhelm von Humboldts, sowohl in der Praxis als auch in der Theorie das Ideal der klassischen humanistischen Bildung (*paideia*) in Zusammenhang mit dem liberalen Republikanismus erläutert zu haben.[28] Obwohl man sie eher selten gemeinsam erwähnt, gibt es eine starke Kontinuität in der liberalen politischen Philosophie zwischen Montesquieu und Humboldt. Allein der Titel von Humboldts bedeutendstem politischen Werk, "*Ideen zu einem Versuch die Gränzen der Wirksamkeit des Staats zu bestimmen*", ist ein Beleg dafür. Genauso kräftig wie Montesquieu betont Humboldt die sicherheitsstiftende Funktion des *Staates*, die Bürgerrechte und die legitime Machtübung des Staates. Gleichzeitig lehnt er jede Einmischung des Staates in das *Privatleben* der Bürger ab, d.h. Humboldts Meinung nach darf der Staat nie "positive Freiheit" oder Wohlfahrt stiften. Kurzum, der Staat muß gleichsam Spielraum für die "civil society" schaffen. Aber der Einzelne muß sich darauf vorbereiten: Er muß die Voraussetzungen des "zivilen" Verhaltens in sich schaffen, d.h. sich als vollkommenes soziales Wesen zeigen können. Dieser sowohl moralische als auch intellektuelle Vorgang ist nichts anders als *Aufklärung* aus der Perspektive ihrer subjektiven Entstehung betrachtet. Unter den "assimilierten" Juden, die sich so

[28] Wilhelm von HUMBOLDT, Gesammelte Schriften, 17 Bde., Berlin 1903. Meine Darstellung von Humboldt stützt sich stark auf die von Marianne COWAN übersetzte und herausgegebene Anthologie der Schriften Humboldts, Humanist without Portfolio, Detroit 1963. Bezüglich Humboldts Einfluß auf Mill siehe die Einleitung der Herausgeber zum Teil B, "Classical Liberalism", Sektion 4, "Aesthetic Individualism" im umfangreichen Sammelband Hg. E.K. BRAMSTEAD und K.J. MELHUISH, Western Liberalism, London 1978, p. 271-78.

stark dafür engagiert und dadurch den Liberalismus Mitteleuropas so maßgeblich geprägt haben, nannte man dieses Streben die "zweite Emancipation".[29]
Der Mensch unterscheidet sich vom Tier u.a. durch seine Fähigkeit, abstrakt, d.h. *universal*, zu denken, wie die klassischen Philosophien seit Platon betonen. Daraus schließt Humboldt im Anschluß an Kant und Schiller, daß er zu klarem abstrakten Denken verpflichtet sei. Im Gegensatz zu diesen "Moralisten" konzentriert er sich aber auf die positiven Folgen dieser Idee für die Bildung des Menschen, d.h. auf das, was die Natur des Menschen als "Universalwesen", als Mikrokosmos, in ihm *ermöglicht*: *Selbstverwirklichung* durch ein Streben nach Integrität.
Für Humboldt beginnt diese Selbstbestimmung der Persönlichkeit mit der Abschaffung aller Vorurteile und Borniertheit. Moralische Übel im Einzelnen hängen immer mit *Einseitigkeit* zusammen. Der platonische Idealist Humboldt beschreibt unser quasi-instinktives Gefühl der Unzufriedenheit mit dem unaufgeklärten Zustand des noch nicht "zivil" gewordenen Menschen, für unsere Ohren etwas pathetisch, als die *Sehnsucht* des noch-nicht-rational-gewordenen Geschöpfs nach dem Ideal der *vollkommenen Rationalität*. Daher wählt er den Ausdruck "Sehnsucht" mit Absicht: Er will betonen, daß das Geistige im Menschen, seine Rationalität, dem *Gefühl* immanent ist.
Der Ausdruck "Sehnsucht" führt uns dann auf eine Spur zur konkreten Reform der Erziehung: Sie zeigt uns, wie der Alltagsmensch, egal wie schlecht, tatsächlich *ästhetisch* denkt. Daraus folgt, daß eine Erziehung zur Aufklärung eine *éducation sentimentale* sein muß. Sowohl "wie" als auch "was" man lernen muß, wird von der Eigenart der Menschennatur als imperfektes rationales Wesen, d.h. als ein Geschöpf, das fühlend denkt, bestimmt. Der Erzieher erreicht die "Seele" des Schülers über dessen instinktiven, wenn auch noch nicht aufgeklärten Sinn für *Schönheit*. Der aufklärende Erzieher kennt Humboldts Meinung vom pädagogischen Wert einer positiven Überraschung und schätzt daher den Witz, als Verkörperung des Geistes (*esprit*).
Der Mensch braucht unbedingt *naturwissenschaftliche* Erkenntnis, um seine Verwurzelung in der Natur und die daraus entstehenden Grenzen seiner "tierischen" Natur zu kennen. Er braucht die *Geisteswissenschaften*, um 1) seine Gefühle gleichsam "geistig zu schleifen" und 2) sich mit dem Urphänomen des gesellschaftlichen Lebens, dem Konflikt, auseinanderzusetzen.
Konflikt entsteht, weil der Mensch ein unvollständig rationales Wesen ist und deshalb dazu neigt, seine eigene Sicht der Dinge für die einzig mögliche zu halten. Nichts ist wichtiger für seine Aufklärung als die Befreiung von diesem Trugschluß, der in der Tat die Quelle aller Tragödien im Menschenleben ist. Daher steht der Kampf gegen Einseitigkeit im Zentrum des Humboldtschen *Bildungsprogramms*. Der aufgeklärte Mensch will sich als Individuum entwickeln, aber seine Individualität entsteht nur in einer *konstruktiven* Auseinandersetzung mit anderen Individuen. Die Herausforderung klingt wahrhaft "post-modern",

[29] Siehe Steven BELLER. Wien und die Juden 1867-1938, übers. M. T. PITNER, Wien 1993, Kap. 9, p. 136-58.

denn echte Individualität entsteht, sobald der Einzelne die Differenz zwischen sich und dem Anderen anerkennt. Solche Toleranz kann nur im *Dialog* mit dem Fremden geschehen - sei es ein fremdes Element in unserer Kultur wie das Weibliche im Patriarchat oder das Fremde an sich - d.h. aus einer anderen Kultur. Daher kann Humboldts Beschäftigung mit der *Sprache* als Fundgrube der Differenzen und als Medium des Dialogs gelten und so entsteht seine Bedeutung für diese idealtypische Darstellung des Liberalismus, die hier die fehlende Definition ersetzen soll. Damit kehren wir zum bereits angeschnittenen Thema, zum umstrittenen Begriff Liberalismus zurück.
Der Zustand des Menschen als imperfektes rationales Wesen, das ohne Ende nach einem unrealisierbaren Ideal streben muß, verleiht dem Liberalismus Humboldts eine *religiöse* Dimension, die er explizit betont hat.[30] Liberalismus in diesem Sinn muß man mit einem nicht-philosophischen Idealismus identifizieren. *Liberale Menschen bilden eine tolerante Elite des Geistes.* Die Haupteigenschaft deren Mitglieder ist die Fähigkeit, einander trotz Meinungsverschiedenheit zu respektieren. Ohne geistige Elite ist Liberalismus bedeutungslos.

VI. Die Undefinierbarkeit des Liberalismus ist nichts Abnormales

Es klingt rätselhaft, aber die *Undefinierbarkeit* des Begriffs Liberalismus macht ihn zu keiner Ausnahme unter den Begriffen. Es war Ludwig Wittgensteins Verdienst zu zeigen, daß Worte wie "Spiel" genauso undefinierbar sind, weil es endlos viele gibt, solang wir noch spielen: ein Teil des Spieles ist es, neue Spiele zu entwerfen. Sein Spruch "Wir sprechen, machen Äußerungen, und erst *später* erhalten wir ein Bild von ihrem Leben"[31], bezieht sich auf ein allgemeines Faktum in der menschlichen Entwicklung, nämlich daß wir die Muttersprache erst anhand von Beispielen oder Paradigmata und nicht anhand von Definitionen erlernen. Die Beschäftigung mit Problemen der Bedeutung und der Definition entsteht erst später, wenn wir bezüglich der Bedeutung von Ausdrücken in Verwirrung geraten. Verwirrung in Bezug auf Bedeutung entsteht, weil wir immer imstande sind, die herkömmlichen Beispiele in neuer und unerwarteter Art und Weise, d.h. *metaphorisch*, zu verwenden[32], z.B. gibt es immer neue Möglichkeiten, "demokratisch" oder "christlich" zu handeln - je nach den Umständen.
Begriffe mit einer langen, verästelten Geschichte bekommen mehrere *Konnotationen*, und die verschiedenen Bedeutungen dieser Begriffe können miteinander kollidieren: Sie werden zu grundsätzlich umstrittenen Begriffen, d.h. zu Begriffen wie "Kunst", über die wir *endlos, aber legitim* streiten können[33]. Solche

30 Für eine kurze Erläuterung der gespaltenen Entwicklung des Erbes Humboldts siehe Allan JANIK, "Popper und Ebner - Symptome verworrener Zeit". In: Gegen den Traum vom Geist, Hg. Walter METHLAGL et al, Salzburg 1985, p. 25-32.
31 Ludwig WITTGENSTEIN, Philosophische Untersuchungen, Hg. G. E. M. ANSCOMBE und Rush RHEES, Oxford 1967, II, p. 209.
32 WITTGENSTEIN, Philosophische Untersuchungen, loc. cit. in FN 31, II, p. 221f.
33 Siehe CONNOLLY, loc. cit. in FN 12, p. 180-210.

Begriffe sind konstitutiv für politische Auseinandersetzungen, egal, in welchem Lebensbereich sie auftauchen. Um Verwirrungen zu vermeiden, ist es notwendig, hier klar zu machen, daß diese Situation nicht zur Verzweiflung führen muß, weil sie tatsächlich der *klassischen Auffassung des Konsensus* entspricht - im Gegensatz zu der von Jürgen Habermas[34]. Dem klassischen Begriff des Konsensus nach ist genau das Erreichen solcher Meinungsverschiedenheiten der Höhepunkt der Zuvorkommenheit oder "civility". Zuzugeben, daß wir legitim anderer Meinung sind, ermöglicht ein gemeinsames öffentliches Leben trotz Differenzen. Die Kriterien für grundsätzliche Umstrittenheit erlauben uns daher, zwischen rationalen und irrationalen Auseinandersetzungen zu unterscheiden und dadurch eine wahre "civil" society - d.h. eine echte "liberale" Gesellschaft - anhand von Meinungsverschiedenheiten aufzubauen.[35]

VII. Einen Begriff zu verstehen, heißt, sich mit den umliegenden Kontroversen auseinanderzusetzen

An und für sich *brauchen wir hier keine Definition*. Was wir tatsächlich brauchen, ist eine Darstellung der *Praxis*, in diesem Fall des Liberalen, als einer fiktiven Abgrenzung von anderen Begriffen. In dieser Situation dürfen wir den Spruch des bedeutendsten australischen Philosophen dieses Jahrhunderts, John Anderson, nicht vergessen: "If we would understand institutions we should not ask what functions they serve but of what conflicts they are the scene."[36] Dasselbe gilt für Begriffe wie Liberalismus, die nichts anderes als Mini-Institutionen sind[37]. Wenn wir Liberalismus wirklich verstehen wollen, müssen wir die typischen *Konflikte* um ihn, sowohl "*interne*", d.h. mit anderen "Liberalen", als auch "*externe*", d.h. mit "Konservativen", in Betracht ziehen, um die Praxis, wie sie eigentlich ist, und nicht das Zerrbild des falschen Bewußtseins, das eine Definition oder Theorie manchmal bietet, zu sehen.

Wenn wir "Liberalismus" so betrachten, kristallisiert sich heraus, daß sich vom frühesten politischen Erfolg liberaler Bewegungen, von der Auseinandersetzung zwischen Cromwell und den sogenannten "Levellers" auf Putney Heath, über die Auseindersetzung Gracchus Babeufs mit der Assemblée und Benjamin Constants "*De la liberté des anciens comparée a celle des modernes*", bis zum heutigen Streit zwischen den sogenannten "liberals" (eigentlich "Sozialdemokraten" im europäischen Sinn) und "libertarians" oder *Laissez-faire*-Liberalen in Amerika, stets Fragen über die Beziehung zwischen Freiheit und Gleichheit, Besitz und allgemeinem Wahlrecht, *laissez-faire* und Planung stellten. Kurzum, unter Liberalen wurde die Beziehung zwischen Liberalismus und Demokratie von An-

---

34 Für die klassische Auffassung des Konsensus siehe MURRAY, loc. cit. in FN 22, Ch. 4, p. 102-25.

35 MURRAY, loc. cit., Vgl. CONNOLLY, FN 12, p. 40f.

36 Anderson zitiert von John PASSMORE in seiner Einleitung zu ANDERSON "Studies in Empirical Philosophy" , Sydney 1963, p. xxii.

37 So werden Begriffe von Stephen TOULMIN häufig gekennzeichnet. Gespräche mit Prof. Toulmin.

fang an heftigst debattiert.[38] Diese Erkenntnis darf auch nicht durch die Tatsache verdunkelt werden, daß liberale Denker des 18. Jahrhunderts wie Diderot und Montesquieu ihre Meinungen absichtlich stilistisch versteckt verfaßt haben, sowohl um sie den Ungebildeten unzugänglich zu machen, als auch um die Zensur zu überlisten.[39] Im 19. Jahrhundert waren die Liberalen zu einem großen Teil nicht Demokraten, sondern Republikaner, die das Wahlrecht für eine kleine Minderheit behalten wollten: Das liberale Frankreich unter Louis Philippe z.B hatte 30,000.000 Einwohner, aber nur 200.000 Wahlberechtigte.[40] Weitere Beispiele für diese Spannung sind leicht anzuführen. So weit es heute möglich ist, Liberalismus zu definieren, müßte man ihn durch den Konflikt zwischen Laissez-faire-Liberalismus und Sozialliberalismus, d.h. durch die Sozialdemokratie, die daraus dialektisch entstanden ist, definieren.
Keine der widerstreitenden Meinungen, sondern der *Konflikt* selbst ist wesentlich für den Liberalismus nach der Französischen Revolution: Moderne Politik im Abendland scheint ein Kampf zwischen Liberalen verschiedener Prägung über die Frage zu sein, was tatsächlich ein politisches Thema ist und was nicht.[41] Der freie Markt tendiert von sich aus zur Bildung der politischen Oligarchie, d.h. zu einem illiberalen Zustand der Gesellschaft. Planung wäre konsistenter mit dem liberalen Ziel der Gleichheit, d.h. entweder als "Abschaffung der Privilegien" oder als "Großzügigkeit", aber der daraus entstehende Wohlfahrtsstaat schafft Gleichheit auf Kosten der wirtschaftlichen und kulturellen Freiheit des Einzelnen. Der Sozialstaat wächst aus dem Geist des Liberalismus, aber dieser muß aufgrund des Liberalismus abgelehnt werden. Der Streit zwischen Engländern und Amerikanern bezüglich der Bedeutung von Liberalismus ist daher nicht nur unvermeidlich, sondern er ist konstitutiv für die Politik der kommenden Jahrhundertwende - genauso wie für jene vor 100 Jahren.

---

[38] Diese Spannung wird überall in der Literatur erwähnt, z.B. N. BOBBIO, Liberalism and Democracy, übers. D. RYLE und K. POPER, London 1990, p. 37, Vgl. Anthony ARBLASTER, The Rise and Decline of Western Liberalism, Oxford 1984, p. 264-83, Michael WALZER, "Liberalism und Democracy", in: WALZER. Zivile Gesellschaft und amerikanische Demokratie, Hg. Otto KALLSCHEUER, p. 37-98, Universalism and Communitarianism, Hg. D. RASMUSSEN, Cambridge/Mass. 1990.

[39] Der Diderot-Forscher Herbert JOSEPHS hat mich im Rahmen eines Diderot-Seminars in Stockholm im Jahr 1991 darauf hingewiesen.

[40] Encyclopaedia Britannica, in FN 1, 27, p. 473.

[41] Siehe CONNOLLY, loc. cit. in FN 12, p. 12-22.

ZUR HISTORISCHEN DYNAMIK DER LIBERALEN IDEE

Angelo Ara

Das Hauptmerkmal des Referates liegt im Bewußtsein der *Undefinierbarkeit* des Begriffs "Liberalismus". Allan Janik betrachtet die Darstellung der historischen Entwicklung der liberalen Idee nicht als seine Hauptaufgabe, unterstreicht aber den Wandel und die Veränderung dieses Begriffs in den unterschiedlichen historischen Perioden. Ich stimme seiner Auffassung eines *dynamischen* Spektrums des Liberalismus vollkommen zu. Trotz seines kritischen und "offenen" Begriffs der liberalen Idee und der darauffolgenden Ablehnung einer Definition und einer Versteinerung der dynamischen Kraft des Liberalismus, schlägt Allan Janik, meines Erachtens in überzeugender Weise, einen gemeinsamen Nenner für die Beurteilung der liberalen Idee vor: es handle sich um eine *rationale* Basis, die die feste und ständige Grundlage des liberalen Denkens sei. Er vertritt dabei den Standpunkt, daß jene politischen Denker, die ihre Meinungen mit rationalen Argumenten behaupten, im Gegensatz zu denjenigen, die sich auf eine irrationale Gedankenweise stützen, dem liberalen Lager angehören. Diese Auffassung wird später von ihm bestätigt und vertieft, wenn er das Verhältnis zwischen Liberalismus und Aufklärung in Betracht zieht. Diese Stelle des Referates ist auch deswegen bedeutungsvoll, weil Janik behauptet, daß der aus philosophischer Perspektive undefinierbare Liberalismus sich historisch mit der Idee der Verbesserung der menschlichen und bürgerlichen Gesellschaft identifizieren läßt. Damit wird der Liberalismus nicht nur mit der *Aufklärungswelt*, sondern auch mit der Besonderheit der abendländischen Kultur und der Moderne verknüpft.

Der Liberalismus ist, wie schon erwähnt, von einer dynamischen Entwicklung gekennzeichnet. In diesem Zusammenhang scheint der Übergang vom Begriff einer Gleichheit zwischen den Privilegierten und den Ebenbürtigen zum allgemeinen *Gleichheitsprinzip* stattzufinden. Einerseits wird damit der Inhalt des liberalen Gedankens tiefer und komplexer, andererseits werden aber die liberalen Grundwerte von unterschiedlichen politischen Erfahrungen und Strömungen rezipiert: in diesem Rahmen erlangt ein Zitat von Friedrich Meinecke besondere Bedeutung, nach welchem alle Parteien und Richtungen des modernen Staats- und Kulturlebens Wirkungen und Nebenwirkungen des Liberalismus aufweisen. Es scheint auch deswegen sehr schwer, eine Gesamtdefinition des Liberalismus zu formulieren, weil die liberalen Grundprinzipien zum *gemeinsamen Erbe* der abendländischen Zivilisation und Kultur geworden sind, sodaß sie ihre ursprüngliche Spezifität und Identität verloren haben.[1]

---

[1] Vgl. Gerald STOURZH, Wege zur Grundrechtsdemokratie. Studien zur Begriffs- und Institutionengeschichte des liberalen Verfassungsstaates, Wien-Köln 1989, p. 363-69.

Ein ähnliches Phänomen ist aber auch in der Entwicklung der liberalen Idee zu spüren, die sich ihrerseits Prinzipien angeeignet hat, die der ursprünglichen liberalen Idee fremd waren. Es handelt sich vor allem um *soziale Werte*, die mit der Zeit zum wesentlichen Teil des abendländischen Gedankengutes wurden. Allan Janik gibt treffende Beispiele dafür: er bezieht sich auf die Arbeiterfrage und insbesondere auf den gesetzlichen Schutz der Frauen- und Kinderarbeit bzw. auf das spätere Verbot der Kinderarbeit. Diese Entwicklung und Modernisierung der liberalen Lehre beschränkt sich aber nicht auf die sozialen Verhältnisse, sie dehnt sich auch auf den Bereich der Politik und des gesamten öffentlichen Lebens aus. In diesem Rahmen möchte ich ein auch vom Referenten berührtes Problem erwähnen, jenes des *Wahlrechts*. Janik stellt die französischen Verhältnisse zur Zeit der Julimonarchie dar; ich möchte Ihre Aufmerksamkeit auf die Tatsache hinweisen, daß das liberale Denken im Laufe der ersten Hälfte des vorigen Jahrhunderts die Äußerung der politischen Meinung in den allgemeinen Wahlen oft nicht als ein politisches Recht, sondern als die Ausübung eines öffentlichen Amtes betrachtete, die nur den wohlhabenden und kultivierten Menschen (und da nur den Männern) zustehe. Das Wahlrecht ist nach dieser Auffassung - die noch im Jahre 1848 von Camillo di Cavour vertreten wurde - kein allgemeines politisches Recht.[2] Der Übergang von den Grundfreiheiten des neunzehnten Jahrhunderts zur politischen Mitbestimmung unseres Jahrhunderts wurde zu einem der wesentlichen Grundsteine der neuesten liberalen Lehre.[3]

Im Referat von Allan Janik wird die Analyse des liberalen Denkens durch Überlegungen zur Art und Weise des Schutzes und der Gewährung der Freiheit des *Einzelnen* ergänzt. Die Auswirkung einer solchen Perspektive liegt in der Aufmerksamkeit, die den beiden Begriffen *Staat* und *Rechtsstaat* gewidmet wird. In diesem Zusammenhang unterstreicht der Referent die Bedeutung der Bemerkungen Montesquieus in Bezug auf die Staatsstruktur: das Gleichgewicht der Mächte wird zum wesentlichen Schutz der Rechte des einzelnen Bürgers und dessen Freiheit gegenüber einer unproportionalen Konzentration der Macht, sei es in einer Person, sei es in einem staatlichen Organ. Ein nicht unbeträchtlicher Passus im Referat wird aber auch Wilhelm von Humboldt gewidmet. Nach Janik ist die *Bildung* der Bürger eine wesentliche Vorbedingung für die Verstärkung und Verwurzelung des liberalen Staates. Janik schreibt in treffender Weise, daß der Staat nicht besser als seine Bürger sein kann. In der Gegenwart - und ich beziehe mich in dieser Hinsicht auf die politische Entwicklung meines Heimatlandes Italien - sind aber die Bürger oft besser als der Staat.

Zwei Schlußbemerkungen: Allan Janik spürt bereits bei Montesquieu die ersten Wurzeln eines späteren *Nationalliberalismus*, einem Thema, dem ein eigener Beitrag dieses Bandes gewidmet ist. Ich möchte daher nur anmerken, daß der Liberalismus während des vorigen Jahrhunderts zu einer treibenden Kraft der politischen Einigung der geteilten Nationen wurde. Liberalismus und Nationalitätsprinzip sind daher in der historischen Entwicklung einiger europäischer Na-

---

[2] Camillo di CAVOUR, Condizioni dell'elettorato politico, in: Risorgimento, 23. Februar 1848.

[3] Guido de RUGGIERO, Storia del liberalismo europeo, Bari 1925 (deutsch 1930).

tionen stark miteinander verbunden.[4] Gerade diese Bindung ebnete aber, nach der Vollziehung der nationalen Einigung, den Weg einer expansionistischen Politik. Im habsburgischen Vielvölkerstaat dagegen stützte sich die Mehrheit der Deutschliberalen auf die Grundlage einer starren und kurzsichtigen Verteidigung des nationalen Besitzes und verzögerte bzw. verhinderte damit die volle Gleichberechtigung der nichtdeutschen Volksstämme.[5] In beiden Fällen kommt es zu einem Konflikt zwischen nationalen Interessen und liberaler Ideologie.

Die *wirtschaftliche* Lehre des Liberalismus ist das zweite und letzte Thema, das ich am Schluß erörtern möchte. Hinweise auf wirtschaftliche Begriffe, wie zum Beispiel den *freien Markt* und auf den wirtschaftlichen *Wettbewerb*, tauchen oft in diesem Referat auf. Das Verhältnis zwischen politischem und wirtschaftlichem Inhalt des Liberalismus scheint von großer Bedeutung zu sein. In einer historischen Perspektive führte es manchmal zu einer vollen Identifizierung zwischen Liberalismus und Konservativismus und zu einer darauffolgenden Krise des liberalen Gedankens und der liberalen Parteien. Aus diesem Grund wollte Benedetto Croce den politischen Liberalismus vom wirtschaftlichen Liberalismus trennen, um den echten Geist des Liberalismus zu retten und ihm die Hypothek einer bestimmten wirtschaftlichen Lehre zu ersparen. Croce unterscheidet zwischen dem politischen Liberalismus, dem "ewigen", dem "wesentlichen", und dem wirtschaftlichen Liberalismus, dem "gelegentlichen" und "zeitlichen".[6] Nach Jahrzehnten gescheiterter Planungspolitik und staatlich gelenkter Wirtschaft scheinen der politische Liberalismus und ein vernünftiger und sozial offener wirtschaftlicher Liberalismus heute völlig versöhnbare Begriffe zu sein.

---

[4] Federico CHABOD, Storia della politica estera italiana dal 1870 al 1896, Vol. 1, Le premese, Bari 1951.

[5] Zu diesem Thema siehe auch meine Überlegungen: Angelo ARA, Crisi e declino della monarchia asburgica, in: Il luogo di cura nel tramonto della monarchia d'Asburgo. Arco alla fine dell' Ottocento, hg. von Paolo PRODI u. Adam WANDRUSZKA, Bologna 1996, p. 323-45.

[6] Benedetto CROCE, Liberalismo e liberlaismo, in: CROCE, Etica e politica, Bari [3]1945.

GRUNDKOMPONENTEN LIBERALEN DENKENS

Kurt Salamun

Ich möchte die bisherigen Versuche einer Begriffsexplikation von "Liberalismus" und "liberal" durch den Hinweis auf vier Bedeutungskomponenten ergänzen, die mit den Wörtern "Liberalismus" und "liberal" in der *philosophischen* Diskussion des 20. Jahrhunderts verbunden werden, wenn von einer liberalen Geisteshaltung, Denkweise, Grundüberzeugung oder einer liberalen Weltanschauung die Rede ist. Unter *"Weltanschauung"* verstehe ich hier ein in sich relativ konsistentes System von kognitiven und normativen Orientierungsmustern, mit dessen Hilfe die Wirklichkeit in ihrer Komplexität reduziert und für das Handeln interpretativ vorstrukturiert wird. Die besondere Akzentuierung der im folgenden hervorgehobenen *vier Komponenten* liberaler Weltanschauung erscheint mir gerade in der Gegenwart besonders wichtig, weil diese Komponenten die Grundlage für eine effektive Kritik an einem Phänomen abgeben können, mit dem wir heute in inhaltlich oft ganz verschiedenen Weltanschauungen konfrontiert sind: dem Phänomen des *Fundamentalismus.*[1] Ich kann mich im weiteren aufgrund der beschränkten Zeit nur auf zwei Autoren berufen, und zwar auf Karl Raimund Popper, der mit seinem Buch "Die offene Gesellschaft und ihre Feinde" ein Standardwerk liberaler Weltanschauung in diesem Jahrhundert geschrieben hat, sowie auf Ralf Dahrendorf, der nicht nur ein bedeutender Sozialwissenschafter der Gegenwart ist, sondern auch eine Zeitlang für eine liberale Partei (die FDP) in der Politik tätig war.
Die 1. konstitutive Komponente einer liberalen Denkweise oder Weltanschauung ergibt sich aus ihrer Einstellung zur *Wahrheitsfrage.* Aus liberaler Sicht wird die Idee, daß es eine absolut gerechtfertigte Wahrheit gibt, die ein für allemal unveränderlich ist und dem menschlichen Erkenntnis- und Auffassungsvermögen in irgendeiner Form zugänglich sein soll, entschieden abgelehnt. Das liberale Wahrheitsverständnis ist ein relatives, hypothetisches oder plurales. Es ist *nicht relativistisch*, wie dies oft unterstellt wird, in dem Sinne, daß *allen* Wahrheitsansprüchen der *gleiche* Wahrheitswert zugesprochen wird. *Relativ* ist es, weil bei keinem Wahrheitsanspruch die Möglichkeit des Irrtums und der Revision von vornherein ausgeschlossen wird, wie dies bei der *absoluten* Wahrheitsidee der Fall ist. Die absolute Wahrheitsidee wird im Kontext liberaler Philosophien bestenfalls als regulative Idee vorausgesetzt, wie dies auch in Poppers Erkenntnislehre der Fall ist.[2] Allerdings argumentiert Popper nicht so, wie dies oft

---

[1] Die folgenden Gedanken sind ausführlicher dargestellt in meinem Artikel "Liberalismus versus Fundamentalismus". In: WAS. Zeitschrift für Kultur und Politik, Nr.80 (1995), p. 61-72.

[2] Popper hat in fast allen seinen Werken die Idee einer absolut gesicherten Wahrheit, in der er eine ungerechtfertigte Vermengung des Wahrheitsproblems mit den emotionalen Bedürfnissen nach Gewißheit und Sicherheit sieht, kritisiert. Vgl. u.a.: Karl R. POPPER, Die beiden Grundprobleme der Erkenntnistheorie. Tübingen 1979, p. XV ff.; ders., Objektive Erkenntnis. Ein

fälschlich interpretiert wird, daß es prinzipiell keine absolute Wahrheit geben könne, sondern er verweist auf die prinzipielle Irrtumsanfälligkeit und Fehlbarkeit des menschlichen Erkenntnisvermögens. Da der Mensch ein irrtumsanfälliges und fehlbares Wesen ist, kann er nie mit Sicherheit wissen, ob eine Erkenntnis oder eine Einsicht im absoluten Sinne wahr ist, d.h. ein für allemal gültig und unwiderlegbar. Aus diesem Grund hat es wenig Sinn, ein bestimmtes Wissen als absolut wahr zu bezeichnen, sondern es empfiehlt sich, von vornherein jegliches Wissen als bloß hypothetisch und vorläufig zu betrachten, natürlich mit jeweils unterschiedlichem Bewährungsgrad.

Welch große Bedeutung das *relative* Wahrheitsverständnis im Gesamtkontext einer liberalen Weltanschauung besitzt, macht auch Ralf Dahrendorf deutlich, indem er z.B. im Kapitel "Liberalismus" seines Buchs "Lebenschancen" (1979) feststellt: "Der Individualismus des Liberalen gewinnt jedoch seinen Sinn erst im Kontext der erkenntnistheoretischen Annahme, daß kein Mensch alle Antworten weiß, daß es zumindest keine Gewißheit darüber gibt, ob die jeweilige Antwort richtig ist und bleibt oder nicht. Wir leben in einem Horizont der grundsätzlichen Ungewißheit. Solcher Zweifel am Absoluten führt zu der Forderung nach Verhältnissen, die es erlauben, zu jedem Zeitpunkt verschiedene und über die Zeit hin immer neue Antworten zu geben, nach einer offenen Gesellschaft. Das Interesse der Liberalen an der Meinungsfreiheit, aber auch an politischen Institutionen, die den Wandel zum Prinzip erheben, in diesem Sinne an Demokratie, hat hier seinen Grund".[3]

Eine 2. konstitutive Komponente einer liberalen Weltanschauung ergibt sich im Zusammenhang mit der Frage nach dem *Zugang* zu jenem Wissen, das lebenspraktisch bedeutsam ist. Aus liberaler Sicht muß dieses Wissen zumindest im Prinzip für jedermann einsehbar sein, und es darf keine gesellschaftliche Gruppe oder Person von vornherein vom Zugang zu diesem Wissen ausgeschlossen werden. Jeder Erkenntnisanspruch muß *intersubjektiv* prüfbar sein. Gesellschaftlich und politisch relevantes Wissen, von dem Schicksale und Lebenschancen vieler Menschen abhängen, muß in Aussagen formuliert werden, die möglichst klar und informationshaltig sind. Diese Aussagen müssen immer wieder im Rahmen einer *kritischen Öffentlichkeit* diskutiert werden, damit das in ihnen artikulierte Wissen kontrolliert, modifiziert und verbessert werden kann. Man könnte somit sagen, daß eine liberale Weltanschauung stets mit einem demokratischen Erkenntnisideal verbunden ist. Sie steht damit in krassem Gegensatz zu Weltanschauungen, die sich auf aristokratische oder elitäre Erkenntnisideale stützen und damit rational nicht überprüfbare Erkenntnisprivilegien behaupten, sei es für Einzelpersonen, so z.B. für eine charismatische Führerpersönlichkeit, oder für bestimmte auserwählte gesellschaftliche Eliten. Die einflußreiche Tra-

evolutionärer Entwurf. 4. Aufl. Hamburg 1984, p. 77 ff., 89 ff.; ders., Vermutungen und Widerlegungen. Das Wachstum der wissenschaftlichen Erkenntnis. Teilband I. Tübingen 1994, p. 2 ff., 43 f., 312 ff.; ders., Alles Leben ist Problemlösen. Über Erkenntnis, Geschichte und Politik. München 1994, p. 116 f.

[3] Ralf DAHRENDORF, Lebenschancen. Anläufe zur sozialen und politischen Theorie. Frankfurt/Main 1979, p. 135.

dition derartiger elitärer Erkenntnisideale, die in der Politik immer wieder auch Führermythen und Führerideologien den Weg bereiten, reicht bis in die Staatslehre Platons zurück, wie Popper[4] und vor ihm bereits Hans Kelsen[5] in ihren weltanschauungskritischen Arbeiten gezeigt haben.

Eine 3. wesentliche Komponente einer liberalen Denkweise und Weltanschauung zeigt sich in der Einstellung zum Verhältnis von Einheit und Vielfalt (Pluralität), bzw. Ganzheit und Einzelnem (Individuellem). Der liberale Standpunkt betont stets den Wert der *Pluralität* und des *Individuellen* und steht damit im Gegensatz zu weltanschaulichen Positionen, die eine Einheit, Ganzheit, oft auch eine einheitliche Geschlossenheit, beschwören und gleichzeitig damit alles Individuelle, Singuläre, Unvollständige, Differenzierte und Vielfältige als unzulänglich abwerten. Unterscheidung, Abweichung, Pluralität und Individualität erscheinen im Vergleich zur beschworenen Einheit und Ganzheit als minderwertig, ja oft sogar als subversiv in bezug auf die Verwirklichung der erstrebten Einheit und Ganzheit. Derartige Weltanschauungen kommen mit ihren Einheits- und Ganzheitsvorstellungen latenten Bedürfnissen und Sehnsüchten entgegen, so etwa Sehnsüchten nach Sicherheit, nach Unkompliziertheit der Lebensverhältnisse, nach Eindeutigkeit, nach einem Zustand, in dem man sich als Teil eines Ganzen geborgen fühlen kann, eine Einheit mit diesem Ganzen bildet und von diesem Ganzen her in seinen individuellen Lebensentwürfen gestützt wird.

Karl Popper hat Ganzheitsideen, sofern sie ein *wesentliches* Ganzes im Gegensatz zum Einzelnen und Individuellen als eigentliches Sein hochstilisieren, nachdrücklich kritisiert, und zwar in seiner Auseinandersetzung mit "essentialistischen" und "holistischen" Denkformen.[6] Solche Denkformen degradieren den Einzelnen nur zu oft zu einem willkürlich manipulierbaren Mittel im Dienste einer übergeordneten *Ganzheit*, sei es einer Partei, einer Klasse, einer Rasse, eines Stammes, einer Nation, einer Glaubensgemeinschaft, einer zu einer Entität hypostasierten Bewegung, eines Staates usw., um deren Willen oder in deren Dienste man seine Entscheidungs- und Meinungsfreiheit preisgeben muß. Diese *essentialistisch-totalistischen* Denkweisen, wie man sie auch nennen könnte, stehen in krassem Widerspruch zu jenen Werten und Prinzipien, die Popper aus seiner liberalen Weltsicht als bestimmend für ein lebenswertes Dasein ansieht: so etwa das Bemühen um Herstellung und Bewahrung der größtmöglichen individuellen Freiheit, soweit dadurch die Freiheit anderer nicht beeinträchtigt wird, und die notwendigen Einschränkungen, die durch das soziale Zusammenleben unvermeidlich werden, auch möglichst gleichmäßig verteilt sind; die Anerkennung der Würde und Autonomie der menschlichen Person im Sinne der Kantischen Ethik; das Respektieren der freien und persönlichen Meinungsbildung; das Toleranzprinzip, aus dem sich gerade auch die Respektie-

4 Vgl. Karl R. POPPER, Die offene Gesellschaft und ihre Feinde. Bd.I.: Der Zauber Platons. 7. verb. Aufl. Tübingen 1992, p. 165 ff.

5 Vgl Hans KELSEN, Aufsätze zur Ideologiekritik. Neuwied/Rhein-Berlin 1964, p. 229 f.

6 Vgl. Karl R. POPPER, Die offene Gesellschaft und ihre Feinde.Bd.I. p. 95 f., 12o f., 134 f., 300 f., sowie Bd.II: Hegel, Marx und die Folgen. 7. verb. Aufl. Tübingen 1992, p. 15 ff., 82 f., 374 ff.; ders., Das Elend des Historizismus. 6. verb. Aufl. Tübingen 1987, p. 21 ff., 61 ff.

rung des Verschiedenartigen, Fremden, Nichtkonformen und vom einheitlichen Ganzen Abweichenden ergibt; das Verantwortungsprinzip, das die individuell zurechenbare Verantwortung und nicht die anonymisierte Verantwortlichkeit eines Kollektivsubjekts betont; das ethische Prinzip des negativen Utilitarismus, wie es Popper genannt hat, das nicht die Verwirklichung des Glücks für ein Kollektivsubjekt, wie ein Volk, eine Nation oder gar die Menschheit verlangt oder gar verspricht, sondern aus dem heraus man vielmehr konsequent darum bemüht sein sollte, Leiderfahrungen von konkreten Individuen und bestimmten Gruppen von Individuen zu verkleinern.

Auch bei Dahrendorf finden sich immer wieder Warnungen vor der Unterordnung des *Individuums* unter ein Ganzes oder ein Kollektiv. Für ihn hängt Liberalismus entscheidend mit der Überzeugung zusammen, "daß es auf den einzelnen ankommt, auf die Verteidigung seiner Unversehrtheit, auf die Entfaltung seiner Möglichkeiten, auf seine Lebenschancen. Gruppen, Organisationen, Institutionen sind nicht Selbstzweck, sondern Mittel zum Zweck der individuellen Entwicklung"[7].

Eine 4. und letzte Komponente liberaler Weltanschauungen, die ich hier hervorheben möchte, ist die Dominanz *gradualistischer* Denkschemata. Damit stehen liberale Positionen in krassem Gegensatz zu alternativ-radikalistischen Weltanschauungen, die radikale Alternativen nahelegen, keine graduellen Abstufungen und Differenzierungen zulassen, sowie Kompromisse grundsätzlich ablehnen. Aus liberaler Perspektive werden gesellschaftliche Zustände, politisches Geschehen usw. in der Regel nicht über Polarisierungskategorien (wie "Entweder-Oder", "Für-mich oder Gegen-mich", "Freund oder Feind") wahrgenommen und beurteilt, sondern die wahrnehmende Beurteilung erfolgt gewöhnlich über differenzierende, komparative oder gradualistische Kategorien (wie "sowohl-als auch", "mehr oder weniger", usw). Auch weitergehende Veränderungen in einer Gesellschaft zum Zwecke der Vergrößerung individueller Freiheitsspielräume, der Ausweitung demokratischer Institutionen zur effektiveren Machtkontrolle, der Veränderung von Zuständen im Sinne der Leidminimierung, werden nicht in Form der Notwendigkeit eines radikalen Bruchs, einer radikalen Umkehr, einer einmaligen radikalen Anstrengung oder gar einer noch nie dagewesenen, einmaligen Heilstat vor Augen gestellt, sondern vielmehr als ein kontinuierliches graduelles Bemühen, bei dem möglichst viele Konsequenzen und Nebenfolgen eines Eingriffs in eine Gesellschaftsordnung verantwortungsbewußt mitbedacht werden müssen. Ein Musterbeispiel für diese gradualistische Denkweise ist das Konzept des *piecemeal-social engineering*, wie es Popper in seiner Gesellschaftsphilosophie nachdrücklich als gesellschaftliche Veränderungsstrategie empfohlen hat.

Die hier hervorgehobenen vier Grundkomponenten liberaler Denkformen erscheinen mir als notwendige, natürlich nicht als hinreichende Bestimmungen sogenannter liberaler Weltanschauungen. Sie bilden, wie schon eingangs angedeutet, das genaue Gegenteil zu Denkmotiven und Grundeinstellungen, mit denen

---

[7] DAHRENDORF, loc. cit. in FN 3, p. 134.

wir heute angesichts von Fundamentalismen in verschiedenen Weltanschauungen konfrontiert werden. Schon aus diesem Grund erscheint es mir wichtig, diese Grundkomponenten liberalen Denkens gegenwärtig wiederum stark zu akzentuieren, denn sie können eine gute Ausgangsbasis für die *Kritik* an jeglicher Form von Fundamentalismus bieten.

Zur Diskussion

Die Auseinandersetzung um die Bedeutung der *Aufklärungswelt* und ihrer Denker für die Entwicklung des Liberalismus beschäftigte sich schwerpunktmäßig mit den Fragen der Interpretation von Montesquieu und Humboldt, wobei Gesine Schwan gegen Janik einwandte, daß er Montesquieu wohl zu sehr in Richtung Hobbes interpretiere, indem er die Fragen der Furcht und der Sicherheit zu stark in den Vordergrund stelle und die Freude der Menschen aneinander, gerade auch am jeweils anderen Geschlecht, bei Montesquieu unterbelichte. Hier setze ja gerade die *feministische* Kritik am Liberalismus als einer "separatistischen Männerwelt" an. Janik unterschätze die "gemeinschaftsstiftenden" Grundansätze des Liberalismus (Schwan), aus denen ein Übergang vom Liberalismus zur Demokratie in Gestalt der Freiheit als eines "verantworteten Mittuns für das Ganze" (Schwan) gefunden werden könne. Peter Pulzer schloß sich dieser Position an, wandte sich ebenfalls gegen ein atomistisches Konzept und meinte, es sei wirklich verpflichtend für die Männer, die Frauen zu verstehen.

Heinrich Schneider war der Hinweis wichtig, wie fruchtbar es sei, sich von der *kontinentalen* Tradition ausgehend, auf die *angelsächsische* einzulassen, wie es Montesquieu und Tocqueville im 18. und 19. Jahrhundert taten und - oft unfreiwillig - auch Emigranten dieses Jahrhunderts wie Ernst Fraenkel.

Helmut Rumpler plädierte für eine wesentlich nüchternere Beurteilung Wilhelm von Humboldts, der ihm bei Janik zu positiv stilisiert erschien. Zwischen Leonhard Neidhart und Kurt Salamun entwickelte sich ein Disput über die Bedeutung der Popperschen Weltanschauungsanalyse für die Praxis, wobei Salamun unterstrich, daß es mit Hilfe der Popperschen Analyse möglich sei, frühzeitige *Identifizierungen* etwa von Fundamentalismen vorzunehmen.

Die starke Betonung großer Autoren wie Montesquieu, Rousseau und Humboldt relativierend, wies Mantl noch einmal darauf hin, daß für das *Lebensgefühl* der Aufklärungswelt auch die Broschürenliteratur und vor allem die große "Enzyklopädie" von tiefgreifender Wirkung waren, wie detaillierte historische Untersuchungen von nachgelassenen Bibliotheken etc. ergeben hätten.

III.

Kunst und Aufklärung

KUNST UND AUFKLÄRUNG

Manfred Wagner

Liberalismus bedingt *Aufklärung*. Der folgende Beitrag versucht, eine historisch relativ gut umschriebene, zweifelsfrei als "Aufklärung" gesicherte Epoche (2. Hälfte des 18. Jahrhunderts) als Beleg für die Korrelation zwischen Politik, Gesellschaft und Kunst heranzuziehen und daraus im Analogiekontext der wichtigsten Parameter der *Kreativität* bestimmte Ähnlichkeitswerte sichtbar zu machen.
Daß die Aufklärung in den Wissenschaften jenes Verständnis der Welt festlegte, das uns heute noch in weitem Umfang eigen ist, belegen die zahlreichen formulierten *Naturgesetze*, die mit den Namen ihrer Entdecker oder Erfinder (Newton, Bernoulli, Gay-Lussac, Linné) versehen wurden. Daß auf der anderen Seite aber auch in Kategorien der Kunst Hochleistungen vollbracht wurden, die sowohl unser architektonisches, literarisches, bildnerisches, musikalisches als auch unser dramatisches Verständnis immer noch prägen, ist ebenso evident. Dabei ging es nicht nur um eine Vielfalt der Anschauungen, also um ein quantitatives Wachstum, das in der Architektur an jenes der Renaissance heranreichte, sondern vor allem um einen qualitativen Schub, der dann tatsächliche Großmeister auf ihrem Gebiet hervorbrachte und wahrscheinlich im Genie Mozart die umfassendste und in jeder Hinsicht bemerkenswerteste Zentralfigur der musikalischen Geschichte überhaupt erwachsen ließ.[1]
Dies gilt für die *Philosophie*, wo nebeneinander Leibniz, Wolff, Herder, Montesquieu, Hume, Rousseau, Voltaire, d'Alembert und Kant existieren konnten, für die *Dichtung*, die Diderot und Swift, Klopstock und Lessing, Schiller und Sterne, Goldoni und Fielding, Goethe und Beaumarchais gleichzeitig schreiben sah, dies gilt für die *Architektur*, wo Erlach, Schlüter, Neumann, Pöppelmann mit Boffrand, Chambers, Rastrelli, von Hildebrandt oder Adam kontrastierten. Die *bildende Kunst* prägten Tiepolo, Canaletto, Reynolds, Maulpertsch, Greuze, Chodowiecki, Gainsborough, Mengs, Fragonard, Hogarth, Boucher, Angelika Kaufmann, Goya, David, Longhi, Tischbein, Blake, Gran, Füßli, Pesne, Schadow, Runge, Donner, Géricault oder Guardi; und in der *Musik* waren Bach und Händel, Mozart und Haydn, aber auch Piccini, Hasse, Pergolesi, Graun und Grétry, Stamitz und Domenico Scarlatti, Gluck und Rameau, Tartini und Carl Philipp Emanuel Bach oder Giovanni Paisiello vereint.
Es ist zweifellos nicht nur die Zeitnähe von 200 Jahren, die die Bedeutung dieser Künstler für unsere Gegenwart ausmacht, sondern es sind auch jene weitgespannten Ansätze von künstlerischer *Formulierung*, die in dieser Fülle und Breite an jene Sprengung aller Grenzen, Schulen und Disziplinen heranreichen, die das ausgehende 20. Jahrhundert bestimmt.

[1] M. CSÁKY / W. PASS (Hg.), Europa im Zeitalter Mozarts, Wien-Köln-Weimar 1995.

Wenn also das 18. Jahrhundert nicht nur als das Jahrhundert der Aufklärung gesehen werden kann, sondern auch das einer überreichen künstlerischen Ernte, die wahrscheinlich als einzige der Weltkulturgeschichte sich bis heute gleichmäßiger und über sehr weite Teile der Welt erstreckender Beliebtheit erfreut, wird man sich die Frage stellen müssen, welcher *Zusammenhang* zwischen Kunst und Aufklärung tatsächlich besteht, sofern man den Zusammenhang zwischen Politik und Kunst oder Gesellschaft und Kunst nicht leugnet.
Dafür ist es nötig, den *Begriff* Kunst näher zu bestimmen, was zwar zu zahllosen Fragen und zu zahllosen verschiedenen Antworten geführt hat[2], was aber, so scheint mir, doch auch in einer verbindlichen Beschreibung möglich sein muß, die alle Kategorien der Kunstsparten ebenso umfaßt wie den historisch überschaubaren Zeitraum. Des weiteren muß es möglich sein, eine Art Faktorenkatalog für die *Bewertung* künstlerischer Produkte und Prozesse zu entwickeln, der als grober Raster einer Definitionsbeschreibung zulässig ist.
Es scheint, als wäre der Zugang über die *Kreativitätsforschung*[3] dafür der sinnvolle. Demnach wäre Kunst die Höchstentwicklung des schöpferischen Potentials des Menschen in der Versinnlichung von Ideen, Wahrnehmung, Gefühlen und Denkweisen. Als Klassifikationselement bietet sich das Schaubild einer xy-Achse an, das in seiner x-Achse als Horizontale die wichtigsten Parameter und seiner y-Vertikalachse die Entwicklungsstufen des individuellen Status enthält (vgl. Schaubild 1, S. 95).
Auf der x-Achse finden wir die Parameter Fluktualität, Flexibilität, Originalität, Sensitivität, Komplexitätspräferenz, Elaborationsfähigkeit und Ambiguitätstoleranz; auf der y-Achse die aufsteigenden Kreativitätsstufen expressiv, produktiv, inventorisch, innovatorisch und emergentiv.
Zur Erklärung der *x-Achse*: Fluktualität bedeutet die Flüssigkeit der Ideen - je mehr Ideen aufeinander folgen, um so kreativer ist die Begabung; die Flexibilität bezeichnet die schnelle Wechselmöglichkeit zwischen Ideen; die Originalität heißt die Herausarbeitung des Nicht-Denkbaren - sie ist der Anstoß des Grundkonfliktes Kunst und Gesellschaft, weil sie keine Rücksicht auf wie immer geartete Tabus oder gesellschaftliche Normen nimmt und ausschließlich der individuellen Sicht des Kreativen verpflichtet ist; die Sensitivität ist jene Begabung, die Trends, Strömungen, die in der Luft liegen, spürbar werden läßt - eine Art seismographischen Bewußtseins; die Komplexitätspräferenz ist die Vorliebe des Kreativen für undurchsichtige, offene Systeme, wie sie der Mensch, die Gesellschaft, die Psyche, die Geschichte darstellen; die Elaborationsfähigkeit ist die Fähigkeit genauer Beschreibung und konsequenter Definition; die Ambiguitätstoleranz ist jene Eigenschaft, die es ermöglicht, trotz eines Sich-Befindens in einer spezifischen Situation eben über dieses Befinden nachzudenken und daran zu arbeiten.
Die *y-Achse* kennt als niedrigste Entwicklungsstufe die expressive Kreativität. Sie ist jene Phase, die gewöhnlich Kindern oder Geisteskranken zu eigen ist und

[2] A. MÄCKLER, Was ist Kunst...? 1080 Zitate geben 1080 Antworten, Köln 1987.
[3] P. MATTUSEK, Kreativität als Chance, München 1974.

in der spontanen vitalen Reaktion auf einen Reiz der kreativen Ausdrucksweisen besteht. Die produktive Phase ist jene, die bereits eine Zielsetzung der kreativen Arbeit kennt, einen Zweck damit verfolgt und somit die Intention beinhaltet. Sie ist in der Regel den meisten Erwachsenen verfügbar. Die inventorische Phase ist jene, die die Kreativitätsebene auf eine erfinderische Dimension hebt, produkterfinderisch im Sinn einer Art Neudenkens des Bekannten oder eines Vorstoßes in das Unbekannte. Die innovatorische Phase ist jene Phase, die über das Erfinderische hinaus bereits Entwicklungen mit Folgeerscheinungen einleitet. Sie ist also eine wichtige Erkenntnisphase, die im wesentlichen bereits Denkrichtungen oder Ausdrucksweisen bestimmt. Die emergentive Phase ist die Höchstphase der kreativen Entwicklung, sie ist die Phase des Paukenschlags, der Erfindung eines neuen Stils, einer neuen Stilrichtung, einer neuen Erkenntnis. Pythagoras, Leonardo, Sigmund Freud, Pablo Picasso würden sie erreicht haben.
Die Parameter, die auf der x-Achse in Form von Säulen aufgetragen werden, sind Merkmale, die untereinander in keinem Zusammenhang stehen, also keine Rangskala darstellen, während jene der y-Achse sehr wohl Rangskalencharakter haben und deswegen auch sehr wohl den Vergleich zulassen.
Selbstverständlich sind die Parametergrößen nicht in mathematischen oder genau empirischen Maßzahlen darstellbar wie beispielsweise der Intelligenzquotient des mathematisch-logischen Denkens. In der Relationsphase aber kann als die Höchsterreichung der emergentiven Phase eine 100%-Ausstattung der Parameter auf der x-Achse angesehen werden, sodaß beispielsweise das Kreativitätspotential Mozarts oder Picassos oder Shakespeares oder Goethes ungefähr in dieser Form darstellbar wäre (vgl. Schaubild 2, S. 95).
Der Durchschnittsmensch mit seinem durchschnittlichen Kreativitätspotential wäre in seiner Kreativitätsparametrik, die im wesentlichen nicht weit über die produktive Ebene hinausgeht, ungefähr wie folgt darstellbar: Bei Kindern bewegt sich die Entwicklungsstufe in der Regel kaum über die expressive Phase hinaus. Anton Bruckner, dessen Leben und Werk ich persönlich sehr gut kenne, könnte wie folgt charakterisiert werden (vgl. Schaubild 3, S. 96).
Sofern man den bisher aufgestellten Thesen folgt, lassen sich mit diesen xy-Varianten jedenfalls alle künstlerischen Werke und Prozesse in etwa darstellen. Schwieriger wird es zweifellos bei der Personenbeschreibung, weil viele Künstler nicht nur äußerst unterschiedliche und widersprüchliche Werke produziert haben, sondern auch ihre Kreativitätsschübe, wie beispielsweise bei Rossini, nur in der Jugend stattgefunden haben oder, wie beispielsweise bei Bruckner, erst mit dem 40. Lebensjahr überhaupt starteten.
Es ließen sich zweifellos auf einer x-Achse (allerdings wahrscheinlich ohne ypsilantische Graduierungsstufen) die *zentralen Parameter der Aufklärung* festschreiben. Sie umfaßten - grob gesprochen - die Faktoren Offenheit, Neugier, Pluralität, Freiheit, Liberalität, Toleranz und Disziplin. Zweifellos gibt es auch eine Reihe anderer Faktoren, die eine entscheidende Rolle im Sinn der Aufklärung bildeten, aber mir scheint, als wäre mit diesen Ansätzen doch bereits ein weites Feld der intendierten Zielsetzung abgedeckt (vgl. Schaubild 4, S. 96).

Eine Übereinanderlegung beider Schaubilder mit deckungsgleicher x- und y-Achse (vgl. Schaubild 5, S. 97) ergibt zugegeben einen relativ weiten *Deckungsgrad* der künstlerischen und aufklärerischen Bedingungen. Leicht zur Dekkung zu bringen sind Fluktualität und Offenheit sowie Originalität und Freiheit, ebenso Komplexitätspräferenz und Liberalität und Elaborationsfähigkeit oder Disziplin. Fluktualität ist wie Offenheit ein nicht begrenzbares System, und Komplexitätspräferenz wie Liberalität ebenso nicht eingrenzbar.
Verständlich ist die Analogie von Sensitivität und Neugier, während der Pluralitätsbegriff im Kreativparameter Flexibilität die Konzentration auf das Individuum selbst erfährt. Nur wenn jemand imstande ist, ein Thema von mehreren Seiten her zu betrachten, sich also von mehreren Punkten her dem Gegenstand zu nähern, ist dieser Kreativitätsanspruch erreicht. Er ist quasi die Konzentration der Pluralität auf das Vermögen des Einzelnen und weist damit in Richtung jener Toleranz, die in der Ambiguitätstoleranz ausdrücklich ebenso vom Einzelnen verlangt wird. Wenn man aber davon ausgeht, daß die Fähigkeiten in sich selbst auf Mehrfachpositionen ausgerichtet sind, kann man den Schluß ziehen, dies auch auf andere Positionen bei anderen Individuen anwendbar zu machen.
Beim Wort - oder besser beim Schaubild - genommen, bedeutet diese *Analogiesimulation* nicht mehr oder weniger, als daß die Kunst wahrscheinlich per se das geeignete Medium in der Versinnlichung (sprich: Transportation, Umsetzung) des Themas Aufklärung war und, sofern diese Strömung anhalten sollte, immer noch ist.
Kunst konnte und kann nach wie vor immer schon mehr, als ihr aus unserer sie ornamentisierenden Position zugeschrieben wird, weswegen sie wahrscheinlich, wie wenige andere Phänomene der Menschheitsgeschichte, ein *Konstitutivum* des menschlichen Lebens an sich in allen Zeiten und allen Breiten darstellt.[4] Sie kann wie kein anderes Phänomen beide Gehirnhälften des Menschen animieren[5], Identität schaffen[6], Wissen durch Zeichen und Modelle symbolisieren und Vorgänge physikalischer, chemischer, biologischer, sensorischer oder sozialer Provenienz beschreiben; sie versteht Welt-Anschauung als sinnliches Begreifen[7], quer durch alle Schichten kommunizierbar und nachvollziehbar, und steht für die Darstellung einer Reihe abstrakter Vorstellungen, wie Freiheit, Trauer, Liebe, Gewalt.
Kunst setzt die *Individualität* als Norm und lehrt am Modell, verlangt prinzipiell eine Wertediskussion und demnach Kommunikation und Argumentation, sie integriert das Fremde zur Normalität des Anderen oder Gleichwertigen (ist daher per se multikulturell), und sie setzt historisches Wissen und aktuelle Erkenntnis prinzipiell emanzipiert nebeneinander. Sie konnte demnach in jeder historischen Epoche, was wir am Beispiel des letzten Jahrtausends in unserem Bildungskanon

[4] M. WAGNER, Die Kunst - Notwendigkeit und politische Umsetzungsangebote. In: Franz VRANITZKY (Hg.), Themen der Zeit, Wien 1994, p. 315ff.
[5] H. PETSCHE (Hg.), Musik, Gehirn, Spiel, Basel-Boston-Berlin 1989.
[6] E. J. HOBSBAWM, Nationen und Nationalismus, Frankfurt/Main-New York 1991.
[7] G. SCHULZE, Die Erlebnisgesellschaft, New York-Frankfurt/Main 1992.

gelernt haben, für politische, ideologische, religiöse, aber auch wissenserweiternde, aufklärerische oder ethische Ziele eingesetzt werden.
Kunst hat aber im Zeitalter der Aufklärung, wie kaum vorher und nachher, als *Medium* an sich wirksam werden können. Sie war die Instanz für die Bildung (Schiller spricht von der ästhetischen Kultur als dem wirksamsten Instrument der Charakterbildung), die "gleichzeitig, also von dem politischen Zustande völlig unabhängig und also auch ohne Hülfe des Staats zu erhalten sei"[8] - ein Modell, das Herbert Read mit seiner education through art 1945[9] im Angesichte des zweiten *Weltkriegsdesasters* noch einmal zur Diskussion stellte -, sie war die Instanz für den Subjektivismus, der sich zwar manchmal in die Verbürgerlichung ironisierte, aber andererseits die zentralen Rechte des Denkens für jedermann konstituierte (in den berühmten Reflexionen La Fonts von 1737 wird selbst der Kunstrichter von dieser Warte her gesehen)[10]; sie war der große Träger der égalité zwischen den Schichten, wie es auch das 1717 gegründete Freimaurertum betonte[11] - nicht zufällig waren die meisten Künstler gleichzeitig auch Freimaurer -, sie war der Träger der Versöhnung zwischen Produzenten und Rezipienten im Sinn eines neuen Zugangs auch der unteren Schichten zu den Bildungsinstrumentarien, sie war auch die Versöhnungsmaschinerie, die den Ausgleich zwischen den politisch immer weiter auseinanderdriftenden Gruppierungen probierte, ein Modell, für das die Zeit Josephs II., aber auch seiner Vorgängerin auf dem Thron, Maria Theresias stand; sie lieferte die Brücken zwischen Kirche, Volk und Kunst, indem sie den Gottesdienst auch an normalen Wochentagen zum konzertanten Fest werden ließ (wie Charles Burney 1772 von seiner Reise nach Wien berichtete)[12], und sie trug die Information, und zwar die *pluralistische* von Meinungen und Haltungen, gleichgültig, ob in den Kategorien der Historizität, der Zeitgenossenschaft der Zukunftsperspektive, wenn man bedenkt, daß allein die Zahl der Dichter in Deutschland zwischen 1773 und 1787 sich annähernd verdreifacht hatte.[13]
Die Gründung der Lesegesellschaften, die Etablierung großer Bibliotheken, die Leihliteratur, das explosionsartige Ansteigen von Zeitschriftenauflagen, das ebenso explosive Verlagsgeschäft in der Musik und die Herausgabe jedes großen Tonwerkes in verschiedenen Fassungen für verschiedene Ensembles, also die Bedienung der Benutzbarkeit, machten quasi jeden Bürger zum Adressaten jedes Produzenten, ein Umstand, den die Öffnung der Theater und die Etablierung von musikalischen Vorführungen gegen Eintrittsgeld noch steigerte.

---

8 Friedrich SCHILLER, Briefe. Kritische Gesamtausgabe, Hg. F. JONAS, Stuttgart-Leipzig-Berlin-Wien 1892-96, p. 329-39.

9 H. READ, Education Trough Art, London-New York 1945.

10 J. HABERMAS, Strukturwandel der Öffentlichkeit. Untersuchungen zu einer Kategorie der bürgerlichen Gesellschaft, Darmstadt 1962.

11 E. Wangermann, Von Joseph II. zu den Jakobinerprozessen, Wien 1966.

12 Ch. BURNEY, Tagebuch einer musikalischen Reise. Zweyter Band, Hamburg 1773 (Faksimile-Neudruck, Hg. Richard SCHAUKAL, Basel-London-New York 1959).

13 L. BALET / E. GERHARD, Die Verbürgerlichung der deutschen Kunst, Literatur und Musik im 18. Jahrhundert, hg. u. eingeleitet von G. MATTENKLOTT, Frankfurt/Main-Berlin-Wien 1972.

Damit aber war gleichzeitig auch ein gewaltiger *Internationalismusschub* verbunden, der in Übersetzungen, Adaptionen und in den damit verknüpften Einnahmechancen zur ökonomischen Sicherung der Produzenten entscheidend beitrug (Modell Multikulturalität)[14].
Was die Kunst mit dieser Haltung für sich beanspruchte und auch zumindest für ein Jahrhundert sicherte, war die *Autonomisierung*[15] ihrer Gebilde, die - wie Beethoven es artikulierte - "Musik als höhere Offenbarung über alle Weisheit und Philosophie" setzten. Von dieser Argumentation her - und die Belege könnten spielend in aufklärungsähnliche Zeiten ausgeweitet werden (also in das Fin de Siècle oder in die Gegenwart) - wird einsichtig, daß auf Grund der kunstimmanenten Faktoren, die an sich immer schon auf Aufklärung hinzielten, eine Hochblüte in einem Zeitalter gesichert ist, das sich politisch dieser Idee verschrieben hat. Dabei verringern das *offene System* des menschlichen Lebens, die Analogie der Kunst als offenes System und die daraus resultierende wechselseitige Kausalität den prinzipiellen Abstand zwischen Kunst und politischer Idee so weit, daß Leben und die Umsetzung in künstlerische Faktoren eng korrelieren - enger zumindest als in allen anderen Epochen der Kulturgeschichte.

[14] M. WAGNER, Multikulturalität in unserer Gesellschaft, In: Festschrift für Friedrich KÖRNER zum 65. Geburtstag, Graz 1996.
[15] A. HAUSER, Sozialgeschichte der Kunst und Literatur, Frankfurt/Main 1970.

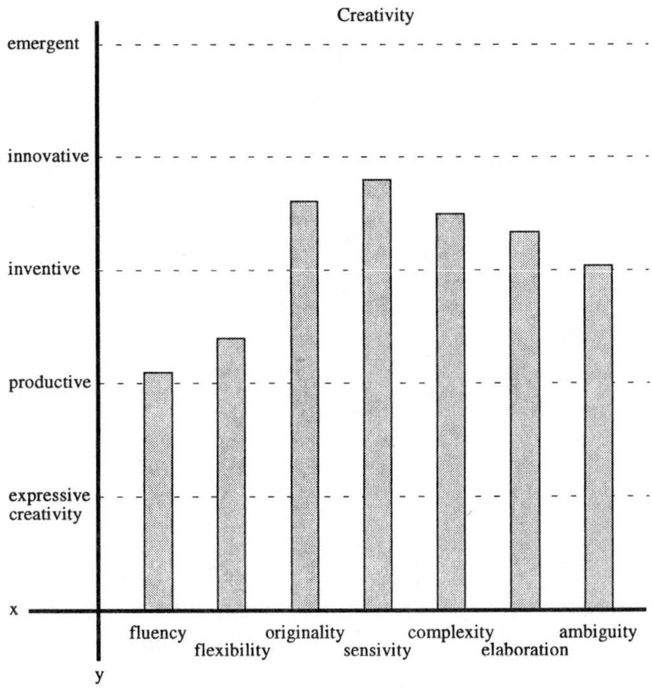

Schaubild 1: Kreativitätsstufen und Kreativitätsparameter

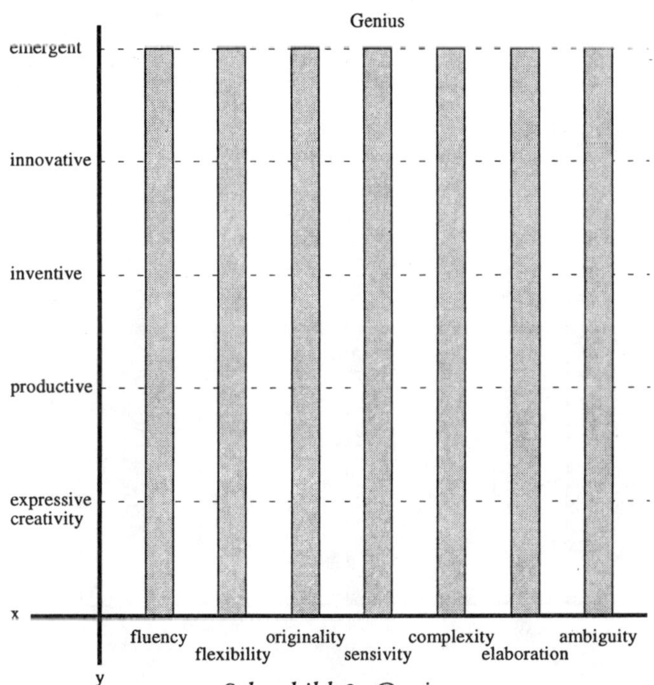

Schaubild 2: Genie

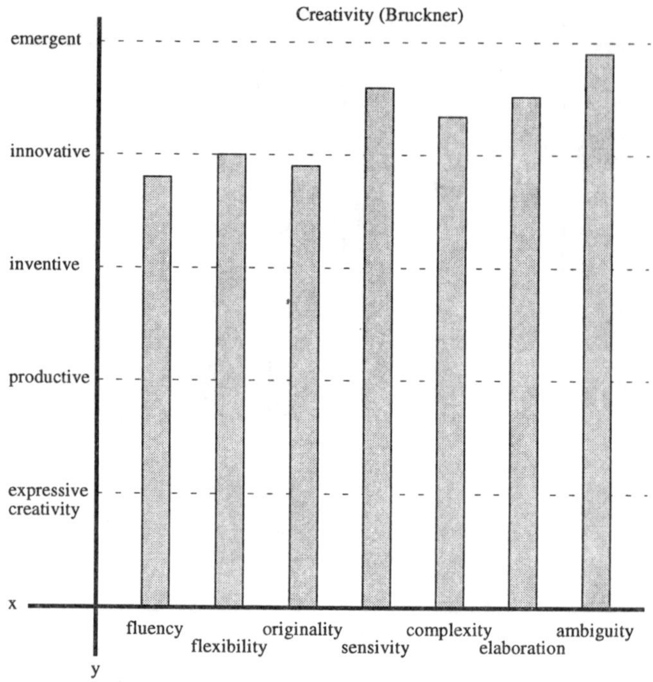

Schaubild 3: Kreativität Anton Bruckner

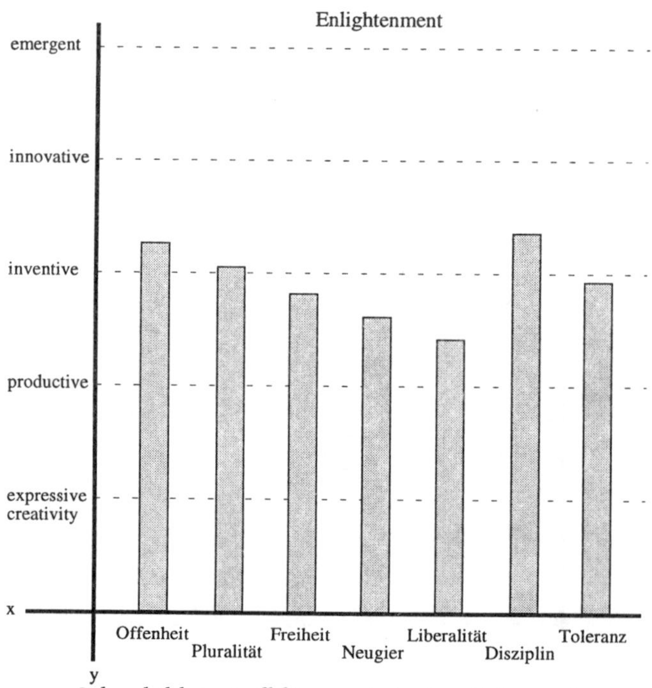

Schaubild 4: Aufklärung (mit den Faktoren)

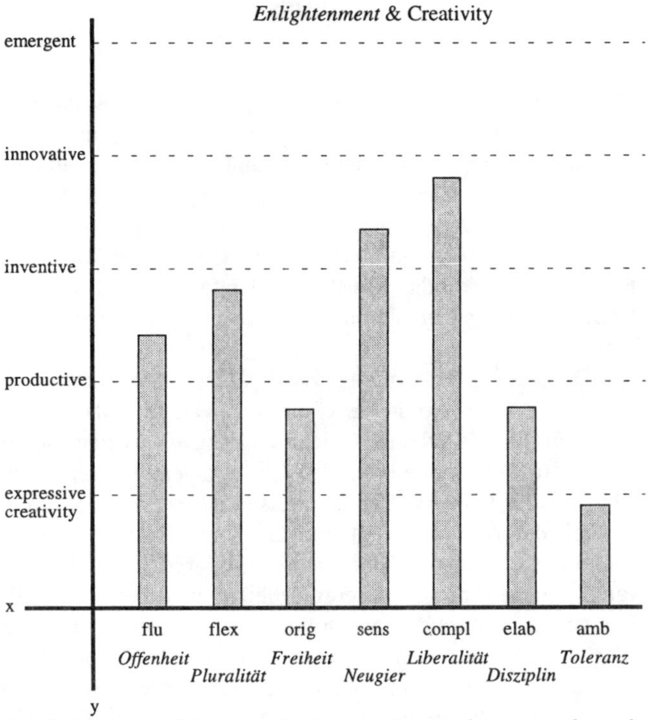

Schaubild 5: Aufklärung & Kreativität (übereinandergelegt)

Zur Diskussion

Die Verknüpfung der Kunst mit der Aufklärung stelle eine eurozentrische Einengung dar, meinte Patrick Werkner, da weltweit gesehen auch ritualistische und magische Kunst zu berücksichtigen sei, außerdem müsse immer beachtet werden, daß auch die Kunst der letzten sechziger und siebziger Jahre nicht ausschließlich der *Aufklärung* verpflichtet gewesen sei, sondern eigene *Mythologien* entwickelt habe. Der Referent Manfred Wagner konzedierte, daß Kunst in seinem Referat als "abendländische Kunst" der letzten tausend Jahre verstanden worden sei, zusätzlich eingeengt durch die Konzentration auf die Zeit seit dem 18. Jahrhundert.

Ein Gutteil der Diskutanten bezweifelte das *Aufklärungspotential* der Kunst und die *Liberalität* der Künstler. So stellte György Litván fest, daß Frauen im 19. Jahrhundert an den Kunstakademien nicht zugelassen worden seien, worauf Wagner mit dem Hinweis replizierte, daß die Akademien das *Frauenstudium* immerhin früher als die Universitäten zugelassen hätten. Kurt Salamun bezweifelte die Gültigkeit der Aussage Wagners, daß Kunst "Aufklärung per se" sei. Wagner unterstrich daraufhin die doch stark aufklärerischen Züge der Kunst, z.B. den Zwang, "etwas sehr genau herausarbeiten zu wollen, oder die Vorstellung, die Welt genau beschreiben zu wollen, eine Intention, die alle Künstler haben. Künstler wollen in ihrer Arbeit einen ihnen eigenen Weltentwurf darstellen, indem sie die Welt beschreiben, indem sie sie interpretieren, indem sie neue Welten schaffen." Er halte dieses Darstellungsmodell auch für ein aufklärerisches Modell.

Johann Baptist Metz fand es erfreulich, daß der Referent die *kunstfördernde* Wirkung der Aufklärung herausgestrichen habe, da ihr oft der Verdacht nachhänge, sie habe "eher der Verödung expressiver Fähigkeiten des Menschen" den Weg bereitet.

Verschiedene Wortmeldungen übten an der Auswahl der *Namen* und an den Diagrammen Wagners sowie an seinem *Kreativitäts- und Geniebegriff* Kritik (Oswald Panagl, Helmuth Huber, Peter Mahr). Die Bemerkung Wolfgang Mantls, daß der Kahlschlag des Dreißigjährigen Krieges erst im Jahre 1750 die *Buchproduktion* des Jahres 1618 wieder erreichen ließ, dann freilich zu einer großen Ausdehnung des Objektbereichs führte (Anstandsbücher, Kochbücher etc., also über theologische und philosophische Literatur hinausgehend) und damit erst die bürgerliche Welt der Aufklärungszeit ermöglicht habe, diese Bemerkung wurde in einem starken Schlußakkord Jacek Wozniakowskis vertieft, der auf den Rückgang des *Analphabetismus* als Folge der Aufklärung und des Liberalismus hinwies.

Wozniakowski legte Wert auf die Feststellung, daß *keine* direkte Verbindung zwischen Liberalismus und Kunst zu konstruieren sei, wie die Beispiele großer Kunst unter durchaus autoritären Vorzeichen (Papst Julius II., Richelieu) bezeugten. Die Bedeutung des Liberalismus läge vielmehr darin, Wegbereiter zu sein: "Relativ liberale Zeiten bereiten große Veränderungen lediglich vor." Aus durchaus bescheidenen und biederen Anfängen wie der englischen Watercolour-Society am Ende des 18. Jahrhunderts seien dann die Werke Turners und Constables entstanden. Außerdem öffne der Liberalismus mehr Menschen den Zugang zur Kunst, als dies in älteren Perioden möglich war.

IV.

Liberalismus und Kultur

LIBERALISMUS UND KULTUR

William M. Johnston

"Liberalismus und Kultur" ist ein heikles, ein schwer zu fassendes, ein mannigfaltiges Thema. Am Beginn der Ausführungen soll daher ein Katalog der *Schwierigkeiten* im Zusammenhang mit diesem Thema stehen. Auf dieser Basis werden dann vier Hauptthesen aufgebaut werden.

Als erste Schwierigkeit gibt es zu viele *Definitionen* nicht nur des einen oder des anderen, sondern beider Termini. Der Begriff "Liberalismus" erlaubt manche gegensätzliche Definitionen, das gleiche gilt für den Begriff "Kultur". Die möglichen Kombinationen dieser Definitionen sind so zahlreich, daß es verlockend wäre, sich ausschließlich der Auseinandersetzung mit den Definitionen zu widmen.[1]

Als zweite Schwierigkeit kommt hinzu, daß sich das Thema von *Amerika* aus anders darstellt als von Europa aus. Heutzutage wird der Begriff "Kultur" in Amerika weniger diskutiert als in *Europa*, einerseits weil amerikanische Regierungen keine bewußte Kulturpolitik betreiben, andererseits weil Kultur bei uns vor allem Massenkultur bedeutet. Darüber hinaus entzündet das Wort "Liberalismus" in Amerika heutzutage keine besondere Debatte. Nach wie vor betrachten Amerikaner den Liberalismus - wobei vor allem der Liberalismus des Marktes gemeint ist - als unproblematisch. Aus amerikanischer Sicht wäre eine Umformulierung des Themas in "Marktliberalismus und Massenkultur" selbstverständlich, während in Europa eine derartige Auffassung des Themas irreführend wäre. Amerika ist daher kein geeigneter Ausgangspunkt zur Erklärung des Wortpaares Liberalismus - Kultur.

Eine dritte Schwierigkeit stellt die *Abneigung* mancher europäischer Gelehrter gegenüber dem Liberalismus dar. Je nachdem, ob man den Liberalismus als einen Förderer der Hochkultur oder als deren Totengräber betrachtet, trifft man auf eine unangenehme Feststellung: seit 1800 haben allzu wenige Hochmeister der Literatur, der Philosophie und sogar der Sozialwissenschaften den politischen Liberalismus befürwortet. Viele der allergrößten Meister haben den Liberalismus entweder abgelehnt oder kaum beachtet. Unter den französischen Romanciers des neunzehnten Jahrhunderts haben Balzac, Stendhal, Flaubert, die Brüder Goncourt, Bourget und Barrès den Liberalismus verspottet, im zwanzigsten Jahrhundert haben Proust, Green, Bernanos, Sartre und Genet den Liberalismus entweder abgelehnt oder gar nicht berücksichtigt. Dagegen haben Hugo,

[1] Zur Begriffsgeschichte: U. DIERSE, "Liberalismus". In: Joachim RITTER und Karlfried GRÜNDER (Hg.), Historisches Wörterbuch der Philosophie, 5. A., 1980, p. 256-72; W. PERPEET, "Kultur, Kulturphilosophie", ebd., 4. A., 1976, p. 1309-24; Frithjof RODI, "Kultur. I. Philosophisch" u. Friedrich Wilhelm GRAF / Klaus TENNER, "Kultur. II. Theologiegeschichtlich". In: Gerhard MÜLLER (Hg.), Theologische Realenzyklopädie, 20. A., 1990, p. 176-209 (mit hervorragender Bibliographie).

Sand, Zola, Mauriac, Malraux und Jules Romains den Liberalismus gewissermaßen verteidigt.[2] Bei englischen Dichtern ist die antiliberale Tendenz der Hochmeister noch stärker. John Ruskin, T.S. Eliot, Ezra Pound, und William Butler Yeats ebenso wie James Joyce, D.H. Lawrence und George Bernard Shaw haben die unterschiedlichsten antiliberalen Programme befürwortet.
In *Deutschland* und *Österreich* gelangte der Liberalismus erst nach dem Tod von Goethe und Hegel in den Mittelpunkt der Diskussion, obwohl Kant und Humboldt die Prinzipien des politischen Liberalismus bereits begründet hatten. In Österreich standen Grillparzer und Stifter in ihren reifen Jahren eher gegen als für den Liberalismus. Hingegen hat der deutsche Sprachraum im zwanzigsten Jahrhundert unerwarteterweise fast mehr Liberale unter den Hochmeistern hervorgebracht als Großbritannien oder Frankreich. Ich nenne vor allem Thomas Mann, Max Weber, Georg Simmel, Sigmund Freud, Arthur Schnitzler, Robert Musil, Hans Kelsen und Karl Popper. Im antiliberalen Lager stehen Altmeister wie Friedrich Nietzsche, Hugo von Hofmannsthal, Karl Kraus, Georg Lukács und bis zu einem gewissen Grad Franz Kafka und Ludwig Wittgenstein. Es ist also festzustellen: der Liberalismus gilt nicht unbedingt als die Geisteshaltung der schöpferischsten Geister des zwanzigsten Jahrhunderts. Ein Beitrag über "Liberalismus und Kultur" muß sich daher mit dem Paradoxon abfinden, daß viele Hochmeister der liberalen Epoche dem Liberalismus ablehnend gegenüberstanden.

I. Abstrakte Definitionen versus historische Definitionen

Was kann ein Beitrag über "Liberalismus und Kultur" leisten? Zunächst setze ich den Katalog der *Definitionsprobleme* fort. "Liberalismus und Kultur" - die Zusammenfügung erweckt Unbehagen. Jeder der beiden Termini hat drei oder vier unterschiedliche Definitionen. Begriffe, die die beiden verbinden, wie "liberale Kultur", "Kulturliberalismus" oder "Kultur des Liberalismus" sind eher zweideutig. Wenn man die Konjunktion "und" variiert, stellt sich die Frage, ob die nachstehenden Titel leichter zu besprechen wären: "Liberalismus oder Kultur"? "Liberalismus bzw. Kultur"? "Liberalismus als Kultur"? "Liberalismus ohne Kultur"? Alle diese Titel leiden unter der Hauptschwierigkeit des Themas: der Begriff "liberale Kultur" schließt allzu wenige geschichtliche Beispiele ein. In der Weltgeschichte gibt es viele Beispiele von Liberalismus und abertausende von Kultur, doch verhältnismäßig wenige von einer "Kultur des Liberalismus".
Im 19. Jahrhundert nimmt diesbezüglich selbstverständlich das Wiener Fin de Siècle einen besonderen Platz ein. In ähnlicher Weise schufen die Eliten Großbritanniens im neunzehnten Jahrhundert eine liberale Kultur, und manche halten die Kultur der Vereinigten Staaten von Haus aus für liberal. Ebenso gilt die Kultur der Juli-Monarchie von Louis Philippe in Frankreich als liberal wie auch die Kultur gewisser Perioden der schweizerischen und der niederländischen Ge-

[2] Bernhard-Henri LÉVY, Les Aventures de la liberté, Paris 1991, untersucht mit Akribie fast hundert Liberale und Antiliberale im Frankreich des 20. Jahrhunderts.

schichte. Aber man spricht kaum von einer liberalen Kultur, die in Italien (außer der Periode 1870 - 1914) oder Deutschland dominiert hätte, und nie von einer solchen in Spanien (vor 1980), Rußland oder Asien. Nur selten vor unserer postmodernen Zeit hat der Liberalismus die Kultur eines ganzen Landes geprägt, und auch dann nur in Nordamerika und bestimmten Teilen Europas innerhalb der letzten zweihundert Jahre. Zusammenfassend kann daher gesagt werden: Dieser Beitrag behandelt eine weltgeschichtliche *Seltenheit*.[3]

Die verbreitetste historische Definition des *Liberalismus* lautet: Liberalismus ist die Geisteshaltung des aufsteigenden Bürgertums innerhalb des sich industrialisierenden Europa nach 1789. Diese Geisteshaltung bzw. Ideologie faßte fortschrittliche Themen aus der englischen, der schottischen und vor allem der französischen Aufklärung des 18. Jahrhunderts zusammen. Kurz: Mit Liberalismus ist das Reformprogramm der Aufklärung gemeint, das das industrielle und kommerzielle Bürgertum in Großbritannien und Frankreich des 19. Jahrhunderts umgestaltet hat. Dieses Programm setzte sich aus folgenden Komponenten zusammen: der Gegnerschaft Adam Smiths den Schutzzöllen gegenüber, der Gegnerschaft Voltaires gegenüber den etablierten Religionen und der angeblich durch sie gestifteten Intoleranz und der Gegnerschaft Diderots gegenüber der literarischen Zensur. Auf der positiven Seite schloß das liberale Programm die enzyklopädische Belesenheit Diderots ein sowie seine Befürwortung der reinen und angewandten Wissenschaften und nicht zuletzt den Glauben der französischen Philosophen an die Verbesserungsfähigkeit der Gesellschaft.[4]

Dieses *Reformprogramm*, getragen von politischen Parteien wie den Liberalen unter Lord Palmerston und William Ewart Gladstone in Großbritannien, unter François Guizot und Jules Ferry in Frankreich und unter den Fürsten Carlos und Adolf Auersperg und Ernst Plener in Österreich, erweckte *Widerstand* aus verschiedenen Richtungen. In katholischen Ländern erhielten *klerikale* Parteien regelmäßig Unterstützung von seiten ihrer Monarchen, Kaiser Napoleons III. in Frankreich und manchmal Kaiser Franz Josephs in Österreich, weshalb liberale Denker wie Sigmund Freud und Arthur Schnitzler von den Klerikalen fortwährend entsetzt waren. Eine zweite, wirtschaftliche Quelle der Opposition stellten die Gegner der *niederen Schutzzölle* wie z. B. die Grundbesitzer in Preußen und Österreich dar. Eine dritte, ethnische Quelle des Antiliberalismus bildeten die *deutschnationalen* bzw. *völkischen* Gruppen ebenfalls in Deutschland und Österreich-Ungarn. Eine vierte, politische Quelle des Widerstands war der *Marxismus*, der den Liberalismus als eine Klassenideologie des Bürgertums ablehnte.

Dieser Katalog der *Gegner* des Liberalismus im 19. Jahrhundert führt zu einer Hauptthese dieses Beitrags: Der Liberalismus hat wohl Gegner aus allen Richtungen erregt, er hat diese Gegner jedoch *gebraucht*. Im Europa des neunzehnten Jahrhunderts verkörperte der Liberalismus nicht eine friedliche Weltanschauung sondern eine unverschämte Ideologie, die die unterschiedlichsten Geg-

[3] Paul JOHNSON, The Birth of the Modern: World Society, 1815-1830, New York 1991, betont diese Seltenheit.

[4] Eine höchst originelle Auseinandersetzung mit der Aufklärung bei Paul ILIE, The Age of Minerva, 2 Bde., Philadelphia 1995.

ner angriff. Hegel versuchte, diese Ideologie in eine allesumfassende Geschichtsphilosophie umzuwandeln, aber sein Versuch hat die Kulturpolitik wenig beeinflußt. Mit anderen Worten: Der Liberalismus brauchte Gegner, um sich zu profilieren, nicht zuletzt, weil er aus den Reformbestrebungen der Aufklärung gegen die absoluten Monarchien entstanden war.[5]

II. Heute löst sich die "große Tradition" des Maxi-Liberalismus in "kleine Traditionen" (Mini-Liberalismen) auf, die eine Regionalisierung der Kultur (siehe Peter Rosegger) fordern

Die Suche des Liberalismus nach würdigen *Gegnern* ist heutzutage Teil eines großen geschichtlichen Prozesses. Die Welt erlebt eine massive Verwandlung, die sich am besten anhand von Begriffen schildern läßt, die der Chicagoer Ethnologe Robert Redfield (1897 - 1958), geprägt hat.[6] Ich werde die These zuerst formulieren und anschließend Redfields Definitionen verwenden. Die These lautet: im Bereich der Kultur treten heute die "großen" weltumfassenden Maxi-Traditionen ab zugunsten der "kleinen" heimatlichen Mini-Traditionen. Redfields Definitionen lauten: *"Kleine Traditionen"* sind lokale Überlieferungen, die innerhalb eines bereits lange währenden Kulturkreises gedeihen. Sprachdialekte, heimatliche Gebräuche und volkstümliche Religionen gehören zu den kleinen Traditionen, die manchmal lebensfähiger sind als die großen. Im Gegensatz dazu nennt Redfield die überwölbenden weltumspannenden Traditionen der Großstadtkultur *"große Traditionen"*. Beispiele dafür sind das Hochdeutsch, das (einstige) Ansehen der Wiener Oper und die (vermeintliche) Autorität des Vatikans. Überall auf der Welt befinden sich derartige überregionale Maxi-Traditionen in Gefahr, denn die Hegemonie der großen Kulturtraditionen geht nach und nach zugrunde.[7]

Unter den Fürsprechern des Liberalismus im neunzehnten Jahrhundert (z.B. John Stuart Mill, W.E. Gladstone, Victor Cousin, Rudolf Virchow) wurde der *Liberalismus* selbst zu einer großen Tradition, die alle früheren Überreste der Zivilisation fortschreitend ersetzen bzw. umwandeln wollte. Um meine These zu wiederholen: Die heutige Welt ist einem Daseinskampf zwischen abertausenden von alten und neuen Mini-Traditionen und einer kleinen Zahl von Maxi-Traditionen ausgesetzt. Heutzutage zersplittert sich der Liberalismus selbst einerseits in wenige große Traditionen, die die ganze Welt umspannen (z.B. die von Fran-

---

[5] Richard BELLAMY, Liberalism and Modern Society: A Historical Argument, Pennsylvania State University Press 1992.

[6] Robert REDFIELD, Peasant Society and Culture, Chicago, Chicago University Press, 1956, p. 41 - 46.

[7] Robert ELLWOOD, The History and Future of Faith: Religion Past, Present and to Come, New York 1988, p. 118-30. Eine meisterhafte Darstellung der zahllosen Kämpfe seit 1400 zwischen der großen Tradition des Christentums und den kleinen Traditionen der missionierten Völker bietet Horst GRÜNDER, Welteroberung und Christentum: Ein Handbuch zur Geschichte der Neuzeit, Gütersloh 1992. Diesbezüglich auch sehr reichhaltig ist Felipe FERNANDEZ-ARMESTO, Millennium, London 1995.

cis Fukuyama unterstrichene Tradition des Marktkapitalismus), und andererseits in zahllose kleine Traditionen, die das Heimatliche aufrechthalten wollen.
Zu diesem Zusammenhang scheint es angebracht, an Peter Rosegger zu erinnern. Heute würdigt man ihn gern als Gegner jeder Art von Maxi-Tradition (den Maxi-Liberalismus eingeschlossen), die die heimatlichen Mini-Traditionen überschwemmen und ausmerzen will. Rosegger war kein Maxi-Liberaler, der die Wiener Hegemonie unterstützte, sondern im Gegenteil ein *Mini-Liberaler*, dessen Liberalismus vor allem heimatverbunden blieb. Im Kampf gegen das Eindringen der Großstadt-Liberalen wollte er vor allem die Gebräuche der steirischen Bauern bewahren.
Meine These behauptet, daß sich die nivellierende Tradition des bürgerlichen Maxi-Liberalismus heutzutage in viele lokale Varianten auflöst. Auf der einen Seite wollen die Maxi-Liberalen die ganze Welt "befreien", während auf der anderen Seite die Mini-Liberalen ihre eigene *Heimat* und nur diese verteidigen. Demzufolge nehmen die Mini-Liberalismen unterschiedliche Formen in verschiedenen Städten, Regionen, Ländern und Sprachräumen an. In Österreich, zum Beispiel, verhält sich der Mini-Liberalismus in der Steiermark (man denke an Hanns Koren) anders als in Tirol (man denke an Ludwig von Ficker). Eine Kulturpolitik der Bodenständigkeit verfärbt sich anders in Klagenfurt (unter Slowenen) als in Linz (unter Innviertlern). Selbst rechtsstehende Ideologen können sich als Mini-Liberale verkleiden, insoweit sie das Recht auf regionale Eigenartigkeiten (und nicht immer die appetitlichsten) befürworten. Im Kulturbereich wird der Wahlspruch "Liberalismus" mehr und mehr zu einem Vorwand für die Regionalisierung der Kultur und manchmal für das Überleben der rechtsideologischen Kultur. Die Kulturpolitik der österreichischen *Länder* bedeutet einen Triumph der Mini-Liberalismen.

III. Um die Hochkultur zu fördern, benötigt der Liberalismus anerkannte Gegner

Mein Katalog der Schwierigkeiten bei der Klärung des Begriffspaars Liberalismus - Kultur ist noch nicht zu Ende. Wie gesagt, der Liberalismus braucht vertraute *Gegner*, um die Hochkultur zu fördern. Während der Aufklärung blieb der Hauptgegner des Liberalismus jene Allianz zwischen Feudalismus und Kirche, gegen die Voltaire kämpfte und sich dafür rühmte. In Österreich nach 1848 hat der Liberalismus (d.h. die Verfassungspartei und die Deutschnationalen) diese beiden Gegner nach wie vor bekämpft und hat später neue Gegner, wie den Marxismus und den Anarchismus, gefunden. Im Europa des 20. Jahrhunderts traten dann eine ganze Reihe von neuen Gegnern hervor: Faschismus, Nationalsozialismus sowie heutzutage Terrorismus und islamischer Fundamentalismus. Um einen Aphorismus zu prägen: *Der Liberalismus braucht Gegner, und wenn sie sich nicht anbieten, wird er sie erfinden.*
Dieser Aphorismus betrifft vor allem die *Kultur*, in deren Bereich der Hauptgegner des Liberalismus lange Zeit kein anderer als die *Kirche* gewesen ist. In dieser Hinsicht wurde der Ausdruck "liberal" im späteren neunzehnten Jahrhun-

dert so gut wie gleichbedeutend mit "*antiklerikal*" verwendet (man denke an Ludwig Anzengruber, Ernst von Brücke und Sigmund Freud). Wenn wir den Liberalismus kurzerhand als die bürgerliche Aneignung des Reformprogramms der Aufklärung ansehen, so steht fest, daß dieses Programm seit 1850 im Bereich der Kultur weitgehend gesiegt hat. Der Sieg des Liberalismus hat die Kultur "liberalisiert", mit anderen Worten "säkularisiert". Das Hauptmerkmal des Liberalismus im Kulturbereich ist daher der Prozeß der *Säkularisierung*.[8] Nicht wenige der Antiliberalen unter den Hochmeistern der Literatur haben gerade die Säkularisierung der Kultur beklagt. Hauptbeispiele dafür sind Prosaisten wie Balzac, Dostojewskij und Ruskin sowie Dichter wie T.S. Eliot, William Butler Yeats, Paul Claudel und Charles Péguy. Österreich hat Paradebeispiele dieser Geisteshaltung mit Richard von Kralik, Franz Werfel und zum Teil Hugo von Hofmannsthal hervorgebracht. Sie alle bedauerten die Zersetzung der religiös verankerten Gesellschaftsordnungen durch das Verschwinden bzw. die Privatisierung der Religion.[9]

Wenn wir aber fragen, auf welche Art und Weise der Liberalismus heute die Hochkultur fördern kann, begegnen wir einem *Paradoxon*. Der Liberalismus regt das Denken am allerbesten an, wenn er Gegner angreift. Sobald der Liberalismus nach 1945 in Westeuropa gesiegt hatte, ging es mit seinem Beitrag zur Hochkultur bergab. Um einige Beispiele zu nennen: vormals hatte das Denken von Sigmund Freud Nutzen aus seinem Kulturkampf gegen die Kirche gezogen. Ähnliches gilt für Liberale wie Heinrich Heine und Ludwig Feuerbach und Antiliberale wie Karl Marx und Friedrich Nietzsche. In den letzten fünfzig Jahren haben jedoch Freudianer, Marxianer und Nietzscheaner unter anderen jede Debatte über religiöse Fragen aus dem liberalen bzw. dem akademischen Diskurs vertrieben. Zuvor befruchtete der Liberalismus die Hochkultur am besten, solange er die Religion für einen geeigneten Gesprächspartner hielt. Seit dem Zweiten Weltkrieg hingegen hat die Religion ihr Ansehen unter den Intellektuellen eingebüßt, und auch der Liberalismus hat dabei viel verloren. Das Erlöschen des *Kulturkampfes* in der Akademie zwischen dem Liberalismus und der Religion hat zur Banalisierung der Hochkultur beigetragen.[10]

Um meine These zu präzisieren: im 19. Jahrhundert betrachtete der Liberalismus die Religion als einen verfeindeten Zwillingsbruder. Seit 1945 hat der Liberalismus diesen vertrauten Gegner größtenteils aus der öffentlichen Diskussion vertrieben und dadurch eine seiner zuverlässigsten Anregungsquellen preisgegeben. Als eine Konsequenz dieser Umwandlung *übersehen* die heutigen Liberalen das Hervortreten eines neuen internen Feindes der Hochkultur, nicht zuletzt weil sie nach wie vor religiöse Gegner (wie den Islam) allen anderen vorziehen. Wer

---

8 Zum Säkularisierungsbegriff: Eileen BARKER / James A. BECKFORD / Karel DOBBELAERE (Hg.), Secularization, Rationalism and Sectarianism: Essays in Honour of Bryan R. Wilson, Oxford 1993; Olivier TSCHANNEN, Les Théories de la sécularisation, Genève 1992.

9 Michael P. STEINBERG, The Meaning of the Salzburg Festival: Austria as Theater and Ideology, 1890-1938, Ithaca/N.Y. 1990.

10 Zum amerikanischen Fall: George MARSDEN, The Soul of the American University: From Protestant Establishment to Established Unbelief, New York 1994.

ist dieser neue interne Feind? Liberale sagen gern, daß die Europäische Union den Imperialismus sowie den Kolonialismus aus Westeuropa verbannt hat. Allmählich aber überspannt eine neue Art der Kolonisierung unseren gemeinsamen Kulturraum. Diese neue Art der *Kolonisierung* wird in den Vereinigten Staaten sichtbarer als in Europa, aber auch hier wächst sie heran. Ich meine den Prozeß, durch den die *Publizitätsmedien*, d.h. Werbung und Reklame, unseren öffentlichen Kulturraum besetzen und beherrschen - mit einem Wort kolonisieren.[11] Wir Bürger der liberalen Demokratien verfügen über keine *Verteidigungsmaßnahmen* gegen die Reklame, weder auf der Straße noch im Fernsehen, weder in der Politik noch in der Wirtschaft. Unser öffentlicher Kulturraum wird allmählich durch die Macht der Reklame-Macher kolonisiert, und wir kolonisierten Konsumenten können nichts dagegen tun. Es gibt noch Schlimmeres: die Hochprinzipien des Liberalismus werden regelmäßig mobilisiert, um diesen Kolonisierungsprozeß zu rechtfertigen. In Amerika bestimmen die "Public Relations Experts" und die Werbeleiter, welche Bilder, Wahlsprüche und Streitfragen den Kulturraum der elektronischen Medien und der Presse füllen. Das Publikum kann gegen deren Monopolstellung nichts tun, und das alles schreitet im Namen des *Marktliberalismus* voran!

Ich füge noch eine Erklärungsthese hinzu: die Gleichgültigkeit der heutigen Liberalen dieser neuen Art eines kulturellen Kolonialismus gegenüber baut auf dem Sieg des Liberalismus über die Religion auf. Weil sich der Liberalismus im Westen jetzt nicht mehr für bedroht hält, ist er zu selbstzufrieden, um eine von innen zum Vorschein kommende *Bedrohung* wahrzunehmen. Der Liberalismus war wachsamer, solange er die Religion als Gegner anerkannte. Die Werte der Publizitätsmedien kolonisieren heute unseren Kulturraum beinahe ohne Widerstand, weil der Liberalismus seinen ehemaligen Gegner (die Religion) daraus verbannt hat und keinen Gegner in diesem Bereich mehr erwartet. Die Wachhunde des öffentlichen Kulturraums sind eingeschlafen, seitdem sie die Religion daraus vertrieben haben.

IV. Der Liberalismus und die Religion funktionierten am besten als gegnerisches Paar (etwa 1700 - 1945); heute leidet der Liberalismus an seinem Sieg über die Religion

Wenn wir die Frage stellen, warum denn der heutige Liberalismus externe Feinde wie den Islam vorzieht und die Kolonisierung des Kulturraums durch die Massenmedien übersieht, so kommt ein zweites *Paradoxon* hinzu. Der Liberalismus hat, wie bereits gesagt, seine höchsten kulturellen Leistungen im Kampf gegen die Religion hervorgebracht. Der Liberalismus hat die Hochkultur bereichert, vor allem wenn er um neues Terrain gegen die Religion kämpfen mußte. Der Motor der Hochkultur des 19. Jahrhunderts war also nicht der Liberalismus

[11] Zwei grundlegende Abhandlungen sind Jean CAZENEUVE, La Société de l'ubiquité: Communication et diffusion, Paris 1972, und René BERGER, Télévision: le nouveau golem, Lausanne 1994.

allein, sondern das Zusammenwirken von Liberalismus und Religion. Das *dialektische Paar* Religion - Liberalismus hat die kulturellen Meisterstücke des 19. Jahrhunderts weitgehend gefördert. Merkwürdigerweise fehlt uns Kulturhistorikern ein Fachausdruck für gerade dieses Paar, das Paar des Säkularisierungsprozesses. Obwohl wir gern vom Liberalismus schlechthin als *dem* Anreger der bürgerlichen Hochkultur sprechen, sollten wir eher von einer "Dialektik zwischen dem Liberalismus und der Religion" sprechen. Nicht das eine oder das andere hat die Errungenschaft von Hegel und Marx, Wagner und Nietzsche, Freud und Max Weber angeregt, sondern beides zusammen. In Österreich nahmen Grillparzer und Hebbel sowie Feuchtersleben und Stifter teil an diesem schöpferischen Kampf. Gerade diese Art *Kulturkampf* fehlt der heutigen Hochkultur.[12]

V. Drei Strategien, um die Förderung der Hochkultur durch den postmodernen Liberalismus zu unterstützen

Ich habe die These aufgestellt, daß der Liberalismus im 19. Jahrhundert der Hochkultur am allerbesten diente, solange er die *Religion* für einen würdigen Gegner hielt. Leider bezieht diese These eine schlimme Prognose für die postmoderne Kultur mit ein. Denn die Postmoderne vermeidet Kulturkämpfe, und der postmoderne Liberalismus will keine Gegner mehr erkennen. Unvermeidlich aber muß das Verschwinden aller Gegner gerade jene Geisteshaltung am meisten entkräften, die in ihrem goldenen Zeitalter die Gegner am meisten brauchte.
Auf welche Art und Weise kann man das heutige Vakuum an Gegnern planmäßig ersetzen? Ich werde drei mögliche Strategien dazu entwerfen. Die erste Strategie verfällt gern in eine *Nostalgie* nach ehemaligen Kulturkämpfen und ist im Grunde ein Rückschritt. Die Feindschaft des heutigen Abendlandes dem *Islam* gegenüber bedeutet zum Beispiel teilweise eine Regression.[13] Die Widersacher des Islam greifen auf den klassischen Kampf zwischen dem Liberalismus und der Religion zurück. Säkularisierte Europäer empören sich, daß ein angeblich besiegter Gegner aus alten Zeiten wieder aufsteht. Heute diabolisiert der Westen den Islam (und nicht nur die Islamisten) nicht zuletzt deshalb, weil der Liberalismus Religionen gern angreift und glaubt, daß sich alle Religionen außer dem Islam längst als kampfunfähig entpuppt haben.
Eine zweite Strategie, wodurch der Liberalismus die Hochkultur nähren kann, sucht nicht alte, sondern neue Gegner bzw. eine neue Art von Gegnern aus. Mein Vorschlag, die *Publizitätsmedien* als eine Art Kolonisator des öffentlichen Kulturraums zu bekämpfen, wäre so ein Beispiel. Liberale sollten ihr Preislied auf die Marktfreiheit dämpfen, um besser Widerstand gegen die Reklame-Industrie leisten zu können. Ein zweiter möglicher Gegner wäre die *Umweltzerstö-*

[12] Zum Thema Modernisierung und Religion: Trutz RENDTORFF, "Modernité", in: Pierre GISEL (Hg.), Encyclopédie du protestantisme, Paris-Genève 1995, p. 995-1011.
[13] Maxime RODINSON, La Fascination de l'Islam, 2éd., paris 1989; Amin MAALOUF, Les Croisades vues par les Arabes, Paris 1983.

rung. In dieser Hinsicht kann man die Grünen als "Liberale auf der Suche nach neuen Gegnern" bezeichnen. Ein drittes Beispiel würde irgendeine Kampagne irgendeines *Mini-Liberalen* gegen die Hegemonie eines Maxi-Liberalen liefern. Selbst der "liberale" Nationalstaat kann als Zielscheibe der regionalistischen Liberalen dienen.

Eine dritte Strategie der Hochkulturförderung versucht, den Liberalismus *neu zu beleben*, ohne neue Gegner heraufbeschwören zu müssen. Kann der Liberalismus jene Lebenskraft, die er einst aus der Gegnerschaft bezog, ohne Gegner wiedergewinnen? Ich möchte diese Fragestellung durch die Verwendung der Beiwörter "exklusiv" und "inklusiv" neu formulieren. Der *moderne* Liberalismus war *exklusiv*, d.h. er betrachtete gewisse Bewegungen (vor allem die religiösen) als Gegner und versuchte, diese Bewegungen zu untergraben und womöglich aus dem öffentlichen Raum zu vertreiben. Im Gegensatz dazu steht der postmoderne Liberalismus vor einer einmaligen Gelegenheit, diese exklusive Stellung in eine inklusive umzuwandeln.

Was verstehe ich unter "inklusivem" Liberalismus? Den Begriff *"Inklusivismus"* entnehme ich zwei deutschen Indologen, Paul Hacker und seinem Interpreten Wilhelm Halbfass. In seinem Buch "Indien und Europa: Perspektiven ihrer geistigen Begegnung" (1981/1988) definiert Halbfass den Inklusivismus als "die Beanspruchung und Einschließung innerhalb seiner eigenen Religion bzw. Weltanschauung von dem, was in der Wirklichkeit einem anderen fremden bzw. konkurrierenden System angehört"[14]. Der Inklusivismus ordnet sich das Fremde bzw. das Außenstehende als "Teil oder vorläufige Phase seines eigenen Kulturkreises unter." Seit Jahrhunderten wurde ein derart universaler Inklusivismus von indischen Philosophen wie Shri Aurobindo und Sarvepalli Radhakrishnan ausgearbeitet. Im Abendland finden wir eine ähnliche Perspektive in der Hegelschen Geschichtsschreibung, die alle Phasen der Weltkultur als Vorläufer und Mitglieder einer allumfassenden abendländischen Synthese betrachtet.

Eine entsprechende Initiative des heutigen Liberalismus würde also alle Kulturkämpfe aufgeben, um einen allesumfassenden Inklusivismus zu vertreten. Statt frühere Geisteshaltungen als abgenützt abzulehnen (wie Positivisten vom Schlage eines Bertrand Russell und Rudolf Carnap es getan haben), würde ein *inklusiver Liberalismus* seine ehemaligen Gegner als Teilnehmer an seiner eigenen Entwicklung anerkennen. Von jetzt an darf der postmoderne Liberalismus die Religion als einen Gesprächspartner im öffentlichen Raum einschließen, anstatt sie als einen besiegten Gegner auszuschließen.[15] Glücklicherweise paßt ein derartiger Inklusivismus gut zur Mentalität der Postmoderne, insofern als diese versucht, gegensätzliche Alternativen nicht nur zu dulden, sondern zu umarmen.

Inklusiver Liberalismus sollte demnächst eine *Inventur* seiner ehemaligen Gegner durchführen, um sie in eine gemeinsame Geschichtsschreibung zu integrie-

---

[14] Wilhelm HALBFASS, India and Europe: An Essay in Understanding, Albany, SUNY Press, 1988, p. 411. Dieses Zitat findet sich nur in der englischen Übersetzung Indien und Europa (1981), Kapitel 20.

[15] John CARROLL, Humanism: The Wreck of Western Culture, London 1993, betritt diesen neuen Weg.

ren. Durch eine Geschichtsdarstellung des "Liberalismus in Partnerschaft mit seinen ehemaligen Gegnern" können Liberale vielleicht die nährende Kraft des Paares Liberalismus - Religion neu entfachen.[16]

VI. Schlußbemerkungen

Ich fasse meine letzten drei *Hauptthesen* zusammen: Der Liberalismus fördert die Hochkultur am allerbesten, wenn er seine Gegner klar ins Auge faßt. Früher hat der Liberalismus seinen Hauptgegner (d.h. die *Religion*) zuerst verurteilt und dann allmählich aus dem öffentlichen Kulturraum vertrieben. Der heutige Liberalismus aber verzettelt sich als Förderer der Hochkultur nicht zuletzt deshalb, weil er zu Hause keine Gegner mehr erkennen will. Er glaubt, daß alle Gegner außerhalb wohnen, etwa in den islamischen Ländern oder anderswo in der Dritten Welt. Die ausschließliche Beschäftigung mit externen Gegnern führt dazu, daß Liberale einen neuen internen Gegner wie die Kolonisierung des öffentlichen Raumes durch die *Publizitätsmedien* übersehen.

Im Kulturbereich steht ein neu erweckter Liberalismus vor der Wahl: entweder die alten Gegner (z.B. den Islam und seinen Fundamentalismus) wieder ins Leben zu rufen oder sie neu zu begreifen. Im letzteren Fall sollten der Feudalismus und vor allem die Religion nicht mehr als ausgeschlossene, sondern als einzuschließende Teilnehmer am Liberalisierungsprozeß angesehen werden. Die gegenseitige *Befruchtung* von Liberalismus und Religion im 19. Jahrhundert muß anerkannt werden, wenn der Liberalismus die Hochkultur wieder nähren will.[17]

Eine derart neue Geschichtsschreibung würde Interpreten des Themas "Liberalismus und Kultur" eine neue Tagesordnung liefern. Zumindest könnte uns eine Geschichte der gemeinsamen Kulturträger Liberalismus - Religion anspornen, neuer Bedrohungen der *Hochkultur* gewahr zu werden und sie eventuell zu beseitigen. Unter diesen Bedrohungen tritt heute vor allem die Kolonisierung des öffentlichen Kulturraumes durch die Publizitätsmedien hervor. Mit anderen Worten: Der Liberalismus muß sich neu profilieren, wenn er der Hochkultur helfen und sie nicht bloß genießen will.

---

[16] Zwei glänzende Vertreter dieser Einstellung sind Frederick TURNER, The Culture of Hope: A New Birth of the Classical Spirit, New York 1995, und Eugene HALTON, Bereft of Reason: On the Decline of Social Thought and Prospects for Its Renewal, Chicago 1995.

[17] Wenig bekannte Protagonisten sowie Opfer dieses Zusammenwirkens befinden sich in Emerich CORETH / Walter M. NEIDL / Georg PFLIGERSDORFFER (Hg.), Christliche Philosophie im katholischen Denken des 19. und 20. Jahrhunderts, 3 Bde., Graz 1987-89.

KONFLIKTE ZWISCHEN LIBERALISMUS UND KULTUR

Steven Beller

William Johnston betont in seinem Aufsatz, wie kompliziert und vieldeutig die Beziehung zwischen Liberalismus und Kultur ist. Er hebt aber besonders die Rolle der *Religion* als Vermittler, bzw. als mitarbeitender Gegner in dieser Beziehung hervor. Seiner Meinung nach ist es die Gegnerschaft zwischen Liberalismus und Religion, die die größten Leistungen des Liberalismus in der westlichen Hochkultur des 19. und des frühen 20. Jahrhunderts hervorgebracht hat. Er meint, daß die Ursachen der Schwächen der heutigen liberalen Hochkultur im Sieg des Liberalismus über die Religion, bzw. deren Verschwinden als dessen Hauptgegner, zu finden sind. Deshalb schlägt er vor, den Liberalismus *"inklusiv"* werden zu lassen, sodaß er seine Gegner, besonders die Religion, aber auch den Feudalismus, als Teil seines Selbst betrachtet. Dieses Argument hat viel für sich, aber es gibt einige Aspekte, die diese Schlußfolgerung relativieren.

Erstens ist es, von den USA aus betrachtet, wo die "Christian Coalition" der republikanischen Mehrheit im Kongreß fast zu befehlen scheint, überhaupt nicht klar, daß "die Religion" tatsächlich besiegt ist, wie Johnston annimmt. Auch der Sieg des Liberalismus ist keineswegs sicher. Es kann sein, wie Johnston behauptet, daß Liberalismus in Amerika gleichbedeutend ist mit Marktliberalismus, aber in diesem Sinne sind Religion (Christian Coalition) und Liberalismus eher Verbündete als Gegner. Es sind die Liberalen in der demokratischen Partei, die geschwächt und fast besiegt sind. Das eigentliche Wort "liberal" ist in Amerika, wie man weiß, eher das verpönte "L-Wort", das aus manchem Munde fast wie "Kommunist" klingt. In der jetzigen *amerikanischen* Hochkultur und der akademischen Welt ist "die Religion" freilich noch von einem triumphalen Liberalismus besiegt, aber im allgemeinen geht die Tendenz eher in die umgekehrte Richtung.

Zweitens - und hier versuche ich gleichsam den Gedankengang von Johnston über die Suche nach einem inklusiven Liberalismus weiterzuentwickeln - kann man wohl behaupten, daß es diesen *inklusiven Liberalismus* schon gibt. Das heißt, daß es fast nie einen absoluten Unterschied zwischen Liberalismus und Religion gegeben hat. Wenn man unter Religion exklusiv die etablierte Religion versteht, könnte man wohl eine historische Gegnerschaft behaupten, aber die Religion an sich war kein absoluter Gegner des Liberalismus, und umgekehrt. Abraham Lincoln, zum Beispiel, wäre bestimmt im derzeitigen liberalen Lager, aber seine "Kultur" - man denke nur an die Gettysburg Address - war nichtsdestoweniger geprägt durch die Religion und vor allem die Bibel. Seine Rhetorik ist nicht denkbar ohne diesen zentralen Einfluß.[1]

---

[1] Siehe David DONALD, Lincoln, New York 1995.

Zweitens kann man behaupten, daß der Liberalismus in gewissem Sinne eine historische Entwicklung nicht *der* Religion an sich, sondern von bestimmten religiösen Traditionen und auch von den Konflikten zwischen diesen Religionen war. Darum sind die Verschiedenheiten zwischen den englischen, französischen, amerikanischen, deutschen, österreichischen, jüdischen usw. *Liberalismen* und die daraus folgenden Hochkulturen teilweise auch durch ihre religiösen Wurzeln zu verstehen.[2]

Wenn Liberalismus drittens nicht unbedingt ein Gegner der "Religion" sein muß, ist es auch wahr, daß er *selber eine Art von Religion* (im Sinne der Regelung des Lebens) sein kann, und auch *selber eine Art von Kultur*. Was bedeutet hier "Kultur"? Wie Johnston andeutet, wechselt die Bedeutung dieses Wortes von Land zu Land und von Zeitraum zu Zeitraum, aber diese variierenden Bedeutungen sind interessant. Ein Amerikaner versteht "Kultur" nach Johnston als "Massenkultur". Ein Engländer heutzutage verstünde "Kultur" vielleicht als das, was man "Hochkultur" nennt. Theodor Herzl hatte wahrscheinlich ein anderes Verständnis, als er in seinem Tagebuch schrieb, daß man auf dem Schiff in das Gelobte Land zum Abendessen Smoking tragen sollte, um die "Kultur" zu behalten.[3] In diesem Falle hätte ein Engländer oder Amerikaner eher den Begriff "Zivilisation" verwendet.

Nebenbei bemerkt, gab es um 1914 einen Konflikt zwischen *"Zivilisation" und "Kultur"*. Aber welche dieser Weltanschauungen war die "liberale"? Ein Engländer hätte sofort "Zivilisation" gewählt, aber was hätte ein deutscher Liberaler gewählt? Oder gar die von Johnston erwähnten liberalen Hochmeister Max Weber und Thomas Mann?[4] Hier beginnt die Frage der engen Verbindungen zwischen Liberalismus und Nationalismus.

Bleiben wir beim Herzlschen Sprachgebrauch, der vielmehr die Kultur als moderne Zivilisation, das heißt als technologische und erzieherische Entwicklung - als *Bildung* - versteht. Im deutschen Sprachraum könnte man sagen, daß historisch gesehen die Kultur des Liberalismus (nicht mit "Kulturliberalismus" zu verwechseln) Bildung war, die Kultur der Gebildeten. Also war Bildung die liberale Kultur, und Liberalismus die Politik der Gebildeten. Aber der Begriff der Bildung hat sich von religiösen Wurzeln im deutschen Protestantismus aus entwickelt.[5]

---

[2] Zu den Unterschieden zwischen den Liberalismen, siehe zum deutschen Beispiel: Leonhard KRIEGER, The German Idea of Freedom, Chicago 1957; James J. SHEEHAN, German Liberalism in the Nineteenth Century, Chicago 1978 (deutsch 1983).

[3] Theodor HERZL, Briefe und Tagebücher, Hg. A. BEIN / H. GREIVE / M. SCHÄRF / J.H. SCHOEPS, Berlin: Propyläen, 1983, Bd.2, p. 224, 24. Juli 1895: "Sinn davon: die Juden sollen nicht den Eindruck haben, daß sie in die Wüste ziehen. Nein, diese Wanderung vollzieht sich mitten in der Cultur. Wir bleiben in der Cultur, indem wir wandern."

[4] Z.B. Thomas MANN, Betrachtungen eines Unpolitischen, Berlin 1918.

[5] Siehe David SORKIN, Wilhelm Humboldt: The Theory and Practice of Self-Formation (Bildung), 1791-1810, in: The Journal of the History of Ideas, Jan. 1983, p. 55-73; Ulrike DÖCKER, Bürgerlichkeit und Kultur - Bürgerlichkeit als Kultur. Eine Einführung, in: Ernst BRUCKMÜLLER u.a. (Hg.), Bürgertum in der Habsburgermonarchie, Wien-Köln 1990, p. 95-104.

Auch in England kann man behaupten, daß der Liberalismus eines John Locke, David Hume oder eines John Stuart Mill sich nicht nur auf das Reformprogramm eines aufsteigenden Bürgertums stützte, sondern auf das schon vorhandene Glaubenssystem und die Art der Lebensregeln der protestantischen geistigen Elite in Britannien (und besonders in Schottland).[6] Das heißt, daß die Wurzel des Liberalismus eher in einer *Kultur mit religiösem Hintergrund* zu finden ist, als in den Interessen einer Klasse. Es gab sehr viele liberale Aristokraten, während viele Unternehmer in England Tories geblieben sind, auch in der Ära des Hochliberalismus. Britischer Liberalismus ist fast eher von einer Studierstube an der Edinburgh University oder am University College in London oder gar von den Rooms eines Oxbridger Fellow aus zu verstehen, als aus einer Fabrik im Norden Englands. Liberalismus ist nämlich selber eine religiös gefärbte Kultur.[7]

Viertens aber versucht sich der Liberalismus auch universalistisch, zeitlos und pluralistisch als eine Form der Konfliktüberwindung und als ein Ausgleichsstifter zu behaupten. Manchmal versucht er sich auch als die *einzige* vernünftige Wahrheit zu profilieren, wie zum Beispiel während des Kulturkampfes in Deutschland in den 1870er Jahren.[8] Dann wird die Kultur des Liberalismus Kulturliberalismus, aber dann ist er eben nicht liberal! Liberalismus muß ein offenes System bleiben, oder er ist nicht liberal. In diesem Sinn hat Johnston wohl recht, wenn er behauptet, daß der Liberalismus Gegner braucht, weil es öfter die Gegner der Liberalen gewesen sind, die den echten liberalen Gedanken hochgehalten haben, gegen die totalisierenden Tendenzen des liberalen Reformprogramms. Edmund Burke und Alexis de Tocqueville sind darum sowohl Gegner des Liberalismus als auch Retter und Verteidiger desselben gewesen.[9]

Fünfte und letzte Bemerkung: Es gibt in kultureller Hinsicht zwei große *Gefahren* für den Liberalismus. Entweder er vergißt, daß er eine Kultur des Ausgleiches und auch der Freiheit ist und wird eher ein Zerstörer anderer irrationaler und darum illiberaler Kulturen in seinem "Reich", wie in der Fortschrittsideologie des oben erwähnten Kulturkampfes. Oder er vergißt, daß er eine Kultur ist, mit Prinzipien und Werten, und gibt sich auf, um - multikulturell - die anderen Kulturen einschließen zu können. Liberalismus muß dazwischen segeln können. So verstehe ich die Debatte über Multikulturalismus.[10]

Ob es ein *positives Verhältnis* zwischen Liberalismus und Religion, bzw. der Kultur geben kann, kommt darauf an, welchen Liberalismus, welche Religion oder Kultur man meint. In diesem Sinne könnte man behaupten, daß der Liberalismus pluralistisch sein *muß*; aber streng multikulturell - verstanden als die

[6] David DAICHES, The Scottish Enlightenment: An Introduction, Edinburgh 1986; David ALLAN, Virtue, Learning and the Scottish Enlightenment, Edinburgh 1993.

[7] John R. VINCENT, The Formation of the Bitish Liberal Party, 1857-68, London 1966; John PARRY, The Rise and Fall of Liberal Government in Victorian Britain, New Haven 1996.

[8] David BLACKBOURN, Populists and Patricians, London 1987, p. 143-67.

[9] Siehe Edmund BURKE, Reflections on the Revolution in France, London 1968; Alexis de Tocqueville, De la démocratie en Amérique, Paris 1968.

[10] Siehe Todd GITLIN, Postmodernism: Roots and Politics, in: I. ANGUS / S. JHALLY (Hg.), Cultural Politics in Contemporary America, New York 1989, p. 347-60.

Anerkennung der absoluten Gleichheit jeder Kulturform - *darf* er nie sein.[11] Es gibt liberale Werte, Werte eines liberalen Glaubenssystems, zum Beispiel die Anerkennung der Rechte des Einzelnen, die nicht zu ersetzen sind, auch wenn eine andere Kultur oder Religion diese nicht anerkennen will oder kann (und es gibt manche, wie die verschiedenen religiösen Fundamentalismen, die heute noch florieren). In diesem letzten Sinn ist dem Konflikt zwischen Liberalismus und Kultur nicht beizukommen.

[11] Isaiah BERLIN / Ramin JAHANBEGLOO, Conversations with Isaiah Berlin, New York 1991, p.106-10.

ZUSTIMMUNG, WIDERSPRUCH UND ERGÄNZUNG

Oswald Panagl

Dem originellen Beitrag von William Johnston möchte ich in zwei Punkten ausdrücklich *beipflichten*, an zwei Stellen deutlich *widersprechen* und schließlich zwei ergänzende Aspekte *einbringen*.

Beginnen wir mit der *Zustimmung*: Johnston sieht an mehreren Stellen seines Referats - bisweilen ausdrücklich, dann implizit - im Liberalismus keinen ganzheitlichen unveränderlichen Begriff mit fester Begrenzung, sondern eher ein *Merkmalbündel* mit unscharfen Rändern und einem variablen Verhältnis zwischen Zentrum und Peripherie. Eine solche Betrachtung kommt nicht bloß der Realität von Sprachgebrauch und linguistischer Beschreibung entgegen, sie hat auch für den von Johnston sehr hoch gehaltenen prognostischen und therapeutischen Gesichtspunkt des Themas Bedeutung. Durch eine leichte Veränderung der Akzentuierung kann auch das Verhältnis zum zweiten Titelwort "Kultur" sinnvoll adjustiert werden. Denn auf die hermeneutische Unschärfe der Wortfolge "Liberalismus und Kultur" - selbst wenn man sich bei diesem Titel bescheidet - hat der Autor ja scharfsichtig hingewiesen. Das "und", ich beschränke mich hier auf diese Konjunktion, läßt sich ebenso additiv wie integrativ (quasi als ein Bindestrichkompositum), aber auch adversativ oder interaktional verstehen.

Als zweites Meritum dieses Beitrags möchte ich die Errichtung eines *Spannungsfeldes* hervorheben, in dem erst Liberalismus als Begriff wie als geistesgeschichtliches Potential seine Wirkung entfaltet und sein Profil erhält. Ein bekanntes Wort des Vorsokratikers Heraklit von Ephesos vom "Krieg als Vater aller Dinge"[1] läßt sich nach meiner philologischen Überzeugung adäquat und gültiger übersetzen, wenn man das griechische Vokabel "polemos" als "Widerspruch" oder "Spannung" auffaßt. Neben der größeren Anwendungsbreite dieser Wiedergabe läßt sich der Ausspruch dann in die Nähe eines anderen Heraklit-Fragmentes rücken, in dem von der "palintonos harmonia"[2], von der "gegenstrebigen Eintracht" die Rede ist, die der gespannte Bogen modellhaft präsentiert: Übrigens ein Modell, das ja auch Botho Strauß in seinem Theaterstück "Das Gleichgewicht" (bei den Salzburger Festspielen 1993 uraufgeführt) wiederaufgreift und modifiziert. Ein Begriff wie Liberalismus, dessen etymologische Wurzeln auf mehr als eine platte positive Setzung verweisen - liber als "frei" bedeutet ja "ohne Einschränkung, ohne Bürde, ledig, zwanglos" - ist also immer im Gegensatz definiert. Dieser Begriff verliert demnach wohl ohne Geg-

[1] "Krieg ist aller Dinge Vater, aller Dinge König". Beginn von Fragment 53, zitiert nach Hermann DIELS / Walter KRANZ, Die Fragmente der Vorsokratiker, Berlin 1934, p. 162.

[2] Fragment 51 bei DIELS / KRANZ, a.a.O., variierende Lesart des Adjektivs ist "palintropos": "...gegenstrebige Vereinigung wie die des Bogens und der Leier."

ner, ohne Bedrohung, ohne die Einbindung in eine Kräftestruktur seine Erheblichkeit und sein Stimulans.

Kritikwürdig erscheint mir der Vorschlag einer *inklusivistischen* Therapie gegenwärtiger Ideenkämpfe und Konfliktfelder. Gewiß, das am indischen Beispiel vorgeführte Schema der Einbeziehung war immer wieder an verschiedenen Orten und Gegenständen der Geistesgeschichte ein mögliches, manchmal auch ein probates Mittel humaner Krisenbewältigumg. Gerade im Bereich der Religion läßt sich auf das vorchristliche, heidnisch-römische Beispiel verweisen, in dem fremde Elemente, der Mithraskult, die Isisreligion, die kleinasiatische Muttergöttin Kybele durch interpretatio Romana entschärft, assimiliert und so als verträgliche Partner einem großzügigen und weiträumigen Pantheon einverleibt wurden. Gerade eine solche Lösung für den Liberalismus erscheint mir aber im sonstigen Denkmuster Johnstons nicht sehr verheißungsvoll und daher widersprüchlich. Wenn der Liberalismus seine Gegner umarmt, sie sich anpaßt, so entgeht er wohl dem Kulturkampf, begibt sich aber meiner Meinung nach zugleich immer wieder und aufs neue in die Gefahr, satt und kraftlos zu werden.

Meinen zweiten Einwand hat der Referent quasi schon vorweggenommen. Er projiziert meines Erachtens seinen nordamerikanischen *Erfahrungshorizont* ohne weiteres auf die europäische bzw. die deutschsprachige Lesart unseres Themas. Wenn ich in *Deutschland* und *Österreich* das Segment des Theaterlebens, zweifellos ein wichtiger Teil der Hochkultur, von der publizistischen und rezeptionsästhetischen Seite betrachte, so stimmen mich der öffentliche Diskurs, das Medienecho, die Einstellung des Publikums nachdenklich, ja manchmal bedenklich. Diskussionen im Vorfeld von Burgtheaterpremieren, ob die Autoren jetzt Thomas Bernhard, Peter Turrini oder Elfriede Jelinek heißen, ideologische Reaktionen der deutschen Wagnervereine schon auf die angekündigten Namen der Bayreuther Festspielregisseure Götz Friedrich, Patrice Chéreau, Harry Kupfer, Heiner Müller oder vor der Saison 1983/84 eine Pressekampagne mit gezieltem Eklat bei einer Salzburger Opernnovität im Landestheater ("König Ubu" von Franz Hummel) lassen für mich zumindest ein bestürzendes *Defizit an liberaler Haltung* erkennen, worunter ich freilich nicht das Fehlen eines festen, persönlichen Standpunktes verstehe. Für die meisten der unüberprüften Vorurteile, die ich damit kollektiv angesprochen habe, gilt übrigens ein Satz aus der seinerzeitigen Jugendszene: "Spontaneität muß wohlüberlegt sein."

Ich komme zu den *Ergänzungen*: Der Germanist Hans Sperber hat in den zwanziger Jahren ein komplementäres Begriffspaar in die Semantikdiskussion eingeführt, das sich als Indikator für bestimmende Ereignisse und zeitgeistige Strömungen bewähren sollte[3]. Die *Expansion* überträgt Ausdrücke eines beherrschenden Sinnbezirks populärmetaphorisch auch auf gänzlich andere Bereiche. Umgekehrt holt sich dieses dominante Bezugsfeld zur Variation der Bezeichnung auch seinerseits Worthilfe aus anderen sachlichen Nischen. Sperber spricht dann von *Attraktion*. Ein paar praktische Beispiele: Die Soldaten im Ersten Weltkrieg haben ihren Stoppelbart Drahtverhau und die Erdäpfel Handgranaten genannt,

[3] Hans SPERBER, Einführung in die Bedeutungslehre, 3.A., Bonn 1965, Kap. 8, p. 45ff.

aber vice versa das Maschinengewehr als Nähmaschine und ihren Stahlhelm als Futternapf bezeichnet: Das eine Vorgehen steht für die *Expansion*, das andere für die *Attraktion*. Betrachtet man in Analogie die wortreichen Umschreibungen liberaler Haltungen auf der einen Seite und das Ausufern des einschlägigen terminologischen Wortschatzes in andere Sachbereiche auf der anderen Seite, so müßte, wenn Sperber Recht hat, der Liberalismus in unseren Tagen eigentlich eine Hochkonjunktur erleben.

Ich komme zum letzten Punkt: Kultureller Liberalismus kann sich bisweilen im Einzelfall widersprüchlich zeigen und geradezu *paradoxe Bilder* liefern. Ein Beispiel dafür: Die beiden Komponisten Hans Pfitzner und Alban Berg waren sich nach anfänglicher Sympathie in den zwanziger Jahren unseres Jahrhunderts ästhetisch und kunstpolitisch derartig in die Haare geraten, daß man im Rückblick schier von einem individuell ausgetragenen Kulturkampf sprechen kann. Der konservative, retrospektive, tonale Pfitzner hat in Schriften, wie "Romantisches" (mit mehreren Kapiteln zu Einzelthemen)[4] und "Die neue Ästhetik der musikalischen Impotenz. Ein Verwesungssymptom?"[5] (ja schon ein Kampftitel!) die Ideale der Romantik verteidigt und die modernistisch zeitgenössische Entwicklung streng verurteilt. Der aggressive Ton dieses notorischen Zynikers Hans Pfitzner verwundert weniger als die keineswegs geringen polemischen, persönlich kränkenden Repliken und Gegenangriffe des bekannt sanften, großzügigen und (zumindest in Bereichen außerhalb der Musik) harmoniebedürftigen Alban Berg. Dieser wesentlich jüngere Komponist mit seiner liberalen Gesamthaltung hat in einer brisanten Sachfrage, die noch dazu emotional hochgespielt war, alle Grundsätze seiner sonstigen geistigen Attitüde über Bord geworfen. Auf die mögliche Diskrepanz zwischen *programmatischer* Einstellung und *praktischem* Verhalten im Verhältnis Kultur und Liberalismus kann demnach nicht nachdrücklich genug hingewiesen werden.

[4] In: Hans PFITZNER, Gesammelte Schriften I, Augsburg 1926, p. 53-184.
[5] In: Hans PFITZNER, Gesammelte Schriften II, Augsburg 1926, p. 99-282.

Zur Diskussion

Die Diskussion zum Referat von William Johnston über "Liberalismus und Kultur" entzündete sich an der Frage, ob der Liberalismus *Gegner* brauche und ob es Formen der *Annäherung* und des *Inklusivismus* gebe. Peter Pulzer stellte eingangs fest, daß die Notwendigkeit eines Gegners kein liberales Spezifikum sei: "Jede ideologische Bewegung braucht Gegner. Die Schwierigkeit für den Liberalen besteht darin, daß er gezwungen ist, sich tolerant zu geben, während seine Gegner einer Freund-Feind-Mentalität verpflichtet sind."
In bezug auf die *Religion* als Gegner des Liberalismus fragte sich Pulzer, ob alle Religionen dies in gleicher Weise sein müßten. Es treffe wohl für die katholische Kirche, den theokratischen Calvinismus und den islamischen Fundamentalismus zu. Andererseits seien gerade am wenigsten kulturkämpferische Formen des Liberalismus besonders erfolgreich gewesen. Johnston fügte hinzu, daß es im 19. Jahrhundert durchaus *Harmonisierungsversuche* gegeben habe (Kulturreligion, liberale Theologie, Reformjudentum): "Ich wollte daran erinnern, daß im vorigen Jahrhundert die Spannungen zwischen Liberalismus und Religion grundsätzlich und von größtem Gewicht waren. Ich meine nicht, daß der Liberalismus die einzige Ideologie ist, die Gegner braucht, aber wir vergessen, daß der wichtigste Gegner des ehemaligen Liberalismus heute nicht mehr gesehen wird. Ich wollte das, historisch gesehen, korrigieren."
Jacek Wozniakowski äußerte Skepsis gegenüber *inklusivischen Synthesen*, wie sie Hegel versucht habe. Mantl zeigte sich optimistischer bezüglich der Möglichkeiten einer Diskussion zwischen den Gegnern, wenn etwa eine *endogene* Aufklärung im Islam erfolge, mögen auch derzeit die Zeichen der Zeit nicht sehr vielversprechend sein, alles *Exogene* würde als Unterdrückung empfunden werden, gerade auch im Gespräch unserer liberalen Welt mit der Dritten Welt.
Wozniakowski stellte die Behauptung auf, daß der Liberalismus weder eine Maxi- noch eine Minitradition, sondern eine *Mesotradition* sei. Maxitraditionen seien die großen Weltreligionen. Johnston akzeptierte diese verlockende Hypothese, daß der Liberalismus - weltweit gesehen - als Mesotradition "zwischen einer ganz kleinen Zahl von Maxitraditionen und unzähligen Minitraditionen" seinen Platz habe.
Einen anderen Punkt aus den Ausführungen Johnstons griff Manfred Wagner auf und fragte nach den *Gegenstrategien* zu einer Kolonialisierung durch die *Medien*. Johnston sah sie im "consciousness raising": "Das ist eine Pflicht gerade auch der Liberalen."

V.

Liberalismus als Leerformel und Sympathieträger

LIBERALISMUS ALS LEERFORMEL UND SYMPATHIETRÄGER

Harald Leupold-Löwenthal

Politische Bewegungen und Ideen leiten ihre Vitalität von der Verschiebung und Projektion persönlicher Gefühle auf öffentliche Objekte ab. In einen solchen Satz könnte man den psychoanalytischen Ansatz zur Untersuchung gesellschaftlicher und politischer Phänomene durch den Psychoanalytiker fassen, und es wird darin ein wesentlicher Unterschied zu einer sozialwissenschaftlichen oder politologischen Sichtweise deutlich. Der *Psychoanalyse* geht es, wie Freud in einem Brief an Wilhelm Fließ im Oktober 1897 formuliert hat, darum, vom Seelenende dieser Welt an ihre Untersuchungsgegenstände heranzugehen.[1]
Die philosophische und politische Begriffswelt der aktuellen *Liberalismusdebatte* schließt ja notwendiger- und charakteristischerweise nur bewußte Aspekte liberaler Zielsetzungen und des Verlangens nach Freiheit ein. Eine der Grundannahmen der Psychoanalyse, die Theorie unbewußt-seelischer Vorgänge, hat deutlich gemacht, daß beobachtbares Verhalten jeweils das Endresultat einer ganzen Reihe von Vorgängen ist, die verborgen bleiben, wenn man sie nicht in einer spezifischen, d.h. eben der psychoanalytischen Methode sichtbar zu machen sucht. Dies ist der Grund, warum viele sozialwissenschaftliche und politologische Untersuchungen, in ihrem Rahmen stimmig, vollständig und richtig, von einer psychoanalytischen Betrachtungsweise her oft noch beträchtlichen Erkenntniszuwachs gewinnen können.
Der *psychoanalytische* Ansatz wird aber hier von mir nicht als alleinige Möglichkeit angesehen, sondern als eine wichtige Ergänzung anderer Forschungs- und Untersuchungsmethoden. Es würde einem Analytiker, der sein Fach versteht, nicht einfallen, gesellschaftliche Vorgänge mit psychoanalytischen Methoden allein zu erklären. Das möchte ich betonen, um einen unnötigen Diskussionspunkt aus der Welt zu schaffen.
Der holländische Psychoanalytiker Jaap van der Leeuw hat 1979 in seinem Vortrag auf dem Kongreß der Internationalen psychoanalytischen Vereinigung in New York deutlich ausgesprochen: "Die Erneuerung sozialer Ideale ist ein vordringliches Bedürfnis unserer Gesellschaft geworden. Zu den Aufgaben des Psychoanalytikers von heute gehört es, solche Ideale auf den Prüfstand zu stellen.

---

[1] In diesem Brief vom 15.10.1897 teilt Freud dem Freund Wilhelm Fließ Details aus seiner Selbstanalyse mit; er erwähnt zum ersten Mal den Ödipuskomplex, den er auch an sich selbst beobachten könne. Den Leistungen des Freundes (Fließ versuchte eine Periodizität des menschlichen Lebens aufzustellen) kann er zu dieser Zeit offenbar nicht mehr viel abgewinnen. die Briefstelle wörtlich: "Was ich Dir vom Seelenende dieser Welt erzähle, findet in Dir einen verständnisvollen Kritiker, und was Du mir von ihrem Sternenende mitteilst, weckt in mir nur unfruchtbares Staunen." Vgl. Sigmund FREUD, Briefe an Wilhelm Fließ 1887-1904, Frankfurt/Main 1986, p. 291-294.

Er wird untersuchen müssen, ob das Ideal mit der Realität vereinbar ist, denn es ist wichtig zu wissen, ob und in welchem Ausmaß gesellschaftliche Ideale auf Realität oder Illusion gegründet sind. Der illusionäre Anteil des politischen Geschehens darf nicht zu gering veranschlagt werden. Der Symbolcharakter politischer Metaphern läßt nur zu leicht unbewußte Wunsch- wie Angstvorstellungen einzelner und ganzer Gruppen zum vorherrschenden Entscheidungsmoment werden."[2] Natürlich hat auch der Psychoanalytiker nicht ein Gesamtbild der sozialen Wirklichkeit zur Verfügung, aber er kann immerhin herausfinden, ob und welche Ideale sich im großen und ganzen auf *infantile Phantasien* des Individuums stützen, in einem Kollektiv natürlich, von *archaischen Größenvorstellungen* her abzuleiten sind oder auf *reinen Illusionen* beruhen.
"Freiheit, die ich meine, die mein Herz erfüllt, komm mit deinem Scheine, holdes Engelsbild", heißt es in einem alten Lied. Damit ist zweierlei poetisch ausgesagt: Zum einen, daß es sich bei der Freiheit und dem Erleben von Freiheit um eine tiefe Gefühls- und Gemütsbewegung handelt, zum anderen, daß dieser Zustand von außen kommen müßte, von außen gegeben, quasi vom Himmel steigen müßte. Man kann sich gewiß nicht vorstellen, daß dieses Lied etwa von englischen Liberalen gesungen würde, deutsche Liberale haben es gesungen. Ähnlich wie die enge Verbindung zu Idealen nationaler Einigung ist die tiefe Verquickung mit romantischen Gefühlsinhalten, zumindest für den Hauptteil des *deutschen Liberalismus* in seiner Entwicklungsgeschichte charakteristisch. Das macht auch die übergroße Bedeutung des Wortes Freiheit aus, und von daher können Freiheitsverheißungen als liberale Leerformeln propagandistisch so wirksam werden.
Die Wirksamkeit von *Freiheit* ist abhängig von individueller psychischer Entwicklung. Wenn Karl Marx in den Feuerbach-Thesen gemeint hat, das menschliche Wesen sei kein dem einzelnen Individuum innewohnendes Abstraktum, sondern: "In seiner Wirklichkeit ist es das Ensemble der gesellschaftlichen Verhältnisse"[3], dann kann man eine solche Auffassung, weniger radikal zwar, auch in Konzepten der psychoanalytischen Entwicklungspsychologie ausdrücken. Man muß jedoch bedenken, wie Igor Caruso scharf formuliert hat, daß soziale Strukturen keine psychologischen Strukturen darstellen.[4] Die sogenannten objektiven gesellschaftlichen Bedingungen können daher nicht, wie manche Psychiatriereformer und wohlmeinende "do gooder", besonders aus dem Sozialarbeiterkreis, es gerne sehen, als einziger Kausalfaktor für psychische Störungen und Erkrankungen, oder als Erklärungsansatz psychischer Entwicklung dienen. Deshalb wird die Utopie letztlich scheitern müssen, Psychotherapie durch Sozialtherapie zu ersetzen, wie dies jetzt, und nicht nur aus Ersparnisgründen, im Strafvollzug österreichischer Gefängnisse geschehen soll.

---

[2] Auf dem 31. Internationalen psychoanalytischen Kongreß in New York hielt VAN DER LEEUW, von 1967-1971 Präsident der IPV, einen wissenschaftspolitisch bedeutsamen Vortrag. Vgl.: Deutsche Fassung "'Moderne Zeiten' und der Psychoanalytiker von heute", in: Sigmund Freud House Bulletin, Vol. 4/No. 1, Summer 1980.
[3] Karl MARX, Thesen über Feuerbach (1845). MEW 3, 5.
[4] Igor A. CARUSO, Narzißmus und Sozialisation: Entwicklungspsychologische Grundlagen gesellschaftlichen Verhaltens, Stuttgart 1976.

Damit es unter bestimmten objektiven sozialen Bedingungen zu gestörter Entwicklung und Symptombildung kommt, bedarf es eben auch *psychogenetisch* darstellbarer Veränderungen des psychischen Apparates. Das geht gewiß nicht unabhängig von sozialen Einflüssen vor sich. Doch stellen diese, ebenso wie die seelischen, nur einen Teil eines Kausalnetzes dar. Bei der Frage, was das Herz erfüllt, wenn Freiheit erlebt, ersehnt, gewünscht wird, sind die Bedingungen individueller Entwicklung und individuellen Aufwachsens von großer Bedeutung. In diesem Rahmen entwickelt sich zunächst die Polarität von Abhängigkeit und Unabhängigkeit, entscheidet sich der Prozeß hin zu einer erwachsenen Persönlichkeit. Hier kann man auch die Entstehung der verinnerlichten und nicht wahrgenommenen Unfreiheit des einzelnen in unserer Gesellschaft beobachten, die so sehr Möglichkeiten der Gestaltungsfreiheit des eigenen Lebens raubt, etwas, das man in der Praxis des Analytikers natürlich ununterbrochen beobachten kann. Normalerweise wird es leider nicht wahrgenommen, vor allem nicht von den Betroffenen selbst. Es ist sinnfällig, daß das Erleben der Unabhängigkeit, der Selbständigkeit, der Freiheit immer wieder eingeschränkt wird durch vorbewußte und vor allem unbewußte Wünsche nach Abhängigkeit, Geborgenheit, infantiler Sicherheit, die aber selbst doch immer nur eine Phantasie gewesen ist. Abhängigkeit muß eine größere Bedeutung bei einer Spezies wie dem Homo sapiens haben, deren psychische und physische Differenzierung bei der Geburt unvollständig ist. Biologische und psychische Unreife und protrahierte Hilflosigkeit unterstreichen und stabilisieren beim Menschen die Notwendigkeit eines pflegenden Objektes. Diese Determinante ist so wichtig, daß Anna Freud 1963 in ihrem Buch "The Concept of Developmental Lines" eine Entwicklungslinie "from dependance to emotional self-reliance and added relationships object" aus dem klinischen Material des sogenannten Hampstead-Index abgeleitet hat. Ich möchte in der Folge nur diese eine Linie als Erklärungsansatz verwenden. Die tatsächlichen Verhältnisse sind viel komplizierter, und ich möchte Ihnen auch die triebtheoretischen Ansätze ersparen, die ja gern zum Anstoß verwendet werden.[5]

In diesem Prozeß ist die *Internalisierung* jener Objektbeziehungen zentral, durch die das Kind von innen, aus seiner inneren Welt, herausgehalten wurde. Je besser diese frühesten Beziehungen sich gestalten, desto besser werden die Objektbesetzungen sein, die zur libidinösen Selbsterhaltung führen. Der Prozeß der Individuation, der Erreichung bewußter oder zumindest weitgehender *Unabhängigkeit* von den primären Liebesobjekten, den Eltern und deren Abkömmlingen, wird sich umso erfolgreicher und störungsfreier gestalten, je weniger schädigend diese Beziehungen verlaufen. Völlige Unabhängigkeit, also Freiheit, ist ein nicht tatsächlich erreichbares Ziel, zumindest nicht im Bereich unbewußten Seelenlebens, wo alte Abhängigkeiten, der Wunsch nach Abhängigkeit, der Wunsch nach Verschmelzung mit Primärobjekten, immer wieder eine Rolle

[5] Anna FREUD hat diese 1963 in "The Psychoanalytic Study of the Child", Vol. 18, p. 245-65, erschienene Arbeit sowie einige andere in der Zeit von 1956 - 1965 publizierte Artikel in ihr Hauptwerk "Normality and Pathology in Childhood", New York 1967, eingearbeitet. (Deutsche Fassung: "Wege und Irrwege der Kinderentwicklung", Stuttgart 1968).

spielen, was besonders in pathologischen Zuständen deutlich wird, da man an einer Bruchstelle seelischen Lebens besser sieht, what makes them tick. Dort, im unbewußten Seelenleben dauert Abhängigkeit oder doch der Wunsch nach ihr durch ein ganzes Leben an. In vielen pathologischen Zuständen spielt der Wunsch nach Abhängigkeit und kindlicher Symbiose mit dem verinnerlichten primären Liebesobjekt eine Schlüsselrolle innerhalb des Kontextes verzerrter und versagender menschlicher Beziehungen. In solchen Fällen kann die Abhängigkeit von psychischen Repräsentanzen in der inneren Welt, wie z.B. Übergangsobjekten, religiösen und politischen Sekten und Institutionen, zum lebenswichtigen Ersatz für die Abhängigkeit von alten Objekten werden. Das zeigt z.B. das Verhalten besonders fanatischer Zuwendung zu solchen Bewegungen und Gruppierungen.

Die Entwicklung zu einer weitgehend autonomen, relativ angstfreien, der *Selbstbestimmung* fähigen Persönlichkeit ist eine der oben angesprochenen Entwicklungslinien und ein durchaus komplexer und höchst störbarer Vorgang. Es ist als Wunder zu beobachten, daß es bei diesen schwierigen Bedingungen des Aufwachsens in der Frühkindheit und Kindheit so viele relativ normale und so wenig schwerstgestörte Menschen gibt.

Das meint wohl auch der englische Philosoph und Pädagoge John Holt, wenn er in seinem, eine radikale *Schulreform* fordernden Buch aus den sechziger Jahren "Freedom and Beyond" die offene Erziehung fordert: "Schools do not have the power of life and death of our children, but they do have the power to cause them mental and physical pain, to threaten, frighten und humiliate them and to destroy their future lives". Es muß aber vom Analytiker ergänzt werden, daß solche Wirkung nur nach gründlicher Vorbereitung durch die *Eltern* zustandekommt und möglich ist.

Im Erleben des Wunsches nach Freiheit spielen teils bewußte, teils unbewußte, besonders häufig emotionale Vorstellungen und Phantasien eine sehr große Rolle. So ist es vielleicht zu verstehen, daß der Normalbürger im allgemeinen gerne übersieht und verleugnet, wie viele *Freiheitsrechte*, wieviel liberale Folgezustände es in diesem Land bereits gibt. Dieses mangelnde Bewußtsein der tatsächlichen Situation in unserer Staatsverfassung beim größten Teil der Bevölkerung hat seine Basis in einer deutlichen politischen Passivität und in einem Zustand, den ich vor Jahren schon in einer Freud-Vorlesung als Syndrom "Das Behagen in der Unkultur" beschrieben habe.[6]

Bei dem Wunsch nach Freiheit wird meist in wenig definierten Begriffen gewissermaßen eine Rückkehr zu dem Zustand der Außerkraftsetzung des Realitätsprinzips, zu einem Zustand der Herrschaft des *Lustprinzips* erwartet. Das kann man in vielen Forderungen, die an die Politik gestellt werden, in manchen Massenblättern laut artikuliert, immer wieder hören. Wer Freiheit verspricht,

[6] In der Sigmund-Freud-Vorlesung 1984 habe ich schon im Titel eine österreichische Malaise zu beschreiben versucht. Leider ist das Syndrom des "Behagens in der Unkultur" seither nicht geringer geworden, wenn auch seine Ausdrucksmöglichkeiten sich medial verändert und vervielfacht haben. Vgl.: Harald LEUPOLD-LÖWENTHAL, Das Behagen in der Unkultur (1930-1984), in: Sigmund Freud House Bulletin, Vol. VII/2, 1984, p. 2-14.

verspricht nicht nur Wunscherfüllung und nicht nur Rückkehr zu einem Zustand, den es nie gegeben hat, dem der Herrschaft des Lustprinzips, sondern er verspricht zugleich auch Sicherheit und Geborgenheit, die es auch in dieser Form nie gegeben hat, wobei aber der implizierte Aspekt der Abhängigkeit, der Preisgabe eigener Autonomie, der Anpassung und Unterordnung unter den Tisch fällt, es sei denn, man spricht in einer eigenartigen Formulierung des vertragstheoretischen Ansatzes liberaler Theorie von "Freiheit in der Volksgemeinschaft". Das aber ist eine der nichtpsychologischen Grundlagen der politischen Wirksamkeit der Berufung auf Freiheit, auf Befreiung vom als unerträglich geschilderten Druck der da oben, und damit wirkmächtig auf ödipale unbewußte Mechanismen zielende Propaganda, wenn dann in einer neuen Republik neue Freiheiten versprochen werden. Da wird dann nicht weiter hinterfragt, wie diese wirklich aussehen und welche Folgen sie wirklich haben.[7]
Eric Hoffer hat 1951 in "The True Believer" den irrealen Charakter *unbewußter Freiheitshoffnungen* angesprochen und auch die Verführbarkeit derer, die sich dieser Freiheitshoffnung hingeben. Er formuliert das in einem Satz: "The unemployed are more likely to follow the peddlers of hope than the handers out of relieve". Ich möchte das übersetzen mit: "Die Arbeitslosen folgen mehr den Hoffnungsvertretern als jenen, die die Arbeitslosenversicherung auszahlen"[8]. Es muß bedacht werden, daß im Rahmen der Verwendung des Konzepts der Freiheit aus politisch-propagandistischer Formel es sich zwar materiell-politisch gewiß um eine Leerformel handelt, daß aber ihre Eignung zur Füllung und Erfüllung mit unbewußten Wünschen und Emotionen zur Projektion allen positiven Verlangens unbestreitbar ist. Und so wird sie auch benützt. Es ist eine Glückstüte, aus der kein Füllhorn zu machen ist. So werden die "handers out of relieve" - und als solche werden etablierte politische Gruppen an der Macht ja gerne erlebt, weil sie viel mehr realitätsgerecht handeln müssen als die "peddlers of hope" - auf der Schiene freiheitlicher unbewußter Erwartungen des Individuums leicht in die Rolle der versagenden, unbefriedigenden, unterdrückenden, frustrierenden, bösen Elternimagines versetzt und bekommen alle negativen Gefühle aus einer Vergangenheit, die eigentlich, um Brecht zu zitieren, längst vergangen ist.
Liberalismus als *Hoffnungsträger* ist ein Thema, das einer eigenen Veranstaltung bedürfte. Die Gesellschaft ist keine Projektion unbewußter Phantasien, wenn sie

[7] Vgl.: Jörg HAIDER, Die Freiheit die ich meine. Das Ende des Proporzstaates. Plädoyer für die Dritte Republik, Wien 1993.

[8] In dieser brillanten, aber auch furchterregenden Studie hat der ehemals Wiener Psychoanalytiker Eric Hoffer, wie es im Untertitel seines Buches heißt, "Thoughts on the Nature of Mass Movements" zum Ausdruck gebracht. Im Vorwort führt er aus, daß Tomaten und der tödliche Nachtschatten derselben Familie der Solanaceen angehören. Trotz großer morphologischer Ähnlichkeit sei die eine Pflanze nahrhaft und nützlich, die andere giftig. So will auch Hoffer nicht impliziert sehen, daß alle Massenbewegungen trotz großer Ähnlichkeiten gleich seien. Am Ende seines Vorwortes zitiert er Montaigne und drückt damit aus, was auch der Referent über seinen Artikel schreiben möchte: "All I say is by the way of discourse, and nothing by the way of advice. I should not speak so boldly if it were my due to be believed". Vgl.: Eric HOFFER, The True Believer. Thoughts on the Nature of Mass Movements, New York 1951.

auch viele Möglichkeiten für derartige Projektionen bietet, und wenn ihr Studium uns auch den Einfluß unbewußter Faktoren auf das menschliche Verhalten in der Gesellschaft beweist. Ich setze dieses Zitat Heinz Hartmanns hierher, um noch einmal zu unterstreichen, daß es mir fernliegt, einem psychoanalytischen Reduktionismus gesellschaftlicher Phänomene und politischer Phänomene zu huldigen. Verständigungsschwierigkeiten zwischen uns werden sich schon daraus ergeben, daß, wie Adorno gezeigt hat, die Divergenzen zwischen psychologischer und soziologischer Erkenntnisweise nicht bloß eine Frage der Wissenschaftsorganisation sind, wie etwa der Wahl eines geeigneten Bezugssystems oder einer geeigneten Beobachtungssprache, sondern auf den realen Widerstreit und Gegensatz von Individuum und Gesellschaft zurückgehen.

Auch das ist für unser Thema von großer Bedeutung. Das Scheitern, das relative Scheitern des Liberalismus hängt eng mit diesem *Widerstreit* zusammen. Freud und die Psychoanalyse haben gezeigt, daß die Vergesellschaftung des Menschen nicht gleichbedeutend mit der Vermenschlichung unserer Gesellschaft ist. Und jeder, der unsere Tage bewußt erlebt, wird dem zustimmen. Hier hat aber der Liberalismus als Hoffnungsträger im positiven Sinn seine Rolle noch nicht ausgespielt. Es müßte sich viel deutlicher die aus dem Liberalismus ableitbare Haltung durchsetzen können, daß *Freiheit nicht teilbar* ist. Wenn Freiheit nur der eigenen Gemeinschaft gilt, so ist sie nutzlos und sinnlos. Es ist gewiß schwer, in unserer Gesellschaft mit ihren spezifischen Systemen der Sozialisation und Erziehung Toleranz und Respekt vor jedermanns Freiheit in den Heranwachsenden aufzurichten. Die Liberalisierung in unseren Erziehungsmethoden wäre da zweifelsohne von Nutzen, aber das ist noch ein weiter Weg.

Wir dürfen also die Frage nach der *faktischen Materialisierung* der Freiheit nicht ausgeklammert lassen. Liberale soziale Gerechtigkeit ist noch nicht gewährleistet, wenn in unserer Gesellschaft bloß die formal gleiche Freiheit aller gewährleistet ist. Denn um die Freiheit zu nützen, bedarf es auch einer Position in dieser Gesellschaft, auch in der liberalsten.

Im *medialen* Zeitalter ist die Garantie der Freiheit des gesellschaftlichen Diskurses über die Wahrheit gewiß viel schwerer geworden und gestaltet sich die Frage nach der Wahrung von Intimsphäre und Freiheitsrecht des einzelnen besonders schwer. Es gilt die Meinung zu verändern, daß Auflagenzahlen und Einschaltziffern von tatsächlichem gesellschaftlichen Interesse und allgemeinem Wert seien. Über die ökonomischen Hintergründe solchen Tuns brauchen wir ja nicht weiter zu diskutieren, sie sind klar einsehbar und wenig unbewußt. Im Rahmen des psychoanalytischen Prozesses werden verinnerlichte soziale Gewalt, in Form der Elternimagines zum Persönlichkeitsanteil geworden, und auch spätere Objektbindungen ihrer phantasierten Übermacht entkleidet, denn dies ist ebenso wie die Ermäßigung des Über-Ich der Gewissensforderungen eine der Voraussetzungen, um persönlich zu einer Wahlfähigkeit zu gelangen, die es unseren Patienten ermöglicht, mit innerer wie äußerer Realität frei umzugehen.

Damit wird aber der Anspruch der Psychoanalyse in ihrer therapeutischen Arbeit letztlich auch *kritisch-emanzipatorisch* im Hinblick auf ein falsches, d.h. neurotisch verzerrtes gesellschaftliches Bewußtsein unserer Patienten, womit al-

lerdings im Gegensatz zur Meinung mancher linker Theoretiker, die diese Zusammenhänge durchaus scharfsichtig erkannt haben, die Aufgabe des Psychoanalytikers auch wieder zu Ende ist.
Wie es Freud schon 1908 ausgedrückt hat: "Es ist gewiß nicht die Sache des Arztes, selbst mit Reformvorschlägen hervorzutreten, ich meine aber, ich könnte die Dringlichkeit solcher unterstützen."[9] Vorwiegend *autoplastisches* Verhalten, die Anpassung des Individuums an die Realität quasi um jeden Preis, kann aber von der *Alloplastik*, der Anpassung der Realität, auch der gesellschaftlichen, an die Bedürfnisse des einzelnen Menschen weitgehend abgelöst werden. Damit ist aber dem Individuum die Möglichkeit erschlossen, seine Interessen realistisch wahrzunehmen, gegebenenfalls sich mit anderen zu koalieren, um in der sozialen Realität jene Veränderungen zu setzen, die im Laufe des durchgemachten psychoanalytischen Prozesses erst verstehbar, einsehbar und notwendig geworden sind. Es hat einen Zustand erreicht, den es als Freiheit erleben und nützen kann.
Die Psychoanalyse paßt also niemanden an die Realität an, sie hilft vielmehr dem einzelnen mit eigenem *Gewissen*, mit eigenem Ich-Ideal zu leben, was aber durchaus auch bedeuten kann, in Absage und Opposition gegenüber dem Bestehenden. Ich ziehe jetzt eine sehr gewagte Schlußfolgerung aus dem, was wir in der individuellen Therapie des Einzelnen leisten können und projiziere diese Erkenntnis auf die Gesellschaft. Bei Einleitung ähnlicher Prozesse der Einsicht in den gesellschaftlichen Prozeß wären doch vielleicht auch ähnliche Einsichten und Veränderungen vermittelbar, obwohl ich mir über die Schwierigkeit, ohne die Etablierung eines langwierigen analytischen Prozesses kognitiv unbewußte Inhalte bewußt zu machen, durchaus im klaren bin. Dabei könnte allerdings der Liberalismus als Hoffnungsträger eine wichtige Hilfe leisten.
Ich möchte mit einem Zitat aus Freuds "*Unbehagen in der Kultur*" schließen, um gewissermaßen dem Triebaspekt meiner Überlegungen Rechnung zu tragen. Es heißt hier im letzten Absatz, 1930 geschrieben: "Die Schicksalsfrage der Menschenart scheint mir zu sein, ob und in welchem Maß es ihrer Kulturentwicklung gelingen wird, der Störung des Zusammenlebens durch menschliche Aggressions- und Selbstvernichtungstriebe Herr zu werden. In diesem Bezug verdient vielleicht gerade die gegenwärtige Zeit ein besonderes Interesse. Die Menschen haben es jetzt in der Beherrschung der Naturkräfte so weit gebracht, daß sie es mit deren Hilfe leicht haben, einander bis auf den letzten Mann auszurotten. Sie wissen das, daher ein Gutstück ihrer gegenwärtigen Unruhe, ihres Unglücks, ihrer Angststimmung, und nun ist zu erwarten, daß die andere der beiden himmlischen Mächte, der ewige Eros, eine Anstrengung machen wird,

---

[9] Freud bezieht sich 1908 auf einen von v. EHRENFELS in "Grenzfragen des Nerven- und Seelenlebens", Bd. LVI, 1907, geschriebenen Artikel über Sexualethik, der "natürliche" und "kulturelle" Sexualmoral unterscheidet und handelt unter dem Titel "Die 'kulturelle' Sexualmoral und die moderne Sexualität" von letzterer. Dem Artikel, der zuerst in der Zeitschrift "Mutterschutz", Neue Folge: Sexualprobleme, IV. Jg., p. 107-129 erschienen ist, kommt insoferne Bedeutung zu, als hier Freud ausdrücklich auf gesellschaftliche Bezüge seelischen Lebens erstmals eingeht. Vgl.: Sigmund FREUD, Gesammelte Werke, Bd. VII, p. 167.

um sich im Kampf mit seinem ebenso unsterblichen Gegner zu behaupten. Aber wer kann den Erfolg und Ausgang voraussehen?"[10]

[10] Sigmund FREUD, Das Unbehagen in der Kultur, 1930, Gesammelte Werke XIV, p. 506.

Zur Diskussion

Wenn die *Freiheit* den Zentralbegriff des Liberalismus bildet und das *autonome Subjekt* im Mittelpunkt historisch-politischer Auseinandersetzungen steht, sind auch die verschiedenen *psychologischen* Disziplinen, einschließlich der *Psychoanalyse*, gefordert, das Menschenbild zu konturieren und danach zu fragen, wie es um die Autonomie des Individuums steht.
Gesine Schwan eröffnete die Diskussion und legte allen Nachdruck auf die Notwendigkeit, *Unabhängigkeit* mit *Bindungen* zu kombinieren, also Bindung als positives Element in den Autonomiebegriff hineinzunehmen, gerade auch vor dem Horizont der Mann-Frau-Beziehungen. Für Schwan war es wichtig, eine eher komplementäre und nicht antagonistische Sicht von Geborgenheit und Unabhängigkeit zu postulieren.
Leupold-Löwenthal wies auf die *Ambivalenz* des Wunsches, frei und gebunden zu sein, hin. Sein Menschenbild sei durch einen starken Realismus geprägt. Brigitte Mazohl-Wallnig stimmte dieser *realistischen Sicht* der menschlichen Freiheit zu und wandte sich gegen die im bisherigen Verlauf des Symposions vertretene "scheinbar aufgeklärte Chimäre von Freiheit". Die Diskutantin verknüpfte damit die Frage, wie psychologische Erkenntnisse in andere Wissenschaften einfließen könnten und betrachtete diese Verbindung als wünschenswert. Auch der Referent erachtete diesen Brückenschlag für sehr wichtig, freilich auch für sehr schwierig, weil es langer Vorarbeit bedürfe, um eine gemeinsame Sprache und schließlich gemeinsame Ergebnisse zu erzielen: "Die Schwierigkeit besteht darin, daß wir dann Historiker brauchen, die eine analytische Ausbildung haben, oder Analytiker mit einer historischen Ausbildung."
Christian Smekal stellte ein interessantes Bild bezüglich des Verhältnisses von Staat und Individuum vor, mit einer Doppelrolle des Staates: einer *Vaterrolle* des Rechtsstaates, der ordne und strenge Gesetze erlasse, und einer *Mutterrolle* des Wohlfahrtsstaates, der umsorge von der Wiege bis zum Grabe. Smekal schloß: "Könnte es da nicht sein, daß wir heute zwar in einer männlichen Gesellschaft leben, daß aber diese männliche Gesellschaft einen sehr mütterlichen Staat, nämlich den Wohlfahrtsstaat, aufgebaut hat?" Leupold-Löwenthal verhielt sich gegenüber dieser Konstruktion reserviert, zumal das Mutterbild heute anders gesehen werde.
Beziehungen zwischen der Entwicklung der *Psychoanalyse* und der Kompliziertheit der *Habsburgermonarchie*, wie Emil Brix sie annahm, betrachtete Leupold-Löwenthal nicht als historische Realität.

VI.

Liberalismus und Wirtschaftspolitik in Mitteleuropa

DER WIRTSCHAFTSLIBERALISMUS IN MITTEL-EUROPA: UMSETZUNG EINER WIRTSCHAFTS-POLITISCHEN GRUNDKONZEPTION?*

Erich W. Streissler

I. Problemstellung

"Ich habe es nicht gewollt"[1], könnte als Motto auch über der Einführung einer *liberalen Wirtschaftspolitik* in Mitteleuropa bis in die neueste Zeit stehen. Was wirtschaftspolitisch geschah, war vor 1948 vielfach nicht von Liberalen gewollt; und gewollt wurde von mitteleuropäischen Liberalen alles andere eher als wirtschaftspolitische Reformschritte.

Die *zentrale Frage* dieses Beitrages lautet: Wieviel vorgeblich liberale Wirtschaftspolitik in Mitteleuropa in den letzten zwei Jahrhunderten war nur das Produkt opportunistischer Tagespolitik? Welchen ungeplanten wirtschaftlichen Entwicklungen wurde nur im nachhinein ein liberales Mäntelchen umgehängt? Welche vielgerühmten liberalen wirtschaftspolitischen "Errungenschaften" sind nur Ausfluß staatlicher Aktionsunfähigkeit?[1a]

"De gustibus non est disputandum" betitelten zwei Nobelpreisträger der Chicagoer Schule[2] einen programmatischen Gemeinschaftsartikel. Er behandelt nicht, wie man vermuten könnte, den Angelpunkt liberaler Werthaltung, daß die

---

* Abdruck aus: E.W. STREISSLER (Hg.), Studien zur Entwicklung der ökonomischen Theorie XVI, Schriften des Vereins für Socialpolitik, Neue Folge, Bd. 115/XVI, Berlin 1997 (im Druck). Referat verfaßt für den Wissenschaftstag 1994/95 der Österreichischen Forschungsgemeinschaft zum Thema "Liberalismus", Semmering, 26. Mai 1995; erstmals vorgetragen am 7. April 1995 bei der Tagung des Dogmenhistorischen Ausschusses des Vereins für Socialpolitik in Maria Plain bei Salzburg unter der Leitung des Altvorsitzenden, Professor Heinz RIETER, gewissermaßen als Antrittsrede des neugewählten Vorsitzenden. Wie bei den Referaten dieses Ausschusses üblich, sind die Korrekturen und Diskussionsvoten der Mitglieder in Form von Ergänzungen (abgekürzt Erg.) von Fußnoten oder zusätzlichen, mit a) bezeichneten Fußnoten eingearbeitet. Professor HÄUSER danke ich besonders, daß er mich davor bewahrte, im Text für die BISMARCK-Zeit von einer "Reichswehr" zu sprechen. Ich danke den Professoren BINSWANGER (FN 30a), BÜRGIN-WOLFF (Erg. in FN 22, FN 59a), HÄUSER (FN 99a, Erg. in FN 149), KLUMP (FN 19a, 149a und für weitreichende Anregungen zum ganzen IX. Kapitel), NUTZINGER (FN 98a), RIETER (FN 1a), SCHEER (FN 2a, Erg. FN 5, FN 151a), SCHMIDT (Erg. FN 158, Erg. FN 165), SCHUMANN (FN 21a) und WYSOCKI (FN 140a) für viele wertvolle Anregungen.

1 Angeblicher Ausspruch Kaiser FRANZ JOSEPHs I. zur Entstehung des ersten Weltkrieges; weiters letzter Satz, gesprochen von der "Stimme Gottes", in Karl KRAUS, Die letzten Tage der Menschheit, Wien 1919.

1a Professor Heinz RIETER sah in meiner Darstellung ein Fallbeispiel dafür, wie sich Geist institutionalisiert und fragte, ob sich Geist nicht immer entlang materieller Bruchlinien institutionalisieren müsse.

2 BECKER, Gary S. und STIGLER, George J. (1977), "De Gustibus Non Est Disputandum", American Economic Review LXVII, p.76-90 (deutsch in: Gary S. BECKER, Individuum, Familie und Gesellschaft, Tübingen 1996, p. 50-76).

nicht, wie man vermuten könnte, den Angelpunkt liberaler Werthaltung, daß die Präferenzen, die Zielsetzungen der einzelnen volljährigen Welt- und Wirtschaftsbürger unwidersprochen und unhinterfragbar als Entscheidungsgrundlage in Staat und Wirtschaft hinzunehmen seien. In diesem Sinne verstanden wäre das methodischer Individualismus. Nein, die Botschaft ist subtiler und an die wirtschafts*theoretische* Profession gerichtet: Der Ökonom möge *nichts mit Präferenzen erklären, sondern* alles wirtschaftliche, ja gesellschaftliche Geschehen *mit Kosten oder mit Handlungsbeschränkungen*. Dementsprechend soll hier gefragt werden: War liberale Wirtschaftspolitik gar nicht Ausfluß staatsbürgerlicher Präferenzen, sondern vielmehr Reflex von Kostenveränderungen des Staates, seien es Kosten der Verwaltung oder politische Kosten, ausgedrückt in nachteiligen Nebeneffekten? War liberale Wirtschaftspolitik nur Ergebnis von staatlichen Budgetnöten, des Fehlens entsprechender Verwaltungsstäbe, des Fehlens von Kompetenz in mehr als einem Sinne des Wortes?

Aber auch das, was angestrebt wurde, die *Präferenzen*, waren im 19. Jahrhundert recht verschieden von denen in der englischen Mutterform. In Mitteleuropa wurde der Liberalismus im 18. und 19. Jahrhundert fast ausschließlich[2a] getragen von akademisch gebildeten Mitgliedern der höheren Beamtenschaft und der freien Berufe - und diese huldigten einem sehr idealistischen, einem weitgehend wirtschaftsfernen Liberalismus:[3] "Geben Sie Gedankenfreiheit"[4], fordert der Marquis von Posa vom König, der ihn mit Recht einen "sonderbaren Schwärmer" nennt; nicht aber fordert er: "Geben Sie Gewerbefreiheit"! Und selbst ein so prominenter Wirtschaftswissenschafter wie Friedrich von Wieser konnte behaupten, "am schönsten bewährte sich der ... Liberalismus in der liebevollen Pflege des Volksunterrichtes"[5].

[2a] Professor Christian SCHEER wies darauf hin, daß der rheinische Frühliberalismus von Stahlunternehmern, nicht von Bürokraten getragen war. Das ist richtig. Doch spielten die Großindustriellen an Rhein und Ruhr im gesamtdeutschen Zusammenhang eine erstaunlich geringe Rolle; und zumindestens im späten 19.Jahrhundert sahen es Stahlunternehmer nicht ungern, wenn die bekanntlich nicht gerade staatsferne deutsche Bewaffnung "hart wie Krupp-Stahl" war.

[3] Besonders deutlich herausgearbeitet etwa bei James SHEEHAN (1983), Der deutsche Liberalismus - Von den Anfängen im 18. Jahrhundert bis zum ersten Weltkrieg 1770-1914, München, C.H.Beck. Die einerseits missionarische, andrerseits sehr vage Liberalismusvorstellung der deutschen Intellektuellen belegen gut zwei dort wiedergegebene Zitate (SHEEHAN 1983, p. 23): "Bei dieser Konfrontation zwischen den Kräften des Lichts und denen der Dunkelheit stellte der Liberalismus nicht einfach eine unter mehreren möglichen Standpunkten dar, sondern verkörpert vielmehr Vernunft, Fortschritt und Aufklärung - in summa alles was der Nation zum besten gereichte" (Johann JACOBY, 1832). "Der Liberalismus will nichts als die Zukunft der Geschichte" (Theodor MUNDT).

[4] Friedrich von SCHILLER, Don Carlos, Infant von Spanien, 1787, 3. Akt, 10. Auftritt, Verse 3215-3216.

[5] Friedrich Frh. von WIESER (1926), Das Gesetz der Macht, Wien, Springer, p. 352. Das volkserzieherische Bildungsideal entspricht eher einem von ROUSSEAU inspirierten französischen Liberalismus, der, wie Friedrich A.v.HAYEK immer betonte, vom englischen, der den Wirtschaftsliberalismus hervorbrachte, grundverschieden ist. Adam SMITH etwa ist skeptisch gegenüber einem für den Schüler kostenlosen Pflichtunterricht. (Siehe SMITH 1776, loc.cit. in FN 9, V.i.f., 54-57; vgl. auch V.i.f.16: "Those parts of education ... for the teaching of which there are no public institutions, are generally the best taught"). Professor Christian SCHEER

II. Was ist Wirtschaftsliberalismus?

Was Wirtschaftsliberalismus ist, muß daher eingangs geklärt werden. Es handelt sich um etwas viel Pragmatischeres, weit weniger Idealistisches. Und vor allem: Im Gegensatz zu dem höchst schwammigen Begriff "Liberalismus" schlechthin ist Wirtschaftsliberalismus wohldefiniert, und zwar durch die noch immer wirksamen Lehren der klassischen englischen Ökonomen des späten 18. und frühen 19. Jahrhunderts und insbesondere durch Adam Smith. Auf die Prämissen, das heißt genauer, die liberalen Werturteile Adam Smiths wird noch heute ganz selbstverständlich jeder akademisch gebildete Ökonom so sehr gedrillt, daß Wirtschaftsliberalismus geradezu als Vorurteil des wirtschaftswissenschaftlichen Berufsstandes anzusprechen ist.

Als Umschreibung des Wirtschaftsliberalismus ist erstens zu erwähnen der Schlachtruf der englischen Whigs des 18. Jahrhunderts, "Liberty and Property".[6] Er umfaßt zuerst einmal einen rechtlich *gesicherten* Anspruch auf eine *Privatsphäre*, wobei zur Privatsphäre vor allem auch die Wirtschaftstätigkeit (und keineswegs nur "Gedankenfreiheit") gehört.[7] "Property" im englischen Sinne umschließt dieses Recht auf Privatsphäre, ist doch "property" nach Locke "life, liberty and estates".[8] *Persönliche* Freiheit in Wirtschaftsfragen ist ein selbstverständliches zweites wirtschaftsliberales Postulat, gilt doch nach Adam Smith "the property which every man has in his own labour, as it is the original foundation of all other property, so it is the most sacred and inviolable".[9] Drittens bedeutet "Liberty and Property" *Eigentumsschutz* und *freie Eigentumsnutzung*, letztere freilich nur innerhalb der von Recht und Gesetz gezogenen Schranken. Gefordert wird also eine *rechtsstaatliche Privatwirtschaftsordnung*. Daher schließt Wirtschaftsliberalismus als solcher jede staatliche Umverteilung[10] aus:[11]

wies in der Diskussion darauf hin, daß sich WIESER unter den englischen Klassikern freilich auf John Stuart MILL (1848), loc.cit. in FN 70, V.Buch, 11. Kapitel, § 8 stützen kann.

[6] Siehe H.T. DICKINSON (1977), Liberty and Property, Political Ideology in Eighteenth-Century Britain, London, Weidenfeld & Nicolson sowie Methuen.

[7] Des näheren Erich W. STREISSLER (1994a), "Sozialevolutorische Ethik und Privatrecht"; in Franz BYDLINSKI und Theodor MAYER-MALY (Hg.), Die ethischen Grundlagen des Privatrechts, Wien etc., Springer, p. 131-155, hier p. 135 ff.

[8] John LOCKE (1690), The Second Treatise of Government, London, Ausgabe Thomas P. PEARDON (Hg.), New York, Liberal Arts Press 1952, Nr. 87. Siehe weiters zu Eigentum und Privatsphäre Erich W. STREISSLER (1992a), "Hundert Jahre Sozialenzykliken - Eine wirtschaftswissenschaftliche Analyse"; in Herbert SCHAMBECK und Rudolf WEILER (Hrsg.), Der Mensch ist der Weg der Kirche, Festschrift für Johannes SCHASCHING, Berlin, Duncker & Humblot, p. 77-117, hier p. 84 ff.

[9] Adam SMITH (1776), An Inquiry into the Nature and Causes of the Wealth of Nations, London, Strahan und Cadell, "Glasgow Edition", R.H. CAMPBELL und A.P. SKINNER (Hrsg.), Oxford Univ. Press 1976, I.x.c.8.

[10] Genau auf solche Befürwortung staatlicher Umverteilung geht der von dem deutschen Liberalen H.B. OPPENHEIM geprägte Begriff Kathedersozialist zurück. (Siehe SHEEHAN 1983, loc.cit. in FN 3, p. 183 f.): "Ein Sozialist war für Oppenheim jedermann, der für staatliche Maßnahmen zur Lösung der sozialen Frage eintrat"; ähnlich dachte auch TREITSCHKE.

[11] Höchst problematisch ist daher für das späte 19.Jahrhundert Österreichs der implizite Vorwurf von Ilsa BAREA: "But for all Liberals in places of power the acid test was the 'social que-

Eine "soziale Marktwirtschaft" ist daher prima vista ein Widerspruch in sich, wenn man unter diesem "Sozialen" entweder außerhalb der privaten Individuen gelegene gesamtgesellschaftliche Ziele oder eine staatliche Umverteilungspolitik versteht.[12] In Wahrheit handelt es sich bei der Bezeichnung "soziale Marktwirtschaft" auch nur um eine verbale Kurzform für ein *Doppelwesen* - oder möglicherweise für einen siamesischen Zwilling - nämlich private Marktwirtschaft *und* soziale Staatstätigkeit als zwei gleichzeitige Gesellschaftsteilordnungen.[13]
Eine entscheidende Frage ist noch zu klären: Was kann schutzwürdiges Eigentum, "property", sein? Hier ist auf eine zweite, jedem Ökonomen eingebleute, von Adam Smith formulierte Wertsetzung zu verweisen: "Consumption is the sole end and purpose of all production; and the interest of the producer ought to be attended to, only so far as it may be necessary for promoting that of the consumer. The maxim is so perfectly self-evident that it would be absurd to attempt to prove it".[14] Seither wird von Ökonomen Wohlfahrt stets als bestmögliche und billigstmögliche *Versorgung der Letztverbraucher* definiert; und an diesem Ziel findet "property" seine Grenzen: Dem Konsumenteninteresse dient insbesondere höchstmöglicher *Wettbewerb*. Dieser Wertmaßstab ist - entgegen Smith - natürlich keineswegs selbstverständlich, sondern widerspricht vielmehr jahrhundertelanger europäischer Tradition. Widerspricht er doch etwa jeder Vollbeschäftigungspolitik, da Arbeiter eben Produzenten sind; ja auch nur der gängigen Vorstellung, der "Wirtschaft" gehe es "*gut*", - gemeint sind damit die Unternehmer - wenn sie hohe Gewinne einfahren, sind doch hohe Gewinne in der Regel nichts anderes als hohe Preise und damit gerade *schlechte*, weil teure Konsumentenversorgung!
Gemessen an diesem Maßstab der Konsumentenwohlfahrt erkennen wir, warum Wirtschaftsliberalismus in Mitteleuropa im 19. Jahrhundert so wenig Anklang fand: Im Gegensatz zum England Adam Smiths gab es bei uns einfach *keinen genügend breiten*, von Gewinneinkommen oder staatlichen Renten unabhängigen *Mittelstand*, der an höchster Konsumentenkaufkraft interessiert gewesen wäre.

stion'". Die Vorstellungswelt des Wirtschaftsliberalismus richtet sich vielmehr auf die Lösung anderer Fragen. Siehe Ilsa BAREA (1966), Vienna - Legend and Reality, London, Secker & Warburg, Ausgabe Pimlico 1992, p 253.

12 Sehr geschickt hat daher der Schöpfer des Begriffes "soziale Marktwirtschaft", der Wirtschaftspolitiker und Religionssoziologe (!) Alfred MÜLLER-ARMACK, das adjektiv "sozial" abschwächend umgedeutet: "Die Orientierung am Verbrauch bedeutet bereits eine soziale Leistung (!) der Marktwirtschaft. In gleicher Richtung wirkt die durch das Wettbewerbssystem gesicherte und laufend erzwungene Produktivitätserhöhung als eine soziale Verbesserung (!), die umso größer und allgemeiner ist, je mehr durch den Wettbewerb einseitige Einkommensbildungen, die aus wirtschaftlicher Sonderstellung herrühren, eingedämmt werden. Neben dieser dem Wettbewerb an sich schon innewohnenden sozialen Funktion (!) ...". Siehe Artikel "Soziale Marktwirtschaft", Handwörterbuch der Sozialwissenschaften, IX.Band (1956), Stuttgart etc., G. Fischer etc., p. 390-392, hier p. 391.

13 Siehe Erich W. STREISSLER (1990), "Soziale Marktwirtschaft und parlamentarische Demokratie - Die ökonomischen Aspekte"; in: Soziale Marktwirtschaft und parlamentarische Demokratie, Ludwig-Erhard-Stiftung, Stuttgart etc., G. Fischer, p. 7-28, hier p. 22 ff.

14 Siehe SMITH (1776), loc.cit. in FN 9, IV.viii.49.

Die Konsumgesellschaft war schwach und Privilegienhascherei; "rent seeking", wie die moderne Ökonomie sagt, überwog meistens freies Leistungsstreben.

III. Übergang zu Wirtschaftsliberalismus in der Gegenwart: zwei Beispiele

Die eingangs gestellten Fragen an die Geschichte seien zuerst durch zwei Gegenwartsbeispiele illustriert, nämlich das Werden einer unternehmerischen *Marktwirtschaft* im gegenwärtigen *Rußland* einerseits und das weitgehende *Fehlen von Umweltsteuern* in den OECD-Ländern andrerseits.
Gemeiner Auffassung zufolge war der Zusammenbruch der europäischen "real existierenden" sozialistischen Systeme 1989 und 1990 ein Sieg der Ideologie der Marktwirtschaft und eine revolutionär sich manifestierende Bekehrung der betroffenen Bevölkerungen zu liberalen wirtschaftspolitischen Vorstellungen. Nüchterner betrachtet zeigt sich hingegen vor allem für die Sowjetunion die bloße *Nichtweiterführbarkeit* des bisherigen Systems *aus Kostengründen* und das *Nichtvorhandensein einer Bürokratie*, die eine andersgeartete interventionistische Wirtschaftspolitik, als die der zentralen Planung, hätte tragen können.
Ein so wenig auf wirtschaftlichen Anreizen beruhendes System wie das sowjetische bedarf, wie Wilhelm Roscher schon 1849 erkannte[15], zu seinem Erfolg des "höchsten, selten lange dauernden, religiösen Enthusiasmus ... wovon die Apostelgeschichte das bekannteste und schönste Beispiel gibt." Bald nach dem Zweiten Weltkrieg verflüchtigte sich jedoch in der Sowjetunion bei der großen Mehrheit der Führungsschicht der kommunistische Idealismus und erlahmten gleichzeitig die den Andersdenkenden gegenüber erforderlichen drakonischen Drohungen des Strafsystems. Die Normalität des Pfründenstrebens einer Nomenklatura, verbunden mit dem Fehlen von Anreizen zur Humankapitalbildung, waren die geistigen Grundlagen für einen *zunehmenden Produktivitätsabfall* relativ zum "Westen". Materielle Folge der Versuche, trotz Produktivitätsabfall kurzfristig den Wirtschaftsplan zu erfüllen, war der *Verbrauch der materiellen Produktionsgrundlagen*. Das Sowjetsystem der späteren 70er und der 80er Jahre reparierte so gut wie keine Anlage oder Maschine mehr, um so kurzfristig den Plan zu erfüllen; und es trieb progressiven Raubbau an der Natur. Die sowjetische Maschinerie ächzte und krachte - im wörtlichen wie im übertragenen Sinne. Der Produktivitätsabfall erschloß sich der Führungsschicht an der Unmöglichkeit, mit der Reaganschen Aufrüstung mitzuhalten. Das bisherige Planungssystem *konnte* also gar *nicht mehr* aufrechterhalten werden. Denn der "materielle Unterbau" der Wirtschaft war aufgebraucht. Die Produktionseinheiten *mußten* mehr und mehr zur *Selbsthilfe* greifen, weil die gewohnte zentrale

[15] Wilhelm ROSCHER (1864), Die Grundlagen der Nationalökonomie - Ein Hand- und Lesebuch für Geschäftsmänner und Studierende, 5.Aufl., Stuttgart, Cotta, § 81, p. 148. Zu ROSCHERs erstaunlich weitsichtiger Sozialismuskritik siehe Erich W. STREISSLER (1994b), "Wilhelm ROSCHER als führender Wirtschaftstheoretiker"; in: Vademecum zu einem Klassiker der historischen Schule, Düsseldorf 1994, Verl. Wirtschaft und Finanzen, p. 37-121, hier p. 77-87.

Zuteilung von Vorprodukten nicht mehr funktionierte. Somit wurden die Betriebe notgedrungen semiprivat wirtschaftende Einheiten. Und dann ist es natürlich besser, sie ganz zu privatisieren, um ihnen auch die Verantwortung für ihr eigenes Handeln zu übertragen, anders ausgedrückt, um zumindest zu versuchen, die staatliche Finanzierung ihrer Ineffizienz durch inflationäre Geldschöpfung zu beenden oder wenigstens zu reduzieren.

So vorbereitet und letztlich unvermeidbar geworden, folgte der gänzliche Zusammenbruch des sowjetischen Systems schließlich als *Nebenkonsequenz* zweier rein *machtpolitischer* Entscheidungen Jelzins im Jahre 1991: nämlich erstens der Entscheidung, die Sowjetunion aufzulösen und Rußland an seine Stelle zu setzen. Das bedeutete für Jelzin, sich dem Gängelband der etablierten sowjetischen Bürokratie zu entziehen und seine neuen russischen Stäbe mit eigenen Anhängern besetzen zu können. Es bedeutete weiters eine gewaltige und dringend erforderliche *Kosteneinsparung*: Die weitaus umfangreichste und teuerste Bürokratie, die sowjetische, wurde entlassen. Es bedeutete aber als Nebenkonsequenz auch den Verlust des spärlichen verbliebenen Restes einer Wirtschaftsplanungsfähigkeit: Denn es war ja die nunmehr aufgelöste sowjetische Bürokratie, die vornehmlich Wirtschaftsplanung betrieben hatte! Eine zweite machtpolitische Entscheidung war in ihrer Konsequenz der der Abschaffung der Sowjetunion ähnlich: Jelzin trennte sich von der kommunistischen Partei als Staatspartei. Das aber bedeutete den Verlust des lokalen Kontroll- und Informationsapparates bei der Durchführung von Wirtschaftsentscheidungen. Ob er es also präferierte oder nicht, Jelzin konnte gar nichts anderes tun, als sich einer Marktwirtschaftsordnung - genauer, in Rußland mangels Rechtssystem einer Marktwirtschaftsunordnung - in die Arme zu werfen. Und nach Zerstörung des erforderlichen bürokratischen Apparates ist der Gang in die Marktwirtschaft auch nicht mehr umkehrbar, genauer: Er bleibt so lange irreversibel, als nicht ein neuerlicher großer und kostspieliger Organisationsaufwand gesetzt wird. Eine typische Reaktion aus reinem politischen Opportunismus habe ich selbst als UNO-Berater Rußlands im Januar 1992 erlebt: Als die Wut über den Anstieg der Preise in den Einzelhandelsgeschäften nach der Preisfreigabe des 1. Januar 1992 losbrach, befahl Jelzin in der dritten Januarwoche als evidente politische Entlastungsoffensive eine vorher nicht ins Auge gefaßte sofortige Privatisierung aller Einzelhandelsgeschäfte. Wir sehen also: Alles war Zwang der Verhältnisse, kostengünstigster Weg des geringsten Widerstandes, unbedachte Konsequenz vorangehender Entwicklung; ein *Programm aus liberaler Überzeugung war es hingegen sicher nicht*. Wirtschaftsfreiheit war lediglich die Folge des unaufhaltsamen geistigen wie materiellen Zusammenbruches einer staatlichen Regulierungsmaschinerie.

Ein *zweites* Gegenwartsbeispiel: Obwohl das liberale Konzept der Vorzüge indirekter Wirtschaftslenkung für sie sprechen würde, gibt es *kaum* irgendwo *Umweltsteuern*. Ist das Beweis dafür, daß wirtschaftsliberale Präferenzen am Umweltproblem scheitern? Keineswegs![16] Wer die Hilflosigkeit von Technikern als

[16] Es ist im übrigen gar nicht ausgemacht, daß Umweltsteuern tatsächlich die nach dem Effizienzkriterium beste und daher nach liberaler Konzeption notwendig zu empfehlende Umweltmaß-

Ministerialbeamte bei der Festsetzung richtig zu bemessender Abfallsanierungsbeiträge miterlebt hat, kennt die Antwort: Es gibt, etwa in Österreich, einen wohlausgebauten Apparat von Ingenieurbeamten, die betriebliche Anlagen und Bauten auf ihre Sicherheit kontrollieren können. Sie können unschwer technische Umweltauflagen in Form von Geboten und Verboten erlassen. Und obwohl dies Zwangsmaßnahmen sind, werden sie von den Unternehmern präferiert, weil die Entscheidungen dieser technischen Beamten aufgrund langer Erfahrung prognostizierbar sind. Es gibt andrerseits Finanzbeamte, die unsere sehr generell normierten, gewohnten Steuern, wie Einkommensteuer, Körperschaftssteuer oder Mehrwertsteuer erheben und auch legistisch modifizieren können. Verwaltungsstäbe, die wissen, wie man sehr spezifisch zu bemessende Umweltabgaben normieren und erheben könnte, gibt es hingegen nicht. Umweltabgaben fehlen also bislang aus staatlichen Kostengründen, aus der *Unfähigkeit, sie festzusetzen*. Andrerseits werden wir sie in naher Zukunft in einem Land nach dem anderen erhalten, aber nicht aus liberaler Wertaufwallung, sondern infolge von *Budgetnöten*. Umweltsteuern werden die unbedachte Nebenwirkung einerseits der zunehmenden internationalen Integration von Kapitalmärkten sein, die Budgetdefizite über erhöhte Zinsen sanktionieren;[17] und andrerseits unbedachte Konsequenz der Maastricht-Kriterien, die Budgetdefizite rigoros zu limitieren suchen. Muß es neue Steuern geben, so sind Energiesteuern und andere Umweltabgaben politisch noch am ehesten begründbar. Der Not gehorchend, nicht liberalem Triebe, wird nach und nach ein Beamtenapparat aufgebaut werden, der Umweltsteuern bemessen kann, wobei man mit den technisch einfachsten Umweltabgaben beginnen wird. Wieder wird eine liberalere Wirtschaftspolitik aus bloßem Zwang der Verhältnisse erwachsen.

IV. Vorgeschichte des Wirtschaftsliberalismus in England

Nach diesen Gegenwartsbeispielen, die uns den verstehenden Blick für die Vergangenheit schärfen, wollen wir uns unserem Thema nähern aus seiner *Vorgeschichte*: der englischen wirtschaftspolitischen Entwicklung vom 16. bis zum frühen 19. Jahrhundert. Wiederum seien zwei Beispiele diskutiert, nämlich der *beginnende Freihandel* im Sinne der Abschaffung von Schutzzöllen und die *Einführung der Gewerbefreiheit*.

Zur Einhebung von Zöllen waren die Staaten des 17., 18., 19. und 20. Jahrhunderts sehr wohl befähigt. Spätestens seit dem 18. Jahrhundert gab es überall einen wohl ausgebauten und wirksamen Zolleinhebungsapparat. Zölle waren weiters für das 18. und 19. Jahrhundert typischerweise eine bedeutende Quelle der Staatsfinanzen. Außenhandelsbeschränkungen im allgemeinen und

nahme sind. Siehe Erich W. STREISSLER (1993); "Das Problem der Internalisierung"; in: Umweltverträgliches Wirtschaften als Problem von Wissenschaft und Politik (Heinz KÖNIG, Hg.), Schriften des Vereins für Socialpolitik, Neue Folge Bd. 224, Berlin, Duncker und Humblot, p. 87-110.

[17] Siehe Erich W. STREISSLER (1994c), "Kapitalmarkt und Wirtschaftswachstum", Wirtschaftspolitische Blätter 5-6/1994, p. 516-526.

Zölle im speziellen rührten schließlich an den zentralen Nerv des frühneuzeitlichen Staates, der ja vor allem militärisch orientierter Machtapparat war: Handelsbeschränkungen wurden im 18. Jahrhundert generell als Krieg mit anderen Mitteln verstanden, als Wirtschaftskrieg.[18] Dafür gibt nicht nur Napoleons Kontinentalsperre das drastischste Beispiel, sondern kaum weniger die englischen Weineinfuhrbeschränkungen und Weinzölle gegenüber Frankreich im 18. Jahrhundert,[19] die gleichzeitig zur Begünstigung des englischen Verbündeten, Portugal,[19a] verwendet wurden, sowie Englands Textileinfuhrbeschränkungen gegenüber französischen Textilien.[20] Der Schlagbaum, der Zollschranken, war sicherheitspolitisches ebenso wie wirtschaftspolitisches Symbol. Zolleinhebung war also wichtig und möglich, Verzicht auf Zölle damit ein bewußter Akt der Politik und ein Ausdruck von Präferenzen. Und damit erkennen wir, warum es gerade Freihandel im Sinne des Verzichtes auf Handelsbeschränkungen und auf Zolleinnahmen ist, der zur differentia specifica wie zum Leitfossil wirtschaftsliberaler politischer Entscheidung wurde. Die Symbolkraft wird dadurch verstärkt, daß Freihandel gleichzeitig auch Ausdruck liberalen Pazifismus[21] und Internationalismus ist.

Es gehört zu den größten und bleibendsten rein analytischen, also wirtschafts*theoretischen* Leistungen der großen ökonomischen Klassiker, Adam Smith und David Ricardo, außenhandelspolitischen Freihandel gerade nicht als bloßen Wertewandel empfohlen zu haben, sondern vielmehr zu begründen, daß die wirtschaftlichen, ja staatspolitischen *Konsequenzen* einer Handelsbeschrän-

---

[18] SMITH (1776), loc.cit. in FN 9, sagt IV.iii.c.9 für seine Zeit treffend: "Nations have been taught that their interest consisted in beggaring all their neighbours ... Commerce, which ought naturally to be, among nations, as among individuals, a bond of union and friendship, has become the most fertile source of discord and animosity". Freilich war das im politischen Klima des 18.Jahrhunderts wohl unvermeidlich: Charles WILSON (1965), England's Apprenticeship 1603-1763, London, Longman, faßt alle Argumente abwägend zusammen: "The rise of the British economy was based, historically, on the conscious and successful application of force; just as the decline of the Dutch economy was based on the inability of a small and politically weak state to maintain its position against stronger states" (p. 287).

[19] Zu diesem "war of the tariffs with France" siehe Stephen DOWELL (1884), A History of Taxation and Taxes in England . From the Earliest Times to the Present Day, Bd.IV: Taxes on Articles of Consumption, Nachdruck London 1965, Cass, p. 121 ff., 126 ff.

[19a] David RICARDOs Beispiel für die komparativen Kostenvorteile des Freihandels, der Austausch portugiesischen Weins gegen englisches Tuch, ist, wie allgemein bekannt, in vieler Hinsicht unglücklich gewählt. Professor Rainer KLUMP betonte, daß A. SMITH die begünstigte Weineinfuhr aus Portugal aufgrund des METHUEN-Vertrages gerade als Beispiel merkantilistischer Politikfehlorientierung gegeißelt hatte (SMITH 1776, loc.cit. in FN 9, IV.viii.52), während ein Weizeneinfuhrbeispiel - wie bei TORRENS - RICARDOs Intention obendrein noch weit besser entsprochen hätte.

[20] DOWELL (1884), loc.cit. in FN 19, p. 421 ff.

[21] Adam SMITH bringt wiederholt das stärkste Argument, das ein Liberaler gegen Kriege und gegen Kolonien vorbringen kann: Bis zur ethischen Beurteilung müsse man gar nicht schreiten; vielmehr läßt sich schon aus Kostengründen feststellen, Kriege und Kolonien, die er als eng zusammenhängend sieht, kosten nur und brächten nichts: siehe SMITH (1776), loc.cit. in FN 9, II.iii.35, IV.i.26. IV.viii.53. und schließlich im letzten Absatz, V.iii.92. IV.vii.c.65 sagt er kurz und bündig: "Great Britain derives nothing but loss from the dominion which she assumes over her colonies".

kungspolitik vor ihnen *falsch gesehen* worden waren.[21a] Außenhandelsbeschränkung ist nach Adam Smith in Wahrheit sowohl wohlstandsmindernd wie den - gerade von Adam Smith ausdrücklich bejahten - machtpolitischen Interessen des Staates langfristig zuwiderlaufend: Sie ist nur Ausdruck engstirniger, partikulärer Interessenpolitik der Großkaufmannschaft, "Merkantilismus" eben, wobei dieser anklagende Ausdruck bekanntlich von Adam Smith geprägt wurde.[22]
Smith begründet die Schädlichkeit einer staatlichen Exportförderungspolitik in der vielzitierten, aber selten gelesenen, großartigen Passage des "Wealth of Nations" zur "*invisible hand*", deren theoretisches Raffinement sich erst dem modern geschulten Ökonomen voll erschließt.[23] Die Passage ist so schwierig, weil sie gleich *vier Fliegen auf einen Schlag* trifft. Sie liefert *erstens* ein Beispiel dafür, daß staatlicher Wirtschaftseingriff zur bewußt angestrebten Gemeinwohlerzielung deshalb nicht immer notwendig ist, weil durch glückliche Fügung auf ganz andere Ziele ausgerichtete individuelle Nutzenmaximierungen im gesellschaftlichen Zusammenwirken schon *von selbst* der *Gemeinwohlerzielung* dienen können.[24] *Zweitens* ist erfolgreiche staatliche Wirtschaftspolitik oftmals auch gar nicht möglich, weil dem Staatsmann die *erforderliche Information* für zielführendes Handeln *fehlt*.[25] Diese beiden Argumente sind die Angelpunkte *allgemeiner* liberaler Wirtschaftspolitik.
Für unsere Zwecke wichtiger ist jedoch das Beispiel, an dem sie exemplifiziert werden. Zu seinem Verständnis muß man wissen, daß für die typische wirtschaftlich orientierte Staatsphilosophie des 18. Jahrhunderts *Beschäftigungsmaximierung* gleichzusetzen war mit Bevölkerungsmaximierung und Bevölkerungs-

[21a] Dieser Satz darf nicht dahin mißverstanden werden, daß es nicht vor der in ihrer Art ganz neuen klassischen Begründung von Freihandelsvorteilen auch schon im Merkantilismus Freihandelsargumente gegeben hätte. Professor Jochen SCHUMANN wies in der Diskussion darauf hin, daß der sog. "species flow mechanism" und die selbstregulierende Tendenz der Außenhandelsbilanz mächtige Freihandelsargumente darstellten. Wieviel wirtschaftsliberale Skepsis gegenüber Statseingriffen und wieviele Freihandelsargumente im englischen Merkantilismus schon seit dem Gründungswerk von MUN enthalten waren, habe ich selbst in STREISSLER (1981), loc.cit. in FN 38, p. 13-17, p. 21, hervorgehoben.

[22] SMITH (1776), loc.cit. in FN 9 spricht, genau genommen, vom "mercantile system". Die Überschrift in IV.i. lautet: "Of the Principle of the commercial, or mercantile System". Professor Alfred BÜRGIN-WOLFF hob hervor, daß QUESNAY schon vor SMITH vom "système mercantile" sprach. Politisch wirksam wurde der Ausdruck jedoch wohl erst durch SMITH.

[23] SMITH (1776), IV.ii. arbeitet in der ganzen ersten Hälfte dieses Kapitels nur auf die vielfach verschlungenen Argumente zur "invisible hand" hin, die in Absatz 9 gebracht werden. Das Kapitel dient der Widerlegung der Behauptung einer Wohlfahrtssteigerung durch Merkantilismus.

[24] Loc.cit., IV.ii.9: "He generally, indeed, neither intends to promote the public interest, nor knows how much he is promoting it."

[25] Loc.cit., IV.ii.10: "What is the species of domestick industry which his capital can employ ... every individual, it is evident, can, in his local situation, judge much better than any statesman or lawgiver can do for him. The statesman, who should attempt to direct private people in what manner they ought to employ their capitals, would ... assume an authority which ... would nowhere be so dangerous as in the hands of a man who had folly and presumption enough to fancy himself fit to exercise it".

maximierung mit staatlicher *Machtmaximierung*. Diese Vorstellung gilt gerade auch für Adam Smith, der argumentiert, daß sich Wohlstand ausdrücke im "command" über "labour",[26] im Befehl oder in der Verfügung über Arbeit, und zwar natürlich vor allem hochqualifizierter Arbeit. Die Passage zur "invisible hand" argumentiert nun *drittens*, daß bei gleich hohen Gewinnsätzen pro Wertschöpfungseinheit, die Adam Smith, wie alle Klassiker, als typisch hinstellt, Gewinnmaximierung erzielt wird, indem gegebene Mengen Kapital in der *arbeitsintensivsten* Produktion eingesetzt werden;[27] und die arbeitsintensivsten Produktionszweige seien, wie Smith für das England seiner Zeit nicht unplausibel darlegt, gerade die für die *binnenwirtschaftliche* Produktion arbeitenden, während die Exportwirtschaft einschließlich des Schiffstransports nach Übersee eine kapitalintensive Produktion darstelle.[28] *Viertens* gelte schließlich, daß bei den angenommenen gleichen Gewinnsätzen die *Risikominimierung* risikoscheuer unternehmerischer Investoren wiederum zu den arbeitsintensiven Produktionen führe, weil diese das geringste Fixkostenrisiko bei Nachfrageschwankungen verursachten, sowie zu den binnenwirtschaftlichen Produktionen, weil diese die geringsten politischen und rechtlichen Risiken zeitigen.[29]

Vom nicht wirtschaftspolitisch gegängelten Unternehmer gelte also: "He intends only his own security ... he intends only his own gain and he is in this, as in many other cases, led by an invisible hand to promote an end which was no part of his intention".[30] Durch Verwendung des gegebenen Kapitals in der arbeitsintensiven binnenwirtschaftlichen Produktion erzielt er, ohne es zu wissen oder zu wollen, die höchstmögliche Beschäftigung, damit die höchstmögliche Bevölkerung und damit die höchstmögliche staatliche Macht des Staates. Staatliche Außenhandelsförderung hingegen ist langfristig gesehen beschäftigungs*reduzierend* und damit in Wahrheit staatsmachtvernichtend![30a] Ricardo und seine Schule fügten dem in der Argumentation zum Theorem der komparativen Kosten[31] den

---

[26] Loc.cit., I.v.3: "The power which ... possession immediately and directly conveys to him is the power of purchasing; a certain command over all the labour, or over all the produce of labour which is then in the market. His fortune is greater or less, precisely in proportion to the extent of this power".

[27] Insbes. Loc.cit., IV.ii.4 und 7: "Every individual is continually exerting himself to find out the most advantageous employment for whatever capital he can command ... (he) employs his capital ... so ... that its produce may be of the greatest possible value". Größte Wertschöpfung mit gegebenem Kapital wird aber bei arbeitsintensivster Produktion erreicht.

[28] Loc.cit., II.v.27, 31, 32.

[29] Loc.cit., IV.ii.6.

[30] Loc.cit., IV.ii.9.

[30a] Professor Hans Christoph BINSWANGER stellte in der Diskussion zutreffend fest, daß SMITH's "invisible hand" Argumentation nicht voll "hinhaue". Das ist richtig. Doch ist sie bei Abwesenheit von externen Effekten und Informationsunvollkommenheiten (typischen Ausnahmen im ganzen englischen 19.Jahrhundert) richtig unter der weiteren zentralen klassischen Annahme des "Ausgleichs der Profitraten". Es ist vor allem letztere Annahme, die der entscheidende Fehler ist.

[31] David RICARDO (1817), The Principles of Political Economy and Taxation, London, Murray, 3.Aufl. 1821, Kapitel VII, "On Foreign Trade". Der 9.Absatz dieses Kapitels hält fest: "Foreign trade (is) highly beneficial to a country, as it increases the amount and variety of the objects on which revenue may be expended, and affords, by the abundance and cheapness of

"Beweis" hinzu - Beweis natürlich nur unter bestimmten, keineswegs unproblematischen Sachannahmen -, daß Freihandel auch für Länder mit im Durchschnitt *wenig produktiven* Produktionen wohlfahrtssteigernd sei, weil alle Länder *unterschiedliche* Produktivitätsstrukturen hätten; und daß unter der Konkurrenzannahme selbst der Übergang zu *einseitigem* Freihandel in einer schutzzöllnerischen Welt für das den Freihandel einführende Land wohlstandssteigernd sei.[32] Wir sehen, daß selbst beim außenhandelspolitischen Freihandel, den wir als Musterbeispiel einer politischen Präferenzänderung erkannt haben, die *Begründung* der Ökonomen vorwiegend *kostentheoretisch* war: Heißer Krieg wie kalter Wirtschaftskrieg koste nur und bringe nichts.
Was sich änderte, war also vor allem die Sicht der mit bestimmten Politiken verbundenen Kosten. Um die relative Gewichtung von *Kostenüberlegungen* und *Werthaltungen* zu überprüfen, ist es instruktiv, drei markante englische Beispiele der Einführung eines freieren Außenhandels nach der Publikation von Adam Smiths "Wealth of Nations" Revue passieren zu lassen.
Erstes Beispiel ist des jüngeren Pitts geradezu paradigmatisch gewordener, *bilateraler Zollsenkungsvertrag* zwischen England und Frankreich aus 1786, "the famous commercial treaty", wie ein englischer Historiker Ende des 19. Jahrhunderts sagt.[33] Werturteilsmäßig ist dieser eine erste Abkehr von dem "unending war of trade"[34] zwischen den Hauptprotagonisten desselben im 18.Jahrhundert, geschlossen kurz nach dem Ende eines für beide Seiten sehr kostspieligen Krieges. "Is there anything in the eternal law of the universe", fragt Pitt aufklärerisch im Unterhaus, "that keeps the two nations in perpetual antagonism?"[35] Der Vertrag beruht auf der geschilderten neuen Erkenntnis, daß Handelsbeschränkungen noch mehr dem beschränkenden Land selbst schaden als dem Gegner. Passenderweise machte daher gerade im zeitlichen Anschluß an diesen teilbefreienden Freihandelsvertrag der Premierminister W. Pitt Adam Smith 1787 das öffentliche Kompliment: "We are all your scholars"; und Smith replizierte "Pitt ... understands my ideas better than I do myself".[36] Weder die liberale Werthaltung noch die Sacherkenntnis der negativen Folgen von Handelsbeschränkungen war siebzig Jahre früher schon genügend ausgeprägt, als

commodities, incentives to saving, and to the accumulation of capital". (Ausgabe "The Works and Correspondence of David Ricardo", P. SRAFFA, Hg., Cambridge 1970, p. 133.) Das folgende Beispiel (p. 135 ff.) impliziert unterschiedliche Produktionsfunktionen.

[32] Für eine moderne zusammenfassende Darstellung der Argumente siehe etwa Paul R. KRUGMAN und Maurice OBSTFELD (1994), International Economics - Theory and Policy, New York, Harper-Collins, 3.Aufl., Kapitel 2.

[33] Steven DOWELL (1884), A History of Taxation and Taxes in England. From The Earliest Times to the Present Day, London, Nachdruck F.Cass 1965, Vol.II: Taxation from the Civil War to the Present Day, p. 191.

[34] WILSON (1965), loc.cit. in FN 18, p. 165.

[35] DOWELL (1884), loc.cit. in FN 33, p. 192.

[36] John RAE (1895), Life of Adam SMITH, London etc., Macmillan, Nachdruck A.M. Kelley, New York 1965, mit Einleitung von J.VINER, berichtet p. 405: "When Smith, who was one of the last guests to arrive, entered the room, the whole company rose from their seats to receive him and remained standing. 'Be seated, gentlemen', said Smith. 'No', replied Pitt; 'we will stand till you are first seated, for we are all your scholars'"; ebendort das SMITH-Zitat.

Bolingbroke 1713 nach dem Spanischen Erbfolgekrieg im 8. und 9. Artikel des Friedens von Utrecht Ähnliches anstrebte, aber am damaligen Unterhaus scheiterte,[37] wobei die Absicht Bolingbrokes im übrigen belegt, daß Außenwirtschaftsliberalismus, daß Freihandel aufgrund Smiths Wertmaxime "consumption is the sole end and purpose of all production" im englischen 18. Jahrhundert weit mehr ein Postulat der Tories als der Whigs war.[38] Der Freihandelsvertrag zwischen England und Frankreich 1786 ist also erstes und klassisches Beispiel einer politischen Verwirklichung wirtschaftsliberaler Gesinnung, gestützt auf klassisch-ökonomische Erkenntnis. Aber man bemerke: Die gegenseitigen Vorteile waren hier auch besonders evident, da es ein wechselseitig begünstigender Vertrag war.

Ein zweites Beispiel ist das desselben William Pitt des Jüngeren[39], nämlich die schon etwas früher erfolgte drastische Senkung der englischen *Teezölle* aus 1784. Der Wertzoll wurde von 119 % auf 12 % herabgesetzt. Bei den Teezöllen handelte es sich um reine Fiskalzölle; denn evidentermaßen gab es in England selbst keine zu schützenden Teeplantagen! Ich ziehe die Teezollreduktion als Beispiel heran, weil die Begründung, die Pitt für seine Maßnahme gab, ein *reines Kostenargument* war: Der Teezoll war so hoch, daß er fast nur mehr zum Teeschmuggel nach England und zur großangelegten Zollhinterziehung führte. Die Steuereinnahmen aus dem überzogenen Teezoll, betonte Pitt, seien gering. Von der drastischen Senkung des Teezolls könne eine nur mäßige Einnahmensenkung erwartet werden - für welche sich Pitt obendrein durch eine andere Steuererhöhung, die der Fenstersteuer, entschädigen ließ; ja in langfristiger Konsequenz möglicherweise sogar eine *Erhöhung* der Teezolleinnahmen, weil sich Schmuggel nicht mehr lohnen würde. Tatsächlich erreichten die Zolleinnahmen trotz drastischer Zollsenkung auf kaum mehr als 10 % des Ausgangsniveaus neun Jahre später fast dieses Ausgangsniveau,[40] eine Erfahrung, die wiederholte, was bei einer ähnlichen Teezollsenkung 1745 geschah und die dann 1831 bei einer markanten englischen *Weinzollsenkung* wiederum festzustellen war.[41] Bald nach der Publikation des "Wealth of Nations" finden wir also be-

---

[37] DOWELL (1884), loc.cit. in FN 33, p. 192.

[38] Zu der Verschränkung von Whig und Tory Werturteilen auch - oder gerade - bei Adam SMITH siehe Erich W. STREISSLER (1981), "Adam Smith - Der Adam oder nur Wachstum? Paradoxa einer wissenschaftlichen Revolution"; in: Studien zur Entwicklung der ökonomischen Theorie I, Schriften des Vereins für Socialpolitik N.F. Bd.115/I, p. 9-52, hier p. 28 f.

[39] DOWELL (1884) loc.cit. in FN 33, Vol.IV, Taxes on Articles of Consumption, p. 224.

[40] DOWELL (1884), loc.cit., p.224: Die Einnahmen waren 700.000 Pfund knapp vor der Zollsenkung und erreichten 1793 wieder 650.000 Pfund.

[41] DOWELL (1884), Vol.IV. p. 223 f. DOWELL spricht von "the triumph of the principle of low duties on articles of general consumption ... a principle which Sir Mathew DECKER had strenuously advocated in 1743", also bereits lange vor Adam SMITH. Tatsächlich gehen ja die wirtschaftsliberalen Vorstellungen unter englischen Ökonomen ein Jahrhundert, ja eineinhalb Jahrhunderte vor Adam SMITH zurück; siehe STREISSLER (1981), loc.cit. in FN 38, p. 13 ff. So sagt John CLAPHAM (1949), A Concise Economic History of Britain - From the Earliest Times to 1750, Cambridge, Cambridge Univ.Press, p. 290: "It was once the fashion to say that WALPOLE 'laid the foundation of free trade'. He did adjust the tariff in a way of which free-traders subsequently approved".

reits die *Unfähigkeit* des Staates, seine Maßnahmen *durchzusetzen*, und die *Kostspieligkeit überzogener* Maßnahmen als Begründung für die Modifikation der Politik in liberalem Sinne.
Waren die beiden erwähnten Beispiele also solche einer Lockerung wirtschaftspolitischer Restriktionsmaßnahmen, weil diese sozusagen "jedermann" nützten, sie also offensichtliche "Paretoverbesserungen" waren, wie der Wirtschaftstheoretiker sagt,[42] so ist mein drittes Beispiel das eines klassischen wirtschaftspolitischen *Konfliktes*: nämlich die durch Sir Robert Peel initiierte Abschaffung der englischen *Kornzölle* 1845-1846.[43] Wiederum war es ein führender Politiker der Tories, der die liberale außenhandelspolitische Maßnahme durchsetzte, freilich eine, über die seine konservative Partei zerbrach. Wie keine andere Maßnahme der englischen Wirtschaftspolitik des 19.Jahrhunderts war die Abschaffung der Kornzölle die Politikwerdung der Werthaltung von Ökonomen, gestützt auf deren Sacherkenntnis: Ricardos "Principles of Political Economy and Taxation" (1817, ^{3}1821), sind bekanntlich kaum etwas anderes als ein theoretisch höchst ausgefeilter Traktat gegen die "corn laws" und trugen nach fast dreißig Jahren endlich volle Frucht. Aber es handelte sich um eine Maßnahme, für die nicht die Unfähigkeit des Staates, etwas anderes zu tun, sprach, die nicht nur auf Budgetnöten oder anderen klaren Kostengesichtspunkten beruhte, es handelte sich um eine Maßnahme, die der konsumtiven Wohlfahrt der großen Mehrheit der englischen Bevölkerung diente, aber die Interessen einer bedeutenden und mächtigen Minderheit schwer verletzte, nämlich die der Grundbesitzer und insbesondere die des englischen Adels. Und daher brandmarkte der Interessenvertreter des englischen Hochadels, der Romancier unter den großen englischen Politikern, Benjamin Disraeli, einen solchen Liberalismus als "Manchesterliberalismus". Einen Manchesterliberalismus als theoretisches Gebäude gab es - zumindest in England - nie: Disraeli bezeichnete mit diesem vor allem auch sozial abschätzigen Wort nur die Gelegenheitskoalition der parlamentarischen "corn law"-Gegner, die in ihren sonstigen Anschauungen ganz heterogen waren.[44] Aber nehmen wir den Dichter Disraeli beim Wort: Manchesterliberalismus ist nach ihm die Durchsetzung eines liberalen Anliegens der großen Mehrheit gegen eine erhebliche und durch die Maßnahme wirtschaftlich schwer getroffene Minderheit; und beachten Sie, es war keineswegs eine sozial besonders

[42] "Paretoeffizient" (nach Vilfredo PARETO) heißt ein ökonomischer Zustand dann, wenn kein Wirtschaftssubjekt mehr in seiner Wohlfahrt besser gestellt werden kann, ohne daß mindestens ein anderes Wirtschaftssubjekt schlechter gestellt werden müßte. Dieser zentrale Bewertungsmaßstab der modernen theoretischen Wirtschaftspolitik beruht ganz und gar auf der Maxime von A. SMITH, "consumption is the sole end and purpose of all production" (siehe FN 14), da unter "Wirtschaftssubjekten" nur diese in der Letztverbraucherrolle verstanden werden. Eine Paretoverbesserung ist andrerseits ein wirtschaftlicher Zustand, bei dem mindestens ein Wirtschaftssubjekt besser gestellt ist, ohne daß andere schlechter gestellt werden.

[43] Siehe ausführlich z.B. GRAMPP (1960), loc.cit. in der folgenden Fußnote, Kapitel 4, "The Campaign for Repeal".

[44] William D. GRAMPP (1960), The Manchester School of Economics, Stanford/Calif., Stanford Univ.Pr. "The designation ... 'the school of Manchester' ... was given contemptuously by Disraeli" (p.3). "It did not have a relatively complete or consistent doctrine" (p. 2), sondern bestand aus einer Gelegenheitskoalition von Parlamentariern, geführt von COBDEN und BRIGHT.

bedürftige Minderheit, die durch die Abschaffung der "corn laws" getroffen wurde - ja auch sie wurde in Wahrheit erst nochmals dreißig Jahre später getroffen. Das Schimpfwort "Manchesterliberalismus" lehrt uns am besten, wie wahrscheinlich die Verwirklichung liberaler Forderungen in der Wirtschaftspolitik ist, wenn sie nicht durch Zwangslagen, Budgetnöte, Kostenvorteile oder Zufallskoalitionen mit anderen Interessengruppen zusätzlich abgestützt sind.

Meine zweite Beispielsserie zur englischen Vorgeschichte des kontinentalen Wirtschaftsliberalismus behandelt die *Gewerbefreiheit*. Hier stehen wir vor einem typischen Fall staatlichen *Nichtkönnens* und der Konsequenz anderweitiger Entwicklungen. Es ist kein Zufall, daß England, eines der ersten europäischen Länder, in dem die Leibeigenschaft, die Bindung des Bauern an die Scholle und ihre Kontrolle durch die Grundhoheit zerbrach, auch das erste Land mit Gewerbefreiheit wurde. Ab dem späteren 14. Jahrhundert und sicherlich ab dem 15. Jahrhundert ist die englische ländliche Bevölkerung frei und freizügig, wobei zweifellos die Tatsache mitspielte, daß, bei der Ausrichtung des englischen Heeres auf die - mythisch verherrlichten[45] - Bogenschützen, dem Staat der freie Großbauer und Großbauernsohn - der *yeoman* - militärisch wichtig war.

Zusammenbruch der grundherrschaftlichen Hoheit und Gewerbefreiheit gehen also Hand in Hand: Ohne festgeschlossene Herrschaftsstruktur zahlreicher ländlicher Machthaber läßt sich einfach nicht kontrollieren, was der einzelne tut. Gewerbekontrolle bedarf bis ins späte 19. Jahrhundert funktionstüchtiger *intermediärer* Gewalten; und intermediärer Gewalten, die interessiert sind, ihre Kontrollrechte auch auszuüben.[46] Damit ist gleichzeitig eine weitere, ja die wichtigste Instanz angesprochen, die im Mittelalter und der Frühneuzeit Gewerbekontrolle betreibt: die *städtische Selbstverwaltung*. Der nach absoluter Macht strebende frühneuzeitliche Staat ist jedoch an einer zu großen Machtfülle städtischer Bürgerschaften nicht interessiert. Entscheidend für die Gewerbefreiheit ist dabei, ob die Städte Gewerbekontrolle auch über ihr umliegendes flaches Land ausüben können; und das durften sie sicherlich in England nicht. Freie Mittel- und Großbauern konnten in England nach dem Mittelalter ohne weiteres so mancher gewerblichen Tätigkeit als *Nebenerwerb* nachgehen; wie etwa die Vorfahren Benjamin Franklins, die nebenbei eine Esse betrieben - der Name "Franklin" bezeichnet, wie jedem Chaucer-Leser geläufig,[47] die schon im Mittelalter rechtlich und wirtschaftlich freie Stellung. Andere vormalige Landleute zogen an für gewerbliche Tätigkeit *günstige Orte*, die ökonomisch, wenn auch nicht rechtlich Städte waren und daher der städtischen Gewerbekontrolle nicht

---

[45] Die Sage von Robin HOOD wird als eine im 15.Jahrhundert aufkommende mythische Verherrlichung des englischen "yeoman" gedeutet.

[46] F.W. HENNING (1989), Industrialisierung in Deutschland 1800-1914, 7.Aufl., Paderborn etc., UTB 145, Schöningh, spricht p. 43 für Deutschland im späteren 18.Jahrhundert von einer "Nichtgeltendmachung ... persönlicher Bindungen ... Mit der Bevölkerungszunahme (!) waren Arbeitskräfte im Überfluß vorhanden, so daß die bisherigen Berechtigten nicht mehr auf Zwangsdienste angewiesen waren", wodurch die Freizügigkeitsbeschränkungen fallen.

[47] Geoffrey CHAUCER, The Canterbury Tales, The Franklin's Tale, nach 1387. Zum Übergang zum Ausdruck "yeoman" statt "franklin" siehe Mildred CAMPBELL (1942), The English Yeoman Under Elizabeth and the Early Stuarts, Nachdruck New York 1968, A.Kelley, p. 13 ff.

unterlagen, wie die Vororte Londons,[48] oder Birmingham und Manchester. Hinzu kamen technische Entwicklungen, die das ländliche Gewerbe begünstigten: "Water power", schrieb Sir John Clapham, "had been a solvent of guild-power from the days of the first rural fulling mill".[49] Das ist richtig, setzt aber voraus, daß weder der Grundherr noch die nahegelegene Stadt eine rechtliche Kontrolle über eine aus natürlichen Gegebenheiten notgedrungen ländliche "Loden"-Walke besitzt.

Der englische *Staat* machte zwar im späten 16. Jahrhundert heroische Anstalten, anstelle der nicht mehr vorhandenen und auch nicht neu zu fördernden intermediären Gewalten zu treten. Nicht zufällig versuchen gleichzeitige elisabethanische "Statutes" die ländliche Seßhaftigkeit, die Armenversorgung durch die Gemeinde als Motiv für Mobilitätsbeschränkungen und die Gewerbekontrolle in Form vor allem von Ausbildungsnormen zu erhöhen: mit den 1598 zusammengefaßten Statutes von 1572 und 1576 zur Armenbeschäftigung und gegen Vagabunden und dem Statute of Apprentices von 1563.[50] Aber mangels bürokratischen Apparates des Zentralstaates ist all das auf die freiwillige Mitwirkung weiter Bevölkerungskreise angewiesen. Und im Zuge des Mobilitätsschubs der Bürgerkriege von 1640 bis 1660 und der Notwendigkeit, Zivilberufe für entlassene Soldaten zu finden,[51] zerbricht dieser Kontrollversuch schon gut ein halbes Jahrhundert später. 1662 wird zwar nochmals ein Law of Settlement statuiert, im wesentlichen aber nur gegen Arbeitsunfähige oder Arbeitsunwillige. Der männliche Arbeitsfähige durfte wandern, weil er sich selbst erhalten konnte.[52] Es ist ein Gemeinplatz, daß England so ab dem späten 17. und erst recht im 18. Jahrhundert, einfach infolge eines zunehmenden Kontrollvakuums, mehr nolens als volens in die Gewerbefreiheit hineingeschlittert ist, nicht unwesentlich freilich unterstützt durch die Administrationsskepsis der Gerichte.[53] Auch die

[48] Siehe CLAPHAM (1949), loc.cit. in FN 41, p. 254 ff. p. 255 betont er bezüglich London: "Illegal unapprenticed men ... could so easily set up in the suburbs out of the reach of wardens and search".

[49] CLAPHAM (1949), loc.cit. in FN 48, p. 253.

[50] Siehe etwa E.LIPSON (1948), The Economic History of England, Vol.III, The Age of Mercantilism, 5th Ed., London, A. & Black, p. 279 ff. zum Statute of Apprentices (1563) und seiner späteren Handhabung und p. 410 ff. zu den verschiedensten "Acts", die zusammen als "Poor Law" bzw. "Vagrancy" acts bezeichnet wurden.

[51] LIPSON (1948), loc.cit. in FN 50 betont p. 286: "The Civil War relaxed the bonds of society and weakened the respect for traditional economic practices". Vor allem brach über längere Perioden der administrative Kontrollmechanismus zusammen. CLAPHAM (1949), loc.cit. in FN 41, nennt diese Kontrollen "shaken when Oliver's government suspended apprenticeship law to help demobilized soldiers into industry" (p. 259) und sagt p. 260: "By 1670 there were 'illegal men' in every town of England and in every trade".

[52] CLAPHAM (1949), loc.cit. in FN 48 hält p. 304 fest: "Everything goes to show that the law did not interfere appreciably with the mobility of the single man looking for work". (Gemeint mit "the law" sind die Bestimmungen gegen Bettler und Vagabunden.)

[53] Die Gewerbefreiheit wurde auch durch die Sitte von London verstärkt, die von den Gerichten extensiv auf ganz England ausgedehnt wurde. "The custom of London had always allowed freemen of one company to practice the trade of another (!) - or no trade at all". "Before 1600 the Court of King's Bench had applied this generally - a man who had been apprenticed to any trade named in the Act might practice any other" (CLAPHAM 1949, loc.cit. in FN 48, p. 255, 256).

staatliche *Lohnregulierung* Englands brach im 18. Jahrhundert vor allem deshalb zusammen, weil die Unternehmer die Furcht vor einem ineffektiv gewordenen Privy Council verlieren, wobei in einem Fall 1756 der Hohn über das staatliche Machtvakuum noch mit moralischer Entrüstung verbrämt wird: Es sei "repugnant ... that any law (!) should supersede a private contract honourably made between a master and his workman".[54]

Im *Mitteleuropa* war es letztlich nicht anders. Brusatti betont für das 18. Jahrhundert, "daß die Landesherren noch keinen entsprechenden Beamtenapparat zur Ausdehnung ihrer Wirtschaftsmacht zur Verfügung hatten".[55] Stark genug wurden die mitteleuropäischen Staaten vorerst nur zur Zerschlagung intermediärer Gewalten. Der absolute Staat mißtraute ab dem 18. Jahrhundert der städtischen Wirtschaftskontrolle; und insbesondere die Aufhebung fast aller unabhängigen Reichsstädte um 1800 war ein markanter Einschnitt. Aber wirtschaftlich regulierungsfähig wurden die Staaten durch diese politischen Kraftakte noch nicht. Höchst bezeichnend definiert *das* zentrale deutschsprachige wirtschaftspolitische Lehrbuch des 2. Viertels des 19. Jahrhunderts, das von Rau, rein negativ: "Den Zustand, in welchem kein Zunftzwang besteht, pflegt man *Gewerbefreiheit* zu nennen"[56] und fügt hinzu "in Staaten oder Gegenden, die einen großen, mit vielfachem Wechsel des Erfolges verbundenen Schwung des Fabrikswesens oder des Handels zeigen, sind beschränkende Maßnahmen [scil. der Ansässigmachung] ohne große Schwierigkeiten nicht anwendbar".[57] Staatliche Fabriksprivilegien waren keine Gewerbekontrolle, sondern trugen vielmehr zu deren Unterhöhlung nennenswert bei.[58] Und der Angelpunkt, der die Gewerbefreiheit unumgänglich macht, war (in Österreich und Süddeutschland) wiederum die *Bauernbefreiung* von 1848. Im Lichte gerade auch dieser notwendigen wirtschaftlichen Konsequenz verstehen wir, warum der vornehmlich politisch-liberale und humanitäre Akt der Bauernbefreiung liberalen politischen Ideologen so wichtig war. Mangels Kontrollapparats *muß* Gewerbefreiheit auf Freizügigkeit und Niederlassungsfreiheit folgen: Wirtschaftsliberalismus ist, so merkwürdig das klingen mag, *Konsequenz* absolutistischen *Zentralismus*, der die alten, intermediären Mächte zerbrochen, einen neuen Machtapparat aber noch

Überhaupt ist der Gewerbeliberalismus der englischen Gerichtshöfe nicht zu unterschätzen: "There is a note in the Privy Council records of 1669 that the Elizabethan apprentice law had 'been by most of the judges looked upon as inconvenient to trade and ... inventions (!)'". (CLAPHAM 1949, loc.cit., p. 259.)

54 Siehe LIPSON (1948), loc.cit. in FN 50, p. 267, 268.

55 Alois BRUSATTI (1965), Österreichische Wirtschaftspolitik vom Josephinismus zum Ständestaat, Wien, Jupiter, p. 14.

56 Karl Heinrich RAU (1858), Grundsätze der Volkswirthschaftspolitik mit anhaltender Rücksicht auf bestehende Staatseinrichtungen, Zweite Abtheilung, 4.Aufl., Heidelberg, Karl Winter, p. 5. (1.Aufl.:1828.)

57 Karl Heinrich RAU (1854), Grundsätze der Volkswirthschaftspolitik mit anhaltender Rücksicht auf bestehende Staatseinrichtungen, Erste Abtheilung, 4.Aufl., Heidelberg, Karl Winter, p. 27. (1.Aufl.: 1828.)

58 Ferdinand TREMEL (1969), Wirtschafts- und Sozialgeschichte Österreichs, Wien, Deuticke, p. 251 f. Er definiert (p.251) eine "Fabrique" als "einen außerhalb der Zünfte stehenden gewerblichen Betrieb, der mit kaiserlichen Privilegien ausgestattet ist."

nicht aufgebaut hat. Und so ist die weitgehende Gewerbefreiheit Mitteleuropas kurz nach 1848 gewissermaßen der "natürliche Urzustand". Mit der Herausbildung der Gewerbe- und Handelskammern in Österreich einerseits[59] und einer sich dauernd vergrößernden innenpolitischen Bürokratie im Laufe des 19. Jahrhunderts andrerseits wächst die Regelungs*fähigkeit* des Staates im Gewerbewesen: Was der Staat nicht kann, behaupten Staatsmänner auch nicht zu wollen; was aber möglich wird, das wird gewollt.[59a] Und damit ist der Abbau der Gewerbefreiheit im Laufe des 19. und erst recht im 20. Jahrhundert nur die zu erwartende Konsequenz aus der steigenden Regelungspotenz, anders ausgedrückt: Arbeitsbeschaffung für vorhandene und Rechtfertigung für zusätzliche *Beamtenstellen*. Nur sehr teilweise spiegelt er den Wertewandel einer Abkehr von wirtschaftsliberalen Idealen.

V. Aussagen der deutschsprachigen wirtschaftspolitischen Literatur am Höhepunkt der liberalen Ära des 19. Jahrhunderts

Wenden wir uns als nächstes den *wirtschaftspolitischen Aussagen* der *wirtschaftswissenschaftlichen Hochliteratur* im deutschsprachigen Raum in den mittleren beiden Vierteln des 19. Jahrhunderts zu. Dominierend sind hier zuerst das in vielen Auflagen erschienene vierbändige Werk von Karl Heinrich Rau,[60] dessen zweiter Band "Grundsätze der Volkswirthschaftspolitik - mit anhaltender Rücksicht auf bestehende Staatseinrichtungen" heißt, und hernach das in noch viel mehr Auflagen (durch ein dreiviertel Jahrhundert, bis 1926!) erschienene fünfbändige Werk von Wilhelm Roscher,[61] dessen 2., 3. und 5. Band die Wirt-

[59] Den in der Kammerstaatsmythologie aufgewachsenen Österreicher überrascht es, daß die Handels-, bzw. Handels- und Gewerbekammern im deutschsprachigen Raum eine französische Erfindung der napoleonischen Ära sind; siehe Hermann KELLENBENZ (1981), Deutsche Wirtschaftsgeschichte, Bd.II, Vom Ausgang des 18.Jahrhunderts bis zum Ende des Zweiten Weltkrieges, München, Beck, p. 58 f. Zu den freilich doch ungleich potenteren österreichischen Handelskammern nach 1848 siehe Hundert Jahre Handelskammern in Österreich, Festschrift zur Zentenarfeier der ersten österreichischen Handelskammer in Wien, Wien 1948, Bundeskammer der Gewerblichen Wirtschaft.

[59a] Professor Alfred BÜRGIN-WOLFF erklärte in der Diskussion freimütig, er werde nicht klug aus meinem Fazit: Sowohl Budgetnöte wie fehlende bürokratische Stäbe gäbe es immer. BÜRGIN ist sicher Recht zu geben, daß die Fragen, in welcher Richtung man Budgetnöte saniert und welche Beamtenstäbe man ausbaut, durchaus zentrale, politische Wertentscheidungen sind. Doch scheinen mir die natürlich stets vorhandenen Begrenzungen und Engpässe doch von unterschiedlicher Fühlbarkeit zu sein und vor allem oft unerwartet aufzutreten oder nur langfristig sanierbar zu sein.

[60] Karl Heinrich RAU, Lehrbuch der politischen Oekonomie, Bd.I: Grundsätze der Volkswirthschaftslehre, 1826, 8.Aufl. 1869, Heidelberg, K.Winter, Bd.II: Grundsätze der Volkswirthschaftspflege, 1828, 5.Aufl. 1862, Heidelberg, K.Winter; Bd.III: Grundsätze der Finanzwissenschaft, 2.Teile, 1832 und 1837, 5.Aufl. 1864 und 1865, Heidelberg, K.Winter.

[61] Wilhelm Georg Friedrich ROSCHER, System der Volkswirthschaft, Bd.I: Die Grundlagen der Nationalökonomie, 1854, 26.Aufl. 1922, Stuttgart, Cotta; Bd.II: Nationalökonomik des Akkerbaus und der verwandten Urproduktionen, 1859, 14.Aufl. 1912, Stuttgart, Cotta; Bd.III: Nationalökonomik des Handels und Gewerbefleißes, 1881, 8.Aufl. 1913-1917, Stuttgart, Cotta;

schaftspolitik behandeln, der fünfte, volle vierzig Jahre nach dem ersten erschienen, gleichsam ein Nachgedanke und erst im Todesjahr veröffentlicht, nunmehr dem neuen Problem der Sozialpolitik gewidmet.

Es ist bisher viel zu wenig beachtet worden, daß Rau der erste Ökonom ist, der eine *Theorie der allgemeinen Wirtschaftspolitik* vorträgt, die auf einem *klaren, einheitlichen* Prinzip beruht. Gleich am Anfang seines wirtschaftspolitischen Werkes sagt er: "Nach vorstehenden Betrachtungen muß die Staatsgewalt darauf verzichten, die ganze Erzeugung, Vertheilung und Verzehrung der Sachgüter in einem Volke durch Befehle und Verbote zu regeln, und nur da sich thätig einmischen, wo ohne ihren Beistand ein wichtiger volkswirthschaftlicher Erfolg gar nicht, oder nur spät oder in geringem Maaße erreicht werden würde, sie muß ferner da, wo eine Mitwirkung von ihrer Seite Bedürfniß ist, in der Anwendung von Zwangsmitteln behutsam sein. Doch sind Gebote und Verbote in manchen Fällen nothwendig, wo der Einzelne durch Verfolgung seines Vortheils gemeinschädlich wirken kann".[62]

Wirtschaftspolitik, würden wir heute sagen, wird also von Rau begründet mit *Marktversagen infolge positiver oder negativer externer Effekte*;[63] ja die Theorie externer Effekte geht im Grunde auf Rau zurück und wurde über den stark von Rau beeinflußten[64] Alfred Marshall in die moderne Ökonomie eingeführt.[65] Der Ansatz beruht auf Adam Smith[66], der ihn aber nicht so in den Mittelpunkt stellt. Rau *verengt* nämlich - zumindest in seinen allgemeinen einführenden Bemerkungen - die erstaunlich breite und diffuse Palette Smithscher Politikempfehlungen: *Nicht* mehr erwähnt werden die wirtschaftspolitischen Belange der *äußeren und inneren* Sicherheit, die Smith, hierin ganz noch ein Kind des 18. Jahrhunderts, an *erster* Stelle herausstreicht.[67] Rau fährt fort: "Demnach ist auch das System einer unbeschränkten *Erwerbsfreiheit*, obschon das leichteste, nicht zureichend. Man soll jedoch, weil jedes Zwangsmittel schon als solches ein gewisses Uebel ist und zu manchen Störungen der Nahrungsverhältnisse

Bd.IV: System der Finanzwissenschaft, 1886, 5.Aufl. 1901, Stuttgart, Cotta; Bd.V: System der Armenpflege und Armenpolitik, 1894, 3.Aufl. 1906, Stuttgart, Cotta.

62 RAU (1854), loc.cit. in FN 57, p. 5.

63 Externe Effekte sind positiv oder negativ bewertete Auswirkungen von Konsum oder Produktion eines Gutes auf andere Personen als die Konsumenten oder Produzenten desselben (Drittwirkungen), wobei diese Auswirkungen nicht in die private Wirtschaftsrechnung des Verursachers eingehen.

64 Siehe Erich W. STREISSLER (1990), "The Influence of German Economics on the Work of Menger and Marshall", History of Political Economy, 22, suppl., p. 31-68.

65 Alfred MARSHALL (1890), Principles of Economics, London, Macmillan, 8.Aufl. 1920, Buch IV, Kap.ix,xi., weitergeführt von Arthur C.PIGOU (1920), The Economics of Welfare, London, Macmillan, Teil II, Kap.viii.

66 SMITH (1776), loc.cit. in FN 9, nennt IV.ix.51 als dritte der "three duties ... the sovereign has only ... to attend to": "thirdly, the duty of erecting and maintaining certain public works and certain public institutions, which it can never be for the interest of any individual, or small number of individuals, to erect and maintain; because the profit could never repay the expence to any individual or small number of individuals, though it may frequently do much more than repay it to a great society".

67 SMITH (1776), loc.cit. in FN 9, IV.ix.51: "First, the duty of protecting the society from the violence and invasion of other independent societies".

Anlaß geben kann, sich nicht ohne reifliche Abwägung der Vortheile und Nachtheile hierzu [sc. den Geboten und Verboten] entschließen".
Wichtig ist es Rau festzuhalten, daß "die Fälle eines Widerstreites zwischen dem allgemeinen und dem Privatvortheile nicht ... so häufig [seien] ... als es bei der früheren Bevormundung der Volkswirthschaft vorausgesetzt wurde".[68] Ganz in unserem Sinne betont Rau also, daß für den Staat am einfachsten Gewerbefreiheit ist - und damit ist notgedrungen diese die Politik des Staates ohne Regulierungsapparat; und er fügt bereits ein später von Carl Menger ausgebautes[69] Argument hinzu, daß selbst bei wünschenswerter Wirtschaftspolitik dieser noch der Nachteil des Zwangseingriffes an sich gegenzurechnen ist. Auf alle Fälle streicht er jedoch die typisch liberale *Umkehr der Beweislast* in der Wirtschaftspolitik heraus: Eingriff, und nicht Nichteingreifen, ist wohl zu begründen. John Stuart Mill hat dies dann klar festgehalten: "It is hardly possible to find any ground of justification common to ... all ... the admitted functions of government ..., except the comprehensive one of general expediency; nor to limit the interference of government by any universal rule, save the simple and vague one, that it should never be admitted but when the case of expediency is strong."[70]
Als nicht zwingende Maßnahmen empfiehlt Rau "Belehrung ..., Ermunterungen ..., Hinwegräumen von Hindernissen ... (und) Errichtung, Pflege und Leitung oder (!) Beaufsichtigung verschiedener Hülfsanstalten." Und natürlich ist von besonderer Bedeutung für den wirtschaftlichen "Eifer" die "*Befestigung des Rechtszustandes* und der *gesetzlichen Freiheit* im Staate".[71] Institutionell hält Rau fest: "Die oberste Leitung ... (der) Volkswirthschaftspflege ... geschieht in den meisten Ländern vom *Ministerium des Innern*, in welchem häufig eine besondere Abtheilung (Section) für diese Gegenstände gebildet ist ... Diese Einrichtung darf in kleineren Staaten als die beste angesehen werden ... Einige Zweige des gesamten Geschäftsgebietes sind theils wegen der erforderlichen Kenntnisse, theils wegen des genauen Zusammenhanges finanzieller und volkswirthschaftlicher Zwecke, gewöhnlich an Finanzbehörden übertragen."[72] Wirtschaftspolitik ist also nach Rau gar nicht ministrabel: Wir erkennen die zentrale Wurzel liberaler "Nichtpolitik" mangels eines spezialisierten administrativen Apparates.[73]

---

68 RAU (1858), loc.cit. in FN 56, p. 6, p. 4. RAU fügt hinzu: "Meistens weiß der einzelne Bürger besser, als die Regierung, was ihm den größten Vortheil verspricht" (p. 4).

69 Siehe Erich W. STREISSLER und Monika STREISSLER (Hg.), 1994d, Carl Menger's Lectures to Crown Prince Rudolf of Austria, Aldershot, E.Elgar, p. 19.

70 John Stuart MILL (1848), Principles of Political Economy With Some of their Applications to Social Philosophy, London, Parker, Ausgabe Penguin Books, D.WINCH (Hg.), Harmondsworth 1970, Buch V, 1.Kap., § 2, p. 151.

71 RAU (1854), loc.cit. in FN 57, p. 7 f., p. 34.

72 RAU (1858), loc.cit. in FN 56, p. 10 f.

73 In größeren deutschen Staaten werden Handelsministerien vielfach in der ersten Hälfte des 19.Jahrhunderts wieder abgeschafft und etablierten sich erst nach 1848. So schuf Preußen 1817 ein Ministerium des Handels, der Gewerbe und des gesamten Bauwesens, das 1834 wieder aufgelöst wurde und erst 1848 (einschließlich der Ackerbauagenden) wieder erstand; siehe KELLENBENZ 1981, loc.cit. in FN 59, p. 48. In Österreich wurde das 1848 gegründete Handels-

Es würde verlocken, auf Raus wirtschaftspolitische Ideen im Detail einzugehen; doch dazu fehlt hier der Raum. Nicht übergangen werden darf jedoch seine an zentraler Stelle, nämlich gleich auf der ersten Seite des zweiten Teiles seines wirtschaftspolitischen Buches gebrachte Begründung für eine weitgehende staatliche *Inaktivität in Gewerbesachen*: "Die Gewerksarbeit bietet nicht, wie die Erdarbeit, den Anblick einiger großen Hauptgewerbe dar, deren jedes von vielen Menschen betrieben wird, sie zerfällt vielmehr in eine große Menge einzelner Gewerbe, die sich häufig durch neue Spaltungen noch mehr vermehren. Dieselben kommen ungeachtet ihrer in mehrfacher Hinsicht stattfindenden Verschiedenheiten doch größtentheils miteinander überein. Daher ist die Regierung der Mühe überhoben, für jedes einzelne Gewerke auf ähnliche Weise zu sorgen, wie es bei den Zweigen der Landwirthschaft Bedürfniß ist, auch würde dieß ein unabsehbar großes Feld sein."[74] Kurz gesagt: Gewerbepolitik ist erstens viel zu kompliziert, als daß man sie angehen sollte. Sie ist im allgemeinen - das heißt bis auf die von Rau dann dargestellten Ausnahmsfälle - unmöglich, aber auch, erstaunlicherweise für den modernen Leser, unnotwendig:[75] Denn es ist die *Landwirtschaft* nach Rau, die *vornehmlich negative extern*e Effekte hervorbringt, die Gewerbe hingegen tun das nicht, sie "kommen ... größtentheils miteinander überein", eine genaue *Umkehrung* der typischen Sicht, wie wir sie heute hätten. Die negativen externen Effekte der Land- und Forstwirtschaft, die Rau nennt, werden von Carl Menger in seinen kurzen Vorlesungen dem Kronprinzen Rudolf genau expliziert: Abhaltung von Wind durch Baumpflanzungen, Vermeidung von Bodenerosion, Verkarstung, Überschwemmungen.[76] Dagegen muß der Staat etwas tun! Rau spiegelt bereits den typischen Unterschied zwischen dem mitteleuropäischen Kontinent und Großbritannien wieder: *Der Kontinent ist seit jeher der Hort agrarischen Wirtschaftsinterventionismus*, der in England erst im 20.Jahrhundert nach und nach vom Kontinent importiert wird.

Aber auch im *Agrarbereich* dringt mancher durch neue Sacherkenntnis gerechtfertigte Wirtschaftsliberalismus am Kontinent von England her ein. Gleich zweimal[77] behandelt Rau, kurzen Bemerkungen von Adam Smith folgend,[78] die optimale Wirtschaftspolitik bei *Hungersnöten*: Sie besteht nämlich im Nichtstun: "Die Vorstellung, daß die Theuerung mehr die Folge wucherlicher Künste, als unwillkürlicher Umstände sei, hat zur Empfehlung verschiedener Zwangsmittel

ministerium 1859 (wenn auch nur auf zwei Jahre) wieder aufgelöst (TREMEL 1969, loc.cit. in FN 58, p. 346.)

[74] RAU (1858), loc.cit. in FN 56, p. 1. Dies ist der erste Satz dieses Buches.

[75] Zur Diskussion von Unmöglichkeit und Unnotwendigkeit siehe Erich W. STREISSLER (1993b), Unmöglichkeit und Notwendigkeit der Wirtschaftspolitik als bleibendes Dilemma, Walter Adolf Jöhr-Vorlesung 1993, St.Gallen.

[76] Siehe STREISSLER/STREISSLER (1994d), loc.cit. in FN 69, Heft VII, 55 verso, 56 recto, wiedergegeben p. 130. MENGER folgt RAU (1854), loc.cit. in FN 57, p. 309-312, insbes. p. 311.

[77]RAU behandelt die zweckentsprechenden "Nicht"-Maßnahmen bei Hungersnöten sowohl in seinem zuerst erschienenen Theorielehrbuch, wie dann in seinem Politiklehrbuch: RAU (1854), in FN 57, § 139 f., p. 271-274 und davor Karl Heinrich RAU (1826), Grundsätze der Volkswirthschaftslehre, Heidelberg, C.F. Winter, § 171, p. 120, § 185, p. 132.

[78] RAU folgt insbesondere SMITH (1776), in FN 9, IV.v.b.7, p. 39.

geführt, die ihre Bestimmung nothwendig verfehlen mußten, weil sie, ohne die Vorräthe zu vergrößern, nur die Zehrer in Furcht setzten, die Getreidebesitzer vom Verkaufe abhielten und dadurch die Preise noch weiter steigerten".[79]
Die Tatsache, daß Rau als einflußreichster mitteleuropäischer Autor der ersten Hälfte des 19. Jahrhunderts externe Effekte, Drittwirkungen also, viel eher von der Landwirtschaft als von der Industrie erwartet, mag auf *natürliche* Unterschiede Mitteleuropas gegenüber England zurückgehen: Bei kontinentalerem Klima und gebirgigerem Landschaftsprofil sind Erosion und Verkarstung größere Gefahren. Doch ist zu vermuten, daß Rau implizit auch unsere Zentralthese bestätigt: *Wirtschaftspolitik erscheint gemeiniglich dann "notwendig", wenn man an Behörden gewöhnt ist, die sie durchführen*; und externe Effekte sehen die Ökonomen dort, wo ihre Erfahrung mit bestimmten Wirtschaftsmaterien diese zu sehen gelehrt hat. (Umgekehrt tendierte der größte doktrinäre liberale Denker unseres Jahrhunderts, Friedrich August von Hayek, dazu, externe Effekte so gut wie überall zu leugnen: Externe Effekte liegen also zum erheblichen Teil im Auge des Betrachters!)
Diese Vermutung wird erhärtet durch eine rein historische Zufälligkeit: In England erstreckt sich das Bergregal seit dem Mittelalter nur auf Edelmetalle, alle anderen Bergrechte gehörten dem Grundherren. Entsprechend bleibt der Bergbau im 18. und weitgehend im 19. Jahrhundert unreguliert. Die reichsten englischen Hochadelsfamilien wurden - neben der Stadtentwicklung[80] - durch Bergbau reich.[81] In Mitteleuropa, wie überhaupt am Kontinent, geht jedoch seit jeher das Bergregal viel weiter. Entsprechend gibt es seit dem Mittelalter Bergbaubehörden. Und diese *rein historische Zufälligkeit* führt dazu, daß die *Bergbaupolitik in Mitteleuropa* immer *staatsinterventionistisch* bleibt, lediglich mit leichten Schwankungen im Grad der Liberalität der Handhabung. Prompt sieht Rau im Bergwesen die Gefahr negativer externer Effekte: "Daß der Bergbau schwer in Aufnahme kommen würde, wenn jeder Grundeigner ausschließlich über die unter seinen Ländereien enthaltenen nutzbaren Mineralien zu verfügen hätte, leidet keinen Zweifel, weil es den Grundeigenthümern an Geschicklichkeit, Capital und Neigung zu bergmännischen Unternehmungen sehr häufig fehlt, und wo auch dieß nicht der Fall ist, doch die Zerstückelung der Ländereien und die Schwierigkeit einer Vereinbarung[82] mehrerer Eigenthümer die Betreibung des Bergbaues oft verhindern würde."[83]

---

[79] RAU (1854), in FN 57, p. 272.
[80] In der Londoner Stadtentwicklung am bekanntesten die Herzöge von BEDFORD, DEVONSHIRE, PORTLAND und WESTMINSTER, außerhalb Londons insbesondere der Marquess of BUTE. Siehe J.V. BECKETT (1986), The Aristocracy of England 1660-1914, Oxford, Blackwell, Kap.8 ("The Aristocracy and the Towns") und passim.
[81] Siehe BECKETT (1986), Kap.6 mit den Abschnitten on "mineral resources". Am bekanntesten sind die Bergbau-Vermögen der Herzöge von BRIDGEWATER, NORTHUMBERLAND und SUTHERLAND sowie der Grafen von DUDLEY, LONSDALE (Lowther) and SCARBROUGH (Lumley).
[82] "Schwierigkeiten der Vereinbarung", oder, in der Sprache des heutigen Ökonomen, hohe Transaktionskosten der Vertragsgestaltung, wären nach dem bekannten COASE-Theorem des Nobelpreisträgers Ronald COASE nun echte Gründe für das Fortbestehen externer Effekte: Ihre

Noch klarer werden die externen Effekte angesprochen in seiner zentralen Rechtfertigung der Intervention auch beim *Bergwerksbetrieb*: "Es muß nämlich dafür gesorgt werden, daß die Privatunternehmungen nicht des augenblicklichen Gewinns wegen[84] die höheren volkswirthschaftlichen Zwecke gefährden."[85] Rau bekennt freilich: "Es ist nicht leicht, die Merkmale eines Raubbaus richtig anzugeben"[86], und bleibt sie uns schuldig. Die vornehmlich historische Prägung seines zwar in der Argumentationsstruktur nicht falschen, aber doch von einer Fülle von problematischen Annahmen abhängigen ökonomischen Urteils erhellt aus der Fußnote: "Diese Gründe sind nur auf Erze, Steinkohle und Steinsalz in vollem Maaße anwendbar, nicht auf Mauersteine, Lehm, Mergel, Gyps etc., weßhalb diese auch gewöhnlich nicht zu dem Bergregale gehören".[87] Ob das historisch gewachsene Bergregal Mitteleuropas so als ökonomisch vernünftig begründet werden kann, muß bezweifelt werden. Und die ganze Argumentation wird aus den Angeln gehoben durch Raus lapidaren Nachsatz: "In England ist der Grundeigenthümer auch Herr über die Mineralien".[88] Schwer wäre es Rau wohl gefallen zu behaupten, daß der englische Bergbau nicht "in Aufnahme" gekommen war!

Daß viel eher dort wirtschaftspolitische Eingriffe empfohlen werden, wo die staatliche Gemeinschaft an einer ökonomischen Tätigkeit besonderes Interesse zeigt und dieses durch eine Schar sachkundiger Beamten manifestiert, wird schon bei Adam Smith klar. Er empfiehlt eine *Bankregulierung* im Sinne einer Beschränkung des Papiergeldumlaufes nur auf Handelsbedarfe und nicht für Zwecke des Geldbedarfes der Durchschnittskonsumenten: "Such regulation may, no doubt, be considered as in some respect a violation of natural liberty. But those exertions of the natural liberty of a few individuals, which might endanger the security of the whole society, are, and ought to be, restrained by the laws of all governments; of the most free, as well as of the most despotical. The obligation of building party walls, in order to prevent the communication of fi-

Internalisierung durch wechselseitige Verträge käme zu teuer. Damit wäre tatsächlich ein Grund für Staatseingriff gegeben. Doch spricht alles dagegen, daß diese Schwierigkeiten gerade bei den faktisch wie rechtlich sehr klaren und sehr lokalen Gegebenheiten in nennenswertem Maße auftreten. Siehe Ronald H. COASE (1960), "The Problem of Social Cost", Journal of Law and Economics 3, p. 1-44.

83 RAU (1854), loc.cit. in FN 57, § 36, p. 64.

84 "Des augenblicklichen Gewinnes" wegen: Angenommen wird, daß private Bergbauunternehmer eine höhere Zeitpräferenzrate hätten als die gesellschaftlich optimale. Das wieder setzt voraus, daß die verschiedenen individuellen Zeitpräferenzraten nicht durch einen vollkommenen Kapitalmarkt zum Ausgleich kommen, insbesondere z.B. wegen Kreditrationierung. Kreditrationierung und überhaupt unvollkommene Kapitalmärkte für die erste Hälfte des 19.Jahrhunderts implizit anzunehmen, ist durchaus plausibel. Das weitere Implikat, daß damalige private Bergbauunternehmer in höherem Maße kreditrationiert gewesen seien als die Regierungen, ist es hingegen im allgemeinen keineswegs. Fazit: Der "augenblickliche Gewinn" kann angesichts des noch geringen Wohlstandes pro Kopf damals durchaus optimal gewesen sein, obwohl er es auf einem rein hypothetischen reicheren Versorgungsniveau nicht wäre.

85 RAU (1854), FN 57, § 38, p. 67.

86 ibid., p.67.

87 RAU (1854), FN 57, § 36, FN (b), p. 65.

88 ibid., p. 65.

re, is a violation of natural liberty, exactly of the same kind with the regulations of the banking trade which are here proposed".[89] An die Verpflichtung, Feuermauern zu bauen, waren die Londoner seit dem Wiederaufbau nach dem "Great Fire" von 1666 gewöhnt;[90] und für diese Maßnahme gab es wirksame Überwachungsorgane. Sie ist Smith anschauliches Beispiel für Wirtschaftsregulierung wegen negativer externer Effekte. "Sicherheit" des Finanzsystems mit der Sicherheit menschlichen Leibes und Lebens gleichzusetzen, wie es hier Smith tut, ist nämlich im Grunde nur ein Wortspiel; denn die beiden sind wesensverschieden, obwohl beide mit der Figur externer Effekte beschreibbar. Wie dem auch sei, eine *Bankenaufsicht* ist ein weiterer typischer Bereich staatlicher Regulierung in Mitteleuropa, selbst am Höhepunkt liberaler Politik, und zwar aus begründbarer "Notwendigkeit" wie als eine bürokratisch stets "mögliche" Maßnahme. Ein im wesentlichen österreichisches Spezifikum bleibt hingegen die soeben zu Ende gehende, eineinhalb Jahrhunderte währende Tradition, den großen Banken darüber hinaus eine quasistaatliche industriepolitische Verantwortung[91] zu übertragen, wohl in der Hoffnung, Industriepolitik werde auf diese Art "sachkundiger" und effizienter werden.

Roscher ehrte Rau als schlechthin "*den Volkswirtschaftslehrer der gut regierten deutschen Mittelstaaten von 1815 bis 1848*".[92] Er selbst betont hingegen, es sei "eine nationale (!) Eigenthümlichkeit der Deutschen ... die aus England oder Frankreich *eingeführte Regel der Verkehrsfreiheit* durch zahlreiche Ausnahmen zu Gunsten der Staatseinmischung zu durchbrechen".[93] Das sind aber mehr höfliche Verbeugungen vor den Fürsten. In der Substanz seiner Argumente erweist sich Roscher nämlich als kaum weniger "verkehrsfreiheitlich" als Rau, so daß wir festhalten können, daß die deutschsprachige wirtschaftspolitische Orthodoxie während der ersten drei Viertel des 19. Jahrhunderts erstaunlich liberal war. Roscher vertrat sogar die Ansicht, daß die *historische Gesetzmäßigkeit* mit der Entwicklung der Volkswirtschaft notwendig zu *mehr und mehr Liberalismus* führen müsse![94] "Mit uns zieht die neue Zeit", müßten also nach Roscher gerade

[89] SMITH (1776), loc.cit. in FN 9, p. 324, II.ii.94.

[90] Baupolizeiliche Vorschriften wurden in London insbesondere nach dem "Great Fire" von 1666 erlassen, 1707 und 1709 durch Reduktion der zulässigen externen Holzelemente verschärft und dann 1774, knapp bevor SMITH publizierte, mit genauen Maßregeln zur Mauerstärke und zu den Feuermauern für verschiedene Hausklassen zusammengefaßt; siehe John SUMMERSON (1962), Georgian London, Harmondsworth, Pelican, p. 53 f., p. 68 ff., p. 125 ff., sowie M. Dorothy GEORGE (1965), London Life in the Eighteenth Century, Harmondsworth, Penguin, p. 86.

[91] Siehe insbesondere Eduard MÄRZ (1968), Österreichische Industrie- und Bankpolitik in der Zeit Franz Joseph I., Wien etc., Europaverlag.

[92] Wilhelm ROSCHER (1874), Geschichte der National-Oekonomik in Deutschland, München, Oldenbourg, p.855, Hervorhebung durch ROSCHER selbst.

[93] ROSCHER (1874), loc.cit. in FN 92, p. 1014 f.

[94] Wilhelm ROSCHER, (1864), Die Grundlagen der Nationalökonomie, 5.Aufl., Stuttgart, Cotta, § 97, p. 180 ff.: "Ganz vornehmlich wächst mit der Kultur die Freiheit des Umlaufes ... Die freie Concurrenz, Handels- und Gewerbefreiheit (lauter technische Ausdrücke für die Freiheit schlechthin auf dem wirthschaftlichen Gebiete) ist die natürliche Folgerung" aus der Ent-

die Liberalen und nicht die Sozialisten singen, wobei es gerade Roscher ist,[95] der als erster fast alle denkbaren Argumente[96] gegen die Tauglichkeit einer sozialistischen Wirtschaftsordnung (im klassischen Sinne - also gegenüber Gemeineigentum - wie auch schon - erstaunlicherweise - gegenüber einer Planwirtschaft) ausführte.

Eine Einschränkung der Wirtschaftsfreiheit ist jedoch bei ihm besonders interessant, nämlich die bezüglich der *Forstwirtschaft*. Die Forstwirtschaft ist nach Roscher nämlich in ihren materiellen Bedingungen *rückständig*, weswegen das zum Liberalismus führende Entwicklungsgesetz bei ihr (noch) *nicht* gilt: "Die Forstwirtschaft erheischt auf einer gegebenen Landstrecke so wenig Arbeit, ihre Gegenstände sind so wenig mannigfach und ihr Betrieb so regelmäßig, daß eine Leitung aus dem Centrum des Staates hier noch heute (!) nicht mehr Bedenklichkeit hat, als in der Landwirthschaft zur Zeit des kunstlosesten Dreifeldersystems".[97] Roscher ist voll überzeugt, daß der privatwirtschaftliche Betrieb im allgemeinen viel effizienter ist als der staatliche. Doch scheint ihm dieses für *Staatsforste nicht* zuzutreffen: "Alle diese Gründe lassen sich auf die Forsten der Regierung offenbar viel weniger anwenden".[98] Und schließlich ist der forstliche *Großbetrieb* wirtschaftspolitisch besonders wichtig:[98a] "Weil jeder Acker Wald dem Förster nur wenig zu thun giebt, so ist es mindestens fraglich, ob ein wissenschaftlich (!) gebildeter Stand von Forstmännern ohne große Wälder zu halten wäre".[99] Mitteleuropa ist und bleibt ein Bereich *forstpolitischen Interventionismus* und von Staatswäldern. Und bei der ökonomischen Rechtfertigung kann man sich wiederum des Eindruckes nicht erwehren: *Forstbeamte* gab es eben seit langem; und daher sahen Ökonomen Forstpolitik als gut an, besonders wenn diese Forstbeamten "wissenschaftlich gebildet" waren![99a]

---

wicklung von Epoche zu Epoche "bis endlich zur vollen Freiheit, wo jede Wirthschaft sogar schädliche Handlungen vornehmen darf, wenn sich nur der Schaden auf sie allein beschränkt."

[95] Siehe hierzu Erich W. STREISSLER (1992b), "Hayek on Information and Socialism", Wirtschaftspolitische Blätter 39, p.258-283, wiederabgedruckt in M.COLONNA, H.HAGEMANN, O.F.HAMOUDA, Capitalism, Socialism and Knowledge, The Economics of F.A. HAYEK, vol.II., Aldershot 1994, Edward Elgar, p. 47-75, Abschnitt: "Roscher on socialism", p.57ff; sowie STREISSLER (1994b), loc.cit. in FN 15, p. 77 ff.

[96] ROSCHER (1864), loc.cit. in FN 94, § 78-83, p. 140-155.

[97] Wilhelm ROSCHER (1861), Ansichten der Volkswirthschaft aus dem geschichtlichen Standpunkte, Heidelberg, C.F. Winter, Aufsatz III, "Ein nationalökonomisches Hauptprincip der Forstwissenschaft", p. 81 ff., hier p. 113.

[98] ROSCHER (1861), FN 97, p. 111.

[98a] Professor Hans G. NUTZINGER betonte, eine florierende Forstwirtschaft sei deutschen Staaten wirtschaftspolitisch wichtig gewesen, um die Holzkohlenversorgung für staatliche Salinen sicherzustellen. Der Eingriff in die Forstwirtschaft wäre dann indirekte Bergbaupolitik oder eine Kreuzsubventionierung des Bergbaus. Für beide sicher relevanten Denkansätze läßt sich jedoch m.E. eine wirtschaftsliberale Begründung nicht finden.

[99] ROSCHER (1861), FN 97, p. 107.

[99a] Die Liste der für deutschsprachige wirtschaftsliberale Vorstellungen bestimmenden Ökonomen ließe sich natürlich geradezu beliebig fortsetzen. Professor Karl HÄUSER und wohl auch Professor Heinz RIETER vermißten ein Eingehen auf Friedrich LIST. Noch ein Referat von Karl HARDACH im Ohr, schien mir jedoch LIST als mit seinen Vorstellungen in Deutschland

VI. Die drei Wellen des Wirtschaftsliberalismus in Mitteleuropa

Viel von liberaler Politik in Mitteleuropa war also Zufall, Unfähigkeit, anderes zu tun, oder Ergebnis von Kostenüberlegungen, viel der interventionistischen Politik andrerseits die Gewöhnung an wirksam agierende Behörden. Wenden wir uns nunmehr jedoch dem wirtschaftspolitischen Liberalismus infolge von *Präferenzänderungen und politischem Wertewandel* im Überblick zu.
Hier sind *drei Wellen* liberaler wirtschaftspolitischer Strömungen auszumachen. Die *erste* beginnt *Ende des 18. Jahrhunderts* und endet etwas nach dem ersten Viertel des 19. Jahrhunderts. Sie erhält vor allem durch die *französische Revolution* einen *zusätzlichen* Schwung. Vorwiegend ist sie somit *fremdbestimmt*, oder, wie in Preußen, Reaktion auf eine fremdmächtige Invasion. Sie bezieht sich insbesondere auf die *Gewerbefreiheit*: Der absolutistische Staat, Staatsmänner wie Kaiser Joseph II., sehen Wirtschaftsbeschränkungen durch "intermediäre Gewalten" als ineffizient und nicht mehr berechtigt an; und nicht minder erscheinen sie dem neuen Freiheitsbewußtsein der Bürger, insbesondere in seiner französischen Ausprägung, als "*lästig*", wobei das Wort "lästig" die Lieblingsphrase des Wirtschaftswissenschafters Rau ist.[100] Absolutismus und Freiheitsdrang reichen sich somit erstaunlicherweise die Hand.
Auf Betreiben des berühmten Ökonomen Turgot und damaligen Finanzministers werden in Frankreich bereits 1776 alle Zünfte abgeschafft und damit Gewerbefreiheit gewährt. Schon ein halbes Jahr später werden sie freilich auf den Druck der Zünfte wieder eingeführt; doch bleiben 21 derselben ganz aufgehoben, und die vorherige Zahl von 110 wird durch Zusammenlegungen auf 44 reduziert.[101] Das ist noch immer ein wichtiger Schritt in Richtung einer größeren Gewerbefreiheit. Denn in Frankreich waren - teilweise aus fiskalischem Interesse - die Gewerbe auf engste Spezialisierungen beschränkt.[102] In der Revolution wurden am 17. März 1791 wieder alle Zünfte abgeschafft[103] und diese Zunftfreiheit z.B. 1808 im Napoleonidenreich Westfalen bzw. im Großherzogtum Berg eingeführt. Wichtiger noch: Preußen führte am 2. November 1810 Gewerbefreiheit ein[104]

nicht unmittelbar erfolgreich und sicher hinter der Statur von RAU und ROSCHER zurückstehend.

[100] RAU (1854) und (1858), loc.cit. in FN 57 und 56, z.B. 1854 p. 61, p.245, p. 269 usf.

[101] RAU (1854), FN 57, § 190, FN (b), p. 24.

[102] RAU (1854), FN 57, § 184, FN (d), p. 14: "In Frankreich, wo die Ertheilung der Meisterrechte Finanzspeculation (!) war, gab es 6 Abtheilungen der Tapezierer, eine eigene Zunft von limonadiers und sogar von Hausierern mit altem Eisengeräthe ... Die Zünfte der Speisewirthe (traiteurs), Bratenköche (rôtisseurs) und Pastetenbäcker (patissiers) wurden 1776 vereinigt. Es gab bis zu diesem Jahr zwei Zünfte von Näherinnen ... Die Putzmacherinnen ... waren von den Federzurichterinnen ... getrennt; selbst Straußbinderinnen, Haubenmacherinnen ... Flachskrämerinnen, Strohmattenmacher, Vogelsteller, Tanzmeister und Kloakenpfleger hatten ihre eigenen Zünfte". RAU gibt freilich dortselbst ähnliches auch für Deutschland an.

[103] RAU (1854), in FN 57, p. 24.

[104] RAU, ibid., KELLENBENZ (1981), loc.cit. in FN 59, p. 54 f. LÜTGE (1960), loc.cit. in FN 106, sagt p. 366: "Gerade die später als ausgesprochen konservativ angesehene Macht Preußen war mehr als ein Jahrzehnt lang der Bannerträger liberaler Ideen und zwar auch [oder nur? E.STR.] in der Wirtschaft: Bauernbefreiung, Gewerbefreiheit, Freizügigkeit ...".

gegen die bloße Lösung eines (hauptsächlich fiskalischen Zwecken dienenden) jährlichen Gewerbescheines, eines sogenannten "Patentes".[105] Dem Reformer, Freiherrn vom Stein, schien es, daß man sich den Luxus zünftlerischen Denkens im Existenzkampf gegen Napoleon nicht mehr leisten konnte.

Diese erste Welle verebbte in der *konservativen* Reaktion des Metternichschen Systems.[106] Aber auch die Frankfurter Nationalversammlung war im Gewerbewesen eher wieder zunftfreundlich.[107] Und vor allem: Sie war in Wirtschaftsfragen höchst ineffektiv. Der Wirtschaftsausschuß der Paulskirche konnte "ungeachtet seiner außerordentlichen Energie und fleißigen Arbeit ... kaum einmal eine schöpferische Rolle spielen".[108] "Die Ambivalenz der Liberalen gegenüber dem Staat reflektierte die historische Rolle, welche die Bürokratie in den deutschen Staaten des 18. Jahrhunderts übernommen hatte", sagt Sheehan.[109]

Das *dritte Viertel* des 19. Jahrhunderts bringt eine neuerliche, *zweite Welle* wirtschaftsliberaler Strömungen, und zwar vor allem in Süddeutschland und Österreich. Diese zweite Welle ist eine autochthone und autonome. Sie ist aber *nicht unabhängig vom äußeren Anstoß der Revolution* von 1848, bringt doch einerseits die Enttäuschung mit deren geringen demokratiepolitischen Erfolgen eine verstärkte Hinwendung zur Wirtschaft, andrerseits die Angst der Regierungen vor politischen Reformen den Versuch, diese durch wirtschaftliche abzufangen.[110] Nun erst bekommt Österreich 1859 eine liberale Gewerbeordnung.[111]

---

[105] Bei RAU (1854), in FN 57, p. 35 ff. findet sich eine detaillierte Aufzählung verschiedener in unterschiedlichen Teilen Deutschlands um die Mitte des 19. Jahrhunderts freien Gewerbe. p. 40 f. beschreibt die nur fiskalischen Zwecken dienlichen Gewerbescheine und nennt sie "Patent". Siehe auch KELLENBENZ (1981), in FN 59, p. 54 f.

[106] Friedrich LÜTGE (1960), Deutsche Sozial- und Wirtschaftsgeschichte, Berlin etc., 2.Auflage, Springer betont p. 362: "Wo er [sc.: der Wirtschaftsliberalismus] sich gleich zu Beginn des Jahrhunderts durchsetzt, da geschieht dies nur vorübergehend". Zahllose Beispiele der Teilrücknahmen gewerblicher Freiheiten finden sich bei RAU oder KELLENBENZ.

[107] Für Deutschland betont SHEEHAN (1983), loc.cit. in FN 3, p. 37: "Bei allen Lobreden auf den gegenwärtigen und zukünftigen Fortschritt waren doch nur wenige Liberale unzweideutige Befürworter wirtschaftlichen Wachstums und industrieller Entwicklung"; ganz im Gegensatz natürlich zu England, für das Paul LANGFORD (1992) als Titel seiner zusammenfassenden Monographie, dem Zeitgebrauch entsprechend, A Polite and Commercial (!) People, England 1727-1783, Oxford etc., Oxford Univ.Press, wählte. Zur wirtschaftspolitischen Haltung der "Paulskirche" siehe bei SHEEHAN (1983) p.77 ff., insbes. p. 81.

[108] SHEEHAN (1983), loc.cit., p. 78.

[109] SHEEHAN (1983), p. 74.

[110] Nachum GROSS (1973), "Die Stellung der Habsburgermonarchie in der Weltwirtschaft", in: Die Habsburgermonarchie 1848-1918, Bd.I, Die Wirtschaftliche Entwicklung, A.BRUSATTI (Hg.), Wien, Akademie der Wissenschaften, p. 1-28, spricht p. 11 für Österreich vom "Neoabsolutismus, der im Bereich der Wirtschaft (einschließlich des Außenhandels) mehr Fortschritte in Richtung auf den Liberalismus machte als jedes andere System vorher oder nachher". Und auch SHEEHAN (1983), loc.cit. in FN 3, p.100 betont den "Kontrast zwischen der auf wirtschaftlichem Gebiet herrschenden Dynamik einerseits und der Stagnation im politischen Leben Deutschlands andrerseits".

[111] Österreichische Autoren (z.B. auch GROSS (1973), loc.cit. in FN 110, p. 11), preisen gerne die exemplarische Liberalität der Gewerbeordnung vom 20.XII.1859. Es muß jedoch dahingestellt bleiben, ob das im Vergleich mit der ersten Welle des Liberalismus in manchen Teilen

Wie in Preußen vormals der Freiherr vom Stein gilt in Österreich nunmehr der Freiherr von Bruck, wohl nicht ganz zu Recht,[112] als liberaler Leitstern. Es sind jetzt aber auch stärker *außenhandelspolitisch freihändlerische* Strömungen und Zollvereine, die die politische Landschaft prägen.
Die Welle verebbt in den Finanz- und Wirtschaftskrisen der siebziger Jahre, infolge des erst seit den siebziger und achtziger Jahren aufgrund von Transportverbilligungen fühlbar werdenden Agrarwettbewerbs Nord- und dann Südamerikas und Australiens, infolge der stärker werdenden sozialpolitischen Bestrebungen und wohl auch infolge der zunehmenden *bürokratischen Regulierungsfähigkeit* der mitteleuropäischen Staaten. Gerade der Wirtschaftsliberalismus kommt in Verruf. War nach Lütge[113] in der zweiten Welle "das risikobelastete Erwerbsstreben gegenüber der Sicherung des Daseins zurückgetreten", so tritt nunmehr in rauherem Wirtschaftsklima die Gegenbewegung ein; wenn es nicht überhaupt passender ist zu sagen, daß die nur schmale, hauptsächlich von Bürokraten getragene Basis des Wirtschaftsliberalismus einfach zusammenbricht.[114] Es war der Fluch der deutschen Liberalen, mit halbem Herzen und auf halben Wegen mit halben Mitteln schwärmend nur zu streben. Von bleibender Bedeutung, und vor allem in Österreich besonders bewußt ausgeformt, ist jedoch der auch für die Wirtschaftsfreiheit zentrale *Rechtsstaat*. Denn, wie Rau sagt, der "Eifer" der Wirtschaftstreibenden wird "verstärkt" durch die "*Befestigung des Rechtszustandes* und (die) *gesetzliche Freiheit* im Staate".[115] Im Rechtsstaat kann zur Einheit zusammenfinden, was sonst leicht ein Widerspruch wurde, nämlich daß "die wirtschaftspolitischen Anschauungen der Liberalen ... eine

Deutschlands eine zutreffende Behauptung ist; etwa im Vergleich mit Preußen, das nach 1840 nur einen Gewerbeschein für Steuerzwecke und ab 1820, außer für Hausierer, überhaupt keinen Gewerbeschein, sondern lediglich eine Anmeldung kannte; oder im Vergleich mit den französisch gewordenen linksrheinischen Teilen Deutschlands nach 1795, Westfalen ab 1808 oder Berg ab 1809 (siehe etwa HENNING, 1989, loc.cit. in FN 46, p. 63).

112 Carl Ludwig (später Freiherr von) BRUCK, 1798-1860, aus Elberfeld stammend, seit Nov. 1848 Handelsminister, 1851 zurückgetreten, 1855 Finanzminister, 22.IV.1860 entlassen, starb am 23.IV.1860 durch eigene Hand. Von ihm sagt TREMEL (1969), loc.cit. in FN 58, p. 347, eine typische Geschichtssicht wiedergebend, daß er "den Ideen des wirtschaftlichen Liberalismus freie Bahn schuf". Er war in Wahrheit jedoch mehr an einer liberalen Verfassung interessiert und handelte durchaus auch gegen liberale Prinzipien, wenn ihm dies eher konvenierte.

113 LÜTGE (1960), loc.cit. in FN 106, p. 357.

114 SHEEHAN (1983), loc.cit. in FN 3, sagt p. 97 skeptisch: "Es ist wohl schwierig festzustellen, wie verbreitet der Liberalismus in Unternehmerkreisen war", betont, daß die Wortführer auch im 3.Viertel des 19. Jahrhunderts weiter die Gebildeten blieben, meint, unter Unternehmern waren liberal gesinnt vornehmlich wenige große Fabrikanten und zeigt den bleibenden Widerstand der großen Masse der gewerblichen Unternehmer. Und sogar von den Industriellen Österreichs ist das Scherzwort eines Handelskammerpräsidenten zur Zeit des Ministerpräsidenten BADENI, Ende der 1890er Jahre, überliefert: Was will "jeder Industrielle"? "Eine Wasserkraft, einen Schutzzoll und die Eiserne Krone [also einen staatlichen Orden; E.STR.]". Siehe Robert EHRHART (1958), Im Dienste des alten Österreich, Wien, Bergland, p. 43.

115 RAU (1854), loc.cit., in FN 57, p. 34. Wie LÜTGE (1960), loc.cit., in FN 106, p. 364 betont, entspricht der Rechtsstaat einem neuen Freiheitsbegriff, nämlich dem "Recht jedes Einzelnen, seine Beziehungen zu seinen Mitmenschen auf der Basis freiwilliger und individueller Verträge zu regeln".

Mischung aus Klagen über die Bürokratie und (dem) Ruf nach Zusammenarbeit mit dem Staat" waren.[116]
Die erste und zweite der genannten Wellen waren nicht zuletzt einerseits durch die napoleonischen Kriege, andrerseits durch den Druck der Revolution von 1848 verstärkt worden. Für die *dritte Welle*, die erst nach dem Zweiten Weltkrieg anhebt, waren ganz ähnliche Konstellationen verantwortlich, nämlich einerseits dieser Krieg und vor allem die *negativen Erfahrungen mit der nationalsozialistischen Wirtschaftspolitik*. Dennoch: Die "soziale Marktwirtschaft" - eine unglückliche Wortprägung[117] eines Religionssoziologen - und ebenso der pragmatischer benannte "Raab-Kamitz-Kurs" in Österreich sind Strömungen, die vielleicht am stärksten von allen genannten Wellen sozusagen dem "Trieb gehorchen, nicht der eigenen Not". Immerhin hat aber der Druck von außen, insbesondere durch die amerikanische Besatzungsmacht,[118] nicht unwesentlich mitgewirkt. Das Wiederaufleben dieser Welle heute, gut ein Vierteljahrhundert später, sozusagen also Welle "dreieinhalb", ist andrerseits ganz deutlich Ergebnis des wirtschaftlichen Behauptungsstrebens angesichts zunehmender *internationaler Konkurrenz* in der Europäischen Union: Im Interesse der Wettbewerbsfähigkeit sind so weit wie möglich Ineffizienzen der Wirtschaft, die nur partikuläre Interessen begünstigen, zu beseitigen, ja *müssen* im Interesse der internationalen Chancengleichheit hinweggefegt werden.

VII. Der Weg in Richtung Freihandel im 19. Jahrhundert

Freihandel, so haben wir erkannt, ist der Angelpunkt jedes Wirtschaftsliberalismus: Er ist eine bewußte wirtschaftspolitische Wahl, sind doch umgekehrt Handelsbeschränkungen durchaus möglich im Sinne von leicht administrierbar; und er zieht eine Fülle anderer, im Wirtschaftsliberalismus bejahter Konsequenzen notwendig nach sich. Wie also steht es mit dem *Freihandel* in Mitteleuropa im 19. Jahrhundert?
Gerade die Zollsenkungen und Zollunionen in Mitteleuropa waren in besonderem Maße nur Konsequenz *machtpolitischer* Bestrebungen. Sie waren andrerseits auch durch *Kostenüberlegungen* geprägt: Wenn einige sich zusammenschlossen, wurde es für andere oft zu kostspielig, draußen zu bleiben. Unleugbar wurde ein hohes Maß von Freihandel in Mitteleuropa gegen Ende des 19. Jahrhunderts erreicht; aber dieser intensive Güteraustausch war zum guten Teil lediglich Konsequenz unbedachter technischer Veränderungen: nämlich der radikalen Senkung der Transportkosten und teilweise auch von Produktivitätssteigerungen in Übersee, zumal in der Nahrungsmittelproduktion. Die gegen Ende des 19. Jahrhunderts einsetzende Abkehr vom "liberalen Ordnungsgefüge"

---

[116] SHEEHAN (1983), loc.cit. in FN 3, p. 51.
[117] Siehe FN 12 und 13.
[118] Bekanntlich wurde die OEEC auf amerikanischen Druck gegründet und die Unterstützung im Zuge des Marshall-Planes an Handelsliberalisierung geknüpft. Das Statut der Deutschen Bundesbank ist amerikanisch geprägt. In Österreich war es der JOHNSON-Report eines US-Amerikaners, der das Kartellgesetz veranlaßte usf.

infolge der europäischen Agrarkrise[119] und die wegen dieser wieder einsetzenden Schutzzollbestrebungen sind vorwiegend Antwort auf die unerwarteten technischen Änderungen. Am wenigsten war die Handelspolitik Mitteleuropas am liberalen Maßstab des Konsumentennutzens orientiert. Wenn es schon wirtschaftliche Interessen waren, die sich durchsetzten, so waren es Interessen verschiedener Produzentengruppen.

"Die Auffassung, daß die klassischen Lehren der wirtschaftlichen Freiheit im Prinzip segensreich, in der Praxis jedoch gefährlich seien, war im wirtschaftlichen Denken der Liberalen in der ersten Hälfte des 19. Jahrhunderts weit verbreitet", sagt Sheehan[120] für Deutschland. Das schaudernde Zurückschrecken vor dem "Abgrund" des Freihandels wird noch eineinhalb Jahrhunderte später in der deutschsprachigen Standardliteratur zur Wirtschaftsgeschichte des 19. Jahrhunderts gespiegelt. "Immerhin war die nationale Idee doch so stark geblieben, daß das liberale Ideal des Freihandels und überhaupt des freien Güteraustausches nicht realisiert wurde, sondern sich der Gedanke der 'Nationalen Ökonomie' behauptete",[121] schreibt Lütge triumphierend noch 1960. "Nationalökonomie" heißt ja dementsprechend das Fach im deutschen Sprachraum mit nur einer kurzen Teilunterbrechung um 1900, als die Österreicher an der Idee der "Nation" irre wurden und lieber von "Sozialökonomie" oder "gesellschaftlicher Wirtschaft" sprachen.[122] Denkt Lütge an Deutschland in der nachnapoleonischen Nacht, so war er gestern noch um den Schlaf gebracht: "Die englische Wirtschaftspolitik hat damals unter rücksichtslosem Dumping die Auslandsmärkte erobert"[123], wobei einerseits dahingestellt werden muß, ob es wirklich die staatliche Wirtschafts*politik* von "perfidious Albion" war, oder nicht einfach das Gewinnstreben privater Wirtschaftssubjekte; und ob es andrerseits "Dumping" war, also Verkauf unter Inlandspreis, oder nicht nur eine Preisstrategie aufgrund kostengünstigerer Produktionsweisen.[124] Und auch Dumping läge ja bekanntlich durchaus im Konsumenteninteresse.[125]

[119] LÜTGE (1960), loc.cit. in FN 106, p. 448.

[120] SHEEHAN (1983), loc.cit. in Fn 3, p. 38 f.

[121] LÜTGE (1960), in FN 106, p. 421.

[122] Friedrich von WIESER (1914), Theorie der gesellschaftlichen (!) Wirtschaft, Grundriss der Sozialökonomik, I.Abt., 2.Teil, Tübingen, Mohr-Siebeck. Joseph A.SCHUMPETER, dessen Habilitationsarbeit (1908) noch im Titel das Wort "Nationalökonomie" trägt, sagt 1915 in "Zum 75. Geburtstage Karl Mengers", Neue Freie Presse, Wien, 23. Feb. 1915, p. 9: "Wie aus einer anderen Welt ... sind Menger, Böhm-Bawerk und Wieser in der Sozialökonomie (!) von damals aufgetaucht".

[123] LÜTGE (1960), in FN 106, p. 408.

[124] Zu der außerordentlich starken Senkung der englischen Produktionskosten von Baumwollwaren während der napoleonischen Kriege siehe Michael M. EDWARDS (1967), The Growth of the British Cotton Trade, New York, A.Kelly, p. 51, p. 240 ff., insbes. p. 242, p. 254.

[125] Siehe KRUGMAN-OBSTFELD (1994), loc.cit. in FN 32, p. 134 ff. Dieses Standardlehrbuch sagt: "Dumping is widely regarded as an unfair practice in international trade. There is no good economic justification for regarding dumping as particularly harmful" (p.137). Insbesondere ist Preisdifferenzierung je nach der Nachfrageelastizität des jeweiligen Marktes normale optimale Monopolpreisstrategie.

Für Österreich zitiert Tremel noch 1969 Benedikt zustimmend, daß die heißerstrebte, aber dann *mißlungene* Zollunion mit dem Norddeutschen Zollverein nach dem französisch-preußischen Zollvertrag von 1862 "ein Sieg der österreichischen Industrie und des Zollschutzes über das großdeutsche Freihandelsprogramm (war), dessen Verwirklichung die Industrialisierung der Monarchie in ihrer beginnenden Blüte erstickt hätte".[126] Auch diese Aussage ist hochproblematisch, konnte sich doch nur wenig später, nämlich um 1900, die ungarische Industrie im Zollfreiraum Österreich-Ungarn durchaus zügig entwickeln, insbesondere indem sie sich neuen Industriesparten widmete, etwa der Maschinen- und Elektroindustrie;[127] und verloren die Wiener Banken in demselben Freihandelsraum in den letzten 35 Jahren der Monarchie ihre bisherige Vorrangstellung und wurden teilweise verdrängt durch aufstrebende Provinzsparkassen sowie Prager und Budapester Banken.[128] Wir sehen: Noch heute spiegelt die Literatur weitgehend unreflektiert die larmoyante Haltung mitteleuropäischer Wirtschaftstreibender und denkt typischerweise kaum je an die Konsumenteninteressen.[129] Und wir erinnern uns, daß die ökonomische Kartellverherrlichungsliteratur eine deutschsprachige "Errungenschaft" um 1900 ist, die genau zur gleichen Zeit aufblühte, als man in den USA mit der Antitrustgesetzgebung ernst machte, zeitlich angeführt durch den österreichischen Professor in Czernowitz, Friedrich Kleinwächter, und geprägt durch Robert Liefmann, Professor ausgerechnet in Freiburg.[130] Ein beachtlicher Teil der Liberalen meinte, daß staatlich kontrollierte Kartelle "einen nützlichen Beitrag zum Gemeinwohl liefern könnten".[131] In der Kartelliteratur besonders interessant ist das die klassische Analyse der Freihandelsvorteile genau auf den Kopf stellende Argument, Kartelle bedürften des Handelsschutzes im Inland, damit ihre hohen Inlandspreise die Fixkosten deckten und so einen gewinnbringenden Export ermöglichten.[132] Außenhandel in dieser Sicht ist also Subventionierung der Ausländer durch die inländischen Konsumenten, wobei nach dieser merkantilistisch-nationalistischen Wertung "Dumping" evidentermaßen gut ist, solange man es *selbst* betreibt, statt es von anderen zu "erleiden"!

126 TREMEL (1969), loc.cit. in FN 58, p. 328.

127 David F. GOOD (1986), Der wirtschaftliche Aufstieg des Habsburgerreiches 1750-1914, Wien, Böhlau, p. 126 ff.

128 GOOD (1986), loc.cit., p. 98 f.; sowie David F. GOOD (1977), "Financial Integration in Late Nineteenth Century Austria", Journal of Economic History 37, p. 890-910.

129 Ungewöhnlich für seine Zeit betonte hingegen RAU (1854), loc.cit. in FN 57, § 130, p. 250, daß bei einem Zoll auf Getreide "der Nachtheil für die Käufer größer als der Gewinn der Grundeigenthümer sei" und begründet diese tiefe Erkenntnis bezüglich jedes Monopolpreises und damit für jeden Zoll, bei dem das Ausland nicht die Abgabepreise senkt, richtig mit steigenden Grenzkosten.

130 Friedrich von KLEINWÄCHTER (1883), Die Kartelle. Ein Beitrag zur Organisation der Volkswirtschaft, Innsbruck; Robert LIEFMANN (1920), Kartelle und Trusts und die Weiterbildung der volkswirtschaftlichen Organisation, E.H. Moritz, Stuttgart, urspr. Fassung 1905. In Österreich gab es 1910 über 120 Kartelle! (BRUSATTI 1965, loc.cit. in FN 55, p. 68).

131 SHEEHAN (1983), loc.cit. in FN 3, p. 300.

132 LIEFMANN (1920), loc.cit., p. 116.

Bei den Freihandelsbestrebungen des 19. Jahrhunderts muß man unterscheiden einerseits den Zusammenschluß zu größeren Freihandelszonen (genauer: Zollunionen) *innerhalb* des (mitteleuropäischen) Großraumes und andrerseits die Handelsliberalisierung nach *außen*. Nach innen fand in der ersten Hälfte des 19. Jahrhunderts die wirtschaftliche Einigung Deutschlands rascher statt als die politische, wobei aber gerade das politische Einigungsziel dauernd mitschwang und Preußen die Zollgesetze als wirtschaftliches Druckmittel zur Einigung einsetzte.[133] Österreich erreichte 1849 "auf zentralistischer Grundlage ein einheitliches Wirtschafts- und Zollgebiet mit Ungarn", das aber für Fürst Felix Schwarzenberg wiederum - auch international - machtpolitisch motiviert war als "Aufbau eines homogenen Wirtschaftsgebietes der Monarchie als Vorstufe zur mitteleuropäischen Zollunion".[134] Und wer könnte sich schon Felix Schwarzenberg als Liberalen vorstellen?

Den Anfang machte das preußische Zollgesetz von 1818, wobei Preußen vor allem einmal "sein eigenes Territorium zollpolitisch einigte". In seinem Tarif wies es die typische, neo-merkantilistische, die eigene Wertschöpfung fördernde Struktur auf: Zollfreiheit für Rohstoffe, einen Zollschutz von etwa 10 % für Industriewaren und höhere Zölle von 20 %, ja 30 % für weiterverarbeitete "Qualitätsprodukte" oder "Luxusgüter"; dabei schloß die letztgenannte Kategorie freilich auch Fiskalzölle auf Wein und Kolonialwaren ein.[135] "*Preußen* sah seine Aufgabe (!) zunächst darin, das durch sein Zollgesetz von 1818 geeinte preußische Wirtschaftsgebiet durch Anschluß (!) der Klein- und Mittelstaaten nördlich des Mains abzurunden, die ja vielfach völlig von preußischem Gebiet umschlossen waren. Nur zögernd und oft erst unter dem starken Druck (!) Preußens trafen diese Klein- und Mittelstaaten die nun einmal notwendige (!) Entscheidung".[136] "So kam es 1828 zur Bildung dreier verschiedener Zollvereine: 1. des Bayerisch-Württembergischen (Süddeutschen) Zollvereins; 2. des Preußisch-Hessischen Zollvereins; 3. des Mitteldeutschen Zollvereins, wobei der mitteldeutsche Verein eine im wesentlichen gegen Preußen gerichtete Organisation darstellte. Die Entscheidung fiel durch die Einigung zwischen Nord und Süd, d.h. zwischen Preußen und Bayern, die sich über den Mitteldeutschen Zollverein hinweg die Hände reichten, zunächst (1829) in Form eines Handelsvertrages, dann sich entwickelnd zu einem Zollvertrag, aus dem dann unter Anschluß weiterer Staaten der *Deutsche Zollverein* entstand, der in der Neujahrs-

[133] LÜTGE (1960), loc.cit. in FN 106, p. 410 sagt treffend zum preußischen Zollgesetz von 1818: "H. v. TREITSCHKE hat in diesem Zollgesetz wohl zu Recht den ersten Schritt zur Einigung Deutschlands gesehen ... (die) anderen deutschen Staaten ... haben ... unter diesem Zollgesetz zu leiden gehabt, weil ihre Ausfuhren nach Preußen auf Erschwerungen stießen. Aber vielleicht ist es wieder darauf zurückzuführen, daß der Gedanke einer Einigung ganz Deutschlands wenigstens auf wirtschaftlichem Gebiet sich so schnell durchsetzte".

[134] Herbert MATIS (1973), "Leitlinien der österreichischen Wirtschaftspolitik 1848-1918", in Die Habsburgermonarchie 1848-1918, Bd.I, Die Wirtschaftliche Entwicklung, A. BRUSATTI (Hg), Wien, Österreichische Akademie der Wissenschaften, p.29-67, hier p.31 f. Ganz ähnlich KELLENBENZ (1981), loc.cit. in FN 59, p.62.

[135] LÜTGE (1960), loc.cit., p.410.

[136] LÜTGE (1960), p. 413.

nacht 1833/34 ins Leben trat". Erst von damals an "kann man eigentlich von einem deutschen Wirtschaftsgebiet sprechen, *erst jetzt ist das wirtschaftliche Schicksal ein gemeinsames*".[137] So die unverhohlen nationalistische Darstellung noch des Altmeisters der deutschen Wirtschaftsgeschichte der Nachkriegszeit, Friedrich Lütge. Man sieht: Von einer wirtschaftsliberalen Orientierung am Konsumentenvorteil bleibt zumindestens in der Erinnerung eines prototypischen Historikers keine Spur.

Der Deutsche Zollverein vergrößerte sich der Mitgliederzahl nach und wurde immer wieder verlängert, zuletzt 1865, bis seine Notwendigkeit mit der *Reichsgründung 1871* schließlich entfiel. Preußen wurde im Zollverein immer dominanter. Die Versuche Österreichs, in ihm Aufnahme zu finden - 1851-1852 unter Bruck und dann wieder nach 1862 - wurden politisch abgeblockt. "Bruck gelang lediglich im Februar 1852 der Abschluß eines Handelsvertrags zwischen Österreich und Preußen, der mit Hilfe großzügiger Vorzugszölle den Handel zwischen der Donaumonarchie und dem Gebiet des Zollvereins erleichterte".[138]

Kaum weniger merkantilistisch getönt als die Zollpolitik war die Politik des *Bahnausbaus* durch die deutschen Staaten in der ersten Hälfte des 19. Jahrhunderts. Jeder versuchte, dem anderen aussichtsreiche Verkehrswege wegzuschnappen.[139] Einen liberalen Zug hatte die Verkehrspolitik in Österreich im dritten Viertel des Jahrhunderts: "In der Verkehrspolitik erfolgte mit dem Eisenbahnkonzessionsgesetz von 1854 und der Veräußerung der Staatsbahnen der tiefste Einbruch (!) des Wirtschaftsliberalismus in dieser Zeit",[140] wobei aber, wie so häufig, vor allem auch *Budgetnöte* zur Privatisierung führten.[140a] Kaum anders war es bei der Rückentwicklung zu den Staatsbahnen ab 1873: Staatliche Zinsgarantien für Bahnwertpapiere zwangen notgedrungen zur Staatsübernahme bei Finanzproblemen der Bahnen. "Man übernahm jene Eisenbahnen, für die sich trotz Steuerbegünstigung und Zinsengarantie kein Konzessionswerber fand".[141]

Nach *außen*, mit nichtdeutschen Staaten, wurden unzählige Handelsverträge abgeschlossen, die hier nicht nachgezeichnet werden können. Besonders bedeutsam war dabei schließlich der Handelsvertrag Preußens mit Frankreich von 1862, der das Meistbegünstigungsprinzip einführte. "Preußen mußte (!) aufgrund des Vertrags seinen Zolltarif im freihändlerischen Sinn abändern", sagt Kellenbenz.[142] Österreichische Autoren sehen auch diesen Vertrag vorwiegend macht-

---

[137] LÜTGE (1960), FN 106, p. 415 f.

[138] Siehe zu all diesem KELLENBENZ (1981), loc.cit. in FN 59, p. 61 ff., das Zitat p. 62.

[139] KELLENBENZ (1981), p. 56 ff.

[140] MATIS (1973), loc.cit. in FN 134, p. 35

[140a] Meiner Grundthese zustimmend, sah Professor Josef WYSOCKI in der österreichischen Bahnprivatisierung der 1850er Jahre ein schönes Beispiel dafür, wie Geldnot zu einem Wandel in der Politik führen kann, die vordergründig als Wertewandel erscheint.

[141] MATIS (1973), FN 134, p. 46. Zu der Entstaatlichung davor aus Geldnöten siehe BRUSATTI (1965), loc.cit. in FN 55, p. 37.

[142] KELLENBENZ (1981), FN 59, p. 63.

politisch motiviert und indirekt gegen Österreich gerichtet, ein "Vorspiel von Königgrätz".[143]
Die Handelsverträge, die Österreich 1852 mit Preußen und 1865 mit dem Zollverein abschloß, erscheinen manchen als Österreichs "Wechsel zum westlichen Freihandelssystem",[144] und das insofern zu Recht, als bereits 1852 Verbotszölle durch bloße Schutzzölle ersetzt[145] und diese dann teilweise gesenkt wurden. Ergebnis einer wirtschaftsliberalen Bekehrung der österreichischen Unternehmer waren diese Maßnahmen freilich nicht. Minister Bruck hielt 1852 fest: "Würde man im gegenwärtigen Moment eine Umfrage bei den Gewerbetreibenden halten, so sei gar kein Zweifel, daß sie gegen die Ausdehnung der Verkehrserleichterungen und für eine Umbildung des gegenwärtigen Zolltarifs im Sinne des weitesten Rückschritts sein würden".[146] Befürworter einer *liberalen Zollpolitik* waren bekanntlich in den 1860er und 1870er Jahren die ungarischen Agrarier, ganz im Sinne von Adam Smith: "Country gentlemen and farmers are to their honour, of all people, the least subject to the wretched spirit of monopoly", freilich nur solange wegen der Transportkosten "the free importation of corn [can] very little affect the interest of the farmers".[147] Und als sich die ungarischen Agrarier in ihrem Agrarabsatz zu Ende des 19. Jahrhunderts durch die Auslandseinfuhren bedroht fühlten, schwenkte Österreich wieder zum Schutzzoll zurück. Es ist jedoch sogar die Frage, ob es in Wahrheit eine effektive Schutzzollpolitik je verlassen hatte. Good etwa betont nach Huertas[148], daß die Zölle in Österreich auch nach ihrer Senkung so hoch blieben, "daß sie ausländische Fertigwaren tatsächlich ausschlossen"; und daß Österreich 1854 sogar das Kunststück zuwege brachte, eine durch einen Rechentrick bewirkte faktische Zoll*erhöhung* politisch als *Zollsenkung* zu verkaufen. Immerhin erreichten Kerneuropa und England nach etwa 1868 doch wohl das höchste Maß an Handelsfreiheit vor den 1970er Jahren: Der freihändlerische Druck Westeuropas setzte sich durch.
Auch das Abgehen von der Zollsenkungspolitik in Deutschland unter Bismarck ist ein beredtes Beispiel dafür, daß wirtschaftliche Präferenzen oder Präferenzänderungen nicht entscheidend waren: Bismarck versuchte 1878 und 1879, seine Abhängigkeit von den regelmäßig wiederkehrenden Finanzzuweisungen durch den Reichstag für die Finanzierung des Reichs, und insbesondere seiner militärischen Belange, dadurch zu beseitigen, daß er einen ein für allemal für die finanziellen Reichsbelange gewidmeten Zoll einführte; und da erbrachte der am

143 TREMEL (1969), loc.cit. in FN 58, p. 328, BENEDIKT zitierend.
144 MATIS (1973), loc.cit. in FN 134, p. 37.
145 GOOD (1986), loc.cit. in Fn 127, p. 86.
146 BRUSATTI (1965), loc.cit. in FN 55, p. 36.
147 SMITH (1776), loc.cit. in FN 9, IV.ii.21 bzw. 20, wobei SMITH den Transportkostenschutz ("bulky commodity") ausdrücklich bedenkt.
148 GOOD (1986), loc.cit. in FN 127, p. 86. (Der Rechentrick war die Einhebung der Zölle in Silbergeld, statt in Papierwährung, wobei das auch "Gulden" genannte Silber um 22 % höher bewertet war als Papiergeld.)

15. Juli 1879 erwirkte Schutzzoll einfach mehr, als ein freihändlerisch nahe bei null liegender Zoll es getan hätte.[149]

Die stärksten Auswirkungen in Richtung eines freien Waren- und Kapitalverkehrs Ende des 19. Jahrhunderts hatten wahrscheinlich überhaupt nicht handelspolitische Maßnahmen, sondern der Übergang des Deutschen Reiches zur *Goldwährung* 1873 und der Österreich-Ungarns 1892. Die Goldwährung schuf de facto in dem größten Teil Europas so gut wie eine *einheitliche Währung*; und das bedeutete eine große Erleichterung eines *freien Kapitalverkehrs*.[149a] Das allgemein ausgesprochene Motiv dieser einschneidenden Wirtschaftsänderung lag aber wiederum nicht auf der wirtschaftsliberalen Präferenzebene, sondern war ein fiskalisches und damit etatistisches *Kostenargument*: Die Währungsstabilität der Goldwährung führte zu höherer *Zinsflexibilität* staatlicher Kreditaufnahme (bereits etwas höhere Zinsen zogen viel Kapital an) und im Durchschnitt zu einer *Zinssenkung*, vor allem auch auf Staatsschulden. Carl Menger sah in der Senkung der Zinsen der österreichischen Staatsschulden im Jahre 1903 von 4,2 % auf 4,0 % die historisch größte Leistung des von manchen anderen auch als Wissenschafter nicht verachteten Eugen Ritters Böhm von Bawerk.[150]

"Die größten Leistungen der Wirtschaftspolitik liegen ... auf dem Steuersektor".[151] Eine bleibende Errungenschaft der österreichischen Variante des Wirtschaftsliberalismus war die Einführung einer modernen *Einkommensteuer*[151a] mit dem Personaleinkommensteuergesetz vom 25. Oktober 1896, welche ebenfalls in erheblichem Maße mit dem Namen des Sektionschefs, dann Finanzministers Böhm-Bawerk verknüpft ist. "Der echte Liberalismus begriff unter den Forderungen der Steuergerechtigkeit auch die sozialen Forderungen der Steuerfreiheit des Existenzminimums, der Steuerprogression und der Vorbelastung des

---

149 SHEEHAN (1983), loc.cit. in FN 3, p. 214 ff. BISMARCKs Schwenk zum Schutzzoll signalisierte natürlich obendrein auch eine politische Umorientierung, wie Professor Karl HÄUSER in Erinnerung rief.

149a Professor Rainer KLUMP fragte, ob ich mit der Kapitalmarktintegration Ende des 19. Jahrhunderts nicht eigentlich eine weitere Welle des Liberalismus angesprochen habe, sozusagen Welle 2a). Dann würden meine "langen Wellen des Wirtschaftsliberalismus" auch besser mit den langen Konjunkturwellen SCHUMPETERs, den KONDRATIEF-Wellen, übereinstimmen. Denn die Kapitalmarktintegration ist stark technisch mitbedingt durch Telegraph und Telephon. Ich lasse die anregende Spekulation offen.

150 Carl MENGER (1915), "Eugen v. Böhm-Bawerk", Almanach der Kaiserlichen Akademie der Wissenschaften in Wien, p. 3-17; wiederabgedruckt in Carl Menger - Gesammelte Werke, F.A. HAYEK (Hg.), Bd.III, 2.Aufl., Tübingen 1970, Mohr-Siebeck, p. 293-307, hier p. 7 bzw. p. 297.

151 MATIS (1973), loc.cit. in FN 134, p. 67.

151a Professor Christian SCHEER konnte in Einkommensteuern nichts Wirtschaftsliberales erkennen. In Diskussionen des englischen Unterhauses im 19.Jh. seien diese unter die "göttlichen Strafen" eingereiht worden; und deutsche Liberale seien vielfach für indirekte Steuern als "freiwillige", weil von einem Verbrauchsakt abhängige Steuern eingetreten. Hier erweist sich wieder einmal die Situationsbezogenheit von Kategorisierungen. Die österreichische Sicht, und nicht nur in der Zeit BÖHM-BAWERKs und WIESERs, sondern auch in der 2. Hälfte des 20. Jahrhunderts (siehe Abschnitt IX), war eine andere. Und auch A.SMITH (1776), V.ii.c., p. 8-10, scheint eine gleichmäßige Einkommensteuer auf Bodenrenten nicht abzulehnen.

fundierten Einkommens".[152] Wie "echt" freilich der Liberalismus des Autors dieses Zitats, Friedrich von Wieser, war oder wie "echt" liberal die heutige Einkommensteuerprogression oder auch eine differenzierend höhere Besteuerung "fundierten Einkommens" ist, sei dahingestellt.

VIII. Gewerbefreiheit in der zweiten Welle des Wirtschaftsliberalismus in Mitteleuropa

Für die Zeit des Höhepunkts des Wirtschaftsliberalismus in Mitteleuropa sagt, zumindest für Österreich, Matis treffend: "Formell beschränkte sich die staatliche Wirtschaftslenkung auf Probleme der Währung, der Steuern und des Außenhandels, in der Praxis legte jedoch die Staatsverwaltung die grundsätzlichen Wachstumsmuster und Strategien fest. Denn selbst im sogenannten 'Zeitalter des Liberalismus' griff der Staat weit in den Bereich privatwirtschaftlicher Tätigkeit ein, die staatliche Bürokratie war Schrittmacher auf dem Weg privatwirtschaftlichen Fortschritts".[153] Der Amerikaner David Good spricht ganz generell von der "Wirksamkeit der 'sichtbaren Hand' im österreichischen Kapitalismus" und konstatiert eine "Neigung zu kollektiven statt individuellen Verfahren der wirtschaftlichen Entscheidungsfindung und eine größere Bereitwilligkeit, Marktkräfte zu unterdrücken."[154] Der Wille zum "ne laissez pas faire" war also auch weiterhin durchaus vorhanden; wenn es der Wirtschaftseingriffe nicht mehr waren, so wegen des geringen zahlenmäßigen Umfanges der Bürokratie und der raschen Wirtschaftsentwicklung, die die Bürokratie nicht nachkommen ließ. *Wirtschaftsliberalismus aus purer Ohnmacht* ist in Umbruchszeiten ja stets typisch: "Die Regierung ist außer Stande, die Preise der Dinge zu beherrschen und einzelne Classen von Gewerbetreibenden bei den häufigen Preisänderungen (!) vor Verlusten zu bewahren".[155] Ein bißchen mag freilich auch manchmal die liberale Maxime mitgeschwungen haben: "Der Käufer ist in der Regel der beste Richter über die Güte der Waaren".[156]

Sowohl für Deutschland, wie für Österreich ist die Literatur einhellig der Meinung, daß es Intellektuelle, Professoren, Juristen, höhere Beamte und dergleichen waren, die vorwiegend die *Gewerbefreiheit* vorantrieben, und zwar gegen den Willen der überwältigenden Zahl der Gewerbetreibenden. "Das Zeitalter des Hochliberalismus ... war das Werk der hohen Bürokratie";[157] und immerhin verkörperten ja die Beamten im damaligen Mitteleuropa noch am ehesten den einkommensgesicherten Mittelstand, der im Adam Smithschen Sinne vornehmlich an hoher konsumtiver Kaufkraft gegebener Einkommen interessiert war. Sie mögen auch begriffen haben, daß die "Entfesselung neuer Kräfte im Gewerbe

[152] WIESER (1926), loc.cit. in FN 5, p. 352.
[153] MATIS (1973), loc.cit. in FN 134, p. 32.
[154] GOOD (1986), loc.cit. in FN 127, p. 202.
[155] RAU (1854), loc.cit. in FN 57, § 143, p. 277.
[156] RAU (1854), loc.cit. in FN 56, § 217, p. 120.
[157] BRUSATTI (1965), loc.cit. in FN 55, p. 37.

schlechthin die Voraussetzung für eine Ausweitung der Produktion"[158] war, somit *langfristig* im machtpolitischen wie im fiskalischen Interesse des Staates lag. *Kurzfristig* erschienen die Interessen freilich vielfach gerade umgekehrt gelagert: Gewerbefreiheit brachte rascheren Gesellschaftswandel, weswegen die Handwerker in ihrem Kampf gegen Liberalisierung im deutschsprachigen Raum - zum Unterschied etwa von Frankreich vor 1789 - meist Unterstützung beim konservativen Adel fanden; und von der Verarmung des Handwerks konnte auch eine staatliche Finanzeinbuße befürchtet werden.[159]

Um die Mitte des 19. Jahrhunderts lautete die typische Haltung der deutschsprachigen wirtschaftswissenschaftlichen Literatur: "Ein Theil der bisherigen Zunftgewerke kann sogleich von allen Beschränkungen frei gegeben werden, so daß sie nur etwa der *Besteuerung willen eine Anzeige* erfordern".[160] Und dem entsprach in etwa die maßgebliche Preußische Gewerbeordnung vom 17. Januar 1845. Sie sah sogenannte "Approbation", das heißt eine Eignungsprüfung, für einzelne hochqualifizierte Gewerbe, z.B. Ärzte (!), Apotheker und Bauunternehmer, sowie polizeiliche "Konzession", das heißt eine Zuverlässigkeitsprüfung für einige weitere vor, wie Schlosser, Schank- und Gastwirte. Österreich folgte mit seiner weitgehend auf völliger Gewerbefreiheit beruhenden Gewerbeordnung vom 20. XII. 1859, durchgesetzt gegen "zähe Opposition".[161] In der weitgehenden Gewerbefreiheit folgten "die *letzten deutschen Länder* von Bedeutung ... Sachsen (1861), Baden (1862), Württemberg (1862) und Bayern (1868)",[162] die meisten also fast gleichzeitig wie Österreich. "Eine *einheitliche Regelung* für die Länder des Norddeutschen Bundes brachte die Gewerbeordnung vom 21. Juni 1869, der sich die süddeutschen Länder *bis 1872* anschlossen".[163]

Schon ab den 1880er Jahren begannen dann wiederum die *Einschränkungen* der Gewerbefreiheit, in Österreich etwa mit einer neuen Gewerbeordnung vom 30. IV. 1883. Denn auch die hohe Beamtenschaft, die in Deutschland und Österreich die Gewerbeliberalisierung getragen hatte, wandelte sich in den letzten beiden Jahrzehnten des 19. Jahrhunderts in ihrer Einstellung. Nicht wenige befürworteten etwa in Österreich nach Brusatti "eine Art Staatssozialismus".[164] Die "österreichische Schule der Sozialpolitik ... unterschied sich ... darin, daß ihre Vertreter mehr die Aufgaben des Staates in den Vordergrund stellten, im Gegensatz zu den deutschen Kathedersozialisten, die mehr das auf *Genossen-*

[158] LÜTGE (1960), loc.cit. in FN 106, p. 393. Professor Karl-Heinz SCHMIDT betonte in der Diskussion unter Verweis auf Arbeiten von KAUFHOLD, daß Gewerbefreiheit teilweise als notwendig für die Armutsbekämpfung (!) gesehen wurde (ein ähnliches Motiv, wie das der Soldatenversorgung der CROMWELLschen Armee in England im 17.Jahrhundert).

[159] LÜTGE (1960), p. 396.

[160] RAU (1858), loc.cit. in FN 56, § 195 a, p. 35.

[161] BRUSATTI (1965), loc.cit. in FN 55, p. 37.

[162] HENNING (1989), loc.cit. in FN 46, p. 63.

[163] HENNING (1989), ibid.

[164] BRUSATTI (1965), loc.cit. in FN 55, p. 44.

schaftsbasis aufbauende Versicherungsprinzip in das Zentrum ... stellten".[165] "In Wien vollzog sich bereits in der Monarchie die radikalste Abwendung vom Wirtschaftsliberalismus".[166] Und die Verstaatlichung erblickte dort in Form der "*Verstadtlichung*" das Licht der österreichischen Welt.
Teil der gewerbepolizeilichen Maßnahmen im weiteren Sinne ist der *Arbeiterschutz*. Durch die englischen Diskussionen und Maßnahmen angeregt, vertraten wirtschaftsliberale Autoren ganz allgemein die Auffassung, daß "zum Schutze der Kinder eine obrigkeitliche Einwirkung nöthig"[167] sei; und dieser Schutz der gewerblich tätigen Kinder sowie eine gewisse Arbeitszeitbeschränkung auch für Erwachsene waren auch die einzigen Arbeiterschutzmaßnahmen, welche Carl Menger in seinen Vorträgen Kronprinz Rudolf von Österreich ans Herz legte.[168] Nicht nur bezüglich der vorherrschenden Werturteile, sondern vor allem bezüglich der administrativen Möglichkeiten eines noch sehr schwach entwickelten staatlichen Behördenapparates ist es daher höchst naiv, wenn Tremel bereits für die Zeit Ende des 18., Anfang des 19. Jahrhunderts für Österreich sagt: Die Arbeitsbedingungen "schrieben die Fabriksherren vor. Sie nicht überwacht und trotz aller Freude am Reglementieren nicht geregelt zu haben, bleibt allerdings die Schuld der (!) Behörde".[169] Der Staat des 19. Jahrhunderts hatte eben weniger übrig für Gesetze als bloße schöne, aber nie administrierte Sonntagsrede als der des späten 20. Jahrhunderts. Und bezüglich der finanziellen Vorsorgen für Wechselfälle des Lebens der Arbeiter baute er, zumindest in den ersten drei Vierteln des 19. Jahrhunderts, mehr auf Selbsthilfe als heute: "Hülfscassen", so lesen wir typischerweise, müssen für solche Fälle, in denen Arbeiter oder ihre Angehörigen durch Arbeitsunfähigkeit oder den Tod in Bedrängnis geraten, "hauptsächlich auf die Beiträge der Arbeiter selbst gerichtet werden".[170]
In seiner Bedeutung vielleicht zu wenig gewürdigt ist ein wichtiger Beitrag des Höhepunktes des gewerblichen Wirtschaftsliberalismus in Deutschland wie in Österreich: nämlich die *Kodifizierung des Handelsrechtes*. So ist etwa "das moderne Aktienrecht" in der damaligen Zeit "im engen Zusammenhange mit der Ausgabe der Eisenbahnaktien entwickelt worden"[171] und erleichterte ungemein die Gründung auch großer Unternehmen.[172] Die sichere rechtsstaatliche Basis

[165] BRUSATTI (1965), p. 49. Es ist freilich zu fragen, ob BRUSATTI die "deutschen Kathedersozialisten" nicht zu undifferenziert sieht. (Die Ergänzung dieser FN geht auf Anregungen von Prof. Karl-Heinz SCHMIDT zurück).
[166] BRUSATTI (1965), p. 61.
[167] RAU (1858), loc.cit. in FN 56, p. 55.
[168] STREISSLER / STREISSLER (1994), loc.cit. in FN 69, p. 16 f., p. 126 ff.
[169] TREMEL (1969), loc.cit. in FN 58, p. 313.
[170] RAU (1858), loc.cit. in FN 56, p. 400.
[171] LÜTGE (1960), loc.cit. in FN 106, p. 436.
[172] In Österreich wurden andrerseits ab den 1880er Jahren die Aktiengesellschaften steuerlich diskriminiert und "extrem hoch" - und zwar mit 20 % - 40 % ihres Gewinnes - besteuert (siehe MATIS, 1973, loc.cit. in FN 134, p. 50). Freilich ist bei der ebenfalls extrem hohen Kartellierung Österreichs durchaus zu fragen, ob diese Besteuerung nicht voll überwälzt wurde und in Wahrheit nur die Konsumenten traf! Eigene Studien haben mich etwa gelehrt, daß die US-amerikanische Chemiefirma Du Pont de Nemours durch Jahrzehnte durchaus in der Lage war, bei je-

des Handelsrechtes reduzierte die Unsicherheiten, die Transaktionskosten und die staatlichen Einflußmöglichkeiten im Wirtschaftsverkehr.
Österreichische Autoren beklagen nicht selten die Unsystematik und Ziellosigkeit der Gewerbepolitik in der Habsburgermonarchie. Der zeitweilige Ministerpräsident Richard Freiherr von Bienerth bemerkte: "Die gesamte Entwicklung des Handelsministeriums ist ein Symptom dafür, daß das Erarbeiten eines nach wirtschaftlichen Gesichtspunkten erstellten Konzeptes als unwesentlich angesehen wurde".[173] Herbert Matis beklagt: "Das Fehlen einer großen Linie in der Wirtschaftspolitik hat ... zur nationalen Desintegration und zur verzögerten industriellen Entwicklung in Österreich beigetragen".[174] Zur nationalen Desintegration vielleicht; aber gab es überhaupt eine verzögerte industrielle Entwicklung in Österreich bis zum Ende der Monarchie? 1913 hatte das jetzige österreichische Gebiet fast genau das Pro-Kopf-Einkommen Deutschlands oder Frankreichs; und wenn es verzögerte industrielle Entwicklung gab, dann vor allem in der Endphase der napoleonischen Ära und der Zeit unmittelbar danach und in den etwa 15 Jahren nach 1848, als die Wirtschaft jeweils vor allem unter den *makroökonomischen* Mängeln von hohen und noch dazu in der genauen Höhe geheimgehaltenen Budgetdefiziten, Währungsinstabilität, Inflation und damit hohen Zinsen litt.[175] Aus liberaler Sicht war die Ziellosigkeit der österreichischen Wirtschaftspolitik, also das staatliche Unvermögen, nennenswert regulierend einzugreifen, vielmehr ein Segen und mit eine *Ursache hohen Wirtschaftswachstums* in der Donaumonarchie, zumal am Ende des 19. und Anfang des 20. Jahrhunderts.

IX. Soziale Marktwirtschaft und Raab-Kamitz-Kurs nach dem Zweiten Weltkrieg

Bewußter, vorsätzlicher Wirtschaftsliberalismus ist in Mitteleuropa am stärksten ausgeprägt *nach dem Zweiten Weltkrieg*. War der mitteleuropäische Wirtschaftsliberalismus des 19. Jahrhunderts im Ergebnis inhomogen, ja heterodox gemessen am klassischen englischen Wirtschaftsliberalismus, weil er oft Resultat zufälliger Konstellationen und Sachzwänge sowie oft Nebenprodukt vorwiegend staats- und gesellschaftspolitisch orientierter liberaler Haltungen war, so wurde andrerseits dem Liberalismus der frühen Nachkriegszeit die *ideologische Ambivalenz* von seinen geistigen Vätern *absichtlich* in die Wiege gelegt: "Zu einem tieferen Verständnis von Müller-Armacks Konzeption der Sozialen Marktwirtschaft gelangt man, wenn man berücksichtigt, daß er sie als mögliche 'irenische' Formel bezeichnet hat ... Als irenische Formel ist Müller-Armacks Konzeption der Sozialen Marktwirtschaft dem Ordo-Gedanken der Freiburger Schule nahe

der Körperschaftssteuerveränderung ihre Bruttogewinne gerade so anzupassen, daß ihr Nettogewinn unverändert blieb.

173 Zitiert nach BRUSATTI (1965), loc.cit. in FN 55, p. 77.

174 MATIS (1973), loc.cit. in FN 134, p. 67.

175 Siehe GOOD (1986), loc.cit. in FN 127, insbesondere Kapitel VIII, "Die Wirtschaft der Monarchie in vergleichender Sicht".

verwandt ... Aufgrund ihrer Verwurzelung in der wirtschaftssoziologischen Analyse sucht sie aber ein sehr viel breiteres Spektrum an geistigen Strömungen zu integrieren. Ihre besonderen Vorteile, die ökonomische Effizienz und die soziale Friedensstiftung, kann die Soziale Marktwirtschaft allerdings nur dann zur Wirkung bringen, wenn die konkurrierenden Stilelemente in bestimmter Weise kombiniert werden. Kernstück bleibt auch hier die Wettbewerbsordnung, die alleine in der Lage ist, auf die Dauer den materiellen Wohlstand zu steigern."[176] *Soziale Marktwirtschaft* deutscher Prägung war also eine Konkordanzformel von freier unternehmerischer Marktwirtschaft und gleichzeitiger "sozialer Friedensstiftung".

Hinzu kommt bei Walter Eucken als weiteres Konkordanzelement, "als spezifisch protestantisch, mit besonderer Hinwendung gerade zu Luther ... die besondere Betonung des 'starken Staates' ... der nicht zum Spielball von Interessengruppen werden soll, sondern die Rahmenordnung für die Wirtschaft und ihre Einhaltung zu garantieren hat".[177] Hier sollte evidentermaßen die bürokratienahe deutsche Akademikerschicht angesprochen werden. Nach Eucken sind es vor allem die Wissenschaft und die Kirchen, die dem Staat in seinen ordnenden Aufgaben zu unterstützen haben.[178] Die österreichische Variante des "Raab-Kamitz-Kurses" beruht ebenfalls auf solchen Konkordanz-Formeln, wenn freilich auf entschieden anders gearteten: Statt sozialer Verbesserung der Arbeitsbedingungen beruht sie auf der expliziten Bekämpfung der Arbeitslosigkeit; statt auf dem "starken Staat" beruht sie auf der dem investierenden sowie investitions- und exportfördernden und auch aktive Konjunkturpolitik betreibenden Staat verbundenen verbändischen Selbstorganisation der Wirtschaft in der Sozialpartnerschaft, als wirtschaftlicher Ordnungsmacht. Hildegard Koller sagt, im Raab-Kamitz-Kurs standen "im Vordergrund" - neben der "Gesundung der Währung" als oberstem Ziel - "Steigerung der Produktion, Hebung des Lebensstandards, vor allem die Beseitigung der Arbeitslosigkeit, der Aufbau eines Kapitalmarktes, die Wechselkursvereinheitlichung und neue Wege der Exportförderung sowie Erleichterungen auf steuerlichem Gebiet hinsichtlich der Einkommen-, Lohn- und Gewerbesteuer".[179]

Die *österreichische* Variante war also noch pragmatischer als die deutsche. Immerhin hat es infolge der "persönlichen Ausstrahlung" von Kamitz auch in Österreich "eine gewisse, wenn auch abgeschwächte Renaissance der liberalen Grundlagen ... gegeben".[180] Die unterschiedliche Orientierung in Deutschland und Österreich geht freilich auch darauf zurück, daß sie in Österreich durch den von 1952 bis 1960 tätigen *Finanzminister* Reinhard Kamitz und nicht vom Wirt-

[176] Rainer KLUMP (1995), "Wege zur Sozialen Marktwirtschaft - Die Entwicklung ordnungspolitischer Konzeptionen in Deutschland vor der Währungsreform", Referat gehalten am 6. April 1995 im Dogmenhistorischen Ausschuß des Vereins für Socialpolitik, Maria Plain bei Salzburg, Manuskript, p. 16 f, mit zahlreichen Verweisen auf MÜLLER-ARMACK.

[177] KLUMP (1995), p. 12.

[178] KLUMP (1995), p. 10.

[179] Hildegard KOLLER (1977), "Teil II", in: Fritz DIWOK/Hildegard KOLLER, Reinhard Kamitz - Wegbereiter des Wohlstands, Wien etc., Molden, p. 95 ff., hier p. 151.

[180] Fritz DIWOK (1977), "I.Teil"; in DIWOK/KOLLER, loc.cit., p. 17 ff., hier p. 19.

schaftsdirektor und späteren *Wirtschaftsminister*, zuletzt Bundeskanzler, Ludwig Erhard, getragen wurde.

Die *Konkordanz* möglicher Elemente geht aber noch weiter: Für Deutschland wird ein Anschluß der Sozialen Marktwirtschaft an *nationalsozialistische* Konzepte einer staatlich gelenkten Marktwirtschaft in der Vorkriegszeit zumindest behauptet.[181] "Konfrontiert mit dem Fehlen einer eigenständigen nationalsozialistischen Wirtschaftslehre ... förderte Reichswirtschaftsminister Funk die Gründung der Klasse ... IV 'Zur Erforschung der völkischen Wirtschaft' der 'Akademie für Deutsches Recht' im Jahre 1940". Dabei wurden Walter Euckens *Grundlagen der Nationalökonomie* "amtlicherweise ... als ein 'Ansatzpunkt zur Erörterung der Grundlagen und Begriffe einer neuen deutschen Volkswirtschaftslehre' gewürdigt".[182] Für Österreich ist der Zusammenhang eindeutiger: Der Nationalsozialist und Hochschulprofessor im Nationalsozialismus, Reinhard Kamitz, griff sichtlich auf bewährte Instrumente nationalsozialistischer Wirtschaftspolitik in Österreich zurück. Er förderte in konjunkturpolitisch orientierter Beschäftigungsabsicht bewußt - und von sozialistischen Abgeordneten im Parlament kritisiert - den Autobahnbau; und seine geniale, 1953 erstmals erprobte Idee der Förderung der privaten Investitionen durch vorzeitige Abschreibungen entstammt der nationalsozialistischen Anschlußpolitik der Jahre 1938 und 1939.[183]

Damit ist die *Eigenständigkeit* - um nicht zu sagen Merkwürdigkeit - der mitteleuropäischen "Sozialen Marktwirtschaft" skizziert (Kamitz gebrauchte diesen Ausdruck durchaus auch gerne für Österreich). Für Deutschland besitzen wir nunmehr sogar eine Legaldefinition derselben im Artikel 1 des Staatsvertrages zwischen der Bundesrepublik Deutschland und der Deutschen Demokratischen Republik aus 1990, der "die Soziale Marktwirtschaft als gemeinsame Wirtschaftsordnung beider Vertragsparteien" bezeichnet und diese kennzeichnet durch "Privateigentum, Leistungswettbewerb, freie Preisbildung und grundsätzlich volle Freizügigkeit von Arbeit, Kapital, Gütern und Dienstleistungen". Die Soziale Marktwirtschaft war in Deutschland entstanden als Gegenbild zu "einer Wirtschaft mit staatlichen Preiskontrollen, Bewirtschaftungsmechanismen und zurückgestauter Inflation".[184] Und nicht anders wurde sie in Österreich gesehen als Kontrast zu den "Bewirtschaftungsideologien der Kriegs- und Vorkriegszeit", die es freilich in Österreich "mühsam ... war ... zu überwinden."[185] Diese Erfahrungen erklären die Betonungsunterschiede zum 19. Jahrhundert. Insgesamt hob diese dritte Welle des Liberalismus also wieder explizit wirtschaftsliberale Gemeinplätze hervor und war *eher am Freihandel* orientiert *als an der Gewerbefreiheit*.

---

[181] KLUMP (1995), in FN 176, p. 2 f.

[182] KLUMP (1995), p. 19 f.

[183] Felix BUTSCHEK (1978), Die österreichische Wirtschaft 1938 bis 1945, Stuttgart, G. Fischer, p. 46, 57, 70 f.

[184] KLUMP (1995), p. 2

[185] Interviewzitat von Gen.Sekr. Arthur MUSSIL, DIWOK (1977), loc.cit. in FN 180, p. 24.

Die Bestrebungen zur Handelsliberalisierung waren jedoch nicht gänzlich eine freiwillige Wirtschaftspolitik, zumindestens nicht in Deutschland. Zuerst, um 1950, beruhten sie auf durch die Vereinigten Staaten von Amerika initiierte Auflagen der *Marshall-Plan-Hilfe*. Dann, ab Ende der 1950er Jahre, war sie für Deutschland durch die Chance geboten, im Verband der Europäischen Wirtschaftsgemeinschaft aus der politischen Isolierung des Verlierers des Zweiten Weltkriegs herauszukommen. Möglicherweise wurde die freihändlerische Öffnung in Österreich bewußter als in Deutschland aus wirtschaftsliberalen Motiven angestrebt. "In der Integrationspolitik war (Reinhard Kamitz') Maxime 'kein Verzicht auf eine Teilnahme Österreichs an der wirtschaftlichen Integration Europas', weil er sich von dieser Zusammenarbeit mit Westeuropa auch gewisse heilsame Zwänge auf das Wirtschaftsleben versprach."[186] Wesentlich war es, "den österreichischen Wirtschaftstreibenden, aber auch den Arbeitnehmern klarzumachen, daß eine Verstärkung der Außenwirtschaft eine essentielle Vorbedingung der Lebensfähigkeit des gesamten Staates ist."[187]

Was die binnenwirtschaftliche Politik betrifft, war *Deutschland* im internationalen Vergleich in der *Gewerbepolitik* schon in den 1950er Jahren liberal; aber der gerne im Mund geführte "Leistungswettbewerb" wurde in erheblichem Maße durch stark *subventionierte* Wirtschaftssektoren abgeschwächt, nicht nur in der Landwirtschaft, sondern vor allem auch im Bergbau und in der Wohnungswirtschaft. Seit den 1970er Jahren wird in Deutschland in zunehmendem Maße *Überregulierung* des betrieblichen Anlagegenehmigungsverfahrens beklagt. Und das Kernstück von Euckens wie von Erhards Wettbewerbspolitik, das "Gesetz gegen Wettbewerbsbeschränkungen", konnte erst 1957 verabschiedet werden. Wie erfolgreich es in Deutschland war, muß dahingestellt werden, wobei meine Zweifel durch die typische Skepsis der Österreichischen Schule gegenüber Wettbewerbserzwingungsmaßnahmen mitgeprägt sein mögen.[188] Immerhin muß jedoch festgehalten werden, daß die Antikartellhaltung des neuen - im Gegensatz zum alten - Deutschland prägend für das Wettbewerbsrecht der *Europäischen Union* wurde und hier Langzeitwirkungen hervorrief.

Noch viel schwächer war der binnenwirtschaftliche Wirtschaftsliberalismus im *Nachkriegsösterreich* ausgeprägt. Zwar wurde das ominöse "Untersagungsgesetz" gegenüber Unternehmensneugründungen schon in den 1950er Jahren überwunden, die Gewerbeordnung jedoch erst 1973 neu gefaßt und erst 1993 einigermaßen liberalisiert. Die Preisgesetze wurden erst 1992 (!) liberalisiert, und erst das Jahr 1992 erlebte ein - an sich schon ominös bezeichnetes - "Wettbewerbsderegulierungsgesetz". Der "Einbruch" des Wirtschaftsliberalismus in die österreichische Gewerbewelt erfolgte schaumgebremst und hinausge-

---

[186] DIWOK (1977), loc.cit. in FN 180, p. 51.

[187] Alois BRUSATTI (1977), in DIWOK / KOLLER (1977), loc.cit. in FN 179, p. 11 ff., hier p. 14.

[188] Wie ich aus Diskusssionen mit Friedrich August von HAYEK weiß, vertrat dieser die Meinung, die einzige sinnvolle wettbewerbspolitische Maßnahme sei lediglich, wettbewerbsbeschränkenden Verträgen den Rechtsschutz zu verweigern.

zögert über vier Jahrzehnte. Weit früher war alles Wesentliche schon durch den internationalen Wettbewerb erzwungen worden.
Das entscheidend Andere in dieser dritten Welle des Liberalismus war jedoch die *zentrale Rolle der Währungspolitik.* Darin ähnelt sie etwas den Bemühungen Ignaz von Pleners in Österreich in den 1860er Jahren, aber auch den österreichischen Erfahrungen der 1890er Jahre, als - für Österreich anscheinend typisch - wie unter Kamitz in den 1950er Jahren eine "Goldwährungspolitik" mit einer Einkommensteuerreform Hand in Hand ging.[189] In Deutschland war jedoch das Währungsproblem im 19.Jahrhundert in der liberalen Diskussion nicht zentral thematisiert worden.
Reinhard Kamitz' Doppelposition zur *Steuer- und Währungspolitik* läßt sich gut durch zwei seiner Zitate belegen: "In der sozialen Marktwirtschaft muß die Steuerpolitik die Bildung von privatem Vermögen fördern, statt sie zu behindern"; und "schlechtes Geld ist Wegbereiter des Kollektivismus".[190] Österreich hatte seine Währungsreformen im engeren Sinne zögerlich und in mehreren Schritten, am 30. XI. 1945 und am 10. XII. 1947, vorgenommen, während die effektive Währungsstabilisierung in Wahrheit dann erst 1953 durch Kamitz erfolgte. Und noch viel langsamer erfolgte die "Lockerung" kriegswirtschaftlicher Bewirtschaftung und die *Preisfreigabe.* Der soeben in voller Frische 95 Jahre gewordene ehemalige Hauptgeschäftsführer der Vereinigung Österreichischer Industrieller, Curt Franz Fetzer, ein gebürtiger Deutscher, erinnert sich, Ende der 1940er Jahre bei Kamitz vorgesprochen zu haben, um von ihm mit ganz unösterreichischer Unbedingtheit den politischen Einsatz für eine sofortige Preisfreigabe zu fordern. Kamitz, damals Handelskammersekretär, soll geantwortet haben: "Sie haben recht, aber im Augenblick ist es unmöglich, Ihren Wunsch zu verwirklichen, denn wenn wir unvermittelt die Preise freigeben, müssen wir auch die Löhne freigeben, und, was meinen Sie, werden dann auf längere Frist die Folgen sein? Wir können die Bewirtschaftung nur langsam abbauen, und auch gegenüber berechtigten Wünschen (!) der Wirtschaft (!) muß Zurückhaltung geübt werden".[191]
In Deutschland war es anders. Im durch die Mitglieder der Freiburger Schule und die der ehemaligen "Arbeitsgemeinschaft Erwin von Beckerath" dominierten "Wissenschaftlichen Beirat bei der Verwaltung im Vereinigten Wirtschaftsgebiet" sprach sich schon im April 1948 "die Mehrheit ... für eine möglichst sofortige Preisfreigabe und Übergang zu einer *wettbewerblichen Preisbildung* aus".[192] Diese wurde überfallsartig von Ludwig Erhard als "Wirtschaftsdirektor" - und keineswegs in Übereinstimmung mit allen Besatzungsmächten - für zahlreiche Güter fast gleichzeitig mit der Währungsreform

[189] Interessanterweise führte KAMITZ - im europäischen, ja US-amerikanischen Zusammenhang sehr früh - 1959 die freie und steuerlich wenig belastete Ankaufsmöglichkeit von Goldhandelsmünzen für Österreicher ein. Seit 1976 besitzt Österreich sogar wieder Goldumlaufsmünzen, die gesetzliches Zahlungsmittel sind.
[190] DIWOK (1977), loc.cit., p. 37, p. 51.
[191] DIWOK (1977), p. 40.
[192] KLUMP (1995), in FN 176, p. 25.

mit Gesetz vom 24. VI. 1948 unter gleichzeitiger Aufhebung von deren Bewirtschaftung durchgeführt. Die westdeutsche Währungsreform erfolgte mit Stichtag 21. VI. 1948. Sie sah Kopfquoten von anfänglich nur 40 DM vor, weitgehende Bindungen von Geldern darüber hinaus und eine grundsätzliche Umstellung von Verbindlichkeiten im Verhältnis 10:1, während die österreichische Umstellung vom 10. XII. 1947 laschere Kopfquoten von 150 Schilling gewährt hatte und einen Grundumstellungsschlüssel von 1:3 wählte. "Man muß sich vor Augen halten, daß die Entscheidung, im Jahre 1948 die Währungsreform durchzuführen, alle Merkmale einer Entscheidung bei völliger Unsicherheit bot ... wichtigste Voraussetzung für Durchführung und Erfolg ... (war) der Tatbestand, daß die Reform nur durch Anordnung der Besatzungsmächte vollzogen werden konnte ... die Währungsreform wurde mit gleichlautenden Gesetzen der amerikanischen, britischen und französischen Militärregierung angeordnet".[193]
Es gehört zu den für Liberale unbequemen Tatsachen der Geschichte, daß die erfolgreichste liberale Maßnahme in Mitteleuropa, die deutsche Währungsreform, die Preisfreigabe und die Bewirtschaftungsreform von 1948, Ausfluß *diktatorischen* Handelns und des Mutes eines Mannes als "Mitdiktator" mit den Besatzungsmächten, nämlich von Ludwig Erhard, war. Österreich, seit Ende 1945 eine Demokratie mit Parlament und gewählter Regierung, war zu einem ähnlich radikalen Schritt nicht fähig.
Dem Bewußtsein weitgehend entschwunden ist die Tatsache, daß die *deutsche Währungsreform* fast scheiterte. Die sozialen Spannungen im Sommer 1948 waren nicht unerheblich; und eine Anpassungsinflation von nicht weniger als 20 %, ja 30 % setzte ein. "Im Herbst 1948 setzte deshalb eine restriktive Zentralbankpolitik ein, die mit Beginn des Jahres 1949(!) eine rückläufige Preisentwicklung einleitete".[194] In Deutschland weitgehend vergessen ist weiters, wie sehr *steuerpolitische Erleichterungen*, ähnlich wie in Österreich, gleichzeitig mit der Währungsreform diese den Wohlhabenderen schmackhaft machten, nämlich ein "Abbau der stark überhöhten Verbrauchsteuern. Außerdem wurden die Einkommen- und Vermögensteuern gesenkt. Diese hatten in der Zeit vor der Währungsreform eine Höhe erreicht, die die Bereitschaft zu Arbeit und wirtschaftlichen Aktivitäten lähmten".[195] Erst acht Monate nach ihr, als sich die Währungsreform als eindeutig erfolgreich erwiesen hatte, formulierte Konrad Adenauer als Ausdruck dieser Währungs- und Wirtschaftsreform die Alternative "bürokratische Planwirtschaft oder soziale Marktwirtschaft" als zukünftige Wahlkampfdevise, und erst über ein Jahr nach der Reform "legt die CDU (im Wahlkampf) mit der Parole 'Planwirtschaft oder Marktwirtschaft?' den Schwerpunkt eindeutig auf wirtschaftspolitische Themen".[196] Im Anfang also war die Tat, dann erst das "Wort", das politische Programm!

[193] Artikel "Währungsreformen", Heinz SAUERMANN (1961), Handwörterbuch der Sozialwissenschaften, 11.Bd., Stuttgart, Tübingen, Göttingen, G.Fischer etc., p. 452 ff., hier p. 459.
[194] SAUERMANN (1961), p. 463.
[195] SAUERMANN (1961), p. 463 f.
[196] KLUMP (1995), in FN 176, p. 26.

Klump betont, "wie sehr die heute dominierende Sicht von Sozialer Marktwirtschaft eben durch die ordnungspolitischen Weichenstellungen der westdeutschen Währungsreform geprägt ist".[197] Und das muß für Deutschland so sein und hat - neben der politischen Ideologie - auch einen guten, *sachlich-materiellen* Grund: Die Währungsreform von 1948 und die mit ihr einhergehenden Wirtschaftsreformen waren willentlicher Wirtschaftsliberalismus als Hauptziel, freilich willentlicher Wirtschaftsliberalismus eines politischen Diktators; sie waren radikale, schlagartige Maßnahmen; und sie zeigten im Vergleich zu Österreich mit seiner viel stärker "gemischten" Wirtschaft den einzigen handgreiflichen differentiellen Erfolg der Bundesrepublik Deutschland: Im Vergleich zu Österreich ist das "deutsche Wirtschaftswunder" *nur* dasjenige *der Jahre 1950 bis 1954* (oder 1949 bis 1954): Denn nur in dieser Wirtschaftsperiode übertrifft die deutsche Wachstumsrate des Sozialproduktes pro Kopf erheblich die österreichische, die 1955-1964 mit der deutschen etwa gleich hoch und seit 1965 erheblich über der deutschen liegt. Was anderes als die radikale Währungs- und Wirtschaftsreform des Jahres 1948 könnte hierfür die differenzierende Ursache abgeben?

X. Zusammenfassender Ausblick

Im Laufe der letzten zwei Jahrhunderte wurde liberale Wirtschaftspolitik immer wieder verlassen, entweder um einem - oft falsch verstandenen - staatlichen *Machtstreben* zu genügen oder um drängenden *Nöten* bestimmter Gruppen abzuhelfen. Das liegt auf der Hand und ist nur zu sehr bekannt. Erstaunlicherweise galt in Mitteleuropa und gilt heute in Osteuropa aber auch umgekehrt: Der Not gehorchend, nicht aus eigner Tugend wurden wirtschaftsliberale Maßnahmen meist auch eingeführt. Sie waren in Mitteleuropa vielfach fremdbestimmt. Und seit Jahrhunderten ist es zentrale Botschaft der Ökonomen, daß langfristig gesehen illiberale Wirtschaftspolitik sehr kostspielig ist. Nicht Wirtschaftsliberalismus ist Luxus, allein für ein reiches Land geeignet, wie man historisch immer wieder meinte, nein, ganz im Gegenteil: Interventionismus und staatliche Wirtschaftsplanung erweisen sich, in vielen Bereichen und an vielen Beispielen bewiesen, immer wieder als unerträglich teuer. Wenn sich diese Erkenntnis nicht stärker durchgesetzt hat, dann wohl deshalb, weil ein hoher staatlicher Aufwand zumindest immer in einem, sich stets lautstark artikulierenden Interesse liegt, nämlich dem der ihn verwaltenden *Bürokratie*. Wirtschaftsliberalismus ist daher einfach deswegen häufig entstanden, weil im Existenzkampf verschiedener Bürokratien gegeneinander eine Bürokratie eine andere ersetzte, etwa im 19. Jahrhundert die im engeren Sinne staatliche Bürokratie eine patrimoniale oder städtische oder vor kurzem die russische Bürokratie die sowjetische. "I have never known much good done by those who affected to trade for the public good"[198], sagt Adam Smith treffend. Weil aber die *akademisch Gebildeten*, zumal in Mitteleuropa, eng mit der höheren Staatsbürokratie verwoben sind, ge-

[197] KLUMP (1995), in FN 176, p. 3.
[198] SMITH (1776), loc.cit. in FN 9, IV.ii.9.

stehen sie sich ungern ein, wieviel in der Wirtschaftspolitik nur Nebenprodukt oder nur vorgeschützte Selbstrechtfertigung der Existenz von Bürokratien ist. Und erst recht gesteht sich der schöpferisch gebärdende "kleine Gott der Welt" nur ungern ein, daß er aus schmutzigen Kostengründen zu etwas geführt wurde oder gar daß Veränderungen sich ihm aufzwangen. Und so wird uns in der Geschichte viel mehr, als es wirklich war, dargeboten als das Gewollte, das Ersonnene, das Geplante.

Manches freilich beruhte in den letzten 200 Jahren tatsächlich auch auf einem *Wertewandel* in der Gesellschaft. Dann aber müssen wir erkennen, daß der Höhepunkt wirtschaftspolitischen liberalen Ausdruckes einer großen Bevölkerungs*mehrheit* in Mitteleuropa nicht in den 1860er Jahren erreicht wurde, sondern vielmehr in Österreich am 12. Juni 1994, als zwei Drittel der votierenden Österreicher für den Beitritt zur *Europäischen Union* und damit für mehr internationalen Wettbewerb und einen Abbau der binnenwirtschaftlichen Regulierung und in weiterer Konsequenz für eine erhöhte Konsumentenkaufkraft in der Zukunft votierten: Wirtschaftsliberalismus impliziert immer die Teilaufgabe der Souveränität von Interessengruppen und von Kleinstaaten und setzt die Bereitschaft zu dieser Teilaufgabe voraus.

Wirtschaftspolitischer Liberalismus ist also nicht so sehr etwas Historisches im Sinne von etwas Vergangenem, sondern vielmehr etwas sehr *Präsentes*. Das missionarische Pathos mag um 1860 da und dort stärker gewesen sein; die Bereitschaft der Wählerschaft einerseits und andrerseits die Umsetzung liberaler Wirtschaftspolitik in die Tat waren hingegen in den letzten 50 Jahren weit stärker ausgeprägt.

LIBERALISMUS - REAL ODER RADIKAL?

Günther Chaloupek

Professor Streissler hat sich in seinem Referat mit dem wirtschaftspolitischen Liberalismus in seiner realen Gestalt beschäftigt - mit dem "*realen Liberalismus*", könnte man sagen. Dieser war im Unterschied zum sogenannten "realen Sozialismus" - wie die DDR ihr System zu nennen pflegte - in einem hohen Maße erfolgreich, jedenfalls, wenn wir die heutige Situation vor Augen haben. Professor Streissler hat die Wellenbewegung des Erfolges des Liberalismus in der Wirtschaftspolitik dargestellt, wobei ich seinen Ansichten über die hauptsächlichen Bestimmungsgründe des Auf und Ab konkurrierender wirtschaftspolitischer Ideen aus meiner eigenen Sicht und aus meiner eigenen Erfahrung nur zustimmen kann: nicht die unwiderstehliche Überzeugungskraft von theoretischen Konzepten und Doktrinen bestimmt in erster Linie den wechselnden Kurs der Wirtschaftspolitik, sondern die Kosten und die unerwünschten Nebeneffekte. Anders ausgedrückt: ein Kurswechsel findet meist dann statt, wenn die vorherrschende Richtung mit den Problemen so schlecht zu Rande kommt, daß der Alternative mehr Erfolg zugetraut wird. In solchen Situationen erreichte der Liberalismus seine größten Durchbrüche, wie es umgekehrt den rivalisierenden Richtungen des *Interventionismus* (sei es nun jener der konservativen, der autoritären oder der sozialdemokratischen Spielart) gerade in Krisenzeiten gelang, den Liberalismus in der Wirtschaftspolitik zurückzudrängen; Beispiele sind die Krise nach 1873 oder die Weltwirtschaftskrise der Zwischenkriegszeit. Wenn man davon ausgeht, daß es nie gelingen kann, die Kosten aller Maßnahmen richtig zu kalkulieren und die unerwünschten Nebenwirkungen zu vermeiden, so muß die Wirtschaftpolitik zwangsläufig immer zwischen den Polen *Staatsinterventionismus* und *Marktmechanismus* hin und her pendeln. In dieser pragmatischen Betrachtungsweise gibt es je nach gesellschaftpolitischer Wertung unterschiedliche wirtschaftspolitische Denkschulen, aber die Frage, ob mehr Markt oder mehr Intervention angesagt ist, ist innerhalb weiter Grenzen eine Frage der Zweckmäßigkeit, keine prinzipielle Frage. In Mitteleuropa, so scheint mir, trifft diese Sicht nicht nur auf sozialdemokratische und christlichsoziale Parteien und Regierungen zu, sondern auch auf diejenigen, welche sich liberal nennen. Ich könnte dazu Beispiele und auch Zitate aus programmatischen Schriften bringen, ich will sie aber damit nicht langweilen.[1]

Der engagierte Theoretiker ("Ideologe") des wirtschaftspolitischen Liberalismus, man könnte auch sagen: des *radikalen Liberalismus*[2], würde allerdings eine solche Sichtweise wohl kaum akzeptieren. Ich möchte nicht so weit gehen zu meinen, daß diese Leute die Vertreter des wahren und echten Liberalismus sind,

---

[1] Siehe dazu für die F.D.P. die Dokumentation "Was heißt heute liberal?", 1995.

[2] "Radikal" ist in diesem Kontext allerdings insoferne problematisch, als diese Bezeichnung auch für einen radikal-progressiven politischen Linksliberalismus verwendet wurde.

aber doch sagen, daß eine Auseinandersetzung mit dem wirtschaftspolitischen Liberalismus nicht von diesem Aspekt absehen kann, und möchte mich daher ein wenig kritisch mit diesen Theoretikern beschäftigen. Trotz des Umstandes, daß der Liberalismus in der Wirtschaftspolitik Österreichs historisch gesehen im Vergleich zu den meisten westlich von uns gelegenen Ländern eine geringere Rolle gespielt hat, sind die bedeutendsten Theoretiker des radikalen Liberalismus des 20. Jahrhunderts Österreicher, zumindest ihrer Herkunft nach: den einen, Friedrich August von Hayek, hat Professor Streissler in einer Fußnote seines Referates erwähnt, den Namen des anderen habe ich nicht gefunden: Ludwig von Mises. Mises veröffentlichte 1927 seine, vielen Liberalen - allerdings kaum den "Realos" unter ihnen - heute noch als klassisch geltende Darstellung des liberalen Programms.[3] Diese beschränkt sich nicht auf die Wirtschaftspolitik, insbesondere sollte auch die dort entwickelte *Demokratietheorie* erwähnt werden.[4] Von einem utilitaristischen Wohlfahrtskonzept ausgehend nennt Mises - etwas abweichend von Professor Streisslers Definition - drei grundlegende Prinzipien des Liberalismus: Eigentum, Freiheit und Frieden. Allein freie Erwerbstätigkeit auf der Grundlage privaten Eigentums ist in der Lage, ein Maximum an ökonomischer und gesellschaftlicher Wohlfahrt zu realisieren, und dies unter der Bedingung des innerstaatlichen und des zwischenstaatlichen Friedens.[5] Interessant in unserem Zusammenhang sind seine Aussagen zur *Rolle des Staates*. Mises wendet sich ausdrücklich gegen die Behauptung, daß die Liberalen gegen den Staat seien - er fordert ausdrücklich einen starken Staat, den er aber ausschließlich darauf beschränkt, die Sicherheit der Person und des Eigentums zu gewährleisten. Ansonsten spricht sich Mises mit einer (halben) Ausnahme[6] gegen *jede* Form der Staatsintervention in das Wirtschaftsgeschehen aus. Begründet wird dies zum einen mit ökonomischen Argumenten, zum anderen aber auch mit der politischen Schädlichkeit der Interventionen. Ökonomisch sind die Interventionen nutzlos, schädlich bis kontraproduktiv, ihre unerwünschten Nebenwirkungen ziehen immer neue Interventionen nach sich, die Wirtschaftspolitik verfängt sich in einem Dickicht von immer mehr, immer undurchschaubarer und immer mehr negativ wirkender Interventionen, das Produktions- und Wohlfahrtsoptimum wird immer weiter verfehlt.[7] Mises führt aber auch soziale Konflikte, den Klassenkampf, den Bürgerkrieg, die Krise der internationalen

3 MISES (1985/1927), von mir zitiert nach der englischen Ausgabe 1985. Diese erschien ursprünglich 1962 unter dem Titel "The Free and Prosperous Commonwealth", da Mises der Begriff "Liberalismus" zu sehr vom politischen Linksliberalismus der USA okkupiert erschien. Die deutsche Ausgabe wurde zuletzt 1993 von der Friedrich Naumann-Stiftung neu herausgegeben.

4 Das entscheidende Argument für die parlamentarische Demokratie ist die Möglichkeit des friedlichen Machtwechsels. "Democracy is that form of political constitution which makes possible the adaptation of the government to the wishes of the governed without violent struggles." MISES (1985), p. 42.

5 Mises grenzt seinen Liberalismus ausdrücklich vom naturrechtlich fundierten Liberalismus, der bis ins 19. Jahrhundert vorherrschend war, ab: MISES (1985), v.a. p. 27ff.

6 Mises hält Beschränkungen der Einwanderung unter bestimmten Umständen für unvermeidlich (ebd., p. 136ff.).

7 MISES (1929).

Wirtschaftsbeziehungen, den Imperialismus und die imperialistischen Kriege letztlich auf den Staatsinterventionismus zurück. Weil die Staatsmacht in das Wirtschaftsgeschehen eingreift zugunsten bestimmter Gruppeninteressen (es gibt auch in dieser Hinsicht keine neutrale Intervention), kommt es zu politischen Auseinandersetzungen unter Einsatz verschiedener Formen der Gewalt; der Handelsprotektionismus (= der Interventionismus auf zwischenstaatlicher Ebene) ist die entscheidende Ursache für die Spannungen und Feindseligkeiten in den internationalen Beziehungen. Und, so lautet die Schlußfolgerung, nur das Unterbleiben aller Interventionen kann den sozialen Frieden im Inneren der Staaten und den Frieden in der Welt wieder herstellen.

Wenn man sich die wirtschaftliche und politische Situation der Zwischenkriegszeit vergegenwärtigt, in der die beiden Bücher geschrieben wurden, so verdient diese Haltung sicher großen Respekt für die kompromißlose Ablehnung jedes *Totalitarismus* und des handelspolitischen *Protektionismus*. Wenn z.B. die Freihändler damals als hoffnungslose Idealisten erschienen, so wurden sie nach dem Zweiten Weltkrieg durch die Entwicklung glänzend bestätigt. Nicht bestätigt wurde Mises (und ich schließe hier auch Hayek ein) aber in seinem generellen Verdammungsurteil über den *Interventionismus* als solchen. Es war eben nicht zutreffend, daß sozialer Friede in einem System, in welchem staatliche Interventionen Gegenstand politischer Auseinandersetzungen sind, sich nicht einstellen würde, vielmehr hat sich gezeigt, daß zwischen unterschiedlichen Interessen auf friedlichem Weg ein Ausgleich hergestellt werden kann.

Fünfzig Jahre wirtschaftspolitischer Interventionismus nach dem Zweiten Weltkrieg zeigen m.E. auch, daß der radikale Liberalismus die Möglichkeiten der Einflußnahme auf die Wirtschaft unterschätzt hat, auch wenn man andererseits zugeben muß, daß seit einiger Zeit ein gewisser Rückbau des überforderten *Interventionsstaates* notwendig geworden ist. Auch in den Ländern mit der radikalsten marktwirtschaftlichen Rhetorik geht es dabei nicht um die völlige Abschaffung, sondern um Begradigungen des Wohlfahrtsstaates bzw. von öffentlichen Dienstleistungen.

Man kann in diesem Zusammenhang eine Parallele zwischen den radikalen Vertretern des *Liberalismus* Mises und Hayek und den *marxistischen* Theoretikern feststellen. So wie diese behaupteten, daß die Menschheit zwischen "Sozialismus oder Barbarei" zu wählen habe[8], haben auch Mises und Hayek die Folgen eines Abweichens vom "rechten Weg" besonders drastisch dargestellt. Z.B. behauptete Hayek in einem Interview 1975, als die Inflationsrate in Österreich bei 10 Prozent lag, daß zur Stabilisierung der Preise nun eine Arbeitslosenrate von 10 bis 12 Prozent hingenommen werden müsse[9]. Tatsächlich blieb die "angedrohte Strafe" für die interventionistischen Sünden aus: bis 1979 war die Inflation wieder auf etwa 3 Prozent reduziert, und die Arbeitslosenrate betrug knapp über 2 Prozent. - Ob Prognosen, die aufgrund einer bestimmten Theorie gemacht werden, eintreten oder nicht eintreten, ist noch kein hinreichender Beweis für oder

[8] Diese Formel geht auf Rosa Luxemburg zurück und war gegen die Revisionisten und Zentristen in der Sozialdemokratie gerichtet. Siehe KOOL (1970), p. 161ff.

[9] Profil vom 2. Jänner 1975.

gegen die Richtigkeit der Theorie selbst, jedenfalls aber ein Argument, und in dieser Hinsicht hat die kompromißlose *Schwarz-Weißmalerei* der reinen Lehre des Liberalismus nicht zu seiner Glaubwürdigkeit beigetragen.
Wenn Mises mit seiner These, wirtschaftspolitischer Interventionismus führe entweder zu Niedergang und Chaos oder münde letztlich in einer (staats-) sozialistischen Wirtschaft, nicht recht gehabt hat, so möchte ich andererseits ausdrücklich betonen, daß seine These von der Unmöglichkeit des *wirtschaftlichen Sozialismus*[10] bestätigt wurde. Zwar dauerte es länger als erwartet, bis der Zusammenbruch des Ostblock-Kommunismus eintrat. Die Folgen sind dafür umso schrecklicher und offenkundig umso mehr, je länger die Periode der staatlichen Zentralplanwirtschaft gedauert hat.
Im Unterschied zu den Österreichern lehnten die Vertreter der *Freiburger Schule* trotz ihrer marktwirtschaftlichen Grundhaltung staatliche Interventionen nicht per se ab. Ohne ihn zu zitieren, schrieb Alfred Müller-Armack schon 1932 gegen Mises: "Es ist ... keineswegs so, wie es die meist gegen den Interventionismus geschriebene Theorie wahrhaben will, daß dieses System in sich eine Unmöglichkeit darstellt, die schon aus diesem Grunde in eine andere Form überzugehen bestimmt sei."[11] Vielmehr gehe es um die richtige Konzeption eines interventionistischen Ansatzes, und als solcher hat sich die Lehre von der *Sozialen Marktwirtschaft* verstanden.
Für jemanden, der nach einer längeren Wegstrecke seinen Frieden mit dem grundlegenden Inhalt der politischen Formel "Soziale Marktwirtschaft" gemacht hat, wirkt allerdings die von Professor Streissler aufgestellte These, der Begriff sei ein Widerspruch in sich, einigermaßen *irritierend*. Ich bin mir nicht ganz sicher, ob sie dasselbe bedeutet wie die Hayeksche Ansicht, die Idee der "sozialen Gerechtigkeit" sei ein Atavismus[12], oder die kritisch gemeinte These, die Marktwirtschaft sei nicht sozial, denn das Soziale müsse ihr von außen, d.h. durch die Staatsintervention abgerungen werden. Jedenfalls handelt es sich nicht bloß um eine Frage der Logik, sondern auch um eine faktische Frage. Entscheidend in diesem Zusammenhang ist natürlich, was wir unter *"sozial"* verstehen. Selbstverständlich ist dieses Beiwort nicht im soziologischen, sondern im sozialethischen, normativen Sinn gemeint, als Gegensatz zu "unsozial", d.h. gefordert ist die Berücksichtigung des Verteilungsaspekts des kapitalistischen Produktions- und Wirtschaftssystems.
In dieser Hinsicht steht m.E. außer Zweifel, daß der heutige *Massenwohlstand*, die starke Anhebung des Lebensstandards der arbeitenden Bevölkerung, überwiegend nicht der Einführung und dem Ausbau eines umverteilenden Wohlfahrtsstaates zuzuschreiben ist, sondern der inneren Dynamik der kapitalisti-

[10] MISES (1922).
[11] MÜLLER-ARMACK (1932), p. 125. Ähnlich Wilhelm RÖPKE: "Das, was die interventionistische Schule instinktiv fühlte, aber nicht auf der Ebene der ökonomischen Logik zu begründen vermochte und daher ohne Maß und System postulierte, wird nach und nach von der strengen nationalökonomischen Theorie in einigen Punkten bestätigt: daß es Staatseingriffe gibt, die wirksam und nützlich sind." RÖPKE (1929), p. 866.
[12] HAYEK (1977), p. 23ff.

schen Produktionsweise. Schumpeter charakterisierte sie dahingehend, "daß die kapitalistische Maschine alles in allem eine Maschine der Massenproduktion ist ... Und wenn wir diese Lawinen von Konsumgütern betrachten, so finden wir wieder, daß jede von ihnen aus Artikeln des Massenkonsums besteht und die Kaufkraft des Lohn-Dollars stärker als die irgend eines anderen Dollars vermehrt, mit anderen Worten, daß der kapitalistische Prozeß progressiv den Lebensstandard der Massen erhöht, und zwar nicht durch einen bloßen Zufall, sondern kraft seines Mechanismus."[13] Es versteht sich heute wahrscheinlich nicht mehr ganz von selbst, daß diese Feststellung nicht zuletzt gegen die marxistische *Verelendungstheorie* gerichtet war, die ja das Gegenteil vorhergesagt hatte: daß die Massen der Lohnarbeiter nicht am steigenden gesellschaftlichen Reichtum teilhaben, sondern relativ und absolut - letzteres ist nicht so eindeutig - verarmen würden. Die rasche Zunahme und nachhaltige Anhebung des allgemeinen Lebensstandards insbesondere in Europa nach dem Zweiten Weltkrieg widerlegte jedoch nicht nur die Marxisten, sie kam in diesem Ausmaß auch für jene, die dem Kapitalismus positiv gegenüberstanden, überraschend.

Der Begriff *"Soziale Marktwirtschaft"* drückt einerseits aus, daß es gut ist, daß Kapitalismus und Massenwohlstand vereinbar sind. Völlig selbstverständlich ist dies ja nicht, denn es gab und gibt auch sozial sehr elitäre Spielarten des Kapitalismus. Letztere funktionierten allerdings viel weniger gut, woran man erkennen kann, daß es doch auch auf die Setzung entsprechender Rahmenbedingungen und auf die Schaffung bestimmter Institutionen ankommt. Auf der Grundlage eines steigenden Pro-Kopf-Einkommens, an dem alle oder fast alle partizipierten, wurde andererseits der umverteilende Wohlfahrtsstaat geschaffen und beständig erweitert. Zum überwiegenden Teil beruht der *Wohlfahrtsstaat* auf dem Versicherungsprinzip und bedeutet daher horizontale Umverteilung zwischen verschiedenen Lebens- und Bedürfnislagen. Zum anderen Teil bewirkt die vertikale Umverteilung von oben nach unten eine weitere Senkung der Armut bzw. eine Anhebung der Lebenshaltung der sozial Schwachen, die durch den Marktprozeß nicht zustandekäme. Insofern ist das Soziale der Marktwirtschaft von außen abgerungen und bedarf der sozialpolitischen Intervention. Ich verstehe den Begriff "Soziale Marktwirtschaft" jedenfalls so, daß er beide Elemente der Wohlfahrtssteigerung für breite Bevölkerungsschichten zum Ausdruck bringt. Wenn - um den Blick in einen anderen Teil Mitteleuropas zu richten - Ministerpräsident Václav Klaus für sein Land explizit die "Marktwirtschaft ohne Adjektiv" zum Ziel der wirtschaftlichen Transformation proklamiert hat, so liegt dem eine Begriffsreduktion zugrunde, die nur aus der Erfahrung von vier Jahrzehnten kommunistischer Planwirtschaft erklärbar ist.

Der "reale Liberalismus" ist heute, oder besser gesagt, seit über einem Jahrzehnt, wieder im Vormarsch, allerdings ohne daß dies eine Rückkehr zu einer Laissez-faire-Wirtschaftspolitik bedeutet. Regierungen jeglicher Zusammensetzung und auch *Parteien* unterschiedlicher Farbe haben Maßnahmen mit liberaler Tendenz ergriffen bzw. solche Forderungen erhoben - z.B. strebt auch die in

[13] SCHUMPETER (1950), p. 113 u. 115.

Opposition befindliche SPD eine Senkung der volkswirtschaftlichen Steuerquote an, meinem Eindruck nach durchaus nicht nur aus wahltaktischen Gründen. In Österreich gibt es seit kurzem eine Partei mit dem Namen "liberal", die sich bisher mit begrenztem Erfolg bemüht hat, wirtschaftspolitisches Profil zu gewinnen. So wurde vom Liberalen Forum beispielsweise die Forderung nach einem dritten Karenzjahr - Kosten für den Staatshaushalt: etwa 6 Mrd Schilling pro Jahr - erhoben. Diese Forderung kann nur von einem unorthodoxen politischen Liberalismus herrühren, keinesfalls ist die Einführung neuer Transferzahlungen bei der gegenwärtigen Budgetlage Österreichs mit ökonomischem Liberalismus vereinbar.

Überwiegend der *"progressiven"* politischen Komponente des Liberalismus zuzuordnen sind Forderungen nach einer "liberaleren" Ausländerpolitik, die allerdings in wirtschaftspolitischer Hinsicht bisher kaum konkret gemacht wurden - es geht hier um die Frage, inwieweit der österreichische Arbeitsmarkt der Zuwanderung geöffnet werden soll. Erwähnenswert scheint mir zu diesem Punkt, daß die *Einwanderung* der einzige Bereich ist, in dem Mises unter bestimmten Umständen Beschränkungen ausdrücklich für zulässig erachtet. Der Hauptfeind für die liberalen Wirtschaftpolitiker sind neben den *Ladenöffnungszeiten* und in der Gewichtigkeit ähnlichen Dingen die *Kammern* mit ihrer "Zwangsmitgliedschaft". Gerade diese Art von Organisation war historisch betrachtet für den österreichischen Liberalismus keineswegs ein Feindbild. So waren die 1848 durchgesetzten Handelskammern - zugegebenermaßen von den heutigen Organisationen dieses Namens recht verschieden - der einzige Erfolg des Liberalismus, der die nachfolgenden Restaurationsjahre überlebte. Und die von Professor Streissler erwähnte liberale *Gewerbeordnung* des Jahres 1859 schaffte zwar in fast allen Gewerben das Erfordernis eines formalen Befähigungsnachweises ab, sah aber die Einrichtung von sogenannten "Handwerkergenossenschaften" mit Zwangsmitgliedschaft in den einzelnen Gewerbezweigen vor.[14]

Die Forderung nach einer Abschaffung der *Zwangsmitgliedschaft*, die von den Liberalen und den gar nicht liberalen Freiheitlichen gemeinsam erhoben wird, folgt dabei einem rein politischen Kalkül, nämlich eine Entscheidungsebene der Wirtschaftspolitik zu schwächen, in der diese Parteien keinen Einfluß haben. In wirtschaftspolitischer Hinsicht ist sie bestenfalls rein doktrinär, ihre kontraproduktive Wirkung bedarf, glaube ich, keiner näheren Erläuterung. Um zur Eingangsthese Professor Streisslers zurückzukehren: paradox ist die Forderung nach Abschaffung der Kammern deshalb, weil ein solcher Vorschlag nicht bezweckt, Kosten zu vermeiden, sondern beträchtliche Kosten (ungewollte Nebeneffekte auch aus der Sicht des Liberalen Forums) verursachen würde. Das soll aber nicht heißen, daß ich ihm Chancen auf Realisierung zubillige - eine solche würde nicht zum "realen Liberalismus" passen.

Immerhin war Ludwig Mises bis zu seiner Pensionierung in den dreißiger Jahren *Angestellter* einer Kammer, nämlich der Handelskammer Wien. Von dieser

[14] CHALOUPEK (1991), Bd.1, p. 370f; WAENTIG (1898).

bezog er - mit Unterbrechung während der nationalsozialistischen Zeit - eine Pension bis zu seinem Tod 1973, und seine Witwe, Margit Mises, die ihn um mehr als zwei Jahrzehnte überlebte, bis 1994.

Literatur:

CHALOUPEK, Günther / EIGNER, Peter / WAGNER, Michael, Wien. Wirtschaftsgeschichte 1740-1938, 2 Bände, Wien 1991. - HAYEK, Friedrich A. von, Drei Vorlesungen über Demokratie, Gerechtigkeit und Sozialismus, Tübingen 1977. - KOOL, Frits (Hg.), Die Linke gegen die Parteiherrschaft, Olten-Freiburg/Breisgau 1970. - MISES, Ludwig, Die Gemeinwirtschaft, Jena 1922. - MISES, Ludwig von, Liberalism in the Classical Tradition, San Francisco 1985 (dt. Erstausgabe 1927). - MISES, Ludwig von, Kritik des Interventionismus (hg. von F.A. von Hayek), Darmstadt 1976 (ursprüngl. München 1929). - MÜLLER-ARMACK, Alfred, Entwicklungsgesetze des Kapitalismus, Berlin 1932. - RÖPKE, Wilhelm, Staatsinterventionismus, in: Handbuch der Staatswissenschaften, 4. A., Ergänzungsband 1929. - SCHUMPETER, Joseph A., Kapitalismus, Sozialismus und Demokratie, Bern 1950. - WAENTIG, Heinrich August, Gewerbliche Mittelstandspolitik, Leipzig 1898. - Was heißt heute liberal? ZEIT-Punkte Nr. 1/1995, Hamburg 1995.

WIRTSCHAFTSLIBERALISMUS UND WIRTSCHAFTSPOLITIK IN MITTELEUROPA

Christian Watrin

Die Entfaltung des Wirtschaftsliberalismus in Mitteleuropa und England während der letzten zweihundert Jahre läßt sich kaum, wie Professor Erich W. Streissler überzeugend zeigt, als die zielstrebige Umsetzung einer wirtschaftspolitischen Grundkonzeption in die Praxis deuten. Vieles war - wie er ausführt - Ausfluß opportunistischer Tagespolitik, staatlicher Unfähigkeit sowie unvorhergesehener wirtschaftlicher Entwicklungen. Historisch gesehen ist der *reale Liberalismus* ein Kind der Not, ein Produkt politischer Verlegenheiten, kurz: das ungewollte Ergebnis anders beabsichtigter Maßnahmen, nicht aber das Resultat bewußt angestrebter und zielstrebig verfolgter Reformen. Daß die moderne Marktwirtschaft ein Produkt glücklicher Umstände und nicht gesellschaftlicher Planung ist, das ist vom Standpunkt der liberalen Gesellschaftstheorie aus gesehen keine schlechte Nachricht. Wäre das Ergebnis der Streisslerschen Analyse ein anderes, so kämen sowohl er als auch die Anhänger des Wirtschaftsliberalismus in Schwierigkeiten, denn eines der Hauptargumente liberaler Ökonomen in ihren Auseinandersetzungen mit anderen Richtungen der politischen Ökonomie, besonders dem Marxismus, lautet, daß von den konkurrierenden Konzeptionen allzuoft der eigentliche Charakter sozio-ökonomischer Prozesse verkannt werde. So unterstellten vor allem sozialplanerisch orientierte Entwürfe ein in Wirklichkeit nicht verfügbares Steuerungswissen und verfolgten einen naiven Machbarkeitsglauben.

Das liberale Argument gegen alle Spielarten des gesellschaftlichen Konstruktivismus aber lautet: Vieles, was uns umgibt, ist eben nicht die Folge zielgerichteter Planungen, sondern eines auf ganz andere Zwecke gerichteten Handelns. Um nur zwei weltberühmte, jüngst verstorbene Wiener Gelehrte zu zitieren: Karl R. Popper definiert das Hauptziel der theoretischen Sozialwissenschaften mit den Worten "..it is to trace the *unintended* social repercussions of intentional human actions" (Popper, 1963, 342; Hervorhebung C.W.). Popper steht hier auf den Schultern Friedrich August von Hayeks, der an vielen Stellen seiner Schriften die Entwicklung einer systematischen Gesellschaftstheorie fordert, welche sich mit den "*unbeabsichtigten* Folgen menschlichen Handelns" befaßt (z.B. Hayek, 1969, 98, derselbe 1945, 527). Beide Autoren wiederum bauen auf den Arbeiten Carl Mengers auf, des großen Vorgängers von Herrn Streissler auf seinem Wiener Lehrstuhl. Menger kritisiert in seinen Untersuchungen Adam Smith, der im Zusammenhang mit seiner invisible hand-Metapher für gewöhnlich als Urahn der hier skizzierten Position angesehen wird, ob seines mangelhaften Verständnisses für die "auf unreflektiertem Wege entstandenen gesellschaftlichen Institutionen und ... (deren) Bedeutung... für die Volkswirtschaft" (Menger, 1883, 200). Er legt dar, daß fast alles im sozioökonomischen Kosmos, das Recht, die Sprache, der Staat, das Geld, die Märkte, die Güterpreise, die Zinssätze, die Grundrenten und zahlreiche andere Phänomene als *unbeabsichtigte* Folgen menschlichen Handelns und damit als Ergebnisse der gesellschaftlichen Evolution zu erklären seien (Menger 1883, 178 ff.; ferner Williamson 1994, 323).

Ob diese für den modernen Wirtschaftsliberalismus zentrale These wirklich, wie es heute oft geschieht, auf Adam Smith's invisible hand-Theorem zurückgeführt werden kann oder ob es sich hier, wie Emma Rothschild (1994, 322) meint, eher um einen Fremdkörper im Smithschen System handelt, braucht nicht weiter erörtert zu werden, läßt sich doch die Ahnenreihe des *evolutionstheoretischen* Arguments in der Sozialtheorie noch weiter zurückverfolgen, etwa auf Mandeville und Ferguson, die möglicherweise noch einige unentdeckte Vorgänger haben. Allein schon von seiner Sozialtheorie her ist ein liberal orientierter Ökonom darauf verwiesen, auch an die Geschichte der Entfaltung freiheitlicher Wirtschaftspolitik mit dem "Vor-Urteil" heranzugehen, daß sich seine theoretischen Überzeugungen hier ebenfalls bewähren. Denn wo bliebe alle Opposition gegen Konstruktivismus und Planwirtschaft, wenn sich in historischen Analysen am Ende herausstellen sollte, daß das Aufkommen liberaler Institutionen das Produkt der sichtbaren Hand des Staates, also des kühl planenden Sozialingenieurs gewesen wäre? Zu allem Überfluß wäre, wenn sich dies bewahrheitete, letzterer dann auch noch als Bürokrat zu identifizieren. Und in der Tat wird in der preußischen Geschichtsschreibung älterer Zeit dieses Schreckbild verbreitet. Denn dort wird das Aufkommen des Liberalismus als das Produkt der Anstrengungen einer *aufgeklärten Beamtenschaft* dargestellt, quasi als bürokratisch verordneter und nicht bürgerlich erkämpfter Vorgang gedeutet. Bürokraten und Sozialplaner aber sind im Gegensatz dazu im liberalen Weltbild vor allem für Staatsversagen, nicht aber für die Schaffung einer freiheitlichen Ordnung zuständig.

Streissler zeigt, für mich überzeugend, daß derartige Alpträume unbegründet sind. Dabei weicht er stark von seinen Vorgängern ab. Während diese eher das Entstehen einzelner Institutionen, wie die des Geldes, des Marktes und der Preise, als das ungewollte Ergebnis individuellen Strebens nach Wohlstandsverbesserungen erklären, zielt Streissler nach meinem Verständnis auf *umfassende* historische Erklärungen, auf die Erklärung von ganzen Prozessen ab. Theoretisch untermauert er seine Position durch den Rückgriff auf die Becker-Stiglersche Konzeption. Nach ihr kann das gesellschaftliche Geschehen nur durch Veränderungen von *Kosten- und Handlungsbeschränkungen*, nicht aber durch Präferenzänderungen der Beteiligten erklärt werden. Zu meiner Überraschung verläßt Streissler diese Position jedoch im weiteren Verlauf seiner Analyse, wenn er z.B. bei der Darstellung des Übergangs zur interventionistischen Politik in Deutschland gegen Ende des 19. Jahrhunderts als Erklärungsvariable eine *Präferenzveränderung* bei der deutschen Beamtenschaft von liberalen Überzeugungen weg zu einer "Art Staatssozialismus" hin als maßgeblich ansieht. Als führender österreichischer Nationalökonom weiß er natürlich, daß er sich damit den Einwänden nobelpreisgekrönter Häupter aussetzt, die ihm entgegnen, mit der Ein-

führung von Präferenzänderungen in das ökonomische Denken könne man alles und damit gleichzeitig nichts erklären. Allerdings setzt sich Streissler nur in einem von drei Fällen diesem Gegeneinwand aus, nämlich bei der Schilderung der dritten Welle des Wirtschaftsliberalismus.
Die hier auftretenden Meinungsverschiedenheiten will ich umschiffen, indem ich auf dem Boden *wirtschaftsliberaler Gesellschaftstheorie* zu zeigen versuche, daß sich mit ihrer Hilfe nicht nur zwei, sondern alle drei Streisslerschen Beispiele erklären lassen. Unproblematisch ist Streisslers Argumentation, wo er selbst das Entstehen liberaler Institutionen als Konsequenz ungeplanter Entwicklungen deutet. So beschreibt er den Freihandel im letzten Viertel des 19. Jahrhunderts als durch das Aufkommen der Goldwährung - ein hervorragendes Beispiel für die Wirksamkeit der invisible hand - bedingt. Schwierigkeiten entstehen jedoch dort, wo er sich auf "Machtpolitik" oder "opportunistische Tagespolitik" oder "staatliche Aktionsunfähigkeit" beruft; denn dadurch entsteht zumindest oberflächlich gesehen der Eindruck, daß Streissler den Menger-Hayek-Popper-Ansatz verläßt. Jedoch: "Machtpolitik" läßt sich m.E. in vielen Fällen als ein Streben nach Zielen erklären, die am Ende - für den liberalen Gesellschaftstheoretiker ohne weiteres verständlich - nicht erreicht werden und überdies auch noch das genaue Gegenteil des Gewollten bewirken. Gewerbekontrolle ohne ausreichende Gewerbebürokratie ist, wie Streissler zeigt, eben zum Mißerfolg verurteilt. Das Ergebnis (die Einführung der Gewerbefreiheit) ist deswegen das Resultat von Handlungen, die eigentlich ganz andere Zwecke, nämlich die Kontrolle des Gewerbes, verfolgten. Streisslers Argument der "opportunistischen Tagespolitik", - viele glauben sie tagtäglich beobachten zu können - ist m.E. ebenfalls in die *Theorie der unbeabsichtigten Konsequenzen* menschlichen Handelns inkorporierbar. Hierzu gehört das Beispiel, daß die höhere preußische Beamtenschaft aus Gründen "opportunistischer Tagespolitik", d.h. zwecks Entlastung ihrer Restaurationspolitik und auch im Eigeninteresse, die Einführung der Gewerbefreiheit betrieb. Gewerbefreiheit war das willkommene Ventil, mit dessen Hilfe die Temperaturen des siedenden politischen Dampfkessels heruntergeschleust werden sollten.
Wenn die Geschichte sich so vollzogen hat, wie Streissler sie schildert, so scheint mir dies ausgehend von der Northschen Idee der *Pfadabhängigkeit* durchaus aus der Perspektive ungewollter Konsequenzen erklärbar zu sein: Die ungewollte Folge des Festhaltens bzw. der Wiederherstellung der alten Ordnung war die Notwendigkeit, auf wirtschaftlichem Gebiet Reformen einführen zu müssen. Es bleiben noch die Präferenzänderungen. Hier interessiert nur jener Fall, in dem Streissler das Aufkommen wirtschaftsliberaler Institutionen mittels Wertewandels, d.h. der Abkehr von alten Sozialphilosophien und der Zuwendung zu neuen Ideen (oder schlichter: Werten), erklärt. Hat man die Transformationen der Wirtschaftsordnung in den unmittelbaren Nachkriegsjahren in Österreich oder Westdeutschland oder jüngst in den ehemals sozialistischen Gesellschaften im Sinn, so können auch diese Fälle m.E. als die ungewollte, aber unvermeidbare Konsequenz staatlichen Unvermögens auf der einen und des Wohlstandsstrebens der Menschen auf der anderen Seite erklärt werden. So

mußten vermeintliche Retter des Sozialismus wie Gorbatschow ungewollt zu Wegbereitern einer Marktwirtschaftsordung werden - einer "Marktwirtschaftsunordung", wie Streissler zu Recht bemerkt - eine falsche Wahrnehmung der Realität bzw. der verfügbaren Alternativen - oder in Streisslerscher Terminologie: "unbedachten Veränderungen" - aber durchaus vereinbar mit der *Evolutionsperspektive*, von der ja gerade das wirtschaftsliberale Denken ausgeht.
Damit komme ich zu einer offenen Frage: Was bleibt, wenn wir feststellen, daß Wirtschaftspolitik eigentlich nur wenig vermag und daß es im wesentlichen die unbekannten Kräfte der Evolution oder die unvorhergesehenen Reaktionen auf die Politik sind, die das Geschehen vorantreiben? Die liberale "*Nichtpolitik*"? Der Glaube an die soziale Evolution, der sich in mancher Hinsicht nur wenig vom Marxschen Glauben an eherne, unabänderbare historische Entwicklungsgesetze unterscheidet? Oder gar ein diffuser Konservatismus, der alles Bestehende höher schätzt als die Veränderung? Ungewollte Folgen - die "Ursachen" wirtschaftsliberaler Entwicklungen - lassen sich nicht durch die sichtbare Hand des politischen Prozesses steuern - oder vielleicht doch? An dieser Stelle scheint mir ein Hinweis erforderlich. Die Vertreter der Theorie der unbeabsichtigten Konsequenzen sind - ausgenommen vielleicht die Anarcho-Liberalen - in der Regel nicht so konsequent, daß sie jegliches gemeinsames Handeln im Rahmen politischer Organisationsformen deswegen als erfolglos hinstellen, weil es stets auf unzureichendem Wissen beruht. So unterscheidet etwa Hayek zwischen ungeplanten Ordnungen, die durch die moderne Sozialtheorie zu erklären sind, und den Produkten menschlichen Entwurfs, die auf gemeinsame Entscheidungen zurückgeführt werden können. Noch deutlicher ist diese Unterscheidung bei Menger zu finden, der mittels der Idee der spontanen Ordnungen vor allem Erklärungen für Frühformen sozialer Institutionen geben will.
Daraus folgt die Frage, wie eine liberale Gesellschaftstheorie zu verfassen ist, die beides umfaßt: die *Ebene der sichtbaren und der unsichtbaren Hand*. Streissler hat die hier sich abzeichnende Inkonsistenz im liberalen Denken jüngst mit dem Begriff des "großen Hayekschen Dilemmas" umschrieben (1995, 21). Unter Bezug auf die Ordnungspolitik, die den rechtlichen Rahmen für eine unternehmerische Marktwirtschaft zu setzen hat, schreibt Streissler, Hayek zitierend, daß dieser durchaus positiv zu Interventionen eingestellt sei, wenn er bemerke, daß ein freiheitliches System nicht prinzipiell alle jene Regelungen ausschließe, die in Form *allgemeiner Regeln* niedergelegt würden und die gleichzeitig festlegten, was jeder, der eine bestimmte Tätigkeit ausübt, beachten müßte. Und Streissler fährt fort, weiter heiße es bei Hayek, daß eine Regierung, die verhältnismäßig inaktiv sei, aber das Falsche mache, die Kräfte des Marktes weit mehr lähmen könne, als eine Regierung, die sich intensiv um Wirtschaftsangelegenheiten kümmere, sich dabei aber auf Maßnahmen beschränke, die die spontanen Kräfte des Marktes unterstützten. Daran schließt Streissler die Frage an: "Aber wie soll eine Regierung in der ungeheuren Komplexität des Gesellschaftsprozesses überhaupt wissen, wann sie die spontanen Kräfte des Marktes unterstützt?" Zu fragen ist also, ob die Unterscheidung zwischen allgemeinen Regeln und speziellen Anordnungen jenseits einfacher Fälle hinreichend scharf

ist, um jenes Abweichen vom evolutionstheoretischen Ansatz vertretbar zu machen, das Streissler mit seinem Hinweis auf das Hayeksche Dilemma hervorheben will. Streissler selbst scheint mir eher skeptisch zu sein.
Was im einen, was im anderen Fall zu leisten ist, das ist m. E. die Frage, nach deren Beantwortung die Anhänger einer liberalen Gesellschaftstheorie zu suchen haben. Neuere „strikte Liberale" wie Rothbard (1978), de Jasay (1993), Hoppe (1987 und 1993) Nozick (1974) u.a. wollen sie durch das Zurückdrängen staatlichen Handelns auf den *Minimalstaat*, also das Aussparen des Leistungsstaates beantworten. Manche Ordo-Liberale muten den staatlichen Instanzen eine *Gemeinwohlorientierung* zu, die so leider nicht besteht. Vertreter der *Verfassungsökonomik* schließlich versuchen durch eine entsprechende Ausgestaltung der gesellschaftlichen Regelsysteme und die Unterscheidung zwischen Spielregeln und Spielzügen Lösungen zu finden. Auf diesem Feld sind noch akademische Sporen zu verdienen.
Abschließend will ich Streisslers optimistische Schlußbemerkung aufgreifen. Daß sich zwei Milliarden Menschen gegenwärtig anschicken, in eine erweiterte Weltmarktwirtschaft einzutreten, ist kein Grund zu nebelverhangener Besorgnis, sondern ein Anlaß, auf neue Wohlstandschancen zu hoffen. Eine verstärkte *weltweite Marktintegration* wird viele wohlstandsmindernde Regulierungen heutiger Nationalstaaten hinwegfegen. Die Betreiber des vermeintlich wohlmeinenden paternalistischen Staates werden sich darauf besinnen müssen, daß sie einem Dienstleistungsunternehmen für Bürger und nicht einer Einrichtung zur Beherrschung derselben vorstehen. Nur die *Konkurrenz der staatlichen Leistungszentren* - untereinander und grenzüberschreitend - vermag diese wohlstandsmehrenden Folgen hervorzubringen. Daß diese Konkurrenz erhalten bleibt und daß sich nicht neue Beherrschungstechniken - dieses Mal mit weltweiten Kontrollen - herausbilden, darauf wird zu achten sein.

Literatur:

HAYEK, Friedrich A. von, The Use of Knowledge in Society, in: American Economic Review 1945, p. 519-530. - HAYEK, Friedrich A. von, Freiburger Studien, Tübingen 1969. - HOPPE, Hans-Hermann, Eigentum, Anarchie und Staat. Studien zur Theorie des Kapitalismus, Opladen 1987. - HOPPE, Hans Hermann, Einführung: Ludwig von Mises, Liberalismus, Repr. der Ausg. Jena 1927 mit einer Einführung von H.H. HOPPE, St. Augustin 1993. - JASAY, Anthony de, Is Limited Government Possible? In: RADNITZKY G. und BOUILLON, H. (Eds.) Government - Master or Servant? Amsterdam-Atlanta 1993. - MENGER, Carl, Untersuchungen über die Methode der Socialwissenschaften und der politischen Ökonomie, Leipzig 1883. - NOZICK, Robert, Invisible Hand Explanations. In: American Economic Review, Papers and Proceedings Bd. 84 Nr. 2, p. 314-318. - NOZICK, Robert, Anarchy, State, and Utopia, Oxford 1974. - POPPER, Karl R., Conjectures and Refutations. The Growth of Scientific Knowledge, London 1963. - ROTHBARD, Murray N., For a New Liberty, New York 1978. - ROTHSCHILD, Emma, Adam Smith and the Invisible Hand. In: American Economic Review, Papers and Proceedings, Bd. 84, 1994, Nr. 2., p. 319-322. - STIGLER, George J. und Gary P. BECKER, De Gustibus Non Est Disputandum. In: American Economic Review, Bd. 67, 1977, Nr. 2, p. 76-90. - WILLIAMSON, Oliver, Visible and Invisible Governance. In: American Economic Review, Papers and Proceedings, Bd. 84, 1994, Nr. 2.

Zur Diskussion

Eine Beschäftigung mit dem Liberalismus muß der *liberalen Wirtschaftspolitik* besonderes Augenmerk zuwenden. Die umfangreiche Diskussion zu diesem Themenkreis bestätigte diese Annahme von neuem. Die starke Betonung der *nichtintendierten Konsequenzen* menschlichen Verhaltens anstelle bewußt liberaler Entscheidungen veranlaßte Egon Matzner zu dem Kompliment an Erich Streissler, die Erklärung liberaler Politik als Abwesenheit von wirtschaftspolitischen Eingriffen aus Staatsversagen sei eine wirklich sehr geglückte Bezeichnung und eine sehr scharfsinnige Beobachtung. Heinrich Schneider äußerte sich in ähnlichem Sinn.

Matzners Einwand, daß Streissler der aus der Not geborenen Absenz wirtschaftspolitischer Entscheidungen des Staates unterstelle, daß sie in jedem Fall *wohlstandsmehrend* sei, hielt Streissler entgegen, daß er keine Skepsis gegen Finanzmärkte habe. Sie brächten zwar eine "ungeheure Risikosteigerung", ihnen stünden jedoch stärkere Zinssenkungseffekte gegenüber.

Für Emil Brix tauchte das Problem auf, daß der bisherige Verlauf des Symposions zwei völlig verschiedene Konzepte von Liberalismus freigelegt habe: einen der *Not* gehorchenden Wirtschaftsliberalismus und einen politischen Liberalismus, der auch *Tugendaspekte* berücksichtige. Die gesamte Problematik erfahre ihre dramatische Steigerung durch die Frage, wie es in *postkommunistischen Reformstaaten* mit dem Wirtschaftsliberalismus weitergehen soll.

Peter Koslowski hielt den Theorien von den nichtintendierten Konsequenzen die EG als ein "bewußt gekürtes Gebilde" entgegen und brachte gleichzeitig das Problem der *Handelsblöcke* mit Zollschranken nach außen zur Sprache. Für den konsequenten Liberalen gäbe es nur die Option für den *Weltmarkt*. Christian Watrin stimmte dem durchaus zu, Handelsblöcke seien in der Tat schwer zu rechtfertigen, "denn Handelsblöcke haben natürlich einen doppelten Aspekt. Sie öffnen nach innen regional, aber nach außen diskriminieren sie. Und eines der schlimmen Dinge der Europäischen Gemeinschaft ist die Diskriminierung nach außen, für den Alltagskonsumenten in der Bundesrepublik am neuesten Streich der Bananen-Verordnung zu ersehen, wo süd- und mittelamerikanische Bananenproduzenten aufs Haupt geschlagen werden zugunsten afrikanischer Produzenten, deren Ware dennoch in Deutschland nicht absetzbar ist."

Watrin unterstrich dann die *Friedenswirkung des Weltmarkts*, der zwar eine Zunahme des Risikos brächte, aber auch durch die Abhängigkeit voneinander militärische Gefahren reduziere: "Eine Welt, in der eigentlich niemand mehr vernichtende Waffen produzieren kann ohne Vorlieferungen aus dem Ausland, scheint mir sicherer zu sein als eine Welt mit relativ autarken Ländern."

Manfred Prisching griff noch einmal die von Wolfgang Mantl in seinem Einleitungsreferat angeschnittene Frage der *Rolle des Staates* auf und stimmte in der Beurteilung der österreichischen Situation zu, daß hierzulande "ein sehr starkes etatistisches Bewußtsein im Sinne eines Antisubsidiaritätsprinzips" herrsche. Streissler wandte gegen Mantl jedoch ein, daß er das Denken der Bürokratie und der Freien Berufe zu sehr überschätze. Mantl wies auf die liberalisierende Wirkung der Judikatur des österreichischen Verfassungsgerichtshofes und des Europäischen Gerichtshofes hin. Streissler schätzte die Rolle der Gerichte gerade aus seiner von britischen Erfahrungen geprägten Sicht höher ein als die der Verwaltung.

Christian Smekal stellte die "Gretchenfrage", wer überhaupt an einer *liberalen Wirtschaftspolitik* interessiert sei. Streissler wies auf das bekannte Diktum von Adam Smith hin: "Consumption is the sole end and purpose of all production." Es gehe also um die Befriedigung dessen, was die Individuen als wertvoll erachten, und nicht um die Unternehmerinteressen. Sehr pointiert fiel die Antwort Watrins auf die Smekalsche Frage, wer liberale Wirtschaftspolitik wolle, aus: "Jeder, der für seine Person keine autoritäre oder paternalistische Stallfütterung vorzieht."

VII.

Liberalismus, Soziale Frage und Solidarität

LIBERALISMUS, SOZIALE FRAGE UND SOLIDARITÄT

Peter Koslowski

Die *Solidaritätsschwäche* des empiristischen und idealistischen Liberalismus ist seit dem ersten Auftreten bemerkt worden. Thema des Liberalismus ist die Freiheit und nicht die Solidarität. Der Liberalismus glaubt an die *Freiheit* und die *Vernunft* als die Grundbestimmungen des Menschen und setzt aus diesem Glauben an Freiheit und Vernunft heraus sein Vertrauen in die Prinzipien der Selbstregulierung der bürgerlichen Gesellschaft im außerpolitischen Raum der Öffentlichkeit und Marktwirtschaft und in die Selbstregierung im Staat der parlamentarischen Demokratie. Öffentlichkeit und Marktwirtschaft sichern im außerpolitischen Raum der bürgerlichen Gesellschaft die Freiheit und Vernunft und werden ihrerseits durch den freien Vernunftgebrauch vor Mißbrauch geschützt. Die Öffentlichkeit und ihr freier Diskurs sind für den Liberalismus, wie Charles Taylor, darin Jürgen Habermas folgend, schreibt, sozusagen das Natur- oder Vernunftrecht zum positiven Recht der parlamentarischen Legislative.[1] Vernunft und Freiheit der Öffentlichkeit regulieren Vernunft und Freiheit des Marktes und des Parlaments - zweifellos ein großer Glaube an die Vernunft und Freiheit des Menschen.

I. Eigeninteresse und Solidarität

Die Kritik des naturrechtlichen Liberalismus des christlich-aristotelischen Naturrechts und philosophischen Realismus an der Aufklärung und ihrem entweder empiristischen oder idealistischen Liberalismus setzt an diesem Freiheitsoptimismus an. Johann Georg Hamann schreibt, daß Freiheit nur ein anderes Wort für *Selbstliebe* ist[2], und meint dies kritisch. Adam Smith sagt dies so, daß es positiv erscheint: es soll nicht vom Wohlwollen des Metzgers, des Brauers oder des Bäckers abhängen, ob wir unser Abendessen erhalten, sondern von deren Selbstinteresse.[3]

Der idealistische Liberalismus ist nun in Gefahr, den Zusammenhang von Freiheit und Egoismus und damit die Zweideutigkeit und Mißbrauchbarkeit der menschlichen Freiheit zu übersehen. Der *Freiheitsoptimismus* bewirkt den Irr-

---

[1] Charles TAYLOR, "Liberale Politik und Öffentlichkeit". In: Krzysztof MICHALSKI (Hg.), Die liberale Gesellschaft, Stuttgart (Klett-Cotta) 1993, p. 32.

[2] Johann Georg HAMANN, Brocken (1758). In: Sämtliche Werke, I. Band, Wien (Herder) 1949, p. 299, "Sind es nicht die blossen Erscheinungen der Selbstliebe, die wir mit dem Begriff der Freyheit belegt?"

[3] Adam SMITH, The Wealth of Nations. In: The Works of Adam Smith, Vol. 2, 1811-12, Reprint Aalen (Otto Zeller) 1963, Book 1, Chapter 2, p. 21.

tum zu glauben, der Freiheitsgebrauch führe durch die unsichtbare Hand des Marktes und des parlamentarischen Diskurses immer zum Guten oder gar zum sozioökonomischen Optimum.
Der empiristische Liberalismus der schottischen Schule, wie das Beispiel Smith zeigt, ist empirischer und argumentiert nicht nur mit dem Freiheitspathos, sondern mit der nüchternen Beobachtung, daß die Menschen so viel mehr voneinander bedürfen als die Arten der Tiere, daß sie tauschen müssen. Der Umfang dessen, was getauscht werden muß, ist aber so groß, daß es nicht aus bloßem Wohlwollen getauscht werden kann, sondern der *Tausch* nur aus Selbstinteresse zustandekommt.[4]
Adam Smiths empiristischer Liberalismus nähert sich damit dem Realismus des christlich-aristotelischen Naturrechts an, das seinen Empirismus in einer Weise teilt und den reinen Empirismus zugleich zu einem *Idealrealismus* transzendiert, der den gegebenen Zustand des Menschen und der Gesellschaft sowohl als das Resultat der empirisch feststellbaren menschlichen Schwäche und Sünde wie als das Resultat der ebenfalls empirisch beobachtbaren Fähigkeit zur Moralität und Transzendenz des Egoismus ansieht. Auch der naturrechtliche christliche Liberalismus sagt, daß es nicht vom Wohlwollen des Metzgers allein abhängen kann, ob wir Fleisch bekommen, allerdings nur deshalb - und das ist der Unterschied zu Adam Smith -, weil unser Wohlwollen nicht ausreicht und wir nicht die Ressourcen haben, alle Menschen so zu lieben, daß wir aus Liebe zu ihnen - und nicht aus Selbstinteresse - produzieren. Wir sollen allerdings nicht nur aus Selbstinteresse uns am Markt beteiligen, sondern auch aus Wohlwollen, mit der Absicht, anderen nützlich zu sein.
Adam Smiths empirisches Argument für den *Marktliberalismus* steht noch in der Nachfolge des Arguments des älteren Naturrechts. Eigeninteresse und Solidarität müssen der Ordnung von Loyalitäts- und Verpflichtungsverhältnissen folgen, die durch das Subsidiaritätsprinzip bestimmt ist. Der "ordo caritatis", der dem Subsidiaritätsprinzip zugrunde liegt, muß auch in der Gliederung von Markt- und persönlichen Beziehungen seine Berücksichtigung finden. Denn, wie Augustinus und Thomas von Aquin[5] übereinstimmend schreiben: "Alle Menschen sind in gleicher Weise zu lieben. Da man aber nicht für jedermann sorgen kann, so muß man vornehmlich für jene Sorge tragen, die einem durch die Verhältnisse des Ortes, der Zeit oder irgendwelcher anderer Umstände gleichsam durch das Schicksal näher verbunden sind." Weil wir nicht alle Menschen in gleicher Weise lieben können, gibt es eine Subsidiarität der Sorge und des Wohlwollens von der Familie über die Nation bis zur Menschheit.
Die Freisetzung des Selbstinteresses im Markt folgt nicht nur aus der Bejahung der Freiheit, sondern auch aus der Einsicht in die Grenzen unserer Fähigkeit zur Solidarität, in die knappen Ressourcen an *Altruismus*. Im naturrechtlichen Libe-

[4] Ebenda.
[5] AUGUSTINUS, De doctrina Christiana I c. 28; THOMAS von Aquin, Summa Theologica 2-2 q.26 a.6. Vgl. auch Peter KOSLOWSKI, Versuch zu einer philosophischen Kritik des gegenwärtigen Sozialstaats. In: Peter KOSLOWSKI / Ph. KREUZER / R. LÖW (Hg.), Chancen und Grenzen des Sozialstaats, Tübingen (J.C.B. Mohr/P. Siebeck) 1983, p. 1-23.

ralismus werden somit Freiheit und Solidarität so vermittelt, daß die Knappheit der Ressource Solidarität zu einem Hauptargument für den freien Markt und die Freisetzung des Eigeninteresses wird. In einer gewissen Weise wird damit der Markt zu einer *"second best solution"*, zu einer zweitbesten Lösung. Noch besser wäre die Lösung, daß wir wegen des Wohlwollens des Metzgers Fleisch bekämen, die allerdings wegen der Schwachheit der menschlichen Natur nicht realisierbar ist.

Aufklärung und Frühliberalismus haben den Zusammenhang zwischen der Knappheit von Solidarität, der dadurch gebotenen Freisetzung des Selbstinteresses und der durch letztere wiederum gebotenen Zähmung des Selbstinteresses und der Förderung von Solidarität schnell wieder vergessen und die Lösung des Problems einer freien Gesellschaft einseitig in der Freiheit und Freisetzung des Selbstinteresses gesehen.

Erst die Liberalismus-Kritik und Formen des christlichen Liberalismus und der christlichsozialen Bewegung haben die Aufmerksamkeit auf die Solidaritätsschwäche des Liberalismus gelenkt und durch die *Sozialversicherung* und andere Formen der *subsidiären Daseinssicherung* Solidarität als Komplement der Freiheit oder Personalität geltend gemacht. Wegen dieses einseitigen idealistischen Vernunft- und Freiheitsoptimismus und des fehlenden politischen Realismus ist der als Partei organisierte parlamentarische Liberalismus auch nicht zur wirklich entscheidenden Gestaltungskraft geworden, sondern gab diese Aufgabe entweder an die Sozialdemokratie oder an die Christliche Demokratie und das Zentrum oder an den Konservativismus ab.

II. Liberalismuskritik bei Franz von Baader

1. Ungleiche Repräsentation als Verschwörung gegen die Arbeiter und überzogener Freiheitsbegriff der Selbstwahl

Eine der ersten Kritiken an der Solidaritätsvergessenheit und Solidaritätsschwäche des Liberalismus hat Franz von Baader (1765-1841) vorgelegt. Bereits 1802 kritisierte er das "Freiheits- oder passive Staatswirtschaftssystem" Adam Smiths, das dem *Staat* nur die negative Aufgabe zuschreibt zu verhindern, daß die Wirtschaftssubjekte sich gegenseitig etwas nehmen, statt positiv zu fördern, daß sie einander bei der Wohlstandsförderung helfen.[6] Das Prinzip der Solidarität oder "Assecuranz" ist nur dort erfüllt, wo sich die wirtschaftenden Menschen nicht nur nicht hindern, sondern wechselseitig fördern. Der Staat ist die Assecuranzanstalt eines Ausgleichs zwischen den Klassen.[7]

Einige Jahrzehnte später, im Jahre 1835, kritisiert er die Versäumnisse des Liberalismus noch stärker und präziser in seiner Schrift über den Proletair: Weil der

---

[6] Franz von BAADER, Ueber das sogenannte Freiheits- oder das passive Staatswirtschaftsystem (1802). In: Franz von BAADER, Sämtliche Werke, hg. von Franz F. HOFFMANN u.a., Leipzig 1851-1860, Neudruck Aalen (Scientia) 1963, 2. Nachdruck 1987, Bd. 6, p. 177.

[7] Ebenda, p. 178 (Anm. 6).

idealistische Liberalismus sich einseitig auf die politische Freiheit und die politische Macht konzentriert hat, hat er die *sozialen und ökonomischen Bedingungen der Freiheit* vernachlässigt. Deshalb hat sich der Revolutionismus, der zunächst nur eine Revolution der Politik und Verfassung betrieb, "von seinem früheren politischen Boden auf den socialen im engeren Sinne, eben in diese Volksclasse (der Proletairs), gezogen."[8] Das Drängen des Proletariats auf eine soziale Revolution folgt aus seiner schutzlosen Lage, die die alte Hörigkeit als weniger schlimm erscheinen läßt, als die Lage der Proletarier in England und Frankreich.[9] Die Proletarier hatten in der parlamentarischen Verfassung keine Rechte. Sie sind "in den constitutionellen Staaten (durch Einführung des bloss auf Gut und Geldbesitz begründeten Repräsentativsystems) auch noch zum nicht mehr gehört werdenden Theile des Volkes herunter gekommen."[10]
Die Assoziationen der Fabrikherren im England des ersten Drittels des 19. Jahrhunderts sind Verschwörungen gegen die *Proletarier.* Sie sind Kartelle, die den Preis der Arbeit, die Löhne, zu drücken und die Preise der Konsumgüter hoch zu halten versuchen, und diese Verschwörungen der Fabrikherren gegen die Besitzlosen im Markt werden noch dadurch verstärkt, daß dieselben Kartellisten in der politischen Vertretung, dem Parlament, auch noch das Klassenwahlrecht durchsetzen konnten und durch dieses Partei und Richter zugleich sind und politisch zuungunsten der Besitzlosen entscheiden: "Wie oft habe ich z.B. den meetings und associations der Fabrikherrn in England beigewohnt, welche alle mit Festsetzung eines Maximums für die Arbeitslöhne und eines Minimums für die Verkaufspreise endeten, somit um nichts besser als Conspirationen in Bezug auf die Proletairs waren, deren Lohn sie nemlich beständig tief unter dem *natürlichen* Werth und Preise *ihrer* Waare (nemlich ihrer Arbeit) hielten. Welchem offenbaren Unrecht am allerwenigsten in den Kammern und Parlamenten Abhilfe

---

[8] Franz von BAADER, Ueber das dermalige Missverhältniss der Vermögenslosen oder Proletairs zu den Vermögen besitzenden Classen der Societät in Betreff ihres Auskommens sowohl in materieller als intellectueller Hinsicht aus dem Standpuncte des Rechts betrachtet (1835), a.a.O., Bd. 6, p. 130.

[9] Ebenda, p. 131f., "In der That, wer als Augenzeuge nur einen Blick in den Abgrund des physischen und moralischen Elends und der Verwahrlosigkeit geworfen hat, welchen der grössere Theil der Proletairs in England und Frankreich Preis gegeben ist (in welchen beiden Ländern jenes oben berührte Missverhältniss mit der Entwickelung des industriellen Systems durch blosse Geldlöhnungen sich am fühlbarsten machen musste), der wird trotz aller meist im Interesse der Argyrokratie (des moneyed interest), minder in jenem der Aristokratie (des landed interest) gemachten öffentlichen Versicherungen des Gegentheils gestehen müssen, dass die Hörigkeit, selbst in der härtesten Gestalt (als *Leibeigenschaft*, mit welcher die *Geisteigenschaft* gleichen Schritt hielt, wie denn *keine ohne die andere bestehen kann*), doch noch minder grausam und unmenschlich, folglich unchristlich war (denn Christenthum ist Menschthum), als diese Vogelfreiheit, Schutz- und Hilflosigkeit des bei weitem grössten Theils unserer, wie man sagt, gebildetsten und cultivirtesten Nationen. Ein solcher Beobachter, sage ich, wird gestehen müssen, dass im sogenannten christlichen und aufgeklärten Europa grösstentheils noch die Civilisation der Wenigen nur durch die Uncivilisation, ja Brutalität der Vielen besteht, und dass man dem alten unmenschlichen Sclaven- und Helotenthum bereits ungleich mehr sich wieder genähert hat, als dieses z. B. der Fall im Mittelalter war, dessen Barbarei übrigens wohl kein Geschichtskundiger desswegen in Schutz nehmen wird."

[10] Ebenda, p. 135.

geschehen kann, da gerade hier die Fabrikherren Partei und Richter in einer Person sind, und die Repräsentation des Interesses des armen Arbeitervolkes in diesen Kammern verpönt ist."[11]

Das englische *Repräsentativsystem* hat nur den Anschein von Repräsentativität, in Wahrheit selektiert es Interessen zugunsten der durch das Klassenwahlrecht begünstigten Fabrikherren. Die wirtschaftliche Tendenz des Marktes, ein Monopol bei der Festsetzung der Löhne zu befördern, wird durch die Tendenz zur Monopolisierung politischen Einflusses bei derselben Schicht verstärkt: "Da nun die Freiheit der Concurrenz (hier zwischen Arbeitern und ihren Lohnsherren), wie man sagt, kein Monopol verträgt, effectiv aber von letzteren gegen erstere das drückendste Monopol ausgeübt wird, so frage ich, ob ein solches Missverhältniss und ein solcher Druck den Namen einer frei sich bewegenden Industrie verdient? Ich frage, ob man es diesen Proletairs verargen kann, wenn auch sie ihrerseits sich gegen ihre Lohnsherren zu gleichem Zwecke zu associiren bestrebt sind?"[12] Die Proletarier müssen das Recht auf Vertretung ihrer Interessen im Parlament erhalten. Das "Problem der Einbürgerung der Proletairs" muß gelöst werden durch "eine Association der Proletairs und gewissermaassen Assecuranzanstalt für sie".[13] Baader nimmt hier den Gedanken einer *Sozialversicherung* für die Arbeiter voraus.

Was ist die tiefere Ursache dieses Mangels an Solidarität im empiristischen und idealistischen Liberalismus, die tiefere Ursache, die noch hinter der leicht erkennbaren Ursache der fehlenden politischen Repräsentation und ökonomischen Marktmacht der Proletarier liegt? Die tiefere Ursache der Solidaritätsschwäche des idealistischen und empiristischen Liberalismus sieht Baader in einem mißverstandenen Freiheitsbegriff, in einer *Absolutsetzung der Freiheit* zu einer Freiheit, die keiner Solidarität mehr bedarf, weil sie die totale Selbstwahl ist. Eine solche absolute Freiheit als totale Selbstwahl ist aber nur möglich, wenn auch noch die ererbte Veranlagung und soziale Situation des Individuums, die vor der Wahlhandlung liegen, und die Bedingungen der eigenen Existenz als gewählte, in Freiheit ergriffene gedacht werden. Die totale Selbstwahl kann nur als vorgeburtliche Wahl gedacht werden. Dann ist sie aber mit der theologischen Prädestinationslehre des *Calvinismus* insofern identisch, als in beiden, der Idee einer totalen Selbstwahl und Selbstverantwortlichkeit des Individuums im Liberalismus und Idealismus und der totalen Prädestination im Calvinismus, der Charakter und das in eine soziale Situation Hineingeborenwerden als Ergebnis einer Wahl begriffen werden.[14] Baader verweist hier sehr früh auf den Zusammenhang von Calvinismus und Kapitalismus bzw. Liberalismus - lange vor Max Weber.

Der Gedanke der *totalen Selbstwahl und Selbstverantwortlichkeit* des Individuums, wie er den Liberalismus geprägt hat, gipfelt in der Theorie von der vorge-

---

[11] Ebenda, p. 135f.
[12] Ebenda, p. 136.
[13] Ebenda, p. 140.
[14] Franz von BAADER, Speculative Dogmatik, 1. Heft (1828), a.a.O., Bd. 8, p. 134.

burtlichen Selbstwahl des Individuums,[15] wie sie etwa Schelling in seinen "*Untersuchungen über das Wesen der menschlichen Freiheit*" von 1809 vertreten hat.[16] Er ist mit der Idee eines der Solidarität der anderen und der Institutionen der Assekuranz des Staates oder der Assoziationen nicht bedürfenden Individuums im idealistischen Liberalismus eng verbunden.

2. Einschränkungen des Freihandels als Forderung der internationalen Solidarität bei Baader

Der Gedanke der Entbehrlichkeit der Solidarität und Hilfe wird dann auch auf das Verhältnis der Volkswirtschaften und Nationen zueinander ausgedehnt. Weder die Individuen im Inneren der Staaten noch die Staaten und Volkswirtschaften in ihrem Verhältnis zu den anderen Nationen und Volkswirtschaften bedürfen der Hilfe und Assekuranz des Staates. Die unbedingte *Freihandelslehre* ist die Folge dieser Art von "solidaritätslosem" Liberalismus. Gegen die Unbedingtheit der Freihandelsforderung wendet Baader bereits 1802, also Jahrzehnte vor Friedrich List, ein, daß das Freihandelsgebot des Liberalismus zwar richtig ist, aber nur bedingt gelten kann. Adam Smith habe von Freihandel in einem reichen Land wie England gut reden,[17] für ein armes Land stelle sich die Frage des Freihandels anders. Es muß unter Umständen für eine Übergangsphase auf Schutzzölle zurückgreifen, um einen Rückstand gegenüber dem stärkeren und entwickelteren Partner aufzuholen. Zölle müssen als *Erziehungs- und Schutzzölle* die Entwicklung des wirtschaftlich schwächeren Landes schützen.[18] Der Staat muß die inländische Zirkulation mehren.[19] Der unbedingte und vollständige Freihandel ist erst dann in der Welt realisierbar, wenn entweder Solidarität zwischen den Nationen herrscht oder alle Nationen ihren größtmöglichen Entwicklungsstand erreicht haben:
"Selbst die Gegner der unbedingten, vollkommenen Handelsfreiheit hatten bisher den Vertheidigern derselben (den cidevant Physiokraten) doch für den (freilich unmöglichen) Fall, dass die Freiheit allgemein (von allen Staaten, besonders den mächtigeren) angenommen, und alle Nationen und Völker nur ein

[15] Der Gedanke der vorgeburtlichen Wahl als totaler Freiheit und Selbstwahl wirft auch Licht auf die zur Zeit des Frühliberalismus im Deutschen Idealismus, etwa bei Friedrich SCHLEGEL, wirksame "indische Mode". Die Hinwendung zur Wiedergeburtslehre des Hinduismus ist ebenfalls ein Indiz für das Fasziniertsein durch den Gedanken der totalen Selbstwahl, insofern die Wiedergeburtslehre die gegenwärtige Existenz als das Resultat einer Wahl in der Präexistenz nimmt.

[16] Friedrich Wilhelm Joseph SCHELLING, Philosophische Untersuchungen über das Wesen der menschlichen Freiheit und die damit zusammenhängenden Gegenstände (1809), hg. v. Walter SCHULZ, Frankfurt/M. (Suhrkamp) 1975, p. 79, "Diese allgemeine Beurteilung eines seinem Ursprung nach ganz bewußtlosen und sogar unwiderstehlichen Hangs zum Bösen als eines Actus der Freiheit weist auf eine Tat, und also auf ein Leben vor diesem Leben hin."

[17] Franz von BAADER, Eine merkwürdige Stelle aus Büsch's Abhandlung vom Geldumlauf mit Anmerkungen begleitet (1802), a.a.O., Bd. 6, p. 185.

[18] Ebenda.

[19] Ebenda.

Schafstall unter einem oder gar keinem Hirten wären oder würden, den Nutzen und Vortheil derselben zugestanden. Aber es zeigt sich, aus der hier von Büsch gegebenen Ansicht, dass selbst dieser Vortheil nur dann statt fände, wenn alle Nationen auch bereits auf der (jede auf dem Fleck Erde, den sie bewohnt) möglich grössten Stufe der Cultur (in Production und Fabrication), also auch der möglich grössten Bevölkerung sich befänden, dass hingegen bis dahin (a day after doomsday) alle diese Nationen, und wären sie auch nur so viele Provinzen eines und desselben tausendjährigen politischen Reiches - wäre folglich von ihrer Kraft gegen oder wider einander gar nicht mehr die Rede - dennoch des leidigen Handelszwanges (als einer Erziehungsanstalt) in ihrem Verkehr unter sich nicht ganz entbehren könnten."[20]

Handelszwang und Schutzzölle sind, solange diese Bedingungen nicht erfüllt sind, als Erziehungsanstalt der schwächeren Volkswirtschaft sinnvoll und müssen bis zu einem gewissen Grad auch von den stärkeren Volkswirtschaften aus Solidarität mit den ärmeren Nationen akzeptiert werden. Baader nimmt hier die Theorie der Schutzzölle von Friedrich List vorweg, die heute als Selbstkritik und Einsicht in die Grenzen der liberalen Freihandelstheorie gerade in den sich industrialisierenden ostmitteleuropäischen Nationen stärker beachtet und zugleich von den entwickelten westlichen Nationen als Aufforderung zur *internationalen Solidarität* begriffen werden muß. Zur internationalen Solidarität gehört, daß man den sich industrialisierenden Nationen die Chance zum Aufholen gibt,[21] aber auch, daß man nach erfolgter Industrialisierung seinen eigenen Markt den Konkurrenten aus den entwickelten *und* den weniger entwickelten Volkswirtschaften öffnet. Die internationale Solidarität ist heute die "Soziale Frage" der Weltwirtschaft.

Dabei liegt offenbar heute im Vergleich zur Zeit Baaders und Friedrich Lists eine Umkehrung vor in der Bedeutsamkeit der Alternative, entweder den eigenen Markt gegen Importe zu schützen oder den Zugang für den eigenen Export zum entwickelten Markt zu erhalten. Der Zugang zum *Weltmarkt* scheint heute für die Entwicklungsländer wichtiger zu sein als die Möglichkeit, durch Schutzzölle den eigenen Markt zu schützen. Vielleicht zeigt diese Bedeutungsverschiebung aber auch nur, daß die Industrieländer sich heute stärker abschotten, als es das England des Beginns des 19. Jahrhunderts tat.

Paradoxerweise können die Auflagen, die die Europäische Union den ostmitteleuropäischen Ländern für den Beitritt auferlegt, als Inversion des Schutz- und Erziehungszolls angesehen werden. Die EU versucht, die aufnahmewilligen Länder durch Aufschieben der Aufnahme wirtschaftspolitisch und politisch zu "erziehen", damit sie auf ein der EU vergleichbares industrielles Wohlstandsni-

[20] Ebenda, p. 190f.

[21] So auch David WILLIAMS, Japan, Beyond the End of History, London/New York (Routledge) 1994, p. 64, "The Post-american century ... has been thus far more the century of Friedrich List than of Adam Smith". Williams betont "the unrivalled importance of the German Historical School for any Westerner who would grasp the nature of ... economics in its German or Japanese guise“ (ebenda, p. 121).

veau gelangen. Sinnvoller wäre wohl ein "Erziehungszoll", der nicht der EU, sondern den betroffenen Ländern hilft.

III. Liberalismus und Solidarität heute

In der Situation der Gegenwart, die durch *Individualisierung* der Lebenschancen und einen Abbau der klassenmäßigen sozialen Milieus, die in früheren Zeiten Solidarität erzeugten, bestimmt ist, wird die Frage, wie Solidarität innerhalb einer Nation und zwischen Nationen zustandekommt und gefördert werden kann, von neuem zum Problem für den Liberalismus.

Zwei der wichtigsten Versuche der Philosophie der Gegenwart zum Thema Solidarität sind der Ansatz Richard Rortys, die Solidarität zwischen Menschen aus der *Kontingenz* des menschlichen Lebensschicksals zu begründen, und Jürgen Habermas' Versuch, nationale Solidarität durch *Verfassungspatriotismus* zu ersetzen und aus dem Verfassungspatriotismus ein Substitut für Solidarität zu erzeugen.

Nach Rorty soll Solidarität allein aus der individuellen Lage aller Menschen begründet werden, die zugleich starke Dichter ihres Lebens und zugleich schwache und leidende Menschen sind, und ohne Rekurs auf irgendeine Gruppensolidarität aus der Sensibiliät für mögliche eigene Verletzungen entstehen.[22] Rorty vertritt einen *dekonstruktivistischen* Ansatz der Solidarität, der sowohl die theologische Begründung der Solidarität aus der christlichen Gottebenbildlichkeit des Menschen als auch die metaphysische Begründung der pantheistischen Auszeichnung des Menschen als Träger des Absoluten bei Hegel oder die idealistisch-aufklärerische Begründung der Solidarität zwischen Menschen aus der Tatsache, daß sie alle Träger der einen Vernunft sind, dekonstruiert und ihr die Kontingenz des individuellen Schöpfertums und Leidens entgegensetzt. Da der Verfasser sich an anderer Stelle mit dieser romantisch-dekonstruktivistischen Theorie der Solidarität auseinandergesetzt hat,[23] wird sich der folgende Beitrag vor allem mit Habermas' Versuch, Solidarität aus Verfassungspatriotismus zu erzeugen, auseinandersetzen.

Es ist erkennbar, daß es auch in der Philosophie der Gegenwart verschiedene Formen des Liberalismus und damit drei Formen der Begründung von Solidarität im Liberalismus gibt. Drei Liberalismen können unterschieden werden: Der *rationalistische* und *idealistische* Liberalismus von Habermas' Diskurstheorie,[24]

[22] Richard RORTY, Kontingenz, Ironie und Solidarität, Frankfurt/Main (Suhrkamp) 1989. Original: Contingency, Irony, and Solidarity, Cambridge (Cambridge University Press) 1989.

[23] Peter KOSLOWSKI, Christlicher Liberalismus als europäische Philosophie der Postmoderne. Metaphysik und Politik nach der Dekonstruktion der Aufklärung. In: Peter KOSLOWSKI (Hg.), Europa imaginieren. Der europäische Binnenmarkt als kulturelle und wirtschaftliche Aufgabe, Berlin u.a. (Springer) 1992, p. 75-104.

[24] Die Zuordnung von HABERMAS zum Liberalismus begründet sich aus seinem Plädoyer für Öffentlichkeit, obgleich er in Fragen der Wirtschaftsordnung erst neuerdings unter dem Eindruck von 1989 vom Sozialismus abgerückt ist. Vgl. Jürgen HABERMAS, Ein Gespräch über

der Romantizismus des starken Dichters Mensch und der *dekonstruktivistische postmoderne* Liberalismus Rortys und der hier vertretene *naturrechtliche* Rationalismus eines christlichen Liberalismus.
Der Streit in der politischen Philosophie der Gegenwart geht nicht mehr um die Frage "Liberalismus oder Sozialismus?" oder "Liberalismus oder Monarchie?", sondern um die Frage, *welcher* Liberalismus vorherrschen und die Basis der liberalen Demokratie und sozialen Marktwirtschaft bilden soll. Alle *drei Liberalismen* vertreten in der Frage der politischen Ordnung die Demokratie und in der Frage der Wirtschaftsordnung die Marktwirtschaft.

1. Habermas' Versuch, nationale Solidarität durch Verfassungspatriotismus zu ersetzen

Habermas definiert die *Bürger* einer Nation durch ihre Fähigkeit, an den Vernunftdiskursen der Öffentlichkeit und des demokratischen Prozesses teilnehmen zu können.[25] Die Solidarität zwischen den Mitgliedern einer Nation besteht darin, einander die Fähigkeit zur *Partizipation in Diskursen* zu sichern. Die *ethnische Nation* der "Volksgenossen", die durch Abstammung definiert war, wird von der *republikanischen Nation* der "Staatsbürger" und "Verfassungspatrioten" abgelöst, die sich durch die Zustimmung zu derselben Verfassung assoziieren und einander als Kompatrioten anerkennen.[26] Die Ethnie der Nation der Volksgenossen wird durch die Diskurs- und Verfassungsgemeinschaft der Verfassungspatrioten aufgesogen und umgewandelt. Somit definiert die Partizipation oder zumindest Partizipationsmöglichkeit die Nation als Diskurs- und nicht als Schicksalsgemeinschaft. Den Begriff der Nation als Schicksalsgemein schaft lehnt Habermas ausdrücklich ab.[27]
Die Verpflichtung zur Solidarität unter den Verfassungspatrioten besteht nun darin, einander die Diskurs- und Partizipationsfähigkeit zu sichern und, wo diese durch mangelnde materielle Subsistenzmittel als Voraussetzungen der Partizipationsfähigkeit gefährdet sind, durch Sozialpolitik auszugleichen. Zwar hat Habermas keine ausgearbeitete Theorie der *Sozialpolitik* entwickelt, aber er betont, daß der demokratische Diskurs gestört wird, wenn größere Teile der Diskursteilnehmer in die Armut abgedrängt werden und dadurch die materiellen, psychologischen und sozio-kulturellen Voraussetzungen des Bürgerseins einbüßen.[28]

Fragen der politischen Theorie (1994). In: Jürgen HABERMAS, Die Normalität einer Berliner Republik. Kleine Politische Schriften VIII, Frankfurt/Main (Suhrkamp) 1995, p. 135ff.

25 Jürgen HABERMAS, Staatsbürgerschaft und nationale Identität (1990). In: Jürgen HABERMAS, Faktizität und Geltung. Beiträge zur Diskurstheorie des Rechts und des demokratischen Rechtsstaats, Frankfurt/Main (Suhrkamp) 1992, p. 639.

26 Jürgen HABERMAS, 1989 im Schatten von 1945. Zur Normalität einer künftigen Berliner Republik. Rede zur 50. Wiederkehr des 8. Mai 1945, gehalten am 7. Mai 1995 in der Frankfurter Paulskirche. In: Ders., Die Normalität einer Berliner Republik, FN 24, p. 179.

27 Ebenda, passim.

28 Ebenda, p. 186f.

Der *Ultrarationalismus* und *Idealismus* dieser Auffassung von Solidarität ist unübersehbar. Die Diskursbefähigung und -berechtigung wird zum Prinzip der Assoziation, die Nationszugehörigkeit durch die Zustimmung zur Verfassung und damit zur Form des politischen Diskurses definiert. Nicht nur der ethnische Gehalt der Nation, sondern auch die historische Substanz der Nation und ihres den Mitgliedern der Nation gemeinsamen Schicksals werden in die Rationalität der Verfassung und politischen Institutionen aufgelöst. Das Vorbild von Habermas scheint hier wie anderswo in seinem Werk die ahistorische und rationale Selbstkonstruktion der Vereinigten Staaten von Amerika zu sein, die sich vergleichsweise ungeschichtlich durch einen ursprünglichen Vertrag von 1776 und durch die Einwanderung als Zustimmung zur Verfassung durch Abstimmung mit den Füßen in der Zustimmung der Einwanderer zu diesem Vertrag konstituiert haben und konstituieren.

Habermas' *Amerikanismus*, seine Anlehnung an die amerikanische, ahistorische Form des Liberalismus, folgt auch aus dem idealistischen Charakter seines Rationalismus: Vernunft begründet Vernunft, vernünftige Zustimmung die Zugehörigkeit zur Vernunftnation der Verfassungspatrioten. Vernunft begründet auch die Solidarität mit jenen, die durch Armut nicht mehr diskursfähig zu sein drohen. Daneben ist auch die Absicht erkennbar, durch diesen Ultrarationalismus und die Beschwörung des Projekts der Moderne sich von der "vormodernen" deutschen Geschichte und ihrer jüngsten Katastrophe durch die nichtgeschichtliche, rationale "Moderne" abzustoßen.

Habermas versteigt sich in seinem Idealismus zu der utopischen Aussage, Menschenrechte und Demokratie nach Auschwitz bedeuteten "die einfache Erwartung, niemanden aus der politischen Gemeinschaft auszuschließen und die Integrität eines jeden in seiner Andersheit gleichermaßen zu achten."[29] Dieser Satz ist sehr unpräzise. Daß die *Menschenrechte* bedeuten, daß jeder Mensch in seiner Andersheit zu achten ist, ist Konsensus, daß aber *Demokratie* bedeutet, niemanden aus der politischen Gemeinschaft auszuschließen, ist de facto und de jure unzutreffend, wenn der Satz bedeuten soll, daß eine politische Gemeinschaft niemanden, der nicht zu ihr gehört, ausschließen kann. Der Satz hat nur Sinn, wenn er bedeutet, daß die Demokratie keinen Menschen seiner Menschenrechte berauben darf und daß sie keinen ausschließen darf, der zur politischen Gemeinschaft durch Geburt oder Naturalisierung gehört. Dies allein kann die Folge von Auschwitz sein, nicht aber, daß die politische Gemeinschaft kein Recht mehr habe, zwischen ihren Staatsbürgern und jenen, die es nicht sind, zu unterscheiden. Würde letzteres gelten, so würden alle demokratischen Staaten der Erde gegen die Lehren verstoßen, die Habermas aus der deutschen Geschichte zieht.[30]

---

[29] Ebenda, p. 170.

[30] Es ist merkwürdig, daß HABERMAS den heutigen Deutschen die weitreichendsten Vorhaltungen wegen Auschwitz macht, obgleich sein idealistischer Rationalismus des Diskurses eigentlich nicht begründen kann, warum die nachfolgenden Generationen für die Diskurse und Verfehlungen der vorangegangenen Generationen haften.

Nationen konstituieren sich nicht nur durch die Zustimmung ihrer Bürger zur Verfassung. Nicht jeder in der Welt, der der amerikanischen Verfassung zustimmt und Amerikaner werden will, wird auch zugelassen. Auch definiert sich die Verschiedenheit der Nationen nicht durch die Verschiedenheit ihrer Verfassungen. Zwischen Demokratien sind die Verfassungsunterschiede zu gering, als daß sie die *Identität* nationaler Gebilde als selbständige Staaten konstituieren könnten.

2. Die Nation als der Club, in den man geboren wird

Der Verfassungspatriotismus, der meint, Nationalität und nationale Solidarität allein durch Zustimmung zur Verfassung konstituieren zu können, verwandelt die Nation, die zwei Arten von Mitgliedern kennt, solche, die geborene, und solche, die gekürte sind, in einen Club, bei dem es nur *gekürte* Mitglieder gibt.
An sich ist die Metapher des Clubs nicht ungeeignet, das Wesen der Nation und der nationalen Solidarität zu beschreiben, wie der Blick auf die ökonomische Theorie des Clubs und der *Clubgüter* zeigt.[31] Clubgüter stehen zwischen den öffentlichen Gütern, die allen zur Verfügung stehen, von denen keiner ausgeschlossen werden kann und denen unter den Rechtsgütern die Menschenrechte entsprechen, und den privaten Gütern, jenen Gütern, an denen private Eigentumsrechte bestehen und von deren Nutzung die Nichteigentümer ausgeschlossen werden können. Clubgüter stehen allein Clubmitgliedern ohne Exklusion zur Verfügung, Nichtmitglieder werden jedoch von ihrer Nutzung ausgeschlossen. Entsprechend stehen die politischen Mitwirkungsrechte und die Schutzrechte, die die Nation ihren im Ausland lebenden Bürgern zusichert, allen Staatsbürgern zur Verfügung, und kein Staatsbürger kann von ihnen ausgeschlossen werden, während dies bei Nichtstaatsbürgern möglich ist.
Die Nation ist ein Club, dessen Mitgliedsrechte man durch *Geburt* und ohne die Auszeichnung irgendwelcher diskursiv-rationaler Eigenschaften, allein durch die Geburt, erwirbt. Die Geburt begründet die erste naturrechtliche Verpflichtung und Solidarität des Staates und der Nation, die Verpflichtung auf Schutz des "geborenen Mitglieds" einer Nation. Darüber hinaus kann der Club der Nation noch weitere, nichtgeborene Mitglieder aufnehmen, für deren Aufnahme zwei Bedingungen gelten: *erstens* müssen Neumitglieder der Verfassung als Clubsatzung zustimmen und *zweitens* werden sie erst durch die Zustimmung der Clubmitglieder in den Club aufgenommen. Da die Zustimmung zur Verfassung für die Aufnahme in die Nation nicht genügt und auch die Clubmitglieder, wie die USA zeigen, ihre Zustimmung zur Aufnahme der Neumitglieder nicht nur von deren Zustimmung zur Verfassung abhängig machen, beruht die Nation offenbar primär auf nicht-diskursiven und nicht-idealistischen Voraussetzungen, zu denen diskursive Kriterien mit hinzutreten *können*.

[31] Vgl. James M. BUCHANAN, An Economic Theory of Clubs. In: Economica, 32 (1965), p. 1-14, und M. C. MACGUIRE, Clubs. In: The New Palgrave. A Dictionary of Economics, London-Basingstoke (Macmillan) 1987, Vol. 1, p. 454-455.

Das Verständnis der Nation als eines *rationalen Clubs* ist sinnvoll, wenn der Rationalismus sich nicht zu dem Idealismus versteigt, die Mitgliedschaft in der Nation hänge nur von dem diskursiv-rationalen Kriterium der Zustimmung zur Verfassung ab.

Wie irreführend und gefährlich die Mißachtung der *naturrechtlichen, geborenen Staatsangehörigkeit* sein kann, zeigt die Ausdehnung des Paradigmas der Zulassung zur politischen und Rechtsgemeinschaft der Nation auf die *"Zulassung" von Neugeborenen.* Der Begriff der Nation als eines rationalen Clubs beeinflußt heute nämlich nicht nur die Diskussion um das Staatsangehörigkeitsrecht und die Zulassung von Ausländern, sondern wird auch auf die Zulassung von ungeborenen Kindern derselben Nation, ja von einigen Bioethikern wie Peter Singer[32] auf die Zulassung von Neugeborenen derselben Nation zur Rechtsgemeinschaft ausgedehnt.[33] Einige Bioethiker scheinen die *Abtreibung* von Foeten und die *Tötung* Neugeborener als ein rational begründbares, diskursiv rechtfertigbares Verwehren des Eintritts in den Club der Gesellschaft oder Nation zu verstehen. Das Recht eines Clubs, die Bedingungen seiner Mitgliedschaft zu bestimmen, kann nicht das Recht der Nation begründen, das Recht ihrer geborenen Mitglieder diskursiv einzuschränken.[34]

Wenn jemand nicht in einen Club aufgenommen wird, in den er gern möchte, ist dies für ihn bedauerlich, aber, im Regelfall, nicht existenzvernichtend. Er kann sich immer noch andere Clubs suchen. Wenn aber jemandem der Zutritt zum Club der Lebenden verwehrt wird, ist dies eine "Ablehnung" von einer ontologisch anderen Art: Der Abgewiesene *ist* dann nämlich nicht mehr. Er ist nicht nur nicht in diesem und jenem Club, sondern er ist überhaupt nicht. Es wird ihm nicht nur *eine* Eigenschaft, ein Prädikat verwehrt, nämlich Mitglied dieses oder jenes Clubs zu sein, sondern es werden ihm *alle* Prädikate *und* die Existenz, die nach Kant kein Prädikat ist, abgesprochen.

---

[32] Peter SINGER, Praktische Ethik, Stuttgart (Reclam) 2. Aufl. 1994 (1. Aufl. 1984). Original: Practical Ethics, Cambridge (Cambridge University Press) 2nd ed. 1993 (1st ed.1979).

[33] Peter SINGER sagt das nicht wörtlich, es folgt jedoch zwingend aus seinem Ansatz. Aus dem Satz "Ob ein Wesen ein Mitglied unserer Spezies ist oder nicht, ist für sich genommen für die Unrechtmäßigkeit des Tötens ... unerheblich" (ebenda, p. 196), dem Satz "Wenn der Fötus nicht denselben Anspruch auf Leben wie eine Person hat, dann hat ihn das Neugeborene offensichtlich auch nicht" (ebenda, p. 219) und dem Satz "Das Leben eines Neugeborenen hat für dieses weniger Wert als das Leben eines Schweins, eines Hundes oder eines Schimpansen für das nichtmenschliche Tier" (ebenda) folgt, daß die Gesellschaft dem Neugeborenen wie dem entwickelten ausgewachsenen Tier jederzeit das Leben nehmen kann, weil letzteres einen höheren Lebenswert als ersteres habe, wir aber dem Tier unbekümmert das Leben nehmen (ebenda, p. 196f.). Wenn die Gesellschaft jedoch dem Neugeborenen jederzeit das Leben nehmen kann, bedeutet dies, daß das Lebensrecht erst durch eine Entscheidung und die Aufnahme in die Gesellschaft, durch das Nichttöten, nicht aber durch die Geburt begründet wird, und daß die Gesellschaft damit zu einem Club wird, der Neumitglieder aufnehmen kann oder auch nicht. SINGER folgert daher auch für seine Position folgerichtig, "daß die Geburt keine moralisch relevante Grenzlinie markiert." (ebenda, p. 240f.)

[34] Vgl. auch Peter KOSLOWSKI, Wrong Register, Kindstötung als Nichtaufnahme in den Club. In: Analyse & Kritik, 13 (1991), H. 1, p. 101-102.

3. Das Naturrecht der Geburt und die Grenzen der diskursiven Vernunft

Es ist deutlich, daß hier zentrale Solidaritätspflichten der Nation verletzt werden, aber es ist nicht so einfach, in der Sprache des Diskurses anzugeben, warum sie verletzt werden. Wenn die Zugehörigkeit zur Nation durch die Diskursfähigkeit und Zustimmung zur Verfassung definiert wird, fallen noch ungeborene und neugeborene Kinder aus der Zugehörigkeit zur Nation heraus. Die Solidarität der Gesellschaft als *Rechtsgemeinschaft* wird nicht allein durch rationale Diskursfähigkeit begründet, sondern durch das "natürliche Recht" oder Naturrecht, in eine Nation und Rechtsgemeinschaft geboren zu werden.
Dies scheint auch der tiefere naturrechtliche Grund für das *ius soli* zu sein, das Ausländern, die auf dem Boden einer Nation geboren werden, die Staatsangehörigkeit des Geburtslandes zuerkennt, so etwa in Frankreich. Es liegt hier eine übernationale Solidarität vor, das Recht der Geburt dadurch zu schützen, daß dem oder der neugeborenen Ausländer(in) ein Aufenthaltsrecht im Staatsgebiet geschaffen wird, das von derselben Art ist wie jenes der Kinder von Inländern. Durch das *ius soli* wird ein Recht der Geburt anerkannt, weil das Recht, geboren zu werden, von allen Menschenrechten das wichtigste ist.[35]
Die Solidarität der *Generationen* wird nicht primär durch einen rationalen Diskurs, sondern durch das *Naturrecht der Geburt* begründet. Ebensowenig wie sich die Menschen durch einen vernünftigen Diskurs fortpflanzen und durch ihn geboren werden, werden ihre Rechte und Solidaritätspflichten sowie ihre Nationalität allein durch Diskurs- und Zustimmungsfähigkeit begründet. Die Nation

[35] Es ist zu vermuten, daß das ius soli aus älteren Rechtsschichten als derjenigen des Jakobinismus stammt und nicht von dem Gedanken geleitet ist, daß das Staatsbürgerrecht dem in Frankreich geborenen Ausländer verliehen wird, weil er sich schon durch die Geburt kulturell und republikanisch assimiliert, was ganz unsinnig wäre, sondern weil er hier geboren ist. - Jürgen HABERMAS,Staatsbürgerschaft (1990), FN 25, p. 653, zitiert zustimmend den niemals in die politische Wirklichkeit übersetzten Bürger-Idealismus der Französischen Revolution. Er lobt, daß Artikel 4 der Revolutionsverfassung von 1793, der überschrieben ist "Vom Stand der Bürger", jedem erwachsenen Ausländer, der ein Jahr in Frankreich ansässig war, nicht nur die Staatsangehörigkeit, sondern auch die aktiven Staatsbürgerrechte gewährte.
Die Revolutionsverfassung von 1793 wurde im Juni 1793 fertiggestellt, im August 1793 ratifiziert und noch im selben Monat vom Nationalkonvent außer Kraft gesetzt mit der Begründung, daß die Nation im Kriegszustand sei. Vgl. Eberhard WEIS, Der Durchbruch des Bürgertums 1776-1846, Frankfurt/Main-Berlin-Wien (Propyläen) 1978, p. 130ff. (= Propyläen Geschichte Europas Bd. 4).
Für Habermas ist diese niemals Wirklichkeit gewesene Revolutionsverfassung der Beweis dafür, "daß die staatsbürgerlichen Rechte ihren freiheitsverbürgenden Charakter dem Gehalt universeller Menschenrechte verdanken" (Habermas, Staatsbürgerschaft (1990), FN 25, p. 653).
Dieser Zusammenhang ist aus zwei Gründen nicht zwingend: die Menschenrechte fordern nur die Gleichstellung von Inländern und Ausländern in bezug auf die Menschenrechte, und zum anderen wurde die Rechtsstellung der Ausländer im Privatrecht bereits mit der Bundesakte von 1815 im Gebiet des Deutschen Bundes der Rechtsstellung der Inländer angeglichen, sodaß der Rechtsschutz des Inländers vom Jakobinismus ganz unabhängig ist. - Vgl. auch Markus HEINTZEN, Fremde in Deutschland - geschichtliche Entwicklung und aktuelle Probleme des deutschen Ausländerrechts, Vortrag vor der Konrad Adenauer-Stiftung in Schloß Eichholz bei Bonn am 29. April 1995.

als Schicksalsgemeinschaft und als Verbund der Verstorbenen, Lebenden und zukünftig ins Leben Kommenden ist keineswegs, wie Habermas glauben machen will, "nur Vernunftabwesenheit, die einem blossen vernünftigen Discurse weicht", um ein Wort Franz von Baaders aufzunehmen.[36] Der *Republikanismus* kann die Nation nicht einfach wie eine alte Haut abstreifen und sich nur auf Vernunft gründen, weil die Existenz des Menschen nicht nur auf Vernunft gründet. "Man erinnert sich hier an jenes Bon-mot von Goethe, der als die Frage aufgeworfen ward: wie sich denn etwa, falls Adam nicht gefallen wäre, sein Geschlecht fortgepflanzt haben würde? antwortete: dies würde dann ohne Zweifel mittelst eines vernüftigen Discurses geschehen sein."[37]

Eine Theorie der Nation, die das Naturrecht des in eine Nation *Hineingeborenwerdens* betont, ist der diametrale Gegensatz zur "Blut-und-Boden-Ideologie" der Nation, hinter der stets der kontrafaktische "Idealismus" steht, der die Kontingenz der tatsächlichen Zusammensetzung der Nation leugnet und sich das Recht anmaßt, Gruppen, die durch ihre Geburt oder Naturalisierung zur Nation gehören, durch ideologische Konstruktionen von ihr auszuschließen. Der ethnische Nationalismus enthält stets ein antinaturrechtliches, idealistisches Moment, weil er eine vermeintlich reine, ethnische Nation gegen die durch Geburt und Naturalisierung "unreine" faktische Nation setzt.

Deutlich erkennbar ist dies im ehemaligen *Jugoslawien*, wo die faktische ethnische Gemischtheit bestimmter Regionen, die durch die Geschichte und das geschichtliche Geborenwerden ihrer Bewohner zustandegekommen ist, zugunsten idealer ethnischer Gebilde "gesäubert" werden soll. Die naturrechtliche Forderung, daß die Nation ihre geborenen Mitglieder nicht als außerhalb ihrer seiend erklären darf, weil sie anders das Naturrecht der Geburt verletzt, zeigt den rationalistischen Gehalt des Naturrechts.

Der realistische, die Geburt und die Bedingungen des Lebens anerkennende Rationalismus des Naturrechts steht sowohl im strengen Gegensatz zum idealistischen Rationalismus des Verfassungspatriotismus, der doch nur jene Spielart des Kulturalismus ist, die die Verfassung zum unterscheidenden Merkmal der Nationen nimmt, als auch im Gegensatz zu den irrationalistischen Spielarten des *Kulturalismus*, die die kulturelle Reinheit der ethnischen Nation zur Begründung des Nationalismus nehmen. Das Naturrecht anerkennt die durch Geburt zustandekommende Faktizität und Bedeutung der *Nation* und leugnet zugleich den *Nationalismus*, weil sie die geschichtliche Kontingenz der faktischen Nation festhält.

---

[36] Franz von BAADER, Über die Behauptung, daß kein übler Gebrauch der Vernunft sein könne (1807), a.a.O., Bd. 1, p. 38. - Vgl. auch zur Auseinandersetzung mit Habermas' Modernismus Peter KOSLOWSKI, Die Baustellen der Postmoderne - Wider den Vollendungszwang der Moderne. Statt einer Einleitung. In: Peter KOSLOWSKI / Reinhard LÖW / Robert SPAEMANN (Hg.), Moderne oder Postmoderne? Zur Signatur des gegenwärtigen Zeitalters, Weinheim (VCH/Acta humaniora) 1986, p. 1-16.

[37] Franz von BAADER, FN 36, ebenda.

4. Radikale Säkularität, Solidarität und Partizipation

Das *Naturrecht der Geburt* stellt zwei Überzeugungen des idealistischen Rationalismus und Liberalismus in Frage:

Erstens die Überzeugung, der *Diskurs der Öffentlichkeit* sei der unfehlbare Diskurs, der den fehlbaren Diskurs des parlamentarischen Diskurses der Demokratie, der immer auch Diskurs der Macht sein kann, stets zum Richtigen korrigiert, weil der Diskurs der Öffentlichkeit, welcher der Vernunft entspringt und nicht der Macht,[38] quasi das Vernunftrecht zum positiven Recht bilde.

Zweitens die Überzeugung von der *radikalen Säkularität* der liberalen Gesellschaft.

Die erste Überzeugung des idealistischen Liberalismus, daß der herrschaftsfreie Diskurs der Öffentlichkeit eine unfehlbare Richtschnur des positiven Rechts sei, wird dadurch fragwürdig, daß der Diskurs die Bedingungen, unter denen man zur Diskursgemeinschaft und damit zur Bürgergesellschaft zugelassen wird, nicht nur zu Diskurs-, sondern zu *Wahrheitsbedingungen* macht, so daß alle, die nicht diskursfähig sind, auch nicht "wahrheitsfähig" und rechtsfähig sind.

Die Überzeugung von der radikalen Säkularität der liberalen Gesellschaft und ihre Ablehnung einer Solidarität zwischen den lebenden, den nicht mehr und den noch nicht lebenden *Generationen* leugnet die Haftungspflicht für die Taten der vergangenen Generationen und die Gewährleistungspflicht für das Leben der kommenden Generationen. Sie leugnet damit auch das Erbrecht.[39] Als "radikalen Begriff von Säkularität" definiert Charles Taylor jenen Begriff von Säkularität, "der sich nicht nur von der Vorstellung einer göttlichen Begründung der Gesellschaft absetzt, sondern überhaupt von jeder Idee einer Gesellschaft, die durch etwas konstituiert wird, das das gegenwärtige gemeinsame Handeln transzendiert",[40] so zum Beispiel auch die Idee einer Kette der Generationen, der "great chain of being", wie sie Arthur Oncken Lovejoy in seinem Buch "*The Great Chain of Being*" vertreten hat.

Das Naturrecht der Geburt und der Nichtbegründbarkeit der Kette der Generationen auf den rationalen Diskurs stellen die These von der radikalen Säkularität der liberalen Gesellschaft radikal in Frage. Die Nation und die Gesellschaft werden nicht nur durch das gegenwärtige gemeinsame Handeln der Gesellschaft, sondern ebenso durch die vom gesellschaftlichen Handeln unabhängige Geburt ihrer Mitglieder und durch die Nachwirkungen des gemeinsamen vergangenen

---

[38] So Charles TAYLOR, Liberale Politik und Öffentlichkeit, FN 1, p. 32.

[39] Die Gesellschaft als Solidarverband der gegenwärtigen und nichtgegenwärtigen Generationen ist natürlich ein Gedanke des Konservativismus, den dieser seit BURKE gegen den Liberalismus und Jakobinismus geltend macht. Vgl. auch Heinrich von TREITSCHKE, Der Socialismus und seine Gönner. Nebst einem Sendschreiben an Gustav Schmoller, Berlin (Georg Reimer) 1875, p. 14f., "Ein Volk umfaßt nicht blos die nebeneinander, sondern auch die nacheinander lebenden Geschlechter. Mögen die Manchestermänner auch hier wieder über die Mystik der Historiker klagen [...] Der Mensch ist ein historisches, und darum das einzige wahrhaft gesellige Wesen. [...] Historisches Wesen heißt Eigentum und Erbrecht." Vgl. auch ebenda, p. 120, 127.

[40] Charles TAYLOR, Liberale Politik und Öffentlichkeit, FN 1, p. 35.

Handelns früherer Generationen konstituiert. Auch der idealistische Liberalismus kann nicht mittels eines vernünftigen Diskurses aus der *Geschichte* herausspringen.

Die Solidaritätsschwäche des idealistischen Liberalismus folgt aus der Einseitigkeit, daß er die Definition des Bürgers nur auf *ein* Prädikat stützt, auf das der Vernunftfreiheit und der aus ihr abgeleiteten Fähigkeit zur Partizipation an den Diskursen der Demokratie und Öffentlichkeit. *Solidarität* kann er nur als Wiederherstellung der Diskursfähigkeit begreifen. Partizipationsfähigkeit sichert jedoch noch nicht Solidarität, und die Solidarität mit Kindern und Ungeborenen, mit geistig Behinderten, mit vergangenen und kommenden Generationen, gründet nicht auf deren Diskurs- und Partizipationsfähigkeit im Gegenwartsdiskurs.

Daß Solidarität und Partizipation nicht Hand in Hand gehen, ist daran erkennbar, daß Solidarität auch außerhalb der proportionalen Repräsentation möglich ist und daß umgekehrt proportionale Repräsentation noch nicht Solidarität garantiert, wie Baaders Kritik am Parlamentarismus des frühliberalen England zeigt. Hinzu kommt, daß selbst bei allgemeinem Wahlrecht und bei Repräsentation nach dem Prinzip "one man - one vote" Solidarität nicht garantiert ist, weil die stabile *Mehrheit* bestimmter Gruppen eine *Minderheit* dauerhaft diskriminieren kann.[41]

Als Beispiel dafür, daß mehr Partizipation nicht notwendig mehr Solidarität impliziert, kann die *Sozialgesetzgebung* Bismarcks von 1888 gelten. Zwar schränkte Bismarck die Partizipationsrechte der Arbeiter durch die Sozialistengesetze ein, andererseits erhöhte er die Solidarität der Gesellschaft für die Schwachen durch die Einführung der Sozialgesetzgebung über das hinaus, was in Großbritannien bei einer ebenfalls ungleichen Repräsentation möglich war.[42] Bismarck begründete die Einführung der Sozialgesetzgebung in Deutschland damit, daß es notwendig sei, die durch die Sozialistengesetze bewirkte Einschränkung der Partizipationsrechte der Arbeiter durch *staatliches Verwaltungshandeln* auszugleichen.

In seiner Reichstagsrede vom 15. März 1884 führte Bismarck im Zusammenhang mit der von ihm geplanten *Sozialgesetzgebung* aus: "Bei Einbringung des Socialistengesetzes hat die Regierung ... Versprechungen gegeben dahin, daß als Corrollär dieses Socialistengesetzes die ernsthafte Bemühung für eine Besserung des Schicksals der Arbeiter Hand in Hand mit demselben gehen sollte. Das ist meines Erachtens das Komplement für das Socialistengesetz ... Denn es ist eine Ungerechtigkeit, auf der einen Seite die Selbstverteidigung einer zahlreichen Klasse unserer Mitbürger verhindern, und auf der anderen Seite ihnen nicht die Hand entgegenreichen zur Abhilfe desjenigen, was unzufrieden macht."[43]

---

41 Vgl. Peter KOSLOWSKI, Markt und Demokratie als Diskurse. Grenzen diskursiver gesellschaftlicher Koordination. In: Peter KOSLOWSKI, Die Ordnung der Wirtschaft. Studien zur Praktischen Philosophie und Politischen Ökonomie, Tübingen (J.C.B. Mohr [Paul Siebeck]) 1994, p. 196-238.

42 Vgl. zur Einführung des *Wahlrechts* in Europa die Tabelle p. 217.

43 Otto von BISMARCK,Werke in Auswahl, Bd. 7, Darmstadt (Wiss. Buchgesellschaft) 1981, p. 94. BISMARCK hatte zuvor seinen Wunsch ausgedrückt, daß die Regierung "und der gegen-

Mit diesem Beispiel soll nicht das *Verbot politischer Parteien* als Mittel der Förderung von Solidarität empfohlen werden - auch Bismarck sah die Sozialversicherung als ein Mittel an, das das Verbot einer politischen Partei überflüssig machen und schließlich zur Aufhebung des Sozialistengesetzes führen werde.[44]

wärtige Reichstag das Verdienst hätten, wenigstens etwas, wenigstens den ersten Anfang auf diesem Gebiet zu machen, und auch darin den übrigen europäischen Staaten vorauszugehen." (ebenda, p. 92) - In seiner Rede streifte er fast alle Fragen, die auch heute noch die Sozialgesetzgebung begleiten, etwa die Fragen, ob nicht eine Privatversicherung vorzuziehen sei, ob die Sozialpolitik Staatsaufgabe sei, ob sie nicht ein sozialistisches Element in den Staat einführe und ob sie freiheitsmindernd sei.
Auf den Einwand, private Versicherungen seien vorzuziehen, antwortete er, "Ich will hier das Prinzip aussprechen im Namen der verbündeten Regierungen, daß wir Unfälle und Unglücksfälle überhaupt nicht für eine geeignete Operationsbasis zur Gewinnung hoher Zinsen und Dividenden halten, daß wir dem Arbeiter die Versicherung gegen diese und andere Übel so wohlfeil verschaffen wollen, wie es irgend möglich ist, und daß wir es für unsere Pflicht halten, den Preis der Versicherung soweit als möglich herunterzudrücken im Interesse der Arbeiter und der Industrie, der Arbeitgeber ebenso wie der Arbeiter." (ebenda, p. 97)
Zur Frage der legitimen Staatsaufgaben und zum Vorwurf des Sozialismus führte er aus, "Es gibt Zwecke, die nur der Staat in seiner Gesamtheit erfüllen kann. ... Zu diesen letzten Zwecken gehört die Landesverteidigung, gehört das allgemeine Verkehrswesen... Zu diesen gehört auch die Hilfe der Notleidenden und die Verhinderung solcher berechtigter Klagen, die das wirklich nutzbare Material zur Ausbeutung durch die Sozialdemokratie ja in der Tat geben. Das ist die Staatsaufgabe, der wird sich der Staat nicht auf die Dauer entziehen können. Wenn man mir dagegen sagt, das ist Sozialismus, so scheue ich das gar nicht. Es fragt sich, wo liegt die erlaubte Grenze des Staatssozialismus? Ohne einen solchen können wir überhaupt nicht wirtschaften. Jedes Armenpflegegesetz ist Sozialismus." (ebenda, p. 98f.) Seine Auffassung der Staatsaufgaben grenzte er von derjenigen ab, die er der französischen Sozialpolitik zuschreibt. Diese glaube auf Armenpflege verzichten zu können, "In diesem (Léon Say) spricht sich eben die französische Auffassung aus, daß jeder französische Staatsbürger das Recht hat, zu verhungern, und daß der Staat nicht die Verpflichtung hat, ihn an der Ausübung dieses Rechtes zu verhindern!" (ebenda, p. 99)
Er bejahte das sozialistische Element an der Sozialgesetzgebung, "Der Abgeordnete hat es als etwas ganz Neues bezeichnet, daß wir ein sozialistisches Element in die Gesetzgebung einführen wollten. Ich habe schon vorhin vorweg genommen, daß das sozialistische Element nichts Neues ist und der Staat gar nicht ohne einen gewissen Sozialismus bestehen kann." (ebenda, p. 101)
Auf den Vorwurf, "daß die vorgeschlagen Organisation mit dem Worte 'frei'... nicht stimmt", erwiderte Bismarck, "Meine Herren, die Freiheit ist ein vager Begriff; die Freiheit, zu verhungern, kann niemand gebrauchen.... Es gibt kaum ein Wort heutzutage, mit dem mehr Mißbrauch getrieben wird als mit dem Worte 'frei', und dabei hat es immer noch mehr Zauber, wenn es vor irgendein anderes Adjektiv gesetzt wird." (Bismarck bezog sich auf das Wort "freisinnig") Wer von Freiheit rede, wolle im allgemeinen die Bedeutung der eigenen Person, die Herrschaft der einzelnen Person und ihren Einfluß über die Allgemeinheit stellen "unter dem Vorwande, daß die Freiheit es fordere. Das ist ja in unserer deutschen Geschichte markanter ausgeführt als in irgendeiner anderen. Wie scharf ist nicht in den Jahrhunderten des Verfalls des Deutschen Reichs immer die germanische Freiheit akzentuiert worden! Was war denn darunter zu verstehen? Die Freiheit des Fürsten vom Kaiser und die Herrschaft des Adels über die Leibeigenen! Sie wollten ihrerseits frei sein; das heißt 'frei sein' war bei ihnen und auch bei anderen mit dem Begriff 'herrschen' identisch, sie fühlten sich nicht frei, wenn sie nicht herrschten." (ebenda, p. 103)
Die Einführung der Sozialversicherung verglich er schließlich mit "einer Entdeckungsreise, die wir in ein unbekanntes Land machen" (ebenda, p. 104).

[44] So am Ende der zitierten Rede, ebenda p. 107, "Ich glaube, ich bin am Ende des Fadens, den mir die Vorredner gegeben haben, angelangt und habe dieser meiner Stellungnahme zu der Dis-

Mit dem Beispiel der Einführung der ersten Sozialversicherung in der Geschichte[45] soll vielmehr die Prämisse des doktrinären Liberalismus relativiert werden, vermehrte politische Partizipationsrechte implizierten *per se* erhöhte Solidarität der Gesellschaft. Das Beispiel zeigt auch, darin ist Habermas zuzustimmen, daß die sozialen und politischen Bedingungen, unter denen das Wahlrecht ausgeübt werden kann, zur Definition des politischen Wahlrechts dazugehören.

IV. "Weltsozialpolitik", internationale Solidarität und Liberalismus

Die Arbeiterfrage und das Problem der Verarmung und Proletarisierung der Arbeiter in der Industrialisierung war die *Soziale Frage* des 19. Jahrhunderts. Die Vorschläge zur Lösung der Sozialen Frage sind nicht vom idealistischen, sondern, wie das Beispiel Baaders zeigt, vom christlichsozialen Ansatz oder christlichen Liberalismus, von der Sozialdemokratie und dem marxistischen Sozialismus gekommen. "Die Sozialdemokratie ist", wie Gustav Schmoller 1875 schrieb, "ein Produkt der Sünden des Liberalismus."[46] Der idealistische Liberalismus hatte, wie das Beispiel Hegels zeigt, nur die Antwort, daß die bürgerliche Gesellschaft bei allem Reichtum nicht reich genug sei, um der Verarmung des Pöbels zu wehren.[47]

Nach Hegel muß sich das besondere Individuum dareinschicken, daß es für die Entwicklung des Weltgeistes in seiner Partikularität geopfert wird. Das Opfer für den *Fortschritt* wird in der ganzen hegelianisch-marxschen Bewegung - bei Hegel gewollt, im Marxismus und den von ihm beherrschten Ländern ungewollt - zur einzigen Versöhnung mit der Wirklichkeit, die dem Individuum *in der Gegenwart* bleibt: "Das Partikuläre ist meistens zu gering gegen das Allgemeine,

kussion von gestern und vorgestern nur die Bitte hinzuzufügen, daß die Herren den verbündeten Regierungen ihrerseits entgegenkommen und ihnen als Pfadfinder in einem unbekannten Lande, das zu betreten wir für eine staatliche Pflicht halten, als Führer nach ihrer Erfahrung und ihrer Ansicht dienen, aber nicht daran zweifeln, daß es uns ehrlich darum zu tun ist, den inneren Frieden und namentlich den Frieden zwischen Arbeiter und Arbeitgeber zu festigen und zu einem Ergebnis zu gelangen, wodurch wir in den Stand gesetzt werden, auf eine Fortsetzung dieses Ausnahmegesetzes, das wir Sozialistengesetz benennen, zu verzichten, ohne das Gemeinwesen neuen Gefahren dadurch auszusetzen."

45 Vgl. zum Sozialstaat auch Alexander RÜSTOW, Sozialpolitik diesseits und jenseits des Klassenkampfes. In: B. KÜLP / W. SCHREIBER (Hg.), Soziale Sicherheit, Köln-Berlin (Kiepenheuer & Witsch) 1971, p. 20, und P. KOSLOWSKI / A. FØLLESDAL (Eds.), Restructuring the Welfare State. Ethical Issues of Social Policy in an International Perspective, Berlin-New York-Tokyo (Springer) im Erscheinen.

46 Gustav SCHMOLLER, Über einige Grundfragen des Rechts und der Volkswirthschaft. Offenes Sendschreiben an Herrn Prof. Dr. Heinrich von Treitschke. In: Jahrbücher für Nationalökonomie und Statistik, 23 (1874), p. 225-349, und 24 (1875), p. 81-119, hier (1875), p. 100.

47 Georg Wilhelm Friedrich HEGEL, Grundlinien der Philosophie des Rechts, § 245, Werke in 20 Bänden, Frankfurt/Main (Suhrkamp) 1970, Bd. 7, p. 390, "Es kommt hierin zum Vorschein daß bei dem Übermaße des Reichtums die bürgerliche Gesellschaft nicht reich genug ist, d. h. an dem ihr eigentümlichen Vermögen nicht genug besitzt, dem Übermaße der Armut und der Erzeugung des Pöbels zu steuern."

die Individuen werden aufgeopfert und preisgegeben. Die Idee bezahlt den Tribut des Daseins und der Vergänglichkeit nicht aus sich, sondern aus den Leidenschaften der Individuen."[48]
Baader hat eben diesen Gedanken, daß ganze Volksklassen für das Gemeinwohl und den Fortschritt geopfert werden, als ungeheuerlich kritisiert.[49]
Der *Liberalismus* neigte im 19. Jahrhundert dazu, die Opfer einer Klasse als unvermeidlich und hinnehmbar zu halten, weil ja auch die Arbeiterklasse durch den Fortschritt und die Wohlstandsmehrung an den Früchten des Fortschritts und der Industrialisierung später teilhaben werde.
Neigen wir nicht auch in der Gegenwart dazu, die heutige Armut von Teilen der *Dritten Welt* als ein Opfer anzusehen, das für den Fortschritt der Weltwirtschaft eben gebracht werden muß? Und wie im 19. Jahrhundert die Soziale Frage erst zum Thema wurde, als sich die Arbeitermassen durch Protestmärsche und Streiks in Bewegung setzten, wird die Soziale Frage des 20. Jahrhunderts, der Ausgleich zwischen der Ersten und der Dritten Welt erst dadurch auf die Tagesordnung kommen, daß die verarmten Massen der Dritten Welt sich auf Amerika und Europa zubewegen. Die USA sind mit der Gründung der NAFTA einer übernationalen Sozialpolitik in Nordamerika bereits näher gekommen als die Europäer, die die EU eher als Festung gegen die Dritte Welt denn als Freihandelszone mit ihr sehen. Über den "Erziehungszoll", den die EU beitrittswilligen Ländern auferlegt, wurde bereits oben gehandelt.
Für eine *"Weltsozialpolitik"*, die auf die internationale Soziale Frage antwortet, sind noch nicht einmal Ansätze der hierfür nötigen Institutionen zu erkennen. Die Ordnung des Diskurses zwischen den industriellen und den armen Ländern

---

48 Georg Wilhelm Friedrich HEGEL, Vorlesungen über die Philosophie der Geschichte (Einleitung / Teil Bb), FN 47, Bd. 12, p. 49.

49 Vgl. Franz von BAADER, Vorlesungen über Societätsphilosophie (1831/32), FN 6, Bd. 14, p. 112, "Wohin aber derlei monströse und wirklich abominable Vorstellungen, falls sie consequent durchgeführt und nicht synkretistisch zum Theil wieder dissimilirt werden, in der Philosophie der Geschichte führen, davon können Sie sich in Hegels Grundlinien der Philosophie des Rechts und in seiner dort aufgestellten Ansicht von der Weltgeschichte nach den von ihm angegebenen vier Epochen des orientalischen, des griechischen, des römischen und des germanischen Reichs überzeugen. Eine Ansicht, welche eigentlich das Verhältniss des Schöpfers zum Geschöpf umkehrt (nemlich gegen die bisherigen Ansichten) indem die Philosophen und auch viele Theologen sonst Gott durch seine Einsamkeit und gleichsam Langeweile zur Schöpfung sich bestimmen lassen, wogegen Hegel den Weltgeist, (man weiss nicht ob hierunter der Spiritus dei oder der Spiritus mundi immundi gemeint ist) von unten herauf auf Kosten seiner Geschöpfe und durch alle ihre Gebrechen hindurch sich hinauf arbeitet, hiedurch immer mehr zu sich selber kömmt und sich als Geist substantialisirt, so dass dieser Weltgeist oder Gott nur nach zurückgelegter sämmtlicher Weltgeschichte, und über dem Schutt untergegangener und von ihm mit Recht fallen gelassener Weltepochen und Katastrophen und aller hiezu an die Reihe gekommener Völker und Individuen endlich absolut einsam und ohne alles Geschöpf zurück bleibend seine Absolutheit zu erreichen vermöchte." - Vgl. zum Gegensatz der Geschichtsphilosophie HEGELs - das Absolute opfert das Endliche zu seiner Selbstwerdung - und der Geschichtsphilosophie BAADERs - das Absolute opfert sich selbst für die Selbstwerdung des Endlichen - auch Peter KOSLOWSKI, Die Geschichte der Welt als Selbstopfer Gottes. Theorie des Opfers bei Franz von Baader. In: R. SCHENK (Hg.), Zur Theorie des Opfers, Stuttgart (Frommann-Holzboog) 1995, p. 307-321 (= Collegium Philosophicum Bd. 1).

gibt es nicht, weil die politischen Diskurse der Nationen nach dem Prinzip, daß nur der Inländer Stimmrecht hat, organisiert sind. Wie mit solchen Diskursen ein internationaler Finanzausgleich und eine Weltsozialpolitik organisiert werden können, die die Soziale Frage des 20. Jahrhunderts einer Lösung näherbringen sollten, ist nicht ersichtlich. Eher stehen die Zeichen der Zeit auf Protektionismus, dem Protektionismus der großen kontinentalen Freihandelszonen EU, NAFTA, Ost- und Südostasien, die sich gegen die anderen Länder abschotten. Afrika und Lateinamerika, aber auch die GUS drohen zwischen diesen Großfreihandelszonen zerrieben zu werden. Nur das Alpenfort Schweiz vermag diesen Handelsblöcken zu trotzen.

Freiheit heißt auch Freisetzung des *Egoismus*. Das galt ebenso für die nationale Freiheit, die stets auch Freisetzung des nationalen Egoismus war. Der Liberalismus ist mit der Freisetzung des nationalen Egoismus und auch mit dem Kolonialismus enger verbunden, als man sich heute gern eingesteht. Der amerikanische Captain Perry erzwang im 19. Jahrhundert die Öffnung des japanischen Marktes, den Japan nicht öffnen wollte, mit Kanonenbooten. Die zwanziger Jahre dieses Jahrhunderts wurden in Österreich und Deutschland als Phase des bewußten Fernhaltens vom Weltmarkt empfunden. Schließlich hatten es die Siegermächte des Ersten Weltkrieges Österreich und Deutschland untersagt, eine gemeinsame Freihandelszone zu bilden, ein illiberaler Vorgang, der heute als inakzeptabel angesehen würde.

Woher können die Ressourcen für eine *internationale Solidarität* und Lösung der Sozialen Frage der Welt kommen, wenn unsere Diskurse Markt und Demokratie entweder nach dem Prinzip der Kaufkraft, "one Dollar - one vote", oder nach dem Prinzip der nationalen Volkssouveränität, "one national - one vote", nicht "one man - one vote", organisiert sind? Der Liberalismus hat den für die vorliberale Gesellschaft konstitutiven Dualismus von außerpolitischer Kirche und politischem Staat, in den Dualismus von außerpolitischer Öffentlichkeit und politischer Demokratie überführt,[50] ohne in der Öffentlichkeit einen der Weltkirche vergleichbaren, die Nationen übergreifenden internationalen Diskurs und institutionellen Zusammenhang geschaffen zu haben. Die Öffentlichkeit Europas und der USA ist im Weltmaßstab gesehen provinziell, nach dem Prinzip "The West and the Rest", organisiert. Die *Öffentlichkeit* der Medien, des wissenschaftlichen Diskurses usw. ist nur sehr wenig in der Lage, internationale Solidarität und eine dauerhafte, nachhaltige und institutionalisierte Weltsozialpolitik zu schaffen.

Es scheint, als ob internationale Solidarität nur durch die *Religionen* geschaffen und die Soziale Frage im Weltmaßstab nur durch die Weltkirchen und Weltreligionsgemeinschaften gelöst werden kann, weil die Nation nur nationale, aber nicht internationale Solidarität und die Wirtschaftsgemeinschaften wie die EU nur Solidarität zwischen ihren Mitgliedern erzeugen können. Dies hieße, daß der Dualismus von *universalistischer Religion* und *partikularistischer Nation*, den der doktrinäre Liberalismus für überholt hielt und in der "radikal säkularen"

---

[50] Darauf weist TAYLOR, FN 1, p. 35, hin.

Gesellschaft durch die Komplementarität von Öffentlichkeit und nationaler Demokratie ersetzen zu können glaubte, in veränderter Form zurückkehrt, weil anders die *Doppelkodierung*, die die Menschheit zwischen Menschheitsuniversalismus und nationalem Partikularismus benötigt, nicht hergestellt werden kann. Die Nation bleibt in der nationalen Solidarität stecken, die internationalen Institutionen verfügen über keine intellektuellen und affektiven Ressourcen, um jene Opferbereitschaft und Solidarität zu erzeugen, die für die Lösung der Sozialen Frage des 20. Jahrhunderts nötig sind. Die radikal säkulare Gesellschaft des Liberalismus und Nationalismus ist genötigt, sich zu einer neuen *dualistischen* Struktur von Weltreligion und nationaler Politik zu entwickeln, weil die Stelle der Weltgemeinschaft nicht durch die Nation, aber auch die Stelle der Nation nicht durch einen idealistischen Kosmopolitismus eingenommen werden kann.

Tabelle:

Die Demokratisierung des Wahlrechts in 22 OECD-Ländern

	Allg. Wahlrecht für Männer	Allg. Wahlrecht für Frauen
Australien	1903	1908
Belgien	1919	1948
Dänemark	1915/18	1918
Deutschland	1867/71	1919
Finnland	1906	1906
Frankreich	1848	1946
Griechenland	1877	1952
Großbritannien	1918	1928
Irland	1918/22	1918/22
Island	1915	1915
Italien	1912/18	1946
Japan	1925	1947
Kanada	1920	1920
Luxemburg	1918/19	1919
Neuseeland	1889	1893
Niederlande	1917	1919
Norwegen	1897	1913
Österreich	1907	1918
Portugal	1911	1974
Schweden	1921	1921
Schweiz	1848/79	1971
Spanien	1869/1907	1869/1931

Quelle, Artikel "Wahlen" In: Staatslexikon, 7. A., V. Bd., Freiburg/Breisgau-Basel-Wien (Herder) 1989, Sp. 830.

DEFIZITE DES WIRTSCHAFTLICHEN LIBERALISMUS

Egon Matzner

"Laissez faire, laissez passer, le monde va de lui même." Dies ist die alte Leitidee des *ökonomischen Liberalismus*, die seit den siebziger Jahren eine Renaissance erlebt und die nach 1989 auch für die postkommunistischen Länder Geltung erlangt hat.

Die Geschichte des *Kapitalismus* hat gezeigt, daß der Verhaltensmodus des "Laissez faire" die Soziale Frage hervorbringt, die individuell und durch solidarische Selbsthilfe nicht bewältigt werden kann. Es geht vor allem um die *Vorsorge* bei Arbeitsunfähigkeit (Krankheit, Alter) und unfreiwilliger Arbeitslosigkeit. Für eine große Anzahl von Menschen ist es unmöglich, durch freiwilliges Sparen oder freiwillige Versicherungskontrakte für diese existentiellen Situationen ausreichend vorzusorgen. Dafür gibt es systematische Gründe jenseits von Selbstverschuldung.

Diese systematischen Gründe sind inhärenter Bestandteil der *unregulierten Marktwirtschaft*. Die Wende zu unregulierten Kapital- und Arbeitsmärkten, die in den siebziger Jahren einsetzte, der Verzicht auf die Voraussetzung wirksamer wirtschaftspolitischer Interventionen, sind die wichtigsten Gründe, weswegen die *Soziale Frage* in allen Ländern wiedererscheint. Ihre Wirkung ist diesmal besonders fatal, weil es keine soziale Bewegung mehr gibt, die sich der neuen sozialen Frage solidarisch annimmt. "Einst war die Hoffnung rot, heute ist sie tot" (Friedrich Heer). Die traditionelle soziale Bewegung, die Sozialdemokratie und die Gewerkschaften, vertreten nur mehr die "Insider", kaum die "Modernisierungs-Verlierer", noch weniger die aus dem Ausland Zugewanderten.

Der *Wohlfahrtsstaat* ist vor allem aus zwei Gründen in die Krise geraten. Zum einen, weil einige seiner Methoden iatrogen geworden sind; auch sind Ursachen für ihre Anwendung nach der historisch beispiellosen Verbesserung der materiellen Lebensbedingungen vielfach nicht mehr gegeben. Dies wird unter den Themen Überversorgung, aber auch Mißbrauch - legalem und nicht legalem - problematisiert. Zum anderen, weil der Wohlfahrtsstaat nicht zur Finanzierung ständig steigender, sondern lediglich vorübergehender Arbeitslosigkeit eingerichtet ist. Die zwei Ursachen werden verwechselt. Überdies wird die steigende Arbeitslosigkeit falsch diagnostiziert. Der therapeutische Blick ist auf Arbeits- und Sozialkosten fixiert und übersieht dabei die Kapitalkosten. Dazu eine deutsche Stimme: "Gegenwärtig leistet sich die Bundesrepublik einen Realzins von 5 Prozent. So entstehen Standortprobleme." (Claus Noé, Die Zeit, 5. Mai 1995, p. 30).

Auch die *Neue Soziale Frage* ist nicht ohne Staat zu bewältigen. Allerdings genügt dazu nicht mehr die Wiederholung des alten Interventionsmusters. Ein zeitgemäßes Vorgehen wäre zu konzipieren und international durchzusetzen. Die Träger einer solchen Politik der neuen Solidarität sind noch nicht in Sicht. Dabei könnten sie sich auf Erkenntnisse der klassischen liberalen Ökonomie berufen. Denn anders als die dominante Rezeption der klassischen Ökonomie es will, waren deren Vertreter keine dogmatischen Verfechter des "Laissez faire". Die Metapher von der "unsichtbaren Hand" bezog sich nicht auf das segensreiche Wirken der ungezügelten Marktkräfte, sondern auf den Gesetzgeber. Denn nach Auffassung der klassischen Ökonomen ist es die Aufgabe der "unsichtbaren Hand", einen gesetzlichen Rahmen zu schaffen, der Ergebnisse von Wirtschaftsprozessen ausschließt, die nicht einem "public purpose" dienen; "die Verfolgung des Eigennutzes, die nicht durch geeignete Institutionen reguliert wird, garantiert nur eines: nämlich Chaos" (Lord Robbins, 1957).

Literatur:

KREGEL, J.A., et al., Why jobs are disappearing, IMF, Geneva 1994. - MATZNER, E., Der Wohlfahrtsstaat von morgen, Entwurf eines zeitgemäßen Musters staatlicher Interventionen, ÖBV, Wien 1982. - MATZNER, E., Die Krise des Wohlfahrtsstaates. In: H. MATIS (Hg.), Krise des Steuerstaates?, Wien 1997. - NOÉ, E., Von Amerika lernen, Die Zeit, Nr. 19, 5. Mai 1995, p. 30. - ROBBINS, L., The theory of economic policy in English classical political economy, Macmillan, London 1978 (1952).

DIE MÜHSAME SUCHE NACH DEM GEMEINWOHL

Leonhard Neidhart

Die Frage von Herrn Koslowski, wie denn der theoretische und der heutzutage in immer größeren Teilen der Welt real praktizierte und existierende *ökonomische* Liberalismus neben der Freiheit und neben der Befriedigung individueller Bedürfnisse und Interessen auch das *Gemeinwohl*[1], das gemeinsame Interesse bzw. die Solidarität sichern und bewerkstelligen könne, ist brennender denn je. Jenes gemeinsame Interesse ist sowohl auf den *innerstaatlichen* Ebenen (Stichwort: Tendenzen der sogenannten Zweidrittel-Gesellschaft) als auch auf der *internationalen* Ebene (Stichworte: negative Folgen der Globalisierung von Geld und Kommunikation, Gnadenlosigkeit des weltwirtschaftlichen Wettbewerbes, grenzüberschreitende Konzentration und schwer kontrollierbares Größenwachstum von Unternehmungen u.a. auch im Medienbereich, zunehmende Verarmung vieler Gesellschaften, Verschleiß und Vergeudung natürlicher Ressourcen, Mangel an Verantwortung bzw. Solidarität für künftige Generation usw.) in starkem Maße fraglich geworden.

Es hat mich überrascht, wie nachhaltig, ja beinahe unkritisch in verschiedenen Referaten und vor allem in den intensiven Interventionen von Herrn Streissler das Loblied auf die heilenden Kräfte des *freien Marktes* bzw. des *Wettbewerbes* gesungen wurde, obwohl wir doch auch alle sehen können, daß ein radikaler Liberalismus und Kapitalismus Feuer sind, die vieles "verbrennen", und der Markt, bei allen seinen Zwängen zur Effizienz, beileibe nicht alle überlebensrelevanten Bedürfnisse befriedigt. Man schaue sich nur einmal an, wofür im Fernsehen geworben wird. Auch wenn der Sozialismus vor allem wegen seiner "Entökonomisierung der Ökonomie" abgewirtschaftet hat und zusammengebrochen ist, so ist damit nicht gesichert, daß ein radikal-liberaler Kapitalismus eine Alternative darstellt, der unsere Gegenwarts- und Zukunftsprobleme allein erfolgreich lösen kann. Das ist kein Einwand gegen die individuelle Freiheit, gegen Selbstverantwortung und gegen die bürgerlichen Werte. Weil aber Gesellschaften nur in Anerkennung einer *Pluralität von Werten* friedlich zusammengehalten werden können, so wird jede Radikalisierung bzw. Verabsolutierung eines einzelnen Wertes zerstörerisch wirken, weil sie immer auf Kosten anderer Werte erfolgt. So ist der Sozialismus an der Verabsolutierung von Gleichheit und Planung problemlösungsunfähig und terroristisch geworden, wie es der Nationalismus früher war und mit seiner Ethnisierung jetzt partiell wieder wird. Und diese Logik gilt auch für einen radikalen Liberalismus. Offenbar glauben gewisse Marktapologeten wieder an den Mythos von der unsichtbaren Hand, und sie sind in diesem Glauben durch den Zusammenbruch des Sozialismus

---

[1] Zum Begriff des Gemeinwohls (mit weiterer Literatur): Walter KERBER / Alexander SCHWAN / Alexander HOLLERBACH, Gemeinwohl. In: Staatslexikon, 7. A., II. Bd., Freiburg/Breisgau-Basel-Wien 1986, Sp. 857-63.

sichtlich bestärkt worden. Diese Hand hat aber auch eine "schwarze" Seite, deshalb werden kontrollierende und korrigierende Eingriffe handlungsfähiger Staaten auch in Zukunft unabdingbar sein. Niemand kann sagen, ob die Marktkräfte das "Ungetüm" eines Weltmarktes vernünftig steuern und kontrollieren können. Und da der Kapitalismus seinen "natürlichen Feind", den Kommunismus, verloren hat, muß er eine *eigene Ethik* generieren. Nicht von ungefähr hat dieses Thema Konjunktur, und deshalb sollten auch die Liberalen z.B. den Kommunitaristen (A. Etzioni[2] u.a.) mit etwas mehr Aufmerksamkeit zuhören. Es wurde kürzlich gesagt, daß das Marktdenken den Partner immer oder vor allem nur als Gegner sehe, den es zu besiegen gelte, und daß dies kein Konzept für die Zukunft sei. Ganz falsch scheint diese Ansicht nicht zu sein.

Die Paradoxie der *Freiheit,* d.h. die Tatsache, daß sie bei ihrer Übertreibung das Gegenteil von dem bewirkt, was beabsichtigt ist, gilt auch für die wirtschaftliche Freiheit, und dazu hätte Herr Streissler im Kontext dieses Tagungsthemas ein Wort sagen können. Er hat es nicht getan, und deshalb war der Beitrag von Herrn Koslowski wichtig. Seine Analyse hat mich jedoch nicht überzeugen können, wobei ich zugebe, ebensowenig eine perfekte Theorie des Gemeinwohls vorstellen zu können. Es muß dies, den komplizierten Verhältnissen unserer Gesellschaften und unserer Welt entsprechend, jedenfalls eine sehr komplexe Theorie sein, die *verschiedene Maximen* kombiniert. Ich greife nur zwei Gedanken von Herrn Koslowski auf, ohne dabei zu beanspruchen, bessere Antworten geben zu können.

Der eine Gedanke bezog sich auf das Problem der *internationalen Solidarität*, auf die gemeinsamen Interessen zwischen Staaten, zwischen den Weltregionen bzw. innerhalb der Weltgesellschaft. Dort ist es offensichtlich so, daß die "Selbstreferenzialität" oder Selbstbezogenheit von Geld- oder Kommunikationsmärkten immer häufiger ausschließlich auf einen Zweck hin (z.B. Rentabilität, Einschaltquoten) programmiert ist. Dadurch wird der Bezug zur Umwelt bzw. ihre Solidarität erschwert, was dann, systemtheoretisch gesprochen, in Krisenfällen riskant werden kann. Die wertschöpfungsarmen Spekulationen (nur) um Geld auf den Devisenmärkten (steigende Börsenkurse bei oder wegen gleichzeitigem "Abbau von Personal" als "shareholder value" euphemisiert oder mystifiziert) oder der sogenannte Kasinokapitalismus scheinen immer riskanter zu werden und das Gefühl zu stärken, daß wir in Verhältnissen mit schwer kontrollierbaren potentiellen Risiken leben. Ob ein solches Risikobewußtsein das Solidaritätsgefühl stärkt oder der Haltung, "Rette sich, wer kann", den Vorrang gibt, lasse ich offen. Herr Koslowski hat die internationale Solidarität treffend als die "Soziale Frage" der heutigen Weltgesellschaft bezeichnet und dabei über-

---

[2] Vgl. Amitai ETZIONI; The Moral Dimension: Toward a New Economics, New York 1990; The Spirit of Community. Rights, Responsibilities, and the Communitarian Agenda, New York 1993; Jenseits des Egoismus-Prinzips. Ein neues Bild von Wirtschaft, Politik und Gesellschaft, Stuttgart 1994; Die Entdeckung des Gemeinwesens. Ansprüche, Verantwortlichkeiten und das Programm des Kommunitarismus, Stuttgart 1995; New Communitarian Thinking: Persons, Virtues, Institutions, and Communities, Charlottesville/Va. 1995; Die faire Gesellschaft. Jenseits von Sozialismus und Kapitalismus, Frankfurt/Main 1996.

raschenderweise Parallelen zu alten Überlegungen von Franz von Baader gezogen: Schutzzollpolitik gestern und heute - je härter der globale Wettbewerb, desto größer wird das Bedürfnis nach "entsolidarisierenden Schutzzöllen, nach Beschränkungen der Marktzugänge, vielleicht sogar nach Reaktionen des Regionalismus oder des Neonationalismus.
Herr Koslowski hat diesen Gedankengang am Schluß seines Beitrages über *"Weltsozialpolitik"* wieder aufgenommen und gesagt, daß es hierfür nicht einmal Ansätze gäbe. Er hat sich dann gefragt, woher die *Ressourcen*, die Kräfte einer stärkeren internationalen Solidarität kommen könnten, und dabei verschiedene Entwürfe einer kritischen Durchsicht unterzogen. Die Antwort von Jürgen Habermas, der sich Vernunft und Verständigung und damit Problemlösungen sowie auch Solidarität usw. aus herrschaftsfreien Diskursen bzw. aus dem Austausch von Wahrheitsansprüchen letztlich nach liberalem Muster verspricht, lehnt er ab, bzw. gibt diesem Konzept kaum Chancen. Wenn ich Herrn Koslowski richtig verstanden habe, dann sieht er die Lösung in *Religionen*, in einer Art einer "Religionsgemeinschaft".
Aus meiner Sicht verbergen sich auch hinter den Konzepten des "Kommunitarismus" und/oder des "Kulturalismus" Antwortversuche auf jene Frage nach den *solidaritätsstiftenden Handlungsressourcen*. In der Terminologie des auch angesprochenen Richard Rorty[3] müßte man wohl von der "bedrohlichen" Kontingenz der Weltgesellschaft sprechen, genauer davon, daß die Angst vor globalen Katastrophen zum Diskurs, zur Solidarität bzw. zur Zähmung des Marktegoismus zwingt. Inzwischen verdrängen die Probleme der wachsenden Arbeitslosigkeit aber die ökologischen Ängste, und alle rufen nach mehr Wachstum, obwohl uns die Grenzen des Wachstums auch bekannt sind. Ob dann solche Ängste das Solidaritätsgefühl wecken können, mag man bezweifeln.
Der Franzose Louis Althusser hat für diesen Zusammenhang eine eindrückliche Metapher verwendet, indem er einmal vom *"Zudrücken der Pforten der Hölle"* sprach, wodurch solche Solidaritätskräfte entstehen könnten. Mühe hatte ich allerdings damit, zu verstehen, was Herr Koslowski mit *"Religion"* als solidaritätsstiftender Kraft gemeint hat, zumal er nicht als Theologe, sondern als politischer Philosoph argumentierte. Ich maße mir nicht an, eine Religionstheorie zu präsentieren, aber als Politologe, wie es Herr Koslowski auch ist, hätte mir eine Argumentation auf der Linie einer Verantwortungsethik für die nachfolgende Generation, für die Natur und natürlich auch für jene, die im rasanten Prozeß des technischen und wirtschaftlichen Wandels "den kürzeren ziehen" bzw. vom Markt marginalisiert werden, stärker eingeleuchtet, weil eine Verknüpfung von Religion und Politik gerade in schweren Zeiten immer auch zum (heiligen) Krieg aller gegen alle führen kann. *Fazit* zu diesem ersten Gedankengang: Die Lösung des Problems der internationalen Solidarität ist *offen* geblieben und auch

---

[3] Dazu Richard RORTY, Objectivity, Relativism, and Truth, Cambridge 1991; Eine Kultur ohne Zentrum. Vier philosophische Essays und ein Vorwort, Stuttgart 1993; Hoffnung statt Erkenntnis. Eine Einführung in die pragmatische Philosophie, Wien 1994; Der Spiegel der Natur. Eine Kritik der Philosophie, 3. A., Frankfurt/Main 1994; Kontingenz, Ironie und Solidarität, 3. A., Frankfurt/Main 1995.

von den meisten hier sprechenden Vertretern der Wirtschaftswissenschaft doch vernachlässigt worden.

Der zweite, zentralere Gedankenstrang der Ausführungen von Herrn Koslowski bezog sich auf die Frage der Herstellung und Sicherung der *innerstaatlichen Solidarität* in der Spannung individualistischer Marktkräfte. In diesem Zusammenhang sind zwei Positionen zur Sprache gekommen, jene von Richard Rorty und jene von Jürgen Habermas. Rorty stützt Solidarität und gesellschaftlichen Zusammenhang und damit die Überwindung eines extremen Individualismus und Egoismus auf "*Kontingenzgründen*", mit anderen Worten: Zusammenhalt entsteht krisen- und katastrophenkatalytisch, damit wir nicht untergehen. Oder umgangssprachlich: Die Not wird uns beten lehren oder zu einer neuen Ethik, zu neuen Werten und zu einer neuen politischen Theorie zwingen; wenn wir dannzumal noch Zeit zum Beten haben, wie wir alle hoffen sollten. Im Beitrag von Herrn Koslowski ist dieser Ansatz aber nicht einläßlicher behandelt worden.

Die andere Position hat Herr Koslowski in der Auseinandersetzung mit dem "Optimismus bzw. Utopismus" einer *Diskursethik* von Habermas entwickelt. Gemeint ist damit letztlich, daß die Menschen auf Grund ihrer Sprach- und Kommunikationsfähigkeit in der Lage sind, zwischen *Gut* und *Böse* und zwischen Richtig und Falsch zu unterscheiden. Das ethisch Richtige ist somit Produkt einer vernünftigen Verständigung unter den Menschen. Habermas bezieht sich damit bekanntlich stark auf Kant, der den Menschen als Lebewesen bestimmt hat, das sich vermittels von Symbolen verständigen und so seine Lebensverhältnisse praktisch vernünftig ordnen kann oder zumindest können sollte. Koslowski lehnt diese formalistische Ethik als utopisch ab, und die Geschichte dürfte ihm dabei zumindest teilweise rechtgeben.

Stattdessen rekurriert er offenbar auf das *Naturrecht auf* oder *aus Geburt* und auf religiose Werte als Quellen des gesellschaftlichen und politischen Zusammenhaltes. Das hat mich nicht überzeugt, weil es nach *ethnischem Nationalismus* klingt. Gewiß stiftet die Natur des Menschen Rechte, aber ein entsprechender Universalismus ist umstritten. So bleibt meines Erachtens doch nur oder vor allem der Weg der "Willensnation" bzw. der "Zivilgesellschaft", die freilich auch eine *Wertegemeinschaft* ist, bei dem die Menschen durch kritisches Wissen und durch herrschaftsfreihe Kommunikation klären, wie sie ihre Probleme lösen, wie sie den Krieg aller gegen alle verhindern und wie sie zusammenleben wollen bzw. wie sie einmal gefundene Problemlösungen den neuen Anforderungen anpassen: eine "*konstruktivistische*" Wertegemeinschaft also, damit man sich über ewige Werte nicht totschlagen muß. Mit der Kritik an der aufklärerischen Position von Habermas, hinter die man kaum zurückfallen kann, hat Herr Koslowski einen Konservativismus vertreten, der mir nicht einleuchtet und der seine Mängel hat, wie übrigens die Vorschläge der Vertreter und Verehrer einer bedingungslos liberalen Marktwirtschaft auch.

Zur Diskussion

Die Frage nach den dauernden "Loyalitätsgründen und Solidaritätsquellen" (Heinrich Schneider) stellt nicht nur einen gängigen kritischen Einwand gegen den Liberalismus dar, sondern ist überhaupt eine Grundfrage des menschlichen Zusammenlebens. Die Diskussionen zu diesem Thema kreisten um einzelne *historische* Beispiele und deren Bewertung: um Franz von Baader (Gesine Schwan), um Adam Müller, den Helmut Rumpler in seiner Gegnerschaft zum Deutschen Zollverein als mit liberalen Marktargumenten gegen einen geschlossenen Handelsblock plädierend positiv charakterisierte, aber auch um die Sozialgesetzgebung Bismarcks.

Von noch größerem Gewicht war jedoch die Verteidigung des *Liberalismus* durch Erich Streissler gegenüber dem Vorwurf mangelnder *Solidarität*, den er in bestimmten deutschen bürokratischen Vorurteilen wurzeln sah. Unter Hinweis auf Adam Smiths frühes Werk "*The Theory of Moral Sentiments*" und den dort enthaltenen Begriff der "*sympathy*" strich Streissler die weitgehend unbekannte Tatsache heraus, daß England in der zweiten Hälfte des 18. Jahrhunderts das ausgeprägteste Sozialsystem der damaligen Zeit aufwies, das gemäß dem Subsidiaritätsprinzip auf die Gemeinden und nicht auf den Gesamtstaat abstellte. Streissler fügte auch hinzu, daß die Enzyklika "Rerum novarum" die Vorschläge der Liberalen des 19. Jahrhunderts geradezu übernommen habe: Selbsthilfe der Arbeiter, aber keine staatliche Umverteilung.

Gesine Schwan griff die sich als durchgehender Diskussionsstrang durch das Symposion ziehende Frage nach dem Verhältnis von *Solidarität* und *Selbstinteresse* von neuem auf: "Die Frage ist, ob man Solidarität unter Wahrung des liberalen Ansatzes der Selbstbestimmung stiften kann. Das ist nicht Staatsintervention." Wahrscheinlich bräuchte man eine zeitgemäße, sicherlich schwierige Wiederbelebung *naturrechtlich-christlicher* Modelle.

Es nimmt nicht wunder, daß auch in der Diskussion die im Referat von Peter Koslowski angeschnittene Frage der *Nation* eine besondere Rolle spielte. Einzelne Wortmeldungen kreisten um die Frage des *Verfassungspatriotismus*, wobei sowohl Heinrich Schneider als auch Christian Watrin darauf hinwiesen, daß Habermas nicht der einzige Gewährsmann hiefür sein könne. Watrin bezeichnete dessen Konzept als pseudorationalistisch und erachtete die Vorstellungen Werner Beckers und - mit Schneider - Dolf Sternbergers als viel rationalistischer.

Peter Koslowski verteidigte in einem ausführlichen Schlußwort seine Positionen, bei denen es um Fragen gehe, die nicht nur durch idealistische Theorien beantwortet werden könnten: "Die Probleme der Migrationen kann man nicht mit Hinweis darauf lösen, die Immigranten müßten nur der Verfassung zustimmen." Worauf gründet nun die *Nation*? Weder Mythos noch Verfassungspatriotismus allein seien eine Antwort auf diese vielschichtige Frage, die sowohl die Kontingenz der Geburt als auch das Moment des Klubs mitberücksichtigen müsse. Er habe die Dualität von geborener Mitgliedschaft und Mitgliedschaft durch Beitritt in der Nation betont.

In diesem Abschnitt des Symposionsverlaufs tauchte auch stärker als in den vorangegangenen Partien in den abschließenden Ausführungen Koslowskis der *geschichtliche Konnex* zwischen *Liberalismus und Nationalismus* auf: "Es ist eine historische Verzerrung, so zu tun, als ob der nationale Egoismus nur ein Problem von Hinterwäldlern gewesen sei, die noch nicht auf der Höhe der Aufklärung gewesen sind, und daß die von der Aufklärung 'verklärten' westlichen Demokratien keinen nationalen Egoismus gekannt haben. Eine Gesellschaft, die das individuelle Selbstinteresse freisetzt, setzt auch das nationale Selbstinteresse frei." Dieser Gedankengang wurde in den weiteren Symposionsschwerpunkten weitergeführt, man kann geradezu von einer zunehmenden Konkretisierung dieses Themenkreises sprechen.

VIII.

Liberalismus und Religion

RELIGION UND POLITIK AUF DEM BODEN DER MODERNE. VERSUCH EINER NEUBESTIMMUNG[1]

Johann Baptist Metz

"An den Grenzen der Moderne" wird das Verhältnis von Religion und Politik, wie es sich bislang auf dem Boden der *Moderne* gestaltete, in neuer Weise brisant. Den dabei sich eröffnenden Perspektiven soll im folgenden Dreischritt nachgegangen werden:

I. Prämissen
II. Religiöse oder religionsfreie Symbolisierung politischer Legitimität in der Moderne
III. Zwei Stellproben für das Verhältnis von Religion und Politik auf dem Boden der Moderne

I. Prämissen

Religion ist hier in jener Gestalt verstanden, die das Verhältnis von Religion und Politik auf dem Boden der Moderne prekär macht, also als *christliche Religion* mit einem noch nicht völlig zersetzten monotheistischen Kern. Die geläufigen Modernitätstheorien haben diese Religion zur anachronistischen oder jedenfalls strikt privaten Gegenwelt erklärt und ihr jede Möglichkeit abgesprochen, das Verhältnis zwischen Religion und Politik kritisch-produktiv zu interpretieren und die Politik der Moderne - im kritischen Stadium ihrer Reflexivität, im Umbruch der Legitimationslogik politischen Handelns - zu begleiten und zu schützen. Wie modernitätsverträglich ist eigentlich die Religion, wie religionsverträglich ist die Moderne?
Vor allem der *Monotheismus* ist schärfster politischer Kritik durch die Moderne ausgesetzt. Er gilt zumeist als Legitimationsquelle eines vordemokratischen, gewaltenteilungsfeindlichen Souveränitätsdenkens, als Wurzel eines obsoleten Patriarchalismus und als Inspirator politischer Fundamentalismen. Auf ihn ist unbedingt zurückzukommen - nicht zuletzt deswegen, weil das Verhältnis von Religion und Politik "an den Grenzen der Moderne" nicht ausschließlich im Blick auf das Spannungsfeld zwischen *Christentum* und Moderne diskutiert werden kann, sondern immer mehr auch das Verhältnis der anderen monotheistischen Religionen zur Moderne einbeziehen muß, also die monotheistische Wurzelreligion des *Judentums* wie vor allem auch den *Islam* und seinen pointierten Zivilisationskonflikt mit der europäischen Moderne.

---

[1] Der ursprüngliche Titel des Textes auf dem Österreichischen Wissenschaftstag 1994/95 lautete "Liberalismus und Religion".

Politik ist hier verstanden als liberale, rechtsstaatliche Politik in der Phase ihrer Reflexivität. Das will sagen: Die liberale Substanz dieser Politik hat inzwischen die "negative Bürgschaft"[2] durch die totalitären Systeme verloren und sieht die bisher unterstellten "Ligaturen"[3] in der Gestalt vorreflexiver Traditions- und Milieubestände und kultureller Kohärenzen immer mehr wegbrechen. So ist diese Politik, die sich ihrerseits als das liebste Kind der Moderne versteht, auf eine neue Selbstvergewisserung auf dem Boden eben dieser Moderne angewiesen. Und was sie nun im Stadium dieser *Reflexivität* entdeckt, ist - grob gesagt - ihre eigene Bodenlosigkeit auf dem Boden der Moderne. Es gibt kein stabiles Zentrum, keinen Kern dieser Reflexivität. Was sie als Grundlagen sichtet, sind der Konsens, der aufgekündigt werden kann, der Vertrag, der aufgelöst oder doch immer neu verhandelt werden kann, die Institution als prinzipiell veränderliche Kodierung sozialer Übereinkünfte usw. Eine hochgradige *Unsicherheit und Ungewißheit* dringt in diese Politik im Stadium ihrer Reflexivität ein. Dies ist in meinen Augen auch die tiefere Wurzel für die heute viel beklagte Politiklosigkeit oder Politikverdrossenheit einerseits und für fundamentalistische oder aber auch populistische Reaktionen im Bereich demokratischer Politik anderseits.
Wie damit umgehen? Kann hier eine Aufklärung über das Verhältnis von Religion und Politik auf dem Boden der Moderne produktiv etwas beitragen? Oder ist darüber bereits alles gesagt und entschieden, sodaß jeder Versuch einer *Neubestimmung* dieses Verhältnisses allemal zu gefährlichen Reduktionen, zu quasifundamentalistischen Entdifferenzierungen der Verhältnisse und zu verfallstheoretischen Mutmaßungen über die Moderne überhaupt führen muß? "Alle Möglichkeiten des christlichen Lebens, die ernstesten und lässigsten, die harm- und gedankenlosesten, und die reflektiertesten sind durchprobiert, es ist Zeit zur Erfindung von etwas Neuem oder man muß immer wieder in den alten Kreislauf geraten."[4]

II. Religiöse oder religionsfreie Symbolisierung politischer Legitimität in der Moderne?

Politik auf dem Boden der *Moderne*: das ist nach heute geläufiger Auffassung Politik ohne Verankerung in der Transzendenz, das ist Politik mit rein weltlicher Legitimierung politischer Herrschaft, das ist Politik der strikten Trennung gegenüber Religion und gegenüber allen religiösen oder auch nur religionsanalogen Symbolisierungen politischer Legitimität. Ist das so, muß das so sein, wenn man nicht in vormoderne Politikmuster zurückfallen will? Wer die Irreversibilität dieses Modernisierungsvorgangs behutsam bezweifelt, wer sich - vorsichtig - die Frage stellt, ob die radikale Privatisierung von Religion der mo-

[2] H. DUBIEL, Ungewißheit und Politik, Frankfurt/Main 1994, p. 93.
[3] Vgl. R. DAHRENDORF, Freiheit und soziale Bindungen. Anmerkungen zur Struktur einer Argumentation, in: K. MICHALSKI (Hg.), Die liberale Gesellschaft, Stuttgart 1993, p. 11-20.
[4] F. NIETZSCHE, Werke, 16-bändige Groß- und Kleinoktavausgabe, Bd. X, p. 289.

dernen Politik der Freiheit in jeder Hinsicht bekommt, muß selbst sehr auf der Hut sein, daß er damit nicht in antiliberale, fundamentalistische Fallen gerät. Aber ist einer denn dann schon ein demokratiefeindlicher Fundamentalist oder ein pluralismusfeindlicher Traditionalist, wenn er die Rechtfertigung einer politischen Entscheidung nicht ausschließlich nach der prozeduralen Korrektheit ihres Zustandekommens beurteilen will? Wenn er sich also zum Beispiel fragt, wie man denn mit dem Kriterium einer rein verfahrensorientierten, strikt formalen Rationalität die politischen Vorgänge in Algerien beurteilen will. Wenn er also nicht nur nach den diskurstheoretisch abbildbaren Regeln zum Funktionieren einer Demokratie, sondern nach den Ressourcen zu ihrer Verteidigung fragt. Ich will mich zunächst in zeitgenössischen politischen Theorien etwas näher umsehen. Dabei fällt auf, daß bei allen Versuchen einer Trennung von Religion und Politik in der Moderne die strikt *religionsfreie Kodierung* eben dieser modernen Politik kaum vorkommt bzw. durchgehalten wird. Am ehesten noch in zwei jüngeren Gesellschafts- und Politiktheorien in Deutschland. Zum einen bei den jüngeren, *post-marxistischen Frankfurtern*, speziell bei dem scharfsinnigen Helmut Dubiel. Für ihn ist Demokratie "sozusagen die institutionalisierte Form des öffentlichen Umgangs mit Ungewißheit". Ist das so, oder ist das - bei aller Hellsichtigkeit und Prägnanz der Argumentation - nicht doch zuviel Oberseminar-Politik mit einem Hauch Diskursästhetik? Immerhin riskiert selbst Dubiel einen Bezug zur religiösen Symbolisierung: er definiert bezeichnenderweise "Demokratie als nachtraditionale 'Zivilreligion'"[5]. Zum anderen sind da die Vertreter der sog. "riskanten Freiheiten", die Theoretiker der *Risikogesellschaft* mit ihren eskalierenden Individualisierungsprozessen.[6] Deren Politikbegriff mündet freilich nicht in den Diskurs, sondern in eine Art existentialpolitischen Dezisionismus, der auch in gewissen Formen neuer Politischer Philosophie in Italien favorisiert wird, wie zum Beispiel bei dem Hannah-Arendt-Forscher Paolo Flores d'Arcais.[7]

Apropos Hannah Arendt[8]: Sie gilt ja inzwischen als die Theoretikerin einer strikt religionsfernen Politik auf dem Boden der Moderne, die in den *neuzeitlichen Revolutionen* eine völlig neue, säkulare Begründung politischen Handelns erkennt, das sich epochal von allen vormodernen Politikformen und deren Legitimationsquellen unterscheidet. Ist es dann aber nur Ausdruck von Inkonsequenz (wie das zum Beispiel Dubiel annimmt), wenn Hannah Arendt in ihrem Revolutionsbuch bei der Frage nach der Behandlung von Legitimitätskrisen doch wieder auf religionsnahe Symbolisierungen, also auf die quasi-kultische Anrufung der Gründungsgeschichte dieser neuen Politik zurückgreift? Oder gibt sie hier doch der typisch angelsächsisch-nordamerikanischen zivilreligiösen Begründung

[5] Vgl. Anm. 2, p. 178.

[6] Riskante Freiheiten. Individualisierung in modernen Gesellschaften, hg. v. U. BECK / E. BECK-GERNSHEIM, Frankfurt/Main 1994.

[7] Z.B. in seinem Beitrag "Philosophie und Engagement", in: Frankfurter Rundschau vom 15.5.1995.

[8] Hier beziehe ich mich auf "Anmerkungen zu Hannah Arendts politischer Theorie" bei H. DUBIEL (vgl. Anm. 2).

von Politik auf dem Boden der Moderne nach? In seinem berühmten Werk "*Über die Demokratie in Amerika*" schreibt Alexis de Tocqueville zu diesem Begründungszusammenhang: "Der Despotismus kommt ohne Glauben aus, die Freiheit nicht. Der Republik ist die Religion viel notwendiger als der Monarchie, und den demokratischen Staatswesen mehr als allen anderen. Wie könnte die Gesellschaft dem Untergang entrinnen, wenn sich das sittliche Band nicht festigt, derweil das politische sich lockert? Und was soll man tun mit einem Volk, das als Herr seiner selbst nicht Gott untertan ist?"[9]

Seit Robert Bellahs (und seiner Mitarbeiter) einflußreichem Werk: "*Habits of the Heart*"[10] spielen diese Zusammenhänge in der amerikanischen *Kommunitarismusdebatte* eine wichtige Rolle, auch wenn sich der amerikanische Religionsbegriff seit seiner Beschreibung durch Tocqueville beträchtlich entsubstantialisiert hat, sodaß man kaum mehr sehen kann, wie diese Art von Religion überhaupt die moderne freiheitliche Politik vor den zerstörerischen Folgen einer Überindividualisierung bewahren kann.[11] Immerhin verweist die Kommunitarismusdebatte in all ihren, teilweise geradezu gegensätzlich anmutenden Schattierungen auf die Schwierigkeit, Religion und Politik adäquat zu entkoppeln. Ich kann hier nicht auf Einzelheiten dieser in den letzten Jahren geführten Debatte und des in ihr zutage tretenden Religionsbegriffs eingehen. Daß diese Debatte bei uns schon wieder erlischt, hängt nicht zuletzt daran, daß die angelsächsisch-nordamerikanische Sicht des Verhältnisses von Religion und Politik nicht einfach auf die kontinentaleuropäische Diskussionslage übertragen werden kann. Das ist in tiefgreifenden historischen Differenzen verwurzelt.

Die englisch-amerikanische Aufklärung war *protestantisch*, war nonkonformistisch, freikirchlich und gläubig. Die kontinentaleuropäische (französische) Aufklärung war *antiklerikal*, laizistisch und atheistisch.[12] Dieser laizistisch-atheistische Zug in der kontinental-europäischen Aufklärung - wie übrigens im korrespondierenden Revolutionsverständnis - muß in Zusammenhang gesehen werden mit dem dem Ancien Régime verpflichteten Katholizismus. Erst im *Zweiten Vatikanischen Konzil* erklärt sich auch die Katholische Kirche als "Religion der Freiheit", indem sie in ihrem "Dekret über die Religionsfreiheit" nicht von einem abstrakten Recht der Wahrheit ausgeht, sondern vom Recht der Person in ihrer Wahrheit. Dieses kleine Dekret, das übrigens als einziges der konziliaren Dokumente von einem nordamerikanischen Theologen vorausformuliert wurde, erzeugte in der nachkonziliaren Kirche einen beispiellosen Dauerkonflikt. Dieser Konflikt weist auf einen schwelenden Zivilisationskonflikt innerhalb des Katholizismus selbst, dem bis heute die angelsächsisch-

[9] A. de TOCQUEVILLE, Über die Demokratie in Amerika, München 1976, p. 340.

[10] Berkeley 1985.

[11] Zu dieser zunehmenden Entsubstantialisierung des Religionsbegriffs in Nordamerika vgl. O. KALLSCHEUER, Individuum, Gemeinschaft und die Seele Amerikas, in: Transit 5 (Winter 1992/93) p. 31-50, speziell p. 40ff. - Ausführlich dazu auch: C. ALBANESE, America: Religion and Religions, New York 1991.

[12] Diese knappe Charakterisierung übernehme ich von J. MOLTMANN; vgl. dessen Aufsatz: Protestantismus als "Religion der Freiheit". In: Ders. (Hg.), Religion der Freiheit, München 1990, p. 11-28.

nordamerikanisch geprägten Demokratietraditionen und das ihnen korrespondierende Religionsverständnis fremdgeblieben sind.
In Agnes Hellers "*Politik nach dem Tod Gottes*" behält die Politik auf dem Boden der Moderne gleichwohl einen formalen *geschichtstheologischen* Rahmen. Unter Hinweis auf einen "schwachen Messianismus" bei Jacques Derrida formuliert sie: "Der leere Stuhl wartet auf den Messias. Wenn jemand diesen Stuhl besetzt, kann man sicher sein: es handelt sich dabei um den pervertierten oder verlogenen Messias. Wenn jemand den Stuhl wegnimmt, dann ist die Vorführung zu Ende und der Geist wird die Gemeinde verlassen. Die Politik kann diesen unbesetzten Stuhl nicht gebrauchen; aber solange man den Stuhl beläßt wo er ist, genau dort im Zentrum des Raumes, wo er in seiner warnenden, vielleicht sogar pathetischen Leere fixiert bleibt, müssen die politischen Handlungsträger sein Dasein immer noch in Rechnung stellen. Zumindest steht es ihnen frei, sein Dasein in Rechnung zu stellen. Alles übrige ist Pragmatismus."[13] Für mich finden sich darin Anklänge an neuere politische Philosophien in Frankreich, wie z.B. bei Claude Lefort, bei Marcel Gauchet u.a. mit der bezeichnenden Rede von einer "leeren Stelle der Macht", von einer "leeren Stelle des Sakralen", die - nach Lefort - die Bedingung dafür ist, daß die moderne Gesellschaft von sich selbst das Bild einer autonomen Gesellschaft entwickeln kann.[14]
In der deutschen Szene bleibt die liberale politische Philosophie beunruhigt vom sog. *Böckenförde-Paradox*[15]. Nach Ernst Wolfgang Böckenförde lebt der moderne liberale Rechtsstaat von Voraussetzungen, die er selbst weder produzieren noch garantieren kann und die er deshalb ohne Restitutionsmöglichkeiten verbraucht. Erneut verweist dieses metapolitische Paradoxon auf die Abstraktheit der liberalen Trennung von Religion und Politik auf dem Boden der Moderne. Viele vermuten darin freilich eine theoretische Nähe zur verhängnisvollen Politischen Theologie des Carl Schmitt, eine Nähe, aus der dieses Paradox vermutlich auch kommt. Indes, läßt sich die in diesem Paradox formulierte Kritik an der abstrakten Trennung von Religion und Politik auf dem Boden der Moderne nicht auch anders deuten und begründen, im Stile eben einer *"Neuen Politischen Theologie"*, für die ich meinerseits eintrete? Sie geht davon aus, daß eine kritische Infragestellung der liberalen Trennung von Religion und Politik keinesfalls - wie bei Carl Schmitt und seinen Gewährsmännern, wie bei Donoso Cortés, wie bei den französischen Traditionalisten - zu Aufklärungsfeindlichkeit und Demokratiefeindlichkeit führen muß. Sie geht davon aus, daß eine *kritische Annäherung* von Religion und Politik auf dem Boden der Moderne keineswegs notwendig zu einer dezisionistischen Staatstheorie führen muß und zu einer

---

13 A. HELLER, Politik nach dem Tod Gottes. In: Instanzen / Perspektiven / Imaginationen, hg. v. J. HUBER / A.M. MÜLLER, Zürich 1995, p. 75-94, hier: p. 94. Zum metaphysischen Hintergrund der politischen Begriffe der Neuzeit vgl. a.a.O., p. 82.

14 Zu diesen Positionen der neuen Politischen Philosophie in Frankreich vgl. W. van REIJEN, Das politische Denken. In: Transit 5 (Winter 1992/93) p. 109-122.

15 Vgl. zum Beispiel R. DAHRENDORF (siehe Anm. 3).

Absage an jede vernunftrechtliche Begründung politischen Denkens und Handelns.
Zu einer äußerst knappen Begründung dieser Perspektive der neuen Politischen Theologie verweise ich auf die berühmte Aufklärungsdefinition Kants, wonach aufgeklärt ist, wer "von seiner Vernunft in allen Stücken einen öffentlichen Gebrauch macht". Gewiß, diese *klassische Aufklärungsdefinition* ist heute äußerst erklärungsbedürftig - im Blick auf "Öffentlichkeit" ebenso wie auf "Vernunft".[16] Wer kann heute noch von "der" Vernunft sprechen, von der einen und universalen Vernunft? *Vernunftkonnotationen* sind unentbehrlich geworden. Jürgen Habermas leistet sie zum Beispiel in einer politiktheoretisch höchst einflußreichen Weise mit seinem Begriff der *kommunikativen Vernunft*. Demokratietheoretisch führt sie meines Erachtens freilich zum sog. Diskurskonzept und damit zum "blinden Fleck des Prozeduralismus". Bei aller Bewunderung für die kommunikative Handlungstheorie möchte der politische Theologe in mir diesen "blinden Fleck" weghaben, und ich empfehle deshalb immer wieder und erneut die Ausweitung der Konnotation des Vernunftbegriffes auf erinnerungsbegabte, auf *anamnetische Vernunft* - in einer Art gegenseitiger, nicht umkehrbarer Priorität zwischen anamnetischer und kommunikativer Vernunft.[17]
Die Aufklärung hat in der von ihr entwickelten Vernunftgestalt ein tiefsitzendes Vorurteil nie überwunden: das Vorurteil gegenüber der *Erinnerung*. Sie förderte Diskurs und Konsens und unterschätzte - in ihrer abstrakt-totalen Kritik an Traditionen - die intelligible und kritische Macht der Erinnerung. Erst im Lichte anamnetischer Vernunft läßt sich meines Erachtens den inzwischen meist schon wieder vergessenen oder verdrängten Einsichten der *"Dialektik der Aufklärung"* Rechnung tragen; erst in ihrem Licht kann die Aufklärung sich über das von ihr selbst angerichtete Unheil aufklären und erst in ihrem Licht kann sie sich über die moralische und politische Erschöpfung der Aufklärung bzw. der europäischen Moderne verständigen. Ihren aufklärungs- und modernitätsverträglichen Charakter und ihren legitimen Universalismus gewinnt die anamnetische Vernunft dadurch, daß sie sich von einer bestimmten Erinnerung leiten läßt, von der *memoria passionis*, also von der Leidenserinnerung, näherhin von der Erinnerung fremden Leids. Anamnetische Vernunft ist deshalb nicht primär von einem Verständigungsapriori, sondern von einem *Leidensapriori* geleitet.

---

[16] Vgl. zum Beispiel J.B. METZ, Wider die zweite Unmündigkeit. Zum Verhältnis von Aufklärung und Christentum, in: RÜSEN / LÄMMERT / GLOTZ (Hg.), Die Zukunft der Aufklärung, Frankfurt/Main 1988, p. 81-87.

[17] Vgl. dazu bereits meinen Beitrag: "Anamnetische Vernunft", in: HONNETH / McCARTHY / OFFE / WELLMER (Hg.), Zwischenbetrachtungen im Prozeß der Aufklärung (= FS Habermas), Frankfurt/Main 1989, p. 733-738. Warum kommt bei J. Habermas die Katastrophe von Auschwitz nur in seinen "Kleinen politischen Schriften" (vgl. V-VIII, Frankfurt 1985-1995) vor - und dort bekanntlich in ebenso dezidierter wie einflußreicher Weise -, nicht aber in seinen großen theoretischen Schriften? Kann man "nach Auschwitz" tatsächlich noch folgenlos so unterscheiden und gegenseitig voneinander absehen? Oder ist das eben ein Beleg dafür, daß die kommunikative Vernunft die anamnetische gerade nicht in sich aufgenommen hat (obwohl Habermas das mir gegenüber behauptet: vgl. J. HABERMAS, Israel und Athen oder: Wem gehört die anamnetische Vernunft?, in: Diagnosen zur Zeit, Düsseldorf 1994, 51-64).

Dieses Leidensapriori orientiert den politischen Diskurs in Zeiten der Ungewißheit. Es wird zum Kriterium freiheitlicher Politik, wo und wenn der rein prozedurale Gesichtspunkt zum Zustandekommen einer politischen Entscheidung nicht zureicht - speziell in Legitimationskrisen politischer Herrschaft. Wie anders kann sich freiheitliche Demokratie gegen einen prozedural korrekt zur Macht gekommenen, politischen Fundamentalismus schützen?
Offen zutage liegt die politische Macht der Leidenserinnerung in den gegenwärtigen politischen Konfliktfeldern. Im ehemaligen *Jugoslawien* führt die rein selbstbezügliche Leidenserinnerung der einzelnen Ethnien von einer Gewaltorgie zur anderen. Die *Israel-Palästina-Verständigung* hingegen begann mit der gegenseitigen Versicherung von Rabin und Arafat, daß man nicht nur der eigenen Leiden, sondern auch der Leiden der bisherigen Feinde gedenken wolle. So fragil dieser Ansatz sich realpolitisch auch ausmachen mag: Wer kennt einen besseren, einen verheißungsvolleren?

III. Zwei Stellproben für das Verhältnis von Religion und Politik auf dem Boden der Moderne

Religion und Politik auf dem Boden der Moderne: Der Versuch einer Neubestimmung erzeugt eine Fülle von Fragen und Problemen. Zwei, keineswegs beliebige, seien hier wenigstens angedeutet: das Problem des *Universalismus* und die Frage nach *Tradition und Institution* auf dem Boden der Moderne.
Zu überprüfen ist vor allem das Verständnis des *Monotheismus*, der im Blick auf unsere Frage schärfster Kritik ausgesetzt ist, weil er in exemplarischer Weise als modernitätsunverträglich gilt. Indes, der in der biblischen Gottespassion begründete Monotheismus ist keineswegs identisch mit jenem "politischen Monotheismus", wie ihn zum Beispiel Erik Peterson im Rückgriff auf die griechisch-hellenistische Spiegelung des Einen Gottes in der Einen Herrschaft ("mon-arché") begründet sah.[18] Um einem solchen machtpolitischen Monotheismus zu entgehen, bedarf es meines Erachtens gar nicht der (von Peterson vorgeschlagenen) christlichen Auflösung des monotheistischen Prinzips in die Trinitätstheologie hinein. Denn der authentische biblische Monotheismus ist eigentlich ein pathischer Monotheismus, ein Monotheismus mit einer leidempfindlichen Flanke, ein Monotheismus, der durch die ebenso unbeantwortbare wie unvergeßliche *Theodizeefrage* konstitutionell "gebrochen" ist, ein Monotheismus, für den die Geschichte nicht einfach Siegergeschichte ist, sondern vor allem Leidensgeschichte, ein Monotheismus, der sich geschichtlich in der biblischen memoria passionis konzentriert und der sich nur über das Eingedenken fremden Leids, des Leids der Anderen - bis hin zum Leid der Feinde - universalisieren kann.[19] Die Frage, die in unserem Zusammenhang zur

[18] Vgl. E. PETERSON, Der Monotheismus als politisches Problem. In: ders., Theologische Traktate, München 1951, p. 45-147.
[19] Vgl. zu diesem "pathischen Monotheismus" die Überlegungen von T.R. PETERS, Conversio ad passionem. In: ENGEL / EGGENSPERGER (Hg.), Wahrheit. Recherchen zwischen Hoch-

Verhandlung steht, ist also die, ob sich dieser Monotheismus mit Modernitätsbedingungen des politischen Lebens verbinden läßt oder nicht. Das Ringen um diesen Monotheismus im Hintergrund der europäischen Moderne hat vermutlich ausschlaggebende Bedeutung bei den bevorstehenden Zivilisationskonflikten zwischen der politischen Kultur des Westens und der des Islam - immer unter der Voraussetzung, daß man sich dieses Konfliktschema nicht zu einseitig zugunsten des Westens vorstellt.

Natürlich kennen auch die *liberalen Traditionen*, die von einer strikten Trennung von Religion und Politik auf dem Boden der Moderne ausgehen, einen politischen Universalismus, den Universalismus der Politik der *Menschenrechte*. Freilich handelt es sich dabei um einen prozeduralen Universalismus, um einen Universalismus der Spielregeln, die ihrerseits eine Verständigung unter den Menschen und in der Menschheit garantieren sollen. Gibt es denn, so frage ich, keine normative Vorgabe für diese Verständigung, ist sie, um es sehr deutlich auszudrücken, von keinerlei Autorität geleitet? Doch, es gibt eine Autorität, die durch keine auf dem Boden der europäischen Moderne entwickelte Autoritätskritik überholt ist: die *Autorität der Leidenden*. Mit ihr muß meines Erachtens auch jede universalistisch angelegte liberale Politik rechnen. Fremdes Leid zu respektieren ist Bedingung aller politischen Kultur. Und fremdes Leid zur Sprache zu bringen ist die Voraussetzung aller universalistischen Ansprüche, wie sie sich in der Menschenrechtspolitik formulieren.[20] Nur so kann es Formen des politischen Handelns, neue Formen der Solidarität geben, die universell ausgerichtet sind, ohne totalitär zu werden. Denn das Eingedenken fremden Leids ist natürlich kein passives Wahrnehmen; in seinem Horizont ist der Widerstand gegen das Leid unbedingt geboten, ein Widerstand freilich, der nicht vom Mythos völliger Leidfreiheit geleitet ist, sondern der nüchtern damit rechnet, daß es immer wieder leidschaffende Situationen unter den Menschen gibt.[21]

scholastik und Postmoderne, Mainz 1995. Von meinen eigenen Arbeiten vgl. zu diesem Verständnis des Monotheismus z.B.: Theologie versus Polymythie oder Kleine Apologie des biblischen Monotheismus. In: O. MARQUARD (Hg.), Einheit und Vielheit (XIV. Deutscher Kongreß für Philosophie), Hamburg 1990, 170-186; Die Rede von Gott angesichts der Leidensgeschichte der Welt. In: Stimmen der Zeit, 210 (1992) p. 311-320; Gotteskrise. Versuch zur 'geistigen Situation der Zeit'. In: Diagnosen zur Zeit, Düsseldorf 1994, p. 76-92. Zur genaueren theologischen Bestimmung des Verhältnisses der christlichen memoria passionis zur memoria resurrectionis vgl. vor allem den Beitrag aus "Stimmen der Zeit".

[20] Der hier angesprochene Universalismus (des Leidens) ist ein "negativer Universalismus"; als solcher kann er ideologie- und mythenfrei auf dem Boden der Moderne formuliert werden. Was hier als Problem aussteht, ist die Qualifizierung dieses negativen Universalismus (des Leidens) durch den (positiven) Begriff der Gerechtigkeit bzw. durch die Rede vom ungerechten Leiden. In die Diskussion um die Gerechtigkeitsfrage will ich mich erst wieder einschalten, wenn ich den rein prozeduralen Umgang mit dieser Frage zu überwinden gelernt habe.

[21] Wer davon ausgeht, daß Leidenssituationen nie gänzlich abschaffbar sind, behauptet damit keineswegs, daß sie nicht verändert werden können und verändert werden müssen, denn: Nicht alles, was unabschaffbar ist, ist auch unveränderbar.

"Es gibt überhaupt kein Leid in der Welt, das uns nichts angeht"[22]: Ist dies ein religiöser oder ein politischer Satz? Ist er Ausdruck einer typisch religiösen Allmachtsphantasie oder hat er etwas mit den Grundlagen moderner *rechtsstaatlicher Demokratien* zu tun? Er ist eigentlich nichts anderes als die moralische Wendung des Satzes von der *Gleichheit* aller Menschen, eines Satzes also, auf den nicht nur der geschilderte Monotheismus mit seinem universellen Leidensgedächtnis verpflichtet, sondern auf dem auch die Grundgesetze moderner Rechtsstaaten basieren. Auch liberale Demokratien sind nicht ohne diesen universalistischen Ansatz. Wer freilich schützt diese Fundierungsprämisse moderner Demokratien in Zeiten, in denen die in diesem Satz zum Ausdruck kommende Grundspannung zwischen *Freiheit und Gleichheit* immer mehr umgepolt wird in die vordergründige Spannung zwischen *Freiheit und Sicherheit*?[23]

Die Neubestimmung des Verhältnisses von Religion und Politik auf dem Boden der Moderne schließt eine vernunftrechtliche Begründung der Politik der Menschenrechte keineswegs aus. Freilich kann dabei die formale Rationalität auf die Stützung durch anamnetische Rationalität nicht verzichten. *Universalität* gewinnt diese anamnetische Vernunft in der Gestalt des Eingedenkens fremden Leids als der Grundlage aller universellen politischen Kultur, auch als der kulturellen Reserven freiheitlicher Demokratie. Obwohl sie, diese anamnetische Vernunft, von den großen monotheistischen Traditionen mitgeprägt ist, obwohl sie also in diesem Sinne eine *vormoderne* Herkunft hat, ist sie durchaus pluralismusfähig und empfiehlt sich unter dem Apriori des Respekts vor fremdem Leid der politischen Menschenrechtsdiskussion der Moderne.

Ich betone das so ausdrücklich und so ausführlich, weil, wenn ich recht sehe, in der gegenwärtigen (nicht nur deutschen) Szene wieder die andere Version *Politischer Theologie*, die des Carl Schmitt, an Gewicht gewinnt. Bei Schmitt heißt es lapidar: "Wer Menschheit sagt, will betrügen"[24]. Während die Neue Politische Theologie vom Universalismus des Leidens ausgeht, ohne sich dabei von einem Mythos der Leidfreiheit leiten zu lassen, setzt die Politische Theologie Schmitts auf den Universalismus der *Sünde*, speziell der Erbsünde. In ihm wurzelt nicht nur Schmitts Skepsis gegenüber der Fähigkeit des Menschen zur demokratischen Selbstregierung, auf ihn geht auch sein politisches Grundprinzip der *Freund-Feind-Konstellation* zurück und auch seine Vorstellung von einer Gesellschaft, die allemal latent in *Bürgerkriege* verstrickt ist und deshalb, zur Niederhaltung dieser konstitutionellen Gefahr, des starken, dezisionistischen Staates bedarf.

In erstaunlicher Nähe zu Carl Schmitt befindet sich heute ein Teil der ehemals linken Szene in Deutschland, Leute wie Hans Magnus Enzensberger, Botho Strauß und Karl Heinz Bohrer. Für sie ist der Universalismus jeder Menschen-

---

[22] Diese Formulierung verdanke ich P. ROTTLÄNDER.

[23] Die gegenwärtigen Diskussionen zum Liberalismusthema lassen m.E. erkennen, wie berechtigt der Verdacht ist, daß der klassische Liberalismus nur eine geringe Sozialempfindlichkeit - gerade im Blick auf die globalen Probleme und Konflikte (Nord-Süd!) - entwickelt hat.

[24] C. SCHMITT, Der Begriff des Politischen, Berlin 1963, p. 32. (Text von 1932 mit einem Vorwort und drei Corollarien).

rechtsethik die eigentliche "moralische Falle"[25]. Das *Bürgerkriegsproblem* gilt in jeder Hinsicht als vordringlich. "In Wirklichkeit hat der Bürgerkrieg längst in den Metropolen Einzug gehalten. Seine Metastasen gehören zum Alltag der großen Städte. Der Bürgerkrieg kommt nicht von außen, er ist kein eingeschlepptes Virus, sondern ein endogener Prozeß."[26] So kommt es, daß heute die ehemals linke Phalanx den starken, dezisionistischen Staat fordert. *Dezisionismus* scheint übrigens allseits angesagt: wenn nicht von seiten des Staates, dann im Stile jenes existentialpolitischen Dezisionismus, den unsere Theoretiker der "riskanten Freiheiten" propagieren. Für mich spiegelt sich in dieser neuen Konjunktur des dezisionistischen Gedankens jene Ungewißheit und Unsicherheit, die in die freiheitliche, rechtsstaatliche Demokratie im Stadium ihrer Reflexivität eingedrungen ist. Ist deshalb Demokratie nur noch als institutionalisierter Dauerdiskurs möglich? Oder gibt es noch andere Weisen des demokratischen Umgangs in dieser Situation des Umbruchs der Begründungslogik politischen Handelns?

Modernitätstheoretisch gesprochen gilt die sog. *Prämoderne* als die Zeit der Gründung bzw. Stiftung monotheistischer Religion, die *Moderne* hingegen als die Zeit ihrer Kritik bzw. ihrer kritischen Begrenzung. Geht diese Kritik so weit, daß sie alle traditionsgeleiteten Begründungsformen unterbindet? Oder anders gefragt: Ist eine Gesellschaft, in der das Projekt der Moderne gelungen und in diesem Sinne vollendet ist, zwangsläufig und irreversibel eine posttraditionale Gesellschaft, wie das aus der gegenwärtigen Frankfurter Schule suggeriert wird? Bauen sich die politische Aufklärung und die moderne Politik ausschließlich aus strikt diskursgefilterten Erinnerungen auf? Gibt es keinerlei diskursleitende *Traditionen* mehr, die diese Diskurse vor ihren eigenen Formalismen und ihrer eigenen inhaltlichen Verödung schützen könnten? Gewiß, man kann tote oder versiegende Traditionen nicht dadurch verlebendigen, daß man zeigt, wie nötig sie eigentlich wären oder was sie alles leisten könnten. Doch das ist auch nicht meine Frage. Die lautet vielmehr:

Gibt es auf dem Boden der Moderne noch *Institutionen*, die sich als akkumulierte Erinnerungen begreifen, als Bereitstellung eines Erinnerungsvorrats zur Strukturierung diffuser, diskursiv unbeherrschbarer Lebenswelten? Gibt es auf dem Boden der Moderne noch Institutionen, die den reflexiv gewordenen Umgang mit Traditionen auffangen können und die damit auch die zumeist nur noch aporetisch formulierbare Unverzichtbarkeit von Traditionen[27] politisch zur Geltung bringen können? Gibt es solche Institutionen, und falls es sie gibt: gehören dann nicht zu diesem Ensemble von Institutionen auch und nicht zuletzt

[25] H.M. ENZENSBERGER, Aussichten auf den Bürgerkrieg, Frankfurt/Main 1994, p. 74.

[26] ENZENSBERGER, a.a.O. 19.

[27] Zu den aporetischen Formulierungen der Unverzichtbarkeit von Tradition vgl. so unterschiedliche Positionen wie die von Th.W. ADORNO, L. KOLAKOWSKI, H. LÜBBE, W. OELMÜLLER. - Die Rede von der "Aneignung der semantischen Potentiale der Vergangenheit" (speziell der biblisch-monotheistischen Traditionen) wie sie bei J. HABERMAS begegnet (z.B. Nachmetaphysisches Denken, Frankfurt/Main 1988, p. 23) bedürfte einer ausführlichen Erörterung - nicht zuletzt auch in Verbindung mit Habermasens Rede von einer dezidiert post-traditionalen Gesellschaft.

religiöse? Religiöse Institutionen also, die einen freiheitsrettenden Kern gerade dadurch bergen, daß sie, um hier das monotheistische Axiom erneut zu wiederholen, die von ihnen repräsentierte *memoria passionis* als Erinnerung fremden Leids repräsentieren? Gewiß, eine solche Definition der klassischen religiösen Institution kann sich dem Verdacht der Idealisierung kaum entziehen. Sie ist auch nur dadurch zu beglaubigen, daß sich diese Institution ihrerseits immer neu jenem Gedächtnis unterwirft, das sich in ihr akkumuliert hat, kurzum daß sie zu einer *ecclesia semper reformanda* wird.

Lassen Sie mich sagen, was mich zu dieser hochfahrenden Vermutung über religiöse Institutionen auf dem Boden der Moderne verlockt. Es ist die schiere Ausweglosigkeit, in die die Prozesse der extremen *Individualisierungen* in unserer Gesellschaft treiben. Wer kommt dem neuen Bedürfnis nach Reduktion unserer komplexen Welt entgegen, nach Entlastung in unübersichtlichen Verhältnissen, nach Strukturierung unserer diffusen Lebenswelten, nach Verlangsamung der Beschleunigungsverhältnisse usw.? Wer kommt ihnen mit einem strukturierenden Gedächtnis entgegen, das das Individuum vor implodierenden Individualisierungsprozessen ebenso schützt wie vor den Zugriffen des Leviathan, des starken Staats eines Carl Schmitt? Was besagt in unseren Verhältnissen noch der legitime liberale Grundsatz, den R. Dahrendorf so formuliert hat: "Freiheit ist nicht Freiheit von Institutionen, sondern Freiheit durch Institutionen".[28] Hat denn der zunehmende hochgradige Individualisierungsprozeß andere als strikt dysfunktionale Wirkungen?

Wie geht man mit einer Empfehlung wie der des Risikotheoretikers Beck um: "Individualisierung meint Enttraditionalisierung, aber auch das Gegenteil: die Erfindung von Traditionen".[29] Ist in diesem Vorschlag, Traditionen zu "erfinden", nicht der sozialtechnische *Großmythos* von der Reproduzierbarkeit von allem und jedem, also auch von lebenstragenden Traditionen längst eingedrungen? Was hat das alles noch mit freiheitsrettenden Traditionen und Institutionen zu tun? Wie entreißt man die Individualisierungen ihrem politischen *Narzißmus*? Wie versteht man ein Individuum, das sich weigert, die Traditionen zu beglaubigen, die ihrerseits das Individuum beglaubigen? Hängt Demokratie- und Pluralismusfähigkeit letztlich nicht doch an der Voraussetzung eines *"Eingedenkens"*, das die Selbstbezüglichkeit der Individuen durch den Respekt vor fremdem Leid überwindet und so zur Grundlage aller politischen Kultur und der kulturellen Reserven freiheitlicher Demokratie werden kann?

Demgegenüber meint Dubiel dezidiert: "Am Ende des 20. Jhs. existiert keine traditionsdefinierte Sittlichkeit mehr, in deren Namen man eine in die Krise geratene Moderne wieder in ihre Schranken verweisen könnte. Die avancierten Gesellschaften haben längst damit begonnen, die kulturellen Bedingungen ihrer Existenz selbst zu produzieren."[30] Ist es nur verbitterter *Kulturpessimismus*, wenn ich den Eindruck habe, daß die von avancierten Gesellschaften produzierten kulturellen Bedingungen über eine Logik des Marktes bzw. des Tausches

---

[28] Vgl. Anm. 3.
[29] In: Riskante Freiheiten (vgl. Anm. 6), p. 431.
[30] H. DUBIEL (vgl. Anm. 2), p. 149.

kaum hinauskommen, daß also die vermeintlich voraussetzungslose, rein formale Rationalität letztlich doch von einem (verdeckten) *Markt-Apriori* geleitet ist, das darauf baut, daß der Markt die verständigungsbereiten Einstellungen prämiert? Da scheint mir das traditionsverwurzelte *Leidensapriori* doch verheißungsvoller - auch und gerade für eine Politik "an den Grenzen der Moderne".

Zur Diskussion

Mit großem Ernst wandte sich das Auditorium der Diskussion des Beitrages von Johann Baptist Metz über das Verhältnis von Liberalismus und Religion zu. Als erster Redner betonte Erich Streissler noch einmal, daß eine liberale Ordnung eines *Grundkonsenses* der Gesellschaft bedürfe. Aus wirtschaftsliberaler Sicht sei ein christliches Verständnis mit den wirtschaftsliberalen Traditionen durchaus vereinbar. "Die entscheidende wirtschaftsliberale Betonung ist die der Schwäche des Staates", dies sei stärker in der katholischen Tradition als im Luthertum und erst recht im islamischen Fundamentalismus verankert. Freilich gäbe es auch innerkatholische Schwankungen, so neige z.B. der jetzige Papst zumindest in "Laborem exercens" zu einer etatistischen Position.
Kurt Salamun vermeinte im Referat von Metz *zwei Religionsbegriffe* zu erkennen, zunächst den explizit gemachten Begriff einer Religion im *christlichen* Sinn mit monotheistischem Kern als Ausgangspunkt. Dann sei der Referent jedoch übergewechselt in einen breiteren Begriff von "*civic religion*" (Helmut Dubiel, Hannah Arendt, Agnes Heller), wo der christlich-monotheistische Kern einer bloßen Heilserwartung weiche, die z.B. in den Vernunftbegriff projiziert würde. Egon Matzner stimmte der Position des Referenten zu, ohne sich auf eine Kirche verlassen zu wollen. Peter Koslowski warnte vor einer totalen Historisierung ("auf dem Boden der Moderne"). Die Religion müsse sich auch der Zeit entziehen können, um nicht in ihrem Strom verloren zu sein.
Mehrere Diskutanten vermeinten Einseitigkeiten in der Metzschen Position zu erkennen: Salamun fragte nach der Leistung des Begriffs der "anamnetischen Vernunft" bei der Feststellung der *Ursachen* von Leid. Schneider befürchtete in der "memoria passionis" eine nur *selektive* Vergegenwärtigung des Christentums und fragte nach der ihm bei Metz zu blassen "memoria incarnationis" und der "memoria resurrectionis". Götz Pochat stellte eine *Umpolung* des grundsätzlich optimistischen liberalen Menschenbildes (Maximierung des Glücks) in eine pessimistische Richtung fest, und Gesine Schwan skizzierte plastisch die *Gefahr* einer "freudlosen oder pessimistischen" Solidarität. Auch Wolfgang Mantl wandte ein, daß Metz zu *minimalistisch*, zu wenig aktiv interpretiert werden könne, gerade wenn man politisch denke: "Komme ich mit 'memoria passionis' auch dazu, das erinnerte Leid zu beseitigen? Kann ich dort, wo kein großes Leid herrscht, Aktivitäten begründen, etwa die Liebe der Eltern zu den Kindern oder der Kinder zu den Eltern?"
Diesen Einwänden trat Gerhard Ruis mit der optimistischen Annahme entgegen, daß Erinnerung bereits *Aufruf* zur Veränderung sei! Und Paul M. Zulehner unterstrich die Tatsache, daß das Leid des anderen auch bereits das eigene Leid sei.
In seiner engagierten Replik wies der Referent darauf hin, daß die selbstbezüglichen Leidenserinnerungen in ihrer aggressiven Potenzierung in *Jugoslawien* einerseits und die Friedensversuche durch gemeinsame Leidenserinnerung in *Israel* andererseits für ihn dieses Konzept konkret gemacht hätten. Metz vertrat

auch die Ansicht, daß sich bei Arendt und Heller durchaus monotheistische Züge einer jüdischen Aufklärung fänden. Schwierigkeiten bereite ihm der Religionsbegriff in den USA, wo man freilich keineswegs ohne *Symbolisierungen* auskäme.

Mit großem Nachdruck unterstrich Metz noch einmal seinen "*Leidensuniversalismus*" - polemisch gegen den "*Sündenuniversalismus*" eines Carl Schmitt gewandt. Große Umsicht und Nachdenklichkeit bewies Metz mit seiner Behauptung: "Alle Positivierungen universalistischer, politischer Begriffe sind Ideologie. Das heißt, wenn ich versuche, einen politischen Begriff zu universalisieren, menschheitsuniversalistisch zu formulieren, muß ich ihn negativ formulieren. Das ist uns heute abverlangt."

IX.

Liberalismus, Demokratie und Nationalismus

LIBERALISMUS, DEMOKRATIE UND NATIONALISMUS

Emil Brix

Liberales Denken hat in den letzten 200 Jahren in Europa den Weg zu *individueller Freiheit* und zur *Marktwirtschaft* geebnet. Aber es hat dabei traditionelle soziale Strukturen aufgelöst, neue Sehnsüchte nach Bindungen ausgelöst und die Frage aktualisiert, wie sich der Einzelne in Gemeinschaften einfügen kann[1]. Wie sehen "liberale" Gesellschaften aus, und sind sie notwendigerweise "demokratisch" organisiert? Einschränkend ist in historischer Perspektive in erster Linie auf die Verbindung liberalen Denkens und liberaler Praxis mit der Entstehung des modernen *Nationalismus* hinzuweisen. Auch die europäische Gegenwart gibt dafür ein Beispiel. Der spektakuläre Sieg des Liberalismus in den *ostmitteleuropäischen* Staaten 1989/90 hat einerseits diesen Ländern Freiheit und Marktwirtschaft gebracht, aber andererseits auch Freiräume für Nationalismus und Populismus geschaffen[2]. Um die möglichen Folgen für die Zukunft Europas beurteilen zu können, lohnt sich ein Blick in die Geschichte des Liberalismus. Es kann kein Zweifel bestehen, daß das der Aufklärung entstammende liberale Denken die wesentliche *Grundlage* des modernen Nationalismus darstellt.[3]

Im allgemeinen gilt in der wissenschaftlichen Beurteilung liberales Denken - soweit es sich überhaupt mit dem Thema der "Gemeinschaft" befaßt - als stärker mit demokratischen Vorstellungen verbunden, denn mit nationalen Prinzipien. Das *offene Gesellschaftsmodell* einer liberalen Demokratie wird zumindest seit Karl Poppers Differenzierung ("*Die offene Gesellschaft und ihre Feinde*") geschlossenen Gesellschaftsmodellen gegenübergestellt, unter welchen eine Form das nationalistische Modell darstellt[4]. Der grundlegende gesellschaftliche Wandel in Ostmitteleuropa 1989/90 hat scheinbar diese Unterscheidung bestätigt und

---

[1] Ralf DAHRENDORF, Freiheit und soziale Bindungen. Anmerkungen zur Struktur einer Argumentation. In: Krzysztof MICHALSKI (Hg.), Die liberale Gesellschaft. Stuttgart 1993, p. 11-20.

[2] Die seit dem demokratischen Neubeginn in Ostmitteleuropa bestehende und von dem in Wien beheimateten Institut für die Wissenschaften vom Menschen herausgegebene Revue "Transit" beschäftigt sich schwerpunktmäßig mit dem Spannungsfeld zwischen "liberal" und "national". Als Beispiel siehe: Svetozar PEJOVICH, Der Markt der Institutionen. Osteuropa zwischen Nationalismus und Liberalismus. In: Transit, Heft 9, Sommer 1995, p. 42-52. Einen ausgezeichneten Überblick über die Probleme liberalen Denkens in der Gegenwart der postkommunistischen Staaten Ostmitteleuropas gibt: Jerzy SZACKI, Liberalism after Communism, Budapest-London-New York 1995.

[3] Für einen Überblick über die verschiedenen Konzepte in der Nationalismusforschung siehe: John HUTCHINSON / Anthony D. SMITH (Eds.), Nationalism, Oxford-New York 1994. Über die möglichen Verbindungen zwischen Liberalismus und Nationalismus siehe: Yael TAMIR, Liberal Nationalism, Princeton/N.J. 1993.

[4] Karl POPPER, Die offene Gesellschaft und ihre Feinde, 7. A., I. Bd., München 1992, p. 21.

die innere Verknüpfung zwischen *Liberalismus und Demokratie* neuerlich und für manche endgültig (Francis Fukuyama) unter Beweis gestellt. Für Fukuyama besteht heute nur mehr ein politisches Modell mit universalem Anspruch: die liberale Demokratie, "die Lehre von der Freiheit des einzelnen und der Souveränität des Volkes"[5]. Es fehlt dabei jede Reflexion über den Begriff des "Volkes" und damit über den Rahmen einer liberalen Gemeinschaft. In revolutionären Momenten wird das Ideal für die Realität gehalten[6], und dichotomisches Denken gewinnt an Bedeutung. Der ehemalige polnische Dissident und Soziologe Adam Michnik entwickelt in seinen politischen Analysen aus einer liberalen Position heraus die Alternative zwischen Polen als offenem demokratischen (europäischen) Staat und einem polnischen Weg in Richtung eines geschlossenen nationalistischen Staates[7] . Ein solches dichotomisches Denken ist aber politisch unklug und ideengeschichtlich irreführend. Denn Michnik selbst deutet mit seiner Analyse bereits an, daß es eine normative und historische Verbindung zwischen liberalem und nationalem Denken geben kann. Ist daher die oft geübte Gleichsetzung von Liberalismus und Demokratie aufrechtzuerhalten?
Ein solcher Befund mag für den Liberalismusbegriff, der sich in Auseinandersetzung mit Demokratisierungsprozessen ausgebildet hat, und für die Gegenwart Westeuropas gelten, er relativiert sich aber beispielsweise bei einer Untersuchung Englands oder Österreichs liberaler Traditionen des beschränkten Zugangs zu Bürgerrechten[8] und bei einer Darstellung der *historischen* Voraussetzungen des europäischen Nationalismus. Die wirtschaftspolitischen Vorstellungen des "national interest", die liberalen Revolutionen und der Bildungsoptimismus des 19. Jahrhunderts können als die geistigen Grundlagen der europäischen Nationalbewegungen bezeichnet werden. In diesem Sinn stellt der berühmte Satz von Franz Grillparzer, daß der Weg der neueren Bildung "von der Humanität, über die Nationalität zur Bestialität" führt, eine Fundamentalkritik am Liberalismus dar[9]. Es ist die *Scheinrationalität* nationalen Denkens (Gleichheit innerhalb der Gruppe, Freiheit von Fremdbestimmung, universelle überzeitliche Gültigkeit), die eine geistige Verwandtschaft zwischen nationalen

---

[5] Francis FUKUYAMA, Das Ende der Geschichte. Wo stehen wir? München 1992, p. 79.
[6] Der polnische Literaturwissenschaftler Jan Kott schreibt über den Beginn der kommunistischen Herrschaft in Polen nach 1945 und seine Beteiligung daran: "It seemed that everything could be shaped at will as though it were clay to be moulded". Jan KOTT, Still Alive. An Autobiographical Essay, New Haven-London 1994, p. 182.
[7] Adam MICHNIK, Im Schatten des Sokrates. Nationale Identität und moderne Gesellschaft. In: Transit, Heft 4, Sommer 1992, Frankfurt/Main 1992, p. 105-119. Zu Polen siehe: Dieter BINGEN, Demokratisierung und Nationalismus in Polen. In: Margarete MOMMSEN (Hg.), Nationalismus in Osteuropa. Gefahrvolle Wege in die Demokratie, München 1992, p. 47-76.
[8] Siehe Allan BULLOCK / Maurice SHOCK, Englands liberale Traditionen. In: Lothar GALL (Hg.), Liberalismus, 2. erw. Auflage, Königstein/Taunus 1980, p. 254-282.
[9] Franz Grillparzer schrieb diesen Satz in Reaktion auf die revolutionären Ereignisse von 1848. Vgl. Adam WANDRUSZKA, Grillparzer und die Politik. In: Grillparzerfeier der Akademie 1972 (=Österreichische Akademie der Wissenschaften, Philosophisch-historische Klasse, Sitzungsberichte, 280 Band, 1. Abhandlung, Wien 1972), p. 17-34. Siehe allgemein: Hubert LENGAUER, Ästhetik und liberale Opposition. Zur Rollenproblematik des Schriftstellers in der österreichischen Literatur um 1848, Wien-Köln 1989.

und liberalen Ideen schafft. Die liberalen Doktrinen der "allgemeinen Freiheit" und der "Souveränität" schufen die geistigen Voraussetzungen für nationalpolitische Forderungen.
Auch die bereits im 18. Jahrhundert formulierten Begründungen des Nationalstaates stammen von *liberalen* Denkern. Im 19. Jahrhundert wurde angesichts der gesellschaftlichen Probleme, die sich aus dem Wachstum von Handel, Industrie und Bevölkerung ergaben, der *Nationalstaat* als immer wichtiger werdende Voraussetzung für liberale Politik gesehen. John Stuart Mill schrieb 1861: "It is in general a necessary condition of free institutions that the boundaries of governments should coincide in the main with those of nationalities"[10]. Zu den theoretischen Begründern einer Erneuerung liberaler Ideen mit Hilfe der Hinwendung zu den Fragen der Nationalität zählten vor allem Johann Gottfried Herder und Giuseppe Mazzini. Herder lobt die Vielfalt der Völker ("Pluralität der Nationen") als jene Eigenart, die Europa charakterisiert[11]. Er hat sich damit bereits vom Europabegriff der Aufklärung, der einen universalistischen idealen Humanismus propagiert, entfernt und liefert den aktuell anmutenden Befund, daß dort, wo die Pluralität endet und die Uniformität beginnt, auch *Europa* endet. Während bei Herder aber noch der Fortschritt zur allgemeinen Humanität als Ziel erhalten bleibt, scheint bei Mazzini bereits der nationalistische Impetus im Vordergrund zu stehen: nach innen muß die Nation integriert werden, nach außen muß Dominanz erreicht werden. Mazzini entwickelte als liberaler Denker, der die demokratische Legitimation von Herrschaft betonte, die italienische Nationalideologie. Er steht damit für einen typischen Weg des liberalen Potentials im 19. Jahrhundert. Am Ende seines Lebens gilt ihm Italien "als die älteste und fähigste Kolonialmacht der Welt"[12] .
Über den inneren Zusammenhang zwischen *Nationalstaat und Demokratie* schrieb Lord Acton in seinem Essay "*Nationality*": "...a nation inspired by the democratic idea cannot with consistency allow a part of itself to belong to a foreign State, or the whole to be divided into several native States"[13]. Acton stellte der nationalen Einheit als Ideal des Liberalismus die Idee der "*diversity*" im Sinne eines Pluralismus, der den totalitären Staat verhindern soll, entgegen. Es sei gegen die Natur der modernen Zivilisation, den Fortschrittsmotor der (nationalen) Vielfalt durch Staaten zu ersetzen, die sich nur auf eine "Nationalität" begründen. Acton formulierte auch die Idee der Nation als "Willensübereinkunft", die aus der staatlichen Einheit entstehen kann: "A State may in course of time produce a nationality; ..."[14]. Wenn er hier auch deutlich

---

[10] John Stuart MILL, Considerations on Representative Government. Zitiert nach: The Everyman Library, Neue Ausgabe London/Rutland 1993, p. 394.

[11] Bei Johann Gottfried Herder wird die Sprache zum entscheidenden Kriterium der europäischen Vielfalt. Siehe: John EDWARDS, Language, Society and Identity, Oxford 1985, p. 23-25.

[12] Dargestellt in: Karl Dietrich BRACHER, Zeit der Ideologien. Eine Geschichte politischen Denkens im 20. Jahrhundert, Stuttgart 1982, p. 151-153.

[13] John Emerich Edward Lord ACTON, The History of Freedom and other Essays, London 1907, p. 270-300.

[14] Ebd. p. 292.

dem westeuropäischen Nationsverständnis folgt, so ist das Interessante an seiner Position eher dort zu finden, wo er *nationale Vielfalt* innerhalb einer politischen Einheit als fundamental für die Demokratie sieht (vergleiche aktuelle Diskussionen über Demokratiedefizite in der Europäischen Union).

In der liberalen Tradition, die an Jean-Jacques Rousseau anschließt, werden hingegen *nationale Einheit* und *Demokratisierung* verknüpft (Gleichsetzung von politischer und kultureller Einheit). Für diese Tradition liegen in *Frankreich* und *England* die Wurzeln bereits im 16. Jahrhundert. Der Monarch wird zum Symbol der Nation und damit gegenüber den Nationsangehörigen verantwortlich. Die Nationsangehörigen beginnen sich weniger mit Fragen der lokalen Feudalbeziehungen als mit ihrer Stellung im Gefüge der ganzen Nation zu beschäftigen[15]. Demokratie und Nation (Staat) werden zu den zu schaffenden Rahmenbedingungen liberaler Entwicklungen. Die damit verbundene tendenzielle Gleichsetzung von Demokratisierung und Nationalisierung konnte aber nur in jenen Teilen Europas ohne innere Widersprüche vorangebracht werden, in denen seit dem Mittelalter die *politische und kulturelle Einheit* weitgehend deckungsgleich geblieben war. Auf Grund der Stabilität der Gesellschaften bestanden in Ländern wie Frankreich und England die Voraussetzungen für die Entstehung liberaler Politikvorstellungen (Betonung des Individuums) und liberaler Wirtschaftstheorien (Harmonie von Eigennutz und Gemeinwohl, Freihandel). Obwohl sie theoretisch mit einem universalen Geltungsanspruch vertreten wurden, wurde der Geltungsbereich jeweils willkürlich festgelegt und mit den geforderten Voraussetzungen "Bildung" und "Besitz" verknüpft[16]. Damit lieferten *liberale* Vorstellungen vor allem hinsichtlich der außereuropäischen Welt Rechtfertigungen für *illiberales* Verhalten (Kolonialismus, Imperialismus). Der Liberalismus ermöglichte daher nicht nur mit seinen theoretischen Grundlegungen die europäischen Nationalbewegungen des 19. Jahrhunderts, sondern seine Anwendung in der wirtschaftspolitischen Praxis läßt sich auch nicht von europäischen Herrschaftspraktiken im außereuropäischen Raum bis in unser Jahrhundert trennen.

Noch bedeutend komplizierter ist eine Darstellung der historischen Wechselwirkungen zwischen Liberalismus, Demokratie und Nationalismus in jenen europäischen Herrschaftsräumen, die zum Zeitpunkt des Durchbruchs liberaler Ideen *keine homogene kulturelle* Einheit bildeten. Deutlich wird dies an dem Beispiel der in der Geschichtsforschung bis heute wechselnden Kennzeichnung der bürgerlich-revolutionären Bewegungen von 1848 in *Mitteleuropa* als liberale oder nationale Revolutionen[17]. Der scheinbare Gegensatz löst sich erst dann auf, wenn Liberalismus und Nationalismus in erster Linie als miteinander in Verbin-

15 Zu den ideengeschichtlichen Entwicklungen siehe beispielhaft Krzysztof POMIAN, Europa und seine Nationen, Berlin 1990.

16 Idealtypisch dargestellt bei Adam SMITH, The Wealth of Nations (1776), London 1991.

17 Für die österreichische Diskussion siehe Ernst BRUCKMÜLLER, Nation Österreich. Kulturelles Bewußtsein und gesellschaftlich-politische Prozesse, 2.A., Wien-Köln-Graz 1996. Allgemein: Emil NIEDERHAUSER, 1848. Sturm im Habsburgerreich, Budapest 1990.

dung stehende Phänomene der sich entwickelnden und nicht so sehr als Alternativen in einer bereits entfalteten bürgerlichen Gesellschaft gesehen werden.
Die Geschichte der *Habsburgermonarchie* seit der Mitte des 19. Jahrhunderts beleuchtet die wesentlichen Widersprüche zwischen Demokratie und Nationalismus in einem Vielvölkerstaat, die auf die liberale Herkunft beider Prinzipien zurückzuführen sind. Das ausgeprägte rechtsstaatliche Gefüge der Habsburgermonarchie, das mit der liberalen Verfassung von 1867 zur grundlegenden politischen Modernisierungsstrategie Altösterreichs wurde, suchte mit liberalen Mitteln (*etatistischer Liberalismus*) die Gegensätze zwischen demokratischen und nationalen Forderungen in einer Zeit radikaler Modernisierungsschübe aufzuheben[18]. An dieser weder theoretisch noch praktisch gelösten Frage zerbrach schließlich nicht nur der habsburgische Vielvölkerstaat, sondern auch der *politische Liberalismus* verlor in Mitteleuropa Anhängerschaft und Überzeugungskraft.[19] Am Ende dieser Entwicklung waren selbst die liberalen Rettungsversuche, die den Vielvölkerstaat als freiwilligen Staatsverband, der äußere Beeinträchtigungsversuche der individuellen Freiheit abwehren kann und in dem sich nationale Freiheitsansprüche bestmöglich entfalten können, darstellten, aussichtslos (liberale Positionen der nichtdeutschen Nationalitäten der Habsburgermonarchie). Eine derartige Position wurde von dem ungarischen Finanzminister Benjámin Kállay vertreten, der 1867 John Stuart Mills "On Liberty" ins Ungarische übersetzte und dabei aber in seiner Einleitung zu dieser Übersetzung nicht demokratische Strukturen, sondern die nationale Einheit als kollektive Erfüllung des individuellen Freiheitsdranges interpretierte[20]. Die mögliche *demokratische* Legitimierung des Vielvölkerstaates findet sich in den letzten Jahrzehnten der Habsburgermonarchie hingegen in sozialdemokratischen Diskussionen über die österreichische Staatsidee. Der gemäßigte tschechische Sozialdemokrat Bohumír Šmeral sah trotz der dadurch verschärften Nationalitätenkonflikte als den einzigen überzeugenden Staatszweck des Vielvölkerstaates die Demokratisierung des Staates (1909):

> "Je mehr der Staat seine Sendung erfüllt, wozu er durch geschichtliche Notwendigkeiten gezwungen ist, je mehr in ihm die Prinzipien der Demokratie zur Geltung kommen und je mehr sich seine Völker dem Zustand der völligen Rechtlosigkeit entziehen, umso ungestümer wird das Ringen der Völker um vollständige Gleichberechtigung und umso heftiger der Widerstand derer, für die die Gleichberechtigung aller die Liquidierung ihrer bisherigen Vorrechte bedeutet. So sehen wir, daß jeder Fortschritt der Demokratie, der gleichzeitig ein Schritt vorwärts im Bestreben um nationale Gerechtigkeit und nationalen Frieden

18 Vgl. Albert FUCHS, Geistige Strömungen in Österreich. 1867-1918, Neudruck der Ausgabe 1949, Wien 1984.
19 SZACKI, Liberalism, p. 53-61, (Anm. 2).
20 Benjámin KÁLLAY (1839-1903) war von 1883 bis zu seinem Tod "Gemeinsamer Finanzminister" und galt als wichtiger Berater von Kaiser Franz Joseph. Siehe: Alexander NOVOTNY, Der Monarch und seine Berater. In: Die Habsburgermonarchie 1848-1918, Bd. II: Verwaltung und Rechtswesen, Wien 1975, p. 89-91.

> ist, in Österreich gleichzeitig für eine Übergangszeit die nationalen Leidenschaften verschärft, die nationale Erregung vergrößert."[21]

Die Widersprüche zwischen Demokratie und Nationalismus prägen auch das politische und wissenschaftliche Werk des ungarischen Liberalen Jószef Eötvös, der ihre Lösung in einem starken liberalen, aber in den nationalen Rechten seiner Bewohner abgestuften *Vielvölkerstaat* sah. Das klassische Beispiel stellt das ungarische Nationalitätengesetz von 1868 dar, das die ungarische Sprache als "Staatssprache" normierte und damit die Gleichberechtigung der "im Lande wohnenden Nationalitäten" nur als nachrangiges Ziel formulierte[22]. Das ungarische Beispiel beleuchtet die Konsequenzen des Versuches, die Rousseausche Gleichsetzung von politischer und kultureller Gemeinschaft dort durchzusetzen, wo nicht bereits im 18. Jahrhundert auf liberaler Basis, aber vor den Modernisierungsprozessen, ein Konsens über die Gleichsetzung von Staat und Nation erzielt werden konnte (England, Frankreich). Ungarn war es trotz einer bis zum Ende des Mittelalters mit England und Frankreich vergleichbaren Situation infolge der späteren habsburgischen und türkischen Dominanz nicht gelungen, bis in das 19. Jahrhundert einen vergleichbaren Prozeß der Nationsbildung (mit Assimilation der verschiedenen ethnischen Gruppen an die ungarische Bevölkerung) abzuschließen. Der politische Versuch, dieses Nationsmodell mit Hilfe einer umfassenden Magyarisierungspolitik nach dem österreichisch-ungarischen Ausgleich von 1867 durchzusetzen, führte in der Zeit der nationalen Emanzipation zu heftigen Nationalitätenkonflikten[23]. Während die anderen mitteleuropäischen Nationalitäten an der Umwandlung ihrer kulturellen Gemeinschaftsvorstellungen in politische Selbstbestimmung arbeiteten, versuchte *Ungarn* nach wie vor den umgekehrten Weg durchzusetzen: von einer politischen zu einer kulturellen Einheit.

Demokratie und Nationalismus sind jene beiden politischen Prinzipien, die *unmittelbar* auf liberalem Denken beruhen. Für ihre Ausformung im 18. und 19. Jahrhundert waren die Freiheitsvorstellungen und die Staatsideen, aber auch die wirtschaftlichen und juristischen Konzepte des klassischen Liberalismus grundlegend. Der Liberalismus hat ältere Demokratiebegriffe, die sich auf die Begriffe "Gleichheit" und "Volkssouveränität" stützten, um das Ideenspektrum des Konstitutionalismus (Rechtsstaatlichkeit, Repräsentativsystem, Grundrechte, Minderheitenschutz, Gewaltenteilung) ergänzt. Für den Nationalismus als Vor-

---

21 Aus dem Referat von Bohumír Šmeral auf dem IX. Parteitag der tschechoslawischen Sozialdemokratischen Arbeiterpartei im September 1909 in Prag. Zitiert in: Raimund LÖW, Der Zerfall der "Kleinen Internationale". Nationalitätenkonflikte in der Arbeiterbewegung des alten Österreich (1889-1914), Wien 1984, p. 238.

22 Zur Nationalitätenpolitik von Jószef von Eötvös siehe: Gerald STOURZH, Die Gleichberechtigung der Nationalitäten in der Verfassung und Verwaltung Österreichs 1848-1918, Wien 1985, p. 36-39 und 83f.

23 Siehe Péter HANÁK, Ungarn in der Donaumonarchie. Probleme der bürgerlichen Umgestaltung eines Vielvölkerstaates, Wien-München-Budapest 1984.

stellung eines kollektiven Gruppenbewußtseins, dem Vorrang vor anderen Formen von Gruppenbewußtsein und vor Nichtzugehörigen zu geben ist, war die Ausbildung einer bürgerlich-liberalen Gesellschaft als Gesellschaftsmodell jene historische Voraussetzung, die ihn theoretisch und praktisch ermöglichte.
Beide politischen Prinzipien verdeutlichen die Vorzüge und Schwächen liberalen Denkens, weil sie auf bis heute nicht aufgehobene *Theoriedefizite* des Liberalismus hinweisen:

1. Das Verhältnis zwischen *Individual- und Kollektivrechten* bleibt selbst in so zentralen gesellschaftlichen Fragen wie der (nationalen) "Selbstbestimmung" unklar. Es gehört zu den klassischen liberalen Positionen, für nationale Selbstbestimmung und für kollektive Minderheitenrechte einzutreten. Gleichzeitig ist aber die Freisetzung und Freiheit des Individuums das zentrale Anliegen liberalen Denkens. Friedrich August von Hayek wies auf die notwendigen Folgen der Allianz zwischen liberalen und nationalen Bewegungen im 19. Jahrhundert hin, wenn er betonte "though the concept of national freedom is analogous to that of individual freedom, it is not the same; and the striving for the first has not always enhanced the second"[24]. Über Rolle und Zukunft des modernen Nationalstaates sind daher heute von liberaler Seite *gegensätzliche* theoretische Positionen anzutreffen[25] .

2. Die ursprünglich enge Verbindung mit dem Gedanken der *Aufklärung* und den Prozessen der *Modernisierung*, die neben den generellen gesellschaftlichen Vorteilen im wirtschaftlichen Bereich auch neue Ungleichheiten und im politischen System Verlust an Gemeinsinn bewirkte, wird prinzipiell in Frage gestellt. Als Gesellschaftstheorien entstanden aufgrund des umfassenden, aber sehr allgemeinen Begriffsverständnisses des 18. Jahrhunderts und aufgrund der Verbindung von Aufklärung und Liberalismus bereits im 19. Jahrhundert einerseits *nationalliberale* und andererseits *sozialliberale* (später sozialdemokratische) Ansätze.

3. Das ausschließlich *rationale Menschenbild* des Liberalismus wird auch von liberalen Denkern zunehmend als *einseitig* und *unvollständig* empfunden. Dahrendorf formuliert mit spürbarem Unbehagen: "Es sieht so aus, als ließen sich die Mechanismen der offenen Gesellschaft nicht aufrechterhalten, ohne daß Menschen zugleich wissen, wohin sie gehören."[26]

---

[24] Friedrich August von HAYEK, The Constitution of Liberty, Chicago 1960, p. 14f.

[25] Siehe allgemein: MICHALSKI, Die liberale Gesellschaft (Anm. 1); Emil BRIX, Zur Philosophie des mitteleuropäischen Nationalismus. In: Synthesis Philosophica 18, (2/1994), p. 353-362; Charles TAYLOR, Nationalismus und Moderne. In: Transit, Heft 9, Sommer 95, p. 177-198; Frederick WATKINS, Theorie und Praxis des modernen Liberalismus. In: GALL, Liberalismus, p. 54-76 (Anm. 8).

[26] Ralf DAHRENDORF, Freiheit und soziale Bindungen. Anmerkungen zur Struktur einer Argumentation. In: MICHALSKI, Die liberale Gesellschaft, p. 11 (Anm. 1).

4. Es bleibt unklar, ob und in welcher Weise *Konkurrenz* oder *Konkordanz* zwischen den Grundbegriffen Freiheit, Gleichheit, Besitz, Markt, laissez-faire und Planung besteht. Obwohl der Kern liberaler Traditionen darin liegt, die drei Ideale Freiheit, Gleichheit und Gemeinschaft (Gemeinsinn, Solidarität) auf einen Nenner zu bringen, indem sie nicht als Konfliktfelder, sondern als *Tugenden* beschrieben werden, ist dieser Humanismus zwar ein mögliches Menschenbild, aber für ein Gesellschaftsmodell nicht ausreichend.

5. Der Liberalismus bietet als Theorie keine eindeutigen Antworten auf die Frage, welcher *Grad der Freiheit* in der Gesellschaft wünschenswert ist und wie der *Konflikt* zwischen der Freiheit und anderen liberalen Werten zu lösen ist.

6. Der Liberalismus sieht sich dem Vorwurf gegenüber, *unhistorisch* zu argumentieren, weil er zwar eine Offenheit nach vorne propagiert, aber ein lineares Geschichtsbild der Befreiung aus individueller Unmündigkeit vertritt. Geschichte sei nur *Vorgeschichte* der universellen und überzeitlichen liberalen Prinzipien.

7. Der Liberalismus muß überall dort *Kompromisse* eingehen, wo es ihm selbst im Interesse der Verwirklichung seiner Ideen nicht mehr nur um die *Wahl* geht, sondern um die Wahl zwischen Gut und Böse.

8. Kann es überhaupt eine *gemeinsame Theorie* über eine Idee geben, die einerseits eine bestimmte *Haltung* (eine Tugend) ausdrücken soll und andererseits ein *Wirtschaftsmodell* und eine *Regierungsform* (liberale Demokratie) beschreibt? Unsere Schwierigkeit, eine *bürgerliche Gesellschaft* zu definieren, ist ein Ausdruck des Scheiterns dieses Versuches und eine Aufforderung, die Schwächen liberalen Denkens zu untersuchen.

In der *Begriffsgeschichte* des Liberalismus dient als wesentliches Unterscheidungsmerkmal möglicher Bedeutungsfelder die Differenzierung zwischen dem *amerikanischen* Liberalismus, der für eine freiheitlich pluralistische Demokratie steht, und dem *kontinental-europäischen* Liberalismus, der für die Durchsetzung der Rechte des Bürgertums steht[27]. Tendenziell enthält diese Unterscheidung bereits das Kernproblem liberalen Denkens und liberaler Politik. In einer grundsätzlich homogenen gesellschaftlichen Situation ist der Liberalismus jenes regulative Element, das Demokratie befördert und kontrolliert. In der auch mit Hilfe von Nationalstaaten nicht aufhebbaren Situation der vielfachen Pluralität Europas bildet der Liberalismus hingegen die wesentliche geistige Grundlage nationaler Gestaltungsansprüche. Isaiah Berlin beschreibt die gemeinsamen Grundlagen als Folge der Ideen der *Aufklärung*: "Das Ideal eines einzigen, wissenschaftlich organisierten Weltsystems unter der Herrschaft der Vernunft bildete den Kern

[27] Siehe BRACHER, Zeit der Ideologien, p. 100 (Anm. 12).

des Programms der Aufklärung."[28] Trotz unterschiedlicher Annahmen über die Quelle der Autorität, durch die Regierung auszuüben ist, bestand im 19. Jahrhundert weitgehend eine Übereinstimmung, daß der Nationalstaat das gültige Modell der Zukunft ist.

Damit trägt der Liberalismus die Verantwortung, mit der ihm eigenen Grundlegung demokratischer Strukturen im *mittel- und ostmitteleuropäischen* Nationalitätengeflecht nationalistische Legitimationsstrukturen nicht nur erst ermöglicht zu haben, sondern in der Folge auch keine überzeugenden Gegenpositionen entwickelt zu haben. Das *Scheitern* des politischen Liberalismus an der Größe seiner eigenen *Erfolge* ist eine für die europäische Geschichte des 19. Jahrhunderts gut erforschte These (vgl. bei William Johnston die These vom "therapeutischen Nihilismus" in der späten Habsburgermonarchie).[29] Die Probleme der ostmitteleuropäischen Gegenwart warten aber noch auf eine Untersuchung unter dem Aspekt der Verknüpfung von Liberalismus, Demokratie und Nationalismus. Weder intellektuell noch moralisch genügt es, zu sagen, daß die liberale Demokratie die Gegenposition zu jeder Form des Nationalismus darstellt.

Ansätze zu einer Untersuchung der "condition politique" im mitteleuropäischen Raum könnten auf folgendem historischen *Erkenntnispotential* aufbauen:

1. Eine generelle *Gleichsetzung* von Liberalismus und Demokratie entspricht *nicht* der historischen Erfahrung eines kulturellen Raumes, der permanent und vielfach von *"Pluralitäten"* geprägt ist, und sie wäre auch ideengeschichtlich falsch. Die Freiheitsvorstellungen des Liberalismus stehen in einer permanenten Infragestellung durch Probleme der gesellschaftlichen Pluralität, die ihrerseits kreative Potentiale enthält ("conditions of excellence" für das Phänomen "Wien um 1900")[30], aber auch gesellschaftliche Konfliktpotentiale tradiert (Ideologieanfälligkeit, Legitimation durch Geschichte, Harmoniesehnsucht, Ablehnung des Gleichheitsgedankens).

2. Die im Liberalismus angelegte *Aufhebung traditioneller Bindungen* löst in inhomogenen und instabilen Gesellschaften tendenziell eher nationalistische als demokratische *Reaktionen* aus. Aus der Anatomie von Revolutionen (Crane Brinton, 1957)[31] ist das *Vakuum* nach dem Jubel bekannt, in dem droht, daß einheitliche Zielsetzungen, die den Wandel bewirkt haben, zerstört werden: "Demokratie im Sinne der Forderung, das Volk solle entscheiden, kann dieses Vakuum nicht füllen."[32]

---

[28] Isaiah BERLIN, Nationalism. Past Neglect and Present Power. In: Against the Current, London 1979, p. 353.

[29] Zur Schwäche des österreichischen Liberalismus siehe: Adam WANDRUSZKA, Ein vorbildlicher Rechtsstaat? In: Adam WANDRUSZKA / Peter URBANITSCH (Hg.), Die Habsburgermonarchie 1848-1918, Bd. II: Verwaltung und Rechtswesen, Wien 1975, p. IX-XVIII; zum ideengeschichtlichen Hintergrund: Jacques LE RIDER, Das Ende der Illusion. Die Wiener Moderne und die Krisen der Identität, Wien 1990.

[30] Emil BRIX / Allan JANIK (Hg.), Kreatives Milieu. Wien um 1900, Wien-München 1993.

[31] Crane BRINTON, The Anatomy of Revolution, New York 1957.

[32] Ralf DAHRENDORF, Betrachtungen über die Revolution in Europa, Stuttgart 1990 p. 13.

3. Die Strategie des Liberalismus besteht darin, diese Probleme mit Hilfe eines umfassenden *Rechtsstaates*[33] kontrollierbar zu halten und auf den bevorstehenden *wirtschaftlichen Wohlstand* und die Ausbildung eines breiten *Mittelstandes* zu warten. Historisch gesehen hat diese Strategie in Mitteleuropa wenig Erfolge aufzuweisen. Sie ist jedenfalls der Hintergrund für die hohe Erwartungshaltung hinsichtlich *staatlicher Problemlösungskapazität*, die dem Staat im mitteleuropäischen Raum von Seiten liberaler Politik, und nicht nur von dieser, entgegengebracht wird[34].

4. Im Unterschied zum westlichen Begriffsverständnis liegt das Problem der Demokratie in Mittel- und Osteuropa nicht in der Art der politischen, sondern der *kulturellen Partizipation*. Es war im 19. Jahrhundert der Nationalismus, der mit dem Prinzip der Gleichheit der Nationsangehörigen und mit der Forderung des Aufbrechens feudaler Strukturen jene Formen der "Öffentlichkeit" förderte, die im Liberalismus angelegt und formuliert wurden. Das Modell kultureller Partizipation wurde in Mitteleuropa vom *Nationalismus* popularisiert. Der Liberalismus konzentrierte sich auf den staatlich-institutionellen Bereich. Für die Teilnahme am Prozeß des gesellschaftlichen Wandels stellen die klassischen demokratischen Institutionen aber keine ausreichende Bedingung dar (weder im 19. Jahrhundert noch heute). Sie vermitteln weder nach innen ausreichende emotionale Bindungen, noch geben sie nach außen das Signal einer grenzüberschreitenden Solidarität. Die kulturelle Partizipation besteht aus einem sich überlappenden Geflecht von freiwilligen Assoziationen (Bindungschancen) und emotionalen gesellschaftlichen *Bindungswünschen*, die eine differenzierte und geschlossenen Denkvorstellungen entgegenwirkende "Öffentlichkeit" schaffen (ausführlicher dargestellt bei Ralf Dahrendorf und Charles Taylor)[35].

Der spektakuläre Sieg des Liberalismus in den ehemals kommunistisch regierten Ländern *Ostmitteleuropas* hat nicht nur die notwendigen Voraussetzungen für die Ausbildung demokratischer Strukturen geschaffen, sondern er hat auch ähnlich wie im 19. Jahrhundert nationalistische Perspektiven freigelegt. Ob der Liberalismus heute in Theorie und Praxis mit dieser Verantwortung besser umgehen kann als vor 100 Jahren, wird wesentlich davon abhängen, ob die potentiellen Träger seiner Ideen, das neue in Entstehung begriffene *Bürgertum*, nicht ebenfalls glauben, nationalistische Abgrenzungs- und Überlegenheitsgefühle für ihre weitere Entwicklung und "emotionale Beheimatung" zu brauchen.

---

[33] Zur Theorie des Rechtsstaates siehe: Frans A.M. ALTING VON GEUSAU, Die liberale Gesellschaft und der Rechtsstaat. In: MICHALSKI, Die liberale Gesellschaft, p. 103-132 (Anm. 1).

[34] Zur Rolle des Staates in liberalen Theorien siehe: Victor LEONTOVITSCH, Das Wesen des Liberalismus. In: GALL, Liberalismus, p. 37-53 (Anm. 8). Vgl. auch Wolfgang MANTLs Hinweis auf die kontinentale politische Kultur des Etatismus in diesem Band.

[35] Siehe Charles TAYLOR, Liberale Politik und Öffentlichkeit. In: MICHALSKI, Die liberale Gesellschaft, p. 21-67 (Anm 1).

Hinsichtlich der *neuen Architektur Europas* leben wir seit 1989 in einer "geborgten Zeit". Politische Krisenerscheinungen in den Reformländern verstärken den Eindruck, daß mit wachsendem Abstand zu dem Epochenjahr 1989 die Chancen für eine liberale Neuordnung Europas radikal schwinden. Die ersten fünf Jahre haben auf der Ebene der Institutionen die *liberale Demokratie* rasch etabliert. Bei der Aufgabe, *Mentalitäten* zu ändern, hat der Liberalismus - wie ich meine, konsequenterweise - versagt. Lösungsansätze können nur in einer zugegebenermaßen ebenfalls riskanten - weil intern die bisherigen Standards der *Europäischen Union* infragestellenden und extern neue Ausgrenzungsvorstellungen erzeugenden - raschen *Einbindung* möglichst vieler Staaten in die europäische politische und wirtschaftliche Integration liegen. Nur ein derartiger Vertrauensvorschuß gegenüber den Bürgern der Reformstaaten ist in der konkreten Situation geeignet, deren Vertrauen in die liberale Demokratie nachhaltig zu festigen.

DER PREKÄRE WEG ZUR CIVIL SOCIETY IN OSTMITTELEUROPA

György Litván

Emil Brix hat einen "spektakulären Sieg des Liberalismus" um 1989 in den Ländern des ehemaligen sowjetischen Blocks festgestellt, und das zu Recht. Ich erinnere mich, wie ich selbst um 1990 einen Aufsatz über die Position und die Lage des Liberalismus in *Ungarn* mit der Behauptung beginnen wollte: Jetzt sind wir alle Liberale - in verschiedenen Schattierungen! Zum Glück habe ich den Aufsatz nicht geschrieben.

Heute, knapp fünf Jahre später, ist das Wort *"liberal"* in Ungarn wieder einmal zu einem *Schimpfwort* geworden. Antiliberale von rechts und links vereinigen sich angesichts der Schwierigkeiten des Überganges zur liberalen Marktwirtschaft unter anderem gegen die strengen Restriktionsmaßnahmen. Und es ist merkwürdig, daß sich die beiden antiliberalen Strömungen unter Parolen und im Namen des *Nationalismus* vereinigen. Dieselbe Tendenz zeigt sich in verschiedenen Ländern Osteuropas: in Rußland, in der Slowakei, in Rumänien, in Serbien und Kroatien, um nur einige zu nennen, wo Kommunisten und Nationalisten eine Einheitsfront gegen Demokratie, Liberalismus und die menschlichen und nationalen Freiheiten bilden. Diese Trennung der nationalen und der liberalen und demokratischen Ausrichtung ist keine neue Erscheinung. Sie hat eine lange Vergangenheit und Tradition in der gesamten Region. Die folgenden Ausführungen sollen daher in pragmatischer Weise einen kurzen Überblick über das Verhältnis der in Frage gestellten drei Begriffe während der modernen Geschichte in Ungarn und der darüber hinausgehenden Region bieten.

Im 19. Jahrhundert war die führende Ideologie in Ungarn ein sehr harmonischer *nationaler Liberalismus* - oder *liberaler Nationalismus* - geprägt von Lajos Kossuth, Ferenc Deák und József Eötvös[1]. Diese Ideologie wurde bis zum Ende des Jahrhunderts nicht in Frage gestellt, wohl aber allmählich obsolet, da sich dieser nationale Liberalismus in einer zeitgemäßen demokratischen Richtung nicht weiterentwickeln konnte, weder im sozialen noch im nationalen Sinn des Wortes.

Die *demokratische* Initiative kam Anfang des 20. Jahrhunderts von außen: vom bürgerlichen Radikalismus oder Sozialliberalismus, vom Föderalisten Oszkár Jászi[2] und von der Sozialdemokratie. Das war eine demokratische, aber auch eine *antinationalistische* Herausforderung des alten nationalen Liberalismus. In Ungarn und in der Monarchie lautete also die Frage am Beginn des 20. Jahrhunderts, ob sich der alte Liberalismus zu einer modernen Demokratie umwan-

[1] József EÖTVÖS, Der Einfluß der herrschenden Ideen des XIX. Jahrhunderts auf den Staat, Wien 1851.

[2] Oszkár JÁSZI, Der Zusammenbruch des Dualismus und die Zukunft der Donaustaaten, Wien 1918; Marxism versus Liberalism, Wien 1919-1920 (Manuskript, publ. in ungarischer Sprache), Paris 1983.

deln und die schweren sozialen und nationalen Konflikte lösen kann oder nicht. Das Ergebnis war, wie bekannt, negativ, besonders für Ungarn nach dem Ersten Weltkrieg.

Nach dieser Zäsur wurde der Liberalismus in ganz *Mitteleuropa* für die Erfolglosigkeit und noch mehr für die bürgerlichen und sozialen Revolutionen der Nachkriegsperiode verantwortlich gemacht, und es folgte eine starke *antiliberale* Strömung in der Region. In Ungarn, Polen, Rumänien und natürlich auch in Deutschland trat ein radikal *antiliberaler Nationalismus* hervor. Diese allgemein herrschende Strömung war so gewaltig, daß selbst die zeitgemäßen oppositionellen Strömungen in eine antiliberale Richtung wirkten. So waren z.B. die sogenannten Populisten (die ungarischen Narodniki oder Volksfreunde) die Vorkämpfer einer demokratischen Bauernpartei und einer Bodenreform in den dreißiger Jahren zweifellos demokratisch und national, aber auch eindeutig antiindividualistisch eingestellt. Sie kämpften nicht für Menschenrechte oder Bürgerrechte, sondern für bessere Lebensbedingungen und für den Aufstieg des Bauerntums[3].

Vorläufig hielten sie Schritt mit der Zeit, da nach dem Zweiten Weltkrieg in Europa wohl eine demokratische, aber *keine* liberale Strömung vorhanden war, vielmehr eine auch im Westen bedeutende Teilnahme der Linken, eine Welle der Verstaatlichungen, das Hervorkehren kollektivistischer Werte und das Verdrängen zahlreicher nationaler Interessen und Empfindlichkeiten.

Eine *Harmonie* zwischen liberalen demokratischen und nationalen Werten gab es, für einige Monate, im Jahr 1956 in Ungarn oder während des Prager Frühlings von 1968 in der Tschechoslowakei. Damals waren diese Gesellschaften praktisch einheitlich für die Wiederherstellung der Menschenrechte, der nationalen Unabhängigkeit und für eine demokratische Umwälzung der ganzen Region. Es gab eine nationale Einheit gegen die sowjetische Herrschaft und die kommunistische Willkür. Die gefährdeten kommunistischen Führungen konnten nachher nicht mehr gleichzeitig antidemokratisch, antiliberal und antinational sein. Sie wurden zu *Kompromissen* gezwungen, sie mußten sich entscheiden. Das Ergebnis war: sie konnten nicht demokratisch sein, sie wollten, mit der merkwürdigen Ausnahme von János Kádár, nicht liberal oder zumindest liberaler herrschen, aber sie konnten als Nationalisten handeln. Auf diese Weise entstand das Ungeheuer des *Kommunistischen Nationalismus* eines Ceausescu in Rumänien, eines Moczar in Polen, eines Milošević in Jugoslawien. Dieser Nationalismus vereinigte die verschiedenen und sogar gegensätzlichen ideologischen und praktischen Forderungen des Klassenkampfes und des Ethnozentrismus und wurde zu einer gefährlichen Tradition bis zum heutigen Tag.

Die *liberale Euphorie* der Freiheit und der Hoffnung unmittelbar nach der Wende von 1989/90 stammte vom unerwarteten Sieg über den Totalitarismus. Nach einer kurzen Periode der Harmonie zeichnete sich jedoch die Frage ab: Gehen wir in die Richtung einer offenen oder einer geschlossenen Gesellschaft? Ich möchte den Nationalismus nicht mit dem Totalitarismus identifizieren, doch

[3] Gyula BORBÁNDI, Der ungarische Populismus, Mainz 1976.

kann man seine Gefährlichkeit in der heutigen Situation in Ostmitteleuropa kaum überschätzen.

Der *offensive Nationalismus* kann die eigene Verantwortung nicht ertragen, braucht daher *Sündenböcke*. In der rumänischen Geschichtsauffassung ist die Meinung verbreitet, daß das rumänische Volk mit dem Geschehen der letzten fünfzig Jahre überhaupt nichts zu tun habe. Die gesamte kommunistische Periode sei das Werk der Russen, der Ungarn und der Juden. Varianten derselben Auffassung hört man auch in Ungarn, in Polen und noch häufiger in der Slowakei.

Der *aggressive Nationalismus* kann auch die individuelle Freiheit nicht ertragen. Er möchte vorschreiben, wie viele Kinder wir in der Familie haben, welche Traditionen und Werte wir schätzen sollen. Er hat eine Vorliebe für kollektive, nationale Pflichten und für die Diskriminierung derjenigen, die im Lande nicht zu seinem Ethnikum gehören.

Der *Liberalismus* an sich kann in der osteuropäischen Region keine Panazee, kein allgemeines Heilmittel sein. Ohne Solidarität, ohne eine Aktivität der Organisationen einer *civil society* können diese vom Kommunismus geprägten Gesellschaften nicht geheilt werden. Andererseits muß man zur Kenntnis nehmen, daß wegen der geerbten und der gegebenen Reflexe und Strukturen ein jeder Antiliberalismus, egal, ob er nationalistisch, fundamentalistisch, populistisch oder anders ausgerichtet ist, heute in Osteuropa unweigerlich mit dem *kommunistischen Antiliberalismus* verbunden ist.

PARADOXA IM VERHÄLTNIS VON LIBERALISMUS UND NATIONALISMUS

Manfred Prisching

Wenn man sich auf das Wagnis einläßt, Liberalismus, Demokratie und Nationalismus miteinander in Beziehung zu setzen, bewegt man sich in einer Nebellandschaft. Jeder der Begriffe ist für sich schon diffus und zerfließt, sobald man ihn zu fassen sucht, und am Ende durchdringen einander mehrere dieser Nebelschwaden. Worauf ich hinaus will: Man kann die Beziehung der Strömungen zueinander immer so und auch ganz anders beschreiben, beides jeweils mit gutem Recht, je nachdem, *welche Art von Liberalismus* und *welche Art von Nationalismus* man ins Auge faßt. Man kann in mehreren Dimensionen sowohl eine förderliche als auch eine negative Beziehung im Verhältnis von liberalistischen und nationalistischen Strömungen finden, und dieser Ambivalenz entkommt man nicht.

Man könnte das Ausgangsverständnis liberalen Denkens folgendermaßen charakterisieren: Der Liberalismus ist eine Ideologie der Aufklärung, der Rationalität und der Nüchternheit; er baut auf Selbstkontrolle und Vereinbarungen. Er setzt den einzelnen von kollektiven Mächten frei, er schafft eine Welt von Individuen. Als *rationales* und als *individualistisches* Denken hat der Liberalismus mit nationalistischen Strömungen nichts gemein. Der Liberalismus suggeriert, alle Institutionen, in denen die Menschen leben, seien durch ihre Übereinkunft und ihren freien Willen geschaffen, und die politische Ordnung sei nichts als das Aggregat privater Interessenskalküle. In dieser Perspektive einer liberalen Welt gibt es keinen Platz für einen emotionellen Nationalismus, nur für einen Gesellschaftsvertrag auf aufgeklärter Basis. Der Liberalismus hat den Gefühlen deshalb wenig zu bieten, er braucht keinen Wertkonsens, ja er bezieht seine Überzeugungskraft in einer pluralistischen Welt gerade aus dem Vorzug, die einzige Ideologie zu sein, die nur minimale Anforderungen an normative Konsense der Mitglieder stellt. Da er somit ein hohes Maß an *Sparsamkeit in bezug auf kollektive Anforderungen* aufweist, also keine "Kollektividentität" benötigt, braucht er auch keine Nation. Liberalismus verbindet sich mit Toleranz, mit zivilisiertem Verhalten, und er steht im selbstdistanzierten Habitus seiner Anhänger nationalistischen Affekten ungemein fern. Auch über den Wirtschaftsliberalismus lassen sich keine Verbindungen zu nationalistischen Potentialen herstellen: Er stellt den Markt als effizienten Allokationsmechanismus zur Verfügung, der unterschiedliche Präferenzen von Individuen zur Harmonie bringt. Der Liberale tritt für offene Grenzen ein, für einen globalen Handels- und Produktionspazifismus. Im Kern liberalen Denkens finden wir deshalb eher eine *kosmopolitische* als eine nationalistische Haltung: Die Gleichheit und Gleichberechtigung aller Individuen in ihrer Teilhabe an der Vernunft ist die Grundlage; die Einsicht in die Vorteilhaftigkeit friedlich-kommerzieller Beziehungen ergibt sich als zwin-

gende Folge. Man könnte zusammenfassen: *Der Liberalismus hat mit dem Nationalismus nichts gemein.*
Das ist plausibel, aber es ist nicht immer wahr. Ein solcherart beschriebener Liberalismus scheitert an seiner historischen *Unverbindlichkeit*. Er beruht auf einer falschen Anthropologie, auf einer unhistorischen Abstraktion und auf einer verkürzten Analyse gesellschaftlicher Prozesse.[1] Ich beschränke mich in den folgenden Bemerkungen, die systematischer und nicht historischer Art sind, auf nur wenige *paradoxe* Beziehungen zwischen Liberalismus und Nationalismus, und da mittelständische Intellektuelle sich heutzutage ohnehin alle dem Liberalismus verpflichtet fühlen, benutze ich diese Beispiele, um einige kritische Akzente gegenüber dem Liberalismus zu setzen.

I. Individualismus und Identität

Der liberale Held ist eine Fiktion.[2] Die Individuen leben in einer Welt, die sie nicht selbst geschaffen haben, in und durch Institutionen, über die sie nicht verfügen können. Eine Gesellschaft mit autonomen Individuen wäre nicht funktionsfähig. Es kann nicht immer alles ausgehandelt werden, und die Lebensformen, die miteinander vereinbar sind, sind begrenzt variabel. Deshalb ist man auf eine *Gemeinschaft* verwiesen, die das Fundament des gemeinsamen Lebens bietet: eine Gemeinschaft, die ihre Mitglieder in ihr Zusammenleben hineinsozialisiert, die ihre Besonderheiten verteidigen will und die eine "wehrhafte Identität" besitzt - ob wir das nun *patriotisch* oder *nationalistisch* nennen, ist bloß eine Frage des Wortes. Jede freie Regierungsform braucht eine starke Identifikation von seiten ihrer Bürger. "Die Bürger", so betont Charles Taylor, "müssen die Pflichten auf sich nehmen - manchmal sogar unter persönlichen Opfern -, die die Pflege ihres Gemeinwesens mit sich bringt, und es gegen seine Feinde verteidigen. Sie müssen Steuern zahlen, sich an die Gesetze halten und sich engagieren. Wenn sie dies nicht unter Zwang tun sollen..., dann müssen sie

---

[1] Schon eine einfache geschichtliche Erinnerung kann die These von der unüberwindbaren Feindschaft zwischen Liberalismus und Nationalismus widerlegen. Zur Zeit der Formierung des liberalen und nationalen Denkens im 19. Jahrhundert, besonders im deutschen Raum, finden wir die positive Beziehung zwischen dem liberalen und dem nationalen Denken besonders ausgeprägt. Liberale wandten sich gegen den aristokratischen Partikularismus, sie erstrebten Befreiung, Partizipation, Parlamentarismus, Menschenrechte, und für sie war all das untrennbar mit dem Durchbruch zu einem deutschen Großreich, zu einer Deutschen Nation, verbunden, welche die kleinen Territorien überwinden sollte. Nation und Freiheit waren eins. Dazu kamen die ökonomischen Argumente eines erstarkenden Bürgertums, das für das Wirtschaften ein einheitliches Territorium benötigte. Aber diese Beziehung ist eine historische Besonderheit, die nicht der Logik der beiden Strömungen immanent ist.

[2] Die aktuelle Diskussion um den Liberalismus wird sehr stark von den amerikanischen Kommunitaristen geführt, und ich nehme einige wesentliche Punkte dieser Diskussion auf. Vgl. dazu als Übersicht Axel HONNETH (Hg.), Kommunitarismus. Eine Debatte über die moralischen Grundlagen moderner Gesellschaften, 2. A., Frankfurt/Main-New York 1994; Christel ZAHLMANN (Hg.), Kommunitarismus in der Diskussion. Eine streitbare Einführung, Berlin 1994; Walter REESE-SCHÄFER, Was ist Kommunitarismus? Frankfurt/Main-New York 1994.

es selbst wollen. Das setzt aber voraus, daß die Bürger einen starken Sinn für die Zugehörigkeit zu ihrem Gemeinwesen haben, ja daß sie im äußersten Fall dazu bereit sind, für es zu sterben. Kurz, sie müssen etwas besitzen, das man bis ins 18. Jahrhundert hinein 'Patriotismus' nannte."[3]

Der *Nationalismus* ist nur eine besondere Spielart solcher Bedürfnisse nach sozialer Zugehörigkeit.[4] Insoweit der klassische Liberalismus Zugehörigkeitsrealitäten und Gemeinschaftsbedürfnisse ignoriert, ist er unhistorisch und unrealistisch, und er steht nationalistischen Aufschwüngen deshalb fassungslos gegenüber. Da der Liberale allzu aufklärerisch gesinnt ist, kommt er mit den "Verunreinigungen" des Gefühlshaushalts real existierender Menschen nicht zu Rande. Liberale, die eine atomistische Grundeinstellung dem sozialen Geschehen gegenüber aufweisen, können nur die Köpfe schütteln in Anbetracht massennationalistischer Emotionen, und sie können das Phänomen nicht verstehen.

Die wahrhaft wichtige Fragestellung für Liberale ist nicht, wie der *aufgeklärte Individualismus* gegen *nationalistische Aufwallungen* zu schützen sei, sondern jene, wie denn ein *Patriotismus* beschaffen sein kann, der mit zentralen liberalen Auffassungen verträglich ist. Denn ohne Zweifel kann ein Liberaler sich nicht einer Gemeinschaft anschließen, in der seine Individualität *an sich* auf dem Spiel steht. Aber für einen Liberalen, der sich universalistischen Moralprinzipien verpflichtet fühlt, muß auch ein "harmloser" Nationalismus, sagen wir: eine "patriotische Gesinnung", irrational, am Ende gar gefährlich sein. Denn eine *liberale Moral* urteilt von einem neutralen Standpunkt aus, unbeeinflußt von Interessen, Neigungen und Zugehörigkeiten, losgelöst von jeder Partikularität, aus der Perspektive eines "impartial spectator"; der Urteilende muß sich bemühen, seine Bindungen zeitweise abzulegen und seine Gefühle zu disziplinieren, um "unpersönlich" zu urteilen - eine Haltung, die mit *speziellen Bindungen* an Gemeinschaften unvereinbar ist. Alasdaire MacIntyre hat die Frage gewagt, ob Patriotismus auch eine Tugend sein könne, und er hat diese Frage bejaht: "*Wenn* es erstens der Fall ist, daß ich die Regeln der Moral nur in der Version aufnehmen kann, wie sie in einer bestimmten Gemeinschaft verkörpert sind; und *wenn* es zweitens der Fall ist, daß die Moral in Begriffen bestimmter Güter gerechtfertigt werden muß, die innerhalb des Lebens bestimmter Gemeinschaften genossen werden können; und *wenn* es drittens so ist, daß ich typischerweise nur durch die besonderen Arten moralischer Unterstützung, die mir meine Gemeinschaft gewährt, zum moralisch Handelnden werde und als solcher erhalten werde, *dann* ist es klar, daß ich ohne diese Gemeinschaft kaum als moralisch Handelnder gedeihen kann. Daher kann mein Eintreten für diese Gemeinschaft und das, was sie von mir verlangt - sogar bis zu dem Punkt, an dem mein Leben

[3] Charles TAYLOR, Wieviel Gemeinschaft braucht die Demokratie? In: Transit H. 5, Winter 92/93, p. 5-20, hier p. 9.

[4] Vgl. Manfred PRISCHING, Identität und Nation - Individuen auf der Suche nach Gemeinschaft. In: Ders. (Hg.), Identität und Nachbarschaft. Die Vielfalt der Alpen-Adria-Länder, Wien-Köln-Graz 1994, p. 5-62.

gefordert ist, um das ihre zu erhalten -, nicht sinnvollerweise mit dem verglichen oder dem gegenübergestellt werden, was die Moral von mir verlangt."[5]
Die Nation als Gemeinschaft, die diesen Kriterien entspricht, bietet also einen eigenständigen Bezugspunkt, der nicht grundsätzlich der liberal-universalistischen Moral untergeordnet ist; eine *Familie*, deren Mitglieder ihre Beziehungen nur als Konstellation optimierbarer Eigeninteressen betrachten, ist keine Familie mehr, und eine *Nation*, in der die Mitgliedschaft nur in Begriffen gegenseitigen Selbstinteresses verstanden würde, ist auch keine Nation mehr. Die Beziehungen enthalten weitere Elemente über die wechselseitige Vorteilhaftigkeit hinaus. "Ich verstehe die Geschichte meines Lebens als Teil der Geschichte meiner Familie oder dieses Bauernhofes oder dieser Universität oder dieser Landschaft; und ich verstehe die Lebensgeschichten anderer Individuen um mich herum als in die gleichen größeren Geschichten eingebettet, so daß für mich und sie etwas Gemeinsames bezüglich dessen auf dem Spiel steht, wie die Geschichte ausgeht und welche Art von Geschichte es ist oder sein soll: tragisch, heroisch, komisch."[6] Der Patriotismus oder Nationalismus, von dem hier die Rede ist, soll also nicht mit einem geistlosen Fanatismus verwechselt werden, der alle der Nation nicht Zugehörigen abwertet, ja ihnen im äußersten Fall die Qualität des Menschlichen bestreitet; nicht einmal eine "right or wrong, my country"-Mentalität ist gemeint. Es geht vielmehr um eine besondere Wertschätzung bestimmter Charakteristika der Gemeinschaft, der man sich zugehörig fühlt: Solche Bindungen gehören zu *loyalitätsbezeugenden Tugenden*, so wie die eheliche Treue, die Liebe zur eigenen Familie, die Freundschaft oder die Loyalität zu Schulen.

II. Demokratie und Souveränität

Das liberal-demokratische Denken entthront die "alten" Souveräne, es setzt den *demokratischen Souverän*, der sich selbst eine Verfassung gibt, an ihre Stelle. Das liberale Denken ist eine rationale, unpathetische Weltanschauung, und es ist deshalb bereit, ein nüchternes Regelwerk für das kollektive Leben anzuerkennen: etwa einen "Verfassungspatriotismus" als Grundlage des Zusammenlebens. Die Einigung liberaler Bürger auf "Regeln" genügt, mehr ist unnötig, und in der Regelsetzung sind die Bürger souverän.
Wer aber ist genau der *Souverän* in einer liberal-demokratischen Ordnung? Sobald nicht mehr gottgeweihte Herrscher Bezugspunkte der Staatsidentität sind, sondern in einer wie auch immer eingeschränkten demokratischen Ordnung das Volk zum Souverän wird, stellt sich die Frage, wer das "Volk", das Willenssubjekt einer Demokratie, ist. "Gründungsurkunden" von Nationen verwenden wie selbstverständlich Formulierungen wie "Wir, das französische Volk" oder "We hold these truths to be self-evident...". Auch wenn wir das ungelöste Problem der Legitimierung von konstituierenden Versammlungen hier außer acht lassen, stellt sich doch die Frage, in wessen Namen jeweils gesprochen wird. Wer ist

---

[5] Alasdair MACINTYRE, Ist Patriotismus eine Tugend. In: Honneth 1993, p. 84-102, hier 92f.
[6] MACINTYRE (1993), p. 98f.

"Wir"? Die nächstliegende Antwort verweist auf Ethnie, Religion, Sprache, Territorium, Kultur - kurz: *Volk* oder *Nation*. Diese vorpolitische Einheit - eine Gemeinschaft, die unabhängig von ihrer politischen Verfaßtheit besteht - ist der politischen übergeordnet; sie kann sich einen gewünschten politischen Rahmen geben. Sie ist also nicht von ihrer Verfassung abhängig, wird keineswegs erst durch diese geschaffen. Sie definiert ihn; sie definiert sich nicht *durch* ihn.
Wie aber ist diese *vorpolitische Gemeinschaft* beschaffen? Rousseaus Allgemeinwille setzt für die Wählerschaft das höchste Maß an Homogenität voraus, und er weist bekanntlich hiemit den Weg zu einer illiberalen, totalitären Demokratie. In seiner Imagination des einheitlichen Willens, der aus persönlichen Nahebeziehungen gewachsen ist, kommt er den Vorstellungen mancher "Gemeinschaftsbeschwörer" durchaus nahe. Aber auch wenn wir die Homogenitätsanforderungen an das soziale Substrat mindern, so würde doch kaum jemand behaupten wollen, es ließe sich ein Staat gänzlich ohne "Gemeinsamkeit" aufbauen oder aufrechterhalten. Freilich befinden wir uns mit einem solchen Argument immer in der Nähe einer Gemeinschaftsideologie, die homogenisierend und uniformierend ist, die Intoleranz und Marginalisierung des Fremden oder Andersartigen fördert.[7] Denn eine Gemeinschaft ohne Differenzen, Unterschiede und Heterogenitäten kann nur repressiv sein, und gerade nationalistische Bewegungen streben im Normalfall danach, alle Teile des Volkes zu einer ununterscheidbaren Einheit des Seins und des Willens zu verschmelzen. Andererseits enthalten "nationalistische" Urkunden wie die französische und die amerikanische Unabhängigkeitserklärung universalistische Legitimationsformeln (die Berufung auf Naturgesetze und evidente moralische Wahrheiten), die über die begrenzte identitätsstiftende Einbeziehung gesellschaftlicher Gruppen unter Ausschließung anderer, also über allzu enge und verbindliche Definitionen der "Zugehörigkeit", hinausweisen.[8] Die Berufung auf "allgemeine" menschliche Kategorien läßt es nämlich nur folgerichtig erscheinen, im weiteren die Exklusion von Frauen und Schwarzen zu thematisieren, so wie heute die Exklusion von Flüchtlingen und Gastarbeitern.
Es ist also beides vorhanden, Exklusion und Universalismus, und man könnte sich veranlaßt sehen, die beiden Kategorien - *ethnos* und *demos* - logisch zu trennen: Der erste Begriff betrifft die ethnische, kulturelle, sprachliche und religiöse Identität eines Volkes, der letztere jenen Körper, der als Quelle aller politischen Autorität angesehen wird. Aber de facto drängt die Wirklichkeit zur *Identifizierung* der beiden Komponenten. Und es spricht einiges dafür, daß die "liberale Gemeinsamkeit", die darin besteht, daß man sich auf bestimmte konstitutionelle Verfahrensweisen bei der Entscheidungsfällung einigt, nicht ausreicht, wenn wir uns vergegenwärtigen, daß die erlebte Gemeinsamkeit in zweierlei Richtung wirksam werden muß.

[7] Jean François LYOTARD, Der Widerstreit (Le Différend), München 1987.
[8] Seyla BENHABIB, Demokratie und Differenz. Betrachtungen über Rationalität, Demokratie und Postmoderne. In: Micha BRUMLIK / Hauke BRUNKHORST (Hg.), Gemeinschaft und Gerechtigkeit, Frankfurt/Main 1993, p. 97-116.

Zum ersten gilt, daß eine liberal-demokratische Ordnung vom *Engagement* ihrer Bürger lebt, nicht nur in Momenten existentieller Bedrohungen, sondern auch in friedlichen Zeiten. Patriotismus, Partizipation, ja politischer Aktivismus sind gefordert, und sie müssen wohl auf Leidenschaft und Überzeugung beruhen: Sie stützen sich auf eine ansprechbare, erlebbare Gemeinschaft, für die *leidenschaftlich* einzutreten als *befriedigend* erfahren wird.[9] Die Gemeinschaft aber ist zumindest auch dadurch konstituiert, daß sie Grenzen hat: daß sich die Mitglieder von den Nichtmitgliedern unterscheiden lassen, nicht unbedingt nach Hautfarbe oder Sprache, vielleicht allein schon nach dem Zufall der Geburt. Wer auf einem bestimmten Territorium geboren ist (und diese Bestimmung kann durch einige Ausnahmefälle ergänzt werden), ist Mitglied der Gemeinschaft. Keiner würde einem Staat eine Art von Liberalität aufoktroyieren wollen, die ihm verbietet, zwischen Staatsbürgern und Nichtstaatsbürgern in irgendeiner Weise unterscheiden zu dürfen, etwa selbst um den Preis der Selbstzerstörung eine beliebig hohe Zahl von Einwanderern aufnehmen zu müssen, sofern er sich nicht als "totalitär" zu erkennen geben will. Auch eine liberale Gesellschaft kennt somit einen fundamentalen nichtdisponiblen Sachverhalt: Geburt konstituiert Gemeinschaft, und auf diese Gemeinschaft müssen sich Loyalität und Engagement des Mitglieds beziehen.

Zum zweiten gilt, daß der konstitutionelle Grundkonsens, der reine Regelmechanismus, als Grundlage des kollektiven Lebens nicht reicht, es bedarf auch einer *Gemeinwohlvorstellung*. Das ist umstritten, wird es doch als einer der wesentlichen Vorzüge einer liberalen Gesellschaft angesehen, daß es *keiner* Einigung über das "gemeinsame Gute" bedarf, sondern allein des Einverständnisses mit einigen Verfahrensregeln. Aber schon die Abgrenzung von öffentlichen und privaten, rechtsrelevanten und indifferenten Sachverhalten ist Bestandteil einer Gemeinwohlidee, und in der modernen Industriegesellschaft sind diese Bereiche so ineinander verflochten, daß aus der Natur der Sache kaum noch Abgrenzungen gewonnen werden können. Gerade der Umstand, daß eine hedonistischer werdende Gesellschaft jede Art von Gemeinwohlvorstellung zerbröckeln läßt, macht vielmehr das Problem des heutigen Staates aus.[10] Und auch darin ist wieder eine Spannung angelegt: Die Gemeinwohlidee darf nicht erstickend wirken, sie muß Gruppierungen mit abweichenden Gemeinwohlideen zulassen, ja die Option gegenwärtig halten, daß diese "Abweichler" vielleicht dynamisch-adaptive Elemente in der gesellschaftlichen Entwicklung sind: Dies gilt ebenso für die Bürgerrechtsbewegung der sechziger wie die Friedensbewegung der siebziger und die grün-alternativen Organisationen der achtziger Jahre.

[9] Der "aufgeklärte" Verfassungspatriotismus kann im Grunde gar kein spezifisch erlebbarer Patriotismus sein, denn die Verfassungen der entwickelten Industrieländer sind einander ziemlich ähnlich, und die patriotismusschaffende Akzeptanz konstitutioneller Regeln würde jeden Franzosen in kaum unterscheidbarer Weise auch zum deutschen Patrioten machen.

[10] Paul ROSENBERG, Liberal Neutralism and the Social-Democratic Project. In: Critical Review , 8 (1994), p. 217-234.

III. Der starke Staat und sein Mythos

Ideen vom *starken Staat* haben an jene Grundidee angeknüpft, die aus dem Liberalismus stammt: die Idee der vorpolitischen Konstituierung einer Gemeinschaft. Denn die Nation war die überzeugungskräftigste Realisierung des Volkswillens, und sie hat sich des Staates bedient, um ihre Identität durchzusetzen. Die Idee einer unpolitischen Gemeinschaft wurde im nationalistischen Staat zur Rechtfertigung einer totalitären Politik verkehrt.

Aber der Staat ist auch im liberalen Projekt keine so periphere Institution, wie sich Liberale dies oft vorstellen. Er sichert die Unversehrtheit der Institutionen, in denen liberal gehandelt werden kann. Der Liberale ist deshalb von Anfang an in einem Dilemma: *Die liberale Gesellschaft braucht einen starken Staat*, der sich jedoch in seinen Aktivitäten zurückhält. Der Nachtwächterstaat war in Wahrheit immer ein unzureichender Garant einer liberalen Gesellschaft. Der Staat muß heftig intervenieren, um jenes Terrain zu schaffen und zu pflegen, auf dem die Individuen dann handeln und verhandeln können.

Der Liberalismus leidet darunter, daß er historisch darauf fixiert ist, *gegen* den Staat zu kämpfen; er steht aber heute allzu oft vor dem Problem, daß der Staat zu *schwach* ist, um eine liberale Politik zu machen: daß er beispielsweise von Interessengruppen gebeutelt wird, die ihre Spezialinteressen durchsetzen. Freiheitsbedrohende Wucherungen der Staatsausgaben verraten - ganz im Gegensatz zur klassischen Auffassung - nicht die Dominanz, sondern die Ohnmacht des Staates, der sich nicht mehr durch die Berufung auf das Gemeinwohl, auf das Ganze oder auf die Nation über Gruppeninteressen hinwegzusetzen vermag. Er wird von *rent-seekern* gefordert, die sich im Wettlauf aus den staatlichen Kassen bedienen wollen, und eben das bedroht auf lange Sicht die Freiheit der gegenwärtigen, noch mehr aber der zukünftigen Generationen.

Damit stoßen wir auf Fragen, die für einen Liberalen zur schwer verdaulichen Kost gehören: Ist ein starker Staat, der die Liberalität sichert, ohne den Mythos der *Nation*, der ihm die nötige Loyalität beschaffen könnte, möglich? Kann ein Staat, dem seine überkommene Aura abhanden gekommen ist, überhaupt liberal sein, oder schwindet mit dem Aufstieg der individuell-egoistischen Rationalität auch die Liberalität dahin? Ist Liberalität ohne ältere Tugendbestände möglich? Solche Fragen kollidieren mit Verweisen auf den Verfassungspatriotismus, auf die aufgeklärte Variante eines Regelkonsenses. Aber viele täuschen sich darüber hinweg, von welch großer Bedeutung auch in multikulturell-friedlichen, als verfassungspatriotisch bezeichneten Ländern (wie den Vereinigten Staaten und der Schweiz) die Hintergrund-Mythen (Gründungsmythen) sind. Auch dort, wo man sich auf die Verfassung beruft, ist es in Wahrheit nicht die Substanz der vereinbarten Regeln, die Einheit stiftet, sondern der Mythos der Verfassung, der insbesondere im Zuge der schulischen Sozialisation mit großer Intensität vermittelt und späterhin immer wieder in Ritualen erneuert wird.

Für aufklärerische Liberale ist diese Vermischung ein Problem: Wieder haben sie es mit einem Gemenge von Identität und Autorität, von *ethnos* und *demos* zu tun, das sich nur theoretisch klar trennen läßt. Aber "langfristig stabil sind vor allem jene Demokratien, in welchen die nationale Identität mit den Institutionen und Verfahren der Selbstregierung eng verwoben ist. Die nationale Geschichte, gleich, ob sie einen Mythos erzählt oder Anspruch auf historische Wahrheit erhebt, hat in diesen Fällen die Entstehung der demokratischen Institutionen selbst zu einem zentralen Thema gemacht: Zur Nation zu gehören, heißt nicht zuletzt, Loyalität gegenüber diesen Institutionen zu empfinden."[11] Dies freilich stellt ein Problem dar für Staaten, denen entsprechende historische Glücksfälle, aus denen sich verfassungsorientierte *Mythen* gewinnen ließen, nicht zuteil geworden sind, sondern die eine liberal-demokratische Kultur erst aufbauen müssen, und zwar ohne sich auf solche Anknüpfungspunkte mythischer Stützung verlassen zu können; bei den postsozialistischen Ländern ist dies der Fall.

IV. Liberale Anarchie und kommunitäre Illiberalität

Extreme Varianten des Liberalismus schwärmen von einer *Gesellschaft der Individuen*, mit bloß residualen Kollektivinstitutionen. Selbst sozialistische Vorstellungen sind zeitweise Utopismen verfallen, es werde irgendwann zu einem Ende der Politik kommen, zu einer Verwaltung von Sachen anstelle der Herrschaft über Personen. Andere spielen die gesellschaftliche Ebene gegen die politische aus, die Gruppierungen unterhalb des Staates gegen den Staat, die *civil society* gegen den politischen Apparat. Wie aber sieht eine liberale Gesellschaft dann aus?

Manche lösen das Problem des Verhältnisses von *Liberalität und Kommunität* dadurch, daß sie für den Staat einen weitgehenden Laissez-faire-Liberalismus vorschreiben, aber an der Illiberalität von Gemeinschaften keinen Anstoß nehmen.[12] Die intensive Beheimatung in Gemeinschaften, also Familien, Gruppen, Verwandtschaftszirkeln und Verbänden, ist mit liberalen Prinzipien in gewisser Weise unvereinbar - Heimat ist dort, wo es eben nicht förmliche, anonyme und universalistische Regeln des Umgangs miteinander gibt. In den radikaleren Varianten liberalen Denkens imaginiert man eine postmoderne oder multikulturelle Anarchie, in der die unterschiedlichsten Vorstellungen und Gruppierungen friedvoll nebeneinander bestehen, ohne sich in die Quere zu kommen.

Aber wie wäre diese Kombination denkbar: keinerlei Bindung an die Nation, dichteste Bindungen an alle anderen Kommunitäten? Wenn wir bei den Gemeinschaften an kleinere Einheiten denken, stoßen wir auf zwei Probleme: Zum einen ist fraglich, ob eine liberal-demokratische Ordnung den Gemeinschaften tatsächlich jede Art von illiberaler Regelung ihrer Innenbeziehungen überlassen darf. Wo also liegen die Minimalerfordernisse einer liberalen Gesellschaft bei der Durchdringung der alltagsprägenden Lebensverhältnisse mit dem Geist des

[11] TAYLOR (1992/93), FN 3, p. 15.

[12] Peter SIMPSON, Liberalism, State, and Community. In: Critical Review, 8 (1994), p. 159-173: "The state should be liberal or minimal, but the community should not... My thesis, then, is that liberalism is properly at home at the level of the state but not at the level of the community. If communities are governed by its principles, they will be destroyed; if states are not governed by its principles, they will be tyrannies."

Liberalismus? Welche *"totalitären Subkulturen"* kann eine liberale Gesellschaft dulden? Und läßt sich eine *"liberale Persönlichkeit"* alltagsweltlich so säuberlich separieren in ihre "staatlichen" und ihre "privaten" Gefühlskomponenten?
Zum anderen ist es ein naiv-romantisches Modell eines kommunitären Patchwork, sich unzählige Gruppen mit höchst divergierenden Weltanschauungen vorzustellen, die friedlich und tolerant nebeneinander leben: *illusionärer Anarchismus auf Gruppenebene*. Ein inhaltlich gewichtiges Bekenntnis zu Verfassungsregeln setzt eine adäquate politische Sozialisation voraus: Das liberale Selbst, so sagen die Kommunitarier, ist in Wahrheit ein *post-soziales*, kein *vorsoziales Selbst*. Konfrontiert mit dem Modell der aufgeklärten Monaden, ist deshalb zu fragen: Warum sollte ein rational-autonomes Individuum sich an Verträge halten? Warum sollte es Menschenrechte achten? Genauso gilt das Argument gegenüber Individuen, die in andere Kulturen hineinsozialisiert worden sind. Liberale müssen auf der Höherrangigkeit liberaler und demokratischer Grund- und Freiheitsrechte gegenüber allen Vorstellungen kollektiver Selbstbestimmung und allen regionalen, kulturellen, ethnischen oder religiösen Traditionen bestehen. Gegenüber Traditionen, die nicht in der Fülle der europäischen Aufklärung wurzeln, ist der Liberalismus zwangsläufig repressiv, und zwar mit Recht, etwa in seinem Insistieren auf den Menschenrechten zu Lasten althergebrachter Vorrechte. Er kann der nationalen Selbstbestimmung nur unter Vorbehalten Raum geben und ist selbst an Traditionen gebunden - in gewissem Sinne ist der Liberalismus identisch mit einem *europäischen Nationalismus*. Multikulturalistisch-liberale Harmonievorstellungen stellen sich die Gesellschaft als ein ewiges völkerverbindendes Fest vor, in dem alle Kulturen unangetastet bleiben: In Wahrheit wird der Staat auch in einer gemischten Gesellschaft mehr sein müssen als ein wohlwollender Schiedsrichter.

V. Alltagsweltlicher Liberalismus und Desorientierung

Der Liberalismus ist eine *Ideologie der Befreiung*: Wurden die Menschen in der ersten Phase der Individualisierung aus den feudal-ständischen Verhältnissen der vormodernen Gesellschaft herausgelöst, so werden sie in der zweiten Phase, im sich entfaltenden Kapitalismus, freigesetzt aus überkommenen Rollenerwartungen und erodierenden Sozialmilieus.[13] Leben kann und muß gestaltet werden, und die Optionen werden immer zahlreicher. Das hat seine Schattenseiten.
Erstens haben die durch den Liberalismus gewonnenen "Mobilitäten" ihre Kosten. Die geographische Mobilität der Individuen führt zum Verlust der Heimat, die soziale Mobilität zum Verlust des bergenden Milieus, die Beziehungsmobilität zum Verlust der Familie und die politische Mobilität zum Verlust der sinn-

[13] Der liberale Kapitalismus der Jahrhundertwende wurde bereits als Gefahr erkannt, von Konservativen und Kulturpessimisten ohnehin, aber auch von Linken: Lukács, Walter Benjamin. In der Folge wurde aber die *"Gemeinschaft"* zu einer reaktionär-romantischen Kategorie, und da sie als Leitmotiv des Nationalsozialismus Verwendung fand und mit biologisch-rassistischen Kategorien verschmolzen wurde, war die Thematisierung des Problems für die Folgezeit tabuisiert.

gebenden Ideologie. "Freisetzung" ist ein Triumph der Moderne, aber es gibt auch eine *"Katastrophe der Freisetzungen"*: Es sind immer auch Entwurzelungen. Zweitens zielt liberales Denken darauf, Gültigkeit jeglicher Art aufzulösen: Geltendes als Unhinterfragtes, Entgegengenommenes, Entlastendes wird zerstört. "Es gehört zum Wesen der liberalen Moral, daß es für die Kritik des Status quo keine Grenzen gibt oder geben kann. Keine Institution, keine Praxis, keine Loyalität kann dagegen immun sein, in Frage gestellt und vielleicht abgelehnt zu werden."[14] Dadurch kommt die Schattenseite der gutgemeinten "Liberalität", moralische Indifferenz zu fördern, in den Blick. Im Zuge der Relativierung von allem und jedem wird Freiheit zu Hedonismus, Autonomie wird Selbstbezogenheit, Individualität wird life style-Arbeit. *Statt des autonomen Individuums erleben wir den "außengeleiteten" Menschen.* Drittens zehrt der Liberalismus, wie die moderne Welt insgesamt, von *Tugenden*, die er nicht regenerieren kann.[15] Er suggeriert die Priorität des Eigeninteresses, und er verleitet zu einer Sicht gesellschaftlichen Zusammenlebens, in der dieses nur noch als Regelwerk zur Balance individueller Glücksverwirklichungsstrategien gesehen wird. Die suggestive Nüchternheit liberaler Regelsetzungen übersieht, in welch hohem Maß diese auf Tugenden, auch politische Tugenden[16], bauen müssen, und diese Tugenden sind immer auf bestimmte Kollektive bezogen.

Nun ist allerdings gerade die *"Postmodernität"* der modernen Gesellschaft, also der Zerfall aller überwölbenden Ideologien und Wertgebäude, als Argument zugunsten einer Zurücknahme der Anforderungen sozialer Koordinationsprinzipien auf liberale Verfahrenskonsense vorgebracht worden. Wenn es keine gemeinsamen Werte mehr gibt, kann man sich bestenfalls noch auf *Verfahren* einigen. Wenn nur noch konfligierende Vorstellungen vom Guten vertreten werden, muß eine liberale Ordnung gewährleisten, daß möglichst viele Menschen in möglichst hohem Ausmaß ihre unterschiedlichen Lebensziele verwirklichen können.[17] Aber mit der Sinnkrise, zu der auch das liberale Denken beiträgt, bereitet der alltagsweltliche Liberalismus auch den Boden für populistische Bewegungen, wobei verwirrte Individuen (beispielsweise) in nationalistischen Ideologien wieder jene Orientierung finden, die ihnen der konsequente Liberalismus vorent-

---

[14] MACINTYRE (1993), p. 95.

[15] In diesem Befund sind sich konservative Kulturpessimisten und linke Kapitalismuskritiker einig. Vgl. etwa Jürgen HABERMAS, Legitimationsprobleme im Spätkapitalismus, Frankfurt/ Main 1973.

[16] Peter Graf KIELMANSEGG, Nachdenken über die Demokratie. Aufsätze aus einem unruhigen Jahrzehnt, Stuttgart 1980.

[17] Die Kritik an der *Universalität* der Rawlschen Auffassungen hat diese beiden Argumente verwendet: erstens das anthropologische Argument, daß die Konzeption der Person bei Rawls falsch sei, weil asozial-autonome Individuen nicht jene Dispositionen aufweisen können, die sie befähigen, die vorgeschriebenen Verfahren durchzuführen; zweitens das historische Argument, daß mit dem Zerfall traditioneller Weltbilder erst jene Situation entstanden sei, in der Liberalität notwendig und sinnvoll wird und ihre Kriterien für die Individuen Wert erhalten. Vgl. auch Amy GUTMANN, Communitarian Critics of Liberalism. Philosophy and Public Affairs (1985), p. 308-322, wiederabgedruckt in HONNETH (1993), FN 2, p. 68-83.

hält, indem er ihnen jede normative Verantwortung ganz alleine auflädt.[18] Dem Liberalismus mangelt es an Wärme, Vertrautheit und Wertsetzungskapazität, und somit schafft er die geistigen Voraussetzungen dafür, daß politische Entrepreneure den Boden für kompensatorische Parolen der Gemeinschaftsbeschwörung und Aktivitäten der Begeisterungserzeugung vorfinden.
Gemeinsame Orientierungen in einer sich wandelnden Welt können nur gewonnen, verändert und wiedergewonnen werden, wenn es einen öffentlichen Prozeß des Debattierens und Diskutierens gibt, also eine *liberale Öffentlichkeit*, in der die Fragen von Identität, Rechtfertigung, Gemeinwohl und Souveränität fortlaufend erörtert werden. Seit dem 18. Jahrhundert hat sich eine solche Öffentlichkeit herausgebildet: ein Paradigma der öffentlichen Meinung, die mehr ist als die Summe aller individuellen Meinungen; und diese öffentliche Meinung ist zu einer neuen Kraft in der Geschichte, zu einem derart unabdingbaren Bestandteil einer demokratisch-liberalen Gesellschaft geworden, daß selbst Despoten sie sowohl unterdrücken als auch simulieren müssen.[19] Deshalb ist der Verlust einer diskursiven Öffentlichkeit, der einerseits im Namen einer hedonistisch-liberalen Privatisierung individuellen Daseins, andererseits im Namen einer profitorientiert-liberalen Vermarktlichung aller Massenmedien vorangetrieben wird, für den Liberalismus bedrohlicher als manches andere.

---

[18] Das Argument abstrakter Rationalität ist nicht immer eine hinlängliche Kategorie der Motivation. "Der Appell an moralische Subjekte qua rationale Wesen, ihre Verpflichtung gegenüber der neutralen Rationalität über ihre Interessen zu stellen, muß, gerade weil er ein Appell an die Rationalität ist, einen ausreichenden Grund liefern, dies zu tun. Und dies ist ein notorisch wunder Punkt liberaler Moralkonzeptionen." (MACINTYRE (1993), FN 5, p. 100) Die emotionelle Unbehaustheit flüchtet in neue emotionelle Gebäude, und ein blinder Nationalismus scheint nur einer der *Fluchtwege* zu sein.

[19] Charles TAYLOR, Der Begriff der "bürgerlichen Gesellschaft" im politischen Denken des Westens. In: BRUMLIK / BRUNKHORST (1993), p. 117-148, hier p. 134ff.

Zur Diskussion

Standen am Anfang der heuristischen Konferenz auf dem Semmering *allgemeine* Begrifflichkeiten und "*westliche*" Befindlichkeiten im Vordergrund, so wandte sich der zweite Teil des Zusammentreffens stärker *mitteleuropäischen* und *osteuropäischen* Konkretheiten zu, wodurch die Themenbewältigung noch mehr mit dem Kaleidoskop-Charakter der historischen Situation dieses Raumes fertigwerden mußte. Die Diskussion zum Referat von Emil Brix zeigte sehr deutlich die Notwendigkeit und die Schwierigkeit, diese Vielfalt an Sachlagen und Problemen zu bewältigen.

Zum einen ging es um die Bewertung *historischer Persönlichkeiten*: Angelo Ara wies darauf hin, daß Mazzini nicht nur als italienischer Nationalist, sondern auch als Gründer von "Jung Europa" im Dienste der Solidarität der Völker zu verstehen sei. Brix erwiderte, daß Mazzini am Ende seines Lebens doch überwiegend italienischer Nationalist gewesen sei. Ein grelles Licht auf die auch persönliche Dramatik der Zeitläufe warf Helmut Rumpler mit seiner Bemerkung, daß der größte Ungar des 19. Jahrhunderts, István Széchenyi, die Spannung zwischen Liberalismus, Demokratie und Nationalismus in seinem eigenen Leben bis in die schließliche Umnachtung hinein ausgetragen habe.

Daß die Geschichte *Westeuropas* nicht vereinfachend dargestellt werden dürfe, hob Erich Streissler hervor, als er darauf hinwies, daß Großbritannien nicht einfach als Nationalstaat präsentiert werden könne, sondern unter großen Konflikten versucht habe und versuche, drei Nationen - nämlich England, Schottland und Irland - zu vereinigen. Für die territoriale Dimensionierung des Problems relevant war Streisslers Hinweis, daß in England bis ins späte 18. Jahrhundert "country" als "county" verstanden wurde.

Die einfache Wahrheit, daß *Wohlstand* konfliktreduzierend sein könne, wurde von Peter Koslowski mit dem Hinweis auf den Kolonialismus und den Imperialismus Englands und der USA unterstrichen, deren Wohlstandsmehrung den mitteleuropäischen Ländern nicht zur Verfügung stand. Dies wandte Brix auch gegen Urs Altermatt ein, der die Schweiz als ein Beispiel einer gelungenen liberaldemokratischen Gesellschaft hervorstrich, die keine kulturelle Homogenität, wohl aber die Anerkennung von Pluralismus voraussetze. Auch dies sei nach Brix durch die Prosperität der Schweiz sehr erleichtert worden.

Brigitte Mazohl-Wallnig legte auf drei Feststellungen Wert: Daß es eine radikalalternative Variante des Liberalismus gegeben habe, die in den Diskussionen vernachlässigt worden sei, nämlich die *ständische Freiheitsidee*, deren Rolle in der Habsburgermonarchie nicht unterschätzt werden dürfe. Zweitens hätten bereits die Forschungen von Gerald Stourzh ergeben, daß im Altösterreich der Habsburgermonarchie nur dem *Individuum* eine Rechtsposition eingeräumt worden sei, nicht jedoch der Nation. Schließlich kritisierte Mazohl-Wallnig die *geschlechtsneutrale* Behandlung des Themas Liberalismus, also des bloßen Aktivitätsfeldes freier und gleicher Männer unter Ausschluß der Frauen, wobei über-

dies die unterschiedlichen Auffassungen der Aufklärungsdenker über die Geschlechterrolle unter den Tisch fielen.
Die Bedeutung der *Sprache* für die nationale Identitätsstiftung wurde in einer Wortmeldung Oswald Panagls mit plastischen Beispielen herausgestrichen. Brix deponierte die mehrfach nachgewiesene Erkenntnis, daß es weltweit nirgends gelungen sei, den reinen Kommunikationswert der Sprache ohne moralische Komponente und Hypostasierung durchzusetzen.
Am Ende der Diskussion umriß der Referent einen bisher unerwähnten Unterschied zwischen Österreich und Deutschland: *Österreichs* Problem war seine Pluralität, in *Deutschland* gab es eine politische Romantik, die sich in Österreich nicht durchsetzte. Die Aufgabe menschlichen Zusammenlebens könne nur gelingen, wenn man den anderen in sich selbst hineinnehme, aus der *Pluralität* lerne, ihren positiven Charakter sehe und akzeptiere.

X.

Nach dem Zeitenbruch 1989/90 - Wiederkehr des Liberalismus?

NACH DEM ZEITENBRUCH 1989/90 - WIEDERKEHR DES LIBERALISMUS?

Gesine Schwan

I. Elemente des Liberalismusbegriffs

Was dieser Beitrag bieten kann, ist ein Zwischenbericht aus einer Werkstatt, kein abgeschlossenes Elaborat. Diese Werkstatt ist ein *Forschungsprojekt*, das in Berlin mit polnischen, französischen und deutschen Kolleginnen und Kollegen durchgeführt wird und das untersucht, wie die Art des Umgangs mit Vergangenheiten sich auf die Etablierung neuer demokratischer Regime auswirkt, wie vor allen Dingen die Art des Umgangs mit individuellen und kollektiven oder mit privaten und öffentlichen Diktaturerfahrungen sich auf den Wandel der politischen Kultur auswirkt. Unsere Prämisse bei diesem Projekt ist, daß die Art dieses Umgangs sehr wichtig ist für das Gelingen neuer demokratischer Regime. Der Beitrag wird - eine zweite Einschränkung - keinen flächendeckenden Bericht über die empirischen Verhältnisse in Ost- und Mitteleuropa darstellen können, sondern entsprechend dem genannten Forschungsprojekt lediglich politiktheoretische bzw. politisch-psychologische Bedingungen der Möglichkeit einer Wiederkunft oder überhaupt einer ersten Einrichtung des Liberalismus in Mittel- und Osteuropa und damit insgesamt in ganz Europa benennen. Es gibt eine Reihe empirischer Untersuchungen über die Entwicklung der letzten Jahre in Mittel- und Osteuropa betreffend den politisch-kulturellen, aber auch den ökonomischen Bereich. Sie stehen in der Tradition der Parteiforschung, der Analyse von Partei- und Wahlpräferenzen.[1]

Diese Art von Informationen kann und will ich nicht bieten. Es kommt hinzu, daß einerseits die kurzfristigen Befragungen etwa über Wahlmotive zwar etwas über aktuelle Motive und Einschätzungen aufdecken, aber die Geschichtserfahrung zeigt, daß langfristige *Mentalitätsbestände* möglicherweise wichtiger sind als kurzfristige Wahlpräferenzen und daß es lohnt, diese langfristigen kulturellen Mentalitätsbestände ebenso wie eingeschliffene psychische Dispositionen der Bevölkerung bzw. unterschiedlicher sozialer Segmente zu untersuchen.[2]

Was die langfristigen kulturellen Mentalitätsbestände angeht, so muß man sich z.B. angesichts des polnischen traditionellen Verständnisses von Ehre und Freiheit unter anderem fragen, ob ein solches traditionelles *Ehrverständnis* sich demokratisch wenden läßt oder ob es nicht eigentlich eine vordemokratische Werttradition darstellt, die mit einer zu etablierenden liberalen Demokratie nichts mehr zu tun haben kann, weil sie der polnischen Adelsrepublik entspricht. Aber

---

[1] Vgl. u.a. Peter GERLICH / Fritz PLASSER / Peter A. ULRAM (Hg.), Regimewechsel. Demokratisierung und politische Kultur in Ost-Mitteleuropa, Wien-Köln-Graz 1992.

[2] Vgl. Volker SELLIN, Mentalität und Mentalitätsgeschichte. In: HZ, 241 (1985), p. 555-598.

wir fanden, Ehre ließe sich auch republikanisch "umformulieren", wie man heute sagen würde. Im Sinne dieser Fragestellung geht es mir im Folgenden darum, einige grundsätzliche kulturelle und psychische Bedingungen zu benennen, die notwendig sind, um den politischen und den ökonomischen Liberalismus einzuführen.

Unter *Liberalismus* verstehe ich in meinem Kontext eine liberale, d.h. eine rechtsstaatlich-pluralistische Demokratie mit einer kapitalistischen Marktwirtschaft, wie auch immer diese durch Mitbestimmungsgesetze oder Sozialpolitiken modifiziert sein mag. Mir leuchtet ein, daß es einen "reinen" Liberalismus nicht gibt, sondern daß sich dieses System in der realen Geschichte de facto immer modifiziert präsentiert, sei es durch unvorhergesehene Konsequenzen des politischen oder des ökonomischen Handelns, sei es durch gezielte politische Maßnahmen. Kernpunkt des Liberalismus in diesem Verständnis sind der *politische Pluralismus*, also die politische Institutionalisierung von Pluralität, sowie eine Wirtschaftsordnung, die das Handeln der Akteure am Gewinnprinzip und nicht am Planerfüllungsprinzip orientiert.

So charakterisierte liberale Demokratien zeichnen sich einerseits durch *objektive Institutionen* und andererseits durch *subjektive Einstellungen* der Menschen aus, die in den Institutionen handeln. Objektive - nicht notwendig schriftlich kodifizierte - Institutionen wären z.B. die Verfassung (ganz grundlegend), die Organisation der Gerichtsbarkeit, die Organisation der politischen Willensbildung in Parteien und Verbänden, die Medien usw. Ihnen komplementär gedacht sind die subjektiven Einstellungen der Bürger. Diese Einstellungen manifestieren sich einmal in der Handhabung der Institutionen und zum anderen im Alltagsleben, und beides ist sehr wichtig. Eine Prämisse meiner weiteren Überlegungen ist, daß zur allgemeinen Stabilität von politischen Systemen überhaupt, also auch von liberalen Demokratien, eine ungefähre Entsprechung von objektiven Institutionen und subjektiven Einstellungen erforderlich ist.

Für diejenigen, die sich gern in der politischen Ideengeschichte aufhalten, ist für diese Grundannahme Montesquieus "*Geist der Gesetze*" sehr typisch. Montesquieu unterscheidet dort zwischen der *Natur* und den *Prinzipien* der Regierungen bzw. der Regierungsweisen. Die Natur bezeichnet die Art der Regierungsweise im institutionellen Sinn, während die Prinzipien auf die Motivationen, die Dispositionen verweisen, die die Bürger bzw. die Menschen, die in dem jeweiligen Regime, sei es in einer Tyrannei, einer Monarchie oder einer Republik leben, zum Handeln bringt, sie bewegt. In Montesquieus Einteilung der Herrschaftssysteme ist etwa das Prinzip der Tyrannei die Furcht, und wenn diese Furcht die Bevölkerung nicht mehr beherrscht, wenn die Bürger keine Angst mehr vor den Herrschaftsausübenden haben, bricht auch eine Tyrannei zusammen.[3] Montesquieus diesbezügliche Grundannahmen erscheinen mir bis heute bedeutsam. Sie waren auch dienlich für die Einschätzung der ehemaligen kommunistischen Regime. Den allmählichen Rückgang der Angst bzw. der Furcht in den osteuropäi-

[3] Charles de MONTESQUIEU, Vom Geist der Gesetze. Eingeleitet, ausgewählt und übersetzt von Kurt WEIGAND, Stuttgart 1965, p. 104-129, Bücher II und III.

schen Staaten konnte man als sprechendes Indiz dafür nehmen, daß die Erosion dieser Regime weit fortgeschritten war. Das Prinzip, das mit der Monarchie korrespondiert, ist die Ehre und das der Republik die Liebe zur Gleichheit. Sie begnügt sich nicht mit der "zähneknirschenden" Akzeptanz der Gleichheit im Sinne der Rechtsgleichheit und der abstrakten gleichen Würde aller Menschen, sondern die Liebe verlangt viel mehr. Wenn man ihr folgt, muß man die Gleichheit ausdrücklich wollen.

Wenn die Entsprechung zwischen Natur und Prinzip nicht stimmt, dann besteht die Gefahr, daß liberale Institutionen auf die Dauer pervertiert und zerstört werden. Aus diesem Grunde ist die *subjektive Einstellung* ein wichtiger Faktor in der Errichtung einer liberalen Demokratie und auch für ihre Erhaltung.

Zum Liberalismus gehört neben dem politischen Pluralismus die *Sicherheit*. Der Bürger muß Sicherheit haben, wenn er seiner politischen Aufgabe nachkommen soll. Auch Montesquieu verweist auf die zentrale Bedeutung der Sicherheit für die *politische Freiheit*. Für ihn gehören Freiheit und Sicherheit im Liberalismus zusammen, und zwar so, daß die Sicherheit funktional für die Freiheit ist.[4] Das heißt, die Freiheit hat Priorität. Freiheit ist nicht dazu da, um Sicherheit gewinnen zu können, sondern Sicherheit ist erforderlich, um frei politisch mitbestimmen und handeln, überhaupt selbstbestimmt leben zu können. Das Wichtigste im politischen Liberalismus ist also die Möglichkeit und auch die Wahrnehmung der Freiheit. Im folgenden möchte ich verschiedene Komponenten dieser politischen liberalen Freiheit nennen. Freiheit ist sicher zum einen die Wahrnehmung der Belange im *privaten Bereich*, die ungestörte Verfügung über den privaten Raum. Die Theoretiker des politischen Liberalismus verstehen sie aber von vornherein auch und mit noch mehr Gewicht als Teilnahme an den politischen Entscheidungen, als *politische Partizipation*. Es handelt sich um eine positiv verstandene Freiheit. Sie hat ihre eigentliche Würde in der Verantwortung als politischer Partizipation.

Der große Liberale Alexis de Tocqueville - ich würde ihn nicht primär als Konservativen begreifen - hat gerade von seiner adeligen Herkunft her sehr großen Wert darauf gelegt, Freiheit nicht als privatistischen Freiraum des Bourgeois zu verengen, sondern das für ihn wichtigste Element adeliger Tradition, nämlich die *Verantwortung fürs Ganze*, hinüberzuretten in die bürgerliche Demokratie. Freiheit ist danach zwar auch Verfügung über die Privatsphäre, aber im tieferen Sinne schließt sie notwendigerweise politische Partizipation in Verantwortung für das Gemeinwesen ein.[5] Soweit zu meiner Definition des Liberalismus.

[4] Vgl. MONTESQUIEU, FN 3. In ihrem Bezug zum Bürger (im Unterschied zur Verfassung) besteht die politische Freiheit "in der Sicherheit oder in der Überzeugung, man habe seine Sicherheit". Ebd., p. 249 und 250 (Buch XII).

[5] Vgl. Alexis de TOCQUEVILLE, Über die Demokratie in Amerika, München 1994, passim, insbes. p. 216 ff. und 270 ff.

II. Der Zeitenbruch in Mittel- und Osteuropa

Nun möchte ich Folgerungen anschließen für die Analyse der Umbruchssituation in Mittel- und Osteuropa und für deren Konsequenzen, um zu fragen, ob es Chancen für eine Einkehr, ich möchte nicht sagen, eine *Wiederkehr des Liberalismus* gibt, bzw. welche Bedingungen man möglichst erfüllen müßte, um eine solche Einkehr und die nachfolgende Stabilisierung des Liberalismus zu fördern. Es wird häufig betont, daß es mit Ausnahme der Tschechischen Republik in den ehedem zum sowjetischen Machtbereich gehörenden europäischen Staaten keine nennenswerte liberale Tradition gegeben habe. Darüber mag man unterschiedlicher Meinung sein, und wahrscheinlich sind weitere empirische Untersuchungen zur Präzisierung diesbezüglicher Aussagen erforderlich. Insgesamt aber meine ich, daß in Ostmitteleuropa *nicht* von einer Wiederkehr des Liberalismus die Rede sein kann.[6]

Die Frage, auf welche Weise Demokratien nach einem immerhin langanhaltenden vorangegangenen diktatorischen oder autoritären Regime am erfolgreichsten etabliert und stabilisiert werden können, ist schwierig zu beantworten. Prinzipiell kann man zwischen institutionellen und kulturellen *Strategien des Wandels* unterscheiden, d.h. zwischen solchen, die das Schwergewicht auf das Funktionieren von *objektiven Institutionen*, etwa der Verfassung, von Parteien und Verbänden etc. legen, und solchen, die vornehmlich einen *subjektiven Einstellungswandel* u.a. durch eine intensive Auseinandersetzung mit der undemokratischen Vergangenheit reklamieren. In der deutschen Diskussion stehen für diese beiden Strategien z.B. die beiden Philosophen Hermann Lübbe[7] und Theodor W. Adorno.[8]

Die beiden Strategien schließen sich nicht *logisch* aus. Ich bin sogar der Meinung, daß sie miteinander verbunden werden müssen. Aber sie schließen sich doch häufig *faktisch* aus, u.a., weil bei der Neuerrichtung freiheitlicher Regime die Integration wichtiger vor- und sogar antidemokratischer Eliten einer politisch-kulturellen oder politisch-ethischen Auseinandersetzung mit der diktatorischen Vergangenheit und ihr entsprechenden Mentalitätsbeständen oft im Wege steht. Man ist in jedem politischen System auf *fachlich-kompetente Eliten* angewiesen. Auch die Erfahrung nach 1945 in Westdeutschland hat das gezeigt. Man ist angewiesen, oder man behauptet, angewiesen zu sein auf Eliten, die im vorangegangenen Regime wichtige Funktionen innehatten und sich dabei oft kompromittiert haben. Dies gilt umso mehr in den ehemals kommunistischen Regimen, die sehr viel länger als der Nationalsozialismus andauerten und in denen eine Aussicht auf ein nahes Ende nicht bestand.

---

[6] Vgl. dazu insbes. Peter GERLICH u.a. (Hg.), a.a.O., FN 1.

[7] Hermann LÜBBE, Verdrängung? Über eine Kategorie zur Kritik des deutschen Vergangenheitsverhältnisses. In: Hans-Hermann WIEBE (Hg.), Die Gegenwart der Vergangenheit. Historikerstreit und Erinnerungsarbeit, Bad Segeberg 1989, p. 94-106.

[8] Theodor W. ADORNO, Was bedeutet: Aufarbeitung der Vergangenheit? In: Ders., Eingriffe, Frankfurt/Main 1963.

Objektive Institutionen sind überaus wichtig. Sie sind das unverzichtbare Rückgrat, das auf der Grundlage eines liberalen Grundmusters an die jeweilige politische Tradition und auch an die jeweilige personelle Konstellation im Lande anknüpfen sollte. Mit den objektiven Institutionen meine ich im übrigen nicht nur die *innerstaatliche* Institutionalisierung liberaler Demokratien: mindestens ebenso wichtig ist die *internationale* institutionelle Verflechtung. Ich glaube, wir haben aus der Nachkriegsgeschichte nach 1945 lernen können, daß z.B. Westdeutschland, das mentalitätsmäßig oder politisch-kulturell wahrhaftig unmittelbar nach 1945 noch keine Demokratie war, in die Richtung einer relativ stabilen Demokratie unter anderem deswegen steuern konnte, weil es nicht nur im Inneren eine gelungene Verfassung hatte, sondern weil es überdies recht schnell institutionell in Westeuropa und auch in der NATO eingebunden war, so daß für ein "Ausscheren" gleichsam keine Möglichkeit bestand.[9] Letztlich hatten die Alliierten in der Bundesrepublik bis 1989 in gewisser Weise die "Oberhoheit", wenn auch nicht streng rechtlich gesprochen. Es war jedoch klar, daß Westdeutschland allein nicht die Verantwortung für sich trug.
Nun haben wir seit 1989 eine neue Situation. Wir können nicht erwarten, daß der *ökonomische Aufschwung* in diesen Ländern rasch gelingt. Wir können auch nicht damit rechnen, daß sich der politisch-kulturelle Wandel in Osteuropa schnell ereignet. Was wir jedoch erreichen können, ist eine Unterstützung der demokratischen Tendenzen durch die internationale Institutionalisierung im liberalen Sinne.

III. Die psychologische Dimension

Die *kulturelle Liberalisierung* ist hingegen noch erheblich schwieriger und langwieriger als die ökonomische. Zu ihr gehören nicht nur eine kognitive, rein intellektuelle Proklamierung liberaler Werte und eine entsprechende Erziehung. Wichtig ist es auch, so meine ich, die psychologische, insbesondere die *tiefenpsychologische* Dimension demokratischer Einstellungen und die möglichen Hindernisse dagegen zu beachten. Wir haben in diesem Zusammenhang gehört, daß als eine entscheidende Voraussetzung einer demokratischen liberalen politischen Kultur und einer entsprechenden psychischen Einstellung die Erlangung oder die Fähigkeit zur *persönlichen Autonomie* anzusehen ist. Man könnte auch freudianisch sagen: die Ich-Stärke. Zur Diskussion steht dann jedoch: Als wie "autonom", d.h. wie unabhängig von allen persönlichen Bindungen, sollen wir diese Autonomie bestimmen? Wie definieren wir in diesem Zusammenhang das Verhältnis von Abhängigkeit und Unabhängigkeit? Daß eine *völlige* Abhängigkeit sowohl intrapsychisch, also von den undurchschauten Trieben, als auch von außen, also von anderen Personen, z.B. von allen familiären Bezügen, der Autonomie entgegensteht, ist klar. Aber steht die aus der traditionell männlichen

9 Rudolf WILDENMANN, Wechselwirkungen zwischen europäischer Integration und nationalen Verfassungsstaaten. In: Gesine SCHWAN (Hg.), Internationale Politik und der Wandel von Regimen, Köln u.a. 1987, p. 9-28.

Sozialisation übernommene Vorstellung von radikaler Autonomie nicht einer modernen Autonomievorstellung entgegen, in die die Bejahung auch von Abhängigkeit eingeht, nicht im Sinne der Kontrolle, der Beherrschung durch andere, sondern als Einsicht in die Notwendigkeit von absichernden persönlichen Beziehungen und als ihre Bejahung.[10]

Ein solches reicheres, differenzierteres Autonomieverständnis könnte im übrigen dazu beitragen, dem heute oft kritisierten und beklagten individualistisch-atomistischen Zug des Liberalismus gegenzusteuern. Es macht einen erheblichen Unterschied für das zwischenmenschliche Leben aus, ob eine Gesellschaft aus lauter autonomen Personen besteht, von denen keine von keiner abhängig ist, oder ob die Abhängigkeiten durchschaut und durchaus bewußt übernommen werden als konstituierende Beziehungen, die sowohl ein Netz gegenseitiger *Verantwortung* knüpfen als auch psychische Sicherheit schaffen. Daß diese im Liberalismus grundlegend reklamierte Sicherheit von emotionalen Ressourcen abhängig ist, wird sofort deutlich, wenn man sich mit dem Problem beschäftigt. Diese Einsicht gehört zu den wichtigen Gesichtspunkten dessen, was man *feministische* Theoriebildung nennen kann: Das Ausblenden nicht nur vorkapitalistischer Wertbestände, sondern auch voröffentlicher, privater Lebensweisen und Ressourcen für das Funktionieren der liberalen Öffentlichkeit ist ein Problem. Zu den wichtigsten voröffentlichen Lebensweisen gehört die *Familie.* Sie hat man in der Regel dem weiblichen Sorgebereich zugeschoben, wobei vor allem auch das Bemühen um eine gute Atmosphäre mit allen emotionalen Kosten, die mit dieser Aufgabe verbunden sind, gemeint ist, während von männlicher Seite eher die "geistige Leitung" der Familie als Aufgabe reklamiert wird. Hier wurde die Quelle gepflegt, aus der sich die von männlichen Politikern proklamierte liberale Politik emotional versorgte.[11]

Aufschlußreich für unseren Zusammenhang ist die Einsicht, daß die Familie die Grundressourcen für das Funktionieren der liberalen Gesellschaft und der Politik darstellt, daß deren Bestand also darauf ruht, daß die Mitglieder der Familie, von der Rollentradition her insbesondere die *Mütter*, den Gefühlsaufwand aufbringen, der zur Lösung interner Konflikte erforderlich ist. Nur so können die familiären Beziehungen erhalten werden und nur so kann die private persönliche psychische Sicherheit gedeihen, von der her sich die politische Freiheit entfalten kann.

Im übrigen birgt die Erweiterung des Autonomiebegriffs und des Horizonts, der den Blick für den Wert der persönlichen Beziehungen öffnet, wie gesagt, erhebliche *Chancen.* Man vertut sich fruchtbare Einsichten, wenn man die sozialen und die psychischen Voraussetzungen des politischen Liberalismus nur aus der Erfahrungssphäre der männlichen Lebenswelt sieht, wenn man nicht wahrnimmt, wie in der Veränderung der Gesellschaft und der Psyche der Menschen

---

[10] Vgl. dazu sehr differenziert: Jessica BENJAMIN, Die Fesseln der Liebe. Psychoanalyse, Feminismus und das Problem der Macht, Frankfurt/Main 1990.

[11] Vgl. Barbara SCHAEFFER-HEGEL, Vater Staat und seine Frauen. In: Aus Politik und Zeitgeschichte. Beilage zur Wochenzeitschrift "Das Parlament", Nr. 42, 1988, p. 20-29.

diese Ressourcen immer knapper werden. Man erkennt nicht, daß man sich umzuorientieren haben wird, vielleicht sogar mit guten Chancen.
Hier drängt sich eine Parallele zu Alexis de Tocquevilles Interpretation des *wohlverstandenen Eigeninteresses* auf. Anders als in der deutschen Hegelschen Tradition, die die bürgerliche Gesellschaft einfach als "System der (egoistischen) Bedürfnisse" bestimmt, weswegen ein starker autoritärer Staat sie zusammenhalten muß, beobachtet Tocqueville in der "*Demokratie in Amerika*" eine Form des Individualismus, die dessen Atomisierungspotential eindämmt. Das Wesentliche dieser Form ist die Einsicht, daß das Individuum in einer liberalen Demokratie für die Erfüllung seiner Interessen und Wünsche langfristig auf die Kooperation mit anderen angewiesen ist, daß es sein eigenes Interesse nur "wohlverstanden" verfolgen kann, wenn es dieses Interesse immer schon gegen das der anderen abwägt und abgleicht, damit es sich nicht isoliert. Nur wenn es seine Abhängigkeit von anderen einsieht und bejaht, schränkt es seinen eigenen partikularistischen Individualismus so ein, daß es langfristig mit anderen freiheitlich kooperieren, mit ihnen in einem liberalen Gemeinwesen zusammenleben kann.[12] Diese Einsicht muß Teil seiner Grundhaltung und seines Gefühlslebens werden. Eine strikt unabhängig konzipierte Autonomie wirkt dagegen zerstörerisch.
Dieses bejahende Hineinnehmen der eigenen Abhängigkeit in die *Lebensführung* ist die Alternative zu dem, was in der deutschen obrigkeitsstaatlichen Tradition entweder durch die Verinnerlichung der Obrigkeit, also durch strenge Pflicht, oder durch den Staat als äußeren Zwang geschaffen wurde. Die Analogien zwischen einigen feministischen Theorieansätzen und dem Begriff des wohlverstandenen eigenen Interesses erscheinen mir interessant.
Neben der Sicherheit gehört zur Absage an die *Gewalt* als wichtiges Element die Fähigkeit zum *Konflikt*, d.h. zur Auseinandersetzung und zum Kompromiß, weiter zur Selbstdistanz, zur Unterscheidung von Meinung und Person und, besonders wichtig, ein solides Selbstwertgefühl, das die Grundlage für Selbst- und Fremdvertrauen bleibt. Ein Gegenbild dazu ist dasjenige der autoritären Persönlichkeit in der Adornoschen Tradition. Sie ist unsicher, muß sich andauernd beweisen und ist zugleich darauf angewiesen, sich anzulehnen; sie ist also unfähig zur Eigenständigkeit. Spezifisch für sie ist auch, daß sie sich allen anderen Menschen überlegen fühlen muß, daß sie kooperative Gleichheit nicht akzeptieren kann, sondern sich eher aggressiv abgrenzt. Dies sei in aller Kürze zur psychischen Voraussetzung der für die liberale Demokratie wichtigen politisch-kulturellen Komponente der "demokratischen Persönlichkeit" gesagt.

IV. Demokratische Tugenden

Die so bezeichneten psychischen Dispositionen oder Persönlichkeitstypen stellen nun einen Zusammenhang her mit dem, was man in der Tradition der praktischen Philosophie und der Ethik demokratische Tugenden nennt. Sie lassen sich

[12] Vgl. Alexis de TOCQUEVILLE, a.a.O., FN 5, p. 585 ff.

prinzipiell von den *Grundwerten* der pluralistischen Demokratie ableiten, also von Freiheit, Gerechtigkeit und Solidarität. Wenn nach Montesquieu die Bürger zum Erhalt der Republik diese Tugenden, vor allem die Liebe zur rechtlichen Gleichheit und zum Wohlergehen aller nicht nur passiv akzeptieren, sondern aktiv wollen und anstreben sollen, dann folgt daraus, daß sie auch psychologisch fähig sein müssen zur *Toleranz* gegenüber unterschiedlichen Verhaltensweisen und Entscheidungen, zur Akzeptanz der Legitimität von Konflikten, zum Kompromiß, zur Selbstdistanz und zur Empathie für andere Personen. Sie schließen die Achtung von Minderheiten, Offenheit, Erfahrungsbereitschaft, Partizipations- und Kooperationsbereitschaft, Partnerschaftlichkeit und Freundlichkeit ein.[13]

Auf zwei besonders wichtige Aspekte möchte ich in diesem Zusammenhang hinweisen. Erstens verlangen diese Tugenden und die dementsprechenden psychischen Dispositionen ein freiwilliges und von Wohlwollen getragenes, also nicht nur ein zähneknirschendes Bezogensein auf den anderen. Es geht nicht nur um ein erhebliches Einschränken des Egoismus, es geht darum, auf andere positiv zugehen zu können, daher auch die Bedeutung der *Freundlichkeit*. Sie ist nur scheinbar eine unpolitische private Einstellung. Man denke hier daran, wie Aristoteles im Rahmen seiner Nikomachischen Ethik die Freundschaft ganz ausdrücklich als bedeutsam für die Politik erklärt. Dem anderen oder der anderen Freund oder Freundin zu sein, heißt, freiwillig zu kooperieren, gern zu kooperieren, und die Fähigkeit dazu steht in enger Relation zur Selbstorganisation der Gesellschaft.

Der zweite Aspekt, um den es uns geht, bezieht sich darauf, daß die genannten Einstellungen nicht nur solche der Vernunft, sondern auch des *Gefühls*, der Empathie, des Einfühlungsvermögens sind. Zuweilen spitzen feministische Ansätze diesen Gedanken polemisch zu und behaupten, Männer seien rationalistisch halbiert. Zum Menschen aber gehören Vernunft und Gefühl. So sehr die Leidenschaften uns auch in falsche Richtungen zerren und antisoziale Verhaltensweisen hervorrufen können, so sehr ist doch das Gefühl eine wichtige Brücke zum anderen Menschen. Diese beiden Aspekte: das Aktiv-dem-anderen-zugewandt-Sein und die Gefühlsdimension sind wichtig.

Die von mir angeführten psychischen Fähigkeiten und Tugenden konvergieren in der zentralen Kategorie des *Vertrauens*. Es handelt sich um eine Art Vorschußvertrauen, von dem her sich seit Locke die liberale Demokratie definiert. Vertrauen verlangt vom Bürger Vertrauensfähigkeit, und das heißt: Selbst- *und* Fremdvertrauen. Aber auch *Zukunftszuversicht*. Wir können anderen nicht ver-

[13] Vgl. dazu genauer: Gesine SCHWAN, Folgen nicht verarbeiteter Schuld für die demokratische politische Kultur. In: Wolfgang Jäger / Hans-Otto MÜHLEISEN / Hans-Joachim VEEN (Hg.), Republik und Dritte Welt. Festschrift für Dieter Oberndörfer zum 65. Geb., Paderborn, München, Wien, Zürich 1994, p. 413-428, und dieselbe: Die "demokratische Persönlichkeit": Ein brauchbarer demokratietheoretischer Maßstab? Probleme eines politisch-psychologischen Persönlichkeitskonzepts unter demokratietheoretischem Aspekt. In: Heiner TIMMERMANN (Hg.), Die Kontinentwerdung Europas. Festschrift f. Helmut Wagner zum 65. Geb., Berlin 1995, p. 231-243.

trauen, wenn wir nicht Vertrauen zu uns selbst und in die Zukunft haben.[14] Die Dimension der Zukunftszuversicht gehört dazu, und hier zeigt sich die Nähe dieses Gedankens zur Religion, zu den Tugenden des Glaubens, der Hoffnung und der Liebe. Sie hängt psychologisch ihrerseits von einem reflektierten und sicheren Selbstwertgefühl ab, welches zur individuellen Selbständigkeit u.a. etwa zum Nonkonformismus disponiert, der seinerseits für die Wahrnehmung politischer Freiheit und für das dazugehörige Kompetenzgefühl erforderlich ist.
Noch ein Wort zur *Vertrauensfähigkeit*. Bei Locke verlangt die Demokratie nicht nur Vertrauen, sondern auch Kontrolle. Es gibt jedoch einen entscheidenden Unterschied zwischen ihm und Thomas Hobbes. Hobbes baut seine politische Theorie nicht auf der Vertrauensfähigkeit, sondern auf dem Mißtrauen auf. Gegenseitige Vertrauensfähigkeit geht den Menschen ab, und zwar nicht, weil sie moralisch böse wären, sondern aus viel tieferliegenden Gründen. Im Naturzustand radikaler Gleichheit müssen die Menschen, um zu überleben, ständig um die Erweiterung ihrer Macht bemüht sein, allein um der Übermacht durch andere vorzubeugen. Dem gesellschaflichen Zusammenleben ist damit von vornherein eine Mißtrauensspirale infolge der gegenseitigen Bedrohung durch gleichsam präventive gegenseitige Übermachtbestrebungen vorgegeben, so daß eine freiwillig, gar durch Wohlwollen getragene Kooperation als Grundmöglichkeit ausgeschlossen ist.
Das Vertrauen, das Locke fordert und das er anthropologisch voraussetzt, bezeichnet dagegen eine ganz andere Weichenstellung. Es heißt nicht Blauäugigkeit, denn die Kontrolle wird damit nicht überflüssig. Vertrauen ist die Voraussetzung für *freiwillige Kooperation*, auch dafür, daß eine falsche und abstrakte Gegenüberstellung zwischen Individuum und Staat überwunden wird. Im Zwischenbereich entfaltet sich nämlich die Selbstorganisation der Gesellschaft.
Wenn die Individuen dagegen alles vom Staat erwarten, so deshalb, weil sie gegenüber den Nachbarn mißtrauisch oder zumindest indifferent sind. Das Mißtrauen, das aus dem System der Lüge und der Doppelzüngigkeit von Diktaturen entstanden ist, ist ein wichtiges Hindernis für die Bildung von Vertrauensfähigkeit als Basis einer demokratischen politischen Kultur. Die Überwindung dieses Mißtrauens und des damit einhergehenden Schwächegefühls, des Ausgeliefertseins, welches in einer Diktatur gefördert wird, ist Voraussetzung für das Gelingen einer *aktiven liberalen Demokratie*. Amerikaner sprechen in diesem Zusammenhang von "empowerment"- "selbstmächtig" werden - oder, in der politischen Kulturforschung, von "subjective competence".[15]
Welches sind nun neben dem Mißtrauen, das aus dem System von Lüge und Doppelzüngigkeit entstanden ist, und der Gewohnheit der Unmündigkeit, der Gewohnheit des Versorgtseins, die Hindernisse gegen die Herausbildung der

---

[14] Vgl. dazu ausführlicher: Gesine SCHWAN, Politik ohne Vertrauen? Ideengeschichtliche und systematische Überlegungen zum Verhältnis von Politik und Vertrauen, Baden-Baden 1990, p. 9-30.

[15] Vgl. die gesamte Kulturforschungsrichtung, die aus dem grundlegenden Werk von Gabriel ALMOND / Sidney VERBA, The Civic Culture. Political Attitudes and Democracy in Five Nations, Princeton Univ. Press 1963, entstanden ist.

Vertrauensfähigkeit und der subjektiven Kompetenz als der kardinalen Voraussetzungen von Demokratie? Meine zentrale These in Bezug auf dieses Problem lautet: Angesichts der Hypothek von Diktaturerfahrungen in der Vergangenheit liegt das wichtigste Hindernis in einem unangemessenen *Umgang mit Schuld*, die man durch Handeln im politischen Rahmen der Diktatur auf sich geladen hat.

V. Der Umgang mit politischer Schuld

Schuld bezeichnet nicht nur ein intimes oder privates Phänomen. Es ist auch Gegenstand manifester innen- wie außenpolitischer Auseinandersetzungen. Zeitungen berichten z.B. über die Auseinandersetzung zwischen China und Japan, zwischen der Tschechischen Republik und Deutschland. Immerfort geht es, explizit oder implizit, um Schuldfragen. *Schuld* bezeichnet einen Gegenstand innen- wie außenpolitischer Konflikte und öffentlich vorgetragener Einforderungen, zudem, als eine elementare philosophisch-anthropologische Kategorie, den Grundstein von Rechts- und Gerechtigkeitsvorstellungen. Sie steht aber auch im engen Zusammenhang mit psychischen Dispositionen und Dynamiken, denen ihrerseits eine hohe demokratietheoretische Bedeutung zukommt. Denn sowohl tiefenpsychologische als auch empirisch-psychologische, also eher behaviouristisch ausgerichtete Annahmen und Erkenntnisse kommen darin überein, daß nicht verarbeitete Schuld ein schwer belastendes Phänomen ist: Ich meine damit entweder Schuldgefühle, mit denen man sich nicht konfrontiert und die man nicht klärt, oder auch eine verleugnete Schuld, die ein Schuldgefühl gar nicht mehr aufkommen läßt. Solche nicht verarbeitete Schuld beschädigt elementar oder verhindert gar Selbstvertrauen, Selbstwertgefühl und Verantwortungsfähigkeit und damit das Fundament demokratischer Einstellungen. Sie entzieht damit einem demokratischen Grundkonsens den Boden.

Die anthropologisch-psychologische Prämisse dieser Grundthese ist, daß ein Selbstwertgefühl oder ein Selbstbewußtsein, wie immer man die Mischung emotionaler und kognitiver Anteile bezeichnet, nicht nur das Gefühl oder das Bewußtsein einer sektoralen technischen Fähigkeit, einer technischen Leistung oder Kompetenz, sondern die *ganze Person*, nämlich ihre umfassende moralische Fähigkeit umfaßt. Anders gewendet: Wer sich nicht nur technisch auf einem bestimmten Gebiet, sondern auch moralisch als Versager empfindet, dessen Selbstwertgefühl ist beschädigt. Zum Selbstwertgefühl gehört wesentlich das Gefühl einer gewissen moralischen Integrität. Das heißt nicht, daß man sich nicht schuldig gemacht haben darf. Sich schuldig zu machen gehört zur Endlichkeit des Menschen. Entscheidend ist, wie man mit der eigenen Schuld umgeht. Redliche Selbstprüfung, Reue, Umkehr und Wiedergutmachung sind die traditionellen Schritte, die Schuld nicht schwelen zu lassen, sondern durch ihre

Verarbeitung zu einer neuen Integrität zu finden, d.h. sich selbst zwar als im einzelnen fehlendes, insgesamt aber als moralisches Wesen zu bekräftigen.[16]
Sofern man diese Schritte nicht vollzieht, Schuld also nicht verarbeitet, verbleibt man im - oft nur halbbewußten - Zustand des grundsätzlichen Versagens gegenüber dem Anspruch der Moralität, akzeptiert man sich als grundsätzlich nichtgewachsen gegenüber den Aufgaben, die uns als Menschen gestellt sind. Und eben dies beeinträchtigt - gerade auch wegen der Undurchsichtigkeit der *Schuldlast* - das Selbstwertgefühl. Mehr noch: Diese nicht-verarbeitete Schuld bedroht uns von innen und macht uns Angst.
Damit ist erneut ein zentraler Punkt liberaler Demokratietheorie berührt, denn die traditionelle liberale Demokratietheorie geht, wie beschrieben, davon aus, daß das gesellschaftliche Zusammenleben sich einerseits auf der prinzipiellen Kooperationsbereitschaft und auf einem grundsätzlich vorhandenen gegenseitigen Wohlwollen und Vertrauen gründet (deswegen ist kein Staat als Leviathan nötig), daß es aber andererseits Kontrolle braucht und gegen Gefährdungen gesichert werden muß. Diese Gefährdungen erwartet die liberale Demokratietheorie von "außen", von äußeren Feinden oder von einzelnen Personen innerhalb der Gesellschaft, die sich aufgrund von Machtzusammenballungen willkürlich verhalten können oder die - bildlich gesprochen - als Diebe auftreten. Die liberalen Institutionen dienen dazu, das Vertrauen für das Zusammenleben und auch die Sicherheit dadurch zu erhalten, daß sie diese *Bedrohung "von außen"* abwehren, so daß die Furcht vor der Bedrohung das Vertrauen nicht zerstört, sondern Vertrauen und damit Freiheitsfähigkeit sowie alle weiteren darin eingeschlossenen Grundfähigkeiten bewahrt bleiben.
Eine Grunderfahrung des 20. Jahrhunderts ist jedoch - und dies gilt nicht nur für die Länder des ehemaligen Ostblocks, sondern auch für westliche Länder, nicht zuletzt für Deutschland und wohl auch für Österreich -, daß neben der Furcht vor dem äußeren Feind eine Angst bzw. eine diffuse Beunruhigung besteht, die von einem inneren Feind, der nicht verarbeiteten Schuld, ausgelöst wird. Gegen sie helfen keine äußeren Regelungen, die die Handlung des "Diebes" mit äußeren, rein institutionellen Mitteln eindämmen könnten, bzw. deren äußerliche Beachtung für das demokratische Zusammenleben ausreichte. Die *von innen kommende Beunruhigung*, d.h. die Gefährdung von Selbst- und Fremdvertrauen kann auch nur von innen behoben oder eingedämmt werden. Sicherheit wird hier nicht schon durch objektiv institutionelle Gewaltenteilung erreicht, sondern muß von jedem Menschen subjektiv für sich erarbeitet und aufgebracht werden. Damit gewinnt die subjektive Seite der Demokratie, die *politische Kultur*, ein zusätzliches Gewicht, das Fragen aufwirft, die zu einer Ergänzung oder sogar Veränderung der liberalen Demokratietheorie führen können.
Ob der Liberalismus nach dem Zeitenbruch von 1989/90 einkehrt, hängt deshalb entscheidend davon ab, ob es gelingt, neben der Einigung auf angemessene rechtliche, vornehmlich verfassungsrechtliche Regelungen und neben einem

[16] Vgl. dazu: Gesine SCHWAN, Die politische Relevanz nicht verarbeiteter Schuld. In: Wolfgang BENZ (Hg.), Jahrbuch für Antisemitismusforschung, Nr. 2, 1992, p. 282-297.

Wirtschaftsaufbau, der z.B. so einschneidende Probleme wie Langzeitarbeitslosigkeit erfolgreich anzugehen vermag, Formen des öffentlichen Umgangs mit der *Vergangenheit* zu finden, die die Verarbeitung von Schuld, die letztlich ein privat-persönlicher Vorgang bleibt, erleichtern und damit Vertrauens- und Kooperationsfähigkeit im Maßstab der Gesellschaft begünstigen. Solche Formen müssen einen Konsens über Gerechtigkeitskriterien fördern und darauf zielen, daß Vertuschen wie Anprangerung in gleicher Weise vermieden werden. Die Kunst liegt darin, der gleichsam natürlichen Feigheit entgegenzuwirken - etwa durch die Diskussion von gerichtlichen Prozessen, durch diesbezügliche publizistische Kontroversen, durch künstlerische Thematisierungen, durch eine *Erinnerungs- und Geschichtspolitik* - und zugleich das psychische Überleben der schuldig Gewordenen zu ermöglichen. Es geht vor allem darum, Mechanismen des Schuldigwerdens zu erhellen und für Wege der *Umkehr* gesellschaftliche Akzeptanz zu gewinnen. Das ist eine Aufgabe, die uns allen auferlegt ist, denn ohne die prinzipiell-menschliche Anteilnahme und Solidarität mit schuldig Gewordenen - die allerdings nie zur Ausblendung oder Bagatellisierung der Opfer führen darf - wird es kaum gelingen, die innere Angst zu überwinden. Sie wird sonst vielmehr über weitere Generationen ihr destruktives Werk fortsetzen und in immer verzerrterer Form und zunehmend unkenntlich ihr Unwesen treiben.

CHANCEN UND GEFAHREN DES EUROPÄISCHEN LIBERALISMUS VOR DER JAHRTAUSENDWENDE

Heinrich Schneider

Die nachfolgenden Bemerkungen sind keine Antithesen, schon deswegen, weil die Hauptthesen des Vortrags nach Meinung des Kommentators Zustimmung verdienen. So können zur Anregung der Diskussion lediglich einige *ergänzende* Hinweise präsentiert werden.[1]

I. Die ambivalente Renaissance des Liberalismus

Die Frage, unter welchen Bedingungen sich die liberale Demokratie in den mittel- und osteuropäischen Staaten stabilisieren läßt, verdient jene nachdrückliche Aufmerksamkeit, die Frau Schwan ihr widmet. Vielleicht ist es dennoch angebracht, das *Blickfeld* über Mittel- und Osteuropa hinaus auszuweiten. In der westlichen Welt gab es schon vor dem "Zeitenbruch" von 1989/90 die "Wiederkehr" einer Art von Liberalismus (wenn man den Ausdruck nicht mit jenen Konnotationen verbindet, die er in den USA hat). Einerseits kann dazu exemplarisch an die Projekte und die Politiken von Präsident Ronald Reagan (USA) und Premierministerin Margret Thatcher (Vereinigtes Königreich) erinnert werden: beiden war es um den *Abbau wohlfahrtsstaatlicher Einrichtungen* zu tun, um eine Revitalisierung des "selfmade man"-Prinzips im rauhen Wind verschärften Wettbewerbs. Andererseits hatte um die Mitte der achtziger Jahre Jacques Delors als EG-Kommissionspräsident sein Programm zur *"Vollendung des Binnenmarktes"* lanciert; es sollte einen neuen Impuls zur grenzüberschreitenden Durchsetzung liberaler Ordnungsprinzipien auslösen. Das Projekt wies zugleich auch dirigistische Elemente auf, und Sachkenner vermuteten oder wußten von vornherein, daß Delors eigentlich auf eine Wirtschafts- und Währungsunion sowie auf eine "Politische Union" abzielte, aber die Sache zunächst so darstellen mußte, daß auch Frau Thatcher daran Gefallen finden konnte. Dennoch nannte man die Binnenmarkt-Initiative "das größte Deregulierungsprogramm der Geschichte".

Das könnte die Frage nahelegen, ob nicht die Ereignisse des "Zeitenbruchs" einfach deswegen schlichtweg als Sieg des Liberalismus interpretiert wurden, weil schon vorher, sozusagen *innerwestlich*, ein Siegeszug liberaler Vorstellungen eingesetzt hatte. Aber gegenüber solchen Vermutungen ist Vorsicht am Platze, und zwar aus mehreren Gründen.

Erstens steht außer Zweifel, daß die *Vordenker* und die (gewaltlosen) Vorkämpfer der Überwindung des kommunistischen Totalitarismus selbst von liberalen

[1] Die hier vorgelegte schriftliche Fassung wurde beim Symposion um der Einhaltung des Zeitplans willen gekürzt vorgetragen.

Vorstellungen fasziniert waren. Es empfiehlt sich allerdings, etwas genauer zu betrachten, um was für eine Art von Liberalismus es sich dabei handelte. Zweitens hatten sich in der westlichen Welt - und zwar ebenfalls vor dem "Zeitenbruch 1989/90" - *Gegenbewegungen* zur Renaissance liberaler Vorstellungen entwickelt.[2] Die Kommunitarismus-Debatte war in den USA längst in vollem Gang. Sie stellte dem Leitbild der Marktgesellschaft ein Kontrastmodell gemeinschaftlichen Miteinanders gegenüber.
Allerdings ließ der Impetus dieser liberalismuskritischen Strömungen erst einmal nach, als die sogenannten "realsozialistischen" Systeme zusammenbrachen. Francis Fukuyama verlieh mit seiner These, nun habe kein Alternativkonzept zur liberalen Demokratie noch irgendeine welthistorische Chance, einer verbreiteten *Zeitstimmung* Ausdruck[3] - aber diese Stimmung enthielt auch Elemente der Hoffnung: man wußte sehr wohl, daß es nach wie vor auch besorgniserregende Kontrastmodelle zur liberalen Demokratie gab, etwa islamisch-fundamentalistische Systeme wie im Iran. Fukuyamas Parole "Don't worry!" klang tröstlich.
Mit anderen Worten: Die auf den ersten Blick so einleuchtende Meinung, der "Zeitenbruch" von 1989/90 hätte, weil er der Substanz nach vor allem den *Zusammenbruch des Kommunismus* dargestellt hat, zugleich einen Sieg des Liberalismus markiert, und zwar einen weltpolitisch eindeutigen (wenn nicht sogar, nach Fukuyama, endgültigen), ist etwas vorschnell. Es ist daher zwar durchaus angebracht, sich Gedanken über die Konsolidierung freiheitlich-rechtsstaatlicher Ordnungen in Mittel- und Osteuropa zu machen; aber dies ist nicht das einzige Problem, das uns in diesem Zusammenhang beschäftigen sollte.

II. Mittel- und Osteuropa angesichts der europäischen Integration

Der von Frau Schwan in erster Linie thematisierten Frage, wie sich die verfassungs- und gesellschaftlichen Zustände in *Mittel- und Osteuropa* entwickeln werden und was man tun kann, um eine gedeihliche Entwicklung zu fördern, d.h. insbesondere die liberale Demokratie zu konsolidieren, kann man auf unterschiedliche Weise nachgehen. Man kann sozusagen die Konsolidierung der demokratisch-rechtsstaatlichen Ordnung als eine *"innenpolitische"* Aufgabe der betreffenden Länder betrachten; dies ist die von Frau Schwan eingenommene Perspektive: sie deutet an, daß es einerseits um Verfassungspolitik, andererseits um Bildungs- und Kulturpolitik geht, und zwar im Sinne der Bemühung um Einstellungen und Geisteshaltungen, die eine liberale Demokratie braucht, um sich entwickeln und festigen zu können; die "kulturelle Liberalisierung" muß auf die Einstiftung und das Wachstum "demokratischer Tugenden" ausgerichtet sein.

---

[2] Vgl. etwa die Erscheinungsjahre folgender Publikationen: Michael SANDEL, Liberalism and the Limits of Justice, Cambridge/Mass. 1982; Robert N. BELLAH u.a., Habits of the Heart, New York 1986; Charles TAYLOR, Negative Freiheit? Zur Kritik des neuzeitlichen Individualismus, Frankurt/Main 1988.
[3] Francis FUKUYAMA, Das Ende der Geschichte, dt. München 1992. Der die These erstmals präsentierende Aufsatz war bereits vor der Wende des Herbsts 1989/90 erschienen.

Allerdings sollte dabei bedacht werden, daß die Reformstaaten sich nicht selbst überlassen sind. Ohnehin steht jeder Staat heutzutage in vielfältigen *Interdependenzen*. Insbesondere aber hat man in den Staaten Mitteleuropas die seinerzeit oft proklamierte "Rückkehr nach Europa" nicht nur als Annäherung an westlich-demokratische Leitbilder verstanden, sondern auch in einem prägnanten Sinn als Ankoppelung an die bis dahin auf Westeuropa beschränkte Integration.
Dies legt es nahe, darüber nachzudenken, wie sich erstens die *geistigen Beziehungen* zwischen den verschiedenen Teilen Europas entwickeln; ob es also eine Konvergenz der "Sinnwelten" und der Mentalitäten geben wird;[4] ob man Grundbegriffe und Leitworte der gesellschaftlichen und politischen Ordnung - wie "Civil Society", "Demokratie", "Rechtsstaat", "Pluralismus" u.s.f. - zunehmend ähnlich versteht und einschätzt, wie in Westeuropa, oder ob da Diskrepanzen Bestand haben oder gar zunehmen; vor allem aber: welches *"Europabild"* man in den Reformstaaten hat, wie man die politischen Verhältnisse in Westeuropa sieht und welche Vorstellungen über die Integration, über die Europäische Union und über ihre Politik in den Eliten und im allgemeinen Bewußtsein verbreitet sind.
Zweitens könnte sich die Beschäftigung mit der Frage lohnen, wie es um die *strukturelle Verknüpfung* zwischen West-, Mittel- und Osteuropa bestellt ist: inwieweit die bereits im Gang befindliche Einbeziehung einer ganzen Reihe von mittel- und osteuropäischen Staaten in den Integrationsprozeß Auswirkungen auf die verfassungs- und gesellschaftspolitische Entwicklung in diesen Staaten hat.
Zum erstgenannten Aspekt wäre es zunächst nicht uninteressant, sich die Befunde der *Meinungsbefragungen* anzusehen, also z.B. die Ergebnisse der im Auftrag der EU durchgeführten "Central and Eastern Eurobarometer"-Erhebungen. Sodann könnte man die *Parteienlandschaften* unter dem Gesichtspunkt programmatischer und pragmatischer Einstellungen zur Integration und zur EU in den Blick nehmen. Schließlich wäre es reizvoll, die in den Reformstaaten unternommenen Bemühungen zur *Politischen Bildung* im Hinblick auf die ihnen zugrundeliegenden Verständnisse der Demokratie und des Rechtsstaates sowie auch im Hinblick darauf zu betrachten, ob in ihnen auch ein bestimmtes Bild von Europa und von der staatenübergreifenden europäischen Zusammenarbeit vermittelt wird. Das alles soll hier nur angedeutet werden.[5]
Immerhin kann man, was die das politische Leben bestimmenden Kräfte betrifft, feststellen, daß sich da recht *unterschiedliche Einstellungen und Perspektiven* herausgebildet haben. Die Spannweite reicht von konservativ-katholischer Distanz (wie in Polen) über Positionen, die man "westlicher als der Westen" nennen könnte (wie etwa die Parole von der "Marktwirtschaft ohne Adjektiv" von

[4] Der Begriff "Sinnwelt" im Sinne von Peter BERGER / Thomas LUCKMANN, Die gesellschaftliche Konstruktion der Wirklichkeit, dt. Frankfurt/Main 1969 u.ö.

[5] Zu diesen Fragen wurden am Institut für Europäische Politik (Bonn) einige Forschungsvorhaben eingeleitet und z.T. abgeschlossen; siehe Barbara LIPPERT / Heinrich SCHNEIDER (Eds.), Monitoring Association and Beyond: The European Union and the Visegrád States, Bonn 1955, sowie demnächst: Susanne KLUNKERT / Barbara LIPPERT / Heinrich SCHNEIDER (Hg.), Europabilder in Politik und politischer Bildung - Ein Dialog zwischen Ost und West, Bonn 1996.

Václav Klaus) bis zur Wiederkehr von Nachfolgeparteien der früheren Kommunisten, die freilich nachdrücklich betonen, daß sie sich vom Totalitarismus distanziert haben, die pluralistische Demokratie anerkennen, aber eine soziale Alternative zum kruden Liberalismus und Konservativismus zur Geltung bringen wollen. Außerdem etablieren sich markant nationalistische Kräfte (wie etwa in der Slowakei). Noch ist nicht abzusehen, wie sich das Kräfteverhältnis zwischen diesen Strömungen entwickeln wird.
Bemerkenswerterweise sprechen sich jene politischen Kräfte, die sich aus den ehemaligen *Kommunistischen Parteien* entwickelt haben, recht unmißverständlich für die konsequente Einbeziehung ihrer Staaten in das Integrationssystem der Europäischen Union aus; man kann den Eindruck gewinnen, daß sie damit geringere Probleme haben als nationalistische Gruppierungen (was nicht besonders verwunderlich ist) oder als konservativ-katholische Kräfte (was westlichen Betrachtern immerhin die Erinnerung daran nahelegen mag, daß das Projekt der Integration zumindest anfänglich als eine Sache *christdemokratisch* orientierter Katholiken erschien und gelegentlich eben deshalb von links kritisiert wurde...).
Was den zweiten Aspekt betrifft, so haben die Assoziationspartner der Europäischen Union - neben den vier sogenannten Visegrád-Staaten Bulgarien und Rumänien, und in absehbarer Zeit wohl auch Slowenien und die baltischen Staaten - die Zusage, daß sie *Vollmitglieder* der EU werden können, wenn sie die strukturellen Voraussetzungen für die Erfüllung der Mitgliedschaftspflichten einlösen. Das ist eine Formel, die einige Untiefen andeutet; zu diesen *Voraussetzungen* gehört nicht nur die Fähigkeit der Volkswirtschaften, den Anforderungen der Binnenmarktdynamik standhalten zu können (was ohnehin recht massive Reformanstrengungen erfordert[6]), sondern auch die Bewältigung der Probleme, die sich in bezug auf die gesellschafts- und verfassungspolitische Konsolidierung stellen.[7]
Immerhin hat die Union selbst ihre Absicht proklamiert, die Entwicklung der Beziehungen zu den Assoziationspartnern auf das Ziel der Vollmitgliedschaft auszurichten. Eine Wirtschafts-, Gesellschafts- und Verfassungspolitik, die die Konsolidierung der Marktwirtschaft, des Rechtsstaates und der pluralistischen Demokratie sicherstellt, ist damit sozusagen auch zu einem *staatenübergreifenden Gemeinschaftsprojekt* geworden, und die Europäische Union hat sich zusammen mit ihren Mitgliedstaaten verpflichtet, bei der Realisierung in Solidarität behilflich zu sein. In den Assoziationsstaaten ist man allerdings, was das Ausmaß der Bereitschaft der EU zum solidarischen Engagement betrifft, eher *enttäuscht* (nach dem Motto: die Union gibt uns günstige Handelsbedingungen,

---

[6] Vgl. dazu das von der EG-Kommission vorgelegte Weißbuch "Vorbereitung der assoziierten Staaten Mittel- und Osteuropas auf die Integration in den Binnenmarkt der Union" vom 3. Mai 1995, Dok. KOM(95) 163 endg.

[7] Als die "*Süderweiterung*" der EG um Griechenland und die iberischen Staaten anstand, verlangte die EG nicht, daß die wirtschaftliche und politische Mitgliedschaftsreife vor der Aufnahme erreicht werden müßte, sondern stimmte der Aufnahme mit der Maßgabe zu, daß die entsprechenden Entwicklungen mithilfe von Übergangsregelungen und Gemeinschaftsaktionen sicherzustellen wären. Die "Verfahrenslogik" des Beitritts wurde also in bezug auf die mittel- und osteuropäischen Staaten sozusagen umgekehrt.

aber unter Ausschluß derjenigen Bereiche, in denen wir konkurrenzfähig wären).
Formelle Beitrittsverhandlungen sollen, nach den Vorstellungen der Union, aufgenommen werden, sobald die Arbeiten an der bevorstehenden *EU-Reform* (sie liegen in den Händen der 1996 zusammengetretenen Regierungskonferenz) abgeschlossen sind.

III. Die Pluralität liberaler Konzepte

"Liberalismus" war und ist von Haus aus eine Bezeichnung für politische Bewegungen und ihre Ideologien; der Plural legt es nahe, eher von "*Liberalismen*" zu sprechen. Der Themenkatalog von Frau Schwan lenkt das Augenmerk vor allem darauf, daß und wie man liberal-demokratische Verfassungszustände stabilisieren kann. In der Tat ist dies "nach einem vorhergehenden diktatorischen oder autoritären Regime" eine schwierige Aufgabe. Ihre Bewältigung erfordert es, daß es starke gesellschaftliche und politische Kräfte gibt, die sich ihr verpflichtet fühlen. In Ländern wie den unsrigen ist es eine gängige Vorstellung, daß liberale Ideen in die Programmatik und in das die Programmatik fundierende, auch unreflektierte Selbstverständlichkeiten umfassende politische Lebenswissen jener Kräfte und Gruppierungen eingegangen sind, die sich selbst *nicht* dem Liberalismus zurechnen und die auf Traditionen zurückgehen, die vor einigen Generationen noch den Liberalismus als ihren Gegner betrachteten (wie die Sozialdemokratie oder die christlichdemokratische Tradition).
Kann man diese *"Verallgemeinerung"* liberaler Prinzipien und Perspektiven, also ihre Übernahme durch Kräfte und Gruppierungen, die von Haus aus nicht dem Liberalismus verpflichtet waren, auch in Mittel- und Osteuropa wahrnehmen oder erwarten? Ist die Ablehnung der im "Zeitenbruch" überwundenen kommunistischen Systeme gleichsam ein über die sonstigen Differenzen und Klüfte hinweg wirksames *Ferment* der Bejahung liberaler Prinzipien und Vorstellungen? Oder ist dazu das entschlossene Wirken ausdrücklich dem Liberalismus verpflichteter Kräfte nötig, sei es neben den anderen Strömungen und Parteien, sei es in diesen selbst? Und welche Art von Liberalismus wird von ihnen vertreten?
Schon in vorangehenden Beiträgen zu diesem Symposium ist deutlich geworden, daß es *unterschiedliche* Liberalismen gibt; im Eröffnungsvortrag von Wolfgang Mantl war davon die Rede, bei den Hinweisen auf die *österreichische* Tradition des Etatismus und auf den Vorrang des "Staatsvertrauens" vor dem "Marktvertrauen" und darauf, daß zu den Repräsentanten des Liberalismus in Österreich in hervorragender Weise die höheren Beamten gehörten. Dem gegenüber ist der für die *angelsächsischen* Länder typische Liberalismus die Ideologie und vor allem die Haltung einer politisch selbstbewußten Gesellschaft, die als "Civil Society" das "Government" als ihre "res publica" betrachtet. Anders ist es dort, wo der Liberalismus gegen einen übermächtigen Obrigkeitsstaat artikuliert wird; dort bemüht sich das Bürgertum entweder, den bestehenden Verhältnissen eine Kontrastideologie entgegenzustellen; oder aber es findet sich mit

dem Staat ab und richtet sich in ihm ein, wenn es gelungen ist, ihm gewisse liberale Errungenschaften abzuringen.
Selbstverständlich ist diese Gegenüberstellung idealtypisch stilisiert; aber sie ist kein bloßes Phantasieprodukt, weil man auf *markante Objektivierungen* und auf historische "fundamenta in re" hinweisen kann: Otto Hintze hat seinerzeit zwei Typen der spätmittelalterlichen Verfassung gegenübergestellt und gemeint, je nachdem ob ein Territorium zum karolingischen Reichsverband gehört hätte, sei es zu einer unterschiedlich tiefgehenden Rezeption des Römischen Rechts sowie zu je spezifischen Entwicklungen des Lehenswesens und der Militärverfassung gekommen, die öffentliche Verwaltung habe entweder ein staatsbürokratisches Gepräge erhalten oder ein ständisch-eigenständiges fortführen können.[8] Jürgen Habermas hat im Blick auf das Aufklärungszeitalter zwei Typen bürgerlichen Naturrechtsdenkens kontrastierend miteinander verglichen; in der einen Version ist die vernünftige Ordnung das Werk herrschaftlich gestaltender Politik; die Erfordernisse der vernünftigen Natur müssen gegen die naturwüchsige Unvernunft durchgesetzt werden, und dazu ist sozusagen eine höhere Ordnungsmacht notwendig; in der anderen kommt die vernünftige Natur dann zu ihrem Recht, wenn die politische Macht in den Dienst des im Grunde naturwüchsig gewachsenen "ordre naturel" gestellt wird.[9]
Wenn man sich unter diesem Gesichtspunkt die Träger der "friedlichen Revolutionen" in Mitteleuropa in den Blick nimmt, wird man gewahr, daß sie sich gegen einen übermächtigen, totalitären Herrschaftsapparat formierten und sich an einer Idee orientierten, die sozusagen als das "ganz Andere" zu den bestehenden Verhältnissen begriffen wurde; in der Prägung des Begriffs *"Antipolitik"* kommt das deutlich zum Ausdruck.[10] Gleichwohl bedeutete dies nicht eine rationalistische Konstruktion, wie man sie an "doktrinären" Liberalismen beobachten kann, die gleichsam antithetisch einem obrigkeitsstaatlichen Absolutismus gegenübertreten, aber womöglich in der Denkform von ihm abhängig bleiben. Die Vordenker und Wortführer der "Bürgerbewegungen" hingegen wußten sich den Menschenrechten und der Idee der "Civil Society" verpflichtet.[11] Sie knüpften weniger an die national-etatistischen Traditionen des kontinentaleuropäischen Liberalismus an, sondern an die mit dem Begriff der Civil Society verknüpften

---

[8] Das Schlüsselmerkmal sah Hintze darin, ob die spätmittelalterliche Ständevertretung dem Dreikuriensystem oder dem Zweikammersystem entsprach: Otto HINTZE, Typologie der ständischen Verfassungen des Abendlandes. In: Ders., Staat und Verfassung, 2. A. Göttingen 1962, p. 120ff.

[9] Jürgen HABERMAS, Naturrecht und Revolution. In: Ders., Theorie und Praxis, Neuwied/Rhein-Berlin 1963, p. 52ff.
Daß diesen unterschiedlichen politischen Leitbildern, die grosso modo den Grundpositionen der französischen und der englischen Aufklärung korrespondieren, auch ästhetische Leitbilder entsprechen, wie z.B. am Kontrast zwischen dem französischen und dem englischen Garten erkennbar wird (vgl. Birgit WAGNER, Gärten und Utopien, Wien 1985), spricht für die Relevanz der Unterscheidungen.

[10] Vgl. György KONRAD, Antipolitik, Frankfurt/Main 1985.

[11] Vgl. u.a. Timothy Garton ASH, Ein Jahrhundert wird abgewählt, München 1990; Ralf DAHRENDORF, Betrachtungen über die Revolution in Europa, Stuttgart 1990; Krzysztof MICHALSKI (Hg.), Europa und die Civil Society, Stuttgart 1991.

angelsächsischen, die das "Civil Government" als eine Sache der Bürger verstehen, die einander als Rechtsgenossen anerkennen und besonders Vertrauenswürdigen aus ihrer Mitte die Befugnis übertragen, für die gemeinsamen, die öffentlichen Aufgaben Sorge zu tragen, ohne daß es dazu eine "Hauptverwaltung ewiger Wahrheiten" geben dürfte oder müßte.[12] Geben muß es aber "Civil" und "Civic Spirit", das Ethos der Eigenverantwortlichkeit und der Orientierung am Gemeinwohl, sowie die Toleranz. Die Bürgerinnen und Bürger (vor allem die heranwachsenden) können aber dieses Ethos nur in einer Gesellschaft leben lernen, die ihnen die Chance gibt, im überschaubaren Bereich eben diese "Tugenden" einzuüben und zu bewähren. Es kommt daher darauf an, welche Strukturen und "Bewährungsfelder" in der Gesellschaft selbst dafür entwickelt werden: in der Jugendarbeit, im Vereins- und Verbändewesen, im Schulleben (Einrichtungen der Schülermitverantwortung), in den Kirchen u.s.f.

Ob die mentale und institutionelle Verfassung sich dergestalt entwickelt, daß die Ideen der *Bürgerbewegung* und ihrer Vordenker das moralisch-politische Bewußtsein prägen können, ist eine heikle Frage.

Einerseits ist es offenbar zu einer Amalgamierung "alter" und "neuer" Eliten gekommen.[13] Zuweilen hat es den Anschein, als ob der Ideengehalt des Liberalismus auf die Überantwortung des gesellschaftlichen Prozesses an die Spontaneität der *Marktkräfte* durch einen moralisch abstinenten Staat eingeengt würde.[14] Wenn freilich die "Systemtransformation", die Realisierung einer Civil Society samt der ihr entsprechenden Ordnung des wirtschaftlichen, kulturellen und politischen Lebens nicht als ein solcher Vorgang der "Freigabe" an die Spontaneität der sozialen und ökonomischen Dynamik verstanden wird, sondern als ein schritt- oder stufenweiser, gelenkter Prozeß des geplanten Wandels, dann setzt eben dies eine aktive Rolle des *Staates* voraus, die ihrerseits ein etatistisches Politikverständnis nahelegt (wie das häufig der Fall ist, wo geplanter Systemwandel in Aussicht genommen wird).

Andererseits hat eine konsequente *Deregulierung* - zusammen mit dem Zerfall bisheriger wirtschaftlicher Außenverflechtungen - Rezessionen und Umstellungskrisen ausgelöst, die zwar erwartet werden mußten, deren Dauer man aber unterschätzt hat. Die Folgen in Gestalt von Wohlstandsverlusten, Arbeitslosigkeit, Vertrauensverlust in die Regierenden sowie genereller Zunkunftsunsicherheit haben zu einem Popularitätsrückgang liberaler Vorstellungen geführt.

---

[12] Das Konzept des "Civil Government" löste in England das Leitbild der "Ecclesiastical Polity" ab (Eric Voegelin hat das seinerzeit mithilfe der Gegenüberstellung von Richard Hooker und John Locke als Theoretikern des Gemeinwesens erläutert). Die Orientierung am Konzept der *Civil Society* ist in der Tat auch insofern aufschlußreich, als es den Bürgerbewegungen in Mitteleuropa ebenfalls um die Befreiung von einer Ideokratie zu tun war.

[13] Man hat von der Herausbildung einer "korporatistisch verflochtenen... Führungsschicht" als der neuen politischen Klasse mancher ostmitteleuropäischer Länder gesprochen: Gert MEYER, Die politischen Kulturen Ostmitteleuropas im Umbruch. In: Aus Politik und Zeitgeschichte, Ausg. B 10/1993 (5. März 1994), p.3ff., hier p.7.

[14] Daß das dem eigentlichen Gehalt des Liberalismus nicht gerecht wird, hat Erich Streissler des öfteren betont.

Überdies befinden sich liberale Vorstellungen und Kräfte in der Defensive gegenüber *nationalistischen* Integrationsideologien.

IV. Das Problem der nationalen Souveränität

Hier drängt sich ein Problem auf, das besondere Aufmerksamkeit verdient. Der "Zeitenbruch" brachte den osteuropäischen Völkern mit dem Zusammenbruch der kommunistischen Parteiherrschaft zugleich die Befreiung aus der Abhängigkeit von der *sowjetischen* Dominanzmacht. Diese war unter dem Titel des "Sozialistischen Internationalismus" propagiert und gerechtfertigt worden. So ist es nur zu verständlich, daß man auf die wieder errungene nationale *Souveränität* stolz war. Überdies lag es nach dem Zusammenbruch der bislang herrschenden Ideologie nahe, die Parole der nationalen Solidarität zur Überbrückung sozialer und anderer Klüfte und Zentrifugaltendenzen zu nutzen.
Aber gerade dort, wo politische Gemeinwesen national inhomogen sind, verführt Nationalismus zur *Illiberalität.* Um es mit den Worten von Ferenc Glatz darzulegen: Man habe 1919 beabsichtigt, die liberale Demokratie durch die "Schaffung von Nationalstaaten" zu etablieren; "doch waren diese neuen Staaten ethnisch ... kaum homogener als die territorialen Einheiten von früher, die zerschlagen wurden ... Die Staatsmacht baute sich so auf, als ob sie ein Nationalstaat wäre; in Wirklichkeit sind ... genau solche ... Vielvölkerstaaten entstanden,wie die (Donau-) Monarchie oder Rußland es gewesen waren" - allerdings kleinere.[15] Die Intention, das Problem durch das System der "Minderheitenverträge" unter der Ägide des Völkerbundes zu lösen, war nicht sonderlich erfolgreich. Für besonders problematische Regionen - allerdings nicht in Mitteleuropa - nahm man die Zuflucht zu dem, was heute als "ethnische Säuberung" bezeichnet und als Inbegriff der Inhumanität betrachtet wird; so sah das beispielsweise der Vertrag von Lausanne vom 30. Jänner 1923 vor.[16] Der Völkerbunds-Flüchtlingskommissar Fritdjof Nansen meinte, nur eine erforderlichenfalls unverzüglich und rücksichtslos durchzuführende Zwangsumsiedlung könnte Volkstums- und Konfessionskämpfe dort, wo sie eskalieren, beenden. Bald nach der Vorlage der entsprechenden Denkschrift erhielt er den Friedensnobelpreis.
Zur gleichen Zeit schrieb Richard Graf Coudenhove-Kalergi sein Buch "Paneuropa"; zusammen mit anderen sensiblen Geistern entwickelte er darin zugunsten der *Einigung Europas*, einen bedenkenswerten Gedankengang:[17] Schon einmal sei Europa der Gefahr der Selbstzerfleischung ausgesetzt gewesen, nämlich im Zeitalter der Konfessionskämpfe und Religionskriege. Überwunden habe

[15] Ferenc GLATZ, Territorium - Verwaltung - Nation. Historische Wurzeln der Nationalitätenkonflikte Mitteleuropas. In: Werner WEIDENFELD (Hg.), Demokratie und Marktwirtschaft in Osteuropa, Gütersloh 1993, p. 81ff., hier p.85.
[16] Vgl. Hans LEMBERG, "Ethnische Säuberung: Ein Mittel zur Lösung von Nationalitätenproblemen. In: Aus Politik und Zeitgeschichte, Ausg., B 46/1992, p. 27ff.
[17] Vgl. Richard N. COUDENHOVE-KALERGI, Paneuropa, Wien-Leipzig 1923, 4. A. 1926, p. 133ff.

man diese Gefahr dadurch, daß man sich zur Glaubensfreiheit durchrang und die Staatsgewalt den Konfessionsparteien entwand, sie sozusagen gegenüber den Glaubenskriegern in eine überparteiliche Position versetzte und zur Hüterin des Friedens und der Freiheit machte. Coudenhove wiederum meinte: diese Erfindung - wir dürfen wohl sagen: die des "Civil Government" - müßte im 20. Jahrhundert sozusagen ein zweites Mal zustandegebracht werden, und zwar nun zur Entmachtung der *Volkstumskämpfer*. Es gelte den Mißbrauch der Souveränität und der Gewaltmittel des Staates im Dienste des Kampfes eines Volkstums gegen ein anderes zu überwinden. Die *Staatshoheit* dürfe nicht mehr ein Unterdrückungsmittel im Konflikt von Nationen und Nationalitäten bilden. Anders als durch die Erhebung der obersten Rechtshoheit auf die Ebene der *Überparteilichkeit* sei das feindselige Gegeneinander der Nationalismen und der Nationalitäten nicht zu befrieden. Das ist ein seither weithin vergessenes, gleichwohl erinnerungswürdiges Argument zugunsten jenes Prinzips, das man im Zusammenhang der Europapolitik unserer Zeit die *Supranationalität* nennt.

Karl Jaspers hat alsbald nach dem Ende des Zweiten Weltkrieges diese Idee wieder vergegenwärtigt, mit seinem Wort: Europa müsse sich entscheiden, für die *Helvetisierung* oder für die *Balkanisierung*.[18] Das mag befremdlich klingen, wenn der *Nationalismus* Hochkonjunktur hat; aber was die *Balkanisierung* bedeutet, ist gerade in Südosteuropa wieder beklemmend deutlich geworden. Die Chance der Freiheit, ihrer Aufrechterhaltung und Fortentwicklung bietet die Helvetisierung wohl eher als die Balkanisierung, gerade in *Mittel-, Ost- und Südosteuropa*.

Westeuropa hat gezeigt, daß die *"Helvetisierung"*, die Entwicklung einer nationenübergreifenden Gemeinschaft, Erbfeindschaften überwinden und die Freiheit sichern kann. Gegenüber "nationalliberalen" Traditionen lohnt es sich vielleicht, an einen der großen Liberalen des 19. Jahrhunderts zu erinnern, an Lord Acton, und sein Dictum: "Das Zusammenleben verschiedener Nationen unter dem gleichen Staat deutet einen Stand größeren Fortschritts an, als die nationale Einheit, die das Ideal des modernen Liberalismus ist."[19] Vielleicht bedarf die übernationale Ordnung nicht der Staatsqualität im hergebrachten Sinn, um für das Miteinander auch von Nationen und Volksgruppen eine *Ordnung der Freiheit* zu ermöglichen.[20] Es könnte nötig werden, das Konzept der "Civil Society" in einem umfassenderen Zusammenhang, über das nationalstaatliche Souveränitätsdenken hinaus, neu zu formulieren - auch um die Bewahrung der Errungenschaften des Liberalismus unter den Bedingungen des 21. Jahrhunderts zu sichern.

---

[18] Zit. nach Denis de ROUGEMONT, Die sechs Prinzipien des Föderalismus. In: Neue Auslese (München), 3. Jg. Nr 6, Juni 1948, p. 1.

[19] Zit nach Ulrich NOACK, Politik als Sicherung der Freiheit - Nach den Schriften von John Dalberg-Acton, Frankfurt/Main 1947, p. 219.

[20] Vgl. Heinrich SCHNEIDER / Wolfgang WESSELS (Hg.), Föderale Union - Europas Zukunft? München 1994.

DER ZEITENBRUCH ALS SUCHE NACH DEN FEHLERN DES 20. JAHRHUNDERTS

Emil Brix

Wer den auf Europa und seine politischen und sozialen Strukturen konzentrierten geistes- und sozialwissenschaftlichen Diskurs der Jahre vor 1989 kennt, der kann zu dem Urteil gelangen, daß für niemanden der *Zeitenbruch* 1989/90 so überraschend kam, wie für jene Fachleute, deren Forschungsziel die Analyse der modernen europäischen Gesellschaften ist. Für die überwiegende Zahl der Politologen, Zeithistoriker, Systemanalytiker und Experten internationaler Beziehungen bestanden in den achtziger Jahren entsprechend ihren Kriterienapparaten und nach ihren Analysemethoden nicht die gesellschaftlichen Voraussetzungen für ein rasches Ende der totalitären kommunistischen Systeme Osteuropas. Erst im Nachvollzug der Ereignisse in den Straßen von Prag, Warschau, Bukarest, Sofia, Budapest und Moskau entstanden die Analysen der "*Implosion*" gesellschaftlicher Systeme, die an den langfristigen ökonomischen Prämissen gescheitert waren[1] .

Diese Kritik an den modernen Sozialwissenschaften scheint mir nicht nur als Befund der westlichen Wissenschaftslandschaft interessant, sondern auch als Hinweis darauf, daß die Einstellungen und Haltungen der Menschen Ostmitteleuropas in besonders auffallender Weise von den Institutionen abwichen und die *Entlegitimierung* des kommunistischen Systems weit fortgeschritten war. Innerhalb des politischen und ökonomischen Systems gab es nicht nur zunehmend geduldete Gegenwirklichkeiten, sondern es kam teilweise sogar zu einer Umkehrung der Vorstellungen über den Aufbau einer gesellschaftlichen Ordnung. Institutionen wurden als etwas Subjektives, Einstellungen von Menschen als etwas Objektives empfunden. Václav Havel sprach von der Notwendigkeit des Lebens in der Lüge (Institutionen) und von dem Bedürfnis des Lebens in der Wahrheit (individuelle Einstellungen der Menschen)[2]. Damit schufen die kommunistischen Regime nicht nur die Mentalität des "homo sovieticus"[3], dessen Überwindung nach 1989 zu einer politischen Hauptaufgabe der Reformdemokratien wurde, sondern sie verstärkten auch die in Mitteleuropa zumindest seit dem 19.

---

[1] Noch in den späten achtziger Jahren wurde in politikwissenschaftlichen Studien die zunehmende Beschäftigung mit dem Thema "Mitteleuropa" als blocküberschreitendes kulturelles Konzept kritisiert, das unrealistisch und destabilisierend sei. Siehe: Joseph ROVAN, Mitteleuropa gegen Europa. In: Sven PAPCKE / Werner WEIDENFELD (Hg.), Traumland Mitteleuropa? Beiträge zu einer aktuellen Kontroverse, Darmstadt 1988, p. 1-14.

[2] Václav HAVEL, Living in Truth, hg. von Jan Vladislav, London 1987.

[3] Zu dem Begriff des "homo sovieticus" siehe: Aleksander SMOLAR, Vom homo sovieticus zum Bürger. In: Transit, Heft 6, Frankfurt/Main 1993, p. 51-62.

Jahrhundert erkennbare Tradition, öffentlichen Institutionen mit einer grundsätzlichen Mentalreservation gegenüberzustehen[4].
Gesine Schwan betont in ihrem Beitrag zu Recht, daß in liberalen Demokratien eine ungefähre Entsprechung von objektiven Institutionen und subjektiven Einstellungen erforderlich ist. Damit wird aber klar, daß für liberaldemokratische Entwicklungen in den Reformstaaten eine doppelte *Mentalitätsänderung* erforderlich ist. Neben den Abbau des staatsgläubigen, verantwortungsscheuen "homo sovieticus" tritt der Aufbau des Vertrauens in die neuen demokratischen Institutionen.
Der unmittelbar nach 1989/90 für Ostmitteleuropa konstatierte Erfolg des Liberalismus beruhte auf der raschen Umwandlung der *Institutionen*, die einem revolutionären Gefühl des Neubeginns entsprang und in den folgenden Jahren mit dem Schlagwort der "Rückkehr nach Europa" legitimiert wurde[5]. Für eine kurze Zeit schien auch der Gedanke der *Solidarität*, der in der liberalen Opposition der achtziger Jahre präsent war, und in den ersten Monaten der Transformationen 1989/90 allgegenwärtig schien, das in liberalen Gesellschaften theoretisch und praktisch schwach entwickelte Gemeinschaftsgefühl zu bieten. Die *Entsolidarisierung* der neuen in ihrem Selbstverständnis bereits liberalen Gesellschaften setzte aber bereits im Zeitpunkt ihres Entstehens ein. Mit wem sollten die neuen Bürger solidarisch sein: Sollte es ein noch weitgehend unbekanntes Europa, sollte es die Gesamtheit der Reformländer, sollte es der Staat oder sollte es die Nationalgesellschaft sein; sollte es die Repräsentanten und offensichtlichen Nutznießer des alten Regimes und ethnische Minderheiten miteinschließen, oder sollte es nur die eigene engere Umgebung umfassen? Bei der Beantwortung dieser Fragen waren die liberalen Positionen zumeist einem *abstrakten Humanismus* verpflichtet, der nicht auf die - als Reaktion auf eine jahrzehntelange kommunistische Herrschaft und auf den ideologisch verordneten Internationalismus verständlichen - Vorstellungen nationalstaatlicher Souveränität und der Verarbeitung von Schuld Bezug nahm.
Gerade der Aufbau von Vertrauen in das neue politische System und seine Institutionen setzt die Auseinandersetzung mit *Schuld und Verantwortung* voraus. Gesine Schwan hat dies in ihrem Beitrag anhand einer psychologischen Darstellung der Verbindung von "Selbstwertgefühl" und "moralischer Integrität" verdeutlicht. Eine liberale Gesellschaft muß nach Kriterien der *Gerechtigkeit* organisiert sein, und dies betrifft nicht nur aktuelle soziale und wirtschaftliche Fragen. Je rascher und radikaler Transformationsprozesse ablaufen, desto wichtiger werden die Formen des öffentlichen Umgangs mit der Vergangen-

[4] Siehe: George SCHÖPFLIN, The Political Traditions of Eastern Europe. In: Stephen R. GRAUBARD (Ed.), Eastern Europe...Central Europe...Europe, Boulder-San Francisco-Oxford 1991, P. 59-94. Zu den österreichischen Traditionen vgl. Ernst BRUCKMÜLLER, Nation Österreich. Kulturelles Bewußtsein und gesellschaftlich-politische Prozesse, 2. A., Wien-Köln-Graz,1996.
[5] Einen ausgezeichneten Überblick über die Situation des Liberalismus in Ostmitteleuropa mit weiterführenden Literaturhinweisen gibt: Jerzy SZACKI, Liberalism after Communism, Budapest-London-New York 1995.

heit[6]. Die neuen demokratischen politischen Systeme Ostmitteleuropas konzentrieren sich ähnlich, wie dies nach 1945 in Deutschland und Österreich der Fall war, nicht auf Vergangenheits-, sondern auf Zukunftsbewältigung. Im Vordergrund stehen die institutionellen Änderungen, die Wirtschaftsreformen und die allgemeinen Lebensbedingungen. Im Hinweis auf die Bedeutung der Aufarbeitung der *Vergangenheit* könnte liberales Denken die west- und südeuropäischen Erfahrungen beim Übergang zur Demokratie ergänzend einbringen. Allerdings zählt die Beschäftigung mit der Vergangenheit bis heute eher zum Repertoire konservativer Weltanschauungen, und liberale Geschichtsschreibung hat sich in erster Linie dem *Fortschrittsgedanken* verschrieben.

Eine Analyse der Situation Ostmitteleuropas muß zunächst von der Prämisse ausgehen, daß die Revolutionen von 1989/90 in ihren angestrebten Zielen nicht "utopisch", sondern mit einem Wort von Jürgen Habermas "nachholend" waren. Nachgeholt werden die Durchsetzung der *Aufklärungsvorstellungen* des westeuropäischen 18. Jahrhunderts und die Vorstellungen einer *bürgerlichen Demokratie* des 19. Jahrhunderts. Dies geschieht aber im Bewußtsein der seither in anderen Teilen Europas gemachten Erfahrungen und in einem internationalen System, das eine globale Vernetzung anstrebt. Damit wird klar, daß eine Konsolidierung der liberalen Demokratie in Ostmitteleuropa nicht nur von den von Gesine Schwan skizzierten "inneren" Problemstellungen der Reformstaaten (Etablierung demokratischer Institutionen und Mentalitätsänderungen) abhängt. Die Entwicklungen in anderen Teilen der westlichen Welt und insbesondere in Europa besitzen eine zentrale Bedeutung für die Reformchancen. Dies gilt zunächst hinsichtlich der europäischen Integration, aber auch hinsichtlich des Verhältnisses zu Rußland. Wenn sich die Europäische Union auf keine verbindlichen Perspektiven der Osterweiterung einigen kann, werden in Ostmitteleuropa *nationalistische* Politikvorstellungen an Popularität gewinnen[7] .

Anders als im 19. Jahrhundert deutet sich derzeit politisch in keinem der Reformstaaten ein nationalliberaler Kurs an. Nationale Positionen werden überwiegend von *konservativen* und *postkommunistischen* Parteien eingenommen. In den liberalen Gruppierungen dominieren entweder Vertreter klassischer liberaler Marktwirtschaft oder liberale Intellektuelle, die sich der Idee der "civil society" verpflichtet fühlen[8]. In einer Entwicklung, die an die innenpolitische Situation Altösterreichs zwischen der Revolution von 1848 und der Entwicklung von modernen Massenparteien am Ende des vorigen Jahrhunderts erinnert, die aber wie in einem Zeitraffer abläuft, werden die "Altliberalen" der Revolution vor die Frage gestellt, ob sie eine Massenbewegung werden können und wie sie in

---

6 Siehe allgemein Margarete MOMMSEN (Hg.), Nationalismus in Osteuropa. Gefahrvolle Wege in die Demokratie, München 1992, sowie die Beiträge zum Thema "Rückkehr der Ge-schichte": Transit, Heft 2, Frankfurt/Main 1991.

7 Emil BRIX, Zur Philosophie des mitteleuropäischen Nationalismus. In: Synthesis Philosophica, Bd. 18, Heft 2, Zagreb 1994, p. 353-362.

8 Vgl. allgemein Krzysztof MICHALSKI (Hg.), Die liberale Gesellschaft, Stuttgart 1993.

ihrer Nationalgesellschaft eine bürgerliche Basis schaffen.[9] Die Erfahrung Westeuropas zeigt, daß die Etablierung und Erhaltung liberaler Demokratien nicht von der Bedeutung und innenpolitischen Stärke liberaler Parteien abhängig ist, sondern von der Außerstreitstellung liberaler Grundpositionen im gesamten politischen Spektrum. In dieser Hinsicht ist das schwache Abschneiden liberaler Parteien in einer großen Zahl der Wahlen seit 1989/90 nicht mit einer zunehmenden Ablehnung liberaler Werte gleichzusetzen, sondern ein Hinweis auf die teilweise Angleichung des Parteienspektrums an westeuropäische Muster[10]. Es bleibt allerdings die Frage offen, ob die rechtsstaatliche Demokratie institutionell und in den individuellen Einstellungen der Menschen schon so weit verankert ist, daß es einen *liberalen Grundkonsens* gibt, der auch Krisen im Transformationsprozeß übersteht.

Dabei muß zwischen den einzelnen Staaten, die auch in der Zeit ideologischer Gleichschaltung sehr unterschiedlichen gesellschaftlichen Traditionen verpflichtet waren, differenziert werden.Wenn auch in keinem der Staaten von einer Wiederkehr des Liberalismus gesprochen werden kann, so sind doch *liberale Traditionen* etwa in der Tschechischen Republik und in Ungarn weit stärker präsent geblieben, als in Bulgarien und in Rumänien. Die Rückkehr verdrängter und tabuisierter Teile der Geschichte Ostmitteleuropas in das öffentliche Bewußtsein ist in allen Reformstaaten evident[11]. In den letzten Jahren der kommunistischen Regime war dies ein Zeichen geduldeter oder im Bürgerprotest erstrittener Liberalisierung, danach eine Reaktion auf das ideologische Vakuum. Wenn auch die Dissidenten der achtziger Jahre in ihrem Protest überwiegend die klassischen liberalen Tugenden beschworen, so wurden dennoch nach 1989 die Straßen und Plätze in erster Linie nach *katholischen* Heiligen oder *nationalen* Helden umbenannt. Es gibt keinen gesicherten Kriterienkatalog, mit Hilfe dessen Symbolhandlungen als Gradmesser des Wandels im öffentlichen Bewußtsein untersucht werden können. Auffallend ist allerdings, daß, mit Ausnahme der polnischen Feiern in Erinnerung an die Verfassung vom 3. Mai 1791, in keinem der Staaten ein explizit liberales Ereignis zum Anlaß eines Staatsfeiertages wurde.[12]

---

[9] Zu den Besonderheiten der ostmitteleuropäischen "civil society" siehe: SZACKI, Liberalism, p. 90-109 (Anm. 5).

[10] Peter GERLICH / Fritz PLASSER / Peter A. ULRAM (Hg.), Regimewechsel. Demokratisierung und politische Kultur in Ost-Mitteleuropa, Wien-Köln-Graz 1992. Siehe auch Fritz PLASSER / Peter A. ULRAM (Hg.), Transformation oder Stagnation? Aktuelle politische Trends in Osteuropa, Wien 1993.

[11] Emil Brix, Die sogenannten "weißen Flecken" in der Geschichte Mitteleuropas im 20. Jahrhundert. In: Peter GERLICH / Krzysztof GLASS (Hg.), Der schwierige Selbstfindungsprozeß. Regionalismen-Nationalismen-Reideologisierung, Wien-Toruń 1995, p. 143-152.

[12] Ein mehrjähriges internationales Forschungsprojekt unter der Leitung des Autors befaßte sich mit dem Wandel *öffentlichen Gedenkens* in den mitteleuropäischen Staaten von der Mitte des 19. Jahrhunderts bis zur Gegenwart. Als eines der Hauptergebnisse ist eine auffallende Kontinuität der Funktionen und Rituale der Gedenktage trotz vielfacher Änderungen der Anlässe festzuhalten. Dies deutet auf eine Kontinuität der Mentalitätsmuster hin.

Die Hoffnung, die ich auch im Beitrag von Gesine Schwan feststelle, liegt nicht so sehr in einer Erwartung besonderer moralischer Qualität von Gesellschaften, die aus dem langen Leben in der Lüge lernen konnten, sondern in einem Vertrauen auf das *autonome Individuum*, das den liberalen Tugendkatalog - wenn es der Staat zuläßt - zur Grundlage seiner Entscheidungen macht. Aus diesem Katalog hält Schwan in der Zeit der Transformation den Aufbau von Vertrauen und Loyalität für wichtiger als die liberale Skepsis gegenüber der Wahrheit, das Mißtrauen gegenüber dem Staat und die Kontrolle seiner Institutionen.

Die Ideen des Liberalismus werden in den Reformstaaten generell mit der *Dynamik des Wandels* assoziiert, und damit erhält die weltweite Diskussion über den Liberalismus eine neue Dynamik. Er gilt zumindest vorübergehend nicht mehr als eine bloße allgemeine Lebenseinstellung der Offenheit, die im historischen Prozeß Demokratie, Rechtsstaat und Marktwirtschaft weltanschaulich begründet hat. Bereits Karl Mannheim hat festgestellt, daß die Übertragung von Ideen in eine andere soziale Umgebung deren Bedeutung und Funktion verändert[13]. 1989 formulierte John Gray, daß sich die Forschungsinteressen zunehmend der "Dekonstruktion" des Liberalismus als intellektueller Tradition zuwenden, um die Brüche, Unterschiedlichkeiten und historischen Bedingtheiten im liberalen Denken zu untersuchen[14]. Damit relativiert sich die populäre These vom "Sieg des Liberalismus" in den Staaten Ostmitteleuropas zur Formulierung der Perspektive, daß erstmals in der Geschichte Europas die Chance besteht, *rechtsstaatlich-demokratische Politikmuster* in allen Staaten zu etablieren.

Der sogenannte *Sieg des Liberalismus* besteht darin, daß es erstens gelungen ist, die Unsicherheit und Anonymität der Marktwirtschaft trotz der damit verbundenen neuen Ungleichheiten der Lebenschancen und vorübergehenden individuellen Nachteile politisch mehrheitsfähig zu machen und zu erhalten, und zweitens den Markt der politischen Meinungen von konservativ über liberal bis zu sozialistisch zu öffnen.[15] Dieser Erfolg, der trotz zahlreicher Probleme unumkehrbar erscheint, deutet darauf hin, daß entweder die Mentalität der Bevölkerung Ostmitteleuropas sich trotz all der unterschiedlichen historischen Erfahrungen nicht prinzipiell von Mentalitätsmustern westeuropäischer Prägung unterscheidet oder der wichtige Prozeß der mentalen Gewöhnung an die "neuen" Verhältnisse erfolgreich verläuft. Wie in vielen anderen gesellschaftlichen Phänomenen der *mitteleuropäischen Kultur* scheint mir aber auch in dieser Frage kein Entweder-Oder vorzuliegen, sondern eine im kollektiven Bewußtsein der Menschen dieses Raumes aufgrund der permanenten Notwendigkeit, (historisch

---

13 Karl MANNHEIM, The Problem of a Sociology of Knowledge. Essays on the Sociology of Knowledge, London 1952, p. 188.

14 John GRAY, Liberalism. Essays in Political Philosophy, London 1989, p. 262.

15 Guido de Ruggiero nennt in seiner Studie der Geschichte des Liberalismus als entscheidendes Kennzeichen die Tatsache, daß die liberale Demokratie auf dem *Wettbewerb* der politischen Meinungen beruht und nicht von der spezifischen Zusammensetzung einer Regierung oder von der Stärke politischer Parteien abhängt. Guido de RUGGIERO, The History of European Liber alism, Boston 1955.

und aktuell) mit Vielfalt umzugehen, verankerte Fähigkeit zur raschen Akkulturation.
Gesine Schwan hat sich in ihren Ausführungen auf den Mentalitätswandel konzentriert und keine institutionellen Empfehlungen abgegeben. Dies ist nicht nur sympathisch, sondern auch eine Art von Hinweis auf die Tatsache, daß es in *liberalen Gesellschaften* vor allem wichtig ist, wie der Geist der Gesetze und die Aufgaben der Institutionen im *Alltag* umgesetzt werden. Der Schein der Rechtsstaatlichkeit wurde auch im "Dritten Reich" und in den kommunistischen Regimen Ostmitteleuropas lange Zeit gewahrt, aber er diente nur zur Verwirklichung totalitärer Ziele, für deren Akzeptanz teilweise auf ältere Mentalitätsmuster der Menschen Rücksicht genommen wurde. Entscheidend blieb in beiden Totalitarismen das Ziel der Schaffung eines "neuen Menschen". Gerade diese verhängnisvolle Zielsetzung sollte nach der Zeitenwende 1989/90 vermieden werden. Mentalitäten können teilweise mit Hilfe von Institutionen geändert werden, aber entscheidend bleibt ein liberaler Grundkonsens, der sich in der Menschheitsgeschichte immer nur dann über längere Zeiträume verwirklichen ließ, wenn für eine Mehrheit der Menschen einer Gesellschaft eine glaubhafte Perspektive der Verbesserung der eigenen *Lebenschancen* bestand. An dem Beitrag, den der *Liberalismus* bei Erfüllung dieser Aufgabe in Ostmitteleuropa in den nächsten Jahren leisten kann, wird sich seine zukünftige Bedeutung und Funktion auch im *politischen Leben* entscheiden.

Zur Diskussion

Die Zeit nach 1945 und nach 1989/90 legte auch die *moralische* Tiefenstruktur der häufig nur politisch und wirtschaftlich abgehandelten Probleme frei. Die Referentin Gesine Schwan verstand es, über die Alltagsdiskussionen in diese Tiefendimension vorzustoßen und die Frage der *Schuldverarbeitung* als ein besonders wichtiges Thema herauszustreichen. Christian Watrin und ähnlich Oswald Panagl fragten nach den praktischen Anleitungen. Watrin wies auf den *Markt der Tugenden* hin, daß eben Marktbeziehungen Glaubwürdigkeit, Kredit und Vertrauenswürdigkeit nicht nur voraussetzen, sondern selbst auch produzieren. Panagl betonte, daß Schuldverarbeitung kein *Oktroi* sein dürfe.
Die Gefahr des politischen *Moralisierens* und eines gewissen Doktrinarismus etwa auch in bezug auf den Markt - während doch eher Mischsysteme mit einer sinnvollen Rolle des Staates die historische Realität seien - lagen Peter Koslowski am Herzen.
Johann Baptist Metz unterstrich, welches Problem die "ungeheure Zahl der Mitläufer" darstelle, die gerade auch am Triumph der *Vergeßlichkeit* interessiert wären.
Von dieser Dominante der Diskussion abweichend, wies Erich Streissler auf die Erkenntnis hin, daß im menschlichen Leben verschiedene *Rollen* zu erfüllen seien. So sei für den *politischen* Liberalismus die Sicherheit wichtig, für den *wirtschaftlichen* die Unsicherheit und die Risikobereitschaft. Wirtschaftliche Beziehungen könnten sich in einem von Emotionalität freien und anonymen Raum durchaus entfalten, während das politische System emotionale Bindungen brauche. Für die Referentin stellte sich dennoch das Problem der *personalen Integration* der verschiedenen Rollen und der Prioritätensetzungen. Sie bezweifelte auch die Kraft des Marktes, die moralischen Fundamente der Gesellschaft zu produzieren. Wolfgang Mantl behauptete, daran anknüpfend, daß die Entfaltung der Persönlichkeit außerhalb des Marktes und vor dem Eintritt in Marktbeziehungen bewirkt werden müsse (in Familie, Schule etc.). Mit Heinrich Schneider - gegen diesbezügliche Skepsis Gesine Schwans - vertrat Mantl die Auffassung, daß *Deregulierung* (Abbau der Regelungsdichte) durchaus ein liberales Konzept sei.
Nahm in den Ausführungen der Referentin die Betonung von Loyalität und Vertrauen einen wichtigen Platz ein, so unterstrich Steven Beller den liberalen Erfahrungscode, daß menschliches Zusammenleben auch *Skepsis* gegen Wahrheitsansprüche, Mißtrauen gegen den Staat und Furcht vor der Tyrannei der Mehrheit brauche. Eine zu starke Betonung des Vertrauens führe geradezu vom Liberalismus weg.
Mit großem Engagement unterstrich Gesine Schwan abschließend noch einmal, daß bei *Geschichtsmanipulationen*, wie sie etwa De Gaulle mit der französischen Geschichte vorgenommen habe, der Akt der Umkehr und Sühne unerläßlich sei, um psychische Deformierungen über Generationen hinweg zu vermeiden. Das deutsche und das serbische Beispiel zeige, wie bedenklich die Umdeutung der

Täterrolle in eine *Opferrolle* sei. Die Referentin warnte auch - gegen Peter Koslowski gewandt - vor der Entschuldigungsfunktion des Wortes "Verhängnis", also der Relativierung und Bagatellisierung der Schuld durch den Hinweis auf den *Verhängnischarakter* historischer Prozesse.

XI.

Ost-West-Differenzen in der bürgerlich-liberalen Gesellschaft und im Rechtsstaat?

Zusammenfassung der Beiträge der Podiumsdiskussion

Die aktuellen *Liberalismusdiskussionen* in Europa sind ein Ausdruck der Hoffnung, daß nach der Zeitenwende 1989/90 auch im ehemaligen "Osten" Europas Rechtsstaatlichkeit und Demokratie auf liberaler Grundlage etabliert werden können. In Ergänzung der thematisch geordneten Beiträge dieses Buches über Perspektiven und Tendenzen des Liberalismus wird daher an den Schluß die Zusammenfassung einer Podiumsdiskussion gestellt, die Intellektuelle aus mitteleuropäischen Staaten im Rahmen des Symposions im Mai 1995, das dieser Publikation zugrundeliegt, mit der Frage konfrontierte, wie sie die Voraussetzungen und damit auch die *Chancen liberaler Politik* in den *Reformdemokratien* beurteilen. An der Diskussion über Ost-West-Differenzen des Liberalismus nahmen unter der Leitung des Wiener Rechtswissenschafters Manfried Welan, der einleitend ein kritisches Bild der österreichischen politischen Kultur entwarf, die ehemalige Sozialministerin und derzeitige Botschafterin der Republik Slowenien in Österreich Katja Boh, der tschechische Historiker Otto Urban, der ungarische Historiker Zoltán Szász, der polnische Kunsthistoriker und ehemalige Bürgermeister von Krakau Jacek Wozniakowski und der Schweizer Zeithistoriker Urs Altermatt teil. Die folgende Zusammenfassung dokumentiert in gekürzter Form unterschiedliche Ansichten und Beurteilungen von Personen, die sich alle liberalen Grundsätzen verpflichtet fühlen, aber aus der Perspektive ihrer individuellen Erfahrungen unterschiedliche Schwerpunkte setzen und unterschiedliche Perspektiven entwickeln. Es entsteht daraus ein Bild der *Vielfalt*, das auch darauf verweist, wie sehr die komplexe Geschichte der Nationen und Staaten dieses Raumes das individuelle Bewußtsein seiner Bewohner geprägt hat.

Manfried Welan:

Liberale sind in *Österreich* sympathisch, aber sie haben es nicht leicht. Die großen österreichischen Freiheitsdenker wie Ludwig von Mises, Friedrich August von Hayek, Hans Kelsen und Karl Popper haben nur ihre Jugend in Österreich verbracht. Sie erlebten die für die höheren Schichten *liberale Donaumonarchie*, die sicher keine Demokratie, aber ein relativ verläßlicher *Rechtsstaat* war. Wie viele ihrer Generation, welche der *katholischen* Kirche fernstanden, waren sie zunächst dem *Sozialismus* näher. Aber alle diese berühmten Liberalen gingen von Österreich fort. Man hat sie von Zeit zu Zeit nach dem Zweiten Weltkrieg wieder eingeladen, aber nie wirklich nach Österreich zurückgeholt. Das hat seinen guten Grund. Da ich in der Österreichischen Volkspartei in den achtziger Jahren jahrelang Plädoyers für Freiheitsforschung und Freiheitspolitik gehalten habe, weiß ich davon ein Lied zu singen. Auch unter ihren Funktionären und Mandataren fand ich nicht selten eine Auffassung, die im Zusammenhang mit der Diskussion über die ökosoziale Marktwirtschaft so umschrieben werden könnte: "Ökosozial ist gut, aber sagen Sie bitte, was ist Marktwirtschaft?" *Marktwirtschaft und Wettbewerb* werden für die Tätigkeit der

anderen zwar oft gefordert, für die eigene aber Intervention und Subvention. Aufgrund vieler Erfahrungen habe ich einmal, einen Satz Arthur Schnitzlers variierend, für Österreich festgestellt: "Wir alle sind Sozialisten, wer es weiß, ist klug." Damit wollte ich sagen, daß es Sozialisten in allen Lagern gibt und daß aus diesem Wissen manche besonderen Nutzen ziehen. Dabei sind unsere Grundsätze und Grundrechte, besonders in der Verfassung und im Allgemeinen Bürgerlichen Gesetzbuch durchaus liberal.
Die *Freiheitsbewegungen* in Mittel- und Osteuropa haben diesen Kontinent wieder zum Kontinent der Freiheit werden lassen. Dem Weg zur Knechtschaft folgen viele Wege zur Freiheit. Schon in den späten siebziger und frühen achtziger Jahren war es notwendig geworden, Österreich freier zu machen: "Mehr privat, weniger Staat, weniger Steuern" war ein Ziel. Leider wurde dieses Ziel nur zum Teil, etwa über die Steuerreform 1988, erreicht. Die Sanierung der Budgets, der Abbau der Staatsschulden, die Reform und Finanzierung des Bildungs- und des Sozialwesens, des umfassenden Umweltschutzes und der umfassenden Landesverteidigung, die Frage der Altersversorgung - das alles ist als Problemberg liegengeblieben, sodaß Politik immer mehr zur *Vergangenheitsbewältigung* wird.
Eine komplexe Welt voll komplizierter Ungewißheit und Unsicherheit verlangt eine neue *Ordnungspolitik der Freiheit*. Es geht global, national und regional um viele neue Wege und Systeme der Selbstregulierung und Koordination. Freiheitsforschung kann zur Suche beitragen. Sie hat in Österreich kaum begonnen. Hierzulande hängen fast alle am Begriff der sozialen Gerechtigkeit, auch wenn er leer ist, worauf schon Hans Kelsen und Friedrich August von Hayek hingewiesen haben.
Da sich aber die Anmaßung von Wissen und der gesellschaftliche Konstruktivismus als fataler intellektueller Irrtum und als der größte Machtmißbrauch aller Zeiten erwiesen haben, ist *Bescheidenheit* am Platz und damit die Chance zur *liberalen Renaissance* auch in Österreich gegeben. Der neue Grundkonsens könnte lauten: "Wir alle sind Liberale, und jeder von uns weiß, daß es niemanden gibt, der weiß, wie und wo es weitergeht." Jeder Mensch ist zur Selbstbestimmung und zum Lernen fähig, weiß, was ihm frommt, und trägt die Verantwortung für die eigene Lebensführung. Ein Blick auf unsere Nachbarstaaten und auf uns selbst läßt erkennen, daß Österreich freier werden kann. Der liberale Nachlaß Altösterreichs sollte endlich in unserer Republik zum liberalen Erbe werden, das im Grundkonsens vermehrt und vertieft wird. Die *Unwissenheit* in bezug auf die Zukunft ist unser aller Problem. Friedrich August von Hayek argumentierte für die individuelle Freiheit vor allem aus dieser Erkenntnis der Unwissenheit. Wenn man weiß, daß wir wenig wissen und daß auch niemand weiß, was uns als einzelnen gut tut, ergibt sich die individuelle und politische Freiheit als Postulat der praktischen Vernunft. Der Mensch ist informationsarm und neigt zum Irrtum. Deshalb muß das Recht individuelle Freiheiten gewähren und gewährleisten und die Grenzen dieser Freiheiten gegeneinander genau abstecken und gegenüber Eingriffen schützen. Nur so ist die Grundlage für die Demokratie gegeben.

Wie jeder *Wettbewerb* dient auch der politische als Entdeckungsverfahren der Nutzung des weitverstreuten Wissens. Durch die individuelle Freiheit und den politischen Wettbewerb und damit durch den Verzicht auf die Fremdbestimmung des Individuums kann eine Gesellschaft freier Menschen koordiniert und kooperierend von viel mehr Informationen und Kenntnissen Gebrauch machen als jede andere. Auch Hans Kelsen geht von unserer Unwissenheit aus. Wenn es nicht möglich ist, absolut gültige Normen zu erkennen, so ist es auch nicht möglich, ein absolut gültiges Kriterium für die Entscheidung von Konflikten zwischen entgegengesetzten Interessen und Idealen zu finden. Daher kann nur entweder das eine Interesse auf Kosten des anderen befriedigt oder ein Kompromiß zwischen beiden herbeigeführt werden. Wenn sozialer Friede als höchster Wert vorausgesetzt wird, muß die *Kompromißlösung* oder die *Mehrheitsentscheidung* als gerecht erscheinen. Diese Lösungen sind Ausdruck der *Toleranz*, und Toleranz ist nicht zuletzt aufgrund unseres beschränkten Wissens anderen gegenüber notwendig.
Karl Popper hat die alte Frage "Wer soll regieren?" durch eine neue ersetzt: "Wie kann man eine Regierung einigermaßen unter Druck halten, daß sie nicht allzu schlimme Dinge tut?" Seine Antwort dazu war immer: "Indem man sie absetzen kann." Es geht ihm also um *politische Einrichtungen*, in und unter denen schlecht Regierende *möglichst wenig Schaden* stiften können. Unsere Verfassung enthält auf allen Ebenen, von der Gemeinde angefangen, über das Land, bis zum Bund ein *Wahlrecht* nach dem Grundsatz der *Verhältnismäßigkeit*. Dieses ermöglicht nur ganz selten die Absetzung der Regierung. Es hängt weitgehend von den jeweiligen Parteiführungen ab, welche Gruppen miteinander koalieren und die Regierung bilden und welche Gruppen die Opposition übernehmen. Wir haben zwar ein gut durchdachtes System von Institutionen, das es möglich macht, den Machtgebrauch zu kontrollieren, Mißbräuche hintanzuhalten und möglichst auszuschließen, daß schwache oder schlechte Politiker einen allzu großen Schaden stiften. Aber Absetzung durch Wahl ist schwer möglich. Bestenfalls geht es beim Stimmzettel um Denkzettel. So überträgt eine Verfassung letztlich alles oder zumindest vieles den Menschen, die an der Spitze stehen. Sie müssen ständig bereit sein, aus ihren Irrtümern und Fehlern zu lernen. Sie müssen die *Gesprächskultur* und die Ausdauer entwickeln, ständig Verbesserungen durch *Einigungen* zu suchen.

Katja Boh:

Der Liberalismus besitzt in *Slowenien* keine sehr starke und lange Tradition, und es wurde ihm außerdem immer mit gewissem Abstand und Mißtrauen begegnet. Das gilt nicht nur für die Zeit des kommunistischen Regimes. Das Mißtrauen gegenüber dem Liberalismus hat tiefere Wurzeln und hängt vielleicht auch damit zusammen, daß Slowenien der *Habsburgermonarchie* angehörte, die als *Erzfeind des Liberalismus* galt. Die Vorstellung von einem Liberalen war immer die einer Person, sozusagen eines *freischwebenden Intellektuellen* ohne feste politische Orientierung, atheistisch und der freien kapitalistischen

Wirtschaft zugetan. Dieser Liberale wurde toleriert, aber er genoß nie sehr hohes Ansehen.
Auch die letzten fünfzig Jahre haben nicht zu einer Rehabilitierung oder Aufwertung des Liberalismus beigetragen. Im Gegenteil, alle Werte des Liberalismus standen im absoluten Gegensatz zu allem, was vom *Kommunismus* propagiert und hochgelobt wurde, z.B. der Kollektivismus, die Herrschaft einer Partei ohne jegliche bürgerliche Kontrolle, die Planwirtschaft und vieles mehr. Die liberalen Werte dagegen wurden verschmäht, verpönt und natürlich verboten, das ist bekannt. Weniger bekannt aber ist die Tatsache, daß auch nach der Wende, nach der Umbildung der politischen Landschaft und der Etablierung demokratischer Institutionen das *Mißtrauen* gegenüber dem Liberalismus noch immer haften blieb. Das spiegelt sich nicht zuletzt in der Struktur der Parteienlandschaft und in den Programmen der verschiedenen Parteien wider, die, auch wenn sie es nicht deutlich aussprechen wollen, doch bemüht sind, zu beweisen, daß sie sich nicht ganz dem Liberalismus verschrieben haben, beziehungsweise daß sie nicht bereit sind, ihre Ziele - gemeint sind hauptsächlich sozialpolitische Ziele - denen der kapitalistischen freien Marktwirtschaft unterzuordnen. Das gilt auch für jene Parteien, die sich liberal nennen.
Ich kann natürlich nicht für alle mitteleuropäischen Staaten sprechen, weil ich die Verhältnisse dort nicht so gut kenne. Die *politische Landschaft* in diesen Ländern, und das gilt wahrscheinlich für alle, ist jedoch ziemlich verwirrend. In Slowenien ist die stärkste Partei zur Zeit die "Liberale Demokratie", zu der auch und nicht zuletzt ein wesentlicher Teil der ehemaligen Sozialisten gerückt ist. Die Partei positioniert sich links der Mitte. Dort will sich aber auch diejenige sozialdemokratische Partei sehen, die ihre Wurzeln und auch ihre Mitgliederschaft aus der ehemaligen kommunistischen Partei bezieht. Die Liberalen Demokraten allerdings können sich nur dadurch behaupten, daß sie äußerst behutsam mit den Reformen umgehen und die Bevölkerung nicht verunsichern, auch wenn sie deswegen auf manche liberale Prinzipien verzichten müssen. Das ist auch der Grund dafür, daß die *Privatisierung* langsamer verläuft, als wir es uns wünschen würden, daß die staatliche Industrie weiter subventioniert wird und die Sozialabgaben weiter wachsen. Daneben gibt es aber in der slowenischen Parteienlandschaft noch eine zweite liberale Partei, die in Opposition zur regierenden liberalen Partei steht, sich um wesentlich radikalere Eingriffe in die Wirtschaft bemüht, aber wahrscheinlich deswegen auch keinen entscheidenden Einfluß auf die Politik ausübt. Ähnlich ist die Situation in den anderen Parteien, z.B. in der Sozialdemokratie. Wie in anderen mitteleuropäischen Ländern gibt es auch in Slowenien mehrere sozialdemokratische Parteien. Eine dieser Parteien möchte sich gerne links der Mitte sehen, die andere wird rechts der Mitte positioniert, obwohl sie dort nicht sein will, aber sie wird von den Medien und von einem Teil ihrer Mitgliedschaft dorthin gedrängt. Natürlich bedeuten diese Bezeichnungen *Mitte links - Mitte rechts* heutzutage nicht sehr viel und sagen nicht viel über die Grundprinzipien und deren Umsetzung in konkrete politische Programme aus; viel eher können sie irreführend sein.

Es kann also gesagt werden, daß es bei uns keine politische Partei gibt, in deren Programm nicht auch *liberale Elemente* entdeckt werden können, das gilt auch für die Sozialdemokratie und für die christlichen Parteien - was nicht unbedingt bedeutet, daß die genannten Gruppierungen nur und ausschließlich anhand pragmatischer Erwägungen handeln. Sie sind durchaus wertorientiert, aber alle Parteien müssen auf bestimmte aktuelle Probleme reagieren, und die Auswahl an Problemlösungen ist wahrlich nicht sehr groß. Es gibt mehrere theoretische Ansätze, aber in den Reformländern mangelt es an demokratischen politischen Traditionen und an politischer Kultur, oder diese Traditionen wurden für ein halbes Jahrhundert unterbrochen. Und es gibt außerdem keine erprobten Muster, keine Modelle, nach denen wir uns richten könnten.
Die Wende der neunziger Jahre ist eine große Herausforderung, aber ohne Beispiel in unserer Geschichte. Es wird versucht, das entstandene *Vakuum* durch die Übernahme westlicher Muster zu füllen - mit sehr unterschiedlichem Erfolg, geprägt durch die jeweiligen politischen, wirtschaftlichen und kulturellen Rahmenbedingungen in den verschiedenen Ländern: die psychische Bereitschaft der Menschen, ihre *Mentalität* und ihre historischen Erfahrungen. Die Zeitenwende ist nicht ein materielles Problem, sondern es ist vielmehr ein Problem der Mentalität der Menschen. Aufgrund der bisherigen Beobachtungen und Erfahrungen wage ich die Hypothese, daß sich der *Liberalismus* als neue Gesellschaftsordnung nicht nur in Slowenien, sondern auch in den anderen mitteleuropäischen Reformländern in absehbarer Zeit wahrscheinlich *nicht* durchsetzen wird. Es ist aber durchaus denkbar, daß *liberale Werte* in den politischen Programmen und bei deren Implementierung größere Zuwendung finden werden, besonders dort, wo sie schon erworbene Rechte der Bevölkerung nicht in Frage stellen.

Otto Urban:

1. *Universalität und Liberalismus*: Wir haben bisher eher skeptische Stimmen gehört. Doch glaube ich, daß die Tatsache, daß sich die profiliert und ausdrücklich liberalen politischen Parteien heute nur mühsam und nicht überall durchsetzen können - egal, ob im Westen oder im ehemaligen Osten - noch nicht bedeutet, daß der Liberalismus zu schwach und wenig erfolgreich ist und daß wir auch weiter die *Perspektiven des liberalen Denkens und Handelns* eher pessimistisch beurteilen sollten. Gewiß besteht kein Grund für einen billigen Optimismus, der alles nur in schönen Farben sehen möchte. Auch heute kann niemand sicher Garantien geben, daß sich die verschiedenen Varianten der autoritären und totalitären Regime nicht wiederholen und so die Prinzipien des Liberalismus in der Praxis stark zurückdrängen. Wir dürfen nicht vergessen, daß die ganze Geschichte der Menschheit eine viel stärker illiberale Tradition aufweist und daß erst in den letzten zwei, drei Jahrhunderten der Liberalismus historisches Gewicht bekam.
Die Tatsache, daß in der Zeit der *Modernisierung* der Liberalismus eine entscheidende Rolle spielte, ist wichtig für die historische Bewertung des Liberalismus überhaupt. Nicht die liberalen Parteien oder Gruppen haben jeweils

gesiegt, sondern es siegte und siegt auch weiter der Liberalismus. Das liberale Denken brachte eine neue Auffassung des Menschen, der Gesellschaft und der Welt und spielte eine entscheidende Rolle bei der Proklamierung und Verteidigung der *Menschen- und Bürgerrechte*. Auf dem Gebiet des wirtschaftlichen und kulturellen Lebens brachte der Liberalismus die entscheidenden Impulse, die das moderne Leben mitgestalteten. Von extremen politischen Richtungen abgesehen, "durchzog" der Liberalismus mit der Zeit viele andere politische Strömungen und beeinflußte ihre Tätigkeit. Fast jede der *politischen Parteien* der heutigen demokratischen Welt ist - wenn auch nicht dem Namen nach - liberal. d. h. sie akzeptiert und verteidigt die Grundideen des Liberalismus, wenn auch in stark modifizierten Formen und mit einem *"unechten" Vokabular*.

Selten finden wir in der Praxis den Liberalismus in einer komplexen "reinen" Form, viel öfter kommt er als eher "einseitige" Lehre vor (mit Betonung der wirtschaftlichen, kulturellen, rechtlichen oder politischen Seite), oder er erscheint in "unechten" Formen mit verschiedenen Beimischungen (nationalen, sozialen, etc.). Diese "*Verallgemeinerung des Liberalismus*" bedeutet einen wichtigen Durchbruch und den faktischen Sieg des Liberalismus.

2. *Zeitliche und räumliche Flexibilität*: Liberalismus oder Liberalismen? Die *Universalität* des Liberalismus hängt eng mit der zeitlichen und räumlichen *Flexibilität* zusammen. Deshalb sollten wir eher von Liberalismen in der Mehrzahl reden und zwar im zeitlichen sowie auch räumlichen Sinne. Wichtige Veränderungen brachten die Entwicklungen in der zweiten Hälfte des 19. Jahrhunderts. Der "alte" kämpferische Liberalismus der ersten Hälfte des 19. Jahrhunderts konnte sich in Westeuropa eher als geschlossene Bewegung profilieren und war auch als oppositionelle Richtung im Kampf mit dem *Konservativismus* der nachnapoleonischen Ära stärker und deutlicher ausgeprägt. Der siegreiche Liberalismus der zweiten Hälfte des 19. Jahrhunderts hatte schon eine wesentlich kompliziertere Position. Er hatte sehr viel auf allen möglichen Gebieten des öffentlichen Lebens geleistet, doch konnte er keine "ideale" Gesellschaft konstruieren und wurde zunehmend von verschiedenen Seiten als "konservativ" kritisiert. Gerade das war die Zeit, in der nicht wenige politische Parteien und Strömungen sehr viel vom Liberalismus übernommen haben.

Wichtig war in dieser Zeit auch die *Trennung* des Liberalismus als *philosophische* Weltanschauung von jenem der *parteipolitischen* Ideologie. Die Tatsache, daß sich nicht selten die liberalen Parteien in der politischen Praxis als "illiberal" zeigten, vertiefte nur die Kluft zwischen dem Liberalismus und dem liberalen Parteiwesen. Aus allen diesen und vielen anderen Gründen konnten sich die wirklich liberalen Parteien im 20. Jahrhundert nur schwer durchsetzen, und man sprach oft vom Ende des Liberalismus. Diese vorzeitige historische Abrechnung war nicht nur ungerecht, sondern entsprach auch nicht den historischen Tatsachen. Die neuere historische Entwicklung beweist, daß am Ende des 20. Jahrhunderts doch der Liberalismus wieder von neuem *gesiegt* hat. Trotz aller Schwierigkeiten und nach allen möglichen Peripetien können wir so das liberale Denken und Fühlen für eine *Konstante* oder für etwas fest Verwurzeltes halten. Der Liberalismus an sich kann vielleicht antiquiert sein, die Liberalismen, die in verschiedenen Gestalten immer wieder neu entstehen und eine wichtige Rolle spielen, dagegen nicht.

3. *Der Liberalismus und die tschechische Gesellschaft*: Die große Wende 1989 wurde *eindeutig* im Geiste der liberalen Gedanken vollzogen. In den kritischen Novembertagen haben parteispezifische Interessen oder parteiähnliche Strömungen keine Rolle gespielt. Sehr schnell bildete sich eine breite *Bürgerinitiative* mit allen möglichen inneren Richtungen und Gruppen. Das Gemeinsame und Bindende war die *Freiheit*: man wußte ganz genau, was man nicht wollte, und man deklarierte in den Straßen und auf den Plätzen den festen Willen zu einer freien *zivilen Gesellschaft* mit einem wirklich freien *demokratischen politischen System*. Als politische Philosophie und mehr noch als "menschliche Einstellung" zeigte sich in diesen Tagen der Liberalismus als lebensfähig und kräftig. In diesem Zusammenhang darf man nicht vergessen, daß nicht die unerträglichen wirtschaftlichen und sozialen Verhältnisse, sondern die moralischen und politischen Aspekte bei der Umwälzung die entscheidende Rollte spielten. Ohne große Übertreibung kann man also im Jahr 1989 von einem *großen Sieg des Liberalismus* sprechen.

Was noch wichtiger erscheint, ist die Tatsache, daß der Liberalismus lange Jahre vor 1989 und natürlich auch heute eine große Rolle spielte und spielt, wenn es auch nicht mehr so deutlich ist wie 1989. Ohne das liberale Gedankengut der letzten zwei, drei Jahrhunderte wäre die Bekämpfung und Beseitigung der *totalitären* politischen Systeme im Osten Europas undenkbar gewesen. Von westlicher Seite wird die Tatsache nicht so klar gesehen, was gelegentlich zu Fehleinschätzungen führt und politisch unrealistische Erwartungen hervorruft. Im Zusammenhang mit der jeweils spezifischen geopolitischen Lage und den verschiedenen historischen Traditionen entwickelt sich auch in einzelnen Ländern im Osten Europas die gesellschaftliche Situtation merklich verschieden. Die Veränderungen haben zwar eine gemeinsame Richtung, sie entwickelten jedoch von Land zu Land jeweils unterschiedliche Dynamik und konkrete Gestalt. So auch in Tschechien. Die *Tschechische Republik* hat heute eine *programmatisch liberale Regierung* und ist einer der wenigen Staaten, wo der Liberalismus "entscheidet". Die führende tschechische Koalitionspartei ODS und der Ministerpräsident Václav Klaus bekennen sich ausdrücklich zum Liberalismus. In der tschechischen Regierung sitzen auch nach den Parlamentswahlen vom Frühjahr 1996 liberale Ökonomen.

Selbstverständlich setzte sich der Liberalismus *nicht* als geschlossene und parteipolitisch einheitliche Strömung durch (in Prag bestehen immer noch zwei ausgesprochene liberale Parteien mit einem fast identischen Programm!). Man sucht geistige und politische Inspiration auf allen möglichen Seiten und in allen möglichen Zeiten. Die Situation ist nicht immer übersichtlich genug, alles ist noch in Bewegung und jeder Liberale in gewissem Sinne ein "Original" und eine Partei für sich selbst. Diese Tatsache müssen wir vor Augen haben, wenn wir uns im weiteren bemühen, *zwei Grundrichtungen* im politischen Liberalismus in der heutigen tschechischen Gesellschaft zu unterscheiden.

Die *erste Richtung*, die eben die *regierenden Liberalen* mit Václav Klaus an der Spitze repräsentieren, versucht vor allem in der *modernen liberalen ökonomischen Wissenschaft* passende theoretische sowie auch praktische Beispiele und Modelle zu finden. Diese Liberalen sind eindeutig gegenwartsorientiert und mit historischen Reminiszenzen fast überhaupt nicht belastet. In gewissem Sinne setzen sie aber doch eine fast hundertjährige, wenn auch mehrmals unterbrochene, Tradition fort. Jede historische Analogie dient eher als Beispiel und bedeutet eine Vereinfachung. Mit diesem Vorbehalt können wir die Aktivitäten der heutigen regierenden Liberalen mit den Aktivitäten der tschechischen liberalen Ökonomen mit Josef Kaizl an der Spitze vergleichen. Die tschechische liberale ökonomische Schule an der Wende des 19. zum 20. Jahrhundert war bildlich gesprochen eine "Klasse" der *österreichischen ökonomischen Schule*. Die führen-den Köpfe dieser Schule - neben Kaizl sei zumindest Albin Bráf genannt - waren eindeutig liberal, nicht nur auf dem Gebiet des wirtschaftlichen Lebens. Sie repräsentierten vor mehr als hundert Jahren die erste stark profilierte Generation des tschechischen *liberalen Bildungsbürgertums*. Eine ähnliche bahnbrechende Rolle haben die tschechischen liberalen Ökonomen auch heute.
Die zweite Richtung, die nicht nur symbolisch der *Staatspräsident* Václav Havel repräsentiert, hat mit dem Ökonomismus nur wenig zu tun und sucht eine *komplexere Auffassung* des Liberalismus durchzusetzen. Die *philosophischen* und *allgemein politologischen Gedanken* spielen in dieser Richtung eine wesentlich größere Rolle als bei den Ökonomen. Damit soll aber nicht gesagt werden, daß die Ökonomen nicht imstande sind, gewisse Einseitigkeiten zu überwinden und philosophisch und politologisch zu denken. Der Unterschied besteht eher in anders gearteten Denkweisen - die erste geht von der Ökonomie zur Politik, die zweite von der Philosophie zur Politik. Auch hier können wir mit schon angedeutetem Vorbehalt eine gewisse historische Tradition sehen: Diese zweite Richtung knüpft an die Tätigkeit des Philosophie- und Soziologieprofessors Tomáš Garrigue Masaryk an. Masaryks Liberalismus hatte allerdings eine sehr eigentümliche Prägung, und diese Tatsache hat bis heute wichtige und komplizierte Konsequenzen.
Vor genau hundert Jahren veröffentlichte Masaryk eine ganze Reihe wichtiger politologischer Schriften, vor allem das Buch: "Česká otázka" (Die tschechische - aber auch die böhmische - Frage). Masaryks Schriften provozierten bald Josef Kaizl - den ehemaligen persönlichen Freund und Parteigänger in der Realistengruppe - zu einer Antwort unter dem Titel "České myšlenky" (Tschechische oder auch böhmische Gedanken). In dieser Zeit und in diesen beiden Schriften haben sich deutlich *zwei verschiedene Typen* des modernen tschechischen politischen Denkens präsentiert. So auch zwei verschiedene Konzeptionen des Liberalismus.
Von zwei verschiedenen Konzeptionen, die sich auf spezifischen Wegen um das Gemeinsame bemühen, können wir auch heute sprechen. Für die weitere Entwicklung und potentielle Erfolge des Liberalismus kann diese "*Pluralität*" im Rahmen der *gemeinsamen liberalen Tradition* nützlich sein. Das wird uns aber erst die Zukunft zeigen.

Zoltán Szász:

Die Unterschiede zwischen West und Ost sind aus den historisch gewachsenen *unterschiedlichen Sozialstrukturen* ableitbar. Zu untersuchen sind die Zusammenhänge zwischen Ideologie und Sozialstruktur und die Tatsache, daß ein Gutteil des Bürgertums in Ostmitteleuropa, wo sich teilweise ein *Ersatzbürgertum* aus der *Bürokratie* entwickelt hat, aus Kreisen der Intelligenz besteht. In einem bestimmten Sinne ist die Rolle des Bürgertums auch vom *mittleren Adel* erfüllt worden. Dies ist wichtig, weil die Ideologie des Adels *ambivalent* war. Einerseits zeigte sich dieser im letzten Jahrhundert durchaus liberal, also als Abwehrmittel oder als Kampfmittel nach oben, gegen Hocharistokratie und Zentralgewalt. Andererseits hielt er nach unten eine patriarchalische Art von Unterdrückung aufrecht. Diese Ambivalenz ist besonders charakteristisch für die ost- und südosteuropäischen Länder. Man könnte als eine Schlußfolgerung sagen, daß zwar ein politisch-ökonomischer Liberalismus mit demokratischen Momenten vorhanden war, daß von einer echten Demokratisierung jedoch keinesfalls gesprochen werden kann. Otto Urban hat zu Recht erwähnt, daß die Übermacht des Staates auch mit der Haltung der Liberalen zusammenhängt. Auffallend ist die aus den Wirtschaftswissenschaften bekannte Tatsache, daß die *Rolle des Staates* umso stärker ist, je weiter man nach Osten geht. Auch in der Ideologie der Liberalen spielte der Staat eine wesentliche Rolle, und zwar nach zwei Richtungen: einerseits als Faktor der *Modernisierung* und andererseits als Garant des *Zusammenhalts* des politischen Systems. Dies zeigt die Möglichkeiten und Grenzen des Liberalismus.
Der ungarische Soziologe Oszkár Jászi hat betont, daß die *Nationalitätenfrage* der archimedische Punkt der *Demokratie* ist. Dazu gehört auch die Schwäche der *Zivilgesellschaft* in diesen Ländern. Anhand von Detailforschungen kann man sehen, daß sich die Zivilgesellschaft in Hochkonjunkturperioden verstärkt, aber in entscheidenden Momenten den Kampf dem Staat gegenüber verliert. Wenn wir das Beispiel Ungarn nehmen, dann geschah dies zuerst im Jahre 1919/20. Letztlich wurde diese schwache Zivilgesellschaft in allen osteuropäischen Ländern vom neuen totalitären System 1948/49 vernichtet. Ich glaube, auch für die heutige Lage ist es sehr wichtig zu verstehen, daß aus den genannten Gründen die Zusammenarbeit und die Kooperationsfähigkeit von verschiedenen Klassen und Schichten meist gering gewesen ist und die *staatliche Bürokratie* eine besonders große ausgleichende Rolle gehabt hat.
Zum Schluß möchte ich nochmals auf die Abhängigkeit von der Sozialstruktur hinweisen. Einerseits sehen Sie das Beispiel *Böhmens*, wo alle geschichtlichen Traditionen präsent sind und sich eine relativ sympathische demokratische Gesellschaft herausgebildet hat. Auf der anderen Seite nehmen wir zum Beispiel *Bulgarien*, wo man nicht von einem starken demokratischen Leben und entsprechend präsenten demokratischen Traditionen sprechen kann. Dazu gehört auch jene klassische Unterscheidung zwischen Form und Inhalt, die in der Zwischenkriegszeit und vor dem Ersten Weltkrieg charakteristisch war. Anhand

der Errungenschaften des westlichen Liberalismus kann man ein sehr schönes Beispiel geben: Wir wissen, daß die Politiker des Jahres 1848 in vielen Fällen einfach *französische* Gesetze kopiert haben. Die *rumänische* Verfassung aus dem Jahre 1866 ist einfach eine Kopie der *belgischen* Verfassung. Aber auf der Realebene hatte dies fast keine Bedeutung. In der Zwischenkriegszeit sollten *internationale Verträge* in der komplizierten ethnischen Gemengelage Ostmitteleuropas Minderheitenrechte sicherstellen. In der Praxis sind diese Rechte nur teilweise zur Geltung gelangt. Noch wichtiger ist die dem zugrundeliegende Haltung der politischen Führungsschicht. Der *tschechische* Oberste Gerichtshof erklärte im Jahre 1929, daß die inländischen Gesetze Vorrang vor internationalen Verträgen hätten. Und derartige Haltungen finden sich überall. Wenn wir wieder in die heutige Zeit zurückkommen, dann sehen wir deutlich, daß Rechte für die Minderheiten oder überhaupt Menschenrechte überall formell übernommen wurden. Man kann bei der "Rückkehr nach Europa" nicht gegen Weltströmungen Widerstand leisten. Die Verträge von Helsinki sind von allen Staaten unterzeichnet worden. Aber wenn es um konkrete Fragen geht, dann ist die Anwendung dieser Rechte nicht immer gewährleistet. Als Beispiel sei der *ungarisch-slowakische* Grundvertrag genannt, der zwar ohne weiteres unterzeichnet worden ist, aber in konkreten Fragen wenig Bedeutung hat. Man könnte ironischerweise die Schlußfolgerung ziehen, daß die Bürger zwar gleich sind mit den Bürgern der ganzen Welt, nur nicht mit den Bürgern des eigenen Staates, oder sagen wir der herrschenden Nation. Das ist nur ein Beispiel aus dem Bereich der Nationalitätenfrage, man könnte auch andere Beispiele erwähnen.

Ich möchte noch etwas über die *Wiederkehr des Liberalismus* sagen. Solange der Liberalismus eine *Waffe* gegen Zentralkomitees und Planungsstäbe war, wurde er von der Bevölkerung befürwortet. Dies gilt auch für ein unverbindliches Bekenntnis zu *Pluralismus* und Mehrparteiensystem. Aber wenn man die *nationale* Frage oder die *soziale* Frage lösen will, dann macht man einen Schritt zurück und findet den Liberalismus nicht mehr entsprechend. Ich meine auch, daß der Liberalismus, wenn wir ihn als ein kohärentes System betrachten wollen, nicht mehr bestehen kann. Es wird behauptet, daß der Liberalismus den Kommunismus besiegt hat. Das ist eine ständig wiederkehrende Formel der Publizistik. Ich behaupte, nicht der Liberalismus hat gesiegt, sondern die Kommunisten haben teilweise den Kampf aufgegeben. Ein Zusammenspiel von Liberalismus und Nationalismus hat den Kommunismus besiegt. Eigentlich war der *Nationalismus* die einzige gewissermaßen "legale" Ideologie im letzten Jahrzehnt des Kommunismus. Und die Tatsache, daß der Nationalismus eine so entscheidende Rolle gespielt hat, bestimmt auch jene Entwicklung, die wir noch vor uns haben. Natürlich waren *die Liberalen die "Sturmeinheiten" der Demokratisierung und der Modernisierung*; aber wie es immer ist, eine Sturmeinheit besteht zwar aus den besten Leuten der Armee, gewinnt aber nie einen Krieg. Es gewinnt immer nur eine Armee als Ganzes. Hier ging es um ein gemeinsames Marschieren und vielleicht um einen getrennten Sieg. Ich möchte noch ein anderes Bild verwenden und es so formulieren, daß der Liberalismus vielleicht den Stahlbetonsäulen eines Baues entspricht, der aus Spielkarten zusammengebaut ist. Und das Ganze erinnert uns nur so lange an etwas, bis wir einen neuen besseren und entsprechenderen Stil gefunden haben.

Jacek Wozniakowski:

Einige kurze Bemerkungen zum Liberalismus in *Polen* sollen ein Schlaglicht auf die Kompliziertheit der heutigen Lage Ostmitteleuropas werfen. Namensschilder darf man nicht zu ernst nehmen: In der polnischen Liberalen Partei gibt es sicher manche Mitglieder, die nicht konsequent oder bewußt liberal sind, und umgekehrt gibt es wahre Liberale auch in anderen politischen Gruppierungen. Man könnte auch die Frage stellen: Warum hat die öffentliche Meinung in Polen verlangt, daß Mazowieckis Demokratische Union sich mit den Liberalen vereinen soll, aber als das endlich - vielleicht zu spät - geschah, sank die Popularität der Demokratischen Union?
Ich glaube, die meisten Leute haben sehr unklare Ideen über die politische Richtung, der sie folgen möchten, und ebenso groß ist die Unklarheit über die Programme verschiedener politischer Parteien. Wir verstehen zwar, daß wir, wenn wir den Weg Westeuropas gehen wollen, einigen *liberalen europäischen Traditionen* folgen sollten und wir möchten es auch (vor allem weil diese Traditionen *antitotalitär* sind), aber schlechte Gewohnheiten aus den letzten 50 Jahren bewirken, daß dieses liberale Streben, sei es in der Politik oder in der Wirtschaft, oft nur theoretisch bleibt. Ein Grund hierfür ist auch, daß die *alte Nomenklatura* immer noch lebendig ist und alles tut, um eine wirklich liberale Zukunft zu verhindern.
Was steht dem Liberalismus entgegen? Was die öffentliche Meinung im allgemeinen wünscht, ist eine Art *Kapitalismus mit menschlichem Antlitz*, anders gesagt, ein *Wohlfahrtsstaat mit völliger Freiheit*. Ein Wohlfahrtsstaat und ehrlicher Liberalismus passen aber nicht sehr gut zueinander. Vielleicht könnte man erwarten, daß der traditionelle polnische Individualismus sich gut mit dem liberalen Individualismus verträgt. Aber es gibt in der polnischen Geschichte einen romantischen Mythos, auch wenn er heute schwächer ist als je zuvor, der von einem Kampf für *unsere* und für *ihre* Freiheit spricht: dieser Mythos macht jeden Individualismus verdächtig, aus dieser Perspektive wird er als ungeschminkter Egoismus gesehen.
Welche Wirkung übt die *Kirche* in diesem Liberalismusstreit aus? Sie ist heute viel liberaler als im 19. Jahrhundert. Aber einige Intellektuelle haben trotzdem ihre tiefe Enttäuschung mit der Kirche erlebt. Sie glaubten (so z.B. Adam Michnik), daß aus der Allianz zwischen der Kirche und dem liberalen Denken im gemeinsamen Kampf gegen den Totalitarismus eine langfristige Übereinkunft und Verständigung entspringen würde, aber es kam nicht so: Diese Intellektuellen mußten merken, daß die Kirche (die kirchliche Hierarchie) von sehr vielen Strömungen durchdrungen ist und daß liberale Tendenzen nur ein Teil davon sind. Man kann bei der Amtskirche auch einige nationalistische Tendenzen heraushören, obwohl sie eigentlich zur universalen Rolle der Kirche im Wider-

spruch stehen. Für mich aber ist die große Gefahr in unserer Bevölkerung nicht der *Nationalismus*, weil der polnische Nationalismus recht spezifisch ist. Er war oft mit einem ökumenischen oder einfach christlichen Universalismus (Adam Mickiewicz) verknüpft.
Was ich für die Zukunft fürchte, ist eher der *Populismus*. Mit ihm geht die Suche nach einem Charismatiker einher, der die ganze Nation in eine gewisse Richtung leiten würde. Die Kombination der alten Nomenklatura mit einem neuen populistisch gesinnten charismatischen Leader, das wäre die schlechteste Kombination, die man sich vorstellen könnte. Das wäre tatsächlich etwas viel Ernsteres, als dieser lärmende, aber nicht so bedeutende Nationalismus. Man darf jedoch hoffen, daß die anarchischen Neigungen in der politischen Kultur Polens einen solchen Leader nicht lange dulden würden.

Urs Altermatt:

"Was wird aus Rom ohne Karthago?" spöttelte Cato nach dem Sieg der Römer über ihre Erzfeinde im Zweiten Punischen Krieg. Nach dem Zusammenbruch Karthagos waren die Römer gezwungen, die *Weltordnung* neu zu definieren.
Vor einer ähnlichen Situation stehen wir heute nach dem Zusammenbruch des *Kommunismus*. Der Ost-West-Gegensatz, der ein halbes Jahrhundert lang das Denken hüben und drüben geprägt hat, ist 1989 plötzlich verschwunden. Der Westen ist seither ohne Feind.
Bis in die Mitte der achtziger Jahre stagnierte die *Weltgeschichte* - zumindest in Europa: rien ne va plus. Der deutsche Soziologe Arnold Gehlen brachte diese Stimmung auf die paradoxe Formel: Alles hat sich geändert, aber es geht nichts mehr. 1989 geriet die *Zeitgeschichte* wieder in Bewegung.
Welche Bedeutung kommt in einer derartigen Zeitenwende dem *Liberalismus* zu? Mit dem amerikanischen Historiker William Johnston, dem deutschen Soziologen Ulrich Beck und andern Gesellschaftsanalytikern bin ich der Meinung, daß die westliche Welt eine tiefgreifende *Orientierungskrise* durchmacht. Weil die liberale Demokratie ihren traditionellen Gegner verloren hat, weiß sie selber nicht mehr, was sie eigentlich ist.
Liberal ist im ausgehenden 20. Jahrhundert zu einem *Modewort* für alles und jedes geworden: In Kalifornien nennen sich die postmaterialistischen Linken im Stile der Grünen und in Westeuropa die Sozialdemokraten liberal, in Rußland die postfaschistischen Nationalisten Wladimir Schirinowskijs, in ostmitteleuropäischen Ländern gemäßigte Konservative, in Österreich die populistischen Freiheitlichen des Jörg Haider, in der Schweiz die alte Regierungspartei der Freisinnigen, und so weiter.
Erste These: Die Ironie der Geschichte wollte es, daß genau in dem Zeitpunkt, als voreilige Intellektuelle des Westens den endgültigen Triumph der liberalen Demokratie verkündeten, diese ihre *schwerste innere Krise* seit 1945 durchmacht. In Westeuropa wenden sich die Bürger desillusioniert von Staat und Politik ab. Die Krise der neunziger Jahre geht tiefer als diejenige der 1970er Jahre. Sie ist zweifellos mit den Turbulenzen vergleichbar, die Europa in den

1870er und 1880er und dann in den 1920er und 1930er Jahren durchgemacht hat. Die Menschen haben ihren geistigen Kompaß verloren, mißtrauen der Politik und den Politikern und besitzen kein Vertrauen mehr in die Reformprojekte.
Zweite These: Wie auch immer die Erklärungen lauten, sie hängen mit der *Krise der bürgerlichen Gesellschaft* zusammen. Ralf Dahrendorf sprach vom Bruch der Ligaturen, Mario Rainer Lepsius von der Erosion der Milieus, Ulrich Beck von der Entsolidarisierung der politischen Gemeinschaft, fast alle Analytiker sehen im Individualismus das Kennzeichen der neuen Epoche. Doch der Individualismus bedeutet letztlich eine Krise des Liberalismus. Wie die andern Großideologien befindet er sich in einem Auflösungsprozeß und besitzt kein kohärentes ideologisches System mehr. Was zurückbleibt sind Fragmente, *Mini-Liberalismen*, aber nicht viel mehr. Diese reichen indessen nicht mehr aus, den Menschen eine umfassende, verwenden wir das altmodische Wort: weltanschauliche Orientierung zu geben.
Dritte These: Mit Ausnahme der böhmischen Länder entwickelte sich in den meisten mittel- und osteuropäischen Ländern vor dem Zweiten Weltkrieg keine zivile Gesellschaft mit politischen Parteien und vorpolitischen Vereinen. *Ostmitteleuropa* kennt nur in einem eingeschränkten Maße *bürgerliche Mittelschichten*, die den politischen Liberalismus tragen könnten. Schon Alexis de Tocqueville sah in dieser Zwischenschicht eine wichtige Garantie für die Freiheit in der modernen Gesellschaft. Diese Defizite hatten zur Folge, daß sich eine staatsbürgerliche Kultur in Ostmitteleuropa nicht rechtzeitig festigen konnte. Mit Ausnahme der Tschechoslowakei schlitterten in den 1920er und 1930er Jahren sämtliche Länder der ostmitteleuropäischen Region in autoritäre Regime hinein.
Vierte These: Im 19. und in der ersten Hälfte des 20. Jahrhunderts befaßten sich die politischen Eliten der ostmitteleuropäischen Länder hauptsächlich mit der *nationalen Einigung*. Aus diesem Grunde stellten sie die nationale Einheit über die liberale Freiheit und die bürgerlichen Grundrechte. Demgegenüber lautete in Westeuropa, vor allem in Frankreich und in der Schweiz, die Losung "Einheit und Freiheit". In den ostmitteleuropäischen Ländern mobilisierte die Idee der nationalen Einheit die Menschen, die liberale Demokratie stand im Hintergrund.
Fünfte These: Die moderne Gesellschaft ist dadurch geprägt, daß sie wirtschaftlichen Wohlstand, soziale Kohäsion und liberale Demokratie verwirklichen will. Wenn man sich diese Triade vor Augen hält, befindet sich die westliche Gesellschaft in einer *Übergangsphase*. In der Modernisierungswelle der 1950er und 1960er Jahre glaubten die westlichen Gesellschaftsanalytiker und Politiker, daß *Demokratie und Markt* automatisch aneinander gekoppelt seien. Der amerikanische Soziologe Seymour Martin Lipset hielt in einem berühmt gewordenen Buch fest, daß eine entwickelte Gesellschaft notwendigerweise zu einer demokratischen Gesellschaft führe. Die Richtigkeit dieser These ist durch die historische Entwicklung nur teilweise bestätigt worden. Heute neigen wir dazu, diese Annahme als falsch anzusehen. Die globalen Probleme der Weltwirtschaft und der Umwelt erfordern für ihre Lösung mehr als den Mechanismus der freien Marktwirtschaft. Der *asiatische Autoritarismus* erweist sich zunehmend als attraktives Modell, da er wirtschaftliche Erfolge und soziale Kohäsion in einer

Gesellschaft verbindet. Doch in diesen südostasiatischen Ländern zählen liberaldemokratische Freiheiten und Rechte nicht viel. Die Menschenrechte und die Presse- und Versammlungsfreiheit werden eingeschränkt, dafür herrschen Ruhe und Ordnung und allgemeiner Wohlstand. Für viele ist dies ein niedriger Preis für einen gewissen Reichtum und ein Mindestmaß an sozialer Solidarität. Die Grundfrage lautet: Sollen wir auf Bürgerrechte verzichten, um ein besseres Leben führen zu können? Was nützen *Bürgerrechte*, wenn die Menschen nichts zu essen haben? Man erinnert sich an folgende Anekdote: Als der französische Revolutionär Robespierre aufs Schafott geführt wurde, rief er aus: "Franzosen, ich habe euch die Freiheit gebracht, und jetzt wollt ihr Brot!"
Sechste These: Der klassische Dualismus von *Freiheit und Gleichheit* wird in der aktuellen Debatte durch das Begriffspaar *Freiheit und Sicherheit* abgelöst. Was die Menschen im östlichen Europa vor allem suchen, ist Sicherheit, existentielle Sicherheit vor der imperialistischen Großmacht Rußland, materielle Sicherheit für ihr persönliches Leben. Aus diesem Grunde finden zahlreiche Menschen nach der ersten Euphorie über die Erlangung der liberalen Demokratie wieder in postkommunistischen Parteien Zuflucht, die ihnen althergebrachte Werte zu garantieren scheinen. Die Nostalgie nach Ruhe, Ordnung und Sicherheit ist größer als der Wunsch nach demokratischen Freiheitsrechten. Selbst im westlichen Teil Europas läßt sich eine ähnliche Bewegung feststellen. Um dem Risiko der Umweltzerstörung - nennen wir etwa die Atomenergie - zu entgehen, suchen die Menschen vermehrt Sicherheit und sind bereit, Freiheiten, Liberalismus und Demokratie einzuschränken, um die tatsächlich oder vermeintlich bedrohte Lebensexistenz zu sichern.
Siebente These: In praktisch allen Ländern Westeuropas entstanden in den späten 1980er Jahren rechtspopulistische Parteibewegungen. Insofern gehört der *Rechtspopulismus* zur normalen Pathologie der westeuropäischen Politik. Diese Parteien knüpfen in Ländern wie Italien oder Belgien an die Traditionen der Epoche des Faschismus an, in Ländern wie der Schweiz oder Dänemark sind sie Ausdruck der postmodernen Flexibilität und Mobilität, die sich in einem hohen Ausländeranteil ausdrückt. Auch wenn sie sich bisher im Parteiensystem der Beneluxländer, Skandinaviens, der Schweiz und Deutschlands nicht durchzusetzen vermochten, bleibt ihr Einfluß auf die Politik bedeutend, denn ihre Postulate - namentlich in Asyl- und Ausländerfragen - werden in abgeschwächter Form von den traditionellen Parteien thematisiert, ja übernommen. Verschiedene populistische Parteien in Westeuropa verquickten ihre xenophoben Postulate mit antieuropäischen. Fragt man nach den Gründen für den Aufstieg der radikalen "Rechten" in Westeuropa, fällt einem als Antwort der Hinweis auf die *negativen Modernisierungsfolgen* ein. Die rasche Modernisierung Westeuropas löste Ende der 1960er Jahre gesellschaftliche Spannungen aus, die wegen des wirtschaftlichen Wohlstandes in ihrer Tragweite zunächst nicht erkannt wurden.
Was ist zu tun? Zunächst müssen wir festhalten, daß ein *moralischer Grundkonsens* in jeder liberal-demokratischen Gesellschaft Voraussetzung für deren Funktionieren ist. Die entscheidende Frage bleibt aber, wie wir zu diesem Grundkonsens kommen. Wieviel Konsens brauchen wir überhaupt? Ist die *libe-*

rale Demokratie nur ein Regelwerk von Institutionen und Normen, oder ist sie mehr? Ist der *Staat* nur institutioneller Rahmen für das *private Wirtschaften*, oder ist er die *Gesellschaft* selber, wie dies etwa Rousseau behauptet hat? Das sind die zentralen Fragen, die die Staatsdenker seit Jahrhunderten beschäftigen.
Ich bin der Meinung, daß die *Menschen weder Bourgeois noch Citoyen allein* sind. Jedes politische Gemeinwesen kann aber nur existieren, wenn es sich auf eine politische Kultur stützt. Der Staat stellt niemals bloß den Rahmen für privates Wirtschaften dar; er ist aber auch nicht einfach politischer Selbstzweck. Wir sind nach einem Wort von Otto Kallscheuer "part-time-citizens", Teilzeitbürger.
Der *Verfassungspatriotismus* erfordert Loyalität gegenüber dem politischen Rahmen des Staatswesens, setzt aber keine Einschmelzung der kulturellen Unterschiede voraus. Für politische Gemeinwesen ist es bedeutungsvoll, daß die staatsbürgerliche und die ethnisch-kulturelle Identität voneinander entkoppelt werden. Dies betonte bereits der Schweizer Schriftsteller Gottfried Keller im 19. Jahrhundert. Es braucht *keine homogene Kultur*, um die *liberale Demokratie* herzustellen.
Die große Leistung des politischen Liberalismus im *19. Jahrhundert* war es, den *Rechtsstaat* mit dem *Nationalstaat* zu verbinden. *Heute* ist es Aufgabe der Liberalen, die *Staatsbürgerschaft und die Ethnizität* voneinander zu entflechten. Die Menschen besitzen ein ursprüngliches Bedürfnis nach Gemeinschaft und Solidarität. Wie Jürgen Habermas einmal gesagt hat, sind Nation und Weltbürgertum Zwillingspaare. Das setzt voraus, daß kultureller Pluralismus und universale Menschenrechte in eine Balance gebracht werden. Es wäre verheerend, die Gemeinschaft nur von der Herkunft und Abstammung oder sogar von den sogenannten Blutsbanden her zu konstruieren. Hier kann die *liberale Demokratie* als *Norm* und als *Regulativ* eine bedeutsame Rolle spielen.

Wenn Urs Altermatt in seinem abschließenden Beitrag von der fehlenden Orientierung des Liberalismus nach 1989 schreibt, so wird dahinter die Sorge erkennbar, die in allen Diskussionsbeiträgen formuliert wird, daß ein endgültiger Sieg des Liberalismus nirgendwo sichtbar ist. Nach dem *Scheitern der Utopien* des 20. Jahrhunderts kann dies vielleicht sogar ein *tröstlicher Gedanke* sein.

Die Autoren

Urs Altermatt

Geb. 1942 in Biberist, Schweiz; Dr. phil. (Universität Bern); seit 1980 O. Professor für Zeitgeschichte an der Universität Freiburg, Schweiz; Gastdozent/Fellow an den Universitäten Harvard (1976/77), Bern (1987), Luzern (1988), Krakau (1991), Collegium Budapest (1994/95); Mitglied bzw. Präsident verschiedener nationaler Kommissionen in der Schweiz, u. a.: 700-Jahr-Feier der Eidgenossenschaft 1991 (Präsident); Landesmuseen in Schwyz und Prangins, Diplomatische Akten Bern; Kulturstiftung Pro Helvetia; Mitglied des International Cultural Centre Krakau. Redaktor der Zeitschrift für Schweizerische Kirchengeschichte sowie Mitherausgeber des Historischen Jahrbuchs (München).

Auswahl der Veröffentlichungen: Katholizismus und Moderne (Zürich 1989, 2. Aufl. 1991), Übersetzungen in französischer, italienischer, ungarischer und polnischer Sprache. - Die Schweizer Bundesräte (Zürich 1991, 2. Aufl. 1992), Übersetzungen in französischer und italienischer Sprache. - Der Weg der Schweizer Katholiken ins Ghetto (Zürich 1972, 3. Aufl. 1995). - Rechte und linke Fundamentalopposition. Studien zur Schweizer Politik 1965-1990 (Basel 1994). - (Hg. zus. mit Emil Brix) Schweiz und Österreich. Eine Nachbarschaft in Mitteleuropa (Wien-Köln-Weimar 1995). Rechtsextremismus in der Schweiz (Zürich 1. u. 2. Aufl. 1995). - Das Fanal von Sarajevo. Ethnonationalismus in Europa (Zürich 1996).

Angelo Ara

Geb. 1942 in Stresa Borromeo/Novara, Italien; Dr. phil.; Universitätsstudien in Mailand, Neapel und an der State University of New York, Buffalo; 1976-1981 O. Universitätsprofessor für Zeitgeschichte an der Universität Parma, seit 1981 O. Universitätsprofessor für Geschichte der Neuzeit an der Universität Pavia, 1978-79/1988-89 Gastprofessor an der Universität Wien; Korrespondierendes Mitglied der Österreichischen Akademie der Wissenschaften; Mitglied des International Advisory Board des Internationalen Forschungszentrums Kulturwissenschaften (Wien); Mitglied des österreichischen Universitätenkuratoriums.

Auswahl der Veröffentlichungen: Lo Statuto fondamentale dello stato della chiesa (Milano 1966). - L'Austria-Ungheria nella politica americana durante la prima guerra mondiale (Roma 1976). - Ricerche sugli austro-italiani e l'ultima Austria (Roma 1973). - Fra Austria e Italia. Dalle cinque giornate alla questione alto atesina (Udine 1987). - Trieste, zus. mit C. Magris (Turin 2. Aufl. 1987), deutsche Ausgabe: Triest. Eine literarische Hauptstadt in Mitteleuropa (München 1987). - Regioni di confine nell'età dei nazionalismi (1870-1914). Alsazia e Lorena, Trento e Trieste, Hg. zus. mit Eberhard Kolb (Bologna 1995).

Steven Beller

Geb. 1958 in London; Ph.D.; Studium der Geschichte am Jesus College, Cambridge; 1981-85 Research Student am Trinity College, Cambridge; 1985-89 Research Fellow am Peterhouse College, Cambridge; 1992-93 Visiting Assistant Professor an der Georgetown University; 1993-94 Member des Institute for Advanced Study, Princeton; weitere kürzere Forschungsaufenthalte, auch in Wien; zur Zeit am Internationalen Zentrum für Kulturwissenschaften, Wien.

Auswahl der Veröffentlichungen: Vienna and the Jews, 1867-1938. A Cultural History (Cambridge 1989). - Herzl (London 1991). - Central Europe - Birthplace of the Modern World (1992). - Otto Weininger as liberal? In: Jews and Gender, eds. Hyams, Harrowitz (Philadelphia 1994). - Herzl´s Tannhäuser. In: Austrians and Jews, ed. Wistrich (Basingstoke 1992). - Wessen Geschichte eigentlich? In: Transit 2 (1991).

Katja Boh

Geb. 1929 in Graz, wohnhaft in Ljubljana, Slowenien; Mag. et Dr. rer.soc.; Studium der Psychologie und der Soziologie in Ljubljana und Zagreb; Universitätsprofessor an der Fakultät für Sozialwissenschaften sowie Beraterin am Institut für Soziologie der Universität Ljubljana; seit 1988 politisch tätig, Mitbegründerin und 1989-92 Vizepräsidentin der Sozialdemokratischen Partei Sloweniens; in den ersten demokratischen Wahlen im April 1990 als Parlamentsabgeordnete gewählt und im Mai 1990 als Ministerin für Gesundheit, Familie und Soziales in die Regierung berufen; seit 1992 erste außerordentliche und bevollmächtigte Botschafterin der Republik Slowenien in Österreich.

Auswahl der Veröffentlichungen: mehrere Artikel, Beiträge und Bücher in slowenischer, englischer und deutscher Sprache auf dem Gebiet der Familiensoziologie und der Sozialpolitik.

Emil Brix

Geb. 1956 in Wien; Studium der Geschichte und Anglistik an der Universiät Wien, Mag. et Dr. phil.; seit 1982 im Diplomatischen Dienst, 1985-86 Klubsekretär im Parlamentsklub der Österreichischen Volkspartei, 1986-89 Büroleiter des Bundesministers für Wissenschaft und Forschung, 1990-1995 Generalkonsul der Republik Österreich in Krakau; Leiter der interdisziplinären Arbeitsgemeinschaft "Wien um 1900" der Österreichischen Forschungsgemeinschaft; Stellv. Vorsitzender des Instituts für den Donauraum und Mitteleuropa (Wien); seit 1995 Leiter des Österreichischen Kulturinstituts in London.

Auswahl der Veröffentlichungen: Die Umgangssprachen in Altösterreich zwischen Agitation und Assimilation (Wien, Köln, Graz 1982). - (Hg. zus. mit Peter Berner, Wolfgang Mantl) Wien um 1900 (Wien 1986). - (Hg. zus. mit Erhard Busek) Projekt Mitteleuropa (Wien 1986). - (Hg.) Ludwig Gumplowicz oder die Gesellschaft als Natur (Wien-Köln-Graz 1986). - (Hg. zus. mit Patrick

Werkner) Die Wiener Moderne (Wien, München 1990). – (Hg. zus. mit Z. Baran) Krakau. Dialog mit der Tradition (Wien 1991, polnische und englische Ausgabe: Krakau 1991). – (Hg. zus. mit Allan Janik) Kreatives Milieu. Wien um 1900 (Wien 1993). – (Hg. zus. mit Urs Altermatt) Schweiz und Österreich. Eine Nachbarschaft in Mitteleuropa (Wien-Köln-Weimar 1995).

Günther Chaloupek

Geb. 1947 in Zwentendorf/Niederösterreich; Studium der Rechtswissenschaften und der Volkswirtschaftslehre an der Universität Wien, Dr. iur., M.A. (Economics) der Kansas University; seit 1986 Leiter der wirtschaftswissenschaftlichen Abteilung der Kammer für Arbeiter und Angestellte in Wien; 1976-91 Geschäftsführer, jetzt Mitglied des Beirats für Wirtschafts- und Sozialfragen der Paritätischen Kommission; Mitglied des Staatsschuldenausschusses; redaktionelle Leitung von "Wirtschaft und Gesellschaft" seit 1982.

Auswahl der Veröffentlichungen: (Hg. zus. mit Joachim Lamel) Die zweifelnde Gesellschaft (Wien 1983). – (zus. mit Werner Teufelsbauer) Gesamtwirtschaftliche Planung in Westeuropa (Frankfurt/Main 1987). – (zus. mit Michael Wagner, Peter Eigner) Wien. Wirtschaftsgeschichte 1740-1938. 2 Bände (Wien 1991). – (Hg. zus. mit Michael Mesch) Der Wandel des wirtschaftspolitischen Leitbildes seit den siebziger Jahren (Wien 1993). – (Hg. zus. mit Bruno Rossmann) Die Zukunft des Wohlfahrtsstaates (Wien 1994).

Allan Janik

Geb. 1941 in Chicopee/Massachusetts; Ph.D., M.A., A.B., aus Philosophie; seit 1995 wissenschaftlicher Mitarbeiter des Brenner Archivs an der Universität Innsbruck, seit 1989 Honorarprofessor für Philosophie an der Universität Wien, seit 1986 Adjunctprofessor am schwedischen Institut für Arbeitsweltforschung, Gastprofessuren an der Universität Innsbruck (1984-94 Germanistik und Philosophie), der königlichen technischen Hochschule Stockholm (1989 Betriebswirtschaft), der Northwestern University, Chicago, USA (1988 Philosophie), der Universität Bergen, Norwegen (1984-86 Philosophie), der UNAM, Mexico City (1984, Mathematik) sowie der Universität Graz (1982-83 Philosophie); Lehrbeauftragter des Instituts für Ionenphysik an der Universität Innsbruck (1995); seit 1980 Mitglied der Association Diderot, Paris.

Auswahl der Veröffentlichungen: Wittgensteins Wien (München 1985), urspr.: Wittgenstein's Vienna (New York 1973) mit Übertragungen ins Spanische, Italienische, Japanische, Schwedische, Französische, Brasilianische, Niederländische, Slowakische (teilw.). – Essays on Wittgenstein and Weininger. Studien zur österreichischen Philosophie (Amsterdam 1985). – How to Interpret a Culture: Essays on the Problem of Method in the Geisteswissenschaften. In: Philosophy Department Publications (Bergen 1986). – Style, Politics and the Future of Philosophy. In: Boston Studies in Philosophy of Science 114

(Dordrecht 1989). - (Hg. zus. mit Emil Brix) Kreatives Milieu. Wien um 1900 (Wien 1993). - Närvarons Dimension (Stockholm 1995). - The Concept of Knowledge in Practical Philosophy (in schwed. Sprache, Göteborg, in Druck).

William M. Johnston

Geb. 1936 in Brookline/Massachusetts, USA; Studium an den Universitäten Harvard, Grenoble und Paris, Ph.D.; seit 1965 Lehrtätigkeit/seit 1975 Professor für Geschichte an der Universität von Massachusetts.

Auswahl der Veröffentlichungen: The Formative Years of R. G. Collingswood (The Hague 1967). - The Austrian Mind: An Intellectual and Social History, 1848-1938 (Berkeley, Los Angeles 1972, paperback ed.: Berkeley 1983, German ed.: Vienna, 3rd ed. 1992, French ed.: Paris 1985, Japanese ed.: Tokyo 1987). - Vienna, (New York 1981, Italian ed.: Milan 1981, French ed.: Paris 1982). - In Search of Italy: Foreign Writers in Northern Italy since 1800 (Penn. State Press 1987). - Celebrations: The Cult of Anniversaries in Europe and the United States Today (New York 1991, French ed.: Paris 1992). - Recent Reference Books in Religion: A Guide for Students, Scholars, Researchers, Buyers and Readers (Downers Grove, 1996). - Twenty-five articles in American, French, German, Austrian and Italien periodicals and books, mostly on Austrian topics. Fifty book reviews (esp. in: The American Historical Review).

Peter Koslowski

Geb. 1952 in Göttingen, Deutschland; Studium der Philosophie, Volkswirtschaftslehre und Soziologie in Tübingen, München und am Virginia Polytechnic Institute. 1979-85 wissenschaftlicher Assistent an der Universität München; seit 1985 O. Universitätsprofessor für Philosophie und Politische Ökonomie an der Universität Witten/Herdecke; seit 1987 Gründungsdirektor des Forschungsinstituts für Philosophie in Hannover; seit 1980 Sprecher des Vorstandes der CIVITAS Gesellschaft zur Förderung von Wissenschaft und Kunst; seit 1991 Mitglied des Kuratoriums für den Max Weber-Preis für Wirtschaftsethik; seit 1995 Mitglied des Kuratoriums des Deutschen Netzwerks Wirtschaftsethik.

Auswahl der Veröffentlichungen: Politik und Ökonomie bei Aristoteles (Tübingen 3. Aufl. 1993). - Gesellschaft und Staat. Ein unvermeidlicher Dualismus (Stuttgart 1982). - Ethik des Kapitalismus (Tübingen 5. Aufl. 1995) mit Übertragungen ins Englische, Japanische, Russische und Chinesische. - Die postmoderne Kultur (München 2. Aufl. 1988) mit Übertragungen ins Italienische und Japanische. - Evolution und Gesellschaft. Eine Auseinandersetzung mit der Soziobiologie (Tübingen 2. Aufl. 1989). - Prinzipien der Ethischen Ökonomie (Tübingen 2. Aufl. 1994). - Die Ordnung der Wirtschaft (Tübingen 1994).

Harald Leupold-Löwenthal

Geb. 1926 in Wien; Dr. med., Facharzt für Psychiatrie und Neurologie; seit 1963 Mitglied, 1974-81 Vorsitzender der Wiener psychoanalytischen Vereinigung; 1971 Einrichtung des Freud Museums in Wien; seit 1976 Präsident der Sigmund Freud Gesellschaft; 1982 Universitätsdozent für Psychotherapie und Psychoanalyse; Herausgeber des Sigmund Freud House Bulletin; seit 1996 Ehrenbürger der Stadt Wien.

Auswahl der Veröffentlichungen: 80 Publikationen auf dem Gebiet der experimentellen Pharmakologie, Neuropsychologie, Sozialpsychiatrie, Psychoanalyse. Bücher: Handbuch der Psychoanalyse (Wien 1986). - Der Laie (Frankfurt 1990). - Arbeiten zur Psychoanalyse (Wien 1996).

György Litván

Geb. 1929 in Budapest; Dr. phil., O. Universitätsprofessor für Geschichte der Soziologie in Ungarn an der Loránd Eötvös Universität Budapest; 1950-1971 Mittelschullehrer, seit 1971 Mitarbeiter des Instituts für Geschichte der Ungarischen Akademie der Wissenschaften, seit 1991 Direktor des Instituts für die Geschichte der ungarischen Revolution 1956.

Auswahl der Veröffentlichungen: (Hg. zus. mit J.M. Bak) Socialism and Social Science. Selected works of Ervin Szabó (London 1982). - Richtungen und Debatten in der Ungarischen Emigration in Wien. In: Etudes historiques hongroises (1985). - Oskar Jászi's Vienna Years and his Attempts to Build Contacts with the Democratic Left in the Successor States. In: Danubian Historical Studies 3 (1987). - Le renouveau intellectuel en Hongrie au tournant du siècle. In: Vienne, Budapest, Prague (Paris 1988). - Wissenschaftstransfer zwischen den Kulturen der Donaumonarchie - Soziologie. In: Geschichte der österreichischen Soziologie. Red.: T. Laufer (Wien 1988). - Nouvelles enquêtes sur le "Proces" Rajk. In: Communisme 26-27 (Nanterre 1990). - (Hg. mit J.M. Bak) Die ungarische Revolution. Reform, Aufstand, Vergeltung. (Wien 1994). - The Hungarian Revolution. Reform, Revolt and Repression 1953-1963 (London, New York 1996).

Wolfgang Mantl

Geb. 1939 in Wien; Dr. iur.; Studien in Cambridge, Den Haag, Dijon, Exeter und Grenoble; O. Universitätsprofessor für Politikwissenschaft und Verfassungsrecht an der Universität Graz. 1979-90 Mitarbeit an der steirischen Verfassungsreform; 1986-89 Vorsitzender des Wissenschaftlichen Beirates der Österreichischen Forschungsgemeinschaft; seit 1991 Vorsitzender der Expertenrunde "Alpen-Adria" beim Amt der Stmk. Landesregierung; im Sommersemester 1994 Gastprofessor für Politikwissenschaften an der Rijksuniversiteit Leiden; seit 1994 Stellv. Vorsitzender des österreichischen Universitätenkuratoriums.

Auswahl der Veröffentlichungen: Der österreichische Parteienstaat. Die Rolle und einige Gegenwartsprobleme der Parteien in der österreichischen Demokratie (Retzhof/ Leibnitz 1969). - Repräsentation und Identität. Demokratie im Konflikt (Wien-New York 1975). - (Hg. zus. mit Emil Brix, Peter Berner) Wien um 1900 (Wien 1986). - (Hg. zus. mit Erhard Busek, Meinrad Peterlik) Wissenschaft und Freiheit. Ideen zu Universalität und Universität (Wien- München 1989). - (Hg.) Die neue Architektur Europas. Reflexionen in einer bedrohten Welt (Wien-Köln-Graz 1991). - (Hg.) Politik in Österreich. Die Zweite Republik. Bestand und Wandel (Wien-Köln-Graz 1992). - (Hg. zus. mit Josef Krainer) Ortsbestimmung. Politik - Wirtschaft - Europa (Graz-Wien-Köln 1993). - (Hg.) Effizienz der Gesetzesproduktion. Abbau der Regelungsdichte im internationalen Vergleich (Wien 1995).

Egon Matzner

Geb. 1938 in Klagenfurt; Dr. rer. comm., Dozent für Volkswirtschaftslehre; Studium an der Universität Wien, 1965-67 Research Fellow an der Universität Stockholm; 1969-72 Direktor des kommunalwissenschaftlichen Dokumentationszentrums; 1975-78 Koordinator des SPÖ-Programmes; 1983-89 Direktor am Wissenschaftszentrum Berlin für Sozialforschung; 1986-88 Koordinator der META-Studie des BM für Forschung und Technologie in Bonn; seit 1972 Ordinarius an der Technischen Universität Wien; seit 1992 Leiter der Forschungsstelle für Sozialökonomie der Österreichischen Akademie der Wissenschaften.

Auswahl der Veröffentlichungen: Der Wohlfahrtsstaat von morgen (Wien-Frankfurt/ Main 1982). - (Hg. zus. mit W. Streeck) Beyond Keynesianism. The Socioeconomics of Production and Full Employment (Aldershot 1991, paperback 1994). - (Hg. zus. mit J.A. Kregel, G. Grabher) Der Markt Schock. Eine AGENDA für den wirtschaftlichen und gesellschaftlichen Wiederaufbau in Zentral- und Osteuropa (Berlin 1992, englisch 1992, russisch 1993, bulgarisch 1994, rumänisch und ungarisch 1995).

Johann Baptist Metz

Geb. 1928 in Auerbach in der Oberpfalz; Dr. phil., Dr. theol., Studium in Bamberg, Innsbruck und München; 1954 katholischer Priester; 1963-93 Ordinarius für Fundamentaltheologie an der Universität Münster; ab 1966 Mitglied des Gründungsausschusses der Universität Bielefeld, Gründungsbeauftragter für ein bikonfessionelles Forschungsinstitut der Universität Bielefeld; 1968-73 Konsultor des Päpstlichen Sekretariats für die Ungläubigen; 1971-75 Berater bei der Synode der Deutschen Bistümer; seit 1982 Mitglied des Beirates des Instituts für die Wissenschaften vom Menschen (Wien); seit 1988 Mitglied im Vorstand des Lateinamerika-Zentrums der Universität Münster; seit 1993 mehrjährige Gastprofessur für Religionsphilosophie und Weltanschauungslehre an der Universität Wien.

Auswahl der Veröffentlichungen: Armut im Geiste (München 1962). - Christliche Anthropozentrik (München 1962). - Zur Theologie der Welt (Mainz, München 1968 u.ö.). - Glaube in Geschichte und Gesellschaft (Mainz 1977, Neuausgabe 1992). - Jenseits bürgerlicher Religion (München-Mainz 1980 u.ö.). - (Hg. zus. mit Franz-Xaver Kaufmann) Zukunftsfähigkeit. Suchbewegungen im Christentum (Freiburg 1987). - (Hg. zus. mit Dorothee Sölle) Welches Christentum hat Zukunft? (Stuttgart 1990). - (Hg. zus. mit T.R. Peters) Gottespassion (Freiburg 1991). - (Hg. zus. mit Hans-Eckehard Bahr) Augen für den Anderen (München 1991). - (Hg. zus. mit Jürgen Habermas u.a.) Diagnosen zur Zeit (Düsseldorf 1994). - Landschaft aus Schreien. Zur Dramatik der Theodizeefrage (Mainz 1995).

Leonhard Neidhart

Geb. 1934 in Schaffhausen, Schweiz; Dr. rer.pol.; Studien an den Universitäten Freiburg/Breisgau, Köln und an der Freien Universität Berlin; Universitätsprofessor für Politische Wissenschaft an den Universitäten Konstanz und Zürich.

Auswahl der Veröffentlichungen: Zahlreiche Arbeiten über das Regierungssystem der Schweiz, insbes. über die direkte Demokratie und den Föderalismus; Arbeiten zur Vergleichenden Politik und zur politischen Tagespublizistik.

Oswald Panagl

Geb. 1939 in Mauer bei Wien; Dr. phil.; Studium der Klassischen Philologie und der Indogermanistik in Wien; 1979 O. Universitätsprofessor und Vorstand des Instituts für Sprachwissenschaften der Universität Salzburg; 1987 Gastprofessor an der Humboldt-Universität Berlin; 1992-1995 Vorsitzender des Wissenschaftlichen Beirates der Österreichischen Forschungsgemeinschaft; Mitherausgeber der Reihe "Wort und Musik. Salzburger Akademische Beiträge". Leiter der Arbeitsgemeinschaft "Sprache und Öffentlichkeit" der Österreichischen Forschungsgemeinschaft.

Auswahl der Veröffentlichungen: Aspekte der Volksetymologie (Innsbruck 1982). - Historisch-vergleichende Sprachwissenschaft - ein Anachronismus? (Salzburg 1983). - Die frühgriechischen Texte aus mykenischer Zeit (Darmstadt 1986). - (Hg. zus. mit Maximilian Gottschlich, Manfried Welan) Was die Kanzler sagten. Regierungserklärungen der Zweiten Republik 1945-1987 (Wien, Köln, Graz 1989). - Latein und Indogermanisch (Innsbruck 1992). - Katholische Sprache - eine sprachwissenschaftliche Annäherung. In: Katholische Sprache zwischen Klischee, Propaganda und Prophetie, Hg. Josef Donnenberg (Salzburg 1992).

Manfred Prisching

Geb. 1950 in Bruck/Mur, Steiermark; Mag. rer.soc.oec., Dr. iur.; Studium der Rechtswissenschaften und der Volkswirtschaftslehre an der Universität Graz; Assistent am Institut für Rechtsphilosophie, am Institut für Volkswirtschaftslehre und Volkswirtschaftspolitik und am Institut für Soziologie; 1985 Habilitation für Soziologie; 1987/88 Gastdozent an der Rijksuniversiteit Limburg in Maastricht; Gastprofessor in Salzburg, Innsbruck und Linz; 1995/96 Schumpeter-Gastprofessor an der Harvard-University, seit 1993 Mitglied des Fachhochschulrates beim Bundesministerium für Wissenschaft und Forschung; seit 1986 Mitglied des Wissenschaftlichen Beirats der Forschungsgesellschaft Joanneum (Graz); seit 1992 Vorstandsmitglied des "Internationalen Instituts 'Österreichische Schule der Nationalökonomie'" (Wien).

Auswahl der Veröffentlichungen: Krisen. Eine soziologische Untersuchung (Wien-Köln-Graz 1986). – Arbeitslosenprotest und Resignation in der Wirtschaftskrise (Frankfurt/Main-New York 1988). – Soziologie. Themen, Theorien, Perspektiven (Wien-Köln-Graz, 3. Aufl. 1995). – (Hg.) Identität und Nachbarschaft. Die Vielfalt der Alpen-Adria-Länder (Wien-Köln-Graz 1994). Die Sozialpartnerschaft. Modell der Vergangenheit oder Modell für Europa (Wien 1996). - Bilder des Wohlfahrtsstaates (Marburg/Lahn 1996).

Peter Pulzer

Geb. 1929 in Wien; M.A., Ph.D.; seit 1957 Lehrtätigkeit für Geschichte und Politikwissenschaft an der Universität Oxford; seit 1984 Gladstone Professor of Government and Public Administration and Fellow of All Souls College, Oxford; Gastprofessuren: University of Wisconsin, School of Advanced International Studies (Washington D.C.), University of California at Los Angeles, Universität München, Universität Potsdam.

Auswahl der Veröffentlichungen: The Rise of Political Anti-Semitism in Germany and Austria (London-Cambridge/MA, 2. Aufl. 1988), in deutscher Sprache: Die Entstehung des politischen Antisemitismus in Deutschland und Österreich (Gütersloh 1966). – Jews and the German State. The Political History of a Minority (Oxford 1992). – German Politics 1945-1995 (Oxford 1995).

Kurt Salamun

Geb. 1940 in Leoben, Steiermark; Dr. phil.; Studium der Philosophie, Psychologie, Germanistik und Anglistik an der Universität Graz, 1973 Habilitation für Philosophie mit besonderer Berücksichtigung der Philosophie der Politik und Ideologiekritik; seit 1975 Extraordinarius am Institut für Philosophie der Universität Graz und Leiter der Abteilung für Philosophische Soziologie; Gastprofessuren an der German Summer School der University of New Mexico (1990) und an der Universität Linz (1993); Begründer und Präsident der Österreichischen Karl-Jaspers-Gesellschaft, Mitherausgeber des Jahrbuches der Österreichischen Karl-Jaspers-Gesellschaft (seit 1988); Begründer und Alleinherausgeber der "Schriftenreihe zur Philosophie Karl R. Poppers und des Kritischen Rationalismus" (Amsterdam, Atlanta, seit 1991); Begründer und Mitherausgeber der Schriftenr. "Studien zur Weltanschauungstheorie u. Ideologiekritik" (seit 1993).

Auswahl der Veröffentlichungen: Ideologie - Wissenschaft - Politik. Sozialphilosophische Studien (Graz-Wien-Köln 1975). – Karl Jaspers (München 1985), span. Ausgabe Barcelona 1987, japan. Ausgabe Tokyo 1993, koreanische Ausgabe Seoul 1996. – Ideologie und Aufklärung. Weltanschauungstheorie und Politik (Wien-Köln-Graz 1988). – (Hg.) Was ist Philosophie? (Tübingen 1980, 3. erw. Aufl. 1992). – (Hg.) Aufklärungsperspektiven. Weltanschauungsanalyse und Ideologiekritik (Tübingen 1989). – (Hg.) Moral und Politik aus der Sicht des Kritischen Rationalismus (Amsterdam, Atlanta 1991). – (Hg.) Ideologien und Ideologiekritik. Ideologietheoretische Reflexionen (Darmstadt 1992). – (Hg. mit Hans Albert) Mensch und Gesellschaft aus der Sicht des Kritischen Rationalismus (Amsterdam-Atlanta 1993). – Philosophie-Erziehung-Universität. Studien zur Erziehungs- und Bildungsphilosophie von Karl Jaspers (Frankfurt/Main 1995). – Geistige Tendenzen der Zeit. Perspektiven der Weltanschauungstheorie und Kulturphilosophie (Frankfurt/Main 1996).

Heinrich Schneider

Geb. 1929 in Brandenburg/Havel; Dr. phil.; Studium in Bamberg, Cleveland, Ohio und München; 1955-59 Tätigkeit in der Europ. Bewegung, 1959-62 Dozent und Stellv. des Direktors der Akademie für Politische Bildung Tutzing (Bayern), 1963-68 Professor für Politische Wissenschaft in Hannover, 1968-71 Professor für Philosophie der Politik und Ideologiekritik in Wien, 1971-91 Ordinarius für Politikwissenschaften ebd.; Einladung zur Wahrnehmung des Jacques Delors-Lehrstuhls des Universitätsverbundes Aachen/Lüttich/Maastricht 1995/96. Frühere Funktionen: Vorsitzender des Wissenschaftlichen Beirates der Österreichischen Gesellschaft für Politische Bildung, der Geistes- u. Sozialwissenschaftlichen Kommission beim Bundesministerium für Landesverteidigung (Wien) sowie des Kuratoriums der Katholischen Sozialakademie Österreichs. Derzeitige Funktionen: Vorsitzender des Wissenschaftlichen Direktoriums des Instituts für Europäische Politik (Bonn); Stellv. Leiter der Delegation eines Teilnehmerstaates bei den OSZE-Institutionen (Wien); seit 1978 Herausgeber der Vierteljahresschrift "Integration".

Auswahl der Veröffentlichungen: Politische Bildung als Gewissensbildung (Würzburg 1961). – Leitbilder der Demokratie (Wien 1973). – Leitbilder der Europapolitik (Bonn 1977). – Rückblick für die Zukunft (Bonn 1986). – Alleingang nach Brüssel - Österreichs EG-Politik (Bonn 1990). – (zus. m. Wolfgang Wessels) Föderale Union - Europas Zukunft (München 1994). – Europäische Sicherheitsarchitektur - Konzeptionen und Realitäten (Frankfurt/Main 1996).

Gesine Schwan

Geb. 1943 in Berlin; Dr. phil.; Studium der Romanistik, Philosophie und Politikwissenschaft in Berlin und Freiburg/Breisgau; seit 1977 Professorin für Politikwissenschaft an der Freien Universität Berlin. 1980-1981 Fellow am Woodrow Wilson International Center for Scholars in Washington; 1984 Visiting Fellow am Robinson College in Cambridge. 1977-84 und seit 1996 erneut Mitglied der Grundwertekommission beim Parteivorstand der SPD; 1985-87 Vorsitzende der Deutschen Gesellschaft für Politikwissenschaft.

Auswahl der Veröffentlichungen: Leszek Kolakowski. Eine Philosophie der Freiheit nach Marx (Stuttgart u.a. 1970). – (Hg. zus. mit A. Schwan) Sozialdemokratie und Marxismus (Hamburg 1974). – Die Gesellschaftskritik von Karl Marx (1974). – Sozialismus in der Demokratie? (Stuttgart u.a. 1982). – (Hg. zus. mit Alexander Schwan) Der normative Horizont in der Politik. In: Klaus von Beyme, Ernst-Otto Czempiel, Peter Graf Kielmannsegg, Peter Schmoock (Hg.), Politikwissenschaft. Eine Grundlegung. Bd. I: Theorien u. Systeme (Stuttgart u.a. 1985), S. 36-108. – (Hg.) Internationale Politik und der Wandel von Regimen. In: Veröffentl. der Deutschen Gesellschaft für Politikwissenschaft 4 (Baden-Baden 1987). – (Hg.) Bedingungen und Probleme politischer Stabilität. In: Veröffentl. der DGfP 5 (Baden-Baden 1988). – Diverse Aufsätze zu Problemen der politischen Philosophie und Theorie; publizistische Veröffentlichungen zu den Themen Berlin, Deutschland- und Europapolitik, Entspannungspolitik und zu den normativen Grundlagen und der politischen Kultur der Demokratie.

Gerald Stourzh

Geb. 1929 in Wien; Dr. phil., Dr. iur. h.c. (Graz); Dr. lit. hum. hist. (Chicago); Studium der Geschichte und Publizistik in Wien, Clermont-Ferrand und Birmingham; Promotion Wien 1951; 1951-58 Research Associate, zuletzt Assistant Professor an der University of Chicago sowie 1965-57 an der Foundation for Political Education, Chicago; 1964-69 O. Professor für Neuere Geschichte m. bes. Berücksichtigung der amerikan. Geschichte an der Freien Universität Berlin; 1967/68 Mitglied des Institute for Advanced Study, Princeton; seit 1969 O. Universitätsprofessor für Geschichte der Neuzeit an der Universität Wien; 1976 Overseas Fellow des Churchill College, Cambridge; seit 1983 Wirkliches Mitglied der Österreichischen Akademie der Wissenschaften; 1985-91 Vorsitzender der Kommission für Neuere Geschichte Österreichs.

Auswahl der Veröffentlichungen: Alexander Hamilton and the Idea of Republican Government (Stanford 1970). – Geschichte des Staatsvertrages 1945-1955 (Graz-Wien-Köln, 3. Aufl. 1985, 4. Aufl. im Erscheinen). – Zur Institutionengeschichte der Arbeitsbeziehungen und der sozialen Sicherung - eine Einführung. In: Historische Wurzeln der Sozialpartnerschaft, Hg. zus. mit Margarete Grandner (Wien 1986). – Die Gleichberechtigung der Nationalitäten in der Verfassung und Verwaltung Österreichs 1848-1918 (Wien 1985). – Wege zur Grundrechtsdemokratie. Studien zur Begriffs- und Institutionengeschichte des liberalen Verfassungsstaates (Wien-Köln-Graz 1989). - Vom Reich zur Republik. Studien zum Österreichbewußtsein im 20. Jahrhundert (Wien 1990).

Erich W. Streissler

Geb. 1933 in Wien; Dr. iur., akademisch geprüfter Statistiker; Studium der Rechtswissenschaften, Mathematik, Geschichte und Psychologie; Universitätsdozent für Volkswirtschaftslehre; 1962 O. Universitätsprofessor für Statistik und Ökonometrie an der Universität Freiburg/Breisgau, seit 1968 O. Universitätsprofessor für Volkswirtschaftslehre, Ökonometrie und Wirtschaftsgeschichte an der Universität Wien; wiederholter Gast an der Universität Oxford, u.a. in New College, Balliol College und Exeter College; 1993 Distinguished Visiting Professor an der Stanford University in Kalifornien. Mitglied der Bayerischen, Ungarischen und Österreichischen Akademie der Wissenschaften und der Academia Europea (Salzburg); Vizepräsident des Österreichischen Instituts für Wirtschaftsforschung; seit 1993 Aufsichtsrat der Bundesfinanzierungsagentur in Österreich; 1990-91 Präsident der Confederation of European Economic Associations und seit 1992 Schatzmeister der International Economic Association.

Auswahl der Veröffentlichungen: (Hg. zus. mit Monika Streissler) Carl Menger's Lectures to Crown Prince Rudolf of Austria (1994). - (Hg. zus. mit Monika Streissler) Volkswirtschaftslehre für Juristen (3., völlig überarbeitete Aufl., Wien 1994). - The influence of German economics on the work of Menger and Marshall. In: Carl Menger and his legacy in economics. Annual supplement to volume 22, History of Political Economy, ed. by Brucy J. Caldwell (Durham, London 1990). - Growth Models as Diffusion Processes. In: Kyklos 32 (1979). - Macht und Freiheit in der Sicht des Liberalismus. In: Macht oder ökonomisches Gesetz, Hg. Hans K. Schneider, Christian Watrin, Schriften des Ver. f. Soc. Pol., NF 74 II (1973). - Structural Economic Thought. On the Significance of the Austrian School Today (Inaugural Lecture Part I), ZfN 29 (1969). - A Stochastic Model of International Reserve Requirements During Growth of World Trade (Inaugural Lecture Part II), ZfN 29 (1969).

Zoltán Szász

Geb. 1940 in Kolozsvár (Klausenburg), heute: Cluj-Napoca, Rumänien; Dr. phil., Universitätsdozent; Stellv. Direktor des Instituts für Geschichtswissenschaft der Ungarischen Akademie der Wissenschaften; Vorsitzender der Ungarisch-Rumänischen Historikerkommission.

Auswahl der Veröffentlichungen: (zus. m. András Gergely) Nach dem Ausgleich [Geschichte Ungarns 1867-1900] (Budapest 1977). - Die Zeit des konservativen Liberalismus. Geschichte Ungarns 1875-1890. In: Geschichte Ungarns in 10 Bd., Bd. 8; Red. E. Kovács, L. Katus (Budapest 1978). - Geschichte Siebenbürgens 1849-1920. In: Erdély története III. , Red. Zoltán

Szász, Hg. B. Köpeczi (Budapest 2. Aufl. 1987), auch in deutscher Sprache (Budapest 1990). - Geschichte der Rumänen (Budapest 2. Aufl. 1993).

Otto Urban

Geb. 1938 in Bílovec (Wagstadt), Tschechien; gest. 1996 in Prag; PhDr.; Studium der Geschichte an der Universität Prag; Stipendiat der Alexander v. Humboldt-Stiftung in Heidelberg; 1971-1989 Assistent, 1989-92 Dozent, 1992-1996 Professor an der Universität Prag. 1990-1993 Leiter des Lehrstuhls für die tschechoslowakische Geschichte, 1993-1996 Leiter des Seminars für neuere tschechische und mitteleuropäische Geschichte an der Universität Prag.

Auswahl der Veröffentlichungen: Kapitalismus und Tschechische Gesellschaft (tschechisch, Prag 1978). - Die Tschechische Gesellschaft 1848-1918 (tschechisch, Prag 1982), in deutscher Sprache (Wien 1994). - Eine Erinnerung an Königgrätz. Drama 1866 (tschechisch, Prag 1986). - Franz Joseph I. Eine Biographie (tschechisch, Prag 1991). - Die tschechische und slowakische Geschichte bis 1918 (tschechisch, Prag 1991).

Manfred Wagner

Geb. 1944 in Amstetten, Niederösterreich; seit 1974 Vorstand der Lehrkanzel für Kultur- und Geistesgeschichte und 1980-88 Vizerektor der Hochschule für angewandte Kunst in Wien; 1983-84 Präsident der Österreichischen UNESCO-Kommission; seit 1987 Lehrauftrag am Institut für kulturelles Management an der Hochschule für Musik und darstellende Kunst Wien; 1988 Gastprofessur an der Humboldt-Universität Berlin; 1992-94 Vizepräsident, 1995 Geschäftsführender Präsident des Internationalen Forschungszentrums Kulturwissenschaften (Wien).

Auswahl der Veröffentlichungen: (Hg.) Im Brennpunkt - ein Österreich. 14 Beiträge auf der Suche nach einer österreichischen Konstante (Wien 1976). - (Hg. zus. mit Georg Eisler, Josef Secky, Harald Sterk) Die unbekannte Sammlung. Materialien zur staatlichen Kunstförderung in Österreich (Wien 1979). - (Hg. zus. mit Harald Gardos) Aspects of Cultural Policies in Austria (Paris 1980). - Anton Bruckner - eine Monografie; 2. Auflage: Leben - Werke - Dokumente (Mainz-München 1983). - Kultur und Politik. Politik und Kunst (Wien-Köln-Graz 1991). - Adolf Frohner: Malerei. Konzept, Redaktion und Kapiteltexte (Wien 1993). - (Hg. zus. mit Norbert Leser) Österreichs politische Symbole - historisch, ästhetisch und ideologiekritisch beleuchtet (Wien 1994). - (Hg.) Supranationalität-Internationalität-Regionalität: Kulturvergleiche. Ergebnisse des Initiativ-Workshops am 15. u. 16.10.1993. IFK-Materialien 2/1994 (Wien 1994). - Anton Bruckner - Werk und Leben (Wien 1995). - Alfred Roller und seine Zeit (Salzburg 1996). - Franz Schubert - Werk und Leben (Wien 1996).

Christian Watrin

Geb. 1930 in Köln; Dipl.-Kaufm., Dipl.-Volksw., Dr. rer. pol.; O. Professor für Volkswirtschaftslehre an der Ruhr-Universität Bochum; 1971 bis 1995 Inhaber eines Lehrstuhls für Wirtschaftliche Staatswissenschaften und Direktor des Instituts für Wirtschaftspolitik an der Universität Köln; 1986/87 Inhaber des Konrad Adenauer Lehrstuhls an der Georgetown University in Washington D.C.; seit 1972 Mitglied des Wissenschaftlichen Beirats beim Bundesministerium für Wissenschaft (Bonn), 1987-1992 dessen Vorsitzender. Seit 1971 Herausgeber der Zeitschrift für Wirtschaftspolitik (Wirtschaftspolitische Chronik) sowie der Untersuchungen zur Wirtschaftspolitik, beide gem. mit Hans Willgerodt, Jürgen B. Donges und Johannes Eckhoff.

Auswahl der Veröffentlichungen: Der Weg zur Freiheit. Albert Ludwigs-Universität Freiburg/Breisgau; Walter Eucken-Institut Freiburg/Breisgau; Friedrich A. von Hayek-Vorlesung 1990, Hg. Rudolf Haufe-Verlag (Freiburg 1991). - (Hg. zus. mit Rudolf H. Hasse, Josef Molsberger) Ordnung in Freiheit. Festgabe für Hans Willgerodt zum 70. Geburtstag. In: Schriften zur Wirtschaftspolitik Neue Folge 5, Hg. zus. mit Jürgen B. Donges (Stuttgart 1994). - Der schwierige Weg von der sozialistischen Planwirtschaft zur marktwirtschaftlichen Ordnung. In: Theorie der Wirtschaftspolitik. Festschrift für Hans Möller, Hg. J.M. Graf von der Schulenburg, Hans-Werner Sinn (Tübingen 1990). - Germany as a Marketplace. In: An Economic Perspective on the Southwest: Defining the Decade. Proceedings of the 1990 Conference on the Southwest Economy Sponsored by the Federal Reserve Bank of Dallas, ed. Gerald P. O'Driscoll Jr. , Stephen P.A. Brown. - Germany's Economic Unification in its fourth Year. In: Transition to a Market Economy: German experiences and expectations, Hg. Ludwig Erhard-Foundation Bonn (Krefeld 1993).

Manfried Welan

Geb. 1937 in Wien; Dr. iur.; 1961/62 rechtskundiger Verwaltungsdienst im Bundesministerium für Unterricht, 1962-66 im Verfassungsgerichtshof; seit 1969 O. Universitätsprofessor für Rechtswissenschaften an der Universität für Bodenkultur in Wien; insgesamt zwanzig Jahre Pro- bzw. Rektor dieser Universität, 1979-1981 Vorsitzender der Österreichischen Rektorenkonferenz; 1983-91 Gemeinderat, Landtagsabgeordneter, Stadtrat, 3. Landtagspräsident in Wien, Vizepräsident der UNESCO-Kommission und seit 1996 Vizerektor der Universität für Bodenkultur in Wien.

Auswahl der Veröffentlichungen: (Gem. mit Heinrich Neisser) Der Bundeskanzler im österreichischen Verfassungsgefüge (Wien 1971). - (Gem. mit Anton Pelinka) Demokratie und Verfassung in Österreich (Wien-Frankfurt/Main-Zürich 1971). - Theorie und Praxis des Bundesstaates (Wien 1974). - Das österreichische Staatsoberhaupt (Wien 1986). - (Hg.) Streit Hainburg, Verwaltungsakten (Wien 1988). - Was die Kanzler sagten (Wien-Köln 1989). - Aus dem Elfenbeinturm (Wien 1989). - Der Bundespräsident (Wien-Köln-Graz

1992). - Der Bürgermeister der Bundeshauptstadt (Wien 1993). - Umwelt und Recht in Österreich (Wien 1995). - (Gem. mit Ada Pellert) Die formierte Anarchie (Wien 1996).

Jacek Wozniakowski

Geb. 1920 in Biórków bei Krakau; Dr. phil.; Studium der polnischen Philologie und Kunstgeschichte; seit 1945 Mitarbeit der katholischen Zeitungen "Tygodnik Powszechny" und "Znak", seit 1959 als Leiter von Znak Book Publishers in Krakau; 1953-90 Lehrtätigkeit in Moderner Kunstgeschichte an der Katholischen Universität Lublin; Gastprofessuren an vielen polnischen und auswärtigen Universitäten; Mitbegründer zweier Clubs: "Inteligencji" u. "Katolickiej" und der "Flying University"; 1982-92 Mitglied des Consilium Pontificium pro Cultura; Präsident der International Cultural Centre Foundation in Krakau.

Auswahl der Veröffentlichungen: Sieben Bücher, u.a. Die Wildnis (deutsch); seit 1981: 40 Texte in fremden Sprachen, zuletzt: Ist ein größeres Europa möglich? In: Reflexionen über Europa, Hg. zus. mit Raymond Barre, Alfred Grosser, Hans Maier, Edgar Morin u.a.

Bibliographie

(Auswahl)

ABLEITINGER, Alfred: Ernest von Koerber und das Verfassungsproblem im Jahre 1900. Österreichische Nationalitäten- und Innenpolitik zwischen Konstitutionalismus, Parlamentarismus und oktroyiertem allgemeinem Wahlrecht. Wien-Köln-Graz 1973.

ACKERMANN, Bruce A.: Social Justice in a Liberal State. New Haven 1980.

ACKERMANN, Bruce A.: The Future of Liberal Revolution. New Haven 1992.

ACKERMANN, Bruce A.: Ein neuer Anfang für Europa: nach dem utopischen Zeitalter. Berlin 1993.

ALLMAYER-BECK, Johann Christoph: Der Konservatismus in Österreich. München 1959.

ALMOND, Gabriel / Sidney VERBA: The Civic Culture. Political Attitudes and Democracy in Five Nations. Princeton-New York 1963.

APPLEBY, Joyce: Liberalism and Republicanism in the Historical Imagination. Cambridge/Mass. 1992.

ARBLASTER, Anthony: The Rise and Decline of Western Liberalism. Oxford 1984.

ARNESON, Richard J.: Liberalism. 3 Vol. Aldershot 1992.

ASH, Timothy Garton: Ein Jahrhundert wird abgewählt. Aus den Zentren Mitteleuropas 1980 bis 1990. München 1990.

ASSMANN, Heinz-Dieter / Christian KIRCHNER / Erich SCHANZE: Ökonomische Analyse des Rechts. Mit Beiträgen von Calabresi, Coase, Posner und anderen. Neubearbeitung. Tübingen 1993.

AVINERI, Shlomo (Ed.): Communitarism and Individualism. Oxford 1992.

BADURA, Peter: Das Verwaltungsrecht des liberalen Rechtsstaates. Methodische Überlegungen zur Entstehung des wissenschaftlichen Verwaltungsrechtes. Göttingen 1967.

BANIK-SCHWEITZER, Renate / Gerhard MEISSL: Industriestadt Wien. Die Durchsetzung der industriellen Marktproduktion in der Habsburgermonarchie. Wien 1983.

BARBER, Benjamin: The Conquest of Politics: Liberal Philosophy in Democratic Times. Princeton/N.J. 1988.

BAREA, Ilsa: Vienna: Legend and Reality. New York 1964.

BARRY, Andrew (Ed.): Foucault and Political Reason. Liberalism, Neo-Liberalism and Rationalities of Government. London 1996.

BARRY, B. M.: The Liberal Theory of Justice. Oxford 1973.

BARRY, Norman P.: On Classical Liberalism and Libertinarianism. New York 1987.

BARYLI, Andreas: Konzessionssystem contra Gewerbefreiheit. Zur Diskussion der österreichischen Gewerberechtsreform 1835 bis 1860. Frankfurt/Main u.a. 1984.

BECK, Ulrich: Risikogesellschaft. Auf dem Weg in eine andere Moderne. Frankfurt/Main 1986.

BEESLEY, Michael E.: Privatization, Regulation and Deregulation. London 1992.

BEINER, Ronald: What´s the Matter with Liberalism? Berkeley/Cal. 1992.

BELLAH, Robert N. et al: The Good Society. New York 1991.

BELLAMY, Richard: Liberalism and Modern Society: A Historical Argument. University Park/Pa. 1992.

BELLER, Steven: Wien und die Juden. 1867-1938. Wien-Köln-Weimar 1993.

BELLERS, Jürgen / Mechthild WINKING: Europapolitik der Parteien. Konservativismus, Liberalismus und Sozialdemokratie im Ringen um die Zukunft Europas. Frankfurt/Main u. a. 1991.

BENEDIKT, Heinrich: Das Zeitalter der Emanzipationen 1815-1848. Wien-Köln-Graz 1977.

BERGER, Peter / Brigitte BERGER / Hansfried KELLNER: Das Unbehagen in der Modernität. Frankfurt/Main 1975.

BERLIN, Isaiah: Political Ideas in the Twentieth Century. Four Essays on Liberty. Oxford 1969.

BERNER, Peter / Emil BRIX / Wolfgang MANTL (Hg.): Wien um 1900. Aufbruch in die Moderne. Wien 1986.

BEZECNY, Anton: Die Thronreden Seiner Majestät des Kaisers Franz Josef I. 2.A. Wien 1912.

BLANKERTZ, Stefan: Politik der neuen Toleranz. Plädoyer für einen radikalen Liberalismus. Teltge-Westbevern 1988.

BOBBIO, Norberto: Liberalism and Democracy. London 1990.

BOETTLE, Peter J. (Ed.): The Elgar Companion to Austrian Economics. Aldershot 1994.

BOTSTEIN, Leon: Judentum und Modernität. Essays zur Rolle der Juden in der deutschen und österreichischen Kultur 1848 bis 1938. Wien-Köln 1991.

BOYER, John: Political Radicalism in Late Imperial Vienna. Origins of the Christian Social Movement, 1848-1897. Chicago 1981.

BOYER, John; Culture and Political Crises in Vienna. Christian Socialism in Power, 1897-1918. Chicago 1995.

BRACHER, Karl Dietrich: Zeit der Ideologien. Eine Geschichte politischen Denkens im 20. Jahrhundert. Stuttgart 1982.

BRACHER, Karl Dietrich: Wendezeiten der Geschichte. Historisch-politische Essays 1987-1992. Stuttgart 1992.

BRAMSTEAD, E.K. / K.J. MELHUISH (Eds.): Western Liberalism. London 1978.

BRAUDEL, Fernand: Europa. Bausteine seiner Geschichte. Frankfurt/Main 1989.

BREUILLY, John: Labour and Liberalism in Nineteenth-Century Europe. Essays in Comparative History. Manchester 1994.

BRIX, Emil / Allan JANIK (Hg.): Kreatives Milieu. Wien um 1900. Wien-München 1993.

BRUCKMÜLLER, Ernst: Sozialgeschichte Österreichs. Wien-München 1985.

BRUCKMÜLLER, Ernst: Nation Österreich. Kulturelles Bewußtsein und gesellschaftlich-politische Prozesse. 2.A. Wien-Köln-Graz 1996.

BRUCKMÜLLER, Ernst u.a. (Hg.): Bürgertum in der Habsburgermonarchie. Wien-Köln 1990.

BRUSATTI, Alois: Österreichs Wirtschaftspolitik vom Josephinismus zum Ständestaat. Wien 1965.

BRUSATTI, Alois: Sozial- und Wirtschaftsgeschichte des industriellen Zeitalters. Graz-Wien-Köln 1967.

BUNZL, John / Bernd MARIN (Hg.): Antisemitismus in Österreich. Sozialhistorische und soziologische Studien. Innsbruck 1983.

BUSEK, Erhard / Wolfgang MANTL / Meinrad PETERLIK (Hg.): Wissenschaft und Freiheit. Ideen zu Universität und Universalität. Wien-München 1989.

BYDLINSKI, Franz: Das Privatrecht im Rechtssystem einer "Privatrechtsgesellschaft". Wien-New York 1994.

BYDLINSKI, Franz / Theo MAYER-MALY (Hg.): Die ethischen Grundlagen des Privatrechts. Wien-New York 1994.

CAHN, Matthew A.: Environmental Deceptions. The Tension Between Liberalism and Environmental Policymaking in the United States. Albany/N.Y. 1995.

CALDWELL Bruce J. / Stephan BOEHM (Eds.): Austrian Economics: Tensions and New Directions. Dordrecht 1992.

CAPALDI, Nicolas: Out of Order. Affirmative Action and the Crisis of Doctrinaire Liberalism. Buffalo/N.Y. 1985.

CHALOUPEK, Günther / Peter EIGNER / Michael WAGNER: Wirtschaftsgeschichte 1740-1938. 2 Bde. Wien 1991.

CHARMATZ, Richard: Deutsch-österreichische Politik. Studien über den Liberalismus und über die auswärtige Politik Österreichs. Leipzig 1907.

CHARMATZ, Richard: Vom Kaiserreich zur Republik Österreich. Kampf um die Demokratie 1747-1947. Wien 1947.

COLCLOUGH, Christopher / James MANOR (Ed.): States or Markets? Neoliberalism and the Development Policy Debate. Oxford 1993.

COVEL, Charles: Kant, Liberalism and the Pursuit of Justice in the International Order. Münster 1994.

CSÁKY, Moritz: Von der Aufklärung zum Liberalismus. Studien zum Frühliberalismus in Ungarn. Wien 1981.

CSÁKY, Moritz: Ideologie der Operette und Wiener Moderne. Ein kulturhistorischer Essay zur österreichischen Identität. Wien-Köln-Weimar 1996.

CSÁKY, Moritz / Walter PASS (Hg.): Europa im Zeitalter Mozarts. Wien-Köln-Weimar 1995.

CZEIKE, Felix: Liberale, christlichsoziale und sozialdemokratische Kommunalpolitik (1861-1934). Dargestellt am Beispiel der Gemeinde Wien. Wien 1962.

DAHRENDORF, Ralf: Die Chance der Krise. Über die Zukunft des Liberalismus. Stuttgart 1983.

DAHRENDORF, Ralf: Betrachtungen über die Revolution in Europa in einem Brief, der an einen Herrn in Warschau gerichtet ist. Stuttgart 1990.

DAHRENDORF, Ralf: Liberale und andere: Portraits. Stuttgart 1994.

DÍEZ DEL CORRAL, Luis: Doktrinärer Liberalismus. Guizot und sein Kreis. Neuwied/Rhein-Berlin 1964.

DIPPEL, Wolfgang: Wissenschaftsverständnis, Rechtsphilosophie und Vertragslehre im vormärzlichen Konstitutionalismus bei Rotteck und Welcker. Ein Beitrag zur politischen Ideengeschichte des Liberalismus. Münster 1990.

DÖCKER, Ulrike: Die Ordnung der bürgerlichen Welt. Verhaltensideale und soziale Praktiken im 19. Jahrhundert. Frankfurt/Main-New York 1994.

DONOSO CORTÉS, Juan: Essay über den Katholizismus, den Liberalismus und den Sozialismus und andere Schriften aus den Jahren 1851 bis 1853. Weinheim 1989.

DUBIEL, Helmut (Hg.): Populismus und Aufklärung. Frankfurt/Main 1986.

DÜLMEN, Richard van: Die Gesellschaft der Aufklärer. Zur bürgerlichen Emanzipation und aufklärerischen Kultur in Deutschland. Frankfurt/Main 1986.

DUMONT, Louis: Individualismus. Zur Ideologie der Moderne. Frankfurt/Main 1990.

DUNBAR, Leslie W.: Reclaiming Liberalism. New York-London 1991.

DUNN, John: Western Political Theory in the Face of the Future. Cambridge 1955.

DUNTZE, Klaus: Kirche zwischen König und Magistrat. Die Entwicklung der bürgerlichen Kirche im Spannungsfeld von Liberalismus und Konservativismus 1808-1890. Frankfurt/Main-Wien 1994.

EDER, Karl: Der Liberalismus in Altösterreich. Geisteshaltung, Politik und Kultur. Wien 1955.

EHMER, Josef: Familienstruktur und Arbeitsorganisation im frühindustriellen Wien. Wien 1980.

ENGEL-JANOSI, Friedrich: ... aber ein stolzer Bettler. Erinnerungen aus einer verlorenen Generation. Graz-Wien-Köln 1974.

ENGELHARDT, Ulrich: "Bildungsbürgertum". Begriffs- und Dogmengeschichte eines Etiketts. Stuttgart 1986.

ESCHENBACH, Rolf / Christof MÜLLER / Thomas GABRIEL (Hg.): Privatisierung öffentlicher Leistungen. Beurteilung - Strategische Optionen - Volkswirtschaftliche Konsequenzen. Wien 1993.

ETZIONI, Amitai: Die faire Gesellschaft. Jenseits von Sozialismus und Kapitalismus. Frankfurt/Main 1996.

FETSCHER, Iring: Toleranz. Von der Unentbehrlichkeit einer kleinen Tugend für die Demokratie. Historische Rückblicke und aktuelle Probleme. Stuttgart 1990.

FLACH, Karl-Hermann: Noch eine Chance für den Liberalismus. Eine Streitschrift für die Freiheit. Hamburg 1971.

FLAMANT, Maurice: Histoire du Libéralisme. Paris 1988.

FLATHMAN, Richard E.: Willful Liberalism: Voluntarianism and Individuality in Political Theory and Practice. Ithaca/N.Y. 1992.

FORST, Rainer: Kontexte der Gerechtigkeit. Politische Philosophie jenseits von Liberalismus und Kommunitarismus. Frankfurt/Main 1994.

FRANZ, Georg: Liberalismus. Die deutschliberale Bewegung in der habsburgischen Monarchie. München 1955.

FRANZ, Georg: Kulturkampf gestern und heute. Eine Säkularbetrachtung 1871-1971. München 1971.

FREUD, Sigmund: Das Unbehagen in der Kultur. Wien 1930.

FREUND, Michael: Der Liberalismus. In ausgewählten Texten dargestellt und eingeleitet. Stuttgart 1965.

FRISCHENSCHLAGER, Friedhelm / Erich REITER: Liberalismus in Europa. Wien-München 1984.

FROMM, Erich: Die Furcht vor der Freiheit. Frankfurt/Main 1966.

FUCHS, Albert: Geistige Strömungen in Österreich. 1867-1914 (1949). Neudruck Wien 1984.

FUKUYAMA, Francis: Das Ende der Geschichte. Wo stehen wir? München 1992.

FUNK, Bernd-Christian (Projektleiter): Deregulierung und Entbürokratisierung am Beispiel von Niederösterreich. Wien 1988.

GALL, Lothar (Hg.): Liberalismus. 2.A. Königstein/Taunus 1980.

GALL, Lothar (Hg.): Stadt und Bürgertum im 19. Jahrhundert. München 1990.

GALL, Lothar / Rainer KOCH (Hg.): Der europäische Liberalismus im 19. Jahrhundert. 4 Bde. Frankfurt/Main-Berlin-Wien 1981.

GALSTONE, William A.: Liberal Purposes. Goods, Virtues and Diversity in the Liberal State. Cambridge 1992.

GAULKE, Jürgen: Freiheit und Ordnung bei John Stuart Mill und Friedrich August von Hayek. Versuch, Scheitern und Antithese eines ethischen Liberalismus. Frankfurt/Main u.a. 1994.

GAUS, G. F.: The Modern Liberal Theory of Man. London 1983.

GELLNER, Ernest: Nationalismus und Moderne. Berlin 1991.

GERL, Hanna-Barbara: Nach dem Jahrhundert der Wölfe. Werte im Aufbruch. 3.A. Köln-Zürich 1993.

GERLICH, Peter / Fritz PLASSER / Peter A. ULRAM (Hg.): Regimewechsel. Demokratisierung und politische Kultur in Ost-Mitteleuropa. Wien-Köln-Graz 1992.

GERTH, Hans H.: Bürgerliche Intelligenz um 1800. Zur Soziologie des deutschen Frühliberalismus. Göttingen 1976.

GOOD, David F.: Der wirtschaftliche Aufstieg des Habsburgerreiches 1750-1914. Wien-Köln-Graz 1986.

GOTTAS, Friedrich: Ungarn im Zeitalter des Hochliberalismus. Studien zur Tisza-Ära (1875-1890). Wien 1976.

GRANT, Ruth W.: John Locke's Liberalism. Chicago 1987.

GRAY, John: Hayek on Liberty. 2nd ed. Oxford 1986 (deutsch Tübingen 1995).

GRAY, John: Liberalism. Essays in Political Philosophy. London 1989.

GRIMM, Dieter (Hg.): Staatsaufgaben. Baden-Baden 1994.

GROSS, Mirjana: Die Anfänge des modernen Kroatien. Gesellschaft, Politik und Kultur in Zivil-Kroatien und -Slawonien in den ersten dreißig Jahren nach 1848. Wien-Köln-Weimar 1993.

GUTMANN A.: Communitarian Critique of Liberalism. In: Philosophy and Public Affairs, 14 (1985), p. 308-322.

HABERMANN, Gerd: Der Wohlfahrtsstaat. Die Geschichte eines Irrwegs. Frankfurt/Main-Berlin 1994.

HABERMAS, Jürgen: Strukturwandel der Öffentlichkeit. Untersuchungen zu einer Kategorie der bürgerlichen Gesellschaft. Neuwied/Rhein-Berlin 1962.

HABERMAS, Jürgen: Die nachholende Revolution. Frankfurt/Main 1990.

HAMPSON, Norman: The Enlightenment. An Evaluation of its Assumptions, Attitudes and Values. London 1990.

HANÁK, Péter: Ungarn in der Donaumonarchie. Probleme der bürgerlichen Umgestaltung eines Vielvölkerstaates. Wien-München-Budapest 1984.

HANÁK, Péter: Der Garten und die Werkstatt. Ein kulturgeschichtlicher Vergleich Wien und Budapest um 1900. Wien-Köln-Weimar 1992.

HANISCH, Ernst: Der lange Schatten des Staates. Österreichische Gesellschaftsgeschichte im 20. Jahrhundert. 1890-1990. Wien 1994.

HAUSEN, Karin (Hg.): Frauen suchen ihre Geschichte. Historische Studien zum 19. und 20. Jahrhundert. München 1983.

HAUSER, Henri: Du Libéralisme à l'Impérialisme (1860-1878). Paris 1952.

HAYEK, Friedrich August von: Der Weg zur Knechtschaft. Zürich 1945.

HAYEK, Friedrich August von: Der Wettbewerb als Entdeckungsverfahren. Tübingen 1968.

HAYEK, Friedrich August von: Individualismus und wirtschaftliche Ordnung. 2.A. Zürich 1976.

HAYEK, Friedrich August von: Drei Vorlesungen über Demokratie, Gerechtigkeit und Sozialismus. Tübingen 1977.

HAYEK, Friedrich August von: Liberalismus. Tübingen 1979.

HAYEK, Friedrich August von: Die Verfassung der Freiheit. 3.A. Tübingen 1991.

HEINDL, Waltraud: Gehorsame Rebellen. Bürokratie und Beamte in Österreich 1780 bis 1848. Wien-Köln-Graz 1991.

HERSHE, Peter: Der Spätjansenismus in Österreich. Wien 1977.

HIRSCH H. M.: The Threnody of Liberalism. In: Political Theory, 14 (1986), p. 423-449.

HOBSBAWM, Eric J.: Nationen und Nationalismus. Mythos und Realität seit 1780. Frankfurt/Main 1991.

HODENBERG, Christina von: Die Partei der Unparteiischen. Der Liberalismus der preußischen Richterschaft 1815-1848/49. Göttingen 1996.

HÖBELT, Lothar: Kornblume und Kaiseradler. Die deutschfreiheitlichen Parteien Altösterreichs 1882-1918. Wien-München 1993.

HOLMES, Stephen: Die Anatomie des Antiliberalismus. Hamburg 1995.

HONNETH, Axel (Hg.): Kommunitarismus. Eine Debatte über die moralischen Grundlagen moderner Gesellschaften. 2.A. Frankfurt/Main 1994.

HUBITSCH, Hans Georg: Politische Aspekte des Neoliberalismus unter besonderer Berücksichtigung der Sozialpolitik. Innsbruck 1970.

HUEBINGER, Gangolf: Kulturprotestantismus und Politik. Zum Verhältnis von Liberalismus und Protestantismus im wilhelminischen Deutschland 1890-1918. Tübingen 1994.

HUGELMANN, Frank: Die Anfänge des englischen Liberalismus. John Locke und der First Earl of Shaftesbury. Frankfurt/Main u.a. 1992.

HUTCHINSON, John / Anthony D. SMITH (Eds.): Nationalism. Oxford-New York 1994.

INGLEHART, Ronald: Kultureller Umbruch. Wertwandel in der westlichen Welt. Frankfurt/Main 1989.

JANIK, Allan / Stephen TOULMIN: Wittgensteins Wien. 2.A. München-Wien 1989.

JASAY, Anthony de: Liberalismus neugefaßt - für eine entpolitisierte Gesellschaft. Berlin 1995.

JOHNSTON, William M.: Österreichische Kultur- und Geistesgeschichte. Gesellschaft und Ideen im Donauraum 1848 bis 1938. Wien-Köln-Graz 1974.

KAMMERHOFER, Leopold (Hg.): Studien zum Deutschliberalismus in Zisleithanien 1873-1879. Herrschaftsfundierung und Organisationsformen des politischen Liberalismus. Wien 1992.

KAUTZ, Stephen J.: Liberalism and Community. Ithaka/N.Y. 1995.

KIRSCH, Guy: Das freie Individuum und der dividierte Mensch. Der Individualismus - von der Norm zum Problem. Baden-Baden 1990.

KLINGENSTEIN, Grete (Hg.): Krise des Fortschritts. Wien-Köln-Graz 1984.

KONDYLIS, Panajotis: Der Niedergang der bürgerlichen Denk- und Lebensform. Die liberale Moderne und die massendemokratische Postmoderne. Weinheim 1991.

KOSELLECK, Reinhart: Kritik und Krise. Ein Beitrag zur Pathogenese der bürgerlichen Welt. Freiburg/Breisgau-München 1959.

KOSELLECK, Reinhart: Preußen zwischen Reform und Revolution. Allgemeines Landrecht, Verwaltung und soziale Bewegung von 1791 bis 1848. 2.A. Stuttgart 1987.

KOSLOWSKI, Peter: Die postmoderne Kultur. Gesellschaftlich-kulturelle Konsequenzen der technischen Entwicklung. München 1987.

KOSLOWSKI, Peter (Hg.): Europa imaginieren. Der europäische Binnenmarkt als kulturelle und wirtschaftliche Aufgabe. Berlin-Heidelberg 1992.

KOSLOWSKI, Peter. Die Ordnung der Wirtschaft. Studien zur Praktischen Philosophie und Politischen Ökonomie. Tübingen 1994.

KOSLOWSKI, Peter / Reinhard LÖW / Robert SPAEMANN (Hg.): Moderne oder Postmoderne? Zur Signatur des gegenwärtigen Zeitalters. Weinheim 1986.

KRAINER, Josef / Wolfgang MANTL (Hg.): Ortsbestimmung. Politik, Wirtschaft, Europa. Graz-Wien-Köln 1993.

KRAINER, Josef / Wolfgang MANTL / Manfred PRISCHING / Michael STEINER (Hg.): Nachdenken über Politik. Jenseits des Alltags und diesseits der Utopie. Graz-Wien-Köln 1985.

KYMLICKA, Will: Liberalism, Community and Culture. Oxford 1989.

LANGEWIESCHE, Dieter (Hg.): Liberalismus im 19. Jahrhundert. Deutschland im europäischen Vergleich. Göttingen 1988.

LANGEWIESCHE, Dieter: Liberalismus in Deutschland. Frankfurt/Main 1991.

LE RIDER, Jacques: Der Fall Otto Weininger. Werk und Wirkung. Wien 1984.

LE RIDER , Jacques: Das Ende der Illusion. Die Wiener Moderne und die Krisen der Identität. Wien 1990.

LENGAUER, Hubert: Ästhetik und liberale Opposition. Zur Rollenproblematik des Schriftstellers in der österreichischen Literatur um 1848. Wien-Köln 1989.

LESER, Norbert (Hg.): Die Wiener Schule der Nationalökonomie. Wien-Köln-Graz 1986.

LOOCK, Hans-Dietrich / Hagen SCHULZE (Hg.): Parlamentarismus und Demokratie im Europa des 19. Jahrhunderts. München 1982.

LÜBBE, Hermann: Freiheit statt Emanzipationszwang. Die liberalen Traditionen und das Ende der marxistischen Illusionen. Zürich 1991.

LUEBBERT, Gregora M.: Liberalism, Fascism, or Social Democracy. Social Classes and the Political Origins of Regimes in Interwar Europe. New York 1991.

LYOTARD, Jean-François: Das postmoderne Wissen. Ein Bericht. Graz-Wien 1986.

MACHLUP, Fritz (Ed.): Essays on Hayek. New York 1976.

MACPHERSON, Crawford B.: Nachruf auf die liberale Demokratie. Frankfurt/Main 1983.

MAGRIS, Claudio: Der habsburgische Mythos in der österreichischen Literatur. Salzburg 1966.

MAIER, Hans: Revolution und Kirche. Zur Frühgeschichte der Christlichen Demokratie. 5.A. Freiburg/Breisgau-Basel-Wien 1988.

MANENT, Pierre: An Intellectual History of Liberalism. Princeton/N.J. 1994.

MANN, Thomas: Das Problem der Freiheit. Stockholm 1939.

MANTL, Wolfgang: Repräsentation und Identität. Demokratie im Konflikt. Wien-New York 1975.

MANTL, Wolfgang (Hg.): Die neue Architektur Europas. Reflexionen in einer bedrohten Welt. Wien-Köln-Graz 1991.

MANTL, Wolfgang (Hg.): Politik in Österreich. Die Zweite Republik: Bestand und Wandel. Wien-Köln-Graz 1992.

MARKO, Joseph: Autonomie und Integration. Rechtsinstitute des Nationalitätenrechts im funktionalen Vergleich. Wien-Köln-Graz 1995.

MATIS, Herbert: Österreichs Wirtschaft 1848-1913. Konjunkturelle Dynamik und gesellschaftlicher Wandel im Zeitalter Franz Josephs I. Berlin-München 1972.

MATZNER, Egon: Der Wohlfahrtsstaat von morgen. Entwurf eines zeitgemäßen Musters staatlicher Interventionen. Wien 1982.

MAY, Rüdiger: Lean Politics. Eine Radikalkur für den Staat. München 1995.

MAYER, Arno J.: Adelsmacht und Bürgertum. Die Krise der europäischen Gesellschaft 1848-1918. München 1984.

MAYER-MALY, Theo: Der liberale Gedanke und das Recht. In: IMBODEN, Max u.a. (Hg.): Festschrift für Adolf J. Merkl zum 80. Geburtstag. München-Salzburg 1970, p. 247-254.

MEGNER, Karl: Beamte. Wirtschafts- und sozialgeschichtliche Aspekte des k.k. Beamtentums. Wien 1985.

MENDUS, S.: Toleration and the Limits of Liberalism. London 1989.

MENGER, Carl: Untersuchungen über die Methode der Socialwissenschaften und der politischen Ökonomie. Leipzig 1883.

MERQUIOR, J. G.: Liberalism Old and New. Boston 1991.

METZ, Johann Baptist: Wider die zweite Unmündigkeit. Zum Verhältnis von Aufklärung und Christentum. In: Jörn RÜSEN / Eberhard LÄMMERT / Peter GLOTZ (Hg.): Die Zukunft der Aufklärung. Frankfurt/Main 1988, p. 81-87.

MEYER, Lutz: John Rawls und die Kommunitaristen. Eine Einführung in Rawls' Theorie der Gerechtigkeit und die kommunitaristische Kritik am Liberalismus. Würzburg 1996.

MICHALSKI, Krzysztof (Hg.): Europa und die Civil Society. Stuttgart 1991.

MICHALSKI, Krzysztof (Hg.): Die liberale Gesellschaft. Stuttgart 1993.

MIEGEL, Meinhard / Stefanie WAHL: Das Ende des Individualismus. Die Kultur des Westens zerstört sich selbst. 2.A. München 1994.

MISES, Ludwig: Grundprobleme der Nationalökonomie. Jena 1923.

MISES, Ludwig: Liberalismus. Jena 1927.

MISES, Ludwig: Die Gemeinwirtschaft. Untersuchungen über den Sozialismus. 2.A. Jena 1932.

MISES, Ludwig von: Kritik des Interventionismus (1929). Darmstadt 1976.

MOLTMANN, Jürgen (Hg.): Religion der Freiheit. München 1990.

MONNET, Jean: Erinnerungen eines Europäers. Baden-Baden 1988.

MÜLLER-ARMACK, Alfred: Entwicklungsgesetze des Kapitalismus. Berlin 1932.

NAUTZ, Jürgen / Richard VAHRENKAMP (Hg.): Die Wiener Jahrhundertwende. Einflüsse, Umwelt, Wirkungen. 2.A. Wien-Köln-Graz 1996.

NIEDOBITEK, Matthias: Pläne und Entwicklungen eines Europas der Bürger. Speyer 1989.

NIPPERDEY, Thomas: Wie das Bürgertum die Moderne fand. Berlin 1988.

OBERNDORFER, Peter (Hg.): Deregulierung. Linz 1992.

Österreich im Zeitalter der Aufklärung. Kontinuität und Zäsur in Europa zur Zeit Maria Theresias und Josephs II., 2 Bde., Wien 1985.

OVERBEEK, Henk (Ed.): Restructuring Hegemony on the Global Political Economy. The Rise of Transnational Neo-Liberalism in the 1980s. London 1993.

PANGLE, Thomas L.: Montesquieu's Philosophy of Liberalism. Chicago 1973.

PEMSEL, Jutta: Die Wiener Weltausstellung von 1873. Das gründerzeitliche Wien am Wendepunkt. Wien-Köln 1989.

PETERLIK, Meinrad / Werner WALDHÄUSL (Hg.): Geist und Wissenschaft im politischen Aufbruch Mitteleuropas. Wien-Köln-Graz 1991.

PFÜRTNER, Stephan H.: Fundamentalismus. Die Flucht ins Radikale. Freiburg/Breisgau-Basel-Wien 1991.

PHILLIPS, Derek L.: Looking Backward. A Critical Appraisal of Communitarian Thought. Princeton/N.J. 1993.

PIES, Ingo u.a. (Hg.): John Rawls' politischer Liberalismus. Tübingen 1995.

PLASSER, Fritz / Peter A. ULRAM (Hg.): Transformation oder Stagnation? Aktuelle politische Trends in Osteuropa. Wien 1993.

POMIAN, Krzysztof: Europa und seine Nationen. Berlin 1990.

POPPER, Karl Raimund: Das Elend des Historizismus. Tübingen 1965.

POPPER, Karl Raimund: Die offene Gesellschaft und ihre Feinde. 7.A. 2 Bde. München 1992.

PORTER, Roy: Kleine Geschichte der Aufklärung. Berlin 1991.

POSNER, Richard A.: Economic Analysis of Law. 3rd ed. Boston-Toronto 1986.

PRISCHING, Manfred: Krisen. Eine soziologische Untersuchung. Wien-Köln-Graz 1986.

PRISCHING, Manfred (Hg.): Identität und Nachbarschaft. Die Vielfalt der Alpen-Adria-Länder. Wien-Köln-Graz 1994.

PULZER, Peter G.: Die Entstehung des politischen Antisemitismus in Deutschland und Österreich 1867-1914. Gütersloh 1966.

RAWLS, John: Die Idee des politischen Liberalismus. Aufsätze 1978-1989. Frankfurt/Main 1992.

REESE-SCHÄFER, Walter: Was ist Kommunitarismus? Frankfurt/Main-New York 1994.

REHFUS, Wulff D.: Die Vernunft frißt ihre Kinder. Zeitgeist und Zerfall des modernen Weltbildes. Hamburg 1990.

REINALTER, Helmut: Die Französische Revolution und Mitteleuropa. Frankfurt/Main 1988.

REINALTER, Helmut (Hg.): Joseph von Sonnenfels. Wien 1988.

REINALTER, Helmut (Hg.): Lexikon zu Demokratie und Liberalismus 1750-1848/49. Frankfurt/Main 1993.

RIVERA LÓPEZ, Eduardo: Die moralischen Voraussetzungen des Liberalismus. Freiburg/Breisgau u.a. 1995.

RORTY, Richard: Kontingenz, Ironie und Solidarität. 3.A. Frankfurt/Main 1995.

ROSENBERG, Hans: Politische Denkströmungen im deutschen Vormärz. Göttingen 1972.

ROSENBLUM, Nancy L. (Ed.): Liberalism and the Moral Life. Cambridge/Mass. 1989.

ROSSBACHER, Karlheinz: Literatur und Liberalismus. Zur Kultur der Ringstraßenzeit in Wien. Wien 1992.

RUGGIERO, Guido de: Geschichte des Liberalismus in Europa. München 1930.

RUMPLER, Helmut (Hg.): Innere Staatsbildung und gesellschaftliche Modernisierung in Österreich und Deutschland 1867/71 bis 1914. Wien-München 1991.

RÜSEN, Jörn / Eberhard LÄMMERT / Peter GLOTZ (Hg.): Die Zukunft der Aufklärung. Frankfurt/Main 1988.

SALADIN, Peter: Wozu noch Staaten? Zu den Funktionen eines modernen demokratischen Rechtsstaats in einer zunehmend überstaatlichen Welt. Bern-München-Wien 1995.

SALAMUN, Kurt: Ideologie und Aufklärung. Weltanschauungstheorie und Politik. Wien-Köln-Graz 1988.

SANDEL, Michael: Liberalism and the Limits of Justice. Cambridge/Mass. 1982.

SANDEL, Michael: Liberalismus oder Republikanismus. Von der Notwendigkeit der Bürgertugend, Wien 1995.

SCHIEDER, Wolfgang (Hg.): Liberalismus in der Gesellschaft des deutschen Vormärz. Göttingen 1983.

SCHIEDER, Wolfgang (Hg.): Religion und Gesellschaft im 19. Jahrhundert. Stuttgart 1993.

SCHIRRMACHER, Frank (Hg.): Im Osten erwacht die Geschichte - Essays zur Revolution in Mittel- und Osteuropa. Stuttgart 1990.

SCHMIDT, Martin / Georg SCHWEIGER (Hg.): Kirche und Liberalismus im 19. Jahrhundert. Göttingen 1976.

SCHNEIDER, Heinrich: Vermächtnis und Auftrag des Liberalismus. Wien 1995.

SCHORSKE, Carl E.: Wien. Geist und Gesellschaft im Fin de Siècle. Frankfurt/Main 1982.

SCHULZE, Hagen: Die Wiederkehr Europas. Berlin 1990.

SCHUMPETER, Joseph Alois: Kapitalismus, Sozialismus und Demokratie. Bern 1950. 4.A. München 1975.

SCHWAN, Gesine: Politik ohne Vertrauen? Ideengeschichtliche und systematische Überlegungen zum Verhältnis von Politik und Vertrauen. Baden-Baden 1990.

SELL, Friedrich: Die Tragödie des deutschen Liberalismus. Stuttgart 1953.

SHEEHAN, James J.: Der deutsche Liberalismus. Von den Anfängen im 18. Jahrhundert bis zum Ersten Weltkrieg 1770-1914. München 1983.

SIEGRIST, Hannes (Hg.): Bürgerliche Berufe. Zur Sozialgeschichte der freien und akademischen Berufe im internationalen Vergleich. Göttingen 1988.

SINOPOLI, Richard C.: The Foundations of American Citizenship: Liberalism, the Constitution and Civic Virtue. New York-Oxford 1992.

SLOTERDIJK, Peter (Hg.): Vor der Jahrtausendwende. Berichte zur Lage der Zukunft. 2 Bde. Frankfurt/Main 1990.

SOMOGYI, Éva: Vom Zentralismus zum Dualismus. Der Weg der deutschösterreichischen Liberalen zum Ausgleich von 1867. Budapest 1983.

SPERL, Gerfried: Liberalismus gegen Nationalismus. Die Möglichkeiten der (österreichischen) Politik in Mitteleuropa. Wien 1993.

SPIEL, Hilde: Glanz und Untergang. Wien 1866 - 1938. Wien 1987.

STEKL, Hannes u.a. (Hg.): "Durch Arbeit, Besitz, Wissen und Gerechtigkeit". Bürgertum in der Habsburgermonarchie. II. Wien-Köln-Weimar 1992.

STERNBERGER, Dolf: Panorama oder Ansichten vom 19. Jahrhundert. Frankfurt/Main 1974.

STIGLER, George J. / Gary S. BECKER: De Gustibus Non Est Disputandum. American Economic Review, 67 (1977), p. 76-90.

STIX, Gerulf: Die Stunde des Euroliberalismus. Liberalismus und Nationalismus im neuen Europa. Wien 1991.

STONE, Norman: Europe Transformed 1878-1918. 2nd ed. London 1985.

STOURZH, Gerald: Wege zur Grundrechtsdemokratie. Studien zur Begriffs- und Institutionengeschichte des liberalen Verfassungsstaates. Wien-Köln 1989.

STOURZH, Gerald: Vom Reich zur Republik. Studien zum Österreichbewußtsein im 20. Jahrhundert. Wien 1990.

STOURZH, Gerald: Ethnic Attribution in Late Imperial Austria: Good Intentions, Evil Consequences. In: The Habsburg Legacy. National Identity in Historical Perspective. Edingburgh 1994, p. 67-83.

STREISSLER, Erich W.: Macht und Freiheit in der Sicht des Liberalismus. In: Hans K. SCHNEIDER / Christian WATRIN (Hg.): Macht und ökonomisches Gesetz. Schriften des Vereins für Socialpolitik, NF. Bd. 74/II. Berlin 1973, p. 1391-1426.

STREISSLER, Erich W.: Unmöglichkeit und Notwendigkeit der Wirtschaftspolitik als bleibendes Dilemma. St. Gallen 1993.

STREISSLER, Erich W.: Carl Mengers Vorlesungen aus politischer Ökonomie für Kronprinz Rudolf. Wien 1995.

STREISSLER, Erich W. / Monika STREISSLER: Friedrich August von Hayek. St. Augustin 1993.

STREISSLER, Erich W. / Christian WATRIN (Hg.): Zur Theorie marktwirtschaftlicher Ordnungen. Tübingen 1980.

SZACKI, Jerzy: Liberalism after Communism. Budapest-London-New York 1995.

TAYLOR, Charles: Negative Freiheit? Zur Kritik des neuzeitlichen Individualismus. Frankfurt/Main 1988.

THADDEN, Rudolf v. (Hg.): Die Krise des Liberalismus zwischen den Weltkriegen. Göttingen 1978.

TREMEL, Ferdinand: Wirtschafts- und Sozialgeschichte Österreichs. Von den Anfängen bis 1955. Wien 1969.

URBAN, Otto: Die tschechische Gesellschaft 1848 bis 1918. 2 Bde. Wien-Köln-Weimar 1994.

VALJAVEC, Fritz: Der Josephinismus. Zur geistigen Entwicklung Österreichs im 18. und 19. Jahrhundert. Brünn-München-Wien 1944.

VALJAVEC, Fritz: Die Entstehung der politischen Strömungen in Deutschland 1770-1815. München 1951.

VIERHAUS, Rudolf: Liberalismus. In: Otto BRUNNER / Werner CONZE / Reinhart KOSELLECK (Hg.): Geschichtliche Grundbegriffe. Bd. III. Stuttgart 1982, p. 741-785 (mit einem Exkurs von Rudolf WALTHER: Wirtschaftlicher Liberalismus, a.a.O., p. 787-815).

VOCELKA, Karl: Verfassung oder Konkordat? Der publizistische und politische Kampf der österreichischen Liberalen um die Religionsgesetze des Jahres 1868. Wien 1978.

WADL, Wilhelm: Liberalismus und soziale Frage in Österreich. Deutschliberale Reaktionen und Einflüsse auf die frühe österreichische Arbeiterbewegung (1867-1879). Wien 1987.

WAGNER, Manfred: Kultur und Politik. Politik und Kunst. Wien-Köln-Graz 1991.

WALZER, Michael: Liberalism and the Art of Separation. In: Political Theory, 12 (1984), p. 315-329.

WALZER, Michael: The Communitarian Critique of Liberalism. In: Political Theory, 18 (1990), p. 6-23.

WANDRUSZKA, Adam: Geschichte einer Zeitung. Das Schicksal der "Presse" und der "Neuen Freien Presse" von 1848 bis zur Zweiten Republik. Wien 1958.

WANDRUSZKA, Adam: Österreichs politische Struktur. Die Entwicklung der Parteien und politischen Bewegungen. In: BENEDIKT, Heinrich (Hg.): Geschichte der Republik Österreich. Wien 1954. Neudruck 1977, p. 289-485.

WANDRUSZKA, Mario: Die europäische Sprachengemeinschaft. Tübingen 1990.

WANGERMANN, Ernst: Von Joseph II. zu den Jakobinerprozessen. Wien 1966.

WASUNIS, Henning: Ethik und gesellschaftliche Ordnungstheoriekritik. Liberalismus als Lebensform einer entwickelten Gesellschaft. Meisenheim/Glan 1973.

WATKINS, Frederick: The Political Tradition of the West. A Study in the Development of Modern Liberalism (1948). 4th ed. Cambridge/Mass. 1966.

WEIGEL, Wolfgang (Projektleiter): Die Ökonomische Analyse des Rechts. Eine Sammlung von Anwendungsmöglichkeiten. Wien 1991.

WIESE, Leopold von: Der Liberalismus in Vergangenheit und Zukunft. Berlin 1917.

WIESER, Friedrich Frh. von: Das Gesetz der Macht. Wien 1926.

WINKLER, Heinrich August: Liberalismus und Antiliberalismus. Studien zur politischen Sozialgeschichte des 19. und 20. Jahrhunderts. Göttingen 1979.

WINKLER, Jürgen R.: Sozialstruktur, politische Traditionen und Liberalismus. Eine empirische Längsschnittstudie zur Wahlentwicklung in Deutschland 1871-1933. Opladen 1995.

WINTER, Eduard: Der Josefinismus. Die Geschichte des österreichischen Reformkatholizismus 1740-1848. 2.A. Berlin 1962.

WINTER, Eduard: Romantismus, Restauration und Frühliberalismus im österreichischen Vormärz. Wien 1968.

WINTER, Eduard: Revolution, Neoabsolutismus und Liberalismus in der Donaumonarchie. Wien 1969.

WINTER, Eduard: Barock, Absolutismus und Aufklärung in der Donaumonarchie. Wien 1971.

WISTRICH, Robert S.: The Jews of Vienna in the Age of Franz Joseph. London 1989.

ZAHLMANN, Christel (Hg.): Kommunitarismus in der Diskussion. Eine streitbare Einführung. Berlin 1994.

ZERB, Peter: Zur Semantik gesellschaftlicher Freiheit. Eine Analyse des Freiheitsbegriffs bei Thomas Hobbes, John Locke, Jean-Jacques Rousseau, Thomas Paine und John Stuart Mill. Frankfurt/Main 1987.

Sachregister

Personenregister

Studien zu Politik und Verwaltung
Herausgegeben von Christian Brünner, Wolfgang Mantl, Manfried Welan

1 Korruption und Kontrolle. Hg. v. Christian Brünner. 1981. 726 S. mit 8 Tab. i. Text. Brosch. ISBN 3-205-08457-8

2 Unbehagen im Parteienstaat. Jugend und Politik in Österreich. Von Fritz Plasser und Peter A. Ulram. 1982. 208 S., Tab. u. Graph. i. Text. Brosch. ISBN 3-205-08458-6 (vergriffen)

3 Landesverfassungsreform. Hg. v. Reinhard Rack. 1982. 255 S. Brosch. ISBN 3-205-08459-4 (vergriffen)

4 Nation Österreich. Kulturelles Bewußtsein und gesellschaftlich-politische Prozesse. Von Ernst Bruckmüller. 2. erweiterte Aufl. 1996. Ca. 400 S., zahlr. Graph. i. Text. Brosch. ISBN 3-205-98000-X

5 Krise des Fortschritts. Hg. v. Grete Klingenstein. 1984. 172 S., Graph. i. Text. Brosch. ISBN 3-205-08461-6 (vergriffen)

6 Parteiengesellschaft im Umbruch. Partizipationsprobleme v. Großparteien. Von Anton Kofler. 1985. 132 S., 58 Tab. Brosch. ISBN 3-205-08463-2 (vergriffen)

7 Grundrechtsreform. Hg. v. Reinhard Rack. 1985. 302 S. Brosch. ISBN 3-205-08462-4 (vergriffen)

8 Aufgabenplanung. Ansätze für rationale Verwaltungsreform. Von Helmut Schattovits. 1988. 220 S. Brosch. ISBN 3-205-08464-0 (vergriffen)

9 Demokratierituale. Zur politischen Kultur der Informationsgesellschaft. Hg. v. Fritz Plasser, Peter A. Ulram u. Manfried Welan. 1985. 291 S., 91 Tab. i. Text. Brosch. ISBN 3-205-08467-5

10 Politik in Österreich. Die Zweite Republik: Bestand und Wandel. Hg. v. Wolfgang Mantl. 1992. XV, 1084 S. Geb. ISBN 3-205-05379-6

11 Flexible Arbeitszeiten. Eine fixe Idee. Von Rudolf Bretschneider, Rupert Dollinger, Joachim Lamel u. Peter A. Ulram. 1985. 133 S., 33 Tab. i. Text. Brosch. ISBN 3-205-08469-1 (vergriffen)

12 Verfassungspolitik. Dokumentation Steiermark. Von Christian Brünner, Wolfgang Mantl, Dietmar Pauger und Reinhard Rack. 1985. 294 S. Brosch. ISBN 3-205-08465-9 (vergriffen)

13 Krisen. Eine soziologische Untersuchung. Von Manfred Prisching. 1986. 730 S., zahlr. Tab. u. Graph. i. Text. Brosch. ISBN 3-205-08468-3

14 Schweiz–Österreich. Ähnlichkeiten und Kontraste. Hg. v. Friedrich Koja u. Gerald Stourzh. 1986. 279 S. Brosch. ISBN 3-205-08902-2 (vergriffen)

15 Was die Kanzler sagten. Regierungserklärungen der Zweiten Republik 1945–1987. Von Maximilian Gottschlich, Oswald Panagl u. Manfried Welan. 1989. VI, 325 S. Brosch. ISBN 3-205-08900-6 (vergriffen)

16 Technikskepsis und neue Parteien. Politische Folgen eines „alternativen" Technikbildes. Von Erich Reiter. 1987. 167 S. Brosch. ISBN 3-205-08904-9 (vergr.)

17 Demokratie und Wirtschaft. Hg. v. Joseph Marko u. Armin Stolz. 1987. 367 S. Brosch. ISBN 3-205-08905-7 (vergriffen)

18 Society, Politics and Constitutions. Western and East European Views. Von Antal Adam u. Hans G. Heinrich. 1987. 212 S. Brosch. ISBN 3-205-08907-3 (vergriffen)

Studien zu Politik und Verwaltung
Herausgegeben von Christian Brünner, Wolfgang Mantl, Manfried Welan

19 USA: Verfassung und Politik. Von Francis H. Heller. 1987. 120 S. Brosch. ISBN 3-205-08906-5 (vergriffen)

20 Umweltschutzrecht. Von Bernhard Raschauer. 2. Aufl. 1988. 304 S. Brosch. ISBN 3-205-05143-2 (vergriffen)

21 Verfall und Fortschritt im Denken der frühen römischen Kaiserzeit. Studien zum Zeitgefühl und Geschichtsbewußtsein des Jahrhunderts nach Augustus. Von Karl Dietrich Bracher. 1987. 348 S. Brosch. ISBN 3-205-08909-X (vergriffen)

22 Das österreichische Parteiensystem. Hg. v. Anton Pelinka u. Fritz Plasser. 1988. 800 S. Brosch. ISBN 3-205-08910-3

23 Parteien unter Streß. Zur Dynamik der Parteiensysteme in Österreich, der Bundesrepublik Deutschland und den Vereinigten Staaten. Von Fritz Plasser. 1987. 344 S. Brosch. ISBN 3-205-08911-1

24 Ideologie und Aufklärung. Weltanschauungstheorie und Politik. Von Kurt Salamun. 1988. 142 S. Brosch. ISBN 3-205-05126-2

25 Die neue Architektur Europas. Reflexionen in einer bedrohten Welt. Hg. v. Wolfgang Mantl. 1991. 332 S. Ln. m. SU. ISBN 3-205-05412-1

26 Die große Krise in einem kleinen Land. Österreichische Finanz- und Wirtschaftspolitik 1929-1938. Von Dieter Stiefel. 1989. X, 428 S. Brosch. ISBN 3-205-05132-7

27 Das Recht der Massenmedien. Ein Lehr- und Handbuch für Studium und Praxis. Von Walter Berka. 1989. II, 356 S. Brosch. ISBN 3-205-05194-7 (vergriffen)

28 Staat und Wirtschaft. Am Beispiel der österreichischen Forstgesetzgebung von 1950–1987. Von Werner Pleschberger. 1989. 579 S. Brosch. ISBN 3-205-05204-8 (vergriffen)

29 Wege zur Grundrechtsdemokratie. Studien zur Begriffs- und Institutionengeschichte des liberalen Verfassungsstaates. Von Gerald Stourzh. 1989. XXII, 427 S. Brosch. ISBN 3-205-05218-8

30 Geist und Wissenschaft im politischen Aufbruch Mitteleuropas. Hg. v. Meinrad Peterlik und Werner Waldhäusl. 1991. 268 S. Brosch. ISBN 3-205-05464-4

31 Finanzkraft und Finanzbedarf von Gebietskörperschaften. Analysen und Vorschläge zum Gemeindefinanzausgleich in Österreich. Hg. v. Christian Smekal u. Engelbert Theurl. 1990. 307 S. Brosch. ISBN 3-205-05237-4 (vergriffen)

32 Regionale Ungleichheit. Von Michael Steiner. 1990. 258 S. Brosch. ISBN 3-205-05281-1

33 Bürokratische Anarchie. Der Niedergang des polnischen „Realsozialismus". Von August Pradetto. 1992. 156 S. Brosch. ISBN 3-205-05421-0

34 Vor der Wende. Krise, Gesellschaft und politische Reformen im Ungarn der achtziger Jahre. Hg. v. Sándor Kurtán. Aus d. Ungar. v. Alexander Klemm. 1993. 272 S. Brosch. ISBN 3-205-05381-8

35 Hegemonie und Erosion. Politische Kultur und politischer Wandel in Österreich. Von Peter A. Ulram. 1990. 366 S. Brosch. ISBN 3-205-05346-X (vergriffen)

Studien zu Politik und Verwaltung
Herausgegeben von Christian Brünner, Wolfgang Mantl, Manfried Welan

36 Gehorsame Rebellen. Bürokratie und Beamte in Österreich 1780–1848. Von Waltraud Heindl. 1991. 388 S., 12 SW-Abb. Geb.m.SU. ISBN 3-205-05370-2

37 Kultur und Politik – Politik und Kunst. Von Manfred Wagner. 1991. 367 S. Brosch. ISBN 3-205-05396-6

38 Revolution und Völkerrecht. Völkerrechtsdogmatische Grundlegung der Voraussetzungen und des Inhalts eines Wahlrechts in bezug auf vorrevolutionäre völkerrechtliche Rechte und Pflichten. Von Michael Geistlinger. 1991. 554 S. Brosch. ISBN 3-205-05414-8

39 Slowenien – Kroatien – Serbien. Die neuen Verfassungen. Hg. v. Joseph Marko und Tomislav Borić. 2. Aufl., 1994. 467 S. Brosch. ISBN 3-205-98283-5

40 Der Bundespräsident. Kein Kaiser in der Republik. Von Manfried Welan. 1992. 119 S. Brosch. ISBN 3-205-05529-2

41 Wege zur besseren Finanzkontrolle. Von Herbert Kraus und Walter Schwab. 1992. 167 S. Brosch. ISBN 3-205-05530-6

42 Bruchlinie Eiserner Vorhang. Regionalentwicklung im österreichisch-ungarischen Grenzraum. Von Martin Seger u. Pal Beluszky. 1993. XII, 304 S., 16 S. Farbabb. Geb. ISBN 3-205-98048-4

43 Regierungsdiktatur oder Ständeparlament. Gesetzgebung im autoritären Österreich. Von Helmut Wohnout. 1993. 473 S. Brosch. ISBN 3-205-05547-0

44 Die österreichische Handelspolitik der Nachkriegszeit 1918 bis 1923. Die Handelsvertragsbeziehungen zu den Nachfolgestaaten. Von Jürgen Nautz. 1994. 601 S. Brosch. ISBN 3-205-98118-9

45 Regimewechsel. Demokratisierung u. politische Kultur in Ost-Mitteleuropa. Hg. v. Peter Gerlich, Fritz Plasser u. Peter A. Ulram. 1992. 483 S., zahlr. Tab. u. Graph. Brosch. ISBN 3-205-98014-X

46 Die Wiener Jahrhundertwende. Hg. v. Jürgen Nautz und Richard Vahrenkamp. 2. Aufl. 1996. 968 S., 32 S. SW-Abb. Geb. ISBN 3-205-98536-2

47 Ausweg EG? Innenpolitische Motive einer außenpolitischen Umorientierung. Von Anton Pelinka, Christian Schaller und Paul Luif. 1994. 309 S. Brosch. ISBN 3-205-98051-4

48 Die kleine Koalition in Österreich: SPÖ – FPÖ (1983–1986) . Von Anton Pelinka. 1993. 129 S. Brosch. ISBN 3-205-98052-2 (vergriffen)

49 Management vernetzter Umweltforschung. Wissenschaftspolitisches Lehrstück Waldsterben. Von Max Krott. 1994. 325 S. Brosch. ISBN 3-205-98129-4

50 Zeitenbruch. Die geforderte Demokratie. Von Wolfgang Mantl. In Vorbereitung. ISBN 3-205-98459-5

51 Autonomie und Integration. Rechtsinstitute des Nationalitätenrechts im funktionalen Vergleich. Von Joseph Marko. 1995. XIV, 550 S. + LXVIII. Brosch. ISBN 3-205-98274-6

52 Grundzüge fremder Privatrechtssysteme. Ein Studienbuch. Von Willibald Posch. 1995. XXVIII, 205 S. Brosch. ISBN 3-205-98387-4

Studien zu Politik und Verwaltung
Herausgegeben von Christian Brünner, Wolfgang Mantl, Manfred Welan

53 Identität und Nachbarschaft. Die Vielfalt der Alpen-Adria-Länder. Hg. v. Manfred Prisching. 1994. 424 S. Brosch. ISBN 3-205-98307-6
54 Parlamentarische Kontrolle. Das Interpellations-, Resolutions- u. Untersuchungsrecht. Eine rechtsdogmatische Darstellung mit historischem Abriß u. empirischer Analyse. Von Andreas Nödl. 1995. 192 S. Brosch. ISBN 3-205-98161-8
55 Kurze Geschichte der Zweiten Republik. Von Alfred Ableitinger. In Vorbereitung. ISBN 3-205-98460-9
56 Staat und Gesundheitswesen. Analysen historischer Fallbeispiele aus der Sicht der Neuen Institutionellen Ökonomik. Von Engelbert Theurl. 1996. 302 S. Brosch. ISBN 3-205-98461-7
57 Eliten in Österreich. Von der Monarchie bis zur Zweiten Republik. Von Gernot Stimmer. In Vorbereitung. ISBN 3-205-98587-7
58 Frankreich–Österreich. Wechselseitige Wahrnehmung und wechselseitiger Einfluß seit 1918. Hg. v. Friedrich Koja u. Otto Pfersmann. 1994. 307 S., 19 SW-Abb. Brosch. ISBN 3-205-98295-9
59 In Vorbereitung.
60 Avantgarde der Auflehnung. Modellfälle militärischen Widerstands im 19. und 20. Jahrhundert. Von Richard G. Plaschka. Ca. 900 S., ca. 48 SW-Abb. Geb. ISBN 3-205-98390-4
61 In Vorbereitung.
62 Um Einheit und Freiheit. Die Geschichte des österreichischen Staatsvertrages 1945–1955. Von Gerald Stourzh. 1996. Ca. 400 S., 18 SW-Abb. Brosch. ISBN 3-205-98383-1
63 Österreich unter alliierter Besatzung. Von Alfred Ableitinger, Siegfried Beer und Eduard G. Staudinger. In Vorbereitung. ISBN 3-205-98588-5
64 Evaluierung im öffentlichen Sektor. Von Evert Vedung. In Vorbereitung. ISBN 3-205-98448-X
65 Liberalismus. Perspektiven und Interpretationen. Hg. v. Emil Brix u. Wolfgang Mantl. 1996. 380 S. Geb. ISBN 3-205-98447-1
66 Die österreichische Staatsidee. Von Karin Liebhart u. Manfred Welan. 1996. Ca. 200 S. Brosch. ISBN 3-205-98573-7